프란시스 쉐퍼 전집 IV

기독교 교회관

20세기 말의 교회
오늘날의 교회의 사명
그리스도인의 표지
개혁과 부흥
위기에 처한 복음주의

생명의말씀사

THE COMPLETE WORKS OF FRANCIS A. SCHAEFFER Vol.4
A CHRISTIAN VIEW OF THE CHURCH

THE CHURCH AT THE END OF THE 20TH CENTURY

THE CHURCH BEFORE THE WATCHING WORLD

MARK OF A CHRISTIAN

DEATH IN THE CITY

THE GREAT EVANGELICAL DISASTER

프란시스 쉐퍼 전집 4
기독교 교회관

1995년 3월 20일 1판 1쇄 발행
2020년 1월 17일 9쇄 발행

펴낸이 | 김재권
펴낸곳 | 생명의말씀사

등록 | 1962. 1. 10. No.300-1962-1
주소 | 서울시 종로구 경희궁1길 5-9(03176)
전화 | 02)738-6555(본사) · 02)3159-7979(영업)
팩스 | 02)739-3824(본사) · 080-022-8585(영업)

인쇄 | 예원프린팅
제본 | 정문바인텍

ISBN 89-04-04043-4 (04230)
ISBN 89-04-18029-5 (전5권)

프란시스 쉐퍼 전집 목록

전집 1 기독교 철학 및 문화관

제 1 권 • 거기 계시는 하나님
제 2 권 • 이성에서의 도피
제 3 권 • 거기 계시며 말씀하시는 하나님
제 4 권 • 다시 자유와 존엄으로

전집 2 기독교 성경관

제 5 권 • 창세기의 시공간성
제 6 권 • 궁극적 모순은 없다
제 7 권 • 여호수아서와 성경 역사의 흐름
제 8 권 • 기초 성경 공부
제 9 권 • 예술과 성경

전집 3 기독교 영성관

제10권 • 쉐퍼의 명설교
제11권 • 진정한 영적 생활
제12권 • 초영성주의에 맞서는 그리스도인의 자세
제13권 • 시대의 요구에 부응하는 기독교

전집 4 기독교 교회관

제14권 • 20세기말의 교회
제15권 • 오늘날의 교회의 사명
제16권 • 그리스도인의 표지
제17권 • 개혁과 부흥
제18권 • 위기에 처한 복음주의

전집 5 기독교 사회관

제19권 • 환경오염과 인간의 죽음
제20권 • 그러면 우리는 어떻게 살 것인가?
제21권 • 낙태, 영아살해, 안락사에 대한 그리스도인의 자세
제22권 • 기독교 선언

쉐퍼 전집 4

목 차

제1권 20세기 말의 교회

제2권 오늘날의 교회의 사명

제3권 그리스도인의 표지

제4권 개혁과 부흥

제5권 위기에 처한 복음주의

전집 4 제 1 권 · 20세기말의 교회

역자 서문

반석이신 그리스도를 머리로 모시고 불러냄을 받은 사람들로 이루어진 교회는 예수 그리스도께서 다시 오실 때까지 세상 사람을 구원하는 유일의 기관이다. 하나님의 나라를 이 세상에 나타내야 할 기관은 음부의 권세도 이기지 못하는 그리스도의 에클레시아이다. 그러나 오늘날의 교회는 안팎의 문제들로 인하여 혼란 속에 빠져 허덕이고 있다. 그리고 자유주의 신학의 범람은 인간적인 공통점을 근거로 하여 교회를 변질시키고 있으며 기계문명의 발전은 사람을 기계로 격하시키고 위협하고 있다. 이 상황 속에 처해 있는 교회의 본분은 무엇인가? 교회가 산 위에 세운 성으로서, 등경 위에 킨촛불로서의 사명을 다하지 못하는 이유가 어디 있는가?

프란시스 쉐퍼 목사는 20세기의 세계와 교회를 올바로 진단하고 분석하고 평가하여 해결책을 제시할 뿐만 아니라 자신의 라브리 펠로우십을 통하여 실천하고 있다. 본서는 교회의 본분을 어떻게 이행할 수 있는가를 분명하게 제시하고 있다. 또 오늘날의 세계적인 혼란을 예리하게 분석하여 근본적인 문제를 제시하고 있다. 교회가 자체 내의 문제와 사회 문제를 해결할 수 있는 길을 제시하고 있다.

이러한 세계적인 혼란 속에서 본서가 나오게 된 것을 기쁘게 생각하고 특히 우리 말로 옮겨 놓게 된 것을 하나님께 감사드리며 본서를 읽는 목사와 교회 지도자와 학생들에게 큰 도움이 될 것을 믿어 마지 않는다.

김 재 권

서 문

본인은 본서에서 지금 예수 그리스도의 교회가 처해 있는 사회학적 환경을 묘사코자 시도하였다. 국제 학생 혁명과 그리고 하나님의 권위에서뿐 아니라 또한 이성에서 도피코자 하는 문화속－신좌파 또는 기성 엘리트들의 조작에 쉽게 복종하는 사회－에서 조직체로서의 교회에는 미래가 있는가? 이 질문 때문에 본서가 기록된 것이다.

이미 출간된 본인의 저서 특히 거기 계시는 하나님과 이성에서의 도피를 읽은 사람은 본서 제1장에서 다소의 반복을 발견케 될 것이다. 그러나 세 가지 사실을 염두에 두어야 한다. 첫째로 나의 다른 저서들을 읽지 않은 사람들을 위하여 이 기초－우리가 어떤 경로를 거쳐 현 시점에 도달하였는가? －가 설정되어야 한다. 그렇지 않으면 이 책의 나머지 부분은 허공에 떠버리고 말것이다. 둘째로는 전체 관계를 그것의 특수한 사회학적 관점에서 조망하는 데 도움이 될 약간의 새로운 자료를 첨가하였으며 셋째로는 나의 책을 수차 읽고 나의 강의 녹음이나 직접 강의를 들은 사람들일지라도 복습하는 것이 해로울 것은 없다. 왜냐하면 현재와 미래의 사회학적 상황 속에 있는 교회와 관련하여 우리가 어느 시점에 서 있는가를 고려할 때 제1장에 있는 내용은 의식적으로 우리 모든 사람이 알아야 할 것이기 때문이다.

더구나 이 분석은 많은 분야에 있어서 현대의 문제들이 사실은 많은 것이 아니라 다만 처음에는 무관한 것같이 보이는 분야나 풍조가 여러 개의 결과를 초래한 하나의 기본 문제라는 사실을 강조하고 재강조한다. 그리하여 현대 문화 문제, 사회학적 문제, 오늘날 우리 국가를 다스리는 문제, 생태계와 인식론의 문제는 모두 연관성을 가지고 있다. 왜냐하면 현대인의 근본 문제는 우리가 당면하는 문제들의 특수한 형태를 이루고 있기 때문이다. 그러므로 이 관련성에 대한 이해의 기초가 분명하지 못하면 우리는 문제 해결의 근본 대책을 강구하지 못한다.

그 반면에 나의 다른 서적들을 읽지 못한 사람으로서 제1장이 너무 빨리 진행된다고 생각하는 사람들에게는 더 자세히 다룬 거기 계시는 하나님과 이성에서의 도피를 권하는 바이다.

프란시스 쉐퍼

제 1 장
학생 혁명의 진원

20세기 말엽에 접근해 감에 따라 사람들은 교회에 미래가 있느냐고 묻는다. 이것을 상고해 보려면 우리는 먼저 우리가 어느 시점에 서 있으며 우리가 이 세기 말에 접근할 때에 무엇을 기대할 수 있는가 하는 것을 생각하지 않으면 안 된다. 그러면 먼저 1960년대의 국제 학생 혁명과 이것의 사회와의 관계를 전체적으로 생각해 보자. 그리고 이것을, 우리가 처해 있던 그 시대의 사회에 우리가 어떻게 이르게 되었는지 그 유래를 간단하게 살펴봄으로 시작하자.

국제 학생 혁명은 우리의 문화와 사회의 분기점이었다. 이것은 근원 없이 저절로 발생한 것이 아니다. 이것의 진정하고 가장 깊은 뿌리는 유럽의 르네상스와 그 전부터 흘러왔던 이성의 역사(intellectual history)의 흐름에서 발견된다. 이 혁명은 단순히 문화적이거나 심리적인 것이 아니다. 이 근원은 세대차를 단순히 분석함으로 알 수 있는 것이 아니다. 이 근원은 인간의 역사와 인간이 무엇이며 어디서 왔는가를 알고자 하는 시도 속에 깊이 뿌리 박고 있다.

1960년대 대학가의 격동과 1980년대를 형성하고 있는 우리 사회의 변화 속에서 나타나는 결과를 이해하려면 그러한 이성의 역사를 파악하지 않으면 안 된다.

과학의 발흥

근대 과학의 탄생에서부터 출발하는 것이 좋을 것 같다. 근대 과학은 기독교 정신에서 발생하였다. 예컨대 알프레드 노스 화이트헤드(Alfred North Whitehead)는 근대 과학은 기독교 준거틀에 둘러싸여 있었기 때문에 탄생했다고 강조한다. 갈릴레오, 코페르니쿠스, 프란시스 베이컨, 케플러 및 그 외의 과학자들과 뉴턴까지지도 "세계는 이성적인 하나님이 창조했다 그러므로 이성으로서 우주의 질서를 발견할 수 있다"는 사실을 믿었다.

오펜하이머(Oppenheimer)도 같은 사실을 강조하여 근대 과학은 기독교적 환경과 기독교적 견해가 없었다면 결코 탄생할 수 없었다고 하였다. 프란시스 베이컨(1561－1626)이 학문의 신기관(*Novum Organum Scientiarum*)에서 말하기를 "인간은 타락에 의해 그의 무죄한 상태와 자연에 대한 지배력을 함께 상실했다. 그러나 이러한 것이 현세에서도 다소 회복될 수 있다. 전자는 종교와 신앙으로, 후자는 예술과 과학에 의해 가능하다"고 하였다. 최근 나는 갈릴레오의 글을 읽고 큰 감동을 받았다. 갈릴레오는 풍성과 미의 그 자체인 우주(그는 단순히 미학적 미만이 아니라 그 복잡성 속의 통일성을 의미했다)를 보았을 때 그는 단 한 가지 목적, 즉 미의 하나님을 경배하자고 외쳤다.

이것이 과학 분야에 있어서의 근대적 사고의 출발이며 이것이 많은 결과를 낳았다. 예를 들면 이것이 자연 원인의 제일성(齊一性)의 확신을 갖다 주었다. 자연 원인의 제일성은 닫힌 체계(closed system) 안에 있는 것이 아니라 재조정할 수 있는 열린 체계(opened system) 안에 있다.

초기 근대 과학자들은 하나님과 사람이 기계를 조작하여 그 인과관계의 흐름을 재조정할 수 있다고 생각하였다.

이것은 몇 개의 결과를 초래하였다. 첫째로 자연이 중요하다는 것을 의미하였고 둘째로는 대상으로서의 자연과 관측자로서의 나 자신간의 구별이 분명함을 나타내었다. 바로 거기에 지식에 대한 객관적인 근거가 있다. 그러므로 실재(實在)와 상상간에 분명한 구별이 있다. 근대 과학을 탄생시킨 사람들은 하나님이 우주를 창조하신 것과 그래서 우주가 존재하게 된 사실을 알았다. 우주는 동양 사상이 생각하듯 하나님의 본질의 연장이 아니라 하나님 외의 다른 그 무엇이며 사람의 마음에서 고안해 낸 것이 아닌 그 무엇으로 생각하였다. 오늘날에는 지식에 대한 이 객관적 근거가 파괴되었고 실재와 환상간의 구분이 곤란하게 되었으며 때로는 이런 생각을 주장하는 것이 불가능하게 되었다.[1]

더구나 위의 인용에서 분명히 밝혔듯이 베이컨은 "사람은 훌륭하다. 비록 타락했지만 훌륭하다"는 것을 믿었다. 그는 성경적인 의미에서 인간의 타락, 즉 사람은 그의 도덕적 죄책 때문에 하나님으로부터 멀리 폐쇄된 죄인임을 믿었다. 그럼에도 불구하고 사람은 훌륭하다는 것을 믿었다.

이것은 현대인의 생각과 반대되는 것이다. 현대인은 이성이 "사람은 무(無)이다"는 결론에 이르게 한다고 말한다. 이것이 우리 현세대의 긴장의 일부분이다. 근대 과학이 시작될 때에는 그렇지 않았다. 환언하면 그 시대에는 기계가 위협이 되지 못했고 우주의 기계나 사람이 만든 기계가 위협이 되지 못했다.

개별자와 보편자

희랍인들은 오래 전부터 개별자(particular)와 보편자(univer-

---

[1] 인식론에 관한 문제는 현대인의 중심 문제이다. 그래서 나는 이것을 거기 계시는 하나님(*He Is There He Is Not Silent*)에서 자세하게 많은 것을 다루었다.

sal) 사이에 딜레마가 있음을 알고 있었다. 이 문제와 씨름을 한 사람은 플라톤 만이 아니었다. 그는 우리 세대의 장 폴 사르트르가 "유한점(a finite point)은 무한한 준거점(an infinite reference point)을 갖지 못하는 한 무의미하다"고 한 말을 정확히 이해하고 있었다. 그는 옳았다. 개별자들을 지배하는 보편자가 없으면 개별자는 무의미하다. 개별자가 원자이건 의자이건 당신이건 무엇이건간에 이것에 의미를 부여하는 그 무엇이 있어야 한다. 그렇지 않으면 이 모든 것은 아무것도 아닌 것이 된다.

희랍인들은 다른 두 영역에서 이 딜레마에 대한 대책을 탐구했다. 제일 처음에는 폴리스(polis)의 범주에서 탐구했다. 희랍적 개념으로 폴리스(polis)는 비록 단어의 문자적인 정의이기는 하지만 도시(city)보다는 훨씬 더 광범위한 뜻을 포함하고 있다. 폴리스는 전체 사회를 의미한다. 그러나 희랍인들은 사회로서의 폴리스가 개별자들에게 충분한 의미를 부여치 못함을 깨달았다.

둘째로 그들은 개별자들을 그들의 신들과의 관계에 결부시키려고 시도하였다. 그러나 희랍신의 난점은 그들이 결코 무한한 준거점이 될 만큼 크지 못하다는 사실이다. 희랍 문학은 운명을 다루는 방법으로 이것을 나타내고 있다. 어떤 때는 운명이 지배하고, 어떤 때는 신들이 운명을 지배한다. 그러므로 사회나 그들의 신이 희랍인들에게 충분한 보편자를 제시하지 못하였다.

역사상 또 하나의 중대한 시점인 르네상스의 정점에 빨리 옮겨가보면 최초의 현대 수학자 레오나르도 다 빈치를 만나게 된다. 레오나르도 다 빈치는 합리주의(rationalism) 또는 인본주의(humanism)의 관점에서 무한한 준거점을 발견코자 노력하였다. 다른 사람들은 합리주의와 인본주의란 말을 다르게 사용하지만 나는 동의어로 사용한다. 합리주의 혹은 인본주의란 말을 여기서 밝히고자 한다. 왜냐하면 이 말은 합리적(rational)이란 말과 매우 혼동되기 쉽기 때문이다. 합리주의는 사람은 자발생(自發生)하였다고 하며 모든 해답을 이 근거 위에 구축하고자 시도하여 어떤 다른 근원이나 특히 하나님으로부터의 여하한 계시도 용납하지 않는다. 계시에 대한 이러한 부정은 우리 세기 초기의 비트겐슈타인(Wittgenstein)과 현대 영화 제작자 잉그마르 베르히만(Ingmar Bergman)이 만든 침묵(*The Silence*)에까지 미쳤다. 그 영화에는 말하는 사람이 하나도 없다. 레오나르도는 그의 시대에 이미 합리적인 보편자에 관한한 이 침묵을 느꼈다.

레오나르도는 처음에는 무한한 준거점을 수학으로 발견해 보려고 애썼다. 그러나 수학자인 그는 사람이 수학으로 출발하면 개별자들과 기계에만 도달할 수밖에 없음을 발견하였다. 사람은 보편자를 발견하거나 산출하지 못한다.[2]

수학이 정당한 근거를 제시하지 못함을 인식한 레오나르도는 그 다음에는 미술가가 영혼을 그릴 수 있는가를 시도해 보았다. 그는 영혼을 신학자들이 의미한 것과 같이 생각하지 않고 도리어 보편자로 생각하고 시도했으나 전적으로 실패하고 말았다.

오직 개별자에서 출발한 사람은 보편자를 찾을 수 없다. 그것은 형이상학에 있어서나 도덕에 있어서나 마찬가지이다.

루소와 자율적 자유

다음으로 오늘날의 학생 혁명을 이해하려면 장 자크 루소를 올바로 이해하지 않으면 안 된다. 듀란트(Durant) 부부는 그들의 인류 역사에 관한 연구에서 현대인 연구를 아주 정당하게 루소로부터 시작한다. 그들은 루소를 이해하지 못하고서는 현대인을 이해하지 못한다고 말한다. 르네상스 전성기에 지성인들은 자연과 은총 문제와 더불어 고전하였다. 이 주제는 이성에서의 도피에서 특별히 다루

[2] Giovanni Gentile *Leonardo da Vinci*(New York : Raynal and Company, 1956), p. 174을 보라.

었다. 장 자크 루소는 자연과 자유에 대한 관심을 가지고 있었다. 이것이 현대인이 갈구하는 자율적(自律的)자유이다. 루소는 그의 시대에 이미 합리주의적인 사람들이, 창조된 세계(자연)를 하나의 자율적인 기계로 끌어내린 것을 보았다. 루소 시대의 사람들은 이미 기계에 의한 위협을 받고 도피하고 있었다. 그래서 그들은 자율적 자유를 확립하여 기계에 대항하였다. 사람은 사람을 위시하여 모든 것을 위협하는 자동적인 기계와 자율적인 자유를 동시에 합리적으로 가질 수 없다. 그럼에도 불구하고 루소는 이 개념을 창도(唱道)하였다. 칸트도 이 점에서 같은 방향으로 가고 있다. 그러나 다른 용어를 사용하고 있다.

반대의 경향은 분명하다. 한편에는 결정론(determinism), 즉 자율적 기계와 다른 편으로는 기계의 제약과 다른 모든 제약을 항거하기 위한 자율적 자유를 희구하는 사람이 있다. 이것을 발전시키기 시작한 것은 보헤미안(Bohemian) 생활이다. 이 상황 속에서는 보헤미안 생활을 하는 미술가가 영웅이 되었다. 이 자율적 생활에서는 성경의 속박만을 내동댕이 친 것이 아니라 모든 제약을 박차버린 것이다. 그러므로 문화는 개인의 자유를 제한하는 위협적인 세력, 마귀의 세력처럼 보였다.

사실상 보헤미안 생활은 결코 성공하지 못했다. 루소 자신도 자녀양육법을 저술하였다. 그러나 그의 이론은 그 자신에게도 적용되지 않고 실패로 돌아갔다. 대다수의 사람들은 그가 육아원에 위탁하고 전연 방문하지 않은 자녀가 있었다는 사실을 모른다. 여기에 자율적인 자유의 문제가 있다. 자율적인 자유는 이기주의와 추악으로 인도한다.

화가 고갱(Gauguin)도 똑같은 짓을 했다. 그는 문화와 사회를 등지고 멀리 타히티로 가서 그의 이상을 찾고자 하였으나 그가 멀리 가 있는 동안 파리에 있는 그의 가족들은 내내 부족한 음식을 사기 위해 송금하라고 편지하고 있었다. 그러나 자율적 자유의 개념은 그로 하여금 가족을 돌보지 못하게 했다. 그가 타히티에서 사생(私生)남아를 낳은 것이 거기서의 유일한 공헌이었다. 그가 거기서 낳은 아들은 항상 여행자들에게 서투른 그림을 그려 "고갱"이라고 서명을 해주고는 약간의 돈을 벌어 살았다. 자율적 자유의 개념의 결과는 고작 보헤미안 생활이었다. 별로 아름답지도 못했다.

고갱도 그의 생애 말년에는 이 자율적 자유가 실현될 수 없음을 깨달았다. 그는 이 사실을 현재 보스턴 미술관에 있는 "우리는 어디서 왔는가? 우리는 무엇인가? 우리는 어디로 가는가?"라는 그의 명화에서 나타내고 있다. 그는 이 그림을 2년 만에 완성했는데 바로 그 캔버스에 기록된 불어 제자(題字)는 그가 한 일을 말해준다. 다시 말하면 그는 "우리가 어디로 가고 있느냐?"고 질문한다. 그는 그의 글에서 이 그림의 왼쪽에 있는 세 형상, 즉 아름다운 타히티 여인과 늙은 여인과 자연에서는 비슷한 것을 찾아볼 수 없는 흉한 새 한 마리에 주의를 기울이라고 했다. 그는 이 그림에서 말하고자 하는 바를 그의 글에서 분명히 표현했다. 이 그림의 왼쪽에 있는 세 형상을 주목하라. 늙은 여인을 주시해 보라. 그녀는 죽어가고 있는데 누가 그 여인을 보고 있는가? 존재하지 않는 새밖에 보지 않는다. 딜레마는 여기 있다. 자율적 자유는 심지어 고갱 자신이 살 동안에도 실현되지 않았다.

근대 과학과 현대적 근대 과학

그 다음에 우리들은 근대 과학과 내가 이름 지은 현대적 근대 과학과의 차이를 보게 된다. 근대 과학은 내가 지적한 대로 우주는 이성적인 하나님이 창조하셨기 때문에 사람은 우주를 이성으로 이해할 수 있다는 개념으로부터 생겼다. 그러나 현대적 근대 과학은 닫힌 체계(closed system)라는 새 문구를 부가하여 자연 원인의 제일성의 개념을 확장시켰다. 이 작은 문구는 삶 전부를 변화시켰다. 왜냐하면 이 문구는 모든 것을 기계 안에 가두어 버렸기 때문이다.

처음에는 과학이 물리학, 화학 및 천문학을 다루었다. 그 외에도 몇 부분을 부가할 수 있으나 그러나 과학은 거기서 끝났다. 그러나 그 후에 심리학이 부가되고 또 사회과학이 부가됨에 따라 인간 자신도 기계 속으로 들어가고 말았다.

만일 모든 것을 기계 속에 집어 넣어 버리면 하나님의 설 곳이 없어지고 만다. 그렇게 되면 또한 사람이 설 곳도 없어지고 인간의 중요성도 상실되고 미와 도덕과 사랑도 마찬가지가 된다. 사람이 여기에 도달하게 되면 피안(彼岸)이 없는 대양에 빠진 것과 같다. 그러나 닫힌 체계 안에서의 자연 원인의 제일성이라는 전제는 우리에게 당면한 다음의 두 가지 사실, 즉 (1) 존재하는 우주와 그 형식 (2) 인간의 인간됨(mannishness)을 설명하지 않고 있다.

사르트르가 말한 대로 철학의 근본 문제는 아무것도 존재하지 않는다는 것이 아니라 오히려 무엇인가 존재하고 있다는 것이다. 사람은 무엇이 존재한다는 것을 설명해야 한다. 아인슈타인은 주를 붙이기를 우리가 우주를 탐구해 보면 우리는 그것이 잘 짜여진 단어퍼즐과 같아서 아무리 많은 말을 갖다 대 보아도 결국에는 한 단어만 맞게 되는 것과 같다고 하였다. 환언하면 존재하는 우주는 필히 설명되어야 할 뿐 아니라 또한 복잡성과 뚜렷한 형식에 비추어 볼 때 우주는 매우 특수하고 묘한 것이다.

현대인들은 그들의 철학과 음악과 미술에서 우주 내의 혼돈 상태를 묘사한다. 그러나 사람이 보잉 707기를 만들면 그것은 아름답다. 왜 그런가? 그 비행기가 우주에 조화되기 때문이다. 우주는 그들이 묘사한 것과 같은 혼돈체는 아니다.

사람의 특성에는 문제가 있다. 6만 년 전에—현대 연대 산법을 이용한다면—사람들은 죽은 사람들을 꽃잎 속에 묻었다. 중국 청동기 시대를 보면 비록 그들이 시간과 문화에 있어서는 우리와 거리가 멀지만 우리와 일치하는 점이 있다. 그들은 다른 사람의 자손들이다. 그러나 그들은 또한 나의 한부분이다. 인간의 인간됨이 있다. 기원전 2만 년 내지 3만 년의 동굴 벽화는 훨씬 더 좋은 실례가 된다. 우리는 여기서 사람은 언제나 자신이 비(非)인간과 다름을 감지하고 있었음을 알 수 있다.

그런데 현대인들은 말하기를 "아니다. 우리는 기계다. 즉 기계적으로 결정되었거나 심리학적으로 결정되었다"고 한다. 그러나 아무도 그의 삶을 이 방법으로 모순없이 살 수는 없다. 나는 여기서 존재하는 것을 설명하지 못하므로 실험실에서 지적으로 추방되어야 하는 전제가 있다고 주장하고 싶다.

그 반면에 비인격적 기원이 아니라 도리어 인격적 기원으로 출발하는 성경적 입장은 우리에게 다른 해답을 준다. 그러나 실제 문제는 어느 전제가 정말로 사실에 부합하는가를 순수이지(純粹理智)로 결정하는 데 있다.

그러나 우리들 대다수는 홍역에 걸리듯이 우리의 전제를 받아들인다. 왜 사람들은 탈기독교 세계에 잘 적응하는가? 나는 탈기독교 세계가 우주 설명에 있어서 옳기 때문이 아니라 오늘날의 거의 획일적(monolithic) 문화가 초기 과학자들이 믿던 인격적 하나님을 기원으로 하는 열린 체계(open system)에서가 아니라 닫힌 체계(closed system)에서의 자연 원인의 제일성이라는 반대 해답을 우리에게 강요하기 때문이라고 생각한다. 그것은 기독교 전제가 사실에 부합되지 않기 때문이 아니라 기독교 견해가 단순하게 생각할 수 없는 것처럼 제시되었기 때문이다. 대학교가 훌륭하면 훌륭할수록 세뇌공작은 더 잘 된다.

현대인의 암시를 따르는 결과는 19세기에 현저하게 발전되었다. 아무도 그것을 초기 현대 화학적 결정론자 중에 한 사람인 마르키드 사드(Marquis de Sade)보다 더 잘 표현한 사람은 없다. 사드의 입장(그는 그것을 실천했다)은 사람이 결정론만 가지면 그 다음에는 존재하는 것이 무엇이든지 옳다는 것이다. 사물은 비사회적이라고 말할 수 있다. 혹은 통합을 위한 것이라기보다 분열을 위한 세력으로서 자유주의 신학자인 틸리히의 귀신에 대한 개념을 생각할 수 있다. 그러나 우리가 말할 수 있는 것은 그것 뿐이다. 우리는 무엇이든 옳다고 하거나 무엇이든 그르다고 말할 수 없다. 도덕도 죽고 사람도 죽었다.

니체(Nietzsche)는 이에 관한 열쇠이다. 그는 현대적 의미에 있어서 "신은 죽었다"고 부르짖은 최초의 사람이다. 그러나 그는 그 결과를 알 만큼 현명하였다. 만일 하나님이 죽는다면 모든 것은 다 끝나고 만다. 나는 그것이 스위스에서 그를 미치게 한 그의 성병 때문이라고만 생각하지 않는다. 니체는 정신병 상태에서 철학적 진술을 했다고 생각한다. 그는 하나님이 죽었다면 어떠한 것에 대한 해답도 있을 수 없고 결국은 정신이상 뿐이라는 사실을 알고 있었다. 이 주장은 예를 들면 유일의 자유는 정신이상 상태에 있다고 한 현대의 미셸 푸코(Michael Foucault)의 철학과 큰 차이가 나는 것이 아니다.

이러한 상태하에서 사람이 무엇에 부딪히게 되는지 우리가 잊어서는 안 된다. 만일 우리가 인격적인 창조주로부터 출발하지 않으면 (아무리 의미론적으로 결부시키려 해도) 결국 우리는 비인격적인 것+시간+우연에 빠지고 만다. 우리는 모든 것을 인간의 특성에 의해 설명해야 하며 또 우주의 모든 복잡성을 시간+우연의 기초에서 이해하지 않으면 안 된다.

이러한 기초에서는 인간과 우주를 설명하기 어렵다는 것을 다윈 자신도 인정하였다. 그의 아들이 출판한 그의 자서전에서 "나는 내 정신으로는 이 사물들이 우연히 생겼다고 믿을 수 없다"고 했다. 그는 노령에 이 말을 여러 번 되풀이하였다. 두 번이나 그는 이 사실에 이상한 주를 달기를 "나는 이것이 사실이라고 내 정신으로는 믿을 수 없다. 그러나 나의 정신은 다만 원숭이의 정신이다. 누가 이와 같은 정신을 믿을 수 있겠는가?"라 하였다. 그러나 물론 이것은 문제를 제기한다. 이 기초에서, 우리는 다윈의 이론을 포함하여 인간 정신의 어떤 결론을 어떻게 용납할 수 있겠는가? 최근 메사추세츠 공과 대학의 머레이 에덴(Murray Eden)은 고속 컴퓨터를 사용하여 질문하기를, 지금부터 8억년 전까지의 어간에 우리가 받아들일 수 있는 어느 기간에 우주가 혼돈으로 시작하였다고 한다면, 현재의 복잡성이 우연히 되었겠는가 했더니 지금까지의 대답은 절대 아니라는 것이었다.

우주적 소외

현대인은 고의든 아니든 우주와 인간은 비인격적인 것+시간+우연에 의하여 설명될 수 있다고 추리한다. 그러면 이런 경우에 인간과 그의 열망은 존재하는 것으로부터 전적으로 소외되고 만다. 이것이 바로 오늘날의 사람들이 사는 곳, 즉 소외의 세대이다. 집단 속에서의 소외, 대학교 내에서의 소외, 부모로부터의 소외, 가는 곳마다 소외가 있다. 때로는 이것은 "떨어져 나가는" 형태를 취하고 때로는 가능한 한 쉽게 살아가기 위해, 가능한 한 체제에서 많은 것을 얻기 위에 "체제에 가담하는" 형태를 취한다. 이 사실의 참된 내용을 알지 못하고 다만 이 견해로 장난하는 사람들은 그들이 당면하고 있는 것이 우주적 소외인 것을 망각한다. 우주적 소외는 간단하게 이런 것이다. 우주에는 아무도 없다. 불러도 대답도 없다. 우리가 누구인지 무엇을 바라는지 아무것도 아무도 반응이 없다. 이것이 딜레마이다.

내가 앞서 든 실례를 다시 들어 보겠다. 예컨대 우리가 앉아 있는 이 방이 유일한 우주라고 가정하자. 하나님이 원하셨다면 우주를 꼭 방만하게 만들 수 있었다. 이 유일의 우주를 만들 때 여기에 견고한 벽으로 된 방 한 칸을 만들었는데 천장까지 액체로 가득찼고 고체나 기체는 없었다고 하자. 그 다음에 물고기가 물에서 헤엄친다고 하자. 이 물고기는 그 우주에서 소외될 수 없다. 왜냐하면 이 물고기들은 본질상 그 우주에 순응하기 때문이다. 그런데 진화론자들이 우연을 생각하는 것처럼 이 물고기에 허파가 갑자기 발달했다고 하자. 그러면 물고기들은 더 고등해졌겠는가? 하등해졌겠는가? 이 물고기들은 물에 빠져버릴 것이므로 분명히 열등해졌을 것이다. 이 때 이 물고기들은 그들을 둘러싸고 있는 우주로부터 우주적 소외를 겪게 된다.

그러나 사람에게는 열망이 있다. 사람은 소위 내가 말하는 인간됨(mannishness)이 있다. 사람은, 사랑이란 여자와 동침하는 것 이상의 것, 그의 도덕적 동기는 단순히 사회적인 어떤 행동 이상의 것, 그의 의의는 거대한 기계의 한낱 톱니바퀴 이상의 것이 되기 바란다. 사람은 사회와의 관계가 하나의 작은 기계가 거대한 기계에 의해 조작되는 것 이상의 것이 되기를 원한다. 그러나 현대 사상의 기초에 의하면 이 모든 것은 단순히 하나의 망상에 지나지 않는다. 그리고 사람에게는 그를 비인격적인 우주로부터 분리시키는 열망이 있기 때문에 그의 존재의 주변에서 가공적(可恐的), 우주적, 최종적, 소외에 직면하게 된다. 우주에는 그를 충족시켜 줄 것이 없기 때문에 그는 우주적 소외 속에 빠져버린다. 이것이 현대인의 상황이다. 거기에는 존재하는 모든 것에서 그를 충족시켜 줄 것이 아무것도 없다.

오늘날의 예언자인 현대 미술가가 우주적 소외에 관하여 부르짖는 대절규를 생각해 보라. 알베르토 자코메티(Alberto Giacometti)는 죽기 직전에 말하기를 “나는 인간의 상황을 전혀 그릴 수 없었다. 만일 내가 그렸다 할지라도 아무도 그것을 보지 않았을 것이다. 그것은 너무나 무시무시했을 것이기 때문이다”고 했다. 그의 그림이 전시되어 있는 큰 미술관에 들어가 보면 사람의 주위에는 반드시 넓은 공간이 있다. 자코메티에게는 전적 고독(孤獨)의 관념이 있다.

찰리 채플린(Charlie Chaplin)도 이것을 표현했다. 현시대에 있어서 채플린은 익살꾼이 아니라 사상가이다. 현대인은 우주에는 신도 없고 천사도 없고 다른 의식있는 생명체도 없다고 생각한다. 우주의 다른 곳에 의식있는 생명체가 있다는 견해는 단지 통계학적 추론과 추측일 뿐이다. 그래서 찰리 채플린이 화성에는 의식있는 생명체가 없다는 말을 들었을 때 "나는 고독하다"고 말했던 것이다. 그는 힘있게 말하는 현대 철학자이다. 우주에 하나님이 존재하지 않는다면 누가 존재한단 말인가?

또한 모티머 애들러(Mortimer Adler)의 저서 인간의 차이점과 그 차이점이 만드는 차이점(*The Difference of Man and the Difference It Makes*)을 보자. 애들러는 말하기를 "우리가 곧 사람의 차이점을 발견하지 못하면 우리는 사람을 기계와 같이 취급할 것이다"고 하였다. 우리 세대의 수많은 사람들은 이제는 그것이 예언이 아니라 사실이라고 결론지었다. 내가 한 가지 부언하고 싶은 것은 우리가 사람을 기계로 생각하면 사람이 기계 취급을 받을 각오를 해야 할 것이다.

오늘날 대학가의 학생 문제는 우리의 교훈이 될 수 있다. 그들의 교수의 대다수는 사람을 기계라고 가르쳐 왔다. 그 결과로 학생들은 기계 취급을 받았다. 그들의 반응은 정당한 것이었다. 즉 학생이 반항하거나 무관심을 보이고 쾌락주의적인 삶을 위해 가능한 한 체제에서 많은 것을 얻고자 하는 바람을 갖는 것은 이해할 만한 것이다.

신비주의자로서의 현대인

현대인은 결국 기계의 단순한 부속으로 전락하여 밀폐되는 것을 용납할 수 없다는 사실을 이해해 보자. 그래서 현대인은 신비주의자가 된다.

루소와 칸트 두 사람 다 이 방향으로 나아간다. 그러나 나는 그들이후의 역사에서 출발하고자 한다. 키에르케고르(Kierkegaard)가 바로 그 열쇠이다. 아마 어떤 사람은 키에르케고르의 추종자들을 탓해야 할 것을 그에게 돌린다고 말할 것이다. 그것은 과연 논쟁점이 될 수 있다. 그러나 키에르케고르가 이것을 탄생시켰든지 또는 키에르케고르주의자가 탄생시켰든지간에 (나는 키에르케고르라고 생각한다) 사람들은 과거 역사에서 당면하지 않았던 분열된 우주를 보게 된다. 이 사건 전에는 철학자들과 사상가들은 항상 통일된 우주관을 취했다. 그것은 모든 삶과 모든 지식을 다 포함하는 견해였다.

그러나 현대인은 전적인 이분법(dichotomy)을 받아들인다. 합리주의로 출발한 인간은 합리적으로 오직 비관론에 도달할 수밖에 없다. 사람은 기계와 동등하다. 사람은 죽었다. 그리하여 키에르케고르와 그의 추종자들은 비합리성의 영역에서 낙관론 개념을 주장하였다. 그들은 신앙과 낙관주의는 언제나 도약이라고 말했으며 이들은 이성과는 무관한 것이라고 했다.

몇 년 전에 그렇게 많이 들은 세대들간의 단절의 중심에는 지식에 대한 이 새 견해가 자리잡고 있다고 개인적으로 나는 생각한다. 현재 받아들여지고 있는 이 이분법에 있어서 비관주의로 인도하는 이성과 낙관주의로 인도하는 그 무엇 사이에는 아무런 상호관계가 없다. 하나님이나 미에 관한 어떤 낙관주의나 인간이나 도덕적 동기의 의의에 대한 어떤 견해이든 그것은 항상 비이성의 영역에 속하는 것이다. 그러므로 이것이 세대들간의 단절의 중심에 있는 상황이다. 즉 현대인은 그의 합리주의를 고수하기 위하여 자신의 합리성을 포기하는 데까지 가고만 것이다.

그러나 현대인은 비록 합리주의(사람은 전적으로 자신으로부터 출발하여 세계를 이해해야 한다는 것)가 지식의 통일성에 대한 희망을 포기케 하고, 또 하나님께서 사람을 자신의 형상대로 만드시고 그의 형상의 일부분이 이성이기 때문에 사람들이 과거 정당하게 쟁취한 합리성에 대한 신뢰를 포기케 할지라도 그의 합리주의를 고수하고 있다.

그러므로 현대인들은 신비적이다. 그러나 그들의 신비주의는 이를테면 과거 로마 카톨릭의 신비주의와는 매우 다르다. 내가 나의 저서 이성에서의 도피와 거기 계시는 하나님에서 이 말을 사용한 것처럼 현대인은 상충부로 도약하는 의미에 있어서 신비적이다.[3] 현대인들은 비이성의 기초에서 낙관주의를 추구한다. 그들은 왜 도약하지 않으면 안 되는지 모른다. 그러나 그들은 그들의 이성을 거슬러 도약해야 하겠다는 충동을 느낀다.

그리스도인들은 왜 비그리스도인들이 도약해야 하는지 이유를 알고 있다. 그들은 하나님의 형상대로 지음을 받았기 때문에 도약한다. 사람이 그릇된 지성체계와 죄와 죄책으로 인하여 아무리 동떨어지게 하나님과 분리되었다 할지라도 그는 비인간이 될 수 없다. 그가 반역하여 하나님으로부터 분리되었음에도 그는 여전히 하나님의 형상대로 지음을 받은 자이다.

현대인들은 비록 그들이 왜 도약해야 하는지 모르지만 그들은 비합리적 영역으로 도약해야 되겠다고 생각한다. 닫힌 체계 안에서의 자연 원인의 제일성을 주장하기 때문에 그들은 오직 비인격적인 것+시간+우연밖에 주장할 것이 없다. 이것이 사람의 열망을 설명하지는 못한다. 그래서 정말 정죄의 느낌을 가지고 자기 자신의 지옥에 빠지거나 상층부로 도약한다.

신비주의자로서의 일반인

이 도약은 철학에서 시작되어 후기 인상파와 더불어 미술에 침투하였고 드뷔시(Debussy)를 따라 음악에 침투했고 엘리어트(T. S. Eliot)와 더불어 일반 문화 영역(영어를 사용하는 나라)에 침투

[3] "상층부"—"상층부 체험"—는 현대 사상에서 가치, 의의, 의미와 관련된 것을 설명할 때 사용되는 용어이지만 실제 세계와 이성과는 관련이 없다.

했고 결국에 가서는 칼 바르트(Karl Barth)와 더불어 신학에 침투했다. 이것은 전적으로 비합리적인 도약이다. 이것은 다양한 방법으로 유포되었는데 첫째는 지식인들을 통하여 교육받은 사람들에게, 그 다음에는 중산층을 휩쓸고 또 이 도약은 일반 매체를 통하여 대중에게 영향을 주었다. 타임지, 뉴스위크지 또는 영국 신문, 렉스프레스(*L'Express*)나 유럽 대륙의 데어 슈피겔(*Der Spiegel*)지를 펴 보면 일반인에게까지 이 메시지가 전달된 것을 볼 수 있다.

세상에는 최종적인 진리도 없고 의미도 없고 절대기준도 없으며 우리는 진리와 의미를 발견하지 못할 뿐 아니라 이것들이 존재하지도 않는다고 가르친다.

학생들과 일반인들은 그것을 분별하지 못할지 모른다. 그러나 그들은 날마다 날마다 이 개념에 의해 도전받고 있다. 우리는 이것을 한두 세대 동안 경험했으므로 이것이 점점 받아들여지고 있다는 사실을 알아야만 한다.

그러나 이 사고방식은 중산층에게는 큰 영향을 끼치지 못했다. 그들은 기독교의 근거가 이 탈기독교 세계에서 박탈되기 전 시대에 대한 하나의 기억인 옛 방법으로 계속 생각하고 있다. 그러나 중산층의 대다수는 기독교적 견해를 포기했기 때문에 가치에 대한 아무런 참된 근거도 없다. 그들은 다만 "기억"에 근거해 행동하는 것뿐이다. 이 때문에 많은 젊은이들은 중산층은 추악하다고 생각한다. 이들은 중산층이 추악하며 플라스틱일 뿐인 플라스틱이라고 생각한다. 왜냐하면 그들은 다른 사람들에게 자신들의 가치관에 근거하여 행동하라고 하지만 자기들은 이 가치관에 대한 근거가 없다. 그들은 근거도 없고 그들이 옳고 그름을 선택할 수 있는 분명한 범주(category)도 없다. 그들은 무엇이 물질적 유익을 주느냐에 따라 선택하는 경향이 있다.

예를 들면 학생들이 학교 행정에 반대하고 스트라이크를 할 때 갈채를 보내던 교수가 학생들이 교수의 원고를 불태울 때는 호통을

친다. 그들은 이것이 옳다 저것이 그르다고 말할 범주가 없다. 이러한 사람들은 아직도 기억에 의하여 옛 가치관에 매달린다. 그러나 그들은 가치에 대한 근거가 전연 없다.

얼마 전에 도시 연합회(Urban Coalition)의 대표 존 가드너(John Gardner)가 워싱턴에서 있었던 학생 지도자 모임에서 강연을 했다. 그의 연제는 "우리 문화 속에서의 가치관 회복"이란 것이었다. 그가 강연을 끝마쳤을 때 무거운 침묵이 깔렸다. 그러자 하버드 대학에서 온 학생이 아주 총명한 태도로 "선생님, 어떤 근거 위에서 선생님의 가치관을 설정합니까?"라고 물었다. 나는 일생 동안 이렇게 무안을 당하는 사람을 본 적이 없다. 그는 다만 내려다 보며 말하기를 "나는 모르겠다"고 대답했다. 나는 그날 이 책 첫 부분에서 말한 바를 강의했다. 그것은 내 강의의 너무나 좋은 실례였다. 여기 젊은이들에게 가치관을 회복하라고 부르짖는 사람이 있다. 그러나 가치관을 설립할 기초는 제시하지 못했다. 마치 어떤 사람이 청중에게 타락하지 말라고 말하면서도 그들이 타락하지 않아야 할 이유는 제시하지 못하는 것과 같다. 다만 희미한 기억에 의해 행동하는 부모들은 그들의 자녀들이 이유와 방법을 물을 때 그들을 무시한다. 그들의 자녀들이 부모님들의 문화는 "플라스틱 문화"라고 외쳐도 그들은 말이 없다. 이 반응이 1960년대 비틀즈의 하사관 펩퍼(*Sergeant Pepper*)에 "우리가 그녀에게 돈으로 살 수 있는 것은 다 주었는데도 그녀는 집을 떠난다"고 매우 아름답게 묘사된 것을 볼 수 있다. 그러한 부모들이 할 수 있는 대답은 이것 뿐이다.

그들은 자기들의 자녀들이나 다른 사람들의 자녀들이 마약에 중독되는 것을 보고 낙망한다. 그들은 국가와 문화가 나아가는 방향을 보도한 신문 기사를 보고 낙심한다. 그들이 외설 희곡을 읽고 텔레비전에서 포르노 영화를 볼 때 그들은 고민한다. 이런 것에 대해 막연한 불쾌감을 갖게 되고 위협을 당하는 것을 느끼지만 그들은 그것을 비판할 아무런 근거도 없다.

그런데 유감스럽게도 이런 사람들이 없는 곳이 없다. 그들은 우리 문화 속, 즉 북부 유럽, 영국, 미국 그리고 세계 여러 곳에서 대다수를 차지하고 있다. 그들은 다수파, 즉 "침묵하는 다수파"이지만 그들은 물처럼 약하다. 그들은 유쾌한 기억이 그들에게 안락한 삶의 길을 제공하기 때문에 옛 방법을 좋아한다. 그러나 그들은 가치관의 근거가 없다.

예를 들면 그들은 교육을 해야 할 유일한 일로 생각하고 그것을 받아들여 자녀들에게 강행시킨다. 성공의 비결은 자녀들을 가능한 한 가장 일찍 입학시키고 가장 짧은 기간에 석사나 박사 학위를 취득하게 하는 것이라고 생각한다. 그러나 그들의 자녀들이 그 이유를 물으면 그들의 유일한 대답은 교육은 사회적 지위를 높이고 또 통계에 의하면 대학 교육을 받은 사람은 일년에 1만 내지 1만 5천불의 수입을 더 올리게 한다고 대답한다. 그들에게는 진정한 교육의 참된 가치관이나 이유조차 없다.

헉슬리와 약물 문화

프랑스, 독일 및 스위스의 세 철학자 장 폴 사르트르, 마르틴 하이데거 및 야스퍼스를 살펴봄으로 실존주의의 비합리적 가치에 대한 비합리적 도약을 연구할 수 있다. 초기 비트겐슈타인 역시 중심 인물이다. 내가 1960년대의 학생 반항에 대해 더 자세히 토의하기 전에 한 국면만 더 말하겠다.

그 국면은 알더스 헉슬리(Aldous Huxley)에게서 가장 잘 나타났다. 우리는 헉슬리를 이해하기 전에는 학생 혁명을 이해할 수 없다. 헉슬리는 현대 약물사용 예찬자의 시조이다. 헉슬리는 약물을 하나의 도피처로 제시하지는 않는다. 오히려 이성이 우리에게 아무런 만족을 주지 못하기 때문에 건강한 사람들에게 약물을 주어 사람이 낙관적인 어떤 경험을 얻는 데에 도움이 되게 한다.

알더스의 형 줄리안이 편집한 인본주의의 얼개(*The Humanist Frame*) 마지막 장에 보면 그는 이 입장을 끝까지 지킨 것이 분명하다. 그는 또한 그의 아내에게 자기가 죽어갈 때 LSD를 먹일 것을 약속하도록 했다. 그래서 그는 환각 체험 중에 죽고자 하였다. 이것이 1960년대의 약물 세계이다. 나는 수백 명의 약물 사용자와 더불어 이야기했다. 그러나 자신이 헉슬리의 상층부 도약, 즉 상층부 소망의 개념을 따르고 있음을 이해하지 못하는 정말 심한 약물 사용자(물론 이러한 사람들은 자기 주위 사람들이 피우기 때문에 자기도 마리화나를 피우기 시작한 어린 소녀는 아니었다)를 만나본 일은 없다.

현대 신학과 하나님의 말씀

현대 신학은 우리에게 도움을 주지 못했다. 칼 바르트 이후로 현대 신학은 하나의 상층부 현상이다. 신앙은 하나의 전적인 상층부 도약이다. 현대 신학의 난점은 현대 신학은 약물을 사용하는 것과 다를 것이 없다는 점이다. 사람들은 약물을 사용해 볼 수도 있고 현대 신학을 시도해 볼 수도 있다. 그것은 아무런 차이가 없다. 둘 다 이성에서 떠난 환각 체험이다.

우리에게 남은 것이라곤 하나님의 말씀뿐이다. 여러 가지 배경에서 자라난 학생들은 "나는 하나님의 말씀에 아주 질색이다"고 한다. 그런데 "나도 그렇다"고 대답하지 않을 수 없다. 이 신학자들은 그들 자신들을 성경에 나타나 있는 명제적이며 언어로 표현된 어떠한 계시와도 결부시키지 않는다. 그들은 내용이 없는 다만 내포적인 말만 가지고 상층부에 머물고 있다. 그들에게 있어서는 여하한 인격적인 신이나 신에 대한 내용도 죽은 것이다. 그들은 여하한 절대적 선(善)과 위(僞)의 범주에서도 이탈이 되고 오직 전적인 상황윤리만 가졌을 뿐이다. 그것이 전부이다. 현대 신학자들의 말을

들어 보면 그들은 오직 세론(世論)을 신학적 용어로 말하는 것뿐이다. 거기에는 도움이 없다.[4]

케이지와 자아 야유

아이러니한 그러한 상황은 우연 이론, 즉 임의 선택으로 작곡하는 현대 작곡가 존 케이지(John Cage)에게 일어난 사건으로 인하여 이루어졌다. 한번은 레너드 번스타인(Leonard Bernstein)이 그에게 뉴욕 필하모닉 오케스트라를 맡겼다. 케이지는 자신의 우연 음악 몇 곡을 지휘했다. 연주가 끝났을 때 그는 답례하기 시작했다. 그 때 그는 증기 파이프에서 증기가 빠져 나가는 소리가 들리는 것 같았다. 그제서야 음악가들이 야유하는 것을 깨달았다. 존 케이지가 그것을 설명하는 바와 같이 그 연주회는 형편없는 경험임에 틀림없었을 것이다. 그러나 나는 그날 밤 그곳에 온 음악가들에게 말하고 싶었던 것을 가끔 생각한다. 나는 누구나 그 음악가들과 한 시간만 같이 지낸다면 그 음악가들 대다수가 철학적으로 케이지가 믿은 것과 똑같은 사실, 즉 우주는 비인격적인 것+시간+우연임을 믿고 있음을 발견하였으리라고 생각한다. 그런데 왜 그들이 야유했을까? 그들이 야유한 이유는 그들의 주장을 그들 자신이 느끼기 쉬운 매개수단으로 들었을 때, 그들 자신들도 자신들의 주장을 좋아하지 않았기 때문이다. 그들은 자기 자신들을 야유했다.

상당수의 부모들과 교수들은 자신들을 야유한다. 그들은 학생들

---

[4] 다음 네 가지 행동으로 복음주의자들이 무의식 중에 이와 같은 방향으로 옮겨가는 경향이 있다. (1) "질문하지 말고 다만 믿기만 하라"고 말함으로써 (2) 그들의 전파와 가르침의 내용을 축소시킴으로써 때때로 현대인은 "낙오하라 그리고 예수와 여행하라"는 메시지를 듣기까지 한다. (3) 칼 바르트가 도약의 신학의 문을 연 사람이라는 것을 깨닫지 못한 채 그를 칭송함으로써 (4) 바르트가 성경 전체를 다루는 방법과 같은 접근 방법을 창세기 처음 몇 장에 적용함으로써, 즉 시공간의 역사에 관한 성경의 진술들을 "종교적 진리"와 분리시킴으로써.

이 하는 짓을 좋아하지 않는다. 그들은 전세대가 하고 있는 일을 좋아하지 않는다. 그러나 그들이 깨닫지 못하는 것은 음악가들이 깨닫지 못하는 것과 꼭같다. 즉 그들은 근본적으로 자녀들이 믿는 것을 그대로 믿으면서도 솔직하지 않거나 적어도 일관성이 없어서 자녀들이 하는 것과 같이 그렇게 하지 못한다. 그들의 아들들과 딸들은 단순히 부모들이 가르친 것을 그대로 받아서 그것을 필연적 결과에까지 끌고 간 것뿐이다.

맬콤 머거리지(Malcolm Muggeridge)는 값어치 있는 글을 많이 썼다. 그러나 내가 보기에 그가 쓴 것 중 가장 충격적인 사실은 새 정치가(*New Statesman*, 1966년 3월 11일 발행)에 그가 그의 방향을 신(新)가디언 좌익주의(New Guardian Leftism)에서 신(新) 맬콤 머거리지주의로 전향한 것을 나타낸 기사라고 생각한다. 그는 "대자유주의자의 자살행위"라는 제목으로 글을 썼다. 그는 솔직히 그가 낙관적으로 지향하던 목표가 실현되지 못할 것을 깨달았다는 사실을 시인하였다. 그가 소망을 두었던 자유주의는 모든 기초를 송두리째 다 허물어 버리고 도덕적 판단을 할 수 있는 아무런 범주도 남기지 않았다. 머거리지는 아직도 자유주의는 그 기초를 파괴했기 때문에 자살했다는 것을 강하게 믿는다. 학생들이 학교 행정 사무실을 뒤집어 엎을 때에 교수들은 환성을 올린다. 그러나 그들이 돌이켜 교수를 대항할 때는 즉시 비명을 지른다. 그들은 자신들의 기초를 파괴했다. 그리고 그들은 무엇이 옳고 무엇이 그르다고 말할 범주도 없고 그들이 터뜨린 홍수를 막을 방법도 없다.

법이 곧 왕이다

이것은 미국 정부 수립의 본래 기초와 완전히 대조가 된다. 우리는 자유와 형식, 형식과 자유를 가졌다. 인간의 거의 모든 변론은 예술에 있어서나 정치에 있어서나 사회에 있어서나 이 형식과 자유의 구조 위에서 설명할 수 있다. 물론 과거 미국은 완전과는 거리가 먼 상황에 처해 있었다. 우리는 그것을 유감스럽게 생각한다. 그러나 북부 유럽의 종교 개혁 문화는 과거 세계의 어느 문화도 가져보지 못한 자유와 형식을 가진 종교개혁의 토대 위에서 설립되었다. 짧은 기간이지만 희랍의 몇몇 작은 도시 국가가 아니었다면 나도 이에 대해 마음속에 의심을 품었을 것이다. 그러나 북부 유럽 국가들은 자유와 형식을 가진 종교개혁 위에서 설립되었다. 이에 대한 특징적인 앵글로색슨적 형태가 있다. 예를 들면 스코틀랜드의 제2의 종교개혁 대지도자 사무엘 러더퍼드(Samuel Rutherford)와 그의 저서 법이 곧 왕이다(*Lex Rex*)를 들 수 있다.

어떻게 개인이나 엘리트의 자의적인 판단이 아니라 법이 왕이 될 수 있는가? 그것은 단순히 하나님이 법을 수립해야 할 기초가 있다고 말씀하셨기 때문이다. 법은 사회학적, 통계학적 추세 위에 떠돌아 다니는 것이 아니라 견고한 기초 위에 설정된 것이어야 한다. 이러한 생각이 주로 로크(Locke)를 통하여 미국 헌법에 들어갔다. 로크는 때로는 기만하기도 하고 복음서에서 인용하기도 했지만 어쨌든 그는 이 기본 이념을 세속화하였다. 법률 제일주의에 기초한 미국 헌법은 로크 및 제퍼슨(Jefferson)과 같은 사람과 직접적으로 위대한 위더스푼(Witherspoon)에 의해 퇴색된 법이 곧 왕이다에 기초하고 있다. 대화가(大畫家) 가문 태생의 스위스 화가 폴 로버트(Paul Robert)가 그린 거대한 그림이 있는데 그는 1900년 바로 전에 스위스 대법원 건물에 그림을 그렸다. 그는 휴 알렉산더(Hugh Alexander)의 권유로 기독교인이 되었으며 그 후로는 기독교를 그림으로 표현하기 시작하였다. 그가 대법원 여러 구사무실로 올라가는 층계 위에 벽화를 그려 달라는 요청을 받자 그는 사무엘 러더퍼드의 대명제를 그림으로 표현했는데 그 제목은 재판관들을 교훈하는 정의의 여신(*Justice Instructing the Judges*)"이었다. 이 그림의 최전면에는 고소하는 여러 장면, 즉 아내가 남편을, 건축 설계사가 건축인을 상대로 고소하는 광경이 그려져 있다. 그들 위에는 작은 흰 휘장을 단 스위스 재판관들이 서 있다. 작은 흰 휘장을 단 판사들이 어떻게 이 소송 사건들을 처리할 것인가? 여기에 사회학적인 모든 이론이 공개 토의된다. 로버트의 대답은 이것이다. 즉 정의의 여신은 흔히 그러듯이 눈을 가린 채 있는 것이 아니라 눈을 가리지 않은 상태로 칼을 "하나님의 말씀"(The Word of God)이라고 쓰인 책을 가리키고 있다는 것이다. 이것이 법이 곧 왕이다이다. 왜냐하면 정의는 단순히 통계적 평균치가 아니기 때문이다. 성경은 법의 기초이다.

이것을 비트겐슈타인과 베르히만의 침묵의 문제에 대한 이해와 비교해 보라. 폴 로버트의 세계관에 의하면 우리는 방 안에 있는 물고기와 같지 않고 우주적 소외감에 당면하지도 않고 어떤 일의 옳고 그름을 판단할 범주의 결여도 없고, 왜 우리가 소외 없이 살 수 없는가 하는 의문에 빠질 이유도 없다는 것이다. 왜냐하면 사람 밖으로부터 오는 명제적이고 언어로 표현된 계시가 있기 때문이다. 그러므로 도약해야 할 사람은 기독교인이 아니다. 아무것도 없는 신비주의 속으로 도약해야 할 사람은 인본주의의 사람이다.

그것은 전제(前提)의 문제이다. 많은 사람들은 전제를 받아 들이기를 어린 아이들의 유아기 질병에 걸리듯 한다. 그들은 그 전제들이 어디서 오는지 전연 모른다. 그러나 사상가는 그러한 방법으로 그의 전제를 받아들이지 않는다. 그의 전제는 어떤 전제가 존재에 가장 잘 부합되는가, 즉 어떤 전제가 존재에 관한 확고한 해답을 주는가 하는 근거에 의하여 선택된다. 우주와 인간에 대한 설명을 할 수 있는 전제는 오직 기독교 전제뿐이다.

카뮈에 대한 예수님의 대답

페스트(*The Plague*)에서 카뮈를 더 연구해 보자. 현대인의 딜레마를 이것보다 더 잘 이해할 수 있는 것은 없다. 현대인은 "정의는 어디서 오는가? 나는 어떻게 해서 움직일 수 있는가"라고 묻는다. 카뮈(Camus)는 "너는 움직일 수 없다. 너는 영원히 저주를 받았다"고 말한다. 사람이 불법(injustice)의 긴장을 느끼면 느낄수록 현대인으로서 또한 현대 합리주의자로서의 저주는 더욱 증가된다. 그의 역작인 페스트를 보면 쥐가 오랑(Oran)에 병을 가져 오자 장 타로(Jean Tarrou)는 딜레마에 봉착했다. 그는 의사와 합세하여 페스트와 투쟁하는 길을 선택할 수 있다. 이 경우에 그는 인도주의자가 될 수는 있지만 카뮈의 체계에 의하면 그는 하나님을 대항하는 것이 된다. 혹은 그가 신부와 합세하여 페스트와 싸우기를 거부하고 비인도주의자가 될 수도 있다. 가엾게도 카뮈는 이 딜레마를 짊어진 채 전연 해결하지 못하고 죽고 말았다.

이와 대조되는 장엄한 성경의 기록을 볼 수 있다. 하나님이시며 순수한 삼위일체적 의미에서 하나님이심을 주장하는 예수님은 나사로의 무덤 앞에 서셨다. 나사로의 무덤 앞에 서신 예수님은 분노하였다. 헬라어 성경에는 이 뜻이 분명히 나타나 있다. 예수님이 거기 서서 분노하신 것을 볼 때 우리들이 생각해야 할 점이 있다. 하나님이신 그리스도는 자신에게 분노하지 않으면서 지금 직면하고 있는 타락의 결과로 말미암은 비정상적인 사건에 분노하실 수 있다.

이것은 굉장한 사건이다. 나는 선한 것과 싸우고 있는 것이 아니라는 것을 인식하면서 불법과 싸울 수 있다. 존재하는 것은 다 선하다고 하는 것은 사실이 아니다. 나는 불법과 싸울 수 있고 또 싸워야 할 이유도 안다. 하나님은 모든 것을 다 사랑하지 않기 때문에, 하나님은 인격을 가지고 계시기 때문에, 하나님을 대항하지 않고서도 불법과 싸울 수 있다.

이것은 안토니오니(Antonioni)의 확대(*Blow-Up*)란 영화와 얼마나 대조가 되는가? 이 영화는 모든 철학적 영화 가운데서 가장 능란한 것이다. 이 "확대"에서 두 가지 사실이 나타나는데 첫째는 죄의식 없는 살인(다시 말하면 도덕적 범주가 없다)이요 둘째로는 의미 없는 사랑(인간의 범주가 없음)이다.

그러나 현대인의 생각은 그것을 넘어선다. 만일 사람이 이 범주를 포기하면 실재와 상상의 차이도 포기하게 된다는 것을 비록 환각 체험을 하지 않아도 분명히 알 수 있다. 영혼의 줄리엣(*Juliet of the Spirits*), 늑대의 시간(*The Hour of the Wolf*) 등의 영화는 다 이런 것이다. 이것은 극단적인 진술도 아니고 단순히 이론적인 논문도 아니다. 이것은 사고 과정이 실제적인 결과로 이동해 넘어가는 것임이 분명하다. 나는 점점 많은 젊은이들이 내게 와서 "나는 이제는 무엇이 실재(實在)인지 모르겠다"고 하는 사실에 당황하고 있다. 이것이 현대인의 딜레마이다.

학생 혁명의 배경

다음은 1960년대의 학생 혁명과 우리의 현 사회를 이해할 수 있는 배경이다. 이것은 우리가 1960년대의 상황에 이르게 된 경위와 1980년대의 사회는 1960년대의 연장이라고 말하는 경위이다. 단 1980년대는 폭발이라기보다 무관심의 세대라 할 수 있는데 물질적 풍요가 위협을 받지 않는 한 무관심하다. 사회가 이성에서 도피한 대가를 받는다. 근대 과학에서 현대적 근대 과학으로, 하나님의 형상대로 지음을 받은 인간에서 기계 인간으로, 형식 속에서의 자유에서 결정론과 자율적 자유로, 하나님과의 조화에서 우주적 소외로, 이성에서 약물과 신신비주의(新神祕主義)로, 성경에 근거한 신학에서 내용없는 신의 말만 존재하는 신학으로 변화된 이것이 합리주의 역사의 흐름이다. 이 흐름에서 학생 혁명이 시작되었다.

제 2 장
국제 학생 혁명

이제 우리가 현 시점에 이른 경위를 알았으니 우리가 처해 있는 상황도 알아야 할 것이다. 어떤 단계를 거쳐서 지금의 학생 폭동이 폭발하였는가?

학생 폭동은 1964년 가을 버클리에서 시작되었는데 그 곳 학생들의 여러 가지 반대 운동은 상호 관련있는 두 가지 상이한 형태로 나타나는 경향이었다. 첫째로는 대학 캠퍼스 내에서 학생들에게 적절한 정치활동, 이를테면 정치적 충원(充員) 또는 언론 등에 참여할 기회를 주기 위한 시도로서 시작된 언론 자유 운동이 있었다. 이 운동 안에는 별별 정견(政見)의 공상을 가진 학생들이 있었다.

이와 때를 같이하여 또 하나의 형태가 나타났는데 그것은 히피 운동이 절대 자율적 자유를 외치고 나온 것이다. 그들이 인식하고 있었는지 않았는지 모르지만 그들은 루소, 토로(Thoreau), 보헤미안 생활 그리고 쾌락주의 흐름에 선 것이다. 어떤 권위이건간에 "파시스트냐, 코삭(Cossack)이냐"라는 외침과 충돌하게 되었다. 그들의 정의(定義)에 의하면 파시스트나 코삭에는 누구를 막론하고 개인의 자유에 추호의 제재라도 가하는 자는 다 포함되어 있다. 이 학생들의 반항은 주로 정치와 관련이 없는 것이었다. 사실상 히피는 어느 모로 보나 사회를 위하거나 반대하는데 아무런 공헌을 끼치지 못하고 사회의 낙오자가 되고 말았다. 그들은 단순히 사라졌다.

또 잠시 출현했다가 사라진 제3의 흐름도 있는데 그것은 언론 자유 운동이 시작된 몇 달 후에 큰 기세를 떨친 불순 언론 운동(the filthy speech movement)이다. 이 반항 운동은 확성기를 꼭 붙잡고 청계(聽界) 내의 모든 사람들에게 구호를 외치는 것이 특징이었다. 잠시 생각해 보면 그것은 자유에 대한 광적인 견해이다. 이 흐름은 현대 급진적 수사학의 많은 용어에 영향을 미쳤다는 데에 중요성이 있고 오늘날 영화, 연극, T.V.의 자유방임적인 용어를 받아들이는 통로를 마련한 셈이었다.

그러나 그것이 언론 자유주의자들이건 히피(가끔 약물에 중독된 자)이건간에 그들의 첫째 구호는 "우리는 플라스틱 문화 속에 살고 있다"는 것이다.

이것은 그릇된 말이 아니라 옳은 말이다. 복음주의 정통교회가 20년 전부터 이 말을 했어야 했다. 만일 그렇게 말했더라면 젊은이들은 오늘날과 같은 딜레마에 빠지지 않았을 것이다. 그러나 정통주의 그리스도인들은 현상태(status quo)를 망각하고도 그것을 전연 깨닫지 못한다. 대다수의 기독교 지도자들은 보수적 입장이 다수의 입장이며 일반적으로 인정된 입장이라고 생각하지만 이제는 그리스도인이 다수파의 입장이 아니라는 사실을 망각한 채 젊은이들에게 보수적 입장을 유지하라고 애원한다. 역사적 기독교 입장을 고수하는 우리들은 이젠 절대 소수임을 알아야 한다.

젊은이들을 구출하는 유일한 방법은 그들에게 현상태를 유지하라고 부탁할 것이 아니라 예수님이 사두개인과 바리새인들을 대항하여 혁명적이었던 것과 같이 그들이 혁명적이어야 한다고 가르쳐야 할 것이다. 이 성경적 의미로 볼 때 우리는 혁명적이어야 한다.

우리가 현 세대 사람에게 조금이라도 의미있는 것을 말하려면 그것이 개인의 회심을 위한 것이건 또는 그리스도는 만물의 주가 되신다는 문화의 변화를 위한 것이건간에 우리가 살고 있는 세대는 플라스틱이란 이해에서 출발해야 한다. 플라스틱이라는 말은 여기에 적절한 말이다. 왜냐하면 플라스틱은 자연적인 요소나 형태가 없는 합성품이기 때문이다. 교회는 하나님께서 말하게 하신 것을 거의 말하지 못했다. 교회는 마치 기독교의 기초는 변동될 수 있는 것처럼 대충 행동했고 또 교회는 사회나 문화나 우리의 젊은이에게 아무런 실제적 변화도 주지 못했고 또 그러한 세상에 말할 필요조차 없는 줄 알았다.

신산업국가

히피와 언론 자유 운동이 있었던 반면에 또 다른 운동이 하나 나타났는데 그것은 히피와 때를 같이하여 등장한 존 케네스 갈브레이스(John Kenneth Galbraith) 운동이다. 비록 그가 리드 강연(Reith Lecture)에서 이미 명백히 천명했지만 신산업국가(*The New Industrial State*)란 책에서 그는 분명한 방향 제시를 하고 있다. 갈브레이드가 비록 히피와 같은 말을 사용하지는 않지만 우리가 플라스틱 문화 속에 살고 있다는 데는 동의한다. 문화는 그 길을 잃었다. 우리에게는 방향을 제시해 줄 수 있는 새로운 누군가가 필요하다. 어떤 새지도자가 나와서 지도해야 할 것인가? 갈브레이드의 대답은 학술계 특히 과학계의 엘리트와 국가가 합력하여 지도해야 한다는 것이다. 플라톤을 아는 사람은 이 말에 매우 익숙할 것이다. 즉 철인 정치가 회복되어야 한다는 것이다.

유토피아에 있어서의 문제

물론 두 견해가 다 문제를 가지고 있다. 알렌 긴스버그(Allen Ginsberg)는 일찍이 히피와 언론 자유 운동 안에 있는 하나의 문제를 제기했다. 그는 히피운동 전성기에 샌프란시스코 심포지엄에서 알랜 왓츠(Alan Watts), 게리 스나이더(Gary Snyder) 그리고 티모시 리어리(Timothy Leary)가 합석했을 때 가장 예리한 논평을 하였다고 나는 생각한다. 리어리와 그 외의 사람들은 약물의 미덕과 새로운 절대 자유 아래서 올 위대한 미래에 대한 찬사를 아끼지 않았다. 쾌락주의의 기초에서 우리는 내일의 황금시대로 들어갈 것이다. 모든 사람은 각자의 자유를 가질 것이며 아무런 제재도 받지 않을 것이다. 특히 약물의 영향 아래 있는 사람은 그의 유토피아에 도달할 것이라고 하였다. 이 때 재치있는 긴스버그는 단 한마디로 풍선을 찔러 터뜨리는 것같이 말하기를 "티모시, 그러나 누군가가 포스터를 만들어야 하지 않는가" 하였다. 형식 없는 자유는 아무것도 산출하지 못한다는 사실은 너무나도 분명하다.

세상에는 아직도 낙오자, 즉 "우드스톡"(Woodstock)에 모인 사람들이 수천 수만이나 있다. 영국 와이트(Wight) 섬에는 이십만 명이나 우굴거리고 있다. 세상에는 아직 이런 사람들이 많다. 그러나 이 운동은 초창기의 세력과 추진력을 상실했음을 알아야 한다. 이상하게도 이런 사람들이 터키의 동쪽과 북아프리카에서 약물 사용으로 죽어가고 있다.

그리고 또 낙오자들은 사회의 문제가 되고 있다. 사회는 그들을 어느 정도밖에 감당하지 못한다. 천 명으로 구성된 사회라면 오 명, 십 명 또는 이십 명은 쉽사리 감당할 수 있고 심지어 백 명도 감당할지 모른다. 그러나 이를테면 그 수가 사오백에 달하면 사회는 그것을 대항하여 싸우지 않으면 안 된다. 사람이 사는 사회는 그것을 감당할 능력이 없기 때문에 무너지고 만다. 문제는 진짜 낙오자는 사회의 기생충이기 때문에 얼마 후에는 사회가 그 짐을 감당하지 못한다. 이 증거는 우드스톡 자체이다. 우드스톡에는 사십만 명이 모였고 전 축제의 경비는 한 청년의 호의로 조달되었다. 그는 우드스톡을 위하여 그의 사업에서 백오십만불을 염출하여 사용했다. 우리는 낙오자의 수가 너무 많을 때는 사회가 그것을 용납하지 못한다는 사실을 잊어서는 안 된다.

사실상 히피와 언론 자유 운동자들이 플라스틱 사회를 반대하여 부르짖고서 제시한 해결책은 그들이 바라던 정반대 방향으로 나아가고 있다. 그것은 전적인 자유 상실의 방향으로 가고 있음을 나는 확신한다.

그러나 갈브레이스 주장도 문제가 있다. 만일 우리에게 학술계나 과학계나 국가의 엘리트뿐이고 이것을 제어할 아무런 통제나 이것에 방향을 제시할 어떠한 외부 보편자도 없다면 이것은 기성 전체주의(establishment totalitarianism)의 방향으로 끌고 갈 것이 분명하다. 기성 엘리트란 말이 머리에 영구히 남도록 반복하라.

문제는 과학자들이 흰 가운을 입었다고 해서 전적으로 신임할 수 있는 것이 아니라는 사실이다. 흰 가운 속에는 사람이 있는 것같이, 과학자도 인간이며 그들도 타락한 인간이다. 비그리스도인들도 단순히 모자나 의복의 색깔 때문에 사람을 믿어서는 안 된다는 사실을 충분히 알아야 한다. 이에 대한 가장 좋은 예는 케임브리지 대학의 인류학자 에드먼드 리치(Edmund R. Leach)이다. 그러나 나는 이것을 마지막 장에서 그가 예증하는 것, 즉 사실에 대한 과학적 조작을 충분히 거론코자 한다.

무정부주의자들의 반응

언론 자유와 히피 운동에서 두 가지 결과가 나온다. 물론 어떤 사람들은 아직도 낙오하고 있다. 그러나 이들을 두 부류로 나눌 수 있다. 첫째로 전적 자유가 사람을 새로운 무정부 상태로 끌고 간다. 이 학생 집단은 그들이 너무나 나빠져서 그 이상 더 나빠질 수 없을 정도로 악하여졌다는 사실을 자인했다. 그러므로 그들이 닥치는 대로 이유없이 파괴하고 파괴의 잿더미에서 보다더 나은 그 무엇이 솟아나오기를 바라는 것은 그들이 악할 대로 악하여졌기 때문이다. 그들은 미국 도시의 폭파자들이다. 그들의 꿈은 허무하고 낭만적이다. 이들은 1970년대와 1980년대 테러리스트의 선구자들이다. 무정부주의자는 자신을 강인하다고 생각하지만 그는 낭만적이다. 그렇게 생각할 하등의 이유가 없지만 그는 보다 나은 그 무엇이 오기를 바란다.

신좌파의 반응

둘째로 언론 자유와 히피 운동에서 신좌파(New Left)가 나왔다. 신좌파는 내가 말한 바와 같이 긴스버그가 누군가가 포스터를 만들어야 한다고 지적한 데서 유래되었다. 그리고 허버트 마르쿠제(Herbert Marcuse)는 그 길을 제시했다. 마르쿠제는 신좌파의 철학자이며 학생운동을 거의 전세계적으로 일으킨 사람이다. 갈브레이스가 기성 전체주의를 제창하는 것처럼 마르쿠제는 좌익 전체주의의 견해를 제창한다. 이것은 하나의 이론이 아니라 지금 실천되고 있는 사실이다. 좌익 전체주의는 위스콘신 대학과 컬럼비아 대학을 위시하여 일어난 대학가의 혁명의 변화를 설명한다. 좌익 전체주의는 위스콘신 대학과 컬럼비아 대학 그리고 소르본느와 서베를린에서 일어나고 있는 일을 설명한다. 소르본느 대학 혁명 지도자의 한 사람이 프랑스 라디오 방송을 통해 말한 일이 있는데 어떤 학생 하나는 전화로 "내게도 말할 기회를 주십시오"라고 했다. 그러나 그 대답은 "안 된다. 조용하라. 말할 기회를 주지 않겠다"는 것이었다. 신좌파가 점령하는 곳에도 같은 현상이 일어난다. 여기에는 본래의 언론 자유 운동에 정반대되는 일이 일어난다. 즉 몇 백 명이 수천 명에게 너희들은 조용하라고 한다.

말하자면 많은 학생들은 미완성 가옥에 살고 있다. 그들은 자기 부모들이 믿던 것을 믿지 않고 부모들의 가치관을 옹호하지도 않는다. 그러나 그들은 그들의 신념의 기초도 없고 도전을 받았을 때 오래 지속할 힘도 없다. 그들은 참다운 가치체계가 없다. 그래서 대학에서조차도 엘리트에게 제재와 간섭을 받는다. 다수파는 소수파가 그들을 지도하도록 허용한다.

어떤 사람들은 신좌파에서 탈퇴하였다. 왜냐하면 아무런 통제도 받지 않고 대중의 제재도 받지 않는 엘리트들이 모든 사람들은 입을 다물고 자기들의 말만을 들으라고 하는 것을 알았기 때문이다.

우리들은 속아서는 안 된다. 이 대학 운동이 서독이나 이탈리아나 도쿄나 미국이나 어디서 일어나든지간에 그것은 오직 음모적인 계획에 지나지 않는다. 그들은 사회에 구체화시킬 의도로 그렇게 한다. 우리가 당면하고 있는 것은 전쟁인데 공격을 받은 사람들은 가끔 그것을 잊어버린다. 학생들 또는 혁명가들은 많은 젊은이들이 이해하는 혁명 메시지를 라디오나 텔레비전을 통해 말할 수 있고 아나운서는 그저 곁에 서서 웃기만 한다. 아나운서는 이 사람들이 하는 일이 장난이 아니라는 사실을 깨닫지 못한다. 그러므로 우리 대학에서 일어나고 있는 사실은 대학만의 문제가 아니라 우리 전체 사회의 문제이다.

그러나 문제는 좌익 엘리트이건 기성 엘리트이건간에 그 결과는 똑같다는 사실이다. 둘 다 진정한 절대자에게 지배를 받지 않는다. 어느 경우를 막론하고 사람들은 오직 전체주의 사회나 국가가 세운 전횡적인 독재자들의 지배를 받게 되는 것이다. 좌익 엘리트와 흥기(興起)하는 기성 엘리트는 모두 다 위협적인 존재이다.

기독교에 반대되는 세 가지 대안

오늘날 일어나고 있는 혁명에 대하여 그리스도인이 취할 정당한 반응을 말하기 전에 나는 그리스도인이 취할 반응과 반대되는 세 가지 기본 대안을 요약하고자 한다. 만일 사람이 기독교의 해결책, 즉 하나님께서 사람에게 분명히 말씀하셨기 때문에 가능한 절대기준과 보편자로 돌아갈 것을 포기한다면, 세상에서 오직 택할 수 있는 것은 세 가지 가능성 중에 하나뿐이다.

첫째는 쾌락주의(hedonism)인데 각 개인은 꼭 자기가 하고 싶은 대로 한다는 것이다. 쾌락주의는 오직 한 사람만 있을 때 그 기능을 발휘할 수 있다. 그러나 한 사람 이상의 사람이 사회에 있게 되면 곧 혼돈이 뒤따르기 마련이다. 쾌락주의자 두 사람이 급류가 흐르는 강의 외나무 다리에서 만났다고 가정해 보자. 여기 딜레마가 있다. 젊은이들이 체제에 가담하고 있지만 쾌락주의는 아직도 많은 젊은이들을 장악하고 있다. 그들은 자신의 쾌락적 이익을 위해 그곳에 머물러 있는 것이다. 히피는 처음과 다른 바가 없고 언론 자유 지지자들은 쾌락주의를 근거로 하여 성공할 것이라고 믿는다. 그러나 이것은 성공하지 못했다. 우리가 하이트 애쉬버리에 가본다면 무엇인가 더 나아지기를 바라던 쾌락주의자들이 불질러 놓은 폐허를 발견할 것이다.

둘째는 만일 사람이 절대기준을 부정하면 아무런 통제도 받지 않고 다수파를 도전할 아무것도 없는 51%의 독재권이 출현할 가능성이 있다. 평균의 법, 즉 다수파의 의견의 법은 사회학적 법칙이다. 미국에서 최초로 그러한 공공연한 사회학적 법칙에 근거하여 행동한 사례로는 올리버 웬델 홈즈(Oliver Wendell Holmes)와 예일 대학교 법학부를 들 수 있다. 법의 참된 기초가 있다고 하는 법이 곧 왕이다(*Lex Rex*)는 개념은 지나가버렸다. 그리고 심지어 헌법도 구속력이 약화되었다고 보아야 하겠다. 법정이 사회학적 법을 만든다.

그러나 우리는 이것이 어떤 결과를 초래하는가를 알아야 한다. 이것은 만일 히틀러가 독일 사람들의 51%의 지지를 받는다면 그는 유태인을 죽일 권리가 있다는 의미가 된다

견제와 균형을 지닌 종교개혁 개념을 확립한 우리들의 그리스도인 선조들은 51%의 독재권을 믿지 않았다. 스칸디나비아, 스위스, 네덜란드, 캐나다 및 미국에는 정치에 견제와 균형이 있다. 영국에는 왕실, 상원, 하원, 수상 및 법원이 상호 견제하도록 되어 있다. 스위스 사람들은 견제와 균형을 얼마나 강조하는지 대법원의 건물을 정부의 다른 기관처럼 한 도시에 두기를 허용하지 않는다. 아직도 대법원은 로잔에 있고 정부의 여타 기관은 베른에 있다. 그러나 현재 정치적 견해 51%의 절대 세력, 즉 여론의 원칙에 있어서는 이 모든 관념은 사라지고 말았다. 이제는 소수의 사람들이 성경을 펴들고 51%의 사람들에게 "당신네들이 틀렸소" 라고 말할 수 없다. 이제는 평가하고 판단할 절대기준을 아무데서도 찾아 볼 수 없고 협잡과 전횡적인 세론(世論)만이 통치한다.

셋째 가능성은 엘리트나 또는 한 사람이 사회에 명령하는 일종의 전체주의이다. 이 경우에도 역시 자의적인 절대기준이 세워지고 어떠한 보편자의 통제에서도 벗어나게 된다. 1970년대의 미국 대법원에서도 이 입장을 취하여 사회에 유익이 된다고 생각되는 자신들의 견해를 강요했다. 낙태법은 이것에 대한 좋은 예이다. 인간 생명에 대한 이러한 중요한 변화는 낙태법 결정에 관여하지 않은 사람에게도 강요되었다.

다시 말하거니와 만일 사람들이 어딘가에 존재하고 우리가 호소할 수 있는 절대기준을 갖고 있지 않다면 사람들에게는 이 세 경우의 사회학적 가능성 밖에는 없다. 대학 교수들은 그들이 기독교의 입장을 배격하면 이 셋 중의 한 입장에 도달할 수밖에 없다는 사

실을 깨닫지 못한 것 같다. 그들은 기본 입장을 버렸으며 또 어떤 입장이 뒤따를지 전연 내다보지 못했다.

그럼 지금의 상황은 어떠한가? 사회의 테두리 속에는 다소의 변동이 있기는 하지만 그래도 우리는 네 개의 기본집단을 꼽을 수 있다. 첫째는 히피 낙오자 세계이다. 둘째는 어떤 절대기준에도 행동의 제재를 받지 않는 좌익 엘리트를 중심으로 한 좌익 전체주의의 신좌파이다. 무정부주의자는 이념적으로는 다르지만 사실은 신좌파를 보강하는 집단이다. 셋째는 흥기(興起)하는 기성 엘리트이다. 그들도 오직 자의적인 절대기준만이 그들의 행동을 제재할 수 있다고 한다. 그러므로 그들의 입장도 역시 힘과 자유의 상실로 끝난다. 넷째로 가장 큰 집단은 1970년대의 소위 "침묵하는 다수파"(silent majority)라고 불리는 사람들이다. 그들은 미국, 영국 그리고 세계 어떤 나라에서나 다수파이다. 그들은 현재 민주주의 투표제도 하에서 그들이 원하는 대로 누구든지 선출할 수 있다.

그러나 침묵하는 다수파도 서로 다른 두 부류로 되어 있다는 것을 분명히 알아야 한다. 첫째는 역사적 기독교의 입장에 서서 성경을 통해 말씀하신 하나님의 명제적 계시 아래 살며 절대기준을 가진 그리스도인들(침묵하는 다수파 중의 소수파이다)이며, 둘째는 전자와 전적으로 다른 다수파로서 기독교 문화가 주는 실제적 혜택으로 살지만 그 혜택에 대한 기초가 없는, 전자와는 전적으로 다른 다수파이다. 그들의 가치는 부이며 그들은 어떤 대가를 치르더라도 개인의 안녕을 얻으려고 한다(그들은 실용적 물질주의자이다). 이들은 이념의 기초도 없고 절대기준도 없기 때문에 아무 때이고 부와 개인의 안녕을 선택해야 할 궁지에 몰리면 대다수는 자유를 타협하거나 자유의 일부분을 포기할 것이다. 그들은 히피 집단이나 신좌파보다 진정한 기독교인에게 더 가까울 것이 없다. 사실은 그들이 침묵하는 다수파라 불리울 가치가 없기 때문에 그리스도인과 거리가 멀다. 삶을 지배하는 주체로 어떤 대가를 치르고라도 부와 개인의 안녕을 얻으려고 한다면 그들처럼 못난 사람들이 없을 것이다.

여기 또 하나의 세력이 관련된다. 많은 낙오자들과 신좌파 사람들은 환멸을 느끼고 있다. 그들은 희망을 잃었다. 이에 대한 실례로 밥 딜런(Bob Dylan)과 비틀즈 음악을 들 수 있다. 그들은 "해결책이 여기 있다"고 부르짖지 않으며 해결책을 강구할 희망마저 포기하고 지금은 그저 낭만적은 음악만 만들고 있다. 안토니오니의 자브리스키 포인트(*Zabriskie Point*)의 낭만적인 종결은 또 하나의 실례이다. 부모들은 이 새 음악을 과거의 음악보다 더 좋아할 것이 틀림없다. 그러나 그들은 잘못 생각하는 것이다. 왜냐하면 이 음악에는 모든 희망이 사라져 버렸기 때문이다.

환멸을 느끼는 시점까지 이른 1960년대의 학생들은 그 다음에는 침묵하는 다수파 중의 다수파로 흡수되는 경향이 있다. 그들은 여전히 마리화나를 피울지 모른다. 그러나 이제는 그들의 평화로운 생활양식을 혼란시킬 행동을 할 아무런 이유가 없다. 그들은 자신의 생활양식을 유지하는 것 이외에 다른 행동을 촉구할 만한 이상이 없다. 본래의 버클리 언론 자유 운동가들이나 그들과 같은 사람들은 다시는 언론 자유를 위해 말하는 모험을 하지 않을 것이다. 문제가 되는 것은, 의견을 정하지 못하는 사람은 자유주의 편에서 보수주의 편으로 기울 수 있지만, 경제적 복지가 제시되지 않으면(예를 들면 물가 상승 억제) 진정한 가치의 기초가 없기 때문에 부와 개인의 안녕을 약속하는 엘리트 형태로 쉽게 기울 수 있다는 것이다. 현재 상황의 결과는 이럴 것이라고 나는 믿는다. 신좌파가 강해져서 난폭하고 혼란하여 질 것이며 또 사회가 수용해야할 낙오자의 수가 증가함에 따라 사회는 점차 혼돈에 빠질 것이다. 그러면 침묵하는 다수파 중 다수파는 이와 경쟁할 것이며 그렇게 경쟁하는 데에 있어서 기성 엘리트, 즉 성장하는 기성 전체주의와 그들의 해결책을 받아들일 것이다. 처음에는 그것이 신좌파의 전체주의만큼 심각하지 않은 것처럼 보이지만 그것은 신좌파와 마찬가지로 절대기준이 없기 때문에 결국에 가서는 사소한 일에까지 압력을 가할 것이다. 더욱더 위험한 것은 복음주의자들이 중산층의 규범을 과대 신뢰하고 가끔 이 규범을 하나님의 절대기준과 동등한 위치에 올려놓기 때문에 생각없이 기성 엘리트를 받아들이고 말 것이라는 것이다.

그리스도인의 반응

만일 상황이 이렇다면 그리스도인의 반응은 어떠해야 하는가? 어떤 그리스도인들은 혁명적인 자세와 일종의 화해의 자세 중에서 선택해야 한다고 생각한다. 그리스도인들은 마땅히 화해를 선택할 것이다. 그러나 우리들은 어떤 일이 먼저 일어나기 전에는 이러한 세상 가운데서 화해를 가질 수 없다. 내가 위에서 말한 대로 우리는 파멸을 향해 달리고 있다. 그러므로 이러한 상황 아래서 화해라는 부드러운 말이나 내용 없는 사랑이란 말은 아무런 의미도 갖지 못할 것이다. 우리는 보다 더 강력한 그 무엇을 가져야 한다.

우리는 기독교적 혁명을 해야 한다. 사랑도 좋은 말이다. 그러나 우리가 사랑을 가지려면 그것이 무엇인지 이해하지 않으면 안 된다. 우리는 종교개혁이 기초로 삼았던 것이 필요하다. 그것은 성경에 근거한 것으로서 하나님은 사랑의 하나님이실 뿐만 아니라 거룩한 하나님이시라는 사실이다. 하나님은 인격을 지니신 분이시다. 세상 만사는 다 하나님과 올바른 관계를 갖지 못했다. 그 때문에 우리는 절대기준과 범주가 필요하다. 우리는 비트겐슈타인이 생각한 것처럼 침묵에 처해 있지 않다. 하나님은 명제적인 말로 우리에게 말씀하셨다.

하나님은 성경을 통해 명제적이며 언어로 표현하는 방법으로 말씀하셨기 때문에 우리는 지식(우리는 상상과 실재 사이에서 방황할 필요가 없다)과 도덕과 법과 사회적 행동과 관계하여 범주를 가질 수 있다. 이 상황에 있어서 사람은 죽은 것이 아니다. 사람은 그의 진정한 도덕적 죄책(guilty)에 의하여 하나님과 분리되었으나 그는 죽지는 않았다. 이 사람은 인격적인 하나님의 형상대로 지음을 받은 놀라운 존재이다. 이것이 화학적 결정론이건 심리학적 결정론이건 간에 루소와 기계적인 세계에 대한 대답이다. 그것은 공간과 시간과 역사 안에서 십자가에 달려 돌아가신 그리스도의 대속의 죽음 안에서 우리의 진정한 도덕적 죄책이 용서받고 사람이 하나님과 사귐을 회복할 수 있는 길이 있다는 것이다.

그러므로 진리 위에 세워진 혁명의 기초가 여기 있다. 우리도 하나님의 은혜로 이 진리 위에 혁명을 다시 이룩할 수 있다. 혁명을 원하는 젊은이들에게 나는, 당신들은 단순히 머리와 수염을 기른다고 해서 혁명가가 될 수 없다고 말하고 싶다. 진정한 혁명가가 되려면 진정한 혁명에 참여해야 한다. 이 혁명은 하나님께서 사람들에게 주신 명제적 계시에서 멀리 떠난 모든 사람들과 대항하여 투쟁하는 혁명이요 나아가 하나님의 말씀을 무의미하게 사용하는 자들과 대항하여 투쟁하는 혁명이다. 또 이 혁명은 개인이 천국에 가는 문제뿐만 아니라 주님이시며 이 타락한 세상에서도 진(眞)과 미(美)를 우리에게 주고자 하시는 실제로 우리 문화의 주님이 되시는 그리스도 안에서 다시 한번 좋은 결과가 나타나기를 보고자 하는 혁명이다.

동맹자가 아니라 공동 투쟁자이다

현시점에서 진정한 혁명이 내포하는 세 가지 함축의미가 무엇인가를 제시하고자 한다.

첫째로 그리스도인들은 이 혁명에 있어서 공동 투쟁자와 동맹자의 차이가 있다는 것을 알아야 한다. 어쩌면 우리가 기독교의 기초없이 말하는 사람들과 똑같은 말을 하고 있는 것같이 보일 것이다. 만일 사회에 부정이 있으면 사회에 부정이 있다고 말하고, 만일 질서가 필요한 때에는 질서가 필요하다고 말한다. 이 경우에 이런 특수한 점에서는 우리가 공동 투쟁자가 된다. 그러나 우리가 비그리스도인의 기초에 세워진 어떤 집단에 있든지 우리 스스로 동맹해서는 안 된다. 우리는 그런 집단과 동맹하지 않는다. 주 예수 그리스도의 교회는 어느 집단과도 같지 않은 전적으로 다른 모임이다. 교회는 성경을 통해 우리에게 주신 절대 기준에 기초하고 있다.

내가 많은 젊은 목사들과 그 외에 다른 사람들을 관찰한 바, 그들은 갑자기 이 두 집단과 부딪치게 되고 둘 중의 하나를 "선택하라, 선택하라, 선택하라"는 재촉을 받는다. 그러나 우리는 하나님의 은혜로 나는 어느 것도 선택하지 않겠다고 말해야 한다. 나는 오직 하나님, 성경을 통해 말씀하신 하나님, 무한하시며 인격적인 하나님 편에 서야 한다. 이 둘 중 어느 집단도 하나님을 대신해서는 안 된다. 그러므로 우리가 어떤 점에 있어서는 그들과 같은 말을 한다 할지라도 우리는 이 특수한 입장에서 공동 투쟁자가 되는 것이지 동맹자가 되는 것은 아니다.

위험한 일은 이것이다. 나이가 든 복음주의자들은 그의 중산층 배경으로 인하여 이 차이점을 잊어버리고 기성 엘리트와 동맹하고 또 그와 동시에 그의 아들이나 딸도 이 차이점을 잊고 좌익 엘리트의 동맹자가 되는 것이다. 성경이 다른 사람들이 하는 말, 이를테면 "정의!" 또는 "무의미한 폭격을 중지하라"는 등의 말을 우리가 말하고 있는 것같이 보이게 할지라도 우리는 성경이 말하는 대로 말해야 한다. 그러나 이것은 일시적인 공동 투쟁이지 동맹이 아니라는 사실을 결코 잊어서는 안 된다.

진리의 선포와 실천

둘째로 우리와 우리 교회는 진리 문제를 심각하게 생각해야 한다. 큰 비극은 모든 나라에서 복음주의자들이 복음주의라는 이름아래서 복음주의를 파괴하는 것이다. 정통주의는 정통주의의 이름 아래서 정통주의를 파괴한다. 아브라함 카이퍼(Abraham Kuyper) 이래 신학뿐만 아니라 문화 이해에 있어서도 참으로 하나님을 대변하던 위대한 대학인 암스테르담의 자유대학(Free University)을 보라. 오늘날 자유대학의 신학부는 성경을 파괴하고 있다. 미국에서도 마찬가지이다. 미국에는 복음주의로 자처하는 신학교들이 있다. 그러나 그들은 성경, 특히 창세기 전반부의 역사적 내용에 대한 완전영감설을 고수하지 않는다. 영국에서도 마찬가지이다. 1890년 헉슬리(T. H. Huxley)는 예언하기를 머지않아 신앙이 모든 사실(특히 아브라함 전의 역사성)과 분리되는 날이 올 것이나, 신앙은 계속하여 영원히 승리할 것이라고 하였다. 이것이 바로 자유주의 신학자들뿐 아니라 하나님이 우리에게 주신 성경의 명제적 진리를 퇴색시키기 시작한 복음주의 정통신학자들이 처해 있는 상황이다.

이 문제의 해결책은 반정립(antithesis)에 있다. 만일 한 명제가 진리라면 그 반대는 비진리이다. 우리는 이것을 심각하게 생각해야 한다. 복음주의 이름 아래 있는 우리들 대다수는 이것을 파악하지 못한다. 우리가 종교적 진리는 오직 심리학적 진리라는 현대 20세기의 견해를 받아들이지 않는 한, 세상에 어떤 진리가 있으면 그 반대는 진리가 아니다. 정반대되는 사실을 가르치는 두 종교는 둘 다 오류일 수 있다. 그러나 둘 다 진리일 수는 없다. 우리들은 하나님이 계시하신 명제적 진리에 상반되는 것은 비록 그것이 힌두교의 용어로 표현되었든 새로운 의미를 가진 전통적인 기독교적 용어로 표현되었든간에 그것은 진리가 아니라는 사실을 말과 행동으로 나타내야 한다.

우리는 개인적인 생활이나 단체적인 생활, 특히 종교적 단체생활의 모든 영역에서 영향력을 끼쳐야 한다. 초대 교회는 그들이 세상의 지도자들과 종교 지도자들에게 공히 정죄받기를 두려워하지 않았다. 그들은 "우리는 전하고 우리는 공적으로 증거해야 한다. 우리는 사람보다 하나님을 순종해야 한다"고 하였다. 사도행전 4：19－20에 그들이 잠잠하라고 하는 관원들에 반대하여 말하기를 우리는 하나님을 순종하여 우리가 보고 들은 것을 말하지 않을 수 없다고 하였다. 그들은 반대되는 일을 실천한 자들이었다.

등에 짐을 지고 머리와 수염을 기른 학생들이 런던 대학 경제학부, 하버드 대학, 소르본느 대학, 아프리카, 아세아 각처에서 라브리로 모여든다. 만일 여러분들이 기독교가 말하는 반정립의 입장에서서 기독교의 가르치는 바를 말하지 않고, 하나님이 말씀하신 바를 말하지 않으면서 그들이 여러분들의 말을 들을 것이라고 생각한다면, 여러분은 여러분들의 친자녀와 이 세대를 이해하지 못한 것이다. 만일 우리가 진(眞)과 정(正)과 반대되는 위(僞)와 오(誤)를 지적하지 않으면 우리의 신임도는 벌써 하락된 것이다. 만일 반정립의 입장에 설 용의가 없으면 우리의 신임도는 폭락되고 만다. 일부 그리스도인들은 성경에 관한 몇몇 요점을 약간만 제시하면 그들이 더 잘 들을 것이라고 생각하지만 오산이다. 그들은 꼭 필요한 해답을 놓치게 된다.

그러나 만일 우리가 기독교의 분명한 내용을 말하고 비진리에 반하여 진리를 강조하려면, 또한 진리를 실천하지 않으면 안 된다. 베를린 전도 집회시의 "진리의 실천"이란 나의 강연의 강조점은 이것이었다.

비록 많은 대가를 치르는 일이 있더라도 우리는 진리를 실천해야 한다. 진리 실천이 교회 연합과 전도 협력을 하게 될 경우라면 실천해야 한다. 자유주의 신학자와 함께 공개 토론회를 갖는 것과 그들을 우리 집회에 초청하여 기도하게 하는 것에는 차이가 있다. 이런 식으로 그리스도인과의 개인적인 교제와 공적인 활동에는 차이가 있어서 다른 사람들은 핵심 문제가 타협되어도 상관이 없다고 결론짓는다.

지금은 우리가 진지하게 진리를 다루는 것과 같이 진리에 관한 개념을 생각할 수 없다고 하는 세대에게, 가시적 교회의 순결 원리와 기율(紀律)이 삶과 교리에 미치는 의의를 고려함으로 우리가 진리를 중요시한다는 사실을 보여 줄 때이다. 우리가 진리를 적용함에 있어서 어떤 점에는 의견차이가 있을 것이다. 그러나 이 견해는 성령의 지도 아래 토의하고 실천해야 한다. 그 상호관계에 있어서는 두 개의 성경 원리를 고려해야 한다. 첫째는 가시적 교회의 순결 원리이며 둘째는 세상 사람에게는, 우리가 그리스도인인지 아닌지 또 하나님이 아들을 보내주셨는지 않았는지를 모든 진정한 그리스도인들 가운데 나타난 가시적 사랑에 근거하여 판단할 권리가 있다는 원리이다.[1]

만일 우리가 오늘날과 같은 시대에 개인적으로 혹은 단체적으로 교의무관주의(教義無關主義)에 사로잡히면, 우리는 불신자나 탈 기독교인이나 상대론자나 회의주의자나 타락한 세대보다 나을 것이 없다.

만일 여러분들이, 플라스틱 문화를 배척하고 위선에 싫증내는 난폭한 젊은이들이 진리에 대한 말만하고 무심코 비진리를 실천하는 여러분들의 말에 감명을 받으리라고 생각한다면 그것은 큰 오산이다. 그들은 절대로 듣지 않을 것이다. 여러분 스스로가 자신의 기초를 파괴했다. 우리는 진리 같은 것은 있을 수 없다고 생각하는 세대에 살고 있다. 그런데 우리가 말로만 진리라고 떠들고 비진리를 행한다면 젊은이들 가운데 정말로 생각하는 사람은 그저 "이 쓰레기야!" 라고 할 것이다.

---

[1] 그리스도인의 표지(*The Mark of The Christian*) 참조.

진정한 그리스도인 공동체

셋째로 우리 교회는 진정한 공동체가 되어야 한다. 정통교리가 있는 곳에는 정통적인 공동체도 있어야 한다. 우리 그리스도인 조직체는 하나님께서 그의 말씀에서 가르친 바를 나타내는 공동체가 되어야 한다. 그들이 시공간과 역사 속에 존재한 십자가 위에서의 그리스도의 죽음과 화목에서 일어난 일이 적절하며 또 그 때문에 이 세상에서 아름답고 신기한 그 무엇을 얻을 수 있다는 것을 이 역사 시점에서 우리의 대화와 우리의 공동체를 통해 볼 수 있어야 한다. 우리는 진리를 전할 수도 있고 정통주의를 전할 수도 있고 나아가서는 비진리 실천을 더 강력하게 반대할 수도 있다. 그러나 다른 사람들이 우리들의 인간 관계에서 미덕을 볼 수 없고 또 그리스도의 공로로 인하여 우리 그리스도인의 공동체가 말다툼과 싸움과 분쟁을 중지할 수 있다는 사실을 볼 수 없다면 우리의 생활은 온당하지 못하다.

그리스도인 공동체의 생활 실천은 모든 영역에 미쳐야 한다. 우리 교회들은 주로 설교하는 장소와 활동하는 기관의 역할은 했으나 공동체의 역할은 별로 하지 못했다. 신약성경의 이 실천적 공동체는 하나의 구호에 그친 것이 아니라 공동체 회원의 물질적인 필요의 어려운 문제까지 다뤘다. 이것이 집사 임명의 이유였다. 멀리 떨어져 있으면서도 실천했다. 예를 들면 이방 마케도니아인들이 예루살렘에 있는 궁핍한 유대 그리스도인들을 도왔다. 이러한 헌금은 바울의 선교사업을 돕기 위하여 보낸 헌금보다 덜 신령한 일이라고 여기지 않았다. 그런 헌금은 강요에 의한 것이 아니라 자원하는 사랑의 공동체의 본분으로서 그리스도인간에 있는 예사로운 일이었다. 이것은 공동체의 정통성을 실천하는 것이었다.

나는 내 생활 전영역에 있어서 벅 힐 폭포(Buck Hill Falls)에서의 나의 마지막 날 강의 마지막 시간에 한 젊은이가 한 기도를 결코 잊을 수 없다. 그녀는 "어른들을 미워한 죄를 용서하옵소서. 나의 하나님, 모든 시대의 각종 정통주의자들이 그리스도인 모임의 모든 분야에서 협력하지 못한 것을 용서하여 주옵소서"라고 기도했다.

나는 반항하는 인본주의 학생들이 소원했지만 실천하지 못한 일, 즉 사람들이 서로서로 인간적으로 대우하는 일이 우리 가운데 있기 바란다. 모든 교회, 기독교 학교 및 선교부는 세상 사람들이 실험공장(a pilot plant)으로서 바라보는 단체가 되기 바란다.

어떤 회사가 수백만불을 투자하여 공장을 건설하려고 하면 그 가능성 여부를 타진하기 위하여 먼저 실험공장을 만든다. 각처에 있는 모든 기독교 단체는 실험공장으로서 사람들과 수평적인 관계를 가질 수 있으며, 이 관계는 특수층의 사람뿐만 아니라 평범한 사람을 보살피고, 상류층의 인권뿐만 아니라 개개인의 필요 전부를 보살피는 공동체를 이룰 수 있음을 보여 주어야 한다.

사람들이 우리 교회에서 진리의 선포뿐만 아니라 진리의 실천, 사랑의 실천, 미덕의 실천을 보지 못하는 한, 또 인본주의자들이 인본주의 근거에서 당연히 원했지만 성취하지 못한 인간 상호간의 대화와 인간 관계가 우리 단체 안에서 실천되지 않는 한, 그들은 우리 말을 듣지 않을 것이며 또 들어서도 안 된다고 생각한다.

진정한 혁명

그러나 만일 그리스도인들이 다음의 요인, 즉 (1) 공동 투쟁자와 동맹자의 차이를 알고 (2) 비록 큰 희생이 있더라도 우리 그리스도인 단체가 진리를 선포하고 실천하며 (3)이 교회들과 성경에 입각한 그리스도인 모임 안에서 진정한 공동체를 이룰 수 있다면, 우리는 참신한 혁명을 일으킬 가능성이 있는 것이다. 이것은 진정한 혁명일 것이며 정통 복음주의 교회 내의 진정한 개혁과 부흥이 될 것이다. 그 다음에는 하나님의 은혜로 그리스도인의 총의(consensus)가 다시 시행될 것이다.

우리가 영향력을 행사하기 위하여 51퍼센트의 사람의 지지를 얻을 필요는 없다. 만일 미국 인구의 20퍼센트가 참으로 중생한 그리스도인이고 그들이 교리와 신앙과 가치관을 분명히 알고 진리를 중대시하고 모순 없는 처세를 한다면, 압도적인 여론이 없이도 우리 지역 사회 한 가운데서 최소한의 발언권을 회복하고 영향력을 행사하게 될 것이다. 그러나 만일 이 개혁과 부흥, 이 적극적인 혁명이 일어나지 않고 또 우리가 처음에는 있었다가 지금은 완전히 사라져버린 그 기초를 우리 문화 밑바닥에 다시 구축하지 않으면 좌익파나 기성 엘리트편에서 틀림없이 혁명을 일으킨다는 것을 알아야 한다.

그런데 이 혁명이 이 둘 중 어느 한 파에서 일어나든지간에 우리의 문화는 현저하게 변화될 것이다. 이렇게 되면 문화 안에 잔존한 기독교적 특색은 완전히 밀려나고 자유는 박탈되고 말 것이다. 만일 이 혁명이 기성 엘리트파에서 시작된다면 그 변화는 서서히 일어날 것이고 당분간은 그리스도인들이 큰 고통을 받지 않을 것이다. 그러나 결국에 가서는 한꺼번에 당하게 될 것이다. 당분간 우리들에게 약간의 평안을 준다 해서 둘 중 하나를 반대하고 하나를 택해서는 안 된다. 이 둘은 모두 비기독교적이요 결국에는 이 둘 다 우리가 가진 자유를 박탈하게 될 것이므로 그 중 어느 것을 선택하든 이것은 중대한 과실이다.

제 3 장

탈기독교 문화 속의 교회

20세기 교회에 무슨 희망이 있을까? 이 질문은 많은 그리스도인들의 마음속에 있는 가장 중요한 질문이다.

나는 앞장에서 만일 예수 그리스도의 교회가 격변하는 20세기에 혁명적인 세력이 되려면 세 가지 필수 조건이 있다고 하였다. 그 첫째는 교회가 공동 투쟁자와 동맹자의 차이를 알아야 하고, 둘째는 교회가 비록 큰 희생을 치른다 할지라도 교리나 실생활에 있어서 분명하게 진리를 고수해야 하며, 셋째는 교회가 단순히 설교 장소나 활동만 전개하는 역할을 초월하여 공동체 의식을 발휘해야 한다는 것이다.

기독교의 진리

그럼 셋째 요점인 개개의 그리스도인과 그리스도인 공동체에 관하여 더 자세히 말하고자 한다. 그러나 비록 매우 실제적인 이 고찰도 위에서 두번째로 말한 교리와 실생활에 있어서 진리가 강조되어야 한다는 사실에 굳게 기초하고 있다.

우리들이 그리스도인은 무엇을 의미하며 누가 그리스도인 공동체를 구성하는가를 이해하기 전에는 그리스도인 공동체는 큰 의의를 갖지 못할 것이다.

자유주의 신학자들은 공동체를 강조하되 사람들이 공동체의 수평적 관계에 들어갈 때 마치 그리스도인이 되는 것처럼 말하고 행동한다. 그러나 이것은 출발점부터 잘못된 것이다. 만일 그것이 사실이라면 기독교에는 인본주의 공동체보다 더 나은 궁극적 가치관이 없게 된다. 그런데 그것이 바로 현대인의 문제이다. 사람은 공동체를 구성하고 있는 사람에 대한 충분한 가치를 발견하지 못하기 때문에 인본주의 공동체에 대한 충분한 가치를 발견하지 못한다. 만일 개개의 인간이 무(無)라면 공동체는 많은 무(無)를 더한 것뿐이다. 우리는 위대한 종교개혁 정신과 종교개혁 신조와 정통 신조를 고수해야 하고 또 우리가 가끔 함께 암송하는 사도신경과 니케아(Nicene) 신조와 칼케돈(Chalcedonia)회의의 기독론을 고수해야 한다. 우리는 이 모든 것을 다 고수해야 한다. 그러나 이것도 성경이 제시하는 궁극적인 진리는 아니다. 진리의 최종 최대의 개념은 기독교는 존재하는 것에 진실하다는 것이다.

나는 가끔 비실재(unreality)의 풍조가 교회와 사람들에게 상당히 있는 이유는 우리가 기독교는 진실하다 할 때 그것이 정말 무엇을 의미하는지 이해하지 못한 까닭이라고 생각한다. 우리가 신조에 진실해야 하겠지만 단순히 신조에 진실하기 때문에 기독교가 진실하다고 한 것이 아니다. 분명히 우리 기독교는 성경의 완전영감에 진실해야 하겠지만 기독교가 진실하다는 것은 성경에 대해 진실하기 때문만도 아니다. 오히려 기독교는 정말로 존재하는 것에 진실하기 때문에 기독교가 진실한 것이다. 기독교는 우주의 존재와 그 복잡성과 그 형식의 이유를 설명한다. 기독교는 사람이 무엇이며, 그 가장 큰 요구가 무엇인가 하는 진리와 하나님의 존재의 진리를 제시한다. 기독교의 궁극적인 환경은 비인격적인 것이 아니라 인격적인 것이다. 우리는 20세기에서 지적 완전을 보전할 수 있는 이성적 지식을 가지고 있다.

그러나 이 지식은 실제적이어야 한다. 하나님의 존재에 관한 우리의 지식은 우리의 전인격과 지성을 다하여 이 하나님을 경배하는 데까지 나아가야 한다. 기독교는 학문적일 뿐 아니라 또한 가장 고귀하고 가장 진실된 신비주의라고 나는 강조하는 바이다. 왜냐하면 기독교는 지성을 포기하지 않고 전인으로 하나님과 관계를 맺도록 허용하는 유일의 신비주의이기 때문이다. 그리고 기독교는 단순히 그것을 이해할 뿐 아니라 개인적으로, 공동체적으로 그것을 실천에 옮겨야 한다.

존재하시는 하나님

개인의 생활이나 공동체의 생활은 다 하나님과 인격적 관계를 맺는 데에 달려 있다. 모든 일이 다 이 사실에 달려 있다. 존재하시는 하나님과의 인격적 관계의 기초 없이는 그리스도인의 개인 생활이나 집단 생활이나 영적 생활에 진실성이 없을 것이다. 그리고 존재하시는 하나님과의 그 어떠한 참된 인격적 관계의 개념도 하나님은 존재하시며 인격적이시며 인간인 나는 그 하나님의 형상 그대로 지음을 받았기 때문에 나도 인격적이라는 사실에 달려 있다. 하나님은 무한하시고 나는 유한하다. 그러나 만일 하나님도 인격자이시고 나도 하나님의 형상대로 지음받은 인격이라면, 내가 존재하시는 하나님과 인격적인 관계를 맺는 것은 부자연스러운 일이 아니다.

기독교의 시작은 구원이 아니라 삼위일체의 존재임을 알아두자. 아무것도 존재하기 전에 하나님은 삼위일체라는 높은 차원의 인격이신 하나님으로서 계셨다. 그러므로 창세 전에 삼위일체의 위격

(位格)간에 교통과 사랑이 있었다. 이것이 태초이다.

하나님과 나 개인과의 자연적인 관계는 구원의 사실에 달려 있는 것이 아니다. 그것은 하나님은 누구이시며 나는 누구인가에 달려 있다. 그런데 이 관계에 들어 가려면 우리가 구원을 얻어야 한다. 그러나 유한한 개인과 존재하시는 무한하신 하나님과의 관계는 갑자기 시작될 수 없다. 우리가 모신 하나님은 바로 이런 분이시며 우리는 수목이나 식물이나 우주 기계와 같은 부분과는 달리, 바로 그의 형상대로 지음을 받은 사람이다.

첫째 계명은 우리의 마음과 뜻과 정성을 다하여 하나님을 사랑하라고 하였다. 이 계명은 단순히 예수님만 말씀하신 것이 아니고 구약성경에도 기록되어 있는데 이것은 사람의 존재의 목적, 즉 하나님을 사랑할 것을 말한 것이다. 그러나 우리가 존재하시는 하나님이 어떤 분이시며 내가 어떤 사람인가를 알기 전에는 이 계명은 무의미한 것이다.

사랑의 하나님이라고 말하는 신학자가 자기가 사용하는 하나님이란 말과 하나님의 존재와의 어떤 상호관계에 대한 확실성이 없으면 그것은 정신 없는 소리이다. 존재하지 않는 하나님을 사랑한다는 말은 어리석은 일이다. 예를 들면 기도는 실재성이 없다고 말하는 자유주의 신학자가 있다. 로빈슨(Robinson) 감독은 그의 책, 신에게 솔직히(*Honest to God*)에서 하나님과의 참된 수직적 관계는 있을 수 없다는 의견을 분명히 나타내고 있다. 로빈슨에게 있어서 하나님은 어떤 의미 있는 수직적 관계를 맺는 분이 아니기 때문에 하나님과 그러한 관계를 맺을 수 없다는 것이다. 그러나 하나님은 인격적인 하나님이시며 그를 사랑하라고 한 것은 허탄한 소리가 아니다.

또한 그 반면에 사람을 기계로 생각하는 인본주의자의 예를 들어보자. 만일 내가 화학적으로나 또는 심리학적으로 결정된 인간이라면 내가 사랑하는 하나님은 의의가 없는 분이다. 더구나 만일 하나님이 위대한 철학적 타자이거나 어떤 의미에서 범신론적으로 비인격적인 만물이라면 하나님을 사랑하라는 말은 하나의 환상이거나 허황한 속임수일 것이다.

기독교가 가진 모든 것은 하나님의 존재와 인격, 사람의 존재와 본질 그리고 "나의" 존재와 본질에 관계되어 있다. 그러므로 그리스도인의 개인적, 공동체적 생활의 적절한 근거는 존재하시며 인격이신 하나님과의 인격적 관계에 달려 있다.

나아가서 우리가 행할 직분은 존재하시는 하나님을 안다는 사실을 증거하는 것이다. 우리들은 모두 너무나 자주 "하나님은 존재하신다" 하고서 그 다음에는 꼭 스콜라 철학적인 정통주의자가 되어 버린다. 가끔 세상 사람들이 보기에 우리 조직의 모든 계획은 마치 하나님이 존재하지 않는 것처럼 세우고, 또 우리는 모든 일을 우리 스스로의 힘으로 자기 본위적 기초에 근거하여 해치워 버린다.

내일 아침에 일어나서 성경을 폈는데 두 가지 사실이 성경에서 빠졌다고 가정하자. 자유주의자들이 빼는 것처럼 빠진 것이 아니라 하나님이 정말 빼버렸다고 하자. 그런데 첫째 것은 성령께서 능력을 주시는 일이요, 둘째는 기도의 실재성이라고 하자. 그러면 성경의 명령에 따라 우리는 성령의 능력이나 기도의 능력에 대해 아무것도 없는 이 새성경의 근거에 따라 살 것이다. 한 가지 물어 보겠는데 우리가 어제 행동한 방식과 다른 점이 있겠는가? 하나님이 정말 존재하신다고 믿는가? 만일 믿는다면 우리는 다르게 산다.

인간의 죄책

물론 우리가 인류 전체를 보고 또 우리의 마음속을 들여다 보면 본래 지음을 받은 상태대로 있지 않음을 안다. 나는 나 자신이 고의적으로 범죄했고 잘못인줄 알면서도 고의로 나쁜 짓을 했다는 것을 인정한다. 그리고 만일 내가 본래 지음을 받은 처지로 있으려면, 즉 존재하시는 하나님과 인격적인 관계를 맺고자 할 때는 내가 가진 도덕적 죄책을 제거하기 위하여 어떤 일이 일어나야 한다.

성경은 성경이 없는 사람, 즉 성경의 내용으로 전연 훈련을 받지 못한 사람에게 말하고, 또 성경은 성경이 있는 사람, 즉 성경의 메시지에 아주 익숙한 사람에게 말한다. 이 두 경우에 성경은 모든 사람이 다 개인적으로 범죄하여 하나님 앞에서 도덕적 죄책 아래 있다고 말한다. 이것은 사람이 그 앞에 도덕적 죄책이 있고 또 유죄하다고 할 절대기준이 없기 때문에 사람은 죄책감은 있으나 도덕적 죄책은 없다고 하는 20세기 사상과 굉장한 차이가 있다. 죄책감은 정말 가능하다. 그러나 각 사람은 고의로 범죄했기 때문에 성경적으로 모든 사람은 하나님 앞에서 참으로 도덕적 죄책이 있다.

바울은 로마서 1장부터 4장에서 지적 긴장과 타락이 오늘날의 세상과 흡사한 희랍과 로마세계의 사람들에게 말했다. 그는 여기서 사람들이 그리스도인이 되어야 할 필요성과 방법을 제시했다. 5장부터는 바울이 그리스도인으로서 그리스도인에게 말했다. 흥미로운 사실은 그가 그리스도인에게 말한 5장에서 그리스도인들에게 세상의 죄의 근원을 설명하기 위하여 아담과 하나님께 대한 아담의 반역을 소개했다는 사실이다. 비그리스도인들에게 말한 처음 몇 장에서 그는 그들이 정말 도덕적 죄책을 가졌는가를 알아야 할 이유를 말하고 그들은 잘못인 줄 알면서도 개인적으로 고의로 그 일을 행했다고 지적하였다.

그리하여 로마서 1 : 32부터 2 : 3 사이에서 바울은 성경이 없는 사람들에게 다음과 같이 말한다.

> 이 같은 일을 행하는 자는 사형에 해당하다고 하나님의 정하심을 알고도 자기들만 행할 뿐 아니라 또한 그 일을 행하는 자를 옳다 하느니라 그러므로 남을 판단하는 사람아 무론 누구든지 네가 핑계치 못할 것은 남을 판단하는 것으로 네가 너를 정죄함이니 판단하는 네가 같은 일을 행함이

> 니라 이런 일을 행하는 자에게 하나님의 판단이 진리대로 되는 줄 우리가 아노라 이런 일을 행하는 자를 판단하고도 같은 일을 행하는 사람아 네가 하나님의 판단을 피할 줄로 생각하느냐

내가 다른 곳에서 말한 예화를 다시 한번 사용하겠다. 만일 이 세상 어디선가 태어난 모든 아기가 그 목에 녹음기를 달고 그 아이가 자라감에 따라 다른 사람들을 정죄하는 도덕적 판단만 녹음했다면, 도덕적 계율은 성경의 율법보다는 가벼울 것이다. 그러나 이 계율도 역시 도덕적 판단이 된다. 결국 이 사람들은 다 심판자이신 하나님 앞에 서는 장엄한 순간을 맞이한다. 자, 그 때 하나님은 단지 녹음기 버튼을 누르고 각 사람은 도덕적 판단으로 다른 사람들을 정죄한 자신의 음성으로 된 모든 말을 들었다고 하자. 그는 몇 년이고 계속해서 다른 사람들을 정죄한 아름답지 못한 수천 수만의 도덕적 판단을 들을 것이다. 이 때 하나님은 비록 성경 말씀을 들어보지 못한 사람이지만 그들에게 단순히 너는 네 자신의 도덕적 판단을 피할 수 있는가? 하고 말씀하실 것이다. 조금 전에 인용한 대로 성경은 모든 사람은 조용하라고 말한다. 모든 사람들은 그것이 잘못인 줄 알면서도 자신들이 고의로 그런 짓을 했다는 것을 시인해야 한다. 아무도 그것을 부인할 수 없다.

우리는 두 부류의 죄를 범한다. 우리는 마치 수렁에 실족하는 것처럼 죄를 짓는데 그것은 갑자기 우리를 기습한다. 우리가 범하는 두번째 종류의 죄는 우리 자신을 고의로 실수하도록 계획하여 죄를 짓게 한다. 그런데 아무도 자기가 두번째 의미의 죄를 짓지 않는다고 할 수 없다. 바울의 말은 단순히 이론적이거나 추상적인 것이 아니라 개인에게, 곧 성경이 없는 사람과 마찬가지로 성경이 있는 사람에게도 한 말이다.

로마서 2 : 17에서 성경이 있는 사람에게도 같은 말을 했다. 하나님은 전적으로 공정하시다. 사람은 자기가 다른 사람을 정죄하려

고 시도하는 것과 똑같은 근거에 의하여 심판을 받고 결점이 드러난다.

심판의 필요성

그러나 나는 이 경고를 강조하겠다. 심판은 정의 이상의 것이고 심판은 필요하다. 심판은 20세기 지성에게 말할 수 있는 유일한 메시지이다. 왜냐하면 그것은 현대인과 모든 시대 사람들의 두 가지 큰 문제에 대한 참된 해답을 줄 수 있는 유일한 메시지이기 때문이다.

첫째는 사람에게는 판단의 근거로 삼아야 할 절대기준과 보편자가 필요하다.

만일 사람에게 판단의 근거가 없다면 실재는 붕괴되어 상상과 실재를 분간할 수 없고 인간 개개인은 가치가 없고 옳고 그름은 무의미하게 될 것이다.

하나님의 인간 심판으로부터 피할 수 있는 길이 두 가지 있다. 그 하나는 세상에는 절대기준이란 있을 수 없다고 하는 것이다. 그러나 만일 하나님이 100퍼센트 근거에 의하여 심판하지 않는다고 하면 그는 사실 하늘에 있는 한 노인에 불과하다는 것을 알아야 한다. 설상가상으로 사람만 상대론에 빠지는 것이 아니라 하나님 자신도 상대론에 구속될 것이다. 자신의 인격이 우주의 법이신 하나님이 심판자가 되셔야 한다. 그렇지 않으면 우리는 절대기준을 갖지 못한다. 역사적 의미에 있어서 개인이 하나님에게 와서 심판을 받는다고 말할 때 우리는 심판에 대해 난처하게 생각할 필요가 없다. 도리어 그 반대이다. 만일 이것이 사실이 아니라면 우리들에게는 절대기준이 없고 또 우리는 20세기 사람에게 제시할 해답이 없다.

하나님의 인간 심판으로부터 피하는 두번째 길은 사람의 의의를 박탈하는 것이다. 이를테면 사람은 기계다 혹은 사람은 화학적으로 또는 심리학적으로 결정되었기 때문에 이 세상에서의 사람의 행동은 자신의 행동이 아니다고 말하는 것이다. 물론 이 경우에는 사람은 책임이 없고 정당하게 심판받을 수도 없다. 그런데 진정한 의의는 사람의 제2의 필요인데 만일 사람이 정말 의의가 없다면 우리는 기독교의 이름으로 사람들이 무(無)가 되어버리는 20세기 사상의 함정 속에 사람들을 던져 넣는 것이 되고 만다.

나의 요점은 단순히 이것이다. 창조에 의하여 사람이 하나님으로부터 분리된 것이 아니다. 사람이 하나님과 교제하는 것은 자연스러운 일인데 사람이 하나님과 분리된 것은 그가 하나님께 반역했기 때문이다. 그러므로 우리는 성경이 제시하는 해결책을 강조해야 한다.

기독교의 나아갈 길

그러면 이 해결책은 무엇인가? 바울은 성경이 있는 사람에게나 성경이 없는 사람에게나 마찬가지라고 한다. 여기 인간의 문제에 대한 놀라운 해결책이 있다. 우리가 이것을 너무 오랫동안 들어왔기 때문에 경청하지 않는다면 이것은 놀라운 것이 되지 않는다. 그러나 만일 여러분들이 처음으로 갑자기 이 해답에 직면하게 되고 복음주의적 용어에 어긋나지 않고 정말로 인간의 근본 문제인 참 죄책에 대한 하나님의 해결책의 능력에 잡힌 바 된다면 놀랍다는 말은 지나친 표현이 아님을 알게 될 것이다.

"내가 복음을 부끄러워하지 아니 하노니 이 복음은 모든 믿는 자에게 구원을 주시는 하나님의 능력(헬라어로 두나미스 : 하나님의 다이나마이트, 즉 하나님의 폭발력임)이 됨이라 첫째는 유대인에게요 또한 헬라인에게로다"(롬 1 : 16). 바울은 이것을 로마서 3 : 23

―26에서 “모든 사람이 죄를 범하였으매 하나님의 영광에 이르지 못하더니”라고 상술하였다. 바울이 누구에게 말하는 가를 기억하라. 그는 지적이고 세련된 희랍과 로마 세계를 향해 말한다. “모든 사람이 죄를 범하였으매 하나님의 영광에 이르지 못하더니”란 말은 헬라어로는 더욱 강조가 되는데 모든 사람이 죄를 범하였으므로(과거) 하나님의 영광에 이르지 못하지만(현재) 그들은 “값없이(무상으로) 의롭다 함을 받았다”고 했다(24절).

여기 말한 구원에는 인간적인 주석이 붙지 않았다. 사람은 인본주의를 구원에 부가하려고 계속 노력한다. 바울 시대의 유대주의자들이건 부가적인 선행을 주장하는 고대 로마 천주교이건 또는 현대 신학자이건간에 사람은 항상 인간적인 요소를 슬그머니 구원에 첨가하려고 한다. 그러나 개인 구원에 관한 한 성경은 인본주의를 전적으로 배제하고 있다. 사람은 “이 예수를 하나님이 그의 피로 인하여 믿음으로 말미암는 화목제물로 세우셨으니 이는 하나님께서 길이 참으시는 중에 전에 지은 죄를 간과하심으로 자기의 의로우심을 나타내려 하심이니 곧 이 때에 자기의 의로우심을 나타내사 자기도 의로우시며 또한 예수 믿는 자를 의롭다”하려 하신 사실로 말미암아 값없이 의롭다 함을 받는 것이다(롬 3：25―26).

원자탄에 대해 말한다면 이것은 어느 시대의 인본주의든 특히 20세기의 인본주의에게는 전적으로 폭발적인 것이다. 우리는 모두 26절의 “곧 이 때에 자기의 의로우심을 나타내사 자기도 의로우시며 또한 예수 믿는 자를 의롭다 하려 하심이니라”한 말을 너무 자주 경솔하게 간과해 버린다. 하나님은 그의 절대적 표준을 유지하신다. 그러나 삶의 의의를 부여하는 인격적 관계에 들어가게 하기 위한 하나님과 개인의 화목의 길도 준비하신다. 개인이 무(無)와는 전적으로 반대가 된다는 사실을 이해하는 것은 바로 이 순간이다.

누군가 내 이름을 기억하신다

그리스도의 죽음은 우리를 하나님과의 비인격적 관계에 버려두지 않는다. 구원이란 단순히 웅대한 신학적 또는 지적 공식만이 아니다. 물론 그것도 되지만 그 이상의 것이다. 선한 목자는 양의 이름을 안다.

많은 그리스도인들은 이 말을 50년 혹은 60년 동안이나 들어왔기 때문에 그들이 이 말을 다시 들으면 졸고 만다. 그러나 또한 세상에는 20세기 중엽에 태어난 사람들이 있다. 이들은 침묵의 세계, 아무도 말하지 않는 세계, 초기 비트겐슈타인과 베르히만의 세계, 대화와 사랑을 애절하게 희구하는 세계, 무인지경의 세계에 살고 있다. 이 사람들에게 나는 "선한 목자가 그대의 이름을 안다. 사람이 그리스도인이 되는 것은 단순히 하나의 아이 비 엠(IBM) 카드가 되는 것이 아니다"고 말하고 싶다.

대학에 다니며 사회라는 큰 기계의 비인격성을 깨닫고 대학은 작은 기계를 조종한다는 것을 아는 학생들이 여기 전적으로 다른 그 무엇이 있다는 것을 이해할 수 없을까? 누군가가 대중 속에 들어 있는 당신의 이름을 안다. 당신이 아이 비 엠 기계와 컴퓨터가 조종하는 대학과 사회를 반항하여 투쟁할 때에도 누군가가 당신의 이름을 안다. 아무도 없는 것 같지만 그는 무한하신 분이기 때문에 당신의 이름을 친히 아신다. 선한 목자는 참으로 사람이시고 또 사람을 초월하신 분(영존하신 삼위 일체 중 제2위격)이시고 무한하시기 때문에 전연 없는 것 같지만 각 사람을 친히 아신다.

하나님의 은혜로 내가 그리스도를 나의 구주, 나의 메시아로 영접할 때 하나님 앞에 있는 나의 진정한 도덕적 죄책은 사라지고 내가 창조받은 본연의 위치, 즉 인격적 하나님과의 인격 대 인격의 관계로 회복된다. 이것은 수직적이며 인격적 관계이다. 이 때 비로소 나는 "아바, 아버지"라고 부를 수 있다. 아바란 말은 단순히 아람어의 번역이고 아버지란 말은 헬라어 번역이다. 헬라어의 아버지란 말은 부드러운 아버지 또는 엄격한 아버지 그 어느 것이든 의미할 수 있다. 그러나 아바란 말은 이 두 가지 뜻을 다 허용하지 않는다. 아바란 말은 아빠란 말이다. 경외하는 자세로 아버지를 어떻게 부르기 원하든, 인격적 하나님이며 우주의 창조주이신 하나님을 지금은 아빠라고 부를 수 있다. 우리는 시공간 속에 있었던 십자가 위에서 죽으신 그리스도의 대속의 완성된 사역을 통하여 그의 길, 곧 비인본주의적인 길로 나올 때 그를 아빠라 부를 수 있으며 경외와 존경심으로 불러야 한다.

여기서 우리는 부모 자식간의 관계, 곧 놀라운 인격적 관계를 갖는다. 이제 내가 "하늘에 계신 우리 아버지"라 부를 때 이 말은 비유적 표현이 아니다(자유주의자들은 비유적 표현이라고 내게 말하나 실은 그렇지 않다). 그것은 실제적 사실이다. 나는 그를 아빠라 부를 수 있다.

이제 우주는 침묵하거나 비인격적인 것이 아니다. 우주에는 나를 사랑하는 분이 계시고 내가 말하면 그는 들으신다. 우리는 다같이 말할 수 있고 인격적인 하나님은 들으신다. 그리고 기계의 일부분이 아니신 그는 우리의 기도로 인하여 역사 안에 다시 들어와 시공간 안에서 일하신다.

갑자기 20세기의 증후군이 분쇄되고 나는 다른 우주, 다른 세계에 살게 된다.

그 다음에는 현대인의 3대 문제가 이 분석과 이 해결책에 적응되는 것을 알아야 한다. 첫째는 하나님은 참으로 거룩하시며 절대 기준은 존재한다는 것이며, 둘째는 모든 사람은 다 멸망될 필요는 없다는 것이며, 셋째는 사람은 의의가 있다는 것이다. 사람은 하나의 막대기나 돌이 아니며 단순히 설계된 컴퓨터가 아니다. 여기 현대인이 참으로 필요로 하는 삼대 폭발적인 해답들이 갑자기 모여든다.

그러나 이것은 20세기 사람들의 요청에 대한 유일한 해답이 아니라 모든 시대의 근본적인 문제에 대한 하나님의 해결책이다. 사람은 창조에 의해서가 아니라 반역으로 인하여 하나님과 분리되었다. 하나님은 우리 모두를 참으로 흥분시키는 해결책을 부여하셨다. 이것은 결국 우리를 충분히 살리는 유일한 해결책이다. 나는 우리의 해결책에 냉담한 복음주의적 정통주의에 싫증이 나고 지겨워진다.

의사소통과 개인

그리스도인 공동체 이해의 첫 단계는 공동체를 구성하고 있는 개인들을 이해하는 것이다. 왜냐하면 개인은 하나님께 중요하기 때문이다. 그리고 개인은 개인에게 중요하다. 그리스도는 얼굴 없는 대중에는 아무런 흥미도 갖지 않았다.

하나님은 개인에게 흥미를 가지셨기 때문에 그들에게 지식을 주셨다. 이 지식은 사람이 절실히 필요로 하고 또 가질 수 있는 것이다. 하나님은 이 지식을 성경을 통해 명제적이며 언어로 표현된 전달방법으로 주셨는데 그것은 놀랄 일이 아니다. 하나님의 형상으로 지으심을 받은 사람이 누구인지 알지 못한다는 사실만이 놀랄 일이다. 하나님은 언어를 기초로 사람이 다른 사람과 수평적으로 의사소통하도록 하셨다. 그러므로 인격적인 하나님께서 언어로 표현하는 형태로 사람과 의사소통하는 것은 놀랄 일이 아니다.

비록 가장 완강한 무신론자도 우주기원에 대해 기독교적 견해를 취하면 놀랄 것이 없다는 데에 동의한다. 만일 삼위일체라는 높은 차원의 인격이신 하나님이 계셔서 영원 전부터 의사소통을 해왔고 또 그가 사람을 그의 형상대로 지어 언어 사용자가 되게 했다면 (현대 모든 인류학은 인간을 이렇게 규정한다. 이것이 인간과 비인간과의 가장 분명한 차이점이다) 언어를 기초로 하여 하나님이 우리에게 참된 정보를 주시는 것은 놀랄 일이 아니다. 하나님은 성경을 통해 우리에게 두 가지 명제적 계시를 주셨다. 첫째는 교훈적 진술과 명령이요 둘째는 그가 시공간의 역사 속에서 활약하신 경위의 기록이다. 이 두 가지로 인해 우리는 정말 지식으로서 또한 행동의 근거로서의 적당한 지식을 갖는다.

하나님은 우리에게 소모적인 지식을 주시지 않고 참 지식, 하나님과 시공간의 우주에 대한 지식을 주셨다. 거듭 말하거니와 그것은 소모적인 지식이 아니라 참된 지식이다.

더구나 예수님은 선지자, 제사장 그리고 왕으로서 오셨다. 그는 지식의 부여자요 육신으로 하나님을 나타내신 자이다. 그러나 우리는 예수님이 주시는 지식과 성경이 주는 지식을 구별짓지 않도록 조심해야 한다. 예수님은 여기서 어떤 이분법도 허용하지 않는다. 예수님은 자신이 지식의 부여자라고 말씀하셨다. 그러나 그는 반드시 성경도 또한 개인에게 주는 지식의 말씀으로 인용하셨다. 성경과 그리스도의 증언은 상호 지지한다. 그러나 여기서 우리는 인격대 인격의 지식을 주고받는다.

그리스도인 공동체

이제 우리는 공동체에 대해 말하려고 한다. 그러나 내가 다시 한번 강조하고 싶은 것은 사람이 그리스도인 공동체(그것이 지역교회이건 어떤 다른 형태의 공동체이건간에)에 들어간다고 해서 하나님과의 관계가 맺어지는 것은 아니라는 사실이다. 내가 이미 말한 것같이 자유주의자들은 공동체에 대한 다른 견해를 발전시켰다. 그들은 사람이 하나님과 관계를 맺는 유일한 방법은 어떤 단체에 가입했을 때라고 가르친다. 현대의 견해는 사람이 공동체에 들어가면 이 공동체 안에서 수평적인 관계가 이루어지고 이 인 대 인(人對人), 즉 너와 나의 관계에서 인 대 신(人對神), 즉 당신(하나님)과 나의 관계를 기대할 수 있다고 한다.

그러나 이것은 기독교의 가르침이 아니다. 그리스도인의 공동체로서 그리스도의 사역을 통하여 이미 그리스도인이 된 개인들로 구성되지 않은 공동체란 있을 수 없다. 사람이 죽을 때까지 그리스도인 공동체에 대해 말할 수 있다. 그러나 그리스도를 통한 인격적인 하나님과의 개인적 관계의 근거에 의하지 않은 그리스도인 공동체는 있을 수 없다. 그리스도인 공동체는 선한 목자가 그의 양으로서 이름을 아는 자, 하나님과 관계를 맺은 자, 포도나무에 붙은 가지로서의 생활을 하는 자, 신랑에 대한 신부, 그리스도의 십자가상의 죽음으로 인한 사역으로 말미암아 살아 계신 하나님께 나온 자들로 구성된다.

세례와 성만찬의 다른점은 이것이다. 세례는 단번에 만민을 위한 것이다. 이것은 사람들이 그리스도를 구주로 영접하는 것과 그 순간 성령으로 세례받음을 상징하는 것이다. 이것은 단번에 만민을 위한 상황이다. 성만찬을 계속 거행하는 것은 그것이 계속적이어야 하고 순간순간적으로, 즉 현대어를 빌리면 실존적으로 그리스도를 먹는 것을 상징하기 때문이다. 이 사람들이 그리스도인 공동체를 구성해야 할 사람들이다.

우리는 하나님과 관계를 맺고 있는 개인을 주의 깊게 관찰했다. 공동체도 마찬가지이다. 우리들은 이 점에서 실패했다고 나는 생각한다. 우리는 왜 그런지 교회가 호흡하는 존재가 아닌 고정되고 정적인 교회관을 가졌다. 그러나 기독교는 비록 개인적인 것이지만 개인주의적인 것은 아니다. 사람은 개인적으로 하나님께 나오지만 하나씩 하나씩 나온 후에는 하나님은 우리를 수평적으로 고립 상태에 두시지 않는다.

하나님이 아담을 창조하신 후 처음으로 하신 일은 그의 배필이 될 하와를 만드신 것이다. 아담과는 다르지만 그의 배필이 되어 무한하신 인격적 창조주와의 수직적 인격 관계를 가짐과 동시에 정당하고 수평적이고 유한한 인격적 관계를 갖도록 하셨다. 하나님은 그것을 원하신다. 하나님은 신약에서도(약간 다른 형식이지만 구약에서도) 이미 그리스도인이 된 자들간의 관계, 즉 공동체를 형성해야 된다는 사실을 알기를 원하셨다.

개개의 그리스도인은 있어도 그리스도인 공동체는 없을 수 있지만 개개의 그리스도인 없이는 그리스도인 공동체가 있을 수 없다는 사실을 우리는 알아야 한다. 반면에 복음주의적 정통파 남녀로서의 우리들은 개인이 하나님께 나와야 할 필요성을 이해할 수 있고 투쟁할 수 있다. 그 다음에는 실천하는 공동체라기보다 불충분한 의미로 개인주의적으로 설 수 있다. 그러나 우리는 개인주의 자체를 취해서는 안 된다. 일단 우리가 그리스도인이 되면 공동체가 이루어져야 한다. 내가 전에 말한 바와 같이 교리에 정통이 있는 것같이 공동체의 정통도 있어야 한다.

물론 세상에는 여러 가지 형태의 그리스도인 공동체들이 있다. 지역교회, 신학교, 기독교 대학, 선교부 등등이 있다. 이것들은 그 형태는 약간씩 다르지만 다 그리스도인 공동체이며 또 그렇게 되어야 한다. 그러나 이것들은 다 동등하지 않다. 왜냐하면 개교회를 제외하고 다른 것은 모두 시대의 변천 요청에 따라 사람이 택한 것이다. 그러나 신약성경을 통해 하나님은 친히 우리가 살고 있는 시대, 즉 그리스도 재림시까지의 시대를 위하여 교회 형식을 명령하셨다.

실존적 생활

그러나 외적 형식 여하를 막론하고 공동체로서의 그리스도인 공동체의 첫째 관계는 수평이 아니라 수직이라는 사실을 알아야 한다. 그리스도인 공동체는 하나님과 개인적인 관계를 맺은 사람들로 구성되었으며 그 다음에 하나의 단위로서 공동체는 무엇보다도 먼저 하나님과의 관계를 유지하도록 노력해야 한다. 공동체의 첫째 임무는 타락한 자를 위한 것이 아니다(그 임무도 매우 중요하지만). 그리스도인 공동체가 해야 할 첫째 임무는 살아 있고 실존적이며 순간순간 하나님과 관계를 맺는 공동체가 되어야 한다. 회중이나 기독교 대학 학생회나 가정이나 그 어떤 공동체이건간에 신자들의 교제는 하나님 앞에서 경외와 경배로 이루어져야 한다.

우리는 그렇게 하는가? 우리는 모이기만 하면 모두 상업회의소처럼 행사하려고 한다. 얼마 전에 나는 영국에서 큰 솜공장을 하는 사람과 이야기한 일이 있다. 그는 "당신 말이 맞습니다. 당신 말이 맞습니다. 나는 두 모임에 나갑니다. 한 모임은 그리스도인 형제를 만나는 그리스도인 모임이고, 다른 한 모임은 솜공장 사업 회의입니다. 때로는 회의하는 중간에 문뜩 '도대체 내가 어느 회의에 참석하고 있는가' 하고 자문해 봅니다"고 하였다.

공동체와 하나님과의 관계는 기계적으로 되지 않는다. 어떤 모임이 가견적 교회의 순결성과 역사적 기독교 신앙을 위해 싸운다 할지라도, 하나의 모임으로서 기계적이며 자동적으로 위로 하나님과 관계를 맺는다는 것을 의미하지는 않는다. 이것은 우리가 의식적이고 계속적으로 추구하지 않으면 안되는 것이다. 개인과 단체는 의식적으로 그리스도에게 도움을 구해야 하고 이론적으로뿐 아니라 실제로 성령의 인도를 의지해야 하며, 모든 관계는 사람에게 의미를 갖기 전에 먼저 하나님과 관계를 맺어야 된다는 것을 이해해야 한다. 그리고 수직적 관계가 먼저는 개인적으로 그 다음에는 단체적으로 맺어진 후에야만, 우리는 수평적 관계와 정당한 그리스도인 공동체를 가질 수 있다. 그것은 아직 요원하다. 그러나 이것을 실천할 다른 확실한 방법이 없다.

그러나 우리가 이제 공동체로서 의식적으로 우리의 소명을 깨달으면 우리가 누구와 수평적 관계를 맺고 있는지 알 수 있다. 누구보다도 먼저 나와 그리스도인 공동체 안에 있는 내 주위의 사람과 관계를 맺는다. 나는 많은 사람들 가운데 한 사람이요 그들과 한 몸이요 같은 피를 받았다. 그들도 하나님의 형상으로 지음을 받고 나도 하나님의 형상으로 지음을 받았다. 우리는 같은 창조주를 모시고 같은 기원을 갖고 있다. 둘째로 그들과 나는 하나님의 은혜로 예수 그리스도의 완성하신 사역을 힘입었기 때문에 나도 그들과 같은 그리스도 안의 한 형제이다.

그러므로 우리 단체들 안에서 서로 만날 때 우리가 누구인지 안다. 우리들은 공동체라고 하면서도 생물학적 연속성 이상의 공동체를 위한 근거를 갖지 못하고 거리를 확보하고 자신들을 알지 못하는 사람들과는 다르다. 이제 우리는 하나의 공동체로서 집단적으로 공동체의 본분을 실천할 참된 개인적 삶을 시작할 준비가 되었다. 인격적 하나님과의 개인 및 공동체의 인격적 관계에 근거를 둔 하나의 공동체로서의 개인 및 단체의 진정한 그리스도인의 인격적 삶은 이를 관측하는 세상의 눈 앞에 그리스도인 공동체의 가능성을 제시한다. 그러나 우리가 이것을 실천하지 않는다면, 많은 시간을 들여 그리스도인 공동체가 무엇인지 말할 필요가 없다. 우리들은 탈기독교 문화 속에서 이 실천이 무엇을 의미하는가를 이 책 나머지 부분에서 계속 거론하고자 한다.

제 4 장
교회 내의 형식과 자유

만일 교회가 본연의 임무를 이행하고 20세기 말에 교회 앞에 가로 놓인 난관을 타개하려면 우리는 네번째 사실을 고려할 필요가 있다. 첫째는 공동 투쟁자가 되는 것과 동맹자가 되는 것의 차이에 대한 이해요, 둘째는 비록 큰 희생을 치르더라도 진리의 전파와 실천이요, 셋째는 참된 그리스도인 단체 안에서와 참된 그리스도인 단체간의 공동체의 정통성 실천이다. 넷째는 교회로서의 교회에 관하여 성경이 제시하는 형식이 무엇이며 자유가 무엇인가를 고려하는 것이다. 혹은 이것을 교회 정치에 관하여 성경이 진술한 한계 조건들이라 말할 수 있다.

여기서는 그리스도인의 사역 전반을 말하는 것이 아니라 교회로서의 교회, 즉 오늘날 기구적으로 조직된 교회를 말하려는 것이다. 이 교회에 미래가 있는가?

물론 예수 그리스도의 교회는 무엇보다도 먼저 불가견적 교회(invisible church)이다. 불가견적 교회는 구성원이 외형적 조직의 일원이건 아니건간에 순수한 성경적 의미에서 보면.그리스도를 믿는 믿음으로 연합된 신자들의 모임이다. 이 불가견적 교회에는 오늘날 현세의 전투하는 교회와 이미 그 일원이 안식에 들어간 어제의 교회가 다 포함되어 있다. 이 교회는 보편적 교회이다. 예수님이 "내가 내 교회를 세우리라"(마 16 : 18)고 하신 것은 바로 이 교회를 의미하신 것이다. 히브리서 기자도 12 : 22－23에서 같은 사실을 염두에 두었는데 그것은 곧 모든 시대와 모든 지역을 망라하는 신자들의 전체 모임의 연합이다.

가견적 교회

그러나 예수님이 언급하신 것 중의 하나는 역시 교회의 가견성(visibility)을 지적한 것이다. 마태복음 18 : 17에서 예수님은 "만일 그들의 말도 듣지 않거든 교회에 말하고 교회의 말도 듣지 않거든 이방인과 세리와 같이 여기라"하셨다. 그러므로 여기서 우리는 이미 교회는 불가견적일 뿐만 아니라 가견적이라는 사실을 알 수 있다. 그리스도 안에 있는 형제 중 과실이 있는 자를 불가견적 교회 앞에 세우라고 명하는 것은 무의미한 일이다. 우리 앞에 과실 있는 형제가 있을 때 데리고 갈 수 있는 어떤 조직체가 있다는 것을 여기서 암시하고 있다. 이 조직체는 그 조직체 안에 있는 자와 밖에 있는 자를 구별한다.

사도행전을 보면 이 견해가 인정되어 신속히 시행되었음을 알 수 있다. 사도행전 13 : 1－2은 안디옥의 그리스도인 무리에 관한 것이다. 안디옥은 중요한 위치에 있다. 왜냐하면 대다수의 교회 역사가들과 주석가들은 이곳에서 순수 이방인(다만 "하나님을 두려워하는 자"가 아니고 고넬료처럼 믿기는 했지만 유대 의식을 전적으로 취하지 않은 이방인)들이 처음으로 유대 그리스도인들에게 전도를 받았다고 생각하기 때문이다.

이 말씀은 "안디옥에 있는 교회 안에……"로 시작되었다. 이리하여 "교회"라고 불리며 활동하는 지역 모임이 탄생되었다. 여기서부터 사람들이 그리스도인이 된 곳이면 어디서든지 교회가 설립되었다는 사실이 신약에는 분명히 나타나 있다.

내가 이미 강조한 대로 구원은 개인적인 것이다. 그러나 개인주의적인 것은 아니다. 사람들은 개별적인 방법 이외로는 그리스도인이 될 수 없다. 그러나 우리의 구원은 고립적인 것이 아니다. 하나님의 백성들은 공동체 안에 함께 부름을 받았다. 안디옥에서부터 개개의 그리스도인들은 개인주의적으로 행동하지 않고 그들은 한 단위로 행동한다.

믿는 유대인 관원들뿐만 아니라 분명히 안디옥 교회의 일원들도 그들의 이웃 이방인들에게 기쁜 소식을 전하지 않고는 견딜 수가 없었다. 특별히 마나엔(Manaen)을 "헤롯의 젖동생"이라고 언급한 것으로 보아 안디옥 교회의 일원 중에는 귀족이 있었다는 것을 알 수 있다.

이 교회는 사회의 전역을 망라하고 있었다. 이 교회는 속해 있는 문화 범위만큼 광범위했다. 안디옥 교회에는 평민들도 있었고 또한 헤롯왕의 젖동생도 있었다. 유대인들도 있었고 이방인들도 있었다. 사실 안디옥 교회는 처음부터 아주 이상적인 지역교회였다. 안디옥 교회는 주위의 사회 전역을 포괄하고 있었으며 다른 배경으로는 도저히 자리를 같이할 수 없는 헤롯의 젖동생과 노예들도 포함하고 있었다.

그리고 그들은 전문적인 목사나 선교사는 아니였지만 또한 전파자들이었다는 것을 알 수 있다. 그리스도인들은 그들의 문화권에 말씀을 전파해야 한다는 책임감을 느꼈고 이 때문에 안디옥의 이방인들이 그리스도인이 되었다. 그리고 그들은 또한 바울과 바나바를 해외로 파송할 의무도 느꼈다.

어떤 의미로는 하나의 완전한 개교회의 모범을 여기서 볼 수 있다. 즉 개인들이 그리스도인이 되었지만 개인주의적으로 행동하지 않았고 또 회중은 사회 전역을 망라하고 있었고 일원들은 국내뿐 아니라 국외에까지 말씀을 전하는 전파자였다. 성령께서 바나바와 바울을 최초의 선교사로 보내라고 할 때 일원들은 다만 개인적 그리스도인으로 행동하지 않고 하나의 단위로 교회로서의 기능을 발휘했다.

나는 가끔 "20세기 말에 이르면 조직적 교회는 끝장이 납니까"라는 질문을 받는다. 나는 절대 그렇지 않다고 대답한다. 왜냐하면 교회는 그리스도 재림시까지 신약의 법령으로서 있는 것이기 때문이다. 그렇다고 해서 조직적 교회에 관하여 신약이 형식뿐 아니라 자유도 제시하고 있다는 사실을 잊어서는 안 된다.

신약이 조직적 교회에 명하는 범위가 어느 정도인지 생각해 보자. 다시 말하면 어떤 형식을 요구하는가를 생각해 보자. 우리는 이미 교리와 생활의 정통에 대한 명령과 공동체의 정통에 관한 것을 다루었다. 지금은 교회로서의 교회 정치에 관한 신약의 태도를 논하고 있는 것이다. 첫째로 지역회중(地域會衆)이 존재해야 하며 그들은 그리스도인들로 구성되어야 한다.

지역교회의 형성

사도행전 16：4－5에서 우리는 안디옥 교회가 파송한 바울과 바나바의 선교여행에 관한 내용을 볼 수 있다. "여러 성으로 다녀갈 때에 예루살렘에 있는 사도와 장로들의 작정한 규례를 저희에게 주어 지키게 하니 이에 여러 교회가 믿음이 더 굳어지고 수가 날마다 더하니라." 교회가 믿음으로 설립되고 그 수가 날마다 증가했다. 선교여행이 진행됨에 따라 개인들이 구원으로 인도되었다. 그러나 그들은 곧 형식이 있는 독특하고 뚜렷한 구조의 조직에 가입했다. 바울의 선교여행 전반을 통하여 우리는 교회 형성이 강조된 것을 볼 수 있다.

로마서 16：16에 바울은 "거룩하게 입맞춤으로 서로 문안하라 그리스도의 모든 교회가 다 너희에게 문안하느니라"하였다. 여기에는 다만 교회(단수)가 아니라 교회들(복수)이 언급되어 있다. 고린도후서 11 : 28에서 바울은 "모든 교회를 위하여 염려하는 것이라"하였다. 로마서 16 : 3-4에는 형성된 초대 교회에 관한 매우 교훈적인 말이 포함되어 있다. "브리스길라와 아굴라에게 문안하라"(헬라어의 브리스카는 브리스길라의 애칭임). "너희가 그리스도 예수 안에서 나의 동역자들인 브리스가와 아굴라에게 문안하라 저희는 내 목숨을 위하여 자기의 목이라도 내어놓았나니 나뿐 아니라 이방인의 모든 교회도 저희에게 감사하느니라." 그것은 한 교회가 아니라 교회들이다. 즉 개별 교회(individual church)가 형성되었다.

바울은 계속하여 "또 그들의 집에 있는 교회에 문안하라"고 했다. 그 때 아굴라와 브리스길라는 로마에 있었다. 그러나 우리가 고린도전서 16 : 19에서 보는 바와 같이 그들이 아세아에 있을 때에도 그들의 집에 교회가 있었다. 그러니 브리스길라와 아굴라가 가는 곳마다 사람들이 구원을 얻고 교회가 형성되었음이 분명하다.

그러나 교회가 그들의 집에 있었다는 사실이 흥미 있는 일이다. 라이트푸트(Lightfoot)는 3세기 전에는 교회 건물 같은 것은 없었다고 말했다. 그러나 라이트푸트가 이 말을 한 후에 고고학자들은 로마에서 아주 재미있는 곳을 발굴했다. 로마의 가옥은 큰 저택이 아닌 이상에는 상당히 작았다고 한다. 그런데 고고학자들이 발굴한 곳은 두 집의 정면이 닿지는 않았지만 내부의 벽을 헐어 큰 방을 만든 곳이었다. 여기서 발견된 모든 물건을 통해 고고학자들은 이것이 교회 건물이라고 믿었다. 이 건물은 2세기 말의 것으로 추정되었다. 그러나 라이트푸트의 3세기 초기설을 믿거나 2세기 말기설을 믿거나 사실에는 별 차이가 없다. 성경은 교회가 어느 곳에서는 모일 수 있고 어느 곳에서는 모일 수 없다고 규정하지는 않는다. 주요 사실은 교회에 대한 초기의 관념은 교회 건물과 결부되지 않았다는 사실이다. 교회란 사람들이 함께 일하는 곳에 성령에 의하여 어떤 형식으로 함께 모인 그리스도인들의 모임이다. 우리는 신약 전체에 있는 여러 구절을 통해 이 형식을 연구하고자 한다.

먼저 고린도전서 4 : 17과 7 : 17도 역시 교회들은 다만 어떤 추상적이거나 불가시적인 개념이 아니라 교회들로 간주할 수 있다고 가장 분명히 언급한다. 사람들이 그리스도인이 됨에 따라 교회들이 형성되었으며 이 교회들은 뚜렷하고 독특한 실체가 되었다.

고린도전서 11 : 18에는 유감스럽지만 동시에 우리에게 격려가 되는 말이 있다. "첫째는 너희가 교회에 모일 때에 너희 중에 분쟁이 있다 함을 듣고 대강 믿노니"라 했다. 이렇게 일찍부터 교회 안에 다툼과 문제가 있었다는 것은 유감스러운 일이기는 하지만 동시에 격려도 된다. 교회는 교회 건물이 아니라 신자들의 모임이라는 사실을 알아두기 바란다. 그리고 이 신자들의 모임도 완전하지 못하다. 왜냐하면 타락한 세상에는 완전한 것이란 없기 때문이다. 그리스도인들도 예수님이 오시기까지는 완전하지 못하다. 교회에 징계가 있다는 것으로 알 수 있듯이 교회는 하나의 이상으로서 우리의 상상과 경험을 전적으로 초월하는 그 무엇을 의미하는 것이 아니다. 이것은 완전한 회중의 상징은 아니지만 그리스도인들로 구성된 하나의 회중이다.

바로 주후 100년(요한계시록이 이때 쓰여졌다고 간주하면)에 요한은 성령의 감동 아래 요한계시록을 써서 이 책을 개별 교회들에 부쳤다. 그러므로 신약성경 마지막까지 개별교회들이 있었고 편지를 그들에게 보낼 만큼 중요하였다. 바울이 로마 제국에 건너가고 아굴라와 브리스길라도 건너 가고 또 다른 그리스도인들도 로마 제국에 건너 감에 따라 개인들이 구원을 받고 지역 회중들이 조직되었다. 나는 이것이 예수님 오실 때까지 유지해 나가야 할 교회의 본이라고 믿는다.

그러므로 첫째 성경적 표준은 교회는 그리스도인으로 구성되어야 한다는 것이다. 그러한 교회를 구성하지 않는 것은 이 표준에 위배되는 것이다.

둘째로 이 회중은 특별한 방법으로 매주 첫째 날에 모였다는 것이 분명하다. 참조 구절은 없지만 고린도전서 16：2과 사도행전 20：7을 생각해 보면 이것은 분명한 것 같다. 매주 첫날에 그들이 모인 것은 "주님은 부활하셨다！ 정말 부활하셨다！"는 것을 증언하기 위해서였다.

그러나 그날 어느 시간에 모인다는 규정은 없다. 날짜는 결정되었지만 시간은 전연 언급되지 않았다.

지역교회 정치

바울의 서신들과 사도행전에는 이 회중이 채택한 독특한 정치형태가 나타나 있다. 예컨대 교회에는 직원이 있었음을 알 수 있다. 사도행전 14：23에는 "각 교회에서 장로들을 택하여(임명하여) 금식 기도하며 저희를 그 믿은 바 주께 부탁하고"라 하였다. 학자들은 이 장로들의 선출 방법에 관한 토의를 했다. 나 자신은 이에 대한 분명한 제시가 없다고 생각한다. 그러나 장로들이 있었다는 사실은 명약관화하다. 교회는 아무 형식도 없는 신자들의 집단으로 그냥 있지는 않았다. 그러므로 셋째 표준은 지역 교회들의 책임을 맡은 직원들(장로들)이 있었다는 것이다. 선교 여행에 오른 선교사들은 개개 그리스도인들을 얻을 뿐만 아니라 또한 직원이 있는 교회들을 설립했다.

장로들과 집사들

우리가 신약을 읽어 보면 다소 세부사항이 드러나기 시작한다. 즉 교회의 규모와 생활이 시작된다. 예를 들면 바울이 많은 시간을 들이고 극진히 사랑한 에베소 교회와 작별을 하는 광경을 그린 주목할 만한 말씀(행 20：17－37)을 볼 수 있는데 바울은 그들의 강권에 못이겨 오래 머물게 될까봐 그 자신이 에베소 시에 들어가지 않고 에베소에서 30내지 40마일(약 5km－6.5km)이나 되는 밀레도 항구에 가서 장로들을 오라고 청하였다.

그리고 바울은 그들에게 "너희는 자기를 위하여 또는 온 양떼를 위하여 삼가라 성령이 저들 가운데 너희로 감독자를 삼고 하나님이 자기 피로 사신 교회를 치게 하셨느니라"(행 20：28)고 하였다. 장로들이 받은 이중 책임을 생각해 보라. 그들은 거짓 교리를 들여오는 자들을 경계할 책임을 받았다. 그들은 징계권 행사의 책임을 받았으나 마치 이것이 그들의 유일한 직무 또는 가장 중요 직무인 것처럼 생각하고 재판관으로 여길 것이 아니다. 또한 그들은 양을 먹여야 했다. 그들은 교회가 빈혈증에 걸리지 않도록 책임을 맡았다. 장로들은 그 어느 한편을 잊어도 안 된다. 둘 다 필요하다. 그들은 하나님의 말씀을 교회에 전하여 한편으로는 거짓 교리와 거짓된 생활이 들어오지 못하게 하고(만일 이런 일이 일어나면 징계하고) 한편으로는 교회가 꼬투리 속에서 오래 된 콩처럼 말라 버리지 않게 해야 한다. 그들은 하나님의 말씀으로 교회를 먹여야 할 의무가 있다. 물론 이 말은 교육적인 개념이다. 그러나 이 먹이라는 말에는 살라는 뜻도 포함되어 있다. 교회 직원들은 교회 안에서의 진정한 생명 유지의 의무를 띠고 있다.

바울은 디모데전서 5：17에서 "잘 다스리는 장로들을 배나 존경할 자로 알되 말씀과 가르침에 수고하는 이들을 더할 것이니라" 함으로 두 종류의 장로가 있음을 말하였다. 여기에서 초대 교회에 어떤 장로들은 설교하고 가르치는 일에 특별히 주의를 기울였다는 것을 알 수 있다. 여기 "말씀과 가르침에 수고하는 이들"이라고 말한 것을 보면 장로들 중에는 사람들을 가르치고 설교하는 데에 특별히 종사한 자들이 있었다.

장로들에 이어 또한 집사들이 있었다. 사도행전 6：1－6에는 집사들은 물질적 궁핍을 당하는 사람들에게 물질을 분배할 임무를 맡은 사람들임이 명시되어 있다. 이와 같이 넷째 표준은 교회 공동체의 물질 부분의 책임을 맡을 집사들이 있어야 한다는 것이다. 만일 교회에서의 공동체 실천이 공동체의 존재만큼 중요한 것이라면 이것은 결코 작은 일이 아니다！ 집사들은 초대 집사들처럼 정말 영적인 사람이어야 한다. 예컨대 흑인촌 출신의 가난한 흑인들이 보다 더 부유한 중류나 상류 회중과 함께 있다면 이것은 무엇을 의미하겠는가 생각해 보라.

징계

다섯째 표준은 교회가 징계를 신중하게 시행해야 한다는 것이다. 이 사실과 고린도전서 5：1－5은 가견적 교회가 교리와 생활에 있어서 순결의 원리에 입각하여 조심성 있는 징계를 시행할 것을 요구하는 실례들 가운데 하나이다. 신약은 교회가 아메바처럼 되어 사람들이 교회와 세상의 차이를 분간할 수 없게 되지 않게 하기 위하여 그러한 순결을 강조한다. 교회와 세상 이 양자의 차이는 분명해야 하고 또 교회 안에 있는 사람과 밖에 있는 사람의 차이도 명백해야 한다. 바울은 "너희 중에 심지어 음행이 있다 함을 들으니 이런 음행은 이방인 중에라도 없는 것이라 누가 그 아비의 아내를 취하였다 하는도다 그리하고도 너희가 오히려 교만하여져서 어찌하여 통한히 여기지 아니하고 그 일 행한 자를 너희 중에서 물리치지 아니하였느냐 내가 실로 몸으로는 떠나 있으나 영으로는 함께 있어서 거기 있는 것같이 이 일 행한 자를 이미 판단하였노라 주 예수의 이름으로 너희가 내 영과 함께 모여서 우리 주 예수의 능력으로 이런 자를 사탄에게 내어주었으니……"하였다. 이 말은 교회의 징계는 중요하다는 사실을 말한 것이다. 생활과 교리에 있어서 징계를 하지 않는 교회는 신약 표준에 근거한 신약 교회가 아니다.

직원의 자격

여섯째 표준은 장로들과 집사들이 갖추어야 하는 특별한 자격이 있다는 것이다. 성경은 직분을 설명할 뿐만 아니라 이 직분을 가져야 할 사람의 자격도 말하였다. 장로들과 집사들의 자격은 디모데전서 3 : 1 −13과 디도서 1 : 5−9 두 곳에 제시되어 있다. 이 구절에는 장로들과 집사들이 어떠한 사람이어야 하는지가 설명되어 있다. 교회는 교회의 직원들을 위하여 이 표준을 약화시킬 권리도 없고 또 그 외에 다른 것들을 강화시켜 하나님이 친히 명하신 이 표준과 동등시할 권리도 없다. 이 표준만이 절대기준이 된다.

디도서 1 : 5에서 바울은 "내가 너를 그레데에 떨어뜨려 둔 이유는 부족한 일을 바로잡고 나의 명한 대로 각 성에 장로들을 세우게 하려 함이니"라 했다. 그러니 교회는 구성되었지만 그 상황은 아직 완전하지 못했다. 장로들이 아직 선출되거나 임명되지 않았기 때문에 교회가 아직 완전히 형성되지 않았다. 그래서 디도는 미완성된 일을 보살펴야 했다. 그는 이 교회를 신약이 요구하는 형식의 수준에까지 육성해 놓아야 했다.

제일차 교회 회의

형식은 지역교회로 끝나지 않았다. 사도행전 15장은 이 교회들이 전적으로 각각 분리되지 않았다는 사실을 보여주고 있다. 위기에 당면했을 때 개별 교회의 대표들이 예루살렘에 모였다. 이 모임을 흔히 예루살렘 공회라 부른다. 사람이 어떻게 구원을 받느냐는 중대한 문제를 가지고 모였다(행 15 : 1). 이 모임은 사람이 예수를 믿음으로 구원을 받을 뿐 아니라 또한 유대인의 의식적인 규례를 겸하여 지켜야 된다는 유대주의자들의 문제에 관한 중요한 교리 때문이었다. “어떤 사람들이 유대로부터 내려와서 형제들을 가르치되 너희가 모세의 법대로 할례를 받지 아니하면 능히 구원을 얻지 못하리라”했기 때문에 그들은 직무 책임자로서 공식적인 모임을 가졌다(행 15 : 6).

먼저 토의가 있었다(7－12절). 흠정역은 이것을 “논쟁”이라고 했는데 이것은 잘못된 표현이다. 많은 질문과 많은 토의는 있었지만 우리가 논쟁이라고 할 만한 것은 아니었다. 이런 상황에서 베드로의 간증이 이어진다. “많은 변론이 있은 후에 베드로가 일어나 말하되 형제들아 너희도 알거니와 하나님이 이방인들로 내 입에서 복음의 말씀을 들어 믿게 하시려고 오래 전부터 너희 가운데서 나를 택하시고”(7절). 그 후에는 온 무리가 조용히 하나님께서 바나바와 바울을 통해 이방인들 가운데서 행하신 표적과 기사에 관한 보고를 들었다(12절).

이와 같이 구원의 문제에 관하여 먼저 토의가 있었고 다음에는 베드로와 바나바와 바울의 간증이 있었다. 13절에 “말을 마치매 야고보가 대답하여 가로되 형제들아 내 말을 들으라” 한 것을 보면 의장 같은 사람이 있었던 것 같다. 정확한 형식을 확실히 알 수는 없지만 일반적인 광경임은 분명하다. 그리스도의 이복 동생 야고보는 토의를 종합하여 그것을 교회의 권위의 기초인 성경과 관련시켜 이야기한다(15－17절). 이 결론은 그들이 생각해 낸 그 무엇이 아니다. 그것은 구약성경에 뿌리 박은 것으로 아모스서에 근거한 것이다. 야고보는 인용하기를 “이 후에 내가 돌아와서 다윗의 무너진 장막을 다시 지으며 또 그 퇴락한 것을 다시 지어 일으키리니 이는 그 남은 사람들과 내 이름으로 일컬음을 받는 모든 이방인들로 주를 찾게 하려 함이라 하셨으니 즉 예로부터 이것을 알게 하시는 주의 말씀이라” 했다. 여기서 우리는 회의 사회자와 성경에의 호소와 결론이 있음을 알 수 있다. 그러므로 내가 보기에 일곱째 표준은 형식이 개교회보다 더 넓은 기초에 설 수 있는 근거가 있다는 것이다.

나는 또 여덟째 성경적 표준으로 두 가지 성례인 세례와 성찬의 시행을 첨가하고자 한다.

형식과 자유

여기서 두 가지 사실을 인정함이 중요하다. 첫째는 이 표준들은 하나님이 명하신 신약의 형식이라는 사실이다. 이 표준들은 멋대로 정한 것이 아니고 그것은 기구적으로 조직된 교회를 위한 하나님의 형식이며 이 표준들은 다른 어느 시대와 마찬가지로 20세기에도 있어야 한다. 둘째는 또 자유가 허용되는 넓은 영역이 있다는 것이다. 그러므로 형식도 있고 자유도 있다.

아마 어떤 사람은 내가 말한 여덟 가지 표준 외에도 하나님이 분명히 명하신 것이 있다고 생각할지 모른다. 또 어떤 이는 내가 말한 것 중에 어떤 것은 과연 표준인지 의심이 간다고 할지 모른다. 그러나 여기 구애를 받지 말자. 나의 요점은 우리가 20세기 말을 위해 준비할 때 한편으로는 조직적인 교회의 근거가 있고 또 교회는 하나님이 명하신 형식을 유지해야 하나 그 반면에 또한 넓은 영역의 자유 변경을 허용한다는 것이다. 성경이 분명히 명하는 것 이외에는 우리가 도덕적으로 사람을 구속할 수 없는 것처럼 교회 형식에 있어서도 신약성경이 명령하지 않는 것은 그 특수한 시대와 장소에 따라 성령의 지도 아래 자유로이 구성할 수 있다는 것이 나의 지론이다.[1] 환언하면

[1] 내가 보기에는 반대 입장은 성립불가능하다. 즉, 명령되어 있는 것만 받아들일 수 있다. 만약 그렇다면 예를 들어 교회 건물을 갖는 것은 잘못된 일일 수도 있고 교회 종이나 설교단을 갖는 것, 찬송가를 사용하는 것, 특정 예배 순서를 따르는 것, 서서 노래 부르는 등등의 일도 잘못일 수 있다. 실제로 계속 이렇게 주장된다면 어떤 교회가 과연 그 기능을 다하고 예배를 드릴 수 있을지 의심스럽다.

신약성경은 한계 조건을 설정하는데 이 한계조건 안에서는 시대와 장소의 차이에 따라 일어나는 변동에 대처할 자유가 얼마든지 있다는 것이다.

내가 말하는 것은 성령이 그렇게 인도하는데도 불구하고 다른 형식을 추가하는 것이 잘못이라는 것이 아니라 우리가 이것을 항구적으로 설정하는 것이 잘못이란 말이다. 이런 일에 관해서는 시대의 변천이 성령의 인도도 변경시킬 수 있다는 것이다. 그리고 과거의 역사적 사건(어떤 일을 성사시킨 것)은 구속력이 전연 없다. 복음주의 교회가 중산층의 풍조에 얽매이는 것과 이 부가적인 형식을 하나님의 절대기준과 동등시하는 것은 유사한 일이다. 이렇게 하는 것은 죄이다. 시대의 변천에 따라 성령의 인도 아래서 변화하지 못하는 것은 슬픈 일이다. 교회의 정치와 관습도 마찬가지이다. 오늘날 같은 급변하는 시대, 오늘날 같은 전적 격변 시대에 비절대기준을 절대기준으로 삼는 것은 기구적으로 조직된 교회의 고립과 죽음을 의미하는 것이다.

제 5 장
공동체의 실천과 자유

그럼 잠시 동안 공동체의 정통 개념과 물질적 영역에 있어서 교회 공동체의 책임을 진 집사의 임무와의 관계를 생각해 보자.

성경은 주 예수 그리스도의 교회들에 특별히 있어야 할 태도를 우리에게 말한다. 나는 다른 그리스도인 모임도 이 태도를 취해야 된다고 생각한다. 고린도전서 16：1－2을 주의해 보라. "성도를 위하는 연보에 대하여는 내가 갈라디아 교회들에게 명한 것같이 너희도 그렇게 하라 매주일 첫날에 너희 각 사람이 이를 얻은대로 저축하여 두어서 내가 갈 때에 연보를 하지 않게 하라." 여기서 십일조는 말하지 않았지만 비율적인 헌금을 말했다. 우리가 매주 첫날에 모이는 것처럼 그들도 매주 첫날에 모였다. 고린도 교회는 성도들의 궁핍을 도우라는 소명을 받았다.

내 생각에는 우리 복음주의자들이 여기서 길을 잃었다고 본다. 우리는 선교 목적을 위한 헌금과 그리스도인들의 물질적 궁핍을 위한 헌금을 완전히 분리한다. 우리는 길을 잃어버리고 상호간의 물질적 궁핍을 보살피는 중요한 일을 무시했다.

궁핍한 자를 위한 물질적 원조는 결코 선교를 위한 헌금을 무시하는 것이 아니다. 바울이 때로는 천막을 지었지만 때로는 헌금을 받음으로 천막을 지을 필요가 없었다. 그것이 사실이다. 그러나 내가 여기서 지적하고자 하는 것은 이 헌금에 대해서는 구체적이고 명확한 표준이 없다는 사실이다. 그렇지만 적절한 조직체제(polity) 속에 있는 지역 회중들은 광범한 공동체 의식, 즉 삶 전영역과 물질적 필요까지 포함한 생활 전반의 필요를 담당하는 공동체 의식을 가져야 한다는 사실을 크게 강조해야 한다.

그들이 서로 사랑함

"그들이 서로 사랑하니라"는 소리가 퍼진 증거는 성경에 의해서가 아니라 상당히 정확한 전통에 의해서 초대교회로부터 우리들에게 전해 내려왔다. 즉 희랍과 로마 세계에서 이런 외침이 나온 것이다. 이것이 바로 우리가 이루기 위하여 노력해야 할 것이라고 제안하고 싶다. 그것은 결혼과 똑같은 것이다. 성경에 의하면 성생활을 위한 형식이 있다. 이 형식은 사람이 만든 것이 아니다. 그러므로 이것을 파기해서는 안 된다. 이 형식은 혼인을 통해 알 수 있다.

그러나 복음주의자들 집단 내의 난점은 혼인이라는 정당한 형식 안에는 아름다운 인격적 상호작용이 있다는 사실을 가끔 잊어 버린다는 것이다. 형식 안에 인격적 상호작용의 실재를 위한 형식과 자유가 있다. 형식은 필요하다. 그러나 형식이 전부가 아니라는 사실을 이해해야 한다. 그렇지 않으면 성은 냉냉해지고 죽고 만다. 그러므로 우리가 전적으로 성실한 혼인을 했는데 그것이 불미스럽다면 그것은 바람직한 혼인이 아니다. 그것은 오늘날과 같은 세대 앞에서 하나님이 뜻하신 혼인을 한 것이 아니다. 우리는 성도덕 전반에 있어서의 성적 방종을 크게 비난할 수 있다. 그러나 단순히 비난하는 것으로 다 되는 것이 아니다. 우리는 20세기의 방종 가운데서 미를 추구하는 사람들에게 정당한 형식인 혼인에는 아름다운 인격적 상호작용의 자유가 있다는 것을 보여주어야 한다.

공동체의 실천

교회도 마찬가지이다. 예수님이 오실 때까지 성경이 제시한 조직 체제를 유지하자. 그리고 삶 전영역과 물질적 필요까지 포함한 생활 전반의 필요를 담당하는 교회 내의 공동체를 만들자. 디도서 1 : 8에 장로는 후대하는 사람이어야 한다고 한, 장로에게 있어야 할 첫째 적극적인 특성을 다시 생각해 보자. 장로는 다만 어떤 빈약한 면에서 소극적인 조건들에만 부합되어야 하는 것은 아니다. 적극적인 것으로, 장로의 집은 사람들에게 개방되어야 한다. 우리의 모임 안에는 인본주의가 갈망했지만 이루지 못했던, 지역사회에 보여줄 공동체로서의 그런 인간관계가 있어야 한다.

인본주의는 인간에 대해서는 많은 말을 하지만 개인에 대한 말은 거의 없다. 불미스럽게 끝나버린 계몽운동에서 인본주의를 산출했다. 우리는 진정한 공동체를, 토요일 오후 네 시와 다섯 시 사이에 메고 다니는 교기(教旗)에 새겨진 제명(題銘)만이 아님을 나타내어야 한다.

우리가 진리를 가졌다고 할 때 사람들은 과연 그 진리가 사람의 영혼을 천국으로 데려갈 뿐 아니라 현재에 매순간 모든 삶에 의의를 부여하는가를 알기 위하여 우리를 주시한다. 그들은 우리들에게 인간이 인간을 인간처럼 대우하는 세상으로 정착시킬 그 무엇을 만들어 내기를 기대하고 있다. 교회는 그것을 할 수 있어야 한다. 왜냐하면 우리는 우리가 누구이며 그들이 누구인지 알기 때문이다. 즉 먼저 우리는 하나님의 형상대로 지음을 받은 인간이며, 그 다음은 주 예수 그리스도의 흘리신 보혈의 기초 위에 선 교회와 그리스도인 공동체 내의 형제들이다. 교회가 조직체제에 있어서 자유와 형식 사이에 적절한 균형을 유지하지 않는 한, 또한 교회가 기독교 교의

(敎義)의 힘을 유지하는 동시에 미와 진리를 가진 공동체를 만들지 못하는 한, 교회는 우리 세대에서 지탱하지 못할 것이며 우리 세대에 충격력이 되지 못할 것이다.

모든 사람들은 교회의 말, 특히 자유주의 교회의 말을 들을 때 너무 자주 무의미한 하나님이라는 말밖에 듣지 못한다. 그리고 모든 사람들은 복음주의 교회와 정통교회의 말을 들을 때에도 그들은 다만 무의미한 하나님이라는 말만 듣는다고 쉽사리 결론지어 버린다. 그리하여 우리의 슬픔과 눈물을 자아내고 사죄를 구하게 한다. 성경이 공동체와 후대(厚待)에 관해 말할 때 그것은 막연한 일반적인 말이 아니라 중요하고 관찰할 수 있는 사실에 관한 것이다. 야고보는 "너희가 만일 성경대로 최고한 법을 지키면"이라고 기록하고 여기서 최고의 법을 부여하시는 그리스도께 돌아가서 "네 이웃 사랑하기를 네 몸과 같이하면 잘 하는도다"라고 하였다(약 2 : 8). 그리고 야고보서 2 : 15-16에서 야고보는 성령의 인도 아래 이 법을 더욱 확실하게 했다. "만일 형제나 자매가 헐벗고 일용할 양식이 없는데 너희 중에 누구든지 그에게 이르되 평안히 가라, 더웁게 하라, 배부르게 하라 하며 그 몸에 쓸 것을 주지 아니하면 무슨 유익이 있으리요 이와 같이 행함이 없는 믿음은 그 자체가 죽은 것이라."

우리가 공동체가 있다 하고 혹은 사랑한다고 말할지라도 그것이 삶의 어려운 문제에 파고들지 못하면 무익한 것이다. 우리가 이것을 실천하지 못하면 우리도 진리의 이름으로 추악을 드러내는 것이다. 만일 우리가 옳은 교리와 옳은 체제가 있으나 공동체를 드러내지 못하면 20세기의 전세계 사람들이 우리 말을 듣지 않을 것은 뻔한 일이다.

사랑의 실천은 세상의 소명이 아니라 하나님의 소명이다. 하나님의 어린 양이 흘린 보혈 아래 타락이 초래한 모든 것이 실질적으로 시정되어야 한다. 그러나 그것이 완전한 시정(是正)은 아니다. 그렇지만 실질적인 것임에는 틀림없다. 시정되어야 할 것 중의 하나는 사람들 사이에 있는 분리이다. 우리는 하나님의 은혜로 이것이 실질적인 방법으로 시정될 수 있다는 것을 보여 주어야 한다.

사도행전은 이것을 한층더 확실시한다. "제자들이 각각 그 힘대로 유대에 사는 형제들에게 부조를 보내기로 작정하고"(행 11 : 29). 이것은 인상적인 일이다. 희랍 사람들이 유대인들에게 돈을 보냈다. 안디옥 교회가 헤롯의 젖동생으로부터 노예까지 사회 전역을 망라한 것처럼 교회와 그 공동체도 이론에서 뿐만 아니라 실천에도 유대인과 이방인간의 차별을 철폐하였다. 안디옥에 있는 사람들이 지리적으로 멀리 떨어진 유대의 물질적 궁핍의 소식을 들었을 때 그 형제들의 물질적 궁핍을 해결하기 위하여 그들이 함께 모여 돈을 거두어 먼 유대로 보냈다.

다시 한번 힘 주어 말하거니와, 우리의 사랑이 재물과 물질적 궁핍에 적용되지 않는다면 사랑에 대해 말할 필요도 없다. 만일 사랑이 가까운 국내와 해외에 있는 그리스도 안의 형제들을 위하여 물질적 할애를 하지 못한다면 그것은 거의 의미가 없는 말이거나 무의미한 것이다.

신약 교회 초창기에 이 특수한 문제에 대하여 하나님께 거짓말을 한 두 사람의 죽음이 있었다. "그 중에 핍절한 사람이 없으니 이는 밭과 집 있는 자는 팔아 그 판 것의 값을 가져다가"(행 4 : 34). 공산주의자들은 이것을 공산주의 이념이라 한다. 그러나 이것은 공산주의가 아니다. 공산주의에는 힘이 개입되는데 여기에는 힘이 개입되지 않았다. 사도행전 5 : 4에서 베드로는 아나니아에게 "땅이 그대로 있을 때에는 네 땅이 아니며 판 후에도 네 임의로 할 수가 없더냐 어찌하여 이 일을 네 마음에 두었느냐 사람에게 거짓말 한 것이 아니요 하나님께로다"라 하였고 교회는 힘을 행사하지 않았다. 국가가 개입하지 않았다. 그러나 그리스도인들의 상호간의 물질적 궁핍을 보살피는 데에 있어서는 어느 정부의 힘보다 더 강한 사랑의 힘, 형제됨의 힘, 그리고 삶의 전영역을 망라한 공동체의 힘이 있다.

자유와 형식

우리 세대에 있어서 교회에 미래가 있는가? 그것은 오직 교회가 적절한 조직체제로 성경의 형식을 나타낼 뿐 아니라 또한 바람직한 공동체로 성경의 형식을 나타낼 때만 가능하다. 만일 교회가 이 두 가지를 함께 나타내지 못하면 우리는 전체를 놓치고 만다. 이 둘은 상호 병립한다.

우리들은 성경을 믿는 그리스도인이라 자처한다. 우리들 가운데 어떤 사람들은 성경을 믿는 기독교를 위하여 30대부터 어깨를 맞대고 투쟁해 왔다. 이것은 훌륭한 일이다. 우리는 예수님이 오실 때까지 희생을 무릅쓰고 계속해야 한다. 그러나 내가 나 자신을 성경을 믿는 그리스도인이라 할 때 이것은 두 가지 경향을 보인다. 즉 성경이 말할 때 내가 말하고 성경이 침묵할 때 내가 침묵해야 한다는 것을 의미한다.

우리 조상들은 웨스트민스터 총회에서 성경의 권위는 행정적(administrative)이며 선언적(declarative)이라고 말함으로 이것을 이해했다. 이 말은 교리의 영역과 행위의 영역에 있어서 교회는 그 원리가 성경의 확실한 주석에 근거했다는 것이 증명될 때에만 다른 사람들의 의식을 구속할 권리가 있음을 의미하는 것이다.

성경이 말한 것을 우리가 말해야 한다. 그러나 우리가 성경의 침묵을 존중할 줄 알아야 한다. 형식마다 그 안에 자유가 있다. 사람이 그림을 그리거나 사회학적인 문제를 다루거나 혹은 자녀를 기르거나 그것은 마찬가지이다. 예를 들면 한 학교의 형성이나 그 학교의 질서는 형식과 자유의 균형에 달려있다. 나는 성경이 침묵을 지킨 곳은 성경의 형식 안에서 자유롭게 할 수 있음을 시사하는 것이라고 제안하고 싶다.

하나님은 사도행전에 한 장을 더 부가하여 우리에게 훨씬 더 자세히 알릴 수 있었다. 그러나 하나님은 그렇게 하시지 않았다. 우리는 결코 성경이 잘못되었다고 말할 수 없다. 우리들은 하나님의 뜻과 영감으로 말한 것은 결정적임을 믿을 뿐만 아니라 침묵을 지킨 곳은 성령의 인도 아래 자유가 부여되었음을 또한 믿어야 한다.

만일 교회가 변화하는 상황에 대하여 자유를 허용한다면 교회는 예수께서 다시 오실 때까지 세상에 존재할 것이다. 그러나 우리들은 역사적 우발 사건들과 개인의 의상에 관한 규칙에나 각 교회가 각각 그 상황에 따라 취하는 형식에 있어서 우리의 과거와 상관없이 하나님의 절대기준을 위하여 사회적으로 유익한 것을 잘못 이해해서는 안 된다.

성령께서 침묵의 영역에서 우리들을 인도하실 것을 믿을 수 없는가? 우리가 사회적으로 만족한 것은 하나님의 절대기준과 동등하다고 가르치기 시작할 때 가끔 성경을 믿는 우리 그리스도인들이 다 성경을 믿는 그리스도인이 되지 못하는 것이 사실이 아닌가? 나는 우리들 가운데 많은 사람들이 그렇다고 생각한다.

여기 사람들이 매우 빈번하게 고민하던 죽음의 의식이 있다. 여기 우리 기독교 학교들과 교회들의 많은 혼란의 근원이 있다. 하나님의 절대기준과 역사적 우발 사건들의 산물간의 차이는 이해되지 않거나 경시되고 있다.

나는 여러 나라에서 일하기 때문에 이점이 있다. 나는 경건한 사람들이 역사적 우발사건들에 영향을 받아 매우 다른 교회 형식을 따르는 것을 보았다. 시대의 차이도 마찬가지이다. 예를 들면 옛날에는 교회가 가정집에만 모인 때가 있었다. 오늘날 아름다운 교회 건물 안에 모이는 여러분들은 하나님께서 여러분들의 필요에 따라 가정집보다 더 큰 건물을 주셨기 때문에 기뻐해야 한다. 건물과 절대기준을 혼동하지 말자. 교회를 교회 건물과 혼동하지 말자. 교회 건물은 불에 타서 없어질지 모른다. 그러나 건물을 파괴하는 것이 교회를 파괴하는 것은 아니다.

브리스길라와 아굴라는 자기 집에 교회를 둔 때가 있었다. 그것이 교회로서 손색이 있었는가? 물론 그렇지 않다. 그러면 이것은 무엇을 의미하는가? 그것은 성령이 시대의 차이에 따라 자유를 가지고 인도할 수 있음을 가르친다. 성령이 여러분들의 모임으로 하여금 교회 건물을 지으라고 인도하시는가? 나는 성령이 그렇게 인도하셨다고 믿는다. 그럼 브리스길라와 아굴라는 잘못하였는가? 그렇지 않다. 그럼 브리스길라와 아굴라는 성령의 인도를 받아 그 집에 교회를 세우게 되었는가? 그렇다. 그럼 여러분들이 잘못이란 말인가? 아니다. 그래서 우리는 자유와 형식을 갖는다.

우리가 우리를 지켜보는 세상 사람들의 눈에 뜨일만 하게 만들어야 할 공동체는 교회조직 체제에 관해 주신 표준과 똑같은 절대 형식이다. 공동체와 교회조직 체제는 병립한다. 그러나 이 이중 형식 내에서 성령은 각 시대, 각 회중의 각 사람들을 인도하여 각가지 필요를 충족시킬 수 있는 자유가 있다.

경직된 보수주의(保守主義)

교회에는 본분이 있다. 그러나 만일 교회가 경직되어 버리면 본분을 상실한다. 나는 우리들이 너무 자주 자살 행위를 한다고 생각한다. 우리는 변경시켜야 할 것과 그렇지 않아야 할 것을 잘 분간하지 못한다. 우리는 우리 자신들을 성령의 실존적 인도에 맡겨야 한다. 특히 우리들 가운데 보수적인 사람들은 그렇게 생각하지 않는다. 때로는 사람들이 우리는 모든 일에 보수적이기 때문에 신학에 있어서도 보수적이라고 한다. 이것은 조롱이지만 때로는 이 말이 옳다.

두 가지 실례를 들어 보자. 첫째 남아메리카에 있는 한 독일 선교부의 경우를 생각해 보자. 그들은 그들 자체의 형식을 갖고 있다.

그들은 항상 독일에 있었기 때문에 그들의 예배는 독일어로 해야 한다고 했다. 그래서 그들은 남아메리카의 인디언들이 복음을 들을 수 있도록 억지로 독일어를 가르쳤다.

너무 터무니 없어서 여러분의 단체는 결코 그렇게 어리석지 않다고 하겠지만, 너무 속단하지 말라. 내가 알고 있는 미국 어떤 교회에 흑인들을 위해 의무를 느끼는 사람들이 있었다. 이 교회는 교리에 있어서도 주님을 사랑하는 교회이며 이 교회의 사람들은 흑인들을 위해 괄목할 만한 업적을 이루었다고 생각한다. 이 교회의 어떤 사람은 이 일이 자기의 소명이라고 생각하고 이 일에 상당한 시간을 바쳤다. 그는 매주일 아침 일찍 일어나서 이웃의 아이들을 다 깨웠다. 아이들은 밤늦게 잠들기 때문에 깨우지 않으면 안 되었다. 이 사람은 아이들을 도와 옷을 입혀주고 주일학교에 데리고 와서는 빵과 우유를 주어 요기를 시켰다.

그러나 그 동네 아이들은 밤늦게까지 잠들지 못했기 때문에 아침 예배에 참석할 준비가 되어 있지 않았다. 그래서 이 교회의 장로인 그는 교회에 예배시간을 늦추도록 건의했다. 그러나 큰 야단이 났다. 예배시간 변경은 생각할 수도 없는 것이었다. 우리가 독일 선교사를 비웃을지 모른다. 그러나 이러한 태도도 분명히 나쁜 것이다.

많은 복음주의자들과 보수주의자들은 저교회(low-church)교인이 되는 경향이 있다. 이를테면 그들은 빈번히 어떤 형식화된 예배형식에 반대한다. 그러나 실제로는 저교회 복음주의자들도 결코 고치기 어려운 그들 나름의 예배형식을 갖고 있다. 대예배를 10시에서 10시 45분으로 옮기는 것이나 오전에서 오후로 옮기는 것이나 예배순서를 바꾸는 것이나 또는 목사가 주일날 두 번 강단에서 설교하는 대신 한 번 설교하고 주일저녁에는 질문에 대답하는 것 등은 전연 생각할 수 없다.

우리는 여러 가지 가능성을 가지고 있다. 시대와 장소에 따라 예배도 달라져야 한다. 대다수의 교회에는 지금하고 있는 것보다 오히려 나은 방법이 얼마든지 있다. 우리 교회들이 이 가능성들에 문호를 개방하기 바란다.

구식 영적 문제

성령의 인도하에 변경을 거부하는 것은 지적인 문제가 아니라 영적인 문제이다. 구식에는 좋은 의미의 구식도 있고 나쁜 의미의 구식도 있다. 좋은 의미의 구식이란 어떤 사실이 진리이기 때문에 결코 변경할 수 없다는 것이다. 이것은 우리들이 집요하게 고수하고 조금도 버리지 않아야 한다.

그러나 단점도 있다. 나는 가끔 이러한 단순한 문제를 가지고 씨름하는 젊은 목사들과 교수들에게 당신들은 정말 성령이 나쁜 의미의 구식이 될 수 있다고 생각하느냐고 묻는다. 그들은 분명히 아니라고 대답한다. 그러므로 만일 우리 복음주의자들이 좋은 의미에 있어서가 아니라 나쁜 의미의 구식이 되었다면 그것은 지적인 문제가 아니라 영적인 문제임을 알아야 한다. 그것은 우리가 길을 잃었음을 말하는 것이다. 우리는 절대로 나쁜 의미에서의 구식이 될 수 없는 성령의 인도와 연락이 끊어졌다.

예수님이 오실 때까지 교회가 세상에서 설 땅이 있다. 그러나 그 교회 안에 있는 조직체제와 공동체의 실천에 있어서 자유와 형식의 균형이 이루어지지 않으면 안 된다. 그리고 변화하는 상황에 대처하기 위하여 그 상황의 장소와 순간에 변화되어야 할 것을 변화시키는 데 성령의 지도 아래서의 자유가 있어야 한다. 그렇지 않으면 교회가 살아 있는 교회로서 설 땅이 없다고 생각한다. 그렇게 되면 우리들은 경직되고 그리스도를 교회 밖으로 내어쫓는 결과가 될 것이다. 주님의 주 되심과 성령의 인도는 말뿐인 것이 된다.

우리는 주어진 형식이 있으므로 감사하자. 그 다음엔 주 예수 그리스도의 교회의 절대적인 근거가 없는, 우리에게 숙달된 비성경적 형식에 구속받지 않도록 주의해야 한다. 교회의 조직체제와 관행에 있어서 분명히 주어진 성경적 표준을 제외한 다른 모든 세칙은 성령의 지도하에 하나님의 백성들간에 절충이 허용되어 있다.

제 6 장

침묵의 위협

나는 교회가 오늘날 정말로 위기에 처해 있다고 생각한다. 교회는 험악한 시대에 처해 있다. 우리는 현재의 압력과 현재와 미래의 조작에 부딪히고 있다. 앞으로 이것이 너무 치열하기 때문에 과거 40년간의 전투는 이에 비하면 유치원 아이들의 장난에 불과할 것이다.

복음주의 교회가 낙후되는 데는 명수인 것같이 보인다. 우리는 대부분의 사회가 흑백위기의 압력과 도시 문제들을 오랫동안 이야기해 온 후에야 겨우 말하기 시작한다. 그리고 물론 이것들은 사실이고 전체의 일부분이다. 그러나 우리가 앞으로 20년 후에 당면할 주된 문제는 내가 보기에는—내가 잘못일 수도 있고 내가 잘못이기 바란다—억압을 수반하는 혁명이다. 사회는 변천할 것이다. 나는 나의 손자들이 성인이 될 때에는 그들은 우리의 문화와는 유사성이 적은 문화를 맞이할 것으로 믿는다. 오늘날의 교회는 30년이나 40년 전의 것이 아닌 내일의 문제에 관해 말할 준비를 갖추어야 한다. 그 까닭은 교회가 착취자에게 착취를 당할 것이기 때문이다. 만일 우리가 최근 몇 년 동안을 험악한 때라고 한다면 우리 앞에 놓인 실제 변화에 당면할 때는 어떻게 하겠는가?

물론 우리들은 이미 우리들의 젊은이들을 잃고 있다. 모든 분야에서 잃고 있다. 얼마나 많은 사람들이 기독교 배경에서 라브리로 오는지 다 말할 수 없다. 그리고 이 젊은이들은 "당신은 우리의 최후의 소망이다"고 말한다. 왜 그럴까? 그 까닭은 그들이 해답을 얻지 못했음을 알 만큼 현명하기 때문이다. 그래서 그들은 제멋대로 한다. 그들은 자기네들이 25세가 될 때 어떤 일이 일어날는지에 대해서는 상관도 하지 않는다. 그들은 약물 중독 때문에 그들의 염색체가 분해된다 할지라도 상관하지 않는다. 기성 세대가 그들에게 관심가질 만한 것을 주지 못했다. 그들은 그냥 믿으라는 말밖에 듣지 못했다. 그들에게 주어진 교리는 그들이 당면하고 있는 어려운 문제와 연관을 맺지 못했다. 그들은 우리에게 와서 우리는 자신들의 마지막 희망이라고 자연스럽게 말하고는 자신들을 실망시키는 다음 두 가지를 말했다. 첫째, 그들은 이성적인 질문에 대한 이성적인 해답을 얻지 못했다. 둘째, 그들은 자신들이 속해 있는 그리스도인 모임에서 모임의 아름다움을 볼 수 없었다. 이 "아름다움"의 문제는 앞장에서 다룬 공동체의 정통성과 관련된다. 이런 사실 자체가 우리들로 하여금 의문을 갖게 해야 한다. 우리는 어디로 가고 있는가? 그리고 우리들의 문제는 무엇인가?

앞날의 문제

우리가 미국, 영국, 캐나다, 네덜란드 혹은 그 외의 어느 "개신교 국가"에 살고 있든지간에 상관이 없다. 역사적 기독교 신앙은 소수파에 속한다. 대다수의 그리스도인들 특히 45년 혹은 50년 전의 미국이 어떠했는가를 기억하는 사람들은 마치 우리가 다수파인 것처럼 생각하고 현재 상태가 우리에게 유리한 것처럼 생각한다. 그러나 그렇지 않다. 우리가 청년들에게 행하는 하나의 가장 큰 불법은 그들에게 보수주의자가 되라고 강요하는 것이다. 오늘날의 기독교는 보수적인 것이 아니고 혁명적이다. 오늘날 보수주의자가 된다는 것은 그 뜻을 전연 이해하지 못하는 것이다. 보수주의란 현상태(status quo)의 흐름에 서 있는 것인데 그 현상태는 이제는 우리에게 속해 있지 않다. 오늘날 우리들은 절대 소수파이다. 만일 우리가 솔직히 말하려면 젊은이들에게 현상태에 반항하는 혁명주의자가 되라고 가르쳐야 한다.

아이들이 왜 집을 뛰쳐 나가는지 아는가? 세상에서 가장 부요하고 가장 호화스러운 가정의 아이들이 라브리로 찾아든다. 그들은 맨발로 걸어 온다. 그들은 푸른 작업복을 입고 온다. 왜 그럴까? 그 이유는 그들의 부모들이 부를 하나님으로 만들고 이미 비좁은 차고에 단순히 또 하나의 자동차를 들여놓고 삶에 충분한 의의를 부여했다고 생각하는 데에 질렸기 때문이다. 이 젊은이들은 이에 대한 잘못이 없다. 그들의 해결책은 잘못이었을지 모르나 그들의 진단은 옳다. 소위 1970년대의 침묵하는 다수파에 속하는 그들의 부모들은 기독교인처럼 보일지 모르나 그들은 기초가 없다. 그들은 과거 우리가 듣던 말을 하고 그리스도인들이 한 말을 할지 모르나 그리스도인과 같은 것은 아니다. 그들은 단순히 그 순간에 마음 편한 기억을 반복하는 것뿐이다.

그러나 우리들은 역사적 성경을 믿는 그리스도인 소수파이다. 소위 1970년대의 침묵하는 다수파가 자신들의 권리라 생각한 물질적 풍요를 얻지 못한다면 기성 엘리트의 어떤 형식에 대한 압력이 커질 것이다.

이런 상황 속에서 교회는 어떠할까? 기성 엘리트가 세력을 잡으면 적어도 처음에는 좌익 엘리트보다 교회를 덜 핍박할 것이다. 그러나 그것이 더 위험한 것이다. 교회는 기성 세력과 평화를 유지하고 교회를 기성 세력과 동일시하려고 할 것이다. 처음에는 이것이 더 좋아 보이겠지만 마지막에는 그렇지 않을 것이다. 만일 젊은이들과 향후 20년 후의 성인들이 교회를 기성 세력과 동일하게 생각하게 된다면 교회는 끝장이 났다고 나는 생각한다.

미국에는 많은 교회들이 미국 국기를 걸어둔다. 한쪽에는 기독교기를 걸고 한쪽에는 미국 국기를 걸어두는 것은 기독교와 미국 나라가 동등함을 뜻하는 것인가? 만일 그렇게 생각한다면 정말로 문제이다. 둘은 동등한 충성의 대상이 아니다. 국가도 역시 하나님의 말씀의 규범 아래 속하는 것이다. 그러므로 두 기를 여러분들의 교회에 달아둠으로써 젊은이들에게 두 개의 동등한 충성의 대상 또는 두개의 서로 얽힌 충성이 있음을 나타낸다면 여러분들은 어떻게 해서든지 이것을 시정해야 한다. 기성 세력은 곧 교회의 원수가 될 수 있다. 압력이 오기 전에 우리 젊은이들(유치원생으로부터)과 나이 많은 사람들과 직원들은 세상에는 동등한 두 개의 충성의 대상이 있는 것이 아니라 "가이사는 하나님 아래 속한다"는 사실을 분명히 알아야 한다. 이 사실을 주일학교와 청년들의 모임을 통해 설교로 전하고 가르쳐야 한다.

이것은 항상 그러했듯이 오늘날도 반드시 그러해야 한다. 만일 목사가 강단에 서서 이렇게 설교한다면, 젊은이들이 참석하여 그가 두 충성에 혼돈하지 않고 분명히 설명하는 것을 듣는다면 그들이 비록 월남 문제에 대해서는 의견의 차이가 있을지라도 그들은 목사를 신임할 것이다. 그러나 정말로 중요한 사실은 우리들에 대한 타인들의 신임 문제가 아니라 우리들의 하나님에 대한 진실성이다. 다른 어떤 충성도 하나님께 대한 충성과 동등시하는 것은 죄이다. 우리가 아는 바와 같이 우리 사회의 압력이 우리와 사회에 압도하기 전에 지금 당장 충성의 우선 순위를 정하는 것이 좋을 것이다. 지금 압력이 강하다 할지 모르나 여러 면으로 보아 앞으로는 훨씬 더 강할 것이다.

사회에 대한 압력

적어도 20세기 말을 내다 보면서 그 때 사회에 미칠 특수한 압력을 생각해 보자. 이 압력은 여러 가지 형태의 자유 상실의 문호를 슬그머니 개방할 것이다.

첫째는 세월이 흐름에 따라 종교개혁의 기억이 점차 상실될 것이다. 현세대 사람들은 완전한 탈기독교 세대에 의해 육성되었기 때문에 그 기억은 전적으로 사라졌다. 정치와 도덕에 있어서도 기초는 무너지고 51%의 다수파 혹은 엘리트의 쾌락적 주관적 변덕이 판을 치고 있다. 오직 사회학적 평균치와 전횡적인 판단만 있을 뿐이다.

이성의 역사의 압도적 승리, 즉 철학과 계시적 기초를 축출한 세속적 견해와 인간을 하나의 기계로 추락시킨 현대 상층부 신비주의로 인도된 이성에서의 도피로 인하여 성경에 나타난 하나님의 계시와 인격에 기초를 둔 정부이념과 법은 이제는 정치이론이나 적용에 있어서 영향을 미치지 못한다. 심지어 그 기억마저 사라지고 말았다.

그러므로 "개신교 국가"의 사회는 바로 그 기초를 강타하는 큰 압력에 봉착했다. 그 기초가 사라짐으로 모든 것을 가늠할 수 있는 조망점도 변하게 된다.

진리의 상실

둘째로 매우 밀접하게 연관된 사실은, 현대인들은 진리를 믿지 않는다는 사실이다. 그들은 반정립을 믿지 않는다. 헤겔을 추종하는 현대인들은 변증법적 종합(synthesis)밖에 믿지 않는다. 세상에는 정립(thesis)이 있고 반정립(antithesis)도 있다. 그러나 그 어느 것도 옳은 것이나 그른 것이 아니다. 오늘날의 "진리"란 오직 종합에 달려 있다. 그리고 심지어 종합도 영원히 진리는 아니다. 왜냐하면 내일은 오늘보다 다른 정립이 나올 것이며 이 둘의 종합에서 내일을 위한 "진리"가 나오기 때문이다. 그러나 어떤 경우를 막론하고 그 어느 "진리들"도 절대적일 수는 없다. 언제 어디서나 정확하게 참된 것을 대표하는 고전적인 의미의 진리는 존재하지 않으며 하나의 이상으로도 존재하지 않는다.

이것은 철의 장막 이편에서 사실인 것같이 저 편에서도 마찬가지이다. 여러분이 나를 어떻게 생각해도 나는 공산주의의 위험을 과소 평가하지 않는다. 여러분들이 이 순간 서구세계에서 공산주의자들을 다 없앤다 할지라도 그것으로는 아무것도 해결하지 못할 것이다. 실제 문제는 현대인들은 그들이 공산주의자이건 아니건간에 진리를 믿지 않고 헤겔의 종합만 믿는다는 것이다. 현대인들은 진리란 있을 수 없는 것이라고 생각한다. 우리 전세대의 사람들도 진리를 발견하지는 못했지만 그들은 찾을 수 있다고 생각했다. 적어도 그들은 그것을 대망(大望)으로 여겼다. 현대인은 그것을 대망으로 생각하지 않는다.

현대인들은 진리란 심지어 과학계에도 존재하지 않는다고 생각한다. 한번은 내가 영국 대학생들에게 과학 이야기를 했다. 과학을 연구하는 한 학생이 벌떡 일어서서 "선생님 과학 사업은 중산층이상의 사람들이 한갓 재미로만 하고 있는 것이죠?"라고 했다. 나는 그의 말이 옳다고 생각한다. 과학은 가끔 진리 규명의 대과제를 이행하지 않고 작은 일에 시간을 채우고는 큰 결과에 봉착하지 않으려고 한다.

그리고 세상에는 철학의 전통적 의미를 지닌 철학은 없다. 세상에는 반철학(反哲學)만 있을 따름이다. 실존주의는 반철학이다. 그 이유는 실존주의가 정말 큰 문제를 다루려고 할 때에는 그것이 이성에서 떠나고 말기 때문이다. 오늘날 대다수의 대학교들을 지배하고 있는 언어 분석(linguistic analysis)학은 큰 문제는 다루려고 애쓰지도 않는다. 그들은 정의(定義)로 그들 자신들을 감금하고 그들의 일을 언어의 정의에 제한하고 말았다. 그들은 큰 질문을 하지 않는다. 언어는 언어로 인도하는 것뿐이다.

이것이 르네상스의 말로이다. 계몽주의의 인본주의적 긍지는 좌절의 종착점에 이르고 말았다.

약물도 역시 진리로서의 진리 상실의 의의를 조장한다. 그리고 부조리 연극에서의 정상적인 구문과 정상적인 언어의 파괴 등등은 진리에 대한 희망을 멀리하기 위함이다. 현대의 미술, 음악 그리고 영화 대부분은 같은 방향으로 가는 경향이 있다. 그리고 무엇보다 상층부와 하층부로 나누는 절대 이분법(거기 계시는 하나님과 이성에서의 도피에서 내가 이야기한)의 일반적인 용납은 통일된 개념으로서의 진리를 파괴하고 현대인들을 상대론의 압력 아래로 빠뜨리고 만다.

지도력의 쇠퇴

사회에 미칠 셋째 압력은 우리 문화의 방향을 제시할 탁월한 지도력이 없다는 사실이다. 즉 탁월한 지도력이 없다. 특히 젊은이들에게 탁월한 지도자로 존경받고 환영받을 지도력이 미국에도 없고 영국에도 없다. 물론 영국의 상황이 미국과 똑같은 것은 아니다. 하원의 균형을 유지케 하던 영국 상원도 이제는 약화되고 그것도 실제적으로는 하원과 다를 바가 없다. 황실도 마찬가지로 정부와 문화 가치를 유지하는 데에 영향력을 별로 행사하지 못한다. 이것 역시 특히 젊은이들이 느끼는 것이다. 영국 귀족 가문도 많은 영국 사람들에게는 하나의 유모어의 성격을 띨 뿐이다.

그런데 미국의 상류계급에 대해서도 이와 똑같은 말을 할 수 있다. 앞으로는 미국 시민의 대다수, 특히 35세 이하의 존경과 칭찬의 대상이 될 만한 지도자들이 없다.

사회의 붕괴

우리 사회에 미치는 넷째 압력은 실제적인 사회의 붕괴이다. 이것은 낙오자들이 생긴다는 것만 의미하는 것이 아니다. 오전 9시에 출근하여 오후 5시에 퇴근하는 정상적인 사고를 하는 사람들을 오늘날 어디서나 볼 수 있다. 아무 실업인에게나 물어 보라. 그는 책임을 맡길 만한 사람은 많지 않다고 할 것이다. 순찰 중인 경찰에게 물어 보라. 어떤 사람이 곤경에 빠져도 그를 도와 줄 사람이 없다고 대답할 것이다.

얼마 전에 뉴스위크지에는 택시를 몰며 이중 직업을 갖고 있는 한 경찰관의 이야기를 실었다. 어떤 사람들이 그를 강탈하려고 했다. 그는 연발권총을 갖고 있었기 때문에 차 밖에 나와서 그들을 차 안에 감금했다. 그리고 반 시간 이상 사람들에게 도와 달라고 간청을 했지만 사람들은 창문을 열고 내다보곤 탁 닫아 버렸다. 그는 거기 서서 더 이상 저항하지 못하겠다고 생각하고 있는데 마침 근무중인 경찰관 한 명이 와서 그를 도와 주었다. 그는 전적인 사회의 붕괴에 봉착한 것이다.

물론 가장 악랄한 예는 몇 년 전에 뉴욕에서 일어난 무서운 사건이다. 한 처녀가 강간을 당하고 결국 칼에 찔려 죽는 것을 30명 이상의 사람들이 알았지만 그들은 경찰에 신고조차 하지 않았다. 그들은 이 사건에 말려들고 싶지 않았던 것이다.

그렇게 되는 이유는 현대인은 사람을 기계라고 결론짓게 되었기 때문에 전체 사회는 사람을 기계와 같이 다룬다. 우리 대학들과 지성인들이 사람은 동물이라고 가르치는 것은 형편없이 뒤떨어진 것이라고 현대인들은 생각한다. 현대인들에게 사람은 오직 소리 나는 기계와 동등하게 보여진다. 사람을 기계로 생각한 사람은 사람을 인간 이하의 수준으로 다루게 된다. 현대 과학기술의 전 영향이 이에 관련되어 있다. 기계가 사람을 지배하게 되었다. 기계가 왕이다. 이것은 방심할 수 없는 일이며 어떤 상황하에서든지 압력을 가져온다. 사람이 자기가 무엇인지 알지 못하고 또 다른 사람을 기계로 볼 때 사회에 미치는 압력은 무섭다.

인구폭발과 생태계의 문제

과거의 사회가 알지 못한 사실은 인구폭발과 이에 따른 생태계의 파멸이다. 이 둘은 개별적으로 논할 수도 있으나 아주 밀접하게 관련되어 있다. 세상은 점점 만원이 되고 있다. 이것이 무슨 뜻인지 알고 싶으면 여러분 집안의 여러분 자신들을 생각해 보라. 그리고 지금보다 사람을 두 배 내지 세 배 입주시켜 보라. 곧 온도가 올라갈 것이다. 한 집안에 비좁게 사는 사람들의 심리학적 온도가 오르게 된다.

여러분이 대도시 한가운데 있을 때 사람이 많구나 많아 하고 생각해 본 일이 있는가? 복잡한 고속도로를 달리면서 사람이 많구나 많아 하고 생각해 보았는가? 사람이 넓고 넓은 벌판에서 고요하게 사는 것과 비교해 보라.

사람들은 아마 내가 사는 알프스는 고요할 것이라고 생각할지 모른다. 그러나 여기도 가는 곳마다 산을 깎아 길을 만들고 있기 때문에 고요한 곳을 찾기는 참 힘이 든다. 우리는 미국의 문제를 안다. 그래서 국립공원들을 만들지만 너무 많은 사람들이 찾아들기 때문에 얼마 못가서 망가진다. 공원 안의 길을 달지 않게 하기 위하여 아스팔트 포장을 해두었기 때문에 도시의 거리보다 나을 것이 없다.

인구폭발은 굉장한 압력을 가한다. 인구폭발과 더불어 전적인 생태계의 파멸이 온다. 우리가 농담을 하는 것이 아니다. 우리는 난관에 봉착해 있다. 에리(Erie)호만 죽은 것이 아니다. 제네바호도 병들었다. 바다는 죽어 가고 있다. 세상에는 생태계의 압력이 가중되고, 뜻있는 사람들은 다음에는 어떤 일이 일어날지 몰라 두려워하고 있다. 신문을 자세히 읽어보면 인구폭발과 생태계의 문제를 해결하는 데에 있어서는 사람들의 자유가 크게 희생될 것을 암시하고 있다.

원자탄

여섯째는 말할 것도 없이 원자탄 혹은 수소탄의 압력이다. 어떤 유형의 사람에게는 이것이 굉장한 압력이 된다. 왜 그럴까? 그 이유는 현대인은 우주에는 사람 이외에는 아무도 없다고 생각하기 때문이다. 우주에는 하나님도 천사도 없다. 과학적으로 아직은 지구 이외에는 아무 데도 의식있는 생명체가 존재한다는 증거를 잡지 못했다. 버트란드 러셀 같은 사람이 보는 사람의 유일한 가치는 인종의 생리학적 연속뿐이다. 찰리 채플린은 "나는 고독하다"고 개탄했다.

우주적인 의미에 있어서 사람은 고독하다. 왜냐하면 그에게 있어서는 자기만이 진정한 관측자라고 생각하기 때문이다. 그는 우연의 돌연적 산물이며 그만이 우주의 유일의 관측자이다. 만일 수소탄이 폭발되면 그 위력은 전인류를 다 쓸어버릴 것이고 남은 것이라곤 아무도 보지 않고 아무도 관측하지 않고 아무도 그 미(美)를 감상하지 않고 아무도 그 질서를 보지 않는 딱딱하고 냉냉한 지구뿐일 것이다. 아무도 바람에 흔들리는 나무를 볼 수 없을 것이며 새들의 노래를 듣지 못할 것이며 구름이 모이는 것이나 해가 뜨는 것을 보지 못할 것이다. 현대인이 사는 곳이 이렇게 될 것이며 그것은 소름끼치는 일이다. 세상이 무슨 가치가 있겠는가? 수소탄이 떨어지면 세상은 침묵으로 변한다.

잠시 동안 이것이 무엇을 의미하는지 생각해 보자. 여러분이 세상에서 가장 훌륭한 소네트(sonnet, 14행시)를 써서 그것을 녹음하여 세상에서 가장 큰 확성기에 연결시켰다고 가정하자. 그리고 그것을 태양열 밧데리에 연결하여 천 년 동안 돌게 한다고 가정하자. 그 다음에 갑자기 수소탄이 떨어졌다고 하자. 하나님도 없고 천사도 없고 우주 아무 데도 의식있고 이성적인 생명체가 없다. 그러면 소네트를 읊는 소리를 의식하는 것은 은하수뿐일 것이다. 그렇다면 듣지도 않고 무관심한 냉냉한 은하수에다 오천 년 동안 소네트를 읊은들 무슨 차이가 있겠는가? 이것이 현대인의 압력이다.

우리 중 아무도 폭탄이 떨어지는 것을 원치 않는다. 그러나 위에서 말한 것은 현대인에게 특별한 공포가 된다는 것을 주목하라.

생물학 폭탄

세상에는 일곱째로 가장 큰 압력이 있다. 특히 유럽에서 과학자들이 이 문제와 씨름하고 있다. 이것을 소위 생물학 폭탄(biological bomb)이라 부르는데 수소탄보다도 훨씬 무서운 것이다. 20년 이내에 사람들은 그들이 원하는 대로 아기를 만들 것이다. 이것은 놀랄 일이 아니다. 유전 공학자들은 이에 대한 기본적인 돌파작업을 거의 다 준비해 놓았다.

알더스 헉슬리의 멋진 신세계(*Brave New World*)는 농담이 아니었다. 그는 아기를 실험관 속에서 자라게 한다고 말했다. 그들은 국가가 그들로 하여금 이행하기를 원하는 노동 수준에 이르도록 지적 및 육체적 능력이 알맞게 배합될 것이다. 육체 노동자가 필요할 때에는 그 수준에 맞도록 개량하고 또 다른 사람이 필요할 때에는 거기에 맞게 개량하고 이렇게 해서 전영역에 다 맞게 개량인종을 만들어 낼 것이다. 이것은 40년 전의 헉슬리의 꿈이었는데 그것이 오늘날 거의 실현 단계에 이르렀다. 현대인들은 자기들이 해야 할 일에 대한 도덕적 규범이 없다 그러므로 그는 무엇이든지 할 수 있다. 비록 사람은 공포에 빠질지라도 자기가 할 수 있는 일을 한다. 공포 가운데 가장 큰 공포는 누가 아기를 만들 것인가? 어떤 종류의 아기를 만들 것인지 누가 결정해야 하는가? 누가 인종을 만들 것인가 하는 문제이다!

이것은 단지 남자냐 여자냐 하는 문제가 아니고 다만 장애아를 방지하는 문제도 아니다. 이것은 이렇게 끝나지 않을 것이다. 오히려 이것은 알더스 헉슬리와 약물과 흡사할 것이다. 약물을 환자에게 주는 것이 문제가 아니라 건강한 자에게 약물을 주는 것이 문제이다. 이것도 마찬가지이다. 다만 불구로 태어날 아이를 다루는 것이 아니라 불구로 태어나지 않을 아이를 가지고 어리석은 장난을 할 것이다. 생물학 폭탄의 발전으로 인하여 오늘날의 사람들은 고성능 무기를 만들 듯이 치유가 불가능한 새로운 바이러스를 만들 단계에 이르렀다. 수소탄과는 달리 작은 나라도 쉽사리 이것을 만들 수 있다.

우리의 현실

이러한 것들이 20세기의 사회와 교회를 억누르는 압력이다. 종교개혁적 정치관의 붕괴, 진리의 상실, 일반적으로 인정된 지도 세력의 쇠퇴, 개인의 책임감 상실, 인구 성장과 생태계의 문제, 수소탄과 생물학 폭탄, 이것들은 과연 가공할 압력이다! 그리고 이 압력들은 조작자(manipulator)들이 출현할 수 있는 문호를 개방한다.

제 7 장
조작자로서의 현대인

미래가 조작(manipulation)을 허락한다는 것은 명약관화한 일이다. 누가 조작을 할 것인가? 기성 전체주의 편의 신(新)엘리트일 것인가 또는 좌익 엘리트일 것인가? 좌익이건 우익이건 누구이건간에 미래에 정치 혹은 문화의 세력을 잡는 자가 과거 그 어느 전체주의 통치자도 해보지 못한 임의의 조작을 하게 될 것이다. 이것들은 미래의 일이 아니다. 조작자들이 사용하기를 기다리며 오늘날에도 모두 존재한다.

과학의 조작

먼저 갈브레이스가 제시한 것을 생각해 보자. 그는 말하기를 우리는 모든 것을 학구적인 신철학의 왕자들 특히 과학 국가 엘리트에게 넘겨줄 것이라고 했다. 그러나 우리가 과연 과학자라고 해서 과학자의 통치를 믿을 수 있겠는가? 또 그들이 과학자라고 해서 그들이 조작하지 않을 것이라고 확언할 수 있는가? 소위 과학적인 사람이 이제는 정말 객관적이 아니라는 데 대한 실례는 얼마든지 들 수 있다.

알프레드 노스 화이트헤드가 기독교는 근대 과학을 낳았다고 말한 것을 상기해 보라. 그가 이렇게 말한 이유는 기독교는 갈릴레오, 코페르니쿠스 및 프란시스 베이컨 같은 초기 과학자들이 우주는 이성적인 하나님이 창조하셨기 때문에 우주는 이성으로 이해할 수 있다고 믿게 된 배경을 제공하기 때문이었다. 그러므로 그들은 인간의 이성으로 우주의 질서를 발견할 수 있다는 말에 놀라지 않았다. 그러나 현대인은 이제는 이 가정을 갖고 있지 않다.

우리가 아는 바와 같이 과학은 객관성에 의존하고 있다는 전제는 끝났고 이 철학은 사라져버렸음을 확신한다. 나는 과학 분야에 종사하고 있는 많은 사람과 함께 일한다. 이들 대다수는 객관성이 약화되고 있다는 데 동의한다. 하나의 분명한 예로서 에드먼드 리치(Edmund Leach)를 들 수 있다. 그는 영국에서 리드 강의를 한 훌륭한 사람이요 케임브리지 대학의 주도적인 인류학자이다. 리치는 뉴욕서평(*The New York Review of Books*, 1966. 2. 3.)지에서 과거에는 두 가지 진화론이 있었다고 논했다. 가장 지배적인 이론은 진화 과정은 한 곳에서 시작했기 때문에 모든 종족은 공통 근원에서 기원되었다는 것이다. 이 이론은 세월이 흐르면서 매우 약화되어 오늘날은 다만 하나의 무력한 견해에 불과하게 되었지만 이 이론만큼 한 때 강했던 둘째 진화론은, 진화는 여러 기점에서 시작되었고 지리적인 위치에서뿐 아니라 시간적으로도 넓은 범위에 걸쳐 있다고 하는 것이다. 이 견해에 의하면 오랫동안 진화한 종족은 더 우월하다고 할 수 있다.

리치는 그의 글에서 이 둘째 진화론, 즉 다원 진화론(多元進化論)을 마지막으로 반대한 사람으로 그리스도인인 프린스턴 대학 총장을 내세웠다. 그가 이 이론을 반대한 이유는 신학적인 데 있었다.

리치는 자기 자신은 이 이유 때문에 다원 진화론을 반대하고 다른 형태의 진화론을 지지하는 것이 아니라고 말했다. 그러나 만일 사람이 이 견해를 취하면 어떤 종족은 다른 종족보다 더 우월하다는 종족 우월론을 권장하는 결과가 되기 때문에 그는 다른 형태의 진화론을 선택했다고 했다.

이것은 비객관적인 사회학적 과학임을 주의해야 한다. 결론은 과학자들이 사회학적으로 귀결되기를 원하는 바에 따라 결정되었다. 그것은 과학적 사실을 조작하여 사회를 조작하는 과학이다. 나는 절대기준이 없고 최초로 근대 과학을 탄생시킨 확실성(certainty)이 없는 사람이 객관성이라는 고상한 의미를 유지할 수 있다고는 생각지 않는다. 한편으로 나는 과학은 점차 하나의 기술로 화하고 말 것이라고 생각한다. 또 한편으로 과학은 사회학적 과학으로 화하여 조작자들의 수중에서 조작의 도구가 되고 말 것이다.

그러므로 과학 인사들에게 양도하는 운동에 주의해야 한다. 그들은 과학의 객관성이라는 구 개념에 있어서 중립이 아니다. 이 사람들에게는 이에 대한 기초가 없기 때문에 객관성은 하나의 신화에 불과할 것이다. 이 사람들에게 도덕은 다만 하나의 평균치에 불과하다는 것에 유념하라. 그러니 어느 엘리트가 권력을 잡든지 더 심하게 될 현대형 조작이 있을 뿐이다. 특히 기성 엘리트가 권력을 잡으면 더욱 심하게 될 것이다.

법의 조작

우리는 앞장에서 이미 (하나님의 말씀에 기초를 둔) 종교개혁의 법 개념이 현대 사회학적 법 개념(법정이 직접 사회학적 경제학적 선이라고 생각하는 것에 근거하여 만드는)으로 변천되는 것을 보았다. 이 견해에 의하면 심지어 헌법과 제헌(制憲)주체도 구속력에 관한 한 무력한 것이다. 사회학적 과학이 조작자들에게 문호를 개방하여 조작의 근원이 된 것과 마찬가지로 사회학적 법도 어느 엘리트에게나 다방면으로 끝없이 조작하도록 허용한다.

역사의 조작

또 하나의 조작 형태는 역사의 조작이다. 1969년 3월 10일자 뉴스위크지에 아놀드 토인비(Arnold Toynbee)의 짧은 풍자문이 실렸다. 그는 이 글에서 미국에는 항상 종족의 잡혼이 있었는데 그 증거로서 조지 워싱턴도 흑인노예 막사에 들어가서 흑인과 성교를 하다가 감기에 걸려 죽고 말았다고 말했다. 심지어 뉴스위크지도 그 기사 밑에 주를 달고 이것은 권위 없는 말이라고 할 필요성을 느꼈다.

그럼 그것이 농담인가? 아니다. 만일 사람들이 순수한 주관적인 상상 대신 역사를 말하고 있다고 생각한다면 그들은 조작을 당하고 있는 것이다. 과거 몇 년간에도 이런 경우가 얼마든지 있었다.

역사로서의 역사는 항상 문제들을 제시했다. 그러나 참된 진리의 가능성의 견해가 상실되고 역사와 상상 사이의 한계선이 부식됨에 따라 저자가 역사를 자기 자신의 목적을 위하여 사용하고자 하는 일이 점점 성공하게 된다.

영화 보니와 클라이드(*Bonnie and Clyde*)를 예로 들어 보자. 누구나 다 보니와 클라이드의 이야기를 안다고 생각하며 보니와 클라이드에 대해서는 환하게 알고 있다고 확신한다. 그런데 영화에 있는 대부분의 내용이 사실이 아님은 분명한 일이다. 그것은 영화로 그려 놓은 역사의 사회학적 이용이다. 이 영화는 역사의 형태 안에 있는 진리를 보고 있다고 생각하는 수천 수만의 사람들에게 영향을 끼쳤다. 그러나 실은 그렇지 않다. 사실인즉 그 영화 회사는 사실이 왜곡되었다고 주장하는 사람들 때문에 수백만불을 사용했다. 그 결과로 효과가 있어서 관중들은 조작되고 말았다.

아마 가장 분명한 예는 영국 극작가 존 오스본이 쓴 루터(*Luther*)일 것이다. 이 극은 그의 명성을 높였다. 그러나 그것은, 특히 마지막 장면은 역사의 왜곡이다. 이 극 마지막 장면에서 루터는 그가 떠난 수도원의 원장으로 추측되는 노인 스타우피츠에게 도전을 받는다. 스타우피츠가 "당신이 보름스(Worms) 회의에 출두했을 때 왜 당신은 며칠만 생각할 여유를 달라고 했는가"라고 묻자 루터는 곰곰이 생각하다가 대답하기를 내가 확실히 몰라서 그랬다고 한다. 스타우피츠는 떠나고 루터는 자기 아내가 안고 있는 아기를 받아 안고 홀로 서서 부드럽게 아기에게 말했다. "우리는 잠자리에 들어야만 해. 그렇지? 너는 잠시 후면 다시 나를 볼 수 있을거야. 내 아들아, 그리스도께서도 이렇게 말씀하셨단다. 나는 다시 이 일이 실현되기를 바란단다. 나는 그렇게 되기 바란단다. 자, 그렇게 되기를 바라지 않겠니? 그렇게 되기를 바라자." 불은 꺼지고 연극은 끝난다.

런던 타임즈지의 연극 평론은 "오스본이 이 극을 현대 극으로 만들기 위하여 그 문장을 추가한 것은 재미있는 일이 아닌가"라고 하였다. 루터는 결코 그런 말을 하지 않았을 것이다. 연극 루터가 성경에 근거한 확실성은 사실이 아닌 간교한 한 문장으로 인해 조작되어 수많은 사람들이 그것을 역사로 믿게 되었다. 여기에서 사실이 왜곡되었다. 비뚤어진 역사로 인하여 기독교의 이상과 프로테스탄트의 기초가 파멸되었다.

나트 터너에서도 마찬가지이다. 윌리엄 스타이론이 쓴 나트 터너의 참회록은 그의 흑노 혁명의 역사로 추측된다. 그러나 대다수의 사람들이 깨닫지 못하는 것은 우리가 나트 터너에 대해 알고 있는 것은 불과 몇 장의 지면으로 쓸 수 있다는 사실이다. 백인 소녀가 그의 성적 매력에 끌린 사실과 종교적 내용을 포함한 이 책의 나머지 부분은 순전히 엉터리이다. 그러나 사회학적 조작 도구로서 이 책은 굉장한 것이었다. 만일 사람들이 역사를 듣고 있다고 생각한다면 그들은 조작의 문호를 개방하는 것이 된다. 그들이 역사는 다만 꾸며낸 이야기인 줄 알았던들 그렇게 생각하지 않았을 것이다.

미체너의 하와이(*Hawaii*)는 또 하나의 좋은 예이다. 이것은 역사처럼 보이는 기록으로 독자들의 생각에 기독교에 대한 전적인 반대 견해를 조작해 넣은 것이다. 처칠이 전적으로 매장된 롤프 호크후스(Rolf Hochhuth)의 군인(*Soldiers*)도 마찬가지이다. 처칠이 폴란드 장군을 죽였다는 증거는 추호도 없다. 그런데도 불구하고 호크후스는 처칠을 반대하여 매우 교묘하게 권위에 대한 여하한 견해도 신뢰하지 못하게 할 수 있었다. 이 연극을 구경한 사람들은 처칠은 악한이고 우리는 권좌에 있는 그 누구도 믿을 수 없다는 단언을 하게 된다.

종교에 있어서의 조작

조작은 어느 분야에나 다 있지만 자유주의 신학과 종교에 있어서만큼 심한 곳은 없다. 현대 신학은 그 종교적 내포어, 즉 그리스도, 하나님 혹은 기타 거창한 기독교 용어들을 사용하여 이것들을 강력한 자극 가치는 있지만 내용은 없는 기치로 삼는다. 조작을 하고자 하는 사람은 단순히 기치를 잡고 자기가 가고 싶은 방향으로 행진만 하면 사람들은 따르기 마련이다.

아마 이에 대한 가장 분명한 실례는 상황윤리(situational ethics)일 것이다. 케임브리지 신학을 따르는 케임브리지 도덕은 만일 소녀가 당신을 필요로 한다면 그녀와 동침하는 것은 그리스도와 같은 일을 하는 것이라고 말한다. 어떤 일을 그리스도와 같은 일을 하는 것이라고 부르는 것은 사람들로 하여금 그렇게 하는 것은 예수 자신의 성윤리관을 위배하고 있는 것이라는 사실을 전연 깨닫지도 못한 채 그 방향으로 나가게 만드는 것이다.

글을 쓰지 않고 상징으로만 표현한 살바도르 달리(Salvador

Dali)의 그림도 마찬가지이다. 그의 십자가 처형 그림을 생각해 보자. 그의 그림은 그가 초현실주의자인 것을 포기하고 현대 신비주의자가 된 후에 제시한 역사적 사건이라고 생각하지 말라. 지금 워싱턴 내셔널 갤러리에 있는 그의 성만찬 그림은 시공간에 있었던 성만찬을 그린 것이라고 생각하지 말라. 그것은 실화가 아니다. 그것은 하나의 신비 관념이다. 살바도르 달리는 이 상징들을 이용하여 그가 말하고자 한 것을 말한다. 이 그림은 그것이 전부이다.

비틀즈가 율동 음악에서 마약으로 그리고 사이키데릭 음악으로 그 다음에 동양 종교로 전전하는 것도 이와 마찬가지 맥락이다. 그들은 종교 용어를 근거로 조작한 것이다.

그러나 나는 무수한 종교 용어 사용에 있어서는 로마 카톨릭 진보파와 개신교의 신신학자들이 승리할 것이라고 생각한다. 나는 두 가지 이유에서 그들이 비틀즈나 살바도르 달리보다 우세할 것으로 본다. 첫째는 그들이 종교 단체의 계승권을 잡고 있다는 것이고 둘째는 그들은 비틀즈처럼 이상하고 색다른 말을 도입한다는 것이다. 앞으로는 심지어 공산주의자들까지도 인민을 조종하는 데 있어서 무신론 대신 종교적 용어를 사용할지라도 나는 놀라지 않을 것이다. 나는 이에 대한 증거를 소련인이 아닌 많은 이론가들이 한 말에서 찾을 수 있다고 생각한다. 여하튼 서구에서는 무수한 종교적 용어들을 통한 조작을 허용하고 있다. 이것은 공론이 아니다. 무신론자 줄리안 헉슬리가 종교 이용론을 오랫동안 제안해 온 것을 기억하라.

생태계의 압력은 다양한 종교 용어로 표현된 조작의 문호를 개방하고 있다. 많은 사람들은 만일 우리가 생태계 문제를 해결하려면 범신론의 견해를 채택해야 된다고 말한다. 이리하여 범신론은 진리로서 제시되는 것이 아니라 사회 조작의 수단으로 제시되었다.[1] 오

---

[1] 이것에 대해 자세히 설명한 책인 **환경 오염과 인간의 죽음**(*Pollution and the Death of Man* : The Christian View of Ecology) 참조.

늘날 자유주의 신학자에게는 이것이 생소한 것이 아니다. 왜냐하면 그들 대다수는 이미 범신론적 냄새를 풍기고 있기 때문이다.

극장과 미술에서의 조작

부조리 연극, 마르셀 뒤샹(Marcel Duchamp)의 환경 예술(environments)과 해프닝(happenings), 텔레비전의 대부분, 영화, 사이키델릭 음향 그리고 미술에서 우리는 이성의 통제력을 상실하게 된다.

전세계에 있는 미술 박물관의 관객들은 화가에 의해 좌우된다. 미술 화랑을 구경하며 지나가는 사람들, 심지어 어린 아이들까지도 부지불식(不知不識)간에 조작을 당한다. 이를테면 그들이 뒤샹의 아직 미혼 남자에게 옷을 벗기우지 않은 신부 또는 처녀에서 신부로의 이행이라는 그림을 아무리 응시한다 할지라도 그 그림의 내용은 이해하지 못할 것이다. 그러나 미술가는 마치 자기가 시키는 대로 하는 사람인 것처럼 관객을 농락한다. 손을 잡고 뒤샹의 작품을 관람하는 젊은 남녀는 그 날 밤 그들의 충동을 억제하기 힘들 것이다. 이성은 무시되고 사람은 조작을 당한다. 상층부와 하층부를 받아들이는 데 있어서 이성의 지배를 포기하는 일이 오늘날 너무나 보편적이기 때문에 이 모든 조작 형태들이 훨씬 더 가능하고 완전하게 이루어진다는 것을 극히 조심하지 않으면 안 된다.

텔레비전에서의 조작

아마 텔레비전은 훨씬 더 나쁜 범죄자일 것이다. 맬콤 머거리지(Malcolm Muggeridge)는 이에 대해 말하기를 사람들은 텔레비전 화면을 보면서 실제 사실을 보고 있는 것처럼 생각하지만, 실은 그들이 순수한 공상을 보고 있는 것은 깨닫지 못한다고 했다. 시청자들은 다만 무대에서 조종되는 사람이 시청자들이 이렇게 생각해 주었으면 하는 것밖에 제시되지 않는 편집된 상황을 보고 있는 것이다. 여러분들은 친히 눈으로 그림을 실제로 보았기 때문에 모든 것을 다 안다고 생각할지 모른다. 그러나 어떤 상황을 막론하고 여러분들은 완전히 편집된 장면을 본 것이다.

나는 이 교훈을 지난번 세인트루이스에서 강연할 때 배웠다. 나는 거기서 수양회 강의를 맡았는데 어떤 사람이 친절하게도 내가 쉴 수 있도록 방 한칸을 준비해 주었다. 그래서 내 아들 프랭키와 나는 방에 들어가서 텔레비전을 틀었다. 나는 거기 앉아 다음 강의 시간을 기다리면서 신문을 들고 월남전에 관한 기사를 읽기 시작했다. 텔레비전에 전쟁 장면이 나왔다. 나는 어떤 장면이 방영되고 있는지 의식하지 않은 채 월남전에 관한 기사를 읽고 있었는데 내 눈에 어느덧 전쟁 장면이 나타났다. 그래서 내가 내 정신으로 환상을 보고 있다는 것을 알고는 텔레비전 화면을 보는 것이 실제로 사람이 죽어가고 있는 것을 기록한 신문기사를 보는 것보다 그 영향력에 있어서는 훨씬 효과적이라는 사실이 갑자기 내게 떠올랐다. 텔레비전에 나오는 것은 신중하게 편집한 것이다. 그러나 시각에 들어오는 힘은 조작의 절대 형태이다.

나는 또한 한 가지 요점을 강조하기 위하여 텔레비전 토크 쇼에 나갔을 때 편집으로 조작하는 편에 가 본 일이 있다. 조종석에 있는 사람이 내가 무엇인가 말하려 하는 것을 알면서도 그것이 싫을 때 카메라와 마이크를 꺼버리면 나는 죽은 사람같이 되고 만다. 내 대답이 아무리 옳다할지라도 나는 바보같이 보인다. 텔레비전 시청자는 스스로 말하기를 "쉐퍼는 바보다"할 것이다. 그럴지 모른다. 그러나 이 사실은 쉐퍼가 바보임을 입증하지는 못할 것이다. 분명한 사실은 사람들은 바보 상자 앞에 앉아서 실제 사실을 본다고 생각할지 모른다. 그러나 그들은 교묘하고 꾸준한 방법으로 조작을 당한다.

마샬 맥루안은 이것을 이해하였다. 그가 말한 것 가운데는 이상하고 부자연스럽게 보이는 것도 있다. 그러나 그가 말하는 것은 앞날을 위하여 실로 중대한 것이다. 그는 모든 의사소통을 죽은 것과 살아 있는 것으로 분류했다. 살아 있는 의사소통(hot communication)이란 이성에 여과한 모든 내용이요, 죽은 의사소통(cool communication)이란 이성에 여과되지 않고 즉각 반응을 일으키는 것이다. 그는 예를 들어 만일 도둑이 어떤 집을 털려면 고기를 던져 그 집 개의 주의를 딴 데로 돌린다고 했다. 맥루안은 우리는 텔레비전에 나타나는 사건이 이성에 호소하는 바를 이런 방법으로 이용한다고 말했다. 우리들은 제일의 체험을 통해 우리가 원하는 결과를 얻기 위하여 사람들의 마음을 딴 데로 돌린다.

마샬 맥루안은 사실상 민주정치는 끝장이 났다고 했다. 무엇이 이것을 대체하겠는가? 불원 장래에 우리는 모두 다 거대한 컴퓨터에 연결 된 전기촌락에서 살게 될 것이며 세상에 사는 다른 모든 사람들의 생각을 다 알게 될 것이다. 그 때에는 다수파의 의견이 법이 될 것이다. 스웨덴은 지금 이 개념으로 성도덕을 운용하고 있다. 그 순간에 다수파가 옳다고 하는 것이 정의이다. 킨제이(Kinsey) 형(形), 즉 사회적 보편 개념의 도덕이다.

이것과 밀접한 관계가 있는 것은 텔레비전과 영화의 잠재의식의 이용이다. 어떤 영화나 텔레비전 화면에 너무 빨리 지나가서 그것을 과연 보았을까 의심할 정도인 것도 우리에게 영향을 주어 우리도 모르는 사이에 우리가 본 대로 행하게 된다. 이것 역시 이론이 아니라 완전히 입증된 사실이다. 영화 화면에 코카콜라를 마시라. 코카콜라를 마시라. 코카콜라를 마시라 하고 번쩍 지나갔다. 아무도 그것을 본 기억조차 없다. 그러나 영화가 끝난 다음에는 코카콜라가 동이 나버렸다.

코카콜라는 큰 문제가 되지 않는다. 그러나 정치적 조작을 이렇게 하는 것은 중대한 결과를 초래한다. 서방 국가는 법적으로 이것이 허용되어 있지 않다. 그러나 독제 체제하에 있는 나라가 이 방법을 사용하지 않을 것이라는 보장은 없다. 우리가 그렇게 고지식한가? 내가 우리의 사회가 가고 있다고 생각하는 것처럼 만일 어떤 나라가 막다른 골목에 이르렀고 기성 엘리트나 신좌파 엘리트가 세력은 전적으로 장악하고 있는데 만일 이 방법을 쓰지 않는다면 나라가 붕괴될 위기에 처해 있다고 하자. 어느 엘리트도 이것을 사용하지 않을 것이라고 말할 정도로 우리가 고지식한가? 우리는 바보 노릇을 하지 말자. 어느 전체주의 정부도, 심지어 히틀러와 스탈린의 정부도 이런 조작 형식을 사용해 본 적이 없다.

화학 및 전기의 조작

아더 쾨슬러(Arthur Koestler)는 한 술 더 뜬다. 기계 안의 정신(*The Ghost in the Machine*)이란 책에서 그는 진화론은 아직 완성되지 않았다고 말했다. 인간의 타락을 믿지 않는 그는 인간의 딜레마를 이렇게 설명했다. 사람은 조화되지 않는 하등 뇌수와 고등 뇌수로 진화되었다. 우리가 과학자들에게 요구해야 할 것은 이 두 가지 뇌수가 적당한 조화를 이룰 수 있는 묘약을 만들어 달라고 하는 것이다. 이 약은 사람을 온순하게 만들 것이고 부단한 분쟁을 방지하게 할 것이다. 쾨슬러는 이 약의 보급 방안으로 그것을 음료수에 넣어 보급할 것을 제안했다.

쾨슬러만이 이 화학적, 기술적 조작을 제안한 사람은 아니다. 뉴스위크(1969년 12월 1일자)지는 1990년대에는 호기심과 독창력을 둔화시키는 약물의 사용이 가능할 것이라 했다. 좌익파나 기성 엘리트는 틀림없이 이 약을 사용할 것이다. 세인트 루이스 글로브 데모크라트(*St. Louis Glove Democrat,* 1969년 10월 27일자)지에는 캔자스 시립대 의과대학의 부인과 및 산과 과정 커미트 크란츠(Kermit Krantz)박사는 만일 그것이 인구 과잉 문제를 해결할 수 있다면, 세계 모든 식수 공급원에 약물을 사용할 것을 강권했다고 보고했다. 이 약물을 사용했는지 안 했는지는 모르지만 이런 조작방법은 현대인의 생각에 받아들일 수 있는 의견이다.

인터내셔널 헤럴드 트리뷴(1970년 5월 22일자)지는 이렇게 보고했다. 어떤 과학자가 파리의 한 심포지엄에서 보고하기를 원숭이들의 뇌에 작은 라디오를 연결시킴으로 장난기가 심한 원숭이들의 생각이 행동으로 옮겨지기 전에 다 고쳐졌다고 했다.

라디오로 조종된 원숭이에 관한 보고는 지금 예일대학에서 가르치는 스페인 태생의 조엠 델가도 박사가 했다. 그는 유네스코의 지난 날의 인류의 침략이란 한 상호 규제 회의에 이렇게 보고 했다.

일군(一群)의 침팬지들에게 헬멧 모양의 라디오 트랜지스터 수신기를 씌워 뇌수의 감각기관에 연결하여 뉴멕시코의 홀로만의 인조섬에 풀어 놓았다. 그들이 제멋대로 배회하는 동안 그들의 행동은 계속 컴퓨터에 의해 감시되고 수정되었다.

정신운동 간질병을 앓고 있는 환자에게도 또한 스티모시버(stimoceiver)라고 하는 기계를 연결시킨다고 한다.

델가도 박사는 이러한 기술을 통하여 앞으로 5년 동안은 전염성 질환 치료에 항생제 출현의 중요성 못지 않게 침략 행동에 대한 의학적 치료에 혁명이 일어날 것이라 하였다. 그는 말하기를 만일 어떤 사람이 반사회적으로 행동한다면 그는 화학 및 전기 기술로 교정될 수 있다고 했다.

이런 종류의 조작은 미래의 일이 아니라 현재에도 있다. 그것은 원숭이에게만 사용한 것이 아니라 인간에게도 사용했다. 엘리트는 누가 침략행동을 할지 누가 하지 않을지 잘 알고 있다.

더군다나 컴퓨터 자체도 위험할 수 있다. 컴퓨터는 새 시대로 접어들었다. 그것이 우리를 감시할 수 있다. 그 큰 눈은 사람을 응시하며 사람의 출생시로부터 사망시까지의 매사를 다 기록한다. 이것도 미래의 일이 아니라 지금 벌써 준비되었다. 세상의 어느 누구보다도 많은 베이직 컴퓨터(basic computer) 특허권을 가지고 있는 웨스트 코스트(West Coast)에 사는 한 컴퓨터 전문가는 총 기록은행(all-recoding banks) 대형 컴퓨터에 싫증이 나서 대형 컴퓨터에 대항할 수 있는 값싼 소형 컴퓨터 제작에 일생을 바치고 있다. 컴퓨터의 출현과 그것이 권력가들의 손에 제공하는 지배력은 조작자들의 수중에 있는 현대 조작의 각 형식의 힘을 촉진시킨다.

알아 두어야 할 일

나는 기우가가 되기 싫으며 또 기우가라고 생각하지도 않는다. 내가 말한 것 중에 순전히 기우라고 생각되는 것은 그냥 잊어버리기 바란다. 그러나 이 일들은 교회가 마땅히 알아야 할 일이다. 많은 젊은 과학자들이 라브리로 오는데 나는 반농담조로 그들에게 아마 여러분들이 기독교를 위해 할 수 있는 가장 큰 공헌은, 수도 꼭지에 달아 물 이외의 다른 것을 다 걸러 낼 수 있는 물건을 만드는 것이라고 했다. 교회는, 민주주의는 죽었고 그러한 시대는 지나갔다고 정말 믿는 사람들과 맞서고 있다. 우리가 진정한 개혁과 부흥으로 종교개혁의 기반으로 돌아가지 않는다면 나도 그들과 동감한다. 이 일들은 복음주의 교회가 대비해야 할 것이다.

제 8 장
혁명적인 기독교

우리 주변에서 일어나는 진리 상실과 조작 형태는 히틀러를 싱글벙글 웃게 하고 앗수르의 군왕들을 폭소케 했을 것이다. 그리고 우리는 이 조작들의 가능성을 허용할 뿐 아니라 또한 사람들은 진리 상실과 이성 통제의 상실의 기반 위에 훈련되어 그 가능성들을 받아들이게 되어 있다.

우리는 어떤 상태에 처해 있는가? 바로 로마서 1：21－22이 지적하는 그 상태에 처해 있다. 사람은 하나님을 거스려 배반하였으며 하나님은 사람이 그 본성의 결과에 처하도록 허용하시며 사람은 거짓말을 믿는다. 이 무서운 거짓말이 끝장이다. 우리 세대는 서구인의 역사의 그 어느 때보다도 거짓말을 믿을 준비가 되어 있다.

이 시대는 잠자는 교회, 즉 단순히 기억의 근거 위에서 운영되고 성경의 형식 내에서 자유롭게 되어야 할 필요에도 불구하고 자유롭게 되기를 두려워하는 교회를 원치 않는다.

그러면 그리스도인으로서 우리가 어떻게 해야 하나? 우리가 필요로 하는 것이 무엇인가? 이 마지막 장의 임무는 이 질문에 대답하는 것이다. 첫째로 나는 두 가지 일반적인 요구에 주의를 끌고자 한다. 만일 기독교가 순간순간의 실제적 사건을 등한시한다면 그것은 무의미한 것이다. 그러므로 나는 특정적이고 실제적인 제안을 제시함으로 끝을 맺고자 한다. 성령이 우리를 인도하사 이 제안들이 우리에게 말하는 것이 무엇인지 알게 하시기 바란다.

열렬한 기독교

첫째로 우리 자신들과 우리의 영적 자녀들을 위하여 우리는 기억만이 아닌 강력한 기독교가 필요하다. 어제의 장난은 지나갔다. 우리 교회는 과거에 체험해 보지 않은 몸부림을 치고 있다.

나는 주로 맥루안의 이론을 풀이하고 그의 생각을 전도시켜 보겠다. 그는 죽은 의사소통의 시대, 즉 사람을 조작하고 있는 시대에 만일 어떤 사람이 자기의 생산품을 팔려면 살아 있는 의사소통 방법을 사용해서는 안 된다고 한, 다시 말하면 사람들이 종소리를 들을 때 군침을 흘리는 개처럼 훈련되고 반응할 때에는 이성을 통하여 사물을 먹이려고 시도해서는 안 된다는 것이다. 그것은 되지 않는 일이다.

나는 이것을 전도시켜 보겠다. 죽은 의사소통이 증가하는 시대에, 성경적인 기독교는 오직 살아 있는 의사소통만이 효력을 발생한다는 것을 분명히 알아야 한다. 성경적인 기독교는 내용, 즉 실제적 내용에 의존한다. 성경적인 기독교는 사람들이 단순히 제일의 체험(a first-order experience)을 통해 감정적으로 반응하도록 충동하지 않는다.

제일장에서부터 반복하겠다. 어떤 복음주의자들은 자신들의 죽은 의사소통 형태를 사용한다. 사람들의 어깨를 툭툭 치면서 "여보게 질문하지 말고 그냥 믿기만 하게"라고 그들은 말한다. 이것은 복음주의적 키에르케고르주의이다.

이것보다 더 심한 것은 우리가 복음을 전할 때에 내용이 거의 없거나 또는 전연 내용이 없다는 사실이다. 때로는 우리들이 자유주의자들이 말하는 것과 같은 올무에 빠진다. 그러나 자유주의자들의 용어가 아니라 복음주의적인 특수 용어를 쓴다. 현대화되기를 시도하면서 우리는 청년들에게 "낙오하라" "예수와 함께 여행하라"는 등의 말을 한다. 그것이 무슨 뜻인가? 무의미한 말이다. 알아듣기 힘드는 말이다. 그것은 내용 없는 무의미한 말이다.

우리는 이것을 신학 분야에서도 볼 수 있다. 왜냐하면 오늘날 많은 복음주의자들은 칼 바르트가 바로 신신학과 이에 따르는 모든 것에 문호를 개방한 사람인 것을 알지 못하고 이제는 칼바르트를 찬양해도 무방하다고 한다. 많은 복음주의자들은 창세기의 첫 부분을 자유주의자들이 성경 전체를 다루는 방법으로 다루다가 이 방향으로 끌려 가고 만다. 그들은 성경의 시공간의 역사에 관한 진술을 종교적 진리에서 분리시킨다. 만일 우리가 진정으로 20세기인들에게 전도하려면 이렇게 해서는 안 된다는 것을 이해할 수 있는 용기를 가져야 한다.

또 내가 전에 다른 책에서 말한 것처럼 구자유주의자 베잔트(J. S. Bezzant)가 기독교 신앙에 대한 반대(*Objections to Christian Beliefs*)에서 한 말을 상기시키고 싶다. 신정통주의 입장에 관하여 언급하며 "기독교에서 선포하는 것이 신화적이라는 비난에서 벗어나게 해주는 것은 엄밀히 말해서 증명 의무 면제(immunity from proof)라는 말을 들을 때, 나는 증명 의무 면제는 증명 의무 면제 이외의 어느 것도 확보할 수 없으며, 그것은 말 그대로 넌센스라고 대답한다"고 했다. 훌륭한 말이다. 만일 우리가 절대 진리를 분명히 말하지 않고 여러 부문과 여러 학문 분야에서 사람들이 성경의 지배로부터 빠져 나가게 버려 둔다면 우리도 복음주의라는 미명 아래서 같은 일을 하는 격이 된다.

복음전파는 그 하나하나가 다 강력한 내용을 가져야 한다. 우리는 죽은 의사소통 방법을 사용하여 사람들로 하여금 신앙의 공언을 하는 듯하게 하는 값싼 해결책에 빠져서는 안 된다. 만일 우리가 이런 종류의 조작에 빠지면 우리는 오직 비이성적인 지배를 강화하는 것이 되기 때문에 기독교를 땅에 추락시키는 것이 된다. 우리 자신들은 미래의 문제들 속으로 뛰어들어가고 있다. 기독교는 내용을 다루고 있음을 강조하는 데 생명을 바쳐 투쟁해야 한다.

신약성경 자체도 우리의 생각에 들어 오는 모든 것을 이성의 체로 거르지 않으면 안 된다고 말했다.

요한일서에서 요한이 말한 것을 생각해 보자. 만일 영이나 선지자가 오늘 저녁 우리 문을 두드리면 우리는 그에게 무엇이라고 말하겠는가? 요한은 그에게 이성적인 질문, 즉 그리스도께서 육체로 임하셨나 임하지 않으셨나 물어 보라고 했다. 이것은 이성의 질문이며 감정의 질문은 아니다. 이것은 사람이 구상할 수 있는 가장 날카로운 질문이다. 왜냐하면 우리가 영이나 선지자에게 그리스도께서 육체로 임하셨나 임하지 않으셨나 하는 질문을 할 때에는 사실상 두 가지 질문을 하는 것인데, 하나는 그리스도께서 성육신 전에 존재하셨는가 하는 것이고 또 하나는 과연 성육신이 실현되었느냐고 묻는 것이다.

다시 말하면 성경은 예수 그리스도의 교회에 맥루안의 말인 살아있는 의사소통을 하도록 강조하고 있다.

지금은 기독교가 세속의 면에서나 신학적인 면에서 상대론적인 사상에 침륜되지 않도록 해야 할 때이다. 지금은 교회가 진리를 가진 진정한 혁명 세력임을 강조해야 할 때이다. 피상적이 아니라 진정으로 진리를 알 수 있다.

동정적인 기독교

둘째로 우리 기독교는 참으로 보편적이어야 하며 사회 전부문에 관련되고 세계 전사회에 관련되어야 한다.

왜 우리들은 흑인들과 말썽을 일으키고 있는가? 백인 복음주의 그리스도인들이 총의(總意)를 확보하였을 때 그들은 흑인들이 그들과 동화될 만큼 보살피지 않았고 동정하지도 않았다. 백인 복음주의 교회가 흑인들을 희게 만들었어야 했거나 백인의 역사적 사건에 의해 지배되는 삶의 양식으로 그들을 전향시켰어야 했다는 것은 아니다. 그러나 그리스도인들(혈통과 종족을 막론하고)이 신참자들을 극진히 사랑하여 흑인들도 백인들과 같이 기독교에 참여하고 기독교가 주는 모든 혜택을 입었어야 했고 특히 흑인 목사들도 백인 목사들과 똑같이 훌륭한 신학 교육을 받았어야 했다.

만일 백인 그리스도인이 진정한 동정심을 가졌더라면 흑인 폭행이나 흑인 천대로 끝날 것이 아니라 오늘날 흑인 사회는 훨씬 향상되었을 것이다. 그리고 백인 사회도 훨씬 달라졌을 것이다. 지금 우리가 이 상황에 처하게 된 것은 우리들의 동정심의 결핍 때문이다.

불행하게도 그것은 흑인들에게만 국한된 것이 아니었다. 예를 들면 유대인들도 마찬가지이다. 동유럽의 합리주의적인 유대인들이 수천 명씩 뉴욕으로 몰려왔다. 어느 교회가 그들을 그리스도께로 인도했는가? 사실은 한 교회도 없었다.

우리는 맨 처음에 그들을 할렘(뉴욕시 맨하탄 섬 동북부에 있는 흑인 거주 구역), 형편없는 초창기의 할렘에 살게 했다. 그들은 거기서 살았고 우리는 무관심했다. 우리는 그들의 노동력을 취하고 그들을 그대로 버려 두었다. 그러나 오늘날 그들과 그 자녀들은 유대적 지성의 탁월한 재기(才氣)로 연극계 예술 활동과 신문과 잡지의 집필 활동과 그 외의 각 분야를 통하여 우리의 문화를 발전시키고 있다. 이것이 바로 우리가 처해 있는 처지이다. 우리는 동정심의 결핍으로 인한 무수한 죄를 저질러 놓았다. 흑인들뿐만 아니라 우리가 무시한 모든 사람에게 다 잘못했다.

흑인의 할렘을 생각해 보라. 물론 지금은 그렇지 않지만 과거에는 할렘을 무엇이라고 불렀는지 알 것이다. 가난한 자의 파리(Paris)라 불렀다. 왜 그랬을까? 그 까닭은 누구든지 돈만 있으면 파리에 가서 자기가 동침하고 싶은 사람과 동침할 수 있고 자기가 하고 싶으면 어떤 비열한 짓이든지 다 할 수 있다고 생각했기 때문이다. 과거에는 우리가 할렘을 이런 곳으로 만들었다. 백인들은 흑인 할렘을 자기가 하고 싶은 모든 괴팍스러운 일을 하는 파리로 만들었다.

우리의 동정심의 결여는 대단했다. 우리는 인간이 길을 잃었음을 믿는다고 말하였다. 그러나 우리가 흑인과 유대인과 그 외의 다른 사람들을 만났을 때 이에 대한 어떤 증거를 세상 사람들에게 제시했는가?

1960년대 초에 우리는 신 소외자(new outsider), 즉 급진적인 젊은이들에게도 똑같은 일을 했다. 우리는 이 신급진분자를 동화시키기 위해 무엇을 하고 있는가? 그들은 매우 연약하다. 우리는 학교에서 교회에서 때로는 심지어 우리 가정에서까지 그들을 몰아낸다. 만일 이 젊은이들 가운데 가장 사소한 일이나 대수롭지 않은 일이나 근본적이 아닌 작은 일에 우리와 의견을 달리하면 우리는 그만 그들을 사랑하지 않고 동정하지 않는다. 나는 공동체에 대해 말하고 있다. 그들의 생활 방식이 어떤 면에서 우리의 사고 방식과 조금만 달라도 우리는 공동체의 사명을 전연 이행하지 못한다.

초대 교회는 모든 계층의 사람들, 유대인과 헬라인, 헬라인과 야만인, 남자와 여자들을 모두 포용했다. 즉 헤롯의 젖동생으로부터 노예에 이르기까지 그리고 물질적 원조를 보낸 천성적으로 교만한 마케도니아 이방인들로부터 모든 이방인을 개라고 불렀지만 기쁜 소식을 자기들만 가질 수 없어서 안디옥에 있는 이방인들에게 복음을 전한 천성적으로 교만한 유대인까지 다 포함하고 있다. 오늘날도 준수해야 할 실제적인 사랑은 언어, 국적, 국경, 노소, 피부

색깔, 교육과 경제 수준, 말투, 가문, 특수 지역의 계급제도, 의상, 백인들 가운데 머리의 장단과, 흑인들 가운데 아프리카식과 비아프리카식의 머리 손질, 신발을 벗고 신음, 문화의 차이 그리고 예배의 더 전통적인 것과 덜 전통적인 것 등의 모든 범위를 하나도 남김없이 다 초월해야 한다.

나는 그것이 가능하다는 것을 말하고 싶다. 아직은 너무나 불완전하지만 라브리에 어떤 일이 있는지 알아 보자. 해마다 많은 젊은이들이 복음주의 계통에서 모여 든다. 그들은 도착하여 우리는 이러이러한 학교에서, 복음주의 배경에서 왔는데 "당신은 우리의 마지막 소망입니다"고 말한다. 그들은 라브리에서 해결책을 얻을 수 있다고, 또 아름다움이 있다는 말을 들었다고 한다. 그들이 왜 그랬는가? 그들은 우리를 시험해 본다. 그들은 청바지나 이상한 옷을 입고 교회에 온다. 그들이 용납되는지 시험해 본다. 그 다음 주일에는 맨발로 나온다. 우리는 시험에 합격해야 한다. 우리가 먼저 시험에 합격해야 대화가 시작된다. 이것이 공동체이다. 이것이 동정심이다. 이것이 우리가 기능을 발휘해야 할 분야이다.

1960년대에 맨발로 돌아다니는 것이 "유행"이었을 때 신을 신어야 할 어떤 절대적 이유가 있었는가? 나는 신약 규범에서 그것을 찾을 수 없다. 우리의 작은 예배실은 종종 이런 학생들로 꽉 찬다. 나나 다른 사람은 설교를 수분간이 아니라 매주일 낮 예배에 한 시간 십오 분간씩 설교한다. 그런데도 이 학생들이 참석한다. 1960년대에 그들이 맨발에 청바지를 입거나 이상한 옷차림으로 나와도 우리는 상관하지 않는다는 것을 그들은 안다.

그러므로 사실 우리들은 젊은이들에 대해서 크게 염려할 필요가 없다고 생각한다. 우리가 염려해야 할 것은 교회이다. 교회가 본연의 임무를 다한다면 젊은이들이 나올 것이다. 그러나 그들이 그냥 나오는 것이 아니라 나팔을 불며 고음 심벌을 치며 즐거워하며 나올 것이다.

불완전하고 연약한 가운데서도 라브리에서 일어나고 있는 바는 이것의 가능성을 증거하는 실례이다. 만일 교회가 조금이라도 본연의 임무를 다한다면 젊은이들은 나올 것이다. 그들은 제발로 걸어 나올 것이며 다소 초라한 모습일지라도 교회가 하나님이 의도하신 대로 존재한다면 그들은 땅끝에서부터 올 것이다.

일반적인 요구 조건은 상당히 많다. 성령의 능력으로 교회를 오늘과 내일을 위하여 살아 있는 교회로 만들기 위해 우리가 할 수 있는 특정한 과업과 특정한 일을 하는 것이 어떤가?

공동체를 위하여 그대의 집을 개방하라

큰 계획을 세우지 말라. 갑자기 교회 예산을 증가시켜 착수할 수 있다고 생각하지 말라. 개인적으로 자기 집에서 시작하라. 나는 예수 그리스도의 이름으로 감히 말한다. 내가 제안하는 것을 시행하라. 그대들의 집을 공동체를 위하여 개방하라.

나는 수양회에서 흑인 복음주의자들이 등단하여 강연할 때 백인 복음주의자들이 열광적으로 손뼉을 치는 것을 보았다. 어떻게나 열심히 치는지! 그것은 좋은 일이다. 20년 전에는 복음주의자들이 손뼉을 치지 않았을 것이다. 그러나 백인들에게 물어볼 것이 있다. 과거 흑인들을 몇 사람이나 당신의 집에서 흉금을 터놓고 지냈는가? 흑인을 한 사람도 당신의 집에 초대한 일이 없으면 흑인에 대해선 말하지 않아야 한다. 성경적 근거에 의하여 당신들의 집을 흑인들에게 개방하라. 그리고 만일 흑인이 초대하면 기꺼이 그들의 집에 들어가라. 그들이 당신들의 집에서 마음 편히 지내게 하라. 그 후에야 그들과 대화가 시작되고 당신의 교회가 마땅히 이 경계선을 없앨 수 있다. 그러나 그 전에는 안 된다. 그리고 흑인 그리스도인들도 똑같이 그렇게 해야 한다. 작년에 백인을 몇 사람이나 당신의 집에 초대했는가? 몇 사람이나 당신의 식탁에서 같이 식사했는가?

과거 몇 번이나 당신의 집 양탄자에 술먹고 토해 놓는 모험을 당했는가? 그렇지 않으면 도대체 당신은 어떻게 동정심에 대해서 공동체에 대해서 장안에서의 교회의 의무를 말할 수 있는가?

라브리는 큰 희생을 치렀다. 만일 당신이, 하나님이 라브리에서 하신 일은 쉬운 일이라고 생각한다면 당신은 이해를 못한 것이다. 공동체 의식을 유지한다는 것은 큰 희생이 따르는 일이다. 라브리는 단순히 어떤 뚜렷한 교리로서는 설명될 수 없다. 또한 이성적인 질문에 대해서 하나님이 이성적인 대답을 주신 사실만으로도 이해될 수 없다. 나는 이 둘이 다 중요하다고 생각한다. 그러나 라브리는 셋째 것, 즉 거기에 어떤 공동체가 이루어졌다는 사실을 제외하고서는 설명되지 않는다. 그런데 그것은 큰 희생을 치른 것이었다.

라브리에서의 처음 3년 동안에 우리의 결혼 선물은 동강이 나고 말았다. 우리 시트는 다 떨어지고 양탄자는 불에 타서 구멍이 났다. 정말 한번은 어떤 사람이 우리 거실에서 담배를 피우다가 불이나 커튼을 다 태워 버릴 뻔했다. 흑인들이 우리 식탁에 앉았고 동양인도 우리 식탁에 앉았다. 모든 사람들이 우리 식탁에 앉았다. 라브리에서 일어난 일은 다른 방법으로는 있을 수 없는 일이다.

당신에게는 이런 일이 몇 번이나 있었나? 큰 프로그램이 필요치 않다. 큰 계획이 필요치 않다. 당회나 제직회를 설복시킬 필요도 없다. 그저 집을 개방하고 시작하기만 하면 된다. 진정한 집이기만 하면 하나님의 세계에는 집에 모여들어 함께 할 사람이 없는 곳이 없다.

무방부(無防腐)적 모험

성병을 가졌을지 모르는 여자를 당신의 시트 속에 잠재움으로 무방부적 상황을 몇 번이나 모험했는가? 열일곱 살에 벌써 서너

번 유산을 한 소녀도 우리 집에 온다. 그들이 성병을 지녔을 가능성은 짙다. 그러나 그들이 우리 시트 속에서 잠잔다. 당신은 몇 번이나 이런 일이 당신의 집에 일어나게 했는가? 우리가 여기서 출발해야 함을 알지 못하는가? 하나님의 사랑의 의미가 바로 이것이다. 나그네를 접대하라고 장로에게 한 훈계가 바로 이것이다. 당신은 장로인가? 당신은 나그네를 대접하고 있는가? 만일 그렇지 못하면 잠잠하라. 나그네 대접에 대해선 말할 필요도 없다. 그러나 시작할 수 있다.

또 하나의 무방부적 상황이 있다. 약물 상습자를 몇 번이나 당신의 집에 영접했는가? 그것은 가족에게 위험하므로 조심해야 한다. 그러나 그것을 모험해 보았는가? 만일 그리스도의 이름으로 이 무서운 상황에 속해 있는 사람을 도와보려고 시도한 일이 없으면 약물 문제에 대해서는 말할 필요도 없다.

만일 당신이 이런 일이나 이런 성질의 일을 해보지 않았고 결혼한 지가 오래 되어 집(또는 방)을 가지고 있는데도 이런 일이 한 번도 일어난 적이 없고 특히 우리 문화가 우리 주위에서 무너지고 있는데도 잠잠했다면, 당신은 사람이 지옥으로 간다는 것을 정말로 믿는 것인가? 그리고 만일 당신들이 정말 그것을 믿는다면 "나는 나의 사는 곳을 개방하여 내가 할 수 있는 일을 하는 수고를 한 적이 없다"고 말할 수 있는가?

나는 복음주의자들인 우리들에게 의문이 있다. 자유주의자들이 지옥이 없다 할 때 우리는 그들과 싸운다. 그러나 우리는 과연 사람이 지옥으로 간다고 믿는가?

이것이 균형을 이룰 수 있도록 한 가지를 더 말하고자 한다. 내가 아는 가정들은 동정심을 발휘하여 한 가족으로서는 너무 벅찬 일을 감당하고 있는 사람들에게 자신들의 집을 개방한다. 아버지가 일하러 나가면 아내나 가족이 나머지 일을 다루기에는 너무 벅차다. 그래서 그들은 동정심과 의무감으로 그들이 도울 수 있는 시간 이상으로 그 개인들을 도와주었다.

이것이 라브리와 같은 공동체에서는 더 쉽다. 그러나 이것으로 해결은 안 된다. 모든 그리스도인, 모든 가정들은 동정심을 가지고 집을 개방하는 것은 그리스도인의 책임임을 알고 힘이 닿는 대로 실천해야 한다. 이것은 정적이지 않을 것이다. 어떤 가정은 더 많이 할 수 있고 어떤 가정은 더 적게 할 수 있다.

그러나 이것은 전혀 베풀지 않거나 조금 베풀려는 핑계가 되어서는 안 된다. 그 외에도 교회가 책임을 나누어져야 한다. 또 더 어려운 처지에 있는 사람들에게 실천적인 사랑과 공동체를 보여줄 수 있도록 어떤 그리스도인 단체가 있어야 한다.

그것은 알프스의 라브리에서만 의의가 있는 것이 아니다. 내가 미국에서 목회할 때 밤 3시나 4시에 나이트 클럽에 가서 주정꾼을 찾아서 그들의 집에 데려다 주는 것도 의의 있는 일이었다. 당신도 해봤는가?

사십대 시절에 내 아내 에디스는 흑인 여자 청소부를 들어오게 하여 매일 그녀와 함께 점심을 먹었다. 그들이 함께 식사할 때 에디스는 식탁 한가운데 촛불을 켜서 분위기를 아름답게 만들곤 하였다. 여러분들은 그렇게 해 보았는가? 공동체는 이렇게 시작된다. 그 외에 다른 방법은 없다. 이에 미치지 못하는 것은 다 거짓이다.

여러분들의 교회를 공동체를 위하여 구성하라

여러분들이 할 수 있는 것을 또 하나 말하겠다. 여러분들은 교회의 정규 집회를 재고할 수 있다. 성경에는 주일 낮예배를 열한 시에 시작해야 된다는 말은 전연 없다. 어느 시간에든지 할 수 있다. 오후 3시, 오후 10시 또는 새벽 2시도 좋다. 그리고 예배는 "전도적"이어야 하기 때문에 저녁 예배 시간에 감히 "구원 초대"를 빼놓지 않는 어리석은 어떤 교회들을 생각해 보라. 불신자가 교회에 들어와 있든지 없든지간에 예배는 항상 전도적이다. 구원초대를 중단해 보라. 그렇게 하면 사람들이 즉시 한 가지 형식을 빼놓았다고 전도적이 아니라고 할 것이다. 그러나 시도해 보라.

또 성경에는 기도회를 수요일 저녁에 해야 된다는 말은 전연 없다. 그러면 왜 기도회를 언제나 수요일 저녁에 모이는가? 그 까닭은 기도회를 언제나 수요일 저녁에 모였기 때문이다. 그러나 아무도 수요일 저녁에 나오지 않는다고 가정해 보라. 누가 주일날 저녁에 기도회를 해서는 안 된다고 하는가? 만일 젊은이들이나 다른 사람들이 한 번 나와 보고 다시 안 나온다면 집회 시간을 변경시키지 않을 이유가 있는가?

우리는 우리 예배에 있어서 모든 것을 고쳐 볼 용기를 가져야 한다. 신약 형식의 한계 내에 머물라. 그러나 그 외의 것은 성령의 인도 아래 모든 것을 고칠 수 있다고 생각하라. 당회와 제직회에 말하여 예배에 있어서 고칠 것은 고쳐서 우리 교회가 우리가 직면하고 있는 세대에 살아 있는 기구가 되도록 해야 한다.

그리고 또 교회의 수많은 무의미한 예배를 중단할 수 있다. 우리는 과거에는 의의가 있었으나 오늘은 의의가 없는 것은 중단할 수 있고 제직들과 교인들은 자기들의 집을 개방하는 데에 힘써야 할 것이다. 편안히 앉아서 몇 시간씩 텔레비전만 보지 말고 오늘날 우리 자녀들이 알아야 할 바를 말해 주고 책을 읽어 주어 참된 가정생활을 해야 한다. 그 다음에는 우리들의 집을 더 광범한 공동체에게 개방할 수 있다. 거의 모든 교회에 무익한 집회가 수두룩하다―성경 규범과 무관한 집회는 성스럽지 못하다.

시작하기가 그리 어려운 것은 아니다. 물론 시작하자마자 가끔 기성 복음주의자들과 충돌되기 때문에 고충을 당할 것이다. 그러나 라브리에 와서 복음주의자들 사이에서 볼 수 있는 비현실성을 지적하는 그리스도인 젊은이들은 이러한 류의 가정에 대해서는 말하지 않는다. 만일 그 부모들이 약물을 사용하며 장발을 한 젊은이들에게 문을 열어 주는 것을 그들이 보았다면, 만일 그 부모들이 가구와 양탄자를 희생해 가면서까지 그들의 집을 개방하는 것을 보았다면, 만일 그들이 먼 어딘가에 있는 길을 잃은 영혼들뿐만 아니라 그들의 집 식탁에 앉아 있는 특정한 사람들을 위해 기도하란 말을 들었다면 그러한 비현실성은 사라졌을 것이다.

여러분은 여러분의 자녀들의 미치광이 같은 친구들에게 집을 개방하는가? 여러분의 자녀들이 집에 돌아올 때 미치광이 친구를 데리고 왔는가? 그가 머리를 길게 하고 괴상한 옷을 입는가? 그가 트랜지스터 라디오를 귀에 꽂고 오는가? 여러분의 자녀들이 데려 오는 아이들을 환영하는가? 그들에게 물어 보면 정직한 대답을 들을 것이다. 우리는 잘못을 반성하지 않으면 안 된다.

만일 우리 자녀들이 우리가 우리 집에서 이런 방법으로 대가를 치르고 그 다음에는 이것이 번져나가 교회에서 시작되는 것을 보면 복음주의 교회에서 충해와 같고 암과 같은 불신감은 사라지기 시작할 것이다.

성경은 우리가 찬물 한잔이라도 나눠주어야 한다고 말한다. 우리는 몇 번이나 우리와 다른 사람들에게 물을 주었는가? 여러분 자신이 이 일을 한 적이 없으면 교회가 그것을 시작하도록 시도하지 않아야 할 것이다.

우리는 풍요한 사회를 비난한다. 이것은 지금 복음주의자들이 하는 또 하나의 좋은 일이다. 우리는 풍요한 사회를 반대한다. 우리가 이 풍요한 사회에서 몇 번이나 예수 그리스도의 이름으로 인해 잘리우고 상처를 입으면서까지 우리의 이익을 희생해 갔는가? 여러분들은 차에 기어오르는 아이들을 태워다 주려다가 자동차의 스프링을 망가뜨린 모험을 몇 번이나 했는가? 여러분들이 참여하고 있는 풍요한 사회에서의 몫을 내놓지 않는 한 풍요한 사회를 반대한다고 말하지 말라. 그리고 내가 말한 것들이 부(富)와 참된 공동체에 관한 하나님의 말씀의 가르침의 일부분이 아니라고 감히 말하지 말라.

그러나 교회 목사들이 내게 와서 "만일 내가 이것을 시작하면 우리 교회에서 쫓겨나야 한다는 것을 이해하지 못하시오? 만일 내가 흑인들과 장발족을 내 집에 데려 와서 그들과 정말 가까워지고 그들이 나를 사랑하고 신뢰하고 교회에 나오면 나는 쫓겨날 것이오." 우리는 순교자를 땅 끝까지 보내서 예수 그리스도를 위하여 죽으라 한다. 그런데 왜 우리 집에서는 그렇게 하지 않는가?

혁명은 다가오고 있으며 이미 왔다. 만일 우리가 예수 그리스도의 이름으로 오늘날 우리 교회에서 축출되고 추방될 위험을 무릅쓰지 않는다면 혁명이 격렬해질 때에는 어떻게 하겠는가? 만일 우리가 우리의 집을 개방하고 그것을 교회에 소개하여 신약성경의 조직체제 형식 안에서의 변화를 서서히 일으키지 못한다면, 압력이 임할 때에 용기를 낸다는 말은 입 밖에 내지도 말아야 한다.

만일 우리가 이런 작은 일로 근육을 연마해 두지 아니하면 혁명이 일어날 때—특히 이것이 신좌익계로부터 맹렬하게 일어날 때—대다수의 복음주의적 교회는 그 밑에 깔리고 말 것이다. 혁명은 그 모든 조작과 더불어 다가오고 있기 때문에 우리는 지금 시작하는 편이 나을 것이다.

주께서 택하신 백성을 여러분에게 보내 달라고 기도하자. 그러나 그 사람들이 20세기 전체 인류 가운데 어떤 사람들이든지간에 그들을 여러분들의 집에 기꺼이 초대하고 함께 식사하고 가족들에게 소개하고 이불 속에 잠재울 용의가 되어 있지 않으면 그렇게 기도하지 말라.

지금은 농담할 시대가 아니다. 우리는 내용 있는 기독교와 교리의 순결성을 가르쳐야 한다. 만일 사람이 노소를 막론하고 진리를 신중하게 주장하려면 우리는 교회 일에 있어서나 종교적 협력에 있어서 진리를 실천해야 한다. 우리는 공동 투쟁자와 동맹자를 분별해야 하고 우리를 대결하여 일어나는 두 엘리트를 분별하며 둘 가운데 그 어느 것을 선택하거나 동맹자로 받아들이는 실수를 저질러서는 안 된다. 우리는 정통적 공동체를 소유하고 실천해야 한다. 그리고 우리는 교회에 있어서 변화를 필요로 하는 조직체제와 관행을 자유로이 고쳐야 한다. 예를 들어 북한에 있는 그리스도인들이 북한을 점유할 야욕을 품고 있는 사람들을 피하여 지하로 들어가지 않고 그들이 피해를 입기 쉬운 시간과 집회 장소에 대한 옛 관습을 유지한다면, 우리는 그들을 어리석다고 할 뿐 아니라 성령의 지혜를 거스린다고 할 것이다. 우리가 이미 우리의 문화와 사회에 도래한 불가항력의 변화에도 불구하고 이에 대한 아무런 준비없이 일어나서 신좌파와 기성 엘리트를 그냥 맞이한다면 우리는 그들보다 조금도 나은 것이 없다.

부록 1
온고지신을 위하여

50여 년 전 자유주의자들은 미국 보수 계열 주요 교단의 중심부를 장악했다. 그 때 성경을 믿는 그리스도인들은 두 그룹으로 나누어졌다. 한 그룹은 그런 교단에서 이탈했고, 다른 한 그룹은 교단에 남아서 더 큰 복음주의 체제를 세우려고 했다. 지나간 세월을 돌이켜 볼 때 두 집단 모두 문제가 있음을 알 수 있다.

30년대를 회고하면서 내가 말할 수 있는 것은 초기의 과오는 미국의 장로 교회(북장로교—현재는 미국 연합 장로교회〈United Presbyterian Church in the U.S.A.〉의 일부가 되어 있음)를 떠난 직후 이루어졌다. 그것은 그 다음 시대의 "분리주의 운동"을 특징짓는 실수였다. 분열 전에는 자유주의의 득세를 용납하지 않겠다던 사람이 많았다. 그러나 정작 그 때가 오자 많은 사람들이 그대로 머물러 있었다. 그들의 동기를 판단하지 않더라도 말할 수 있는 것은 거기서 나온 소수의 사람들은 버림받고 배신당한 느낌을 가졌을 것이라는 사실이다. 그대로 남아있던 사람들 가운데 일부는 헌법제정회의 연합—그들이 이전에 연합하여 일하던 도구—을 해체하지 않고 머물러 있는 사람들과 나온 사람들이 계속 연합하여 일할 수 있게 했어야 한다고 말했다. 그러나 분개와 분노 가운데, 떠나온 사람들은 그 조직을 즉시 해체해 버렸다. 그리하여 형제들 사이의 가시적 사랑을 실제로 보여줄 수 있는 통로가 모두 붕괴되었다.

교단을 떠난 사람들이 발행하는 간행물은 자유주의보다는 교단을 떠나는 문제에 대해 그들과 의견을 달리한 사람들을 공격하는 데 더 열을 올렸다. 그리하여 지금도 잊을 수조차 없는 말들이 오갔다. 떠나온 사람들은 때로 남아있는 사람들과 함께 기도하는 것조차 거절했다. 떠난 사람들은 그리스도 안의 참 형제라도 떠나지 않은 사람들과의 교제를 완전히 끊었다. 서로 사랑하라는 그리스도의 명령이 깨진 것이다. 남은 것은 주로 내부지향성과 자기 의와 완악함이었다. 떠난 사람들에게는 떠난 것이 그 어느 핑계보다도 옳다는 생각이 뿌리박혔다. 이런 나쁜 습관을 배운 이후로, 그들은 자기들 사이에 작은 차이점이 있어도 서로를 그렇게 취급했다.

진정으로 성경을 믿는 그리스도인이 되기 위해서 우리는 매순간 두 가지 성경의 원리를 동시에 실천해야 한다. 한 가지 원리는 가견적 교회의 순결의 원리이다. 성경은 우리가 가견적 교회의 순결에 대해 말만 하지 말고 그 이상의 일을 해야 한다고 명령하고 있다. 우리는 희생이 따르더라도 실제로 그것을 실천해야 한다. 둘째 원리는 진정한 그리스도인들 사이의 가견적 사랑의 원리이다. 육신 가운데 있는 우리는 사랑 없는 순결을 강조하거나, 순결 없는 사랑을 강조할 수 있다. 두 가지를 동시에 강조할 수가 없는 것이다. 이 일을 하기 위해서는 순간순간 그리스도와 성령께서 하신 일을 바라보아야 한다. 이것이 없으면, 순결에 대한 강조는 완고하고, 거만하며, 율법적인 것이 된다. 마찬가지로 이것 없이 사랑을 강조하면 순전히 타협이 되고 만다. 그러나 우리가 하나님의 거룩하심과 사랑을 동시에 나타내기 시작하면, 영성은 우리 삶에서 의미를 갖게 된다. 이런 동시적 표현이 아니고는 우리의 놀라우신 하나님과 주님을 드러내 보일 수가 없다. 그럴 때 나타나는 것은 하나님을 희화한 모습으로 그를 치욕스럽게 만든다.

다행히도 떠났던 집단들의 완고함이 지난 수년 사이에 점진적으로 크게 줄어들었다. 그러나 초창기에 있었던 그것에 대해 큰 대가를 치렀다.

내 생애 가운데서 크게 즐거웠던 일 가운데 하나가 1974년 로잔 세계 복음화 대회에서 이루어졌다. 새로 만들어진 미국 장로교회(Presbyterian Church in America)에 소속된 사람들이 그곳의 집회에 참석해 달라고 요청했다. 그 집회는 미국 (남) 장로교회를 떠나 PCA를 결성한 사람들과 아직 떠나지 않은 사람들이 함께 참가하는 모임이었다. 양측의 대변인들은 이 집회가 나의 주장, 특히 나의 책 오늘날의 교회의 사명(*The Church Before the Watching World*) 때문에 가능했다고 했다. 나는 기뻐 울 것 같았다. 아마 울었던 것 같다. 우리는 우리가 그냥 자연스럽게 하는 것보다 더 잘할 수 있다. 그러나 그것은 육신의 위험성을 내다보며 살아계신 주님께 힘과 은혜를 구하지 않고는 불가능하다.

나는 미국 연합 장로교회(UPC USA)를 떠난 사람들의 두번째 문제는, 우리의 정체성을 특징짓는 기본적인 차이점을 어디에 둘 것인가에 대한 혼동이라고 생각한다. 그 차이점을 성경을 믿는 교회와 믿지 않는 교회에 두고 있는가? 아니면 장로교 및 개혁교회와 그렇지 않은 사람들 사이에 두고 있는가? 우리가 어느 지역에 교회를 개척하려고 할 때, 그 기본적인 동기가 장로교와 개혁 신앙에 충실한 교회를 세우는 것인가? 아니면 역사적이며 성경을 믿는 모든 교단의 교회가 지지하는 복음을 전파하는 교회를 세우고, 어느 한편의 입장에 서서 우리 교단의 특징에 비추어 보아 우리가 믿는 것이 성경적이라고 가르치기 위한 것인가? 이런 질문에 대한 대답은 크게 차이가 날 것이다. 동기도 다를 것이고 활동의 범위도 차이가 있을 것이다. 한쪽 입장은 보편적이고 성경적으로, 다음 두 가지 차원에서 성공 가능성이 있다. 그 첫째는 교회 성장과 우리가 접하는 사람들에게 있는 건전한 시야이고, 둘째는 그리스도의 교회 전체에 지도력을 공급하는 면에서이다. 다른 한쪽 입장은 내부지향적 자기 제한적이며, 따라서 파당적이다.

50년 전에 자유주의가 지배하는 교단들을 떠나지 않은 사람들도 역시 두 가지 태도를 발전시켰다. 첫째 태도는 일반적 자유방임주의 사상의 출현이다. 나온 사람들이 완고함으로 기울었다면, 일부 그대로 머문 사람들은 부드럽게 되는 경향이 있었던 것이다. 그들은 이렇게 말했다-"지금은 나갈 때가 아니다. 그러나 이러이러한 일이 일어나면 나갈 것이다." 또 일부는 그들 나름의 완고함-무슨 일이 일어나더라도 머물러 있겠다는 결심-을 발전시켰다.

지상 교회에 관해 자유방임주의 입장을 받아들이면 개인의 성경관을 포함하여 교리를 쉽게 포용하는 집단적 자유방임주의로 쉽게 빠져 든다. 이것은 역사적으로 일어났던 일이다. 30년대와 40년대의 교회에 대한 자유방임주의로부터, 80년대 일부 복음주의 진영에서 성경에 관해 타협하는 일이 있었다. 복음주의 진영의 많은 사람들은 역사적 성경관을 갖든, 아니면 성경은 종교 문제에 대해 가르칠 때만 권위가 있고 역사나 과학 또는 남녀 관계 같은 문제에 대해서는 권위가 없다고 하는 실존적 방법론을 견지하든 아무 차이가 없는 것처럼 행동한다.

자유주의가 지배하는 교단에 남아있는 사람들이 모두 그런 것은 아니다. 그렇지만 잔류하기로 결정한 사람들은 어떤 일이 일어나든 자유방임적 태도를 벗어날 수가 없다고 믿는다. 그들은 복음주의적 일치라는 외적 모습을 유지하기 위해 성경에 관한 견해 차이를 가리려고 애쓴다. 그러나 실제로는 성경의 중요한 점에 대해서는 아무런 일치도 없다. 교리적인 자유방임주의가 침투하는 경우, 우리가 교회의 역사를 통해서와 개인적인 관찰을 통해서 확신할 수 있는 것은 한 두 세대가 지나면 이런 태도를 지지하는 교회와 학교에서 배운 사람들이 더 많은 것을 잃게 될 것이며, 나아가 복음주의와 자유주의와의 분계선도 없어질 것이라는 사실이다.

우리가 실존적 방법론을 통채로 거부하지 않으면 우리의 사고가 혼란을 일으키게 될 것이며, 우리 시대의 일반적 상대주의에 굴복하여 우리의 교회적 의무를 타협하게 될 것이다.

자유주의가 지배하는 교단을 떠나지 않은 사람들의 두번째 문제는 그들이 최후의 입장마저 빼앗길 때까지 끊임없이 후퇴하는 자세를 자연스럽게 취하는 경향이 있다는 것이다. 예를 들어보자. 클라렌스 매카트니(Clarence Macartney), 도날드 반하우스(Donald Grey Barnhouse), 롤랜드 필립스(T. Roland Phillips)가 여성 안수 문제, 그리고 여성 안수를 반대하는 설교를 하지 않겠다고 하면서도 비성경적인 자신의 개인적 입장을 고수하는 것이 유일한 "흠"인 젊은 목사 후보에게 안수하지 않는 문제가 심각하게 대두된 교단에 머물러 있을 수 있었을까? 이 사람들은 동성연애자 안수를 지연시킨 것을 승리라고 생각할까? 매카트니나 반하우스, 필립스라면 어떻게 말했을 것 같은가? 그들이 속한 교단이 그런 상황에 처하는 것은 그들로서는 생각도 못할 일이었다.

복음주의자들은 거짓된 승리를 경계해야 한다. 자유주의 교권 세력은 성경을 믿는 그리스도인들의 균형을 깨뜨리는 법을 알고 있다. 복음주의자들이 떠나가지 않도록 하기 위해서 그들이 던져줄 수 있는 거짓된 승리들은 아주 많이 있다. 아직도 "전열을 깨뜨리지 말라. 조금만 더 기다리자. 이것을 기다리자. 저것을 기다리자"고 말하는 사람들이 있다. 늘 기다리기만 하고 행동이 없는 것이다. 그러나 사태는 악화되어 가고 있는데 50년이나 기다리는 것은 너무 오래 기다린 것이다. 나는 건강이 쇠약해지고 있기 때문에 좋은 상태에 있을 때 그리스도를 위한 그 용감하고 값진 입장을 언젠가 표명하기 위해서 영원히 기다릴 수 없다고 말하는 바이다.

초점을 바꾸어 보자. 미래는 어떻게 되는가? 앞으로 우리 자신,

우리 교인들, 우리의 육신적 영적 자녀들은 어떻게 될 것인가? 미국은 엄청나게 빠른 속도로 완전히 인본주의적인 사회와 국가를 향해 달려가고 있다. 이런 경향이 우리의 작은 사업들, 생활들, 교회들을 그냥 내버려 둘 것 같은가? 샌프란시스코 정통 장로교회가 공공연하게 동성애를 행하는 오르간 반주자를 해고했다고 해서 차별금지법 위반죄로 법정에 선 이 때인데도, 경고의 종소리를 듣지 못할 정도로 우리가 귀머거리일 수 있는가?

불행히도, 자유주의 교단에서는 공식적으로는 물론 재정적으로도 인본주의적 경향을 지원하고 있다. 복음주의자들이 교파적 연합을 통해 자신들의 이름과 재정으로 그것을 도와야 하는가? 그럴 경우 그들은 그릇된 것을 지원할 뿐만 아니라, 급속도로 악화되는 상황에 있는 우리를 파괴하게 될 것이다. 미국 연합 장로교회의 어느 노회가 그릇된 교리관을 가지고 있다는 이유로 안수받은 사람을 성경적 치리로 끌어내어 치리받게 할 수 있는가? 물론 우리는 가장 먼저 개인적이고 사랑의 차원에서 자유주의자를 돕기 위해 최선을 다해야 한다. 그러나 그가 자유주의를 고집하면 치리를 받게 해야 한다. 가견적 교회는 그리스도의 충실한 신부로 유지되어야 하기 때문이다. 교회는 세상이 아니다. 어느 교단이 그런 원리가 적용될 수 없는 위치에 이르면, 그 교단의 사람들은 제2단계 조치를 생각해 보아야 한다. 가견적 교회의 순결성의 원리와 관련된 이 조치는 눈물을 머금고 떠나는 것이다. 휘날리는 깃발도 아니요, 환희의 외침도 아니요, 이 타락한 세상에 완벽한 교회를 세울 수 있다는 생각도 아니다. 오직 눈물로 그 조치를 취해야 하는 것이다. 복음주의자들은 이런 위치에 이르러서도 계속해서 자유주의자들을 사랑해야 한다. 반드시 그래야 한다. 그것이 옳기 때문이다. 조직화된 자유주의에 대해 굳건한 자세를 취하면서도 자유주의자들을 사랑하는 법을 모른다면, 하나님의 사랑과 거룩을 동시에 나타내라는 부르심을 반쯤 실패한 것이다. 우리를 지켜보는 세상 앞에서, 교회 앞에서, 우리 자녀

앞에서, 천사들 앞에서, 그리고 주님 앞에서 실패한 것이다.

지금은 후회와 절망의 날이 아니다. 지금도 그리스도인들이 교인들의 안일보다 주님을 우선하면 변화될 수 있다. 그러나 교인들에게는 목사의 가르침뿐 아니라 본이 필요하다. 목회자들이 자유주의에 대해 사랑이 넘치고 분명하며 용기있는 자세 대신 상대주의적이고 자유방임적인 자세를 나타낸다면 분명한 가르침도 분명한 본을 제공할 수 없다. 목회자들이 필요한 값을 치르지 않는 한, 그들은 자유방임적인 복음주의 체제에 본과 지도력을 제공해 줄 수 없다. 그들은 진리에 대해 그냥 말만해서는 안 된다. 그 진리를 희생을 치러가며 실천에 옮겨야 한다.

복음주의자들은 일의 적절한 서열을 기초로 하여 행동해야 한다. 진정으로 분명한 구분은 사소한 사항이 아니라, 성경을 믿는 그리스도인들과 성경을 믿지 않는 사람들과의 사이에 있어야 하는 것이다. 이 구분은 루터파와 그 외의 사람들이나, 침례교도와 그외, 또는 장로교도와 그 외의 사람들 사이에서 이루어지는 것이 아니다. 복음주의자들이 이러한 진리를 그들이 가르치는 신학교와 교회에서 분명히 나타내지 않으면, 그들은 그리스도의 온전한 교회가 요구하는 지도력을 제공할 수 없다. 나아가 이렇게 하지 않는 것은 참 그리스도인들 사이의 사랑과 일치를 그리스도의 명령대로 나타내지 않는 것이다. 그리스도의 명령은 한 교단에 속한 사람들 사이가 아니라 모든 참 그리스도인 사이의 가시적인 사랑과 가시적인 일치이다. 진정한 구분은 살아계신 하나님과 그 아들 예수 그리스도께 절하는 사람－그리고 언어로 표현된 명제적 의사소통인 하나님의 말씀에 굴복하는 사람－과 그렇지 않은 사람들 사이에 이루어져야 한다.

사태를 적절한 질서 가운데 유지시키도록 주의해야 한다. 우리가 우리의 교파적 특성을 유지하면서도, 그리고 그것들이 성경적이라고 믿기 때문에 그것들을 축소시키지 않으면서도, 복음주의자들은 우리 시대의 치열한 전투에 함께 임하는 그리스도 안의 형제라는 것을 교회와 세상에 보여 줄 길을 찾도록 하자. 양측 사람들이 과거에 저지른 실수들로부터 배울 때, 자유주의가 지배하는 교단을 떠난 목회자들은 교회와 사회 모두를 돌이킬 수 있는 증거를 할 수 있다. 그리하여 영혼을 구하고 하나님의 백성을 세울 수 있다. 아니면 최소한 완전히 인본주의적인 사회와 권위주의로 억압하는 상태로 빠져드는 것을 지연시킬 수 있다.

이런 필요한 일을 다 한 후에도 우리는 우리의 첫번째 소명은 그리스도의 성실한 신부가 되는 것이라는 사실, 그것이 우리의 소명 전체는 아니라는 사실을 잊지 않도록 해야 한다. 우리는 또한 하늘의 신랑을 사랑하는 신부가 되라는 소명도 가지고 있다. 이것이 오는 시대를 위한 우리의 소명이다.※

1980년 3월

※ An address delivered in Pittsburgh at the Consultation on Presbyterian Alternatives, March 1980.

부록 2
성경의 무오성은 어떤 차이를 가져오는가

8년 전으로 돌이켜 빈약한 성경관이 침투해 들어와서 복음주의 진영의 대부분을 장악했던 그 위험 천만인 때를 회고하면, 오늘 이 자리에 모인 4천 명을 본다는 것은 하나님의 은혜로 나에게 깊은 감동을 준다. 또 나는 그것이 끝이 아니라 시작이라고 믿는다. 그것은 단지 성경 때문만이 아니라 하늘과 땅을 지으신 자, 즉 이 놀라운 책을 통해 한 점의 실수도 없이 말씀하신 창조주를 찬양하기 때문이다.

우선 이 대회 소집을 알리는 안내지에 쓰였던 작은 글을 읽고 시작하겠다.

> 만일 성경이 구원 문제에 관해 말할 때는 물론 역사와 우주에 관해 말할 때에도, 오류가 없지 않는 한, 우리는 우주의 존재와 그 형식, 그리고 인간의 독특성에 관한 질문에 대답할 근거가 없다. 또 우리는 도덕적 절대기준이나 구원의 확실성을 가질 수 없을 것이며 다음 세대의 그리

스도인은 기반을 잃을 것이다.

성경 무오 국제 협의회(The International Council on Biblical Inerrancy)는 성경을 하나님의 말씀으로, "여호와께서 이같이 말씀하셨다"고 여기는 데 깊은 관심을 가진 사람들에 의해 시작되었다. 이것이 생긴 것은 소위 복음주의의 상당한 부분이 오늘날의 일반적인 세계관, 또는 관점에 물들었기 때문이다. 이들이 오염된 것은 신정통주의라는 이름 아래 자유주의 진영을 지배했던 것의 한 변형이다.

2주 전 나는 시카고에서 밀트 로젠버그(Milt Rosenberg) 라디오 쇼에 출연하고 있었다. 그 프로그램에서는 아주 유명한 자유주의 신학교를 졸업한 젊은 자유주의 목사를 함께 출연시켜 삼자 토론을 벌이게 하였다. 로젠버그는 명석한 토론 진행자였다. 그는 기독교 선언과 낙태 문제를 토론 주제로 이끌어내어 나와 그 젊은 자유주의 목사 사이의 차이점을 계속 파고들었다. 그 젊은 자유주의 목사는 칼 바르트, 니버, 틸리히 등을 거론했고 우리는 그들에 대해 논쟁했다. 거기서 명백해진 것은 그 젊은 자유주의 목사는 성경을 원용할 때에는 반드시 여러 단서를 붙인다는 것이었다. 그 젊은 목사는 "그렇지만 나는 예수님께 호소한다"고 말했다. 그러나 내가 라디오에서 한 대답은 그의 성경관에 근거해 볼 때 그는 진정으로 예수님이 살았다는 것을 확신할 수 없다는 것이었다. 그의 대답은 자기에게는 내적 느낌과 내적 반응이 있는데, 그것이 예수님이 존재했다고 말한다는 것이었다.

흥미로운 것은 복음주의로 간주되고 또 분명히 주님을 사랑하는 사람으로서 빈약한 성경관을 가진 사람들의 대표격이 되는 사람이 수년 전 우리 집에서 장시간 우호적인 분위기 가운데서 토론을 벌이던 끝에, 예수 그리스도의 부활을 어떻게 확신하느냐는 선에까지 몰리자 이와 거의 같은 말을 했다는 것이다. 그는 자신이 예수 그리스도의 부활을 확신하는 것은 내적인 증거 때문이라고 말했다. 두 사람 다 궁극적으로는 동일한 대답을 한 것이다.

내가 말하려고 하는 것은 이 회의가 생긴 이유가 소위 복음주의라고 하는 사람들의 상당하고 영향을 미칠 정도가 신정통주의라는 이름으로 자유주의 신학을 지배했던 견해와 연관있는 관점에 물들었기 때문이라는 것이다. 내게는 이것이 이상하게 보인다. 왜냐하면 벌써 수년 전에 사신(死神) 신학의 증후군의 종말이 니버, 틸리히, 등에 의해 이미 입증되었기 때문이다. 또 하나 특이한 것은 두 가지 다 바로 "내적 증거"라는 호소로 끝난다는 점이다. 궁극적이고 객관적인 권위가 존재하지 않는 것이다.

이것은 이런 사상의 침투가 훨씬 더 광범위함을 지적해 준다. 다시 말해서 신정통주의의 뿌리인 그것은 그 배경이 되는 실존주의 세계관의 신학적 표현에 불과하다는 것이다. 그러므로 복음주의에서 새로운 성경관이라고 제시된 이것은 실존주의 세계관이 침투한 한 사례이다. 요컨대 성경은 오류를 가지고 있지만 "종교적인 말"이 그것을 극복한다는 것이다. 그러나 이것은 결국 "내적 느낌", "내적 반응", "내적 증거" 등의 표현으로 귀결된다.

이것은 세속 실존주의 철학자 칼 야스퍼스(Karl Jaspers)의 "한계 체험"이라는 말을 생각하게 한다. 이 외에 최종적 권위는 내적 증거라는 개념을 나타내는 말들이 많이 있다. 신정통주의에서나 세속 실존주의, 그리고 이 새로운 복음주의에서든 진리는 결국 주관적인 것이다.

이 모든 것은 그리스도께서 친히 제시하신 역사적 견해와, 그리고 기독교 교회의 역사적 성경관과는 날카로운 대조를 이룬다. 성경은 객관적이며 절대적 진리라는 것이 그리스도와 역사적 성경관의 입장이다. 물론 개인의 성경 해석과 교회의 성경 해석에는 주관적인 요소가 있다. 그럼에도 불구하고 성경은 그것이 다루는 모든 영역에서 객관적이며 절대적인 진리이다. 그러므로 우리는 그리스도가 사셨고, 죽은 자 가운데서 다시 살아나셨다는 것 등 모두를 안다. 그것은 어떤 주관적인 내적 경험 때문이 아니라 성경이 객관적이고 절대적인 권위를 가지기 때문이다. 우리가 아는 방식이 이것이다. 나는 이 객관적 사실에 근거한 이 경험을 얕보지 않는다. 오히려 이것, 즉 성경이 객관적이고 절대적인 진리라는 기초에 의지하는 것이 우리가 아는 방법이다.

이것을 달리 표현하면 이렇다. 문화가 끊임없이 성경에 의해 판단을 받아야지 성경이 주변 문화에 맞도록 바뀌어서는 안 된다. 초대 교회는 그 당시 로마-그리스 문화에 대해 이렇게 했다. 종교개혁은 중세기 말에 도래한 문화에 대해 이것을 적용했다. 우리는 위대한 부흥가는 누구든지 당시의 문화에 대해 이것을 적용했음을 잊지 말아야 할 것이다. 또 기독교 교회도 역사상 흥왕할 때는 언제든지 이것을 적용했다.

이 다른 성경관—교회가 그 당시 유행하는 문화관에 침투당하고 지배당하는 성경관—과 반대되는 것은 하나님의 말씀은 절대적이며, 지나가고 변화하며 타락한 문화를 심판한다고 보는 것이다. 앞서 말했듯이 이 회의가 결성된 것은 이런 침투에 대항하고 사랑 가운데 이를 격파하기 위한 것이다. 성경을 하나님의 말씀, 즉 "여호와께서 이같이 말씀하셨다"고 여기려는 관심에서 나온 것이다. 그리하여 우리 모두가 여기에 모이는 이 날까지 주께서 인도해 주신 것을 기쁘게 생각한다.

하지만 과거든 현재든 일차적인 문제가 무엇인지 직시해야 한다. 문제는 성경이 늘 변화하는 타락한 세상을 판단하는 불변하는 기초가 되지 않고, 오히려 우리 주변의 세계관이 우리에게 침투해 들어온다는 사실이다. 우리 협의회의 입장은 우리 주변의 늘 변하는 이 타락한 문화에 의해 침투당하지 말고 성경을 근거로 그 문화를 판단하라는 것이다.

오늘 강연의 주제는 "성경의 무오성은 어떤 차이를 가져오는가?"이다. 명명백백하게 그 차이는, 성경이 절대적인 하나님의 말씀이며, 하나님의 객관적인 진리일 때 우리는 우리 주변의 늘 변하는 타락한 문화에, 사로잡힐 필요가 없고 또 그래서도 안 된다는 것이다. 성경의 무오성을 지지하지 않는 사람들은 이 고귀한 특권을 누리지 못한다. 그들은 어느 정도는 타락하고 변화하는 문화의 손에 움직이고 있다. 그렇기 때문에 성경이 변화하고 움직이는 세상 영의 견해와 가치를 판단하고 대항하는 견고한 권위를 갖기는커녕, 변화하는 이 세대의 영에게 굴복하게 된다.

그렇지만 우리는 주님 앞에서 신중해야 한다. 만일 우리가 성경을 무오하고 권위있는 것, 즉 "여호와께서 이같이 말씀하셨다"고 믿는다면 우리 주변에서 일어나는 변화의 회오리 바람을 혼동과 공포로 맞지 않는다. 그렇지만 "여호와께서 이같이 말씀하셨다"고 인정할 경우 우리는 반드시 그 권위에 복종해야 한다. 이것은 동전의 양면과 같은 관계이다. 그것이 없다면 우리는 성경의 무오성을 지지한다는 말을 올바로 이해하지 못한 것이다.

나의 책 **기독교 선언**에서, 오늘날 우리 문화에서 널리 지지받고 있는 견해, 즉 궁극적 실재는 순전히 우연에 의해 현재의 형태로 존재하게 된 어떤 형태의 에너지 또는 물질이라는 견해가 가져오는 결과를 다루었다. 이런 견해로 인해 궁극적인 가치나 규범 또는 법의 기초가 없어졌다는 것이 갈수록 분명히 인지되고 있다. 궁극적 실재는 순전히 우연에 의해 현재의 형태를 띠게 된 에너지 또는 물질이라는 이 견해에 걸맞게, 어떠한 고정된 가치가 존재하지 않고 또 존재할 수도 없는 것이다. 모든 것이 상대적이다. 궁극적인 가치는 그 순간 개인이나 사회를 행복하게 하고 기분 좋게 하는 것이다. 향락적인 젊은이만 자기 기분에 좋은 대로 행하는 것이 아니다. 사회와 심지어 법도 그렇게 하고 있는 것이다.

이것은 여러 가지 측면을 가지고 있다. 하지만 한 가지 측면을 들자면 그것은 사회의 안정성의 파괴이다. 아무것도 확정된 것이 없다. 정해진 기준도 없다. 오로지 행복하게 해주는 것만이 지배할 따름이다. 인간의 삶에 관해서도 마찬가지이다. 1982년 1월 11일자 뉴스위크지는 인간의 생명은 임신 때 시작된다는 것을 보여주는 표지 기사를 5, 6면 정도 실었다. 생물학을 공부하는 사람이라면 누구나 이것을 알아야 했다. 그러나 다음 페이지에 보면 "그렇지만 그것이 인격체란 말인가?"라는 기사가 나와 있다. 그 기사의 결론은 이렇다. "문제는 실제 인간의 생명이 언제 시작되는가를 결정하는 데 있지 않다. 그 보다는 그 생명의 가치가 다른 고려 사항들, 예를 들어 산모의 건강 즉 행복보다 더 중요하게 되는 때를 정하는 문제이다." 즉 "행복"이란 표현은 끔찍한 말이다. 그래서 인정된 인간의 생명조차도 다른 사람의 행복을 위해 빼앗을 수 있고 또 빼앗고 있다는 것이다.

정해진 가치가 없으므로, 중요한 것은 그 순간 나나 사회의 행복이다. 나는 시민 자유 연맹의 자유주의 변호사들조차도 그 점에 대해 두려워하지 않는 이유를 도무지 이해할 수 없다.

물론 신생아가 가정이나 사회를 불행하게 할 경우에는 죽일 수 있도록 해야 한다는 견해도 점차로 받아들여졌다. 멀리 갈 필요없이 텔레비전 방송만 보아도 이런 것이 홍수처럼 밀려오는 것을 볼 수 있다. 스탈린과 모택동이 그들이 생각하는 사회의 행복을 위해 수백만 명이 죽도록 허용한 것(나는 아주 순한 표현 "허용"을 사용한다)도 바로 그런 견해에 근거한 것이었다. 그러므로 이것은 오늘날 교회를 둘러싸고 있는 공포스러운 일이다. 개인이나 사회의 행복이 인간의 생명보다 우선하는 것이다.

확정된 기준이 없다는 이 개념과 관계하여 그리스도인과 사려깊은 사람들을 괴롭히는 일 하나는 이로 인해 생기는 가정의 불안정성이다. 가정은 인간의 생명 못지 않게 현대 상대주의의 희생물이다.

그러므로 우리는 실존주의 신학사상의 침투로 인해 이 협의회를 조직한 사람들이 처한 위험과 마찬가지로, 우리도 주변 사상에 침투당할 위험에 처하여 있다는 것을 인식해야 한다. 우리는 정해진 기준이 없는 사회에 살고 있기 때문에 "아무 잘못이 없는" 것들에 의해 둘러싸여 있다. 모든 것을 심리학적으로 밀어붙이거나 해석해서 옳고 그른 것이 없게 만든다. 그리고 인간의 생명보다 산모의 행복이 우선하는 것처럼, 개인이나 사회의 행복에 방해가 되는 것은 제거될 수 있다. 이것 역시 쾌락주의나 마찬가지라고 할 수 있다.

우리는 성경에는 오류가 없다고 말하면서도, 우리의 삶에서 성경으로 문화를 판단하는 대신 문화에 성경을 굴복시킴으로써 성경을 파괴할 수 있다. 미국의 여러 주에서 택하고 있는 합법적 이혼법은 실제로 인도주의나 인정에 근거한 법이 아니다. 옳고 그른 것은 없다는 견해에 근거한 것이다. 그러므로 모든 것이 상대적이다. 이 말은 사회나 개인은 그 순간 자신에게 행복을 줄 수 있는 것으로 여겨지는 것에 근거해 행동한다는 뜻이다.

많은 교회들이 이혼 문제에 있어서 성경이 타락한 문화의 관점을 판단하게 하지 않고 오히려 문화에 성경을 굴복시켰다는 데 동의하지 않을 수 있겠는가?

역사적으로 교회는 가정 분해로 다가오는 가정에 대한 공격에 대해 세 가지 견해를 고수했다. 첫째 견해는 여러 세기 동안 고수된 것으로 근세까지, 예를 들면 성공회에서 주장되는 것이다. 그것은 이혼과 재혼에 대해 받아들일 만한 근거가 없다는 것이다. 오랫동안 논의되고 주장된 두번째 견해는 마태복음 5 : 31-32에 있는 예수님의 말씀에 근거하고 있다. 이것은 이혼과 재혼에 대한 유일한 근거는 성적 부정뿐이라는 견해이다. 여기서는 "무죄한" 측에 잘못이 없다고 하지도 않으며, 또 이혼이 필수사항이라고도 말하지 않는다는 데 주목하라. 그렇지만 간음이 이혼과 재혼의 근거라고 분명히 말한다. 오랫동안 지지되어 온 세번째 견해는 고린도전서 7 : 15에 근거하고 있다. 이것은 웨스트민스터 신앙 고백에서 주장하는 것으로서, 나는 많은 고찰을 한 끝에 이 입장을 내 입장으로 받아들였다. 이것은 두 가지 성경적 근거가 있다는 견해인데, 하나는 간음이요, 다른 하나는 항구적 배우자 유기로서 교회나, 웨스트민스터 신앙 고백의 표현대로 행정관(magistrate)－즉 국가의 권위－에 의해 수정될 수 없는 유기이다.

이 세 가지 견해를 논의할 수 있고 또 사람들은 이 중 어느 하나를 지지하면서 성경에 근거한 견해를 가지고 있다고 생각할 수 있다. 그러나 이 이상 넘어가는 것은, 어머니가 자신의 행복을 위해 아기를 죽일 수 있는 것처럼 나도 일반적으로 가정을 공격할 수 있는 권리가 있을 뿐 아니라, 성경을 거스려 내 자신의 가정을 파괴함으로써 가정을 공격할 수 있는 권리가 있다는 것을 의미한다. 힘들지만 이 말을 하는 것은 성경에 대한 신학적 공격 못지 않게 성경에 대해 파괴적인 주위 사회의 침투가 이루어지고 있음을 지적하려는 것이다. 두 가지 다 성경을 주위 문화에 굴복시킨다.

쿠프 박사와 프랭키, 그리고 나는 낙태, 영아 살해, 안락사에 대한 그리스도인의 자세(*Whatever Happened to the Human Race?*) 세미나에 함께 참석했었다. 그때 우리 중 한 사람이 복음주의 진영의 어떤 사람에게서 온 편지를 받았다. 그 사람은 성경에 대해 신학적으로 건전한 견해를 가지고 있었다. 나도 그를 좋아했다. 그러나 그 편지에서 그는 "나는 새로운 종류의 근본주의적 율법주의가 출현함을 봅니다"라고 말했다. 다음에 그는 자신의 말의 의미를 이렇게 설명했다. "이것은 무오성 문제에 있어서 거짓된 복음주의에 관한 공격이 그렇고, 또 정부의 낙태비용 지원 문제에 있어서 예외를 허용함으로써 복음주의의 대의가 배신당했다고 말하는 사람들의 경우가 그렇다." 그는 성경과 낙태 두 가지 문제를 연결시킨 것이다.

이것은 명확히 해 둘 필요가 있다. 안타깝지만 의사가 환자 양편—아기와 산모—모두를 구할 수 없을 경우 산모의 건강을 고려하지 않는 개신교도를 나는 보지 못하였다. "나는 이 경우, 저 경우…… 등을 제외하고는 낙태를 반대한다"는 표현에 붙는 모든 단서들은 그렇게 관련된 인간의 생명이 어떤 개인이나 사회의 행복 개념과 상반된다고 이해될 수 있는지 의문을 제기하게 만든다.

"성경의 무오성은 어떤 차이를 만드는가?"라는 질문과 관련하여 나는 "새로운 종류의 근본주의적 율법주의"라는 말을 지금까지 다루어 온 점들과 비교하여 살펴보고자 한다. "근본주의적 율법주의"란 무엇일까?

만일 그것이 우리 일부에게 과거에 널리 알려진 마음도 없고 사랑도 없는 근본주의적 율법주의라면 당연히 우리는 원하지도 않을 것이고, 그리스도의 이름으로 거부할 것이다. 하나님의 사랑과 거룩함은 언제나 동시에 나타나야 한다. 그리고 만일 누구가 그릇된 길로 갔다가 돌아왔다면 우리의 태도는 우리가 그 동안 옳았다는 교만의 태도가 아니라 기쁨과 즐거운 노래를 부르는 태도가 되어야 할 것이다. 그리고 진정한 회심이 있기에 거리에 나가 춤추어야 할 것이다.

"근본주의적 율법주의"라는 말이 흔히 그렇듯이 인류에 대한 무시요, 지성이 중요하며 그리스도인이든 비그리스도인이든 인간의 창의성을 연구할 가치가 있다는 것을 알지 못한 것이라면, 그것이 학문에 대한 무시든, 인생 제반사에 있어서 그리스도의 주되심에 대한 무시든, 사십여 년간의 나의 모든 연구와 모든 책들과 모든 영화들이 이것을 전적으로 반대함을 보여 줄 것이다.

다시 말하지만 "근본주의적 율법주의"라는 말이 교리와 생활의 일차적 및 이차적 사항을 혼동하는 것을 의미한다면 그것도 거부되어야 한다.

그러나 이 모든 것이 아니라, 성경은 오류가 없다는 주장을 지키는 것을 포함한 핵심적인 교리의 문제와 인생의 핵심적인 문제에 관한 것이라면 무언가 반드시 고려해야 한다. 진리에는 늘 저항이 따른다. 진리는 저항을 요구한다. 저항을 사랑한다. 그러나 저항은 역시 저항이다. 관련된 진리의 중요성에 상관없이 우리의 고찰이 늘 적응하는 것이라면 문제가 있다.

사랑 없는 거룩은 하나님의 거룩이라고 할 수 없는 것처럼, 거룩 없는 사랑도 하나님의 사랑이 아니다—저항이 필요할 때에도 그렇다.

우리는, 기도하는 자세로, 성경에 대한 신학적 공격에 대해 "아니오"라고 해야 한다. 우리는 이것에 대해 분명히, 그리고 사랑을 가지고, 또 단호하게 "아니오"라고 말해야 한다. 또 우리는 도덕 문제에 있어서는 잘못이 있을 수 없다는 현대의 세계관에 물든 우리의 삶에서 나오는 성경에 대한 공격을 향해, 우리는 단호하게 "아니오"라고 해야 한다. 이런 것들에 대해서도 우리는 똑같이 "아니오"라고 해야 하는 것이다.

이 시대는 정해진 가치도 기준도 없다. 그러므로 사람들이 자기 개인이나 사회의 행복이라고 여기는 것이면 다 된다. 우리는 그런 입장에 있지 않다. 우리에게는 무오한 성경이 있다. 현재는 우리의 문화 전체가 우리를 대적하고 있다. 그렇기 때문에 그 엄청난 압력을 대항할 힘을 달라고 그리스도께 구하면서 우리는 신학과 삶에 있어서의 침투를 똑같이 거부해야 한다. 우리는 성경의 무오성을 시인해야 하고 또 우리의 개인적 삶과 사회적 삶에서 그것을 시인하는 삶을 살아야 한다.

하나님의 말씀은 결코 없어지지 않는다. 그러나 구약 시대와 그리스도 이후를 돌이켜 볼 때 우리는 눈물을 머금고 시인할 수밖에 없는 것이 있다. 그것은 하나님의 백성들이 견고함과 성실함이 없었기 때문에, 하나님의 말씀은 그 당시 주변 문화와 이 세상 영을 판단하는 무오한 하나님의 말씀으로 서지 못하고, 오히려 일시적이고 변화하는 주변 문화에 굴복하고 복종하게 된 적이 많았다는 것이다. 아들과 손자들이 그런 일이 우리에게 일어났다고 말하게 되지 않기를 주 예수 그리스도의 이름으로 빈다.

전집 4 제 2 권 · 오늘날 교회의 사명

서 론

이 책은 20세기 그리스도인들을 위해 쓰여졌다. 이들은 매우 실제적인 문제에 직면해 있다. 그리스도인으로서 우리는 진리를 믿으며 실천하고 있다고 말하지만, 오늘날의 가견적(可見的)인 교회 내부에서 우리는 많은 비진리(非眞理)와 부딪치고 있음도 사실이다. 그런데 그런 문제점은 새로운 문제점은 아니다. 이미 초대교회 당시에도 오늘날과 같은 문제가 있었기 때문에 이를 배격하기 위해 교회회의가 개최되곤 했던 것이다. 종교개혁이 성경적인 신앙을 재확인할 때까지 중세교회에도 그런 문제점은 그대로 남아 있었다. 그런 문제점은 오늘날도 그대로 현존하고 있는 실정이다.

성경의 가르침은 명백하다. 그리스도의 신부로서의 교회는 교회 자체의 순결과 신실성을 유지해야 한다. 언뜻 보기에 여기에는 서로 상반되는 듯한 두 가지 원리가 내포되어 있다. (1) 교리 및 생활과 관련하여 가견적 교회의 순결성을 실천하는 원리 (2) 신분과 처한 위치와는 상관없이 모든 진정한 그리스도인들이 주목할 만한 사랑과 하나됨을 실천하는 원리다.[1] 이 두 원리들이 하나님 자신의 인

---

1) 그리스도인의 표지(*The Mark of the Christian*—생명의 말씀사 역간)와 거기 계시는 하나님(*The God Who Is There*—생명의 말씀사 역간) 중에서 "진리의

격에 기초하고 있음은 물론이다. 하나님은 거룩하시고 사랑이시기 때문에 교회는 순결하고 사랑이 있어야 한다. 본인은 그리스도인의 표지에서 가견적 교회가 사랑으로 하나됨을 보여야 한다는 둘째 원리의 의미를 밝힌 바 있다. 본서는 첫째 원리에 초점을 맞추려고 한다.

본서는 좀더 특별하게는 교리적 순결에 관해 집중적으로 언급하려고 한다. 그러나 이 두 원리는 모두 하나님의 인격에 기초하고 있기 때문에 동시에 실천해야 한다. 따라서 첫째 원리에 대해 보다 세심하게 주목하겠지만 그렇다고 해서 둘째 원리를 실천하는 것을 잊어서는 안 된다. 교회 및 생활과 관련하여 오늘날 가견적 교회의 순결성을 실천하는 원리 속에 포함된 주제들은 논리상으로 다음 여러 문제로 나눠지게 된다.

(1) 교회 안에 현존하는 불순결은 어떻게 들어왔으며 무엇이 불순결인가?

(2) 그리스도인과 교회가 교리적 순결에 관심을 쏟아야 할 이유는 무엇인가?

(3) 교회 안에서 교리적 순결을 실제적으로 유지하는 방법은 무엇인가?

본서는 세 장과 부록으로 되어 있는데 이상의 각 문제에 대해 각각 한장씩이 할애되어 있으며, 부록 "절대적인 한계선들"은 교리적 순결성이 결여되는 경향이 더 진전되기 이전에 이것을 인식할 수 있는 방법을 현대인을 위해 색다르고 특이한 형태로 논의하고 있다.

이 책의 많은 세부사항들은 현재 미국의 교회역사에서 끌어낸

실천"을 보라. 또한 개혁과 부흥(*Death in the City*—생명의 말씀사 역간)의 많은 내용이 이 두 원리와 관계가 있다.

것이기는 하지만 거의 세계 전역에 산재하고 있는 교회들도 다만 역사적 배경이 약간 다를 뿐 거의 유사한 문제점에 당면하고 있다. 가령 한국, 네덜란드, 영국과 같은 나라에서는 미국의 상황과 거의 유사한 사실들을 보게 된다. 세계 영향력의 균형이 옮겨짐에 따라 미국의 돈과 미국의 세력이 연합해서 교회의 문제점들까지 미국에서 유럽과 기타 대부분의 "선교"지역으로 퍼지게 한 이상, 다른 나라에 있는 그리스도인도 지난 45년 동안 미국 교회에서 생긴 일들을 이해하는 것은 유익한 일이다. 그리하여 여기 제시된 원리와 실례들은 각국의 교회들에게 귀한 것이 되리라 믿는다.

제 1 장

신학적 자유주의에 대한 역사적 비판

현대의 교리적 불순결의 특성과 형태는 무엇이며 불순결은 어떻게 생겨나게 되었는가? 물론, 어느 세대에나 교회는 교리적 과오의 문제를 경험해 왔다.

지난 300년간의 기독교 역사는 자체적인 특유의 성격을 지니고 있다. 이것은 이 300여 년간에 걸쳐, 성경적 관점에 대한 도전의 본질 면에서 중대한 역사적 변화가 많이 일어났다는 점이다. 신학의 변천이 소위 "구자유주의"(old liberalism)에서 "신자유주의"(new liberalism, 실존주의 신학〈existential theology〉)로 옮아가고 있음에 따라 이런 신학의 전개 과정을 이해하는 것은 특별히 중요한 일이다.

그러나 세부사항을 다루기에 앞서, 먼저 강조해야 할 사실이 있다. 그것은 구자유주의 신학과 신자유주의 신학 등 일체의 자유주의 신학을 반대하는 이유는 우리가 그것들의 학문에 반대하기 때문은 아니라는 점이다. 성경을 믿는 위대한 학자들도 여러 해 동안 지속적으로 소위 "하등비평"(lower criticism)에 관여해 왔다. 하등비평은 가장 성경적인 본문이 진실로 어느 것이냐는 문제를 다루는 것이다. 예를 들어 프린스턴 신학교의 로버트 윌슨(Robert Wilson)과 같은 사람들을 보자. 물론 그 학교에 변화가 생기기 이전의 경우를 말하고 있는 것이다. 성경적인 그리스도인들이 중요한 본문 연구를 시도하는 것은 극히 자연스러운 일이다. 왜냐하면 성경이 하나님께서 사람에게 하신 명제적 의사소통이라면 우리가 가능한 한 본문에 최선의 관심을 가져야 함은 당연한 일이기 때문이다. 이런 까닭으로 기독교 학자들은 "하등비평"의 영역에서 수년 동안 연구 활동을 해왔다.

"고등비평"(higher criticism)은 아주 별개의 문제다. 하등비평이 완료된 이후 고등비평은 그 자체의 주관적 기초에 근거하여 최선의 본문이 정립된 이후 어느 것을 받아들이고 어느 것을 배격해야 하느냐는 문제 결정에 손을 대기 시작했다. "신해석학"(new hermeneutic)은 그 좋은 하나의 예이다. 여기서는 본문과 해석간의 참된 구별이 없이 양자가 함께 병행하고 있다.

자유주의와 성경적 기독교간의 진정한 구별은 학문성 문제가 아니라 전제(presupposition)의 문제이다. 구자유주의와 신자유주의는 이들 양자에게 공통적인 일련의 전제를 기반으로 하고 있다. 그러나 이들의 전제들은 역사적 정통주의적 기독교의 가정들과는 아주 판이한 각도에서 작용하고 있다.

자유주의의 발생

어떻게 해서 신학적 자유주의가 생기게 되었는가? 이것을 이해하기 위해서 우리는 신학적 자유주의가 발생하던 약 250년 전의 독일로 필히 돌아가 보아야만 한다. 그 당시 독일 대학교와 독일의 지성인들은 현대 자연주의(naturalism)로 향하고 있었다. 즉 그들은 코페르니쿠스, 프란시스 베이컨, 갈릴레오, 뉴턴과 같은 초기 과학자들이 주장하던 개념에서 돌아서고 있었다. 이상의 초기 과학자들은 자연 원인의 제일성(uniformity)을 믿었지만 하나님과 인간 양자에 의해 재조정이 가능하도록 개방된 제한 체계(limited system) 속에서 받아들였던 것이다. 그런데 독일의 지성인들은 그런 초기 과학자들의 태도와는 달리, 닫힌 체계(closed system) 속에서의 자연 원인의 제일성이라는 개념, 즉 존재하는 모든 만물은 우주적 기계라는 개념으로 빠져들어 가고 있었다.

다시 말해 관념적이고 철학적인 변화가 일어나고 있었다. 신학 교수들을 둘러싸고 있는 일반 학문의 교육과정 속에서, 옛 과학에 관한 개념은 내가 말하는 바 소위 현대 과학에 의해 대치되고 말았다. 옛 과학이 근거한 열린 체계(open system)에서의 자연 원인의 제일성 개념은 온전히 성경적 사상과 일치하고 있다. 그에 비해 현대과학은 닫힌 체계에서의 자연 원인의 제일성 개념에 근거하므로 결국 하나님께나 또는 인간에게 하등의 관여의 여지도 허락지 않는다. 학문계에서 새로운 견해가 점차 득세하게 되고 전적인 인정을 받게 되었다. 그 결과 신학자들은 다른 세상 학자들과는 소원(疎遠)하게 되었다. 신학자들은 홀로 설 능력도 그럴 생각도 없었기에 학자들의 자연주의를 받아들임으로써 마침내 자기들의 신학의 한 부분을 포기하게 되었다.

그들이 이렇게 후퇴했던 이유는 그들의 신학이 본연의 위치 이하로 떨어졌기 때문이라고 나는 믿는다. 독일 대학교에서는 18세기 중엽에 이르러, "불타는 정열"을 지녔던 종교개혁의 신학이 끝장이 나고 말았다. 소위 정통주의 신학은 주로 맥없이 같은 말만 되풀이할 뿐이었고 당연히 이러한 신학은 결코 오래 지속되지 못했다.

교회역사 속에는 다음과 같은 사건이 반복해서 일어나는 것 같다. 즉 살아있는 정통주의가 죽어 있는 정통주의로 나아가서 마침내 이단주의에 빠지곤 하는 일이 반복되었다. 그 당시 독일 대학들의 경우가 이와 같았다. 독일 신학자들은 자연주의에 대해 자신들이 본래 가지고 있던 태도를 취하지 않았다. 왜냐하면 그들은 현실에 쫓겨 그렇게 행동하지 않을 수 없게 되었기 때문이다. 그들은 적응하기 위해 그렇게 하고 말았다. 그 때 이래로 자유주의 신학은 계속 타협, 적응만 해왔다. 그 때부터 지금까지, 자유주의 신학은 자연주의 신학이 되어왔다.

신학이 자연주의적으로 되면서부터 단지 세속적인 자연주의의 곡선을 따라 요동쳤다는 것은 놀랄 만한 일이 아니다. 자연주의화된 신학 주위에 퍼져 있는 사상과 아무런 차이가 없었다. 주위에 퍼져 있는 비신학적 사상이 무엇이든간에, 신학적 자유주의는 그런 사상에 타협해 왔다. 만일 우리가 세속적인 자연주의적 사상의 변화의 곡선을 붉은 잉크로 표시하고, 자유주의 신학의 가르침을 푸른 잉크로 표시한다면 우리는 이 두 개의 곡선이 거의 일치하고 있음을 보게 될 것이다. 다만 차이가 있다면 신학적 자유주의는 단지 몇 년 뒤늦게 따라 오면서 세속적인 용어 대신에 종교적인 용어만을 추려 사용하고 있을 따름이다. 자유주의 신학은 자연주의와는 다른 용어를 사용하면서도 자연주의와 똑같은 것을 말하고 있다. 자유주의 신학은 역사적 기독교와 성경의 관점에 전적으로 대립되는 자연주의적 관점을 가지고 있다.

성경적인 관점

근본적으로 성경적인 관점은 다음과 같다.

첫째로, 무한하고 인격적이신 하나님이 계신다는 것이다. 이 하나님은 엄존(儼存)하시며 외부 우주(external universe)를 창조하시되 하나님 자신의 본질의 연장(延長)으로서가 아니라 무(無)에서 창조하신 분이다. 이 피조된 우주의 본성은 이성에 의해서도 다소간 발견될 수 있다. 그것은 무한하고 인격적이신 하나님이 우주를 만드신 방법이 그러하기 때문이다.[1] 우주는 혼동스럽지도 않고 되는 대로 존재하는 것도 아니며 질서를 지니고 있다. 인과관계(因果關

係)는 실재적인 것이다. 그러나 이 인과관계는 기계와도 같은 닫힌 체계 속에 있는 것이 아니라 열린 체계 속에 있다. 이것을 다른 말로 표현하면, 하나님과 인간이 관여할 수 있는 한정된 시간 범위에서의 인과 체계라 하겠다. 이 우주는 하나님과 동떨어진 하나의 객관적 실존을 지니고 있지만 단지 그 자체적으로만 움직이는 것은 아니며 자율적인 것이 아니다. 하나님은 하나님이 만드신 인과관계에 얽매인 하나의 노예가 아니다. 하나님은 역사의 인과관계의 흐름 속에 개입할 수 있는 분이다.

둘째로, 하나님은 인간을 하나님의 형상대로 만드셨다. 이것이 의미하는 바는, 사람도 역시 역사의 인과관계의 흐름에 개입할 수 있다는 말이다. 다시 말하면, 인간은 하나의 기계의 부속품으로만 전락해 버릴 수는 없다는 것이다. 인간은 하나의 자동기계가 아니다.

셋째로, 하나님은 세계 속에 개입하실 뿐만 아니라 또한 말씀하신다. 하나님은 역사적인 시공간적 상황에서 인간에게 말씀해 오셨다. 성경과 예언자의 직무를 지니신 그리스도는 인간에게 명제적이고도 언어로 표현된 의사소통을 하셨는데 이것은 하나님에 관해서도 진실된 것이며 역사에 관해서도 진실된 것이고 우주에 관해서도 진실된 것이다. 이렇다고 해서 우리는 조금도 놀랄 것이 없다. 왜냐하면 하나님께서 사람을 하나님의 형상대로 창조하시고 우리로 하여금 수평적(水平的) 수준의 의사소통 단계에서 다른 사람과 서로 어떤 사실들을 말할 수 있도록 피조되었다면, 인격적이고 무한하신 하나님께서 똑같은 방식으로 우리 인간에게 수직적으로 의사소통을 하신다는 것은 극히 자연스러운 일이기 때문이다. 물론 여

---

[1] 이성에서의 도피(*Escape From Reason*—생명의 말씀사 역간)와 거기 계시는 하나님 참조

기에는 각별히 유의해서 구별해야 할 것이 있다. 하나님께서 우리에게 무궁무진한 지식을 주시지는 아니했지만 (하나님만이 무한하시다), 그래도 하나님께서는 우리에게 참된 지식을 주셨다(이것이 내가 자주 부르짖고 있는 진정한 진리다). 이것은 자기 자신과 역사와 우주에 관한 거짓이 아닌 참된 지식이다.[2]

넷째로, 지금 상태의 우주가 정상적이 아니라는 것이다. 즉 이 우주는 처음 창조되었을 때의 그 우주와 같지는 않다. 마찬가지로 사람 자신도 처음에 피조되었을 당시의 사람이 아니다. 그러므로 하나님 편에서 볼 때, 인간의 인간됨을 잃어버리지 않고 현재의 인간과 또 인간의 잔인성에 대한 질적인 해결책의 가능성이 있는 것이다.

우리는 이 시점에서 성경적인 관점이 자연주의와 얼마나 대립되는가를 주목해야 한다(자연주의는 닫힌 체계 속에서의 인과(因果)의 기계적인 제일성을 주장하고 있음). 자연주의는 전제에 의해 성경적 관점의 가능성을 삭감하고 있기 때문이다. 자연주의가 인간 생활 및 우주의 형태에 관해 이해하고 있는 기초는 전적으로 인간 자신에서 시작하며 유한한 인간으로 귀결되는 전제에 의해 된 것이다. 자연주의적 인간은 개별자들을 모을 수 있는 데까지 모아서 이것을 보편자로 만들려고 하며 (인간 자신에게서 나온 의미만을 발견하려고 하면서) 다른 근원에서부터 나온 지식의 가능성은 일체 배제한다. 그리하여 자연주의는 하나님이 인간에게 주신 명제적 진리에 대해서는 전연 가능성의 여지를 주지 않으며 종국에는 인간의 중요성에 대해서도 전연 여지를 주지 않는다.

좀더 완전한 개요를 위해서는 보다 많이 세부적인 성경적 관점들을 살펴봐야겠지만 이상의 논술만으로도 자유주의에 대한 우리의

---

[2] 형이상학, 도덕, 인식론에 관한 철학적 관점에서, 이 문제를 좀 더 고려해 보려면, 거기 계시며 말씀하시는 하나님(*He Is There and He Is Not Silent*—생명의 말씀사 역간)을 보라

비평을 위해서는 족한 것으로 여겨진다.[3]

현대 자연주의로 나아가는 단계들

역사적으로 보아, 신학적 정통주의가 오늘날의 실존주의 신학으로 추이(推移)하는 데에는 주요한 세 단계가 있었다. 그 첫째 단계는 내가 이미 지적한 바 있다. 그것은 하나님과 인간에 의해 재조정될 수 있도록 열려진 체계 속에서의 자연 원인의 제일성을 믿는 신념으로부터 기계적인 닫힌 체계 속에서의 자연 원인의 제일성 개념으로 나아갔다는 점이다. 이 관계를 좀더 충분히 생각해 보자.

르네상스와 종교개혁간의 기간과 루소, 칸트, 헤겔, 키에르케고르 시대의 세속 사상가들의 분위기는 낙관론적이었다. 이들은 합리주의(rationalism)에 근거해서 인간은 이성으로 지식과 인생의 모든 것에 대해 하나의 통일된 해결책을 발견할 수 있다고 믿었다.

내가 여기서 계속 쓰고 있는 용어대로 "합리주의"에 의하면, 인간은 외부 지식에 대한 여하한 근원이 없이도 인간 자신에게서부터 시작하여 우주를 충분히 이해할 수 있다. 즉 인간은 하나님으로부터 오는 외부 지식 또는 계시(啓示)를 떠나서도 우주 이해가 가능하다는 것이다. "합리성"(rationality)이란 용어는 합리주의와 아주 유사하게 들릴지 모르나, 의미의 차이는 심각하다. 합리성이란 이성은 타당하다는 의미다. 합리적(이성적) 방법론에 관한 고전적인 개념의 제일 핵심은 "A는 비(非) A가 아니다"는 것이다. 즉 한 명제가 진리이면 이것의 반대는 진리가 아니라는 것이다. 혹은 도덕의 영역에서 보면, 만일 어떤 사실이 옳으면 이것의 반대는 잘못

[3] 다소 세밀하게 성경적인 관점의 주제를 연구코자 하는 사람은 부록의 "몇몇 절대적 제한점들"을 보면 참고가 될 것이다.

된 것이다. 그러므로 “합리주의”와 “합리성”을 혼동해서는 안 된다.
우리가 여기서 지적하고 있는 이 시기의 세속 사상가들은 다음의 사실들을 낙관론적으로 믿고 있다. 이들은 자기 자신들로부터 시작해서(합리주의) 이성을 활용하면(합리성) 지식과 인생에 관한 통일된 개념에 이를 수 있다고 믿었다. 이들은 이렇게 하기만 하면 기필코 진정한 해답을 발견할 수 있을 것이라고 생각했다. 그들은 이성에 기초한 당시의 낙관론자들이었다. 그러면 이 기간에 자유주의 신학은 어떤 입장에 서 있었던가? 내가 이미 말한 대로, 자유주의 신학은 주위에 퍼져 있는 합리주의적 사상을 단순히 되받아 외치고 있었다. 이 기간의 자유주의 신학자들 역시 낙관론적이었다. 이들은 합리주의적 학문의 기초 위에 서서 초자연적인 것을 성경의 설명에서 삭제해 버리고도 역사적 예수를 발견할 수 있다고 믿었다. 자유주의 신학자들은 이성을 성경에 적용하여 성경의 설명에서 발견한 초자연적인 요소들을 일체 제거해 버리고서도 역사적 예수를 만나볼 수 있다고 믿었다. 이들은 자신들이 취한 전제로 보면 자연주의자들이었고 따라서 초자연적인 것이라 하면 불안해 했다. 그러나 이들은 근본적으로 세속 사상가들이 이미 해 놓은 말을 그대로 말하고 있을 뿐이라는 사실을 주목해 보라. 자유주의 신학은 그 본래의 영역보다 훨씬 한정된 영역 안에서 움직이고 있었다. 그러나 자유주의 신학은 그 영역 안에서는 자연주의와 동일한 이야기를 말하며 동일한 정신을 지니고 있었다.

절망으로 나아가는 단계

그럼 둘째 단계는 무엇인가? 이 단계는 루소, 칸트, 헤겔 이후의 전개 과정에서 생겨났다. 이들 합리주의적 세속 철학자들은 이성적 근거 위에서는 지식과 인생에 대한 하나의 통일된 해결책을 발견할 수 없노라고 결론지었다. 그들의 탐구는 무위(無爲)로 끝났다. 다시 말하면, 이성의 타당성을 받아들이고 또 그들이 할 수 있는 데까지 합리적으로 논증하며, 그 논증의 근거를 합리주의에 기초해서 세워 보았지만 마침내 그들이 내린 결론은 자기들로서는 그 무수한 단편들을 함께 종합해 놓을 수 없다는 것이었다. 그리하여 이들의 낙관론은 사라지고 말았다.

이렇게 되자 자유주의 신학에 무슨 일이 생겼는가? 자유주의 신학도 단순히 세속 사상의 선례를 추종할 따름이었다. 자유주의 신학자들은 복음서의 설명의 초자연적 요소에서 역사적 예수를 분리해 놓을 수 있노라고 저으기 낙관론적이었는데, 마침내 알버트 슈바이처가 그의 저서 역사적 예수의 탐구(*The Quest of the Historical Jesus*)에서 완전히 실패하자, 이젠 그런 작업을 할 수 없다는 결론을 내리고 말았다. 이것이 하나의 종결점이었다. 자유주의 신학자들은 초자연적 요소와 역사적 예수는 너무도 밀접하게 결속되어 있기 때문에 만일 모든 초자연적 요소가 제거되고 만다면 역사적 예수도 남아 날 수 없다는 것을 발견하게 되었다. 사람들이 역사적 예수만을 취한다 하더라도, 초자연적 요소는 그대로 남아 있어야만 한다. 그리하여 자유주의 신학자들의 목적은 실패로 돌아갔고 저들의 낙관론은 사라지게 되었다.

현대 신비주의로 나아가는 단계

세속 사상가들과 종교적인 사상가들 양자 모두에게 셋째 단계는 매우 흥미로운 것이다. 이 단계도 헤겔, 멀리는 키에르케고르로부터 기원하는 것이다. 합리주의가 이미 실패를 맛본 이후에도 계속 합리성을 주장하려고 할 경우, 두 가지 가능성이 있을 수 있다. 그 첫째 가능성은 허무주의적(nihilistic)으로 되는 일이다. 즉 합리주의자들은 이성에 기초해 보니 모든 것이 캄캄한 암흑일 뿐 소망을 포기하는 수밖에 없다고 결론을 내린다.[4] 두번째로 이들의 또 다른 하나의 합리적 대안은 그들의 합리주의가 잘못된 것이라고 결론을 내리는 일이다. 즉 사람은 유한한 존재라서 개별자들을 종합하여 보편자를 만들 능력이 없으며, 그렇기에 인생에 대한 만족한 해답을 발견하고자 한다면 인간들은 자신의 외부에서부터 오는 지식이 필요하다는 결론을 내려야 한다. 다시 말해서, 계시의 가능성이나 또는 적어도 계시의 필요성을 용납하는 것이 타당한 일로 생각되었다. 그러나 물론 이렇게 하는 데에는 합리주의에 대한 그들의 전제를 일단 포기해야만 했다. 문제는 그들이 이런 가능성 중의 어느 하나를 취할 수밖에 없으면서도 계속 이성적인 사람으로 남아 있다는 데에 있다.

따라서 그들에게는 이것이 고역임에 틀림없었다. 즉 이들이 자신들의 합리성을 계속 유지하려면 이 두 가지 가운데서 양자택일을 하지 않으면 안 되었다. 대신에 이들은 무엇인가 새로운 일을 하게 되었는데, 곧 과거 소위 교육받은 사람은 생각도 못할 그런 일을 하게 되었다. 즉 이들은 지식의 영역을 나누어 버렸다. 그들은 합리주의를 붙잡고자 통일된 지식의 영역이라는 개념을 떠나 보내고 말았다. 비기독교 철학자들도 과거에는 이성에 기초해서 하나의 통일성에 도달할 수 있다고 생각했으나 이제는 이런 소망을 단념했다.

오히려, 이들은 이제 이성에 기초해 보았자 결국은 언제나 비관론(pessimism)에 이른다는 사실을 인정하게 되었다. 이들은 사람이 하나의 기계로서 무의미한 존재라는 것을 인정했다. 그리하여 비이성(非理性)의 개념을 발전시켰다. 이것은 사람이 합리적 틀을 떠나서 의미와 의의를 성취해 보자는 시도이다. 이들에게 있어서, 인간의 삶을 살아갈 만한 가치가 있는 진정한 인간의 삶으로 만드는 모든 것들은 이젠 비이성의 영역으로 떨어지고 말았다. 본인은 이 영역을 다른 저서에서 상층부(upper story)라고 이름했다.

---

[4] 인식론에 관한 이 문제는 거기 계시며 말씀하시는 하나님에 좀더 자세히 언급되어 있다.

우리가 현재의 상황을 이해한다는 것은 중요한 일이다. 이성과 비이성의 영역은 완전히 떨어져 있는 것으로 되었다. 이성과 비이성 사이에 10,000볼트의 전압을 넣은 가시철사로 된 아주 튼튼한 담을 쳐 놓았다고 생각해 보라. 그러면, 절망으로 인도하는 이성을 지닌 하층부(lower story)와 이성을 떠나서 희망을 취하고자 하는 상층부 사이에는 전연 상호교류가 있을 수 없음을 이해하게 될 것이다. 인생의 가치 있는 모든 것, 즉 의미, 가치, 사랑 등은 언제나 비이성의 영역 안에 들어 있다. 소위 신인본주의(new humanism)라는 것 속에서 우리가 지니고 있는 것은 아무런 사실성도 없는 하나의 의미론적 신비주의(semantic mysticism, 내용과 사실성이 전연 없는 말뿐인 신비주의－역자 주) 뿐이다.

실존주의 신학

자유주의 신학이 어떻게 실존주의 신학과 어울릴 수 있을까? 자유주의 신학은 세속적인 자연주의와 동일한 변화를 하고 있다. 칼 바르트(Karl Barth)와 그의 추종자들, 그리고 스웨덴의 룬드(Lund) 대학교의 루터계에서 나온 신학은 지금 소위 초월신학(transcendental theology), 신정통주의(neo-orthodoxy), 또는 실존주의 신학이라는 것을 발전시켰다. 그러나 칼 바르트가 근본적으로 이 운동의 창시자인만큼, 그가 기여한 바에 집중하면 모든 것을 충분히 이해할 수 있을 것이다.

첫째로, 칼 바르트는 그의 임종까지 계속 고등비평 이론을 용납했다는 사실을 인식해야 한다. 이러한 그의 입장에서 볼 때 성경 은 많은 오류를 지니고 있었다. 혹자는 말하기를 칼 바르트의 업적은 권위를 절실히 요청하는 금세기의 한 중간에 놓인 종소리로 들린다고 했다. 그러나 정작 칼 바르트가 행한 일은 겨우 자유주의 신학에 허공에 박을 수 있는 못을 제공한 것뿐이다. 이 말을 좀더 구체적으로 표현하면, 칼 바르트는 고등비평의 결과와 기술을 용납하면서 하나의 권위를 산출해 내는 불가능한 묘기를 시도했다는 것이다. 칼 바르트와 그의 추종자들에 따르면 성경의 진술이 역사적으로는 허위일 수 있으나 종교적으로는 진실하다고 한다. 이런 단계는 극히 단순한 단계이지만 전적인 혁명이 아닐 수 없다. 이런 단계를 통해 신학은 합리성의 견고한 지반을 떠나서 무엇이나 일어날 수 있는 땅으로 들어갔다.

칼 바르트의 기본적인 입장은 다음과 같다. 물론 성경 속에 여러 가지 종류의 과오가 있지만 그것은 문제시되지 않으니, 단지 성경을 종교적으로 믿기만 하라. 그의 처음 로마서 주석(*Romerbrief,* 1919)에서 칼 바르트는 키에르케고르와 관련이 있음을 나타내었다. 그리고 우리는 그의 교회 교의학(*Dogmatics*) 제2권에서 칼 바르트는 인식론(認識論)에 관한 한 실존주의자였음을 명백히 알 수 있다.

죽음이 임박하자, 칼 바르트는 틸리히(Tillich)와 같은 사람과 뒤이어 나온 사신신학(死神神學)에 대해 문을 개방해 주었던 자연주의적 방향을 무던히도 철회하고자 애를 썼다. 그는 현실적으로 생겨난 사태들을 탐탁하게 여기지 않았다. 그럼에도 불구하고 그는 그런 방향으로 나아가는 문을 열어 놓은 사람이 되고 말았다.

구자유주의는 기독교적 견해에서 볼 때 하나의 이단이다. 그러나 고전적이고 철학적인 견해에서 볼 때는 인정을 받는다. 구자유주의가 미국에서는 해리 에머슨 포스딕(Hary Emerson Fosdick)과 같은 사람에 의해 아마 가장 분명하게 나타내어졌다고 할 수 있다. 포스딕과 그와 같은 기타 사람들은 있는 그대로의 세계를 간과하는 하나의 낙관적 관념주의(idealism)를 만들어 내었다. 그러면서도 이들은 어떤 사람이 "내가 말한 것은 진실이다"고 말할 경우 그 반대를 주장하는 다른 사람이 나타나서 "아니다. 너의 견해는 거짓이고 나의 견해가 진실이다"고 말하는 것이 허용되는 사유의 범위 안에 머물러 있었다. 이들은 낱말들의 정의(定義)를 바꾸어 놓았다. 그리하여 이들의 용어론(terminology)은 전반적인 새로운 일련의 정의들을 필요로 하게 되었다. 그러나 적어도 이들의 정의를 이해하게 될 때에 이들이 제시하는 문제의 내용이 무엇인지는 분명히 알 수 있었다.

그러나 신자유주의자들, 곧 실존주의 신학자들은 자기들이 쓰는 용어를 명백하게 정의내리지 않고 있을 뿐 아니라 더 나아가 두 개의 상호 모순 대립되는 진술이 모두 다 진실일 수 있다고 말하려고까지 한다. 진정한 의미에서 이 신학은 헤겔의 유산이다. 헤겔은 하나의 "정립"(thesis)이 자연스럽게 하나의 "반정립"(antithesis)으로 나아가고 이것들이 합해서 하나의 "종합"(synthesis)으로 나아간다고 가르쳤다(이 결론에 이르기 위해 사람들은 반정립의 방법론을 제외한다). 그러나 이렇게 나타난 종합도 역시 상대적(相對的)일 따름이다. 왜냐하면 그 종합이란 것도 또다시 자체의 반정립을 가지게 되며 그것이 또 하나의 진전된 종합으로 나아가서 끝없이 이런 일을 되풀이 할 것이기 때문이다.

그리하여 신자유주의자들은 두 개의 상호 배타적인 명제를 "양자 긍정"(both-and)으로 말했다. 그 한 예는 다음과 같다 : 그리스도는 죽은 자 가운데서 육체적으로 부활하셨으나 죽은 자 가운데서 육체적으로 부활하신 것은 아니라는 식의 표현이다. 이것은 현대의 의미론적 문제만은 아니다. 예를 들어 1970년 9월 브뤼셀에서 교회의 장래에 관한 세계 회의가 개최 되었는데, 여기에 참석한 자 중에는 극단까지 나아간 로마 카톨릭의 진보적인 신학자들도 있었는데, 이들은 예수 그리스도의 육체적 부활을 믿는다고 주장하면서도 만일 부활 당일에 어떤 사람이 그곳에 있었다 하더라도 그가 일반적인 입증의 수단을 가지고는 부활사건을 입증해 내지 못할 것이라고 말한다. 이 말은 양자 긍정(both-and) 사고의 맥락에서나 통할 만한 것이다. 이것을 다른 말로 쉽게 표현하면, 예수님의 육체적 부활은 이 세상에 속한 하층부의 문제가 아니라 소위 상층부의 일이라는 것이다.

몇 년 전에 들었던 어떤 실존주의 신학자의 말이 기억난다. 그가 이야기를 끝낸 후에, 한 나이 많은 그리스도인이 다른 그리스도인을 향해 "이것은 놀라운 일이 아닌가?"라고 하던 말을 귀넘어로 들었다. 그랬더니 이 말을 듣고 있던 다른 그리스도인이 대답하기를 "놀라운 이야기임은 틀림이 없는데 나는 무엇인지 이해를 할 수가 없네요"라고 했다. 그러나 진정한 기독교는 그렇지 않다. 가령 성경이 "태초에 하나님이 천지를 창조하시니라"고 말을 하면 어린 아이와 철학자는 공히 그 성경구절의 의미는 하나님께서 천지를 창조하시지 아니하셨다고 하는 하나의 반정립에 대해 하나님은 천지를 창조하셨다는 말을 뜻하는 것임을 넉넉히 이해하고도 남는다(기독교는 말한 그대로를 의미하는 것이지 이렇게도 저렇게도 다 될 수 있는 소위 양자 긍정이 아니다). 그러나 이 말은 하나님께서 천지창조에 관해서 알고 계시는 것처럼 그 모든 것의 깊이를 낱낱이 모두 다 우리 인간이 헤아려 알 수 있다는 의미는 아니다. 다만 여기서 의미하는 것은 근본적인 사실이 명백하게 표현되어서 반정립(antithesis)에 맞서고 있다는 의미이다. 역설에 짓눌린 신자유주의 신학에 있어서는 그것이 내어놓은 진술이 굉장히 심오하게 보이는 듯 하지만 사실상 그 내용을 따지고 보면 모호하기 짝이 없다. 이것의 완전한 영향력을 알아보려면, 워필드(B.B. Warfield)와 메이첸(J. Gresham Machen)과 아브라함 카이퍼(Abraham Kuyper)와 마르틴 루터나 존 칼빈의 저서를 읽어보고 그 다음에는 실존주의 신학자들의 저서를 읽어보기 바란다.

다른 예를 하나 더 들어 보자. 소위 양자 긍정의 형태를 지닌 사고방식이 내게 가장 분명하게 인상적으로 나타난 경우는 이 형태의 신학을 주장하는 어떤 목사가 나에게 다음과 같이 말해 올 때였다. 그는 나에게 이르기를 "고전적인 로마 카톨릭 신부는 내가 당신과 가까운 것보다 더 당신과 가깝소"라고 했다. 그것이 무슨 말이냐고 물었더니 그는 이렇게 말해 주었다. "역사적인 로마 카톨릭의 입장을 지지하고 있는 신부와 당신은 하나는 옳고 다른 하나는 틀렸다고 하는 말에 적어도 동의할 것이오. 그러나 우리들은 당신 둘다 옳다고 말하는 바입니다." 즉 다시 말해서, 이 목사가 생각하는 "종교적 진리"에 관한 한 "그리스도는 하나님과 사람 사이의 유일한 중보자이다"고 말할 수도 있고 동시에 "마리아와 성인들이 우리를 위해 중보적 역할을 할 수 있다"고 말하는 것이 타당하고 합리적이라는 심사이다.

내가 몇 년 전 핀란드에 갔을 때 성경을 믿는 대학교수 한 분이 다음과 같은 실례를 드는 것을 보았다. 그는 말하기를 신자유주의자는 카운터에 많은 물건을 쌓아둔 가게 주인과 같다고 했다. 구자유주의를 요청하면, 신자유주의자는 카운터로 가서 "이게 바로 그것이오"하고 말한다. 그런데 그 후에 성경을 그대로 믿는 그리스도인이 들어가서 역시 성경적인 것을 요구하면, 신자유주의자는 역시 카운터로 가서 "이게 바로 그것이오"라고 같은 말을 되풀이 한다. 신자유주의자가 이런 행동을 할 수 있게 된 이유는 소위 신 자유주의의 양자 긍정(both-and)이란 사고방식 때문이다. 정반대 되는 것도 종교적으로는 진리일 수가 있다고 한다.

또 예를 들어 타락의 개념을 두고 말해보자. 구자유주의자는 성경에서 가르치고 있는 인간의 죄악의 사실을 뿌리치고 자기 스스로 하나의 이상주의적(理想主義的) 세계를 세웠다. 그것은 사실상 존재하지도 않는 세계이다. 사람에 의해 세워진 유토피아(utopia)는 쉽게 오는 것이 아니다. 라인홀트 니버(Reinhold Niebuhr)와 같은 신자유주의자는 말하기를 사람은 아주 깊이 금이 간 존재라고 한다(그는 이 사실을 설명하기 위해 "죄인"이라는 단어를 사용하기까지 한다). 그런 의미에서 니버는 구자유주의자보다도 진리의 세계에 더 가까운 듯이 보인다. 그러나 어떻게 사람이 죄인이 되었으며 죄는 무엇인가? 성경은 인간이 에덴 동산에서 타락했다고 말해준다. 그런데 신자유주의자는 에덴 동산이 실제로 역사적으로 존재했든지 안 했든지 그런 것은 문제되지 않는다고 말한다. 그는 인간이 어떻게 이런 죄악된 길에 들어오게 되었는지에 대한 성경의 설명은 도외시하면서도, 인간은 잔인한 존재라는 실재주의(realism)는 굳게 잡으려고 노력한다. 그는 자기 이론의 기틀을 허공에 두고 있다. 그리하여 그는 성경의 역사성(歷史性)은 부인하면서도 성경이 가르치고 있는 결과는 고수하려고 노력한다.

개별적인 교리문제에 대해서도 이것은 신자유주의자를 이상한 곳으로 인도한다. 이런 주장의 결말은 성부 하나님과 성자 하나님 사이의 명백한 구별선이 없어지고, 그리스도와 죄많은 인간 사이에도 구별선이 없어지고, 그리스도께서 우리를 위해 행하신 일과 우리에게 개별적으로 일어난 일 사이에도 명백한 구별선이 없어지게 된다는 것이다. 참으로 중요한 일은 현재 우리에게 생기는 일이다.

더 나아가서 길을 잃어버린 자와 구원받은 자 사이에도 명백한 구별이 없다. 신자유주의는 반정립의 이론을 상실함으로써 무언중에 또는 명백하게 보편구원론(universalism 또는 만인구원론)의 경향을 띄게 되었다. 네덜란드의 한 실존주의 신학자가 나와 대화중에 말하기를 사람들간의 구별은 수직적(vertical)이 아니라 수평적(horizontal)이라고 했다. 그것이 무슨 말이냐고 물었더니, 그는 말하기를 어떤 사람은 하나님 앞에서 의롭다함을 받고 또 어떤 사람은 의롭다 함을 받지 않은 것이 아니라, 모든 사람이 다 옳기도 하고 모든 사람이 다 잘못되기도 한다는 뜻이라고 했다. 물론 완전한 그리스도인은 없지만, 그러나 그의 용어나 우리가 나누었던 대화의 내용으로 보아 그가 의미한 것은 이런 것이 아님이 명백하다.

실존주의 신학자는 세상이 마치 교회인 것처럼 세상을 향해 말하고, 교회가 마치 세상인 것처럼 교회를 향해 말하고 있다. 이렇게 명백한 구별선이 없어진 이유는 실존주의 신학자에게는 반정립의 이론에 대한 어떠한 실재 개념도 전연 생소한 것이었기 때문이다.

1949년 여름으로 거슬러 올라가보면, 그때 하나의 재미나는 사실이 있었다. 스웨덴의 웁살라(Uppsala) 대학교의 한 무신론자 철학 교수인 헤데이누스(Hedeinus)박사가 룬드 대학교의 신학교수들을 비판하면서 이들을 "감독과 목사의 옷을 주워 입은 무신론자들"이라고 고발하는 하나의 책을 저술한 것이다. 그는 더 나아가서 설명하기를 만일 기독교가 지성인이 믿을 수 있는 합리적인 것이라면 반드시 기독교의 진리는 이해할 수 있는 말로 표현되어야 한다고 했다. 요컨대 그가 한 말은 만일 신자유주의가 기독교라 하더라도 나는 그것을 원치 않으며 그런 신자유주의 개념들은 이해 가능한 말로 표현할 수 없으므로 그것은 무신론자인 나보다도 더 악화된 상태에 놓여 있다는 것이다. 물론 이것은 나중에 J. S. 베잔트(Bezzant)가 이런 형태의 신학을 일러 그야말로 넌센스라고 부르면서 기독교 신앙에 대한 반대(*Objections to Christian Belief*)에서 말한 바로 그것임은 더 말할 나위도 없다.[5]

성경과 하나님의 말씀

나는 지금까지 신신학 속에는 명백한 교리적 구분선이 없다고 강조해 왔지만 한 가지 예외만은 꼭 제시해야겠다. 신자유주의자들은 성경이 하나님의 말씀이 아니다라는 결정적인 합창곡을 내어놓았다. 그들이 익숙하게 쓰고 있는 말은 "성경은 하나님의 말씀이 아니라, 하나님의 말씀을 포함하고 있다"는 말이다. 프로테스탄티즘은 역사적으로 그 권위를 성경에 두어 왔다. 그런데 자유주의 신

---

[5] J. S. Bezzant, *Objections to Christian Belief* (London : Constable and Co. Ltd., 1963), pp. 90-91. 거기 계시는 하나님(*The God Who Is There*)도 보라.

학자들은 이 같은 자세를 취하지 않으면서도 마치 그들이 여전히 권위가 있는 것처럼 행동하고 있다. 이것은 사람이 다리(교량)를 파괴해 버리고도 마치 다리가 그대로 있는 것처럼 허공을 통해 걸어가는 것과 똑같다.

신자유주의자는 특별히 몇 년 전에 그들의 이론에서 성경은 하나님의 말씀을 포함하고 있으며 사람이 성경을 읽을 때에 하나님은 성경의 어느 부분을 개개인에게 하나님의 말씀이 되게 해주신다고 말했다. 이것이 바로 신정통주의(neo-orthodoxy)가 때때로 "위기 신학"(crisis theology)이라 불렸던 까닭이다. 사람이 성경을 쭉 읽어 가노라면 갑자기 성경의 어떤 부분이 그에게 하나님의 말씀이 된다. 이것은 일종의 위기다. 마치 하늘에서 빛이 그를 비추는 것과도 같다. 이론인즉 그러하다. 그러나 실제적으로는 각각의 독자가 성경에 있는 말씀 가운데서 하나님의 말씀의 여하를 스스로 결정해야 하는 것이다. 어느 것은 하나님의 말씀이고 어느 것은 하나님의 말씀이 아니라는 것을 자기가 결정해 버린다.

예를 들어 1947년으로 되돌아가서 그 당시의 오슬로 청년 대회(Oslo Youth Conference)를 생각해 보라. 그때는 신정통주의가 가장 소망있는 양상을 띠고 최고조에 달했으며 신정통주의자들 자신에게도 아직 아무런 문제가 야기되지 않았던 시기였다. 이것은 실로 세속 실존주의자들의 최초의 소망과 나란히 병행하고 있었다. 그러나 이 실존주의자들의 최초의 소망도 나중에 가서는 난점이 수반되었다. 칼 야스퍼스(Karl Jaspers)를 추종하던 사람들이 한계 체험(final experience)의 개념을 용납했을 때 그들이 가졌을 행복감을 생각해 보라. 사실, 한계 체험에 대한 야스퍼스의 용어 및 개념과 위기 신학자들의 용어들 및 개념들간에는 매우 특수한 유사 병행점이 있다. 하여간 오슬로 청년 대회에서 공식적으로 결정한 것은 다음과 같다. "일반적으로 어떤 성경구절이 예수 그리스도의 정신을 가리키는 증거나 또는 예수 그리스도의 정신과 일치할 때,

그 증거함 또는 일치를 우리는 영감의 규준으로 간주할 수 있다." 환언하면, 청년들은 어느 부분이 예수 그리스도의 정신을 보여주는가에 대한 청년들 자신의 주관적인 판단에 기초해서 성경의 어느 부분이 하나님의 말씀이 되기도 하고 또는 되지 않기도 하는 것으로 결정할 수 있다는 말이다.

허공에 세워진 권위는 과거도 그랬고 현재도 그렇듯이 순전히 인간 자신의 주관적 판단의 산물이다. 요컨대 그들은 "이러 이러한 것은 진실이다. 왜냐? 내가 그것을 진실이라고 말하니까"라고 말한다. 이런 점에서 불트만이 매주일 아침 20분 동안은 오류 없이 말한다고 하는 마이클 그린(Michael Green)의 말은 매우 지각력 있는 말이라 하겠다.

바르트의 저술과 그의 추종자들의 저술을 대강 읽어만 보아도 그들은 성경의 원본은 하나님의 영감으로 된 것으로서 조금도 오류가 없다고 하는 기독교의 역사적 견해를 교의적(教義的)으로 반대하고 있음이 판명된다(구자유주의가 그러했었다). 에밀 브루너(Emil Brunner)는 이렇게 말했다. "성경은 우리가 다른 각도에서 얻은 지식과는 상반되는 많은 사실 및 윤리와 교리의 진술을 포함하고 있다. 복음서들에는 조화(調和)가 없다. 그것은 속임수요 부정직하다". 더 나아가서 브루너는 이렇게 기록하고 있다. "신앙의 지적인 면에 대한 이토록 강한 강조를 하게 된 것은 두 가지 사실에서 나온 것이다. 이 두 가지 사실은 잘 알려져 있기는 하지만 그러나 내가 보기에는 충분히 이해되어 있지 않은 것 같다. 이 사실들 중의 하나는 '하나님의 말씀'(Word of God)과 성경의 '말씀'('Word' of the Bible)을 동일시한다는 것이다. 이런 태도가 모든 위험한 결과를 낳을 수 있는 축자 영감설(Verbal Inspiration)을 산출시켰던 것이다." 그런데 한 가지 재미있는 사실은 브루너는 자기의 견해가 칼빈의 견해는 아니라는 사실을 인정했다는 것이다. 어떻게 이 사실을 알 수 있느냐 하면 그는 다음과 같이 기록하고 있기 때문이다. “칼빈의 사상에 있어서, 축자 영감설로 발전해 버린 그의 성경에 대한 엄격한 문자주의적 견해는 계시와 성경을 동일시한 사실에서 나온 것이다.” 또는 이 견해에 대한 또 다른 한 사람의 대표자인 케르(H.T. Kerr, Jr.)가 신정통주의의 전성기에 데올로지 투데이(*Theology Today*)지에 기고한 기사에서 이렇게 말하고 있는 것을 보라. “성경의 무오성과 축자적 무오류성에 의한 옛 전통적인 권위가, 하나님의 말씀은 어떤 형태로든 기록되었고 성경의 말씀은 이것과는 동떨어진 것이라는 현대 실존주의적 견해로 옮겨짐으로 해서 지금의 위기는 입증되었다.”

신자유주의자에게 있어서 하나님의 말씀은 성경 이외의 다른 근원을 통해서 사람에게 올 수 있다고 하는 사실을 우리는 반드시 꼬집어 지적해야 한다. 그러므로 기타의 종교적 문헌과, 전연 종교적이 아닌 문헌도 하나님의 말씀의 근원이 될 수 있다. 이 점에 관해서는 라인홀트 니버가 교회의 직분에 있어서 여자들의 지위에 관해 언급한 하나의 논설을 다음과 같이 기록한 바 있다. “어떤 근본주의 신학자들은 성경 본문을 인용하면서 여자에게 온당한 지위를 주지 않으려고 한다. 만일 교회가 기독교적 근거에 기초해서 그런 논쟁을 중단하고 종교 속에 숭고한 높음이 있듯이 일반 세속적인 관념주의 속에도 알려지지 않은 원시적 깊음이 있다는 것을 솔직히 인정하려면, 아마도 교회는 보다 과감하게 기독교 이하적인 표준들을 마땅히 극복해야 할 것이다(그러나 여기서 그는 본문을 인용하는 것을 가리키는 것이 아니라 교회가 취하는 여자의 대우에 관해 가리키고 있는 것이다). 그렇다고 해서 우리가 세속주의자가 되라고 설득시키는 것은 아니다. 다만 우리는 기꺼이 세속적인 관념주의가 이따금씩 경우에 따라 하나님의 말씀을 말할 수 있도록 해야 한다.” 이 같은 말을 바꾸어 말한다면 니버에게 있어서는 세속적인 관념주의가 성경이 우리에게 말해 주는 것보다도 더 잘 하나님의 말씀을 말해 줄 수 있는 때가 있다는 것이다.

우연하게도 성경에 대한 이런 태도는 근래에 와서 더욱더 로마 카톨릭 신진 신학자들에게 분명하게 드러나고 있다. 이들은 전통에는 강조를 별로 두지 않고 성경에 주로 강조를 둔다고 말을 하지만 이들의 성경관은 위에서 인용한 니버의 성경관과 동일하다. 그러므로 이들은 비기독교적 교훈의 진리와도 병행하는 진리를 찾고 있는 셈이다.[6]

한 스칸디나비아 루터파 신학자는, 근대 루터교는 모든 점에 있어서 루터를 따르고 있으나 성경관만은 제외하고 있다고 말했다. 분명히 루터나 칼빈과 같은 성경에 대한 견해를 가지지 아니하면, 그런 사람은 루터나 칼빈과 같은 동일한 기독교 견해를 가지고 있지 않는 것이다. 칼빈과 루터가 권위와 확실성을 가지고 말할 수 있었던 것은 이들이 하나님의 말씀인 성경에 근거하고 있기 때문이었다. 성경이 그들에게 객관적이고도 절대적인 표준을 제공했던 것이다. 신자유주의자는 그의 판단이 순전히 주관적이기 때문에 확실성과 진정한 권위를 가지고 말할 수 없다.

본인은 지금까지 신신학의 초기 발전 형태와, 현재의 교리적 불순결의 토대가 된 신신학의 근본적인 형태의 양면에서 신신학의 성격을 밝히기 위해 상당한 지면을 할애해 왔다. 현재의 가견적 교회가 가견적 교회의 순결성의 원리 문제에 직면할 때에 교회는 자신의 최초의 난점이 이 신신학과 결부되어 있음을 발견하게 된다. 그러므로 신신학이 세속 실존주의 철학에 얼마나 결정적으로 관계하고 있으며 얼마만큼 물이 들었는가를 우리가 이해한다는 것은 매우 귀중한 일이다. 다시 한번 자연주의 신학은 자연주의 세속 사상과 동일한 것이라는 사실을 말하고 싶다.

---

[6] 그 한 예로서, Raymond Panikkar, *The Unknown Christ of Hinduism* (London : Darton, Longman and Todd, 1964).

새 소망도 절망이 되고

진실로 중요한 문제들과 관련하여, 셋째 단계인 현대의 상층부 신비주의가 의도하던 결과를 산출하지 못한 것은 흥미있는 일이다. 처음에 새로운 세속 인본주의는 하나의 위대한 소망이나 되는 것처럼 보였다. 비록 이성은 절망으로 인도하지만 이들 인본주의자들은 실존주의 체험 속에서 의미와 소망을 찾을 수 있다고 생각했다. 그러나 공중에 못을 치는 것처럼 실존주의 체험은 소망이 아니라 파멸임이 판명되었다.

예를 들어 내가 전에 언급한 바와 같이 인생의 의미는 "한계 체험"에서 발견된다고 말한 칼 야스퍼스의 철학을 보자. 그러나 한계 체험은 모든 이성에서 완전히 분리된 것이다. 따라서 한계 체험의 내용에 관해서는 자신에게도 무엇이라고 말할 수가 없다. 그가 말할 수 있는 전부는 그가 단순히 체험을 가졌다고 하는 것뿐이다. 그러나 이 정도만이 아니다. 이런 사고방식은 인생의 의미를 이성과의 모든 관계에서부터 절단시켜 버렸기 때문에, 세속적 혹은 종교적 실존주의는 진리의 범주(category)도, 옳고 그름의 범주도 갖지 못한다. 하층부 저 아래에서는 이성이 인간을 향하여 인간은 단지 기계에 불과하며 인간은 수학적 공식으로 표현될 수도 있다고 말한다. 그런데 비이성의 상층부 저 꼭대기에서 인간은 공상과 실재간의 구별도 짓지 못하는 희랍의 망령에 사로잡히게 되었다.

비트겐슈타인은 그의 논리 철학 논고(*Tractatus*)에서 이와 동일한 입장을 취하여 모든 가치, 윤리, 의미 그리고 사랑의 영역에서는 오직 침묵만이 존재한다고 말했다. 그는 그후 실증주의(positivism)에서 돌아서서 언어분석학을 낳았는데 여기서는 단지 말로만 나아가는 말(언어)을 다루고 있을 뿐이다.[7]

---

[7] 이 점에 있어서 비트겐슈타인(Wittgenstein)의 중요성을 완전하게 이해해 보려면 거기 계시며 말씀하시는 하나님 3장을 보라.

신신학 자유주의자들의 도취감은 이젠 지난 과거가 되었으며, 세속적인 용어로 동일한 것을 말하던 세속인들이 당면했던 것과 마찬가지로 자유주의 신학자들도 자기들의 주장에 관한 문제점에 당면하게 되었다. 환언하면, 자연주의 신학은 해결책을 얻으려고 자연주의적 인본주의를 따랐을 뿐만 아니라, 자연주의적 인본주의의 해결책의 실패로 인해 수반된 절망도 따르고 있다. 예를 들면, 사신신학(死神神學)은 이성의 영역에서는 하나님이 존재하신다고 말할 이유가 없다고 말한다. 자연주의 신학의 기초 위에서는 이것이 옳다. 헤데이누스 박사가 룬드 신학자들을 "감독의 옷을 입은 무신론자"라고 말한 것은 다시 한번 기억해 볼 만한 가치가 있다.

자유주의 신학의 전제에 기초하고 있기 때문에, 자유주의 신학자 개개인은 사신 신학자가 되고 만다. 그러나 여전히 이들 대부분은 상층부에서 인간은 하나의 실존적 체험(existential experience), 하나의 "종교적" 체험을 가질 수 있다고 말하면서 이성을 포기하고 상층부로 도약함으로써 현재의 위치에서 피하려고 애쓴다. 그러나 이런 실존적 체험은 이성과는 완전히 분리되어 있다.

대부분의 자유주의자들은 이와 같은 새로운 사신신학을 좋아하지 않는다(지금은 사실 시들어 버린 신학이다). 자유주의자들은 큰소리로 이런 신학을 반대한다. 그러면서 이들은 하나님이란 말을 계속 사용하기를 좋아하나 실은 사신 신학자들과 동일한 처지에 놓여있다. 왜냐하면 이들이 비록 하나님이란 말은 사용하지만 진실로 인격적인 하나님에 관한 모든 내용이 빠져 버렸기 때문이다. 자유주의자들에게 남은 것이라고는 "내용 없는 내포"(contentlessconnotation)의 종교적 말들뿐이다. 그리하여 이들의 처지는 세속 사상의 추세와 병행하고 있다.

"예수"라는 말도 모든 이성과 분리되어 있으며 진정한 기반이 없다. 그럼 예수란 말은 무엇인가? 사람들이 실제로 내걸고 있는 내용없는 기치는 다음과 같다. "예수란 말에 의해서 생기는 동기유

발의 위력(예수와는 무관하더라도 예수란 대명사가 사람에게 어떤 힘을 불어 넣어 준다고 생각하는 태도)에 근거해서 나를 따르라"는 것이다. 이런 말은 그저 노래에서 예수란 말을 사용하고 있는 록 그룹과 실제로 조금도 다를 것이 없다. 1970년대 초의 록 그룹의 노래를 들어보면 우리가 과연 무엇을 들을 수 있는가? "예수, 예수, 예수"라고 한다. 그러나 비록 예수란 말을 노래에서 사용하였지만 대부분의 가수들은 예수란 말이 이성과도 관계되며 나아가서 단순히 동기유발적인 진리 이상의 어떤 진리와도 관계하고 있다는 사실을 믿고 있지 않았다는 점을 우리는 착각해서는 안 된다. 이와 마찬가지로 신자유주의에 있어서도 한편으로 보면 예수는 방해물이, 다른 한편으로 보면 심리학과 사회학에나 유용한 내용없는 기치에 불과하다.

1960년대의 반혁명(counterrevolution) 이후에 캘리포니아와 기타 다른 지역은 약물 사용의 문화에서 빠져나왔지만 쓰는 말과 삶의 모습은 그 문화에 빠져있을 때와 동일했으면서도 다행히 진지하고도 아름다운 본성을 지닌 진정한 그리스도인이 더러 있었다. 그러나 그때에 일시적 기분으로 예수를 부르짖던 사람들의 "예수, 예수"란 외침은 단지 "예수는 잡동사니보다는 더 낫다"라는 말과 같을 따름이었다. 이 두 무리간의 차이점은 무엇인가? 진정한 그리스도인은 성경의 분명한 내용으로 고개를 향함으로써 환각 체험의 상층부 개념에서 완전히 돌아선 사람들이다. 이들은 성경을 믿는 기독교의 주류에 속한다. 그러나 어떤 무리들은 상층부의 환각 체험이나 철학의 기치를 잡고 있거나 아니면 기껏해야 거의 아무런 내용도 없는 감정주의로 돌아오고 있다. 시간이 지남에 따라 이 두 무리는 아주 다른 결과들을 낳았다. 첫번째 무리는 기독교 역사 흐름 속에서 여전히 그리스도인으로 남았고 두번째 무리는 범신론이나 곁길로 빠져버렸다.

이것은 또한 현대 자유주의 신학의 위치이기도 하다. 이것은 상층부 체험 안에 속하는 내용없는 종교적 언어들만이 있는 신학이다. 비기독교적 종교인들에게는 “크리슈나”(Krishna, 인도 신화에 나오는 신－역자주)란 말과 “그리스도”라는 말을 상호 교체적으로 사용할 수 있다. 왜냐하면 현대 실존주의 신학의 에큐메니즘(ecumenisim)은 그리스도라는 말을 사용하는 모든 사람과 마찬가지로 힌두교도들과 불교도들도 포함시키고 있기 때문이다. 진실된 내용이라고는 전연 없는 상층부에서는 그리스도와 크리슈나 신은 동일하다. 그것은 마치 동전의 양면과 같다.

청년들이 “나는 하나님이란 말 따위를 증오합니다”고 우리에게 말해 올 때에, 진정 우리가 참된 그리스도인이라면, “나도 하나님이란 말 따위를 싫어하오”라고 말해야만 할 것이다. 이러한 하나님이란 말들은 검증이 반증을 할 수 없는 말들이기 때문이다. 따라서 이런 말들은 무엇이나 되는 대로 의미할 수 있다. 그런데 신신학자들은 세속 사상가들이 말하고 있는 것 이상의 어떤 사실을 말하고 있는 것처럼 보인다. 그것은 신신학자들은 종교적 용어를 아울러 사용하고 있기 때문이다. 그러나 실제로는 신신학자들이 동일한 사건을 다른 형태의 언어 상징을 가지고 말하고 있다. 많은 신신학자들이 잡신(god)과는 비교할 수 없는 하나님(God)이란 말을 사용하는데 이들은 전적으로 비관론적 상태에 이를 때에 낙관주의를 제공하는 방향으로 하나님이란 용어를 사용한다. 심리학적 도움이나 사회학적 조작을 위한 하나의 심리학적 도구로서 하나님이란 말들을 단순히 사용하고 있을 뿐이다.

하나의 체계로서의 자유주의

신학에 있어서 자유주의는 하나의 통일된 체계이다. 지극히 근본적인 의미에서 볼 때, 자유주의 신학은 실존주의 신학의 발생으로 인해 변화되지는 않았다. 신실존주의 신학은 구자유주의 신학에 더 가깝지 역사적, 성경적 기독교와 더 가까운 것은 아니다. 신실존주의 신학은 실로 더 멀리 나아가 있다. 적어도 구자유주의는 진리의 개념은 긍정하며 반정립적으로 말을 하고 있다.

신자유주의에 관한 연구를 여기까지 해온 이상, 이제 신자유주의는, 도덕이나 교리의 영역에서 신자유주의가 산출한 어떤 주변적인 문제에서보다도 내적인 면에서 보다 철저하게 판별되어져야 함이 분명하다. 예를 들어, 신자유주의의 보편구원론이 전도운동을 약화시킨다는 이유로 해서 신자유주의가 판단을 받을 것이 아니라 이것이 하나의 통합된 통일체로서 틀렸기 때문에 판단을 받아야 하는 것이다. 만일 우리가 신자유주의를 하나의 전체적 입장에서 보아 이것을 전체적 입장에서 거부하지 않으면 우리는 자유주의에 대해 관용을 베푸는 것이 될 것이며 따라서 관용을 베푸는 만큼 우리의 사고 행위에 혼란을 초래하게 될 것이다. 그리하여 우리는 우리 시대의 일반적인 지적 비합리주의에 빠져서 타협적인 행동을 하게 될 것이다.

신신학은 단지 종교적인 용어를 사용하고 있는 현대 사상일 뿐이다. 신신학은 오직 인간들만의 세계에만 있을 수 있는 인간학의 선 아래 놓여 있다.[8] 지금 신신학이 당면하고 있는 것은 미지(未知)의 그리고 인지불가(認知不可)의 "철학적 타자"(a philosophic other)이다. 신신학은 유한자(有限者)의 영역 안에 머물고 있다. 이리하여 신신학은 유한적인 인간이 줄 수 있는 권위와 의미를 능가하는 차원 높은 권위와 의미는 지니지 못하고 있다.

다시 말하면, 신구간의 모든 형태의 자유주의 신학 속에는 하나님께서 사람에게 하신 명제적이며 언어로 표현된 어떠한 의사소통도 없기 때문에 사람은 종교적 진리보다는 단순히 종교적 낱말을 독립적으로 지니고 있을 따름이다. 역사적 기독교는 신구간의 새로

---

[8] 거기 계시는 하나님 제2부 2장의 '자연과 은총'을 보라.

운 세속 합리주의와 공유하고 있는 것은 아무것도 없으며, 또 신구간의 모든 신신학과 공유하고 있는 것도 전연 없다. 역사적 기독교와 신구간의 신신학은 전연 다른 의미로 사용하고 있는 특정한 용어를 제외하고는 아무것도 공유하는 것이란 찾아볼 수 없는 두 개의 별개의 종교인 것이다.

제 2 장
간음과 배교(背教) – 신부와 신랑의 주제

그리스도인과 교회는 왜 교리의 순결성에 관심을 쏟아야 하는가? 이것은 우리가 가견적 교회의 순결성을 실천해 내는 원리를 모색할 때에 두번째로 대두되는 관심사이다.

현대인은 흔히 진리를 상대적(相對的)인 것으로 여겨 기독교의 교리도 아주 대수롭지 않은 것으로 보지만, 하나님은 상황을 동일한 방법으로 보시지 않는다는 사실을 기억해 두는 것이 기본적인 일이다. 더 나아가서 하나님은 아주 명백한 성경적 가르침을 통해 우리가 그런 잘못된 자세를 취하지 않도록 방지해 오셨다. 이 가르침의 중요 부분은, 그리스도인과 교회는 그리스도의 신부이며 따라서 이 신부는 거룩한 신랑되신 그리스도 앞에 나타날 때 흠도 없이 순결해야 한다는 점이다. 환언하면, 하나님과 그의 백성들간의 관계는 건전해야 하므로 이를 남녀간의 결혼 관계로 적절히 묘사하고 있는 것이다. 그러므로 이제 성경적인 결혼관을 살펴보고 이 관계가 예수 그리스도에 대한 그리스도인과 교회의 관계와 얼마나 유사한

가를 보여 주고자 한다.

"간음과 배교 – 신부와 신랑의 주제"는 우리 세대에게 매우 중요한 것으로 생각하는 것 중의 하나이다. 에베소서 5 : 25 하반절 – 32까지를 읽어보자.

> 그리스도께서 교회를 사랑하시고 위하여 자신을 주심같이 하라 이는 곧 물로 씻어 말씀으로 깨끗하게 하사 거룩하게 하시고 자기 앞에 영광스러운 교회로 세우사 티나 주름잡힌 것이나 이런 것들이 없이 거룩하고 흠이 없게 하려 하심이니라 이와 같이 남편들도 자기 아내 사랑하기를 제 몸같이 할지니 자기 아내를 사랑하는 자는 자기를 사랑하는 것이라 누구든지 언제든지 제 육체를 미워하지 않고 오직 양육하여 보호하기를 그리스도께서 교회를 보양함과 같이 하나니 우리는 그 몸의 지체임이니라 이러므로 사람이 부모를 떠나 그 아내와 합하여 그 둘이 한 육체가 될지니 이 비밀이 크도다 내가 그리스도와 교회에 대하여 말하노라.

그리스도의 신부로서의 교회에 관한 특이할 만한 설득력 있는 진술이 여기 있다. 그런데 하나님께서는 이 관계를 결혼관계와 어떻게 세심하게 연관시키고 있는지 주목해 보자. 인간의 결혼관계와 그리스도와 교회와의 관계라는 이 두 개념은 너무도 밀착되어 있기 때문에 이것을 주석할 때 외과의사의 수술용 칼처럼 그토록 예리한 칼로 나누어도 나누어지지 않는다. 에베소서 5 : 21 – 25에는 이렇게 기록되어 있다.

> 그리스도를 경외함으로 피차 복종하라 아내들이여 자기 남편에게 복종하기를 주께 하듯 하라 이는 남편이 아내의 머리됨이 그리스도께서 교회의 머리 됨과 같음이니 그가 친히 몸의 구주시니라 그러나 교회가 그리스도에게 하듯

> 아내들도 범사에 그 남편에게 복종할지니라 남편들아 아내 사랑하기를 그리스도께서 교회를 사랑하시고 위하여 자신을 주심같이 하라.

33절은 이렇게 결론짓고 있다. "그러나 너희도 각각 자기의 아내 사랑하기를 자기 같이 하고 아내도 그 남편을 경외하라."

여기 두 관계에 대한 교훈의 강력한 상호연관이 나타난다. 이것은 남녀 관계, 그리스도와 교회와의 관계인 그리스도와 그리스도인의 관계이다.

신약에는 신부 됨을 두 가지 면으로 생각하고 있다. 어떤 본문은 개개 그리스도인이 개별적으로 그리스도의 신부라는 사실을 강조하는가 하면, 다른 본문은 전체로서의 교회가 그리스도의 신부라는 사실을 강조하고 있다. 그러나 피차간에 조금도 모순은 없다. 다만 다양성 속에서 통일성이 있을 따름이다. 교회는 개인이 모여진 그리스도의 신부이며 교회는 개개 그리스도인들로 구성되어 있고, 이 각 개개인은 그리스도의 신부이다.

바울은 32절에서 말하기를 자기는 위대한 비밀에 관해 언급한다고 했다. 얼마나 놀라운 비밀인가! 삼위일체의 영원한 제 이 위격이신 그리스도께서 거룩한 신랑이 되셨다는 이 사실이 얼마나 놀라운 것인가!

성경적인 규범

에베소서의 이 구절은 단독으로 있는 구절이 아니라는 것을 주목하라. 신약성경 여러 곳에 이와 동일한 실례가 연관되어 사용되고 있다. 요한복음 3：28－29에서 세례 요한은 그리스도를 다음과 같은 말로 소개하고 있다. "나의 말한 바 나는 그리스도가 아니요 그의 앞에 보내심을 받은 자라고 한 것을 증거할 자는 너희니라 신부를 취하는 자는 신랑이나 서서 신랑의 음성을 듣는 친구가 크게 기뻐하나니 나는 이러한 기쁨이 충만하였노라." 즉 요한이 그리스도를 유대 사람들에게 소개할 때에, 그는 여기 하나님의 어린 양이 있다, 여기 성령에 의해 세례를 받으려 하고 또 성령에 의해 세례를 베풀려고 하는 분이 있다고 말했을 뿐만 아니라, 여기 신부의 신랑이 있다고 말하기까지 했다.

로마서 7 : 4은 이 교훈에 관한 아주 놀라운 적용을 내포하고 있다. "그러므로 내 형제들아 너희도 그리스도의 몸으로 말미암아 율법에 대하여 죽음을 당하였으니 (이 후에 "하기 위함"이라는 말이 두 번 나타난다) 이는 다른 이 곧 죽은 자 가운데서 살아나신 이에게 가기 위함이라(시집가기 위함)." 우리는 그리스도에게로 가기(시집가기) 위해 율법에 대하여 죽은 것이다. 그러나 이것이 목적은 아니다. "우리로 하나님을 위하여 열매를 맺히게 하려 함이니라." 이 놀라운 묘사는 다음과 같은 것이다. 즉 신부가 결혼식 날에 신랑의 팔에 자기 몸을 맡기고 그 후부터는 매일 그렇게 하듯이, 이제 또한 개개 그리스도인도 신랑의 팔에 자기를 맡기되 영단번의 칭의 안에서뿐만 아니라 순간순간마다 실존적으로 그렇게 맡긴 연후에, 저 타락의 상태에서 계속 반항을 거듭하고 있는 외부세계에 그리스도의 열매를 맺게 되는 모습을 잘 드러낸 묘사인 것이다. 이런 관계에서 볼 때에 우리는 모두 여성이다. 이것은 성경적인 표현이다. 확실히 하나님께서 친히 이 표현을 사용하시지 아니하시면 우리로서는 감히 사용할 수도 없는 그런 놀라운 표현이다.

신약성경과 같이 구약성경도 신부와 신랑의 관계를 강조하고 있다. 구약성경에서 이런 관계의 주역들은 하나님과 하나님의 백성들이다. 하나님이 백성의 남편이셨다. 예레미야 3 : 14에서 "배역한 자식들아 돌아오라 나는 너희 남편임이니라"고 했다. 물론 근본적인 차이는 없다. 교회는 지속된다. 어떤 의미에서 교회는 오순절날에 시작되었지만, 다른 의미로 볼 때 교회는 그리스도의 장차 있을 사역에 기초해서 구속함을 받은 최초의 사람 때부터 존재했다.

고린도후서 11 : 1-2을 보자. "원컨대 너희는 나의 좀 어리석은 것을 용납하라 청컨대 나를 용납하라 내가 하나님의 열심으로 너희를 위하여 열심 내노니 내가 너희를 정결한 처녀로 한 남편인 그리스도께 드리려고 중매함이로다." 요한계시록 19 : 6-9의 위대한 절정에서 그리스도께서 재림하시는 세대말의 교회에 관한 묘사를 본다. 그 위대한 사건은 무엇인가? 그것은 바로 어린 양의 혼인잔치이다.

> 또 내가 들으니 허다한 무리의 음성도 같고 많은 물소리도 같고 큰 뇌성도 같아서 가로되 할렐루야 주 우리 하나님 곧 전능하신 이가 통치하시도다 우리가 즐거워하고 크게 기뻐하여 그에게 영광을 돌리세 어린 양의 혼인 기약이 이르렀고 그 아내가 예비하였으니 그에게 허락하사 빛나고 깨끗한 세마포를 입게 하셨은즉 이 세마포는 성도들의 옳은 행실이로다 하더라 천사가 내게 말하기를 기록하라 어린 양의 혼인 잔치에 청함을 입은 자들이 복이 있도다 하고 또 내게 말하되 이것은 하나님의 참되신 말씀이라.

신구약 성경을 통틀어 나타내고 있는 이 주제는 그리스도께서 친히 그의 백성들을 섬기는 이 마지막 주의 잔치에서 절정을 이룬다. 여기서는 조급하게 날뛸 필요도 없고 달려갈 필요도 없다. 부활하신 주님의 손으로부터 섬김을 받을 수백 만의 사람들이 있다. 이 사람들은 죽은 자 가운데서 육체적으로 부활한 사람들로서 부활한 몸에 참여한다. 우리는 성찬식을 행할 때마다 고린도전서 11 : 26의 말씀을 되풀이하면서 이것을 바라보고 있다. "너희가 이 떡을 먹으며 이 잔을 마실 때마다 주의 죽으심을 오실 때까지 전하는 것이니라."

남녀의 결혼 관계는 성경 전체를 통해 개인과 그리스도, 교회와 그리스도간의 관계의 경이에 대한 하나의 그림과 실례와 모형으로 강조되고 있음을 알 수 있다. 이것은 예를 들어 시바(Shiva 힌두교의 3대 신으로 파괴를 상징 — 역자주)가 히말라야 산맥의 얼음으로 꽉 막힌 동굴에서 나와 인간 여자를 보고 그녀를 사랑했다고 하는 동양적인 사상과는 얼마나 대조적인 것인가! 시바가 그녀를 안자 여자는 사라져 버렸고 자기는 중성(中性)이 되고 말았다. 그러나 성경에는 이와 같은 것은 전연없다. 우리가 그리스도를 우리의 구주로 영접할 때에 우리는 우리의 인격성을 상실하지 않는다. 영원토록 우리의 인격은 그리스도와 합일된 가운데서 존립한다.

진실로 서로 사랑하고 있는 신부와 신랑 사이에는 참된 하나됨이 있으나 엄연히 두 개의 인격체가 혼동되지 않은 채 있는 것같이, 우리가 그리스도와 하나됨에 있어서도 그리스도는 그리스도로, 신부는 신부로 그대로 남아 있으면서 철저하게 하나가 되는 것이다. 성경에서 인간의 남녀 관계와 그리스도와 우리와의 하나됨의 관계를 병행시키고 있는 방법을 잘 이해하고 보면 우리의 생각은 두 방향으로 나아가게 된다. 첫째로, 결혼의 위대성과 경이로움과 아름다움을 이해하게 되고, 둘째로 하나님과 하나님의 백성, 그리스도와 그의 교회간의 관계에 대해 철저하게 이해하게 된다. 우리가 결혼 관계에 대한 사실을 진정으로 이해하게 될 때에 그리스도와 교회간의 관계에 대한 어떤 사실도 진실로 이해하게 될 것이다.

내가 생각하기로 결혼 관계만이 하나의 실례가 아니라 결혼관계를 포함한 만물 속에서 하나님의 외적인 피조물 자체가 하나님 자신에 관해 말해주고 있다. 우리는 범신론(pantheism)은 단연 배척한다. 그러나 정통주의자들은 하나님께서 객관적인 세계, 곧 그분의 외적 피조물 전부가 자신에 관해 말하도록 하기위해 창조했다는 것을 까맣게 잊어 버릴 위험성이 있다. 하나님의 외적이고 객관적인 피조물은 하나님 자신에 관해 말하고 있다. 하나님이 세상 자체는 아니지만 세상은 하나님에 의해 창조되었고 이 세상은 하나님에 관해 말하고 있다.

성경과 성적인 간음

우리 세대의 사람들은 난잡한 성관계가 나쁜 이유가 무엇이냐고 문의해 온다. 거기엔 세 가지 이유가 있다고 말하고자 한다(물론 그 이상의 이유도 있지만 본 과제에서는 세 가지 사실에 주의를 집중시키고자 한다). 첫째 이유는 하나님께서 나쁘다고 말씀하셨기 때문이다. 하나님은 우주의 창조주이며 심판자이다. 하나님의 인격은 우주의 법칙이다. 하나님이 우리에게 어떤 사실이 나쁘다고 하면, 그것은 나쁜 것이다. 진정 우리가 성경에서 묘사하고 있는 하나님을 모셨다면, 그분이 그렇다면 그런 것이다.

둘째로, 우리는 하나님께서 우리의 본연의 모습에 이르도록 여러 관계 속에 우리를 만들어 두셨음을 잊어서는 안 된다. 그러므로 정당한 성관계야말로 우리가 피조된 대로 우리의 유익을 위한 것이다. 난잡한 성관계를 가진다는 것은 우리의 진정한 본연의 모습에 이르지 못하는 것이 된다. 이것은 하나님께서 우리를 창조하신 목적이 아니다. 혼음(混淫)은 하나님께서 결코 의도하신 것이 아니며 또 인간의 본연의 모습에도 이르지 못할 어떤 괴상한 형태 속으로 인간을 강압적으로 밀어 넣는다.

셋째 이유는 난잡한 성관계는 하나님께서 남녀 관계인 결혼을 통해 원래 의미하시던 본연의 모습을 파괴하는 것이기 때문에 나쁘다는 것이다. 우리는 셋째 이유를 좀더 충분하게 논해 볼까 한다. 결혼은 하나님과 그의 백성, 그리스도와 그의 교회와의 관계에 대한 실례로 출발했다. 결혼은 하나님의 인격의 기초 위에 서 있다. 하나님은 하나님의 백성에게 영원토록 신실하시다. 그리스도인인 우리는 하나님께서 그의 인격과 그의 언약과 그의 약속에 기초해서 그의 백성에 대해 지켜주시는 신실성을 기꺼이 인식하는 가운데 우리의 매일매일의 생활을 살아가야 하는 것이다. 그의 백성과 하나님과의 관계는 하나님의 인격에 기초하고, 또 하나님은 하나님의 백성에게 신실하시므로 결혼 외의 성관계는 성경이 묘사하고 있는 결혼과, 하나님과 그 백성과의 관계 사이의 병행을 파괴해 버리는 것이 된다.

만일 우리가 이러한 결혼 외의 성관계로 하나님이 보여주신 실례를 파괴한다면 이것은 심각한 문제이다. 신구약은 성적으로 문란한 모든 관계를 강하게 정죄하고 있다. 여기에는 간음과 기타 그릇된 성관계의 모든 모양이 포함된다(간음은 결혼한 상대에 대한 성적 불성실을 의미한다. 우리가 간음의 심각성을 조금이라도 완화하는 것을 성경은 허용하지 않는다).

예를 들어 마태복음 5：32에서 예수님이 하신 말씀을 보자. "나는 너희에게 이르노니 누구든지 음행한 연고 없이 아내를 버리면 이는 저로 간음하게 함이요 또 누구든지 버린 여자에게 장가드는 자도 간음함이니라." 유대사회에서 약혼은 결혼과 동등한 것이다. 모든 형태의 불성실이 여기에 포함된다. 예수님이 여기서 말씀하시는 것은 결혼생활에 대한 불성실은 너무도 큰 죄이기 때문에 이에 대해 피해를 입은 상대방은 간음의 이유로 이혼을 해도 될 정당한 권리를 가진다는 것이다.

출애굽기 20：14의 율법에서는 "간음하지 말라"가 십계명의 하나로 되어 있다. 구약은 유대인의 종교 서적일뿐만 아니라 기본적인 시민법(市民法) 책이기도 했다. 그런만큼 구약은 신정(神政)시대에 있어서는 하나님의 명령과 직결되어 있었다. 또 레위기 20：10에서도 간음을 사소한 사건으로 생각하는 것을 하나님은 허용치 않으신다. "누구든지 남의 아내와 간음하는 자 곧 그 이웃의 아내와 간음하는 자는 그 간부와 음부를 반드시 죽일지니라." 신명기 22：22은 이렇게 말하고 있다. "남자가 유부녀와 통간함을 보거든 (결혼하지 않은 여자와의 성관계에 대한 처벌 규정도 나중에 따라 나온다) 그 통간한 남자와 그 여자를 둘 다 죽여 이스라엘 중에 악을 제할지니라."

잠언서는 거듭해서 간음을 경고하며 간음의 심각한 결말을 말해주고 있다. 예레미야에서도 하나님은 이것에 관해 계속 말씀하신다. 예레미야 23 : 10, 11의 서두는 각각 이렇게 시작하고 있다. "이 땅에 행음하는 자가 가득하도다." "선지자와 제사장이 다 사특한지라." 선지자와 제사장이라고 해서 일반 사람들보다 더 간음과 거리가 먼 사람은 아니다. 예레미야는 실로 여기 굉장한 비극이 있다는 사실을 강조했는데, 곧 하나님의 백성들이 간음에 빠졌다는 것이다.

예레미야서는 유대 역사상 아주 중대한 시기에 기록된 것이다. 예레미야 5 : 7－8을 통해 알 수 있는 바와 같이 이 때는 경제적으로 아주 풍족했다. 그러나 그들이 물질적으로는 풍족했으나 하나님의 심판 아래 놓이게 되었다. "내가 어찌 너를 사하겠느냐 네 자녀가 나를 버리고 신이 아닌 것들로 맹세하였으며 내가 그들을 배불리 먹인즉 그들이 행음하며 창기의 집에 허다히 모이며 그들은 살지고 두루다니는 수말같이 각기 이웃의 아내를 따라 부르짖는도다." 이렇게 그들은 살지고 풍요하고 배가 가득차니 시간이 남아돌아갔다. 이런 상황에서 그들은 무엇을 하기 시작했는가? 이들은 이쪽 외양간에 서서 두루다니다가 저쪽 건너편 외양간에 있는 발정중인 암말을 부르는 살진 수말과 같았다. 하나님께서 간음을 말씀하실 때는 놀라우리 만큼 격한 어조를 사용하신다.

신약도 동일한 태도를 보여주고 있다. 예를 들어 갈라디아서 5 : 19－20을 보자. "육체의 일은 현저하니 곧 음행과 더러운 것과 호색과 우상 숭배와 술수……." 이것은 성적인 죄가 기타 다른 죄보다 더 악하다는 것을 말하는 것은 아니다. 그와 같은 죄 관념은 완전히 잘못된 것이다. 우리가 여기 나타난 죄의 항목들을 신약에 있는 다른 죄의 항목들과 비교할 경우, 성적 죄가 언제나 반드시 첫번째로 등장하는 것은 아니라는 사실을 보게 될 것이다. 성령께서는 신약에서 죄의 순서를 적은 목록을 뜻을 가지시고 바꾸어 놓으셨는데, 이것은 하나님을 떠나는 죄가 가장 크다는 것을 제외하고는 우리로서는 어느 죄가 더 중하고 덜 중하다고 할 수 없음을 지적하고 계신 것이다. 기타 모든 죄도 죄이다. 따라서 성경에 나타난 죄의 항목 나열은 어떤 때는 이런 순서로 또 어떤 때는 저런 순서로 되어 있다. 그렇다고 해서 하나님께서 성적 죄를 매우 엄하게 정죄하시고 계신다는 것조차 잊으라는 말은 아니다. 모든 죄는 동일하게 죄이다. 그러나 하나님은 성적 죄의 정죄를 완곡하게 하는 것을 허용하지 않으신다. 왜냐하면 성적 죄는 하나님과 하나님의 백성, 그리스도와 그리스도의 교회간의 실례를 산산이 부수어 버리기 때문이다.

그리스도의 신부와 영적 간음

간음에 대해 다른 각도에서 이해해야 할 것이 우리에게 남아 있다. 이미 본 바 있는 고린도후서 11 : 1–2은 다음과 같이 말하고 있다. "원컨대 너희는 나의 좀 어리석은 것을 용납하라 청컨대 나를 용납하라 내가 하나님의 열심으로 너희를 위하여 열심 내노니 내가 너희를 정결한 처녀로 한 남편인 그리스도께 드리려고 중매함이로다." 여기 제1단계가 있는데, 사람들이 그리스도인이 되어야 그리스도의 신부가 된다는 것이다. 이에 바울은 3절에서 더 추가해서 말하기를 "뱀이 그 간계로 이와를 미혹케 한 것같이 너희 마음이 그리스도를 향하는 진실함과 깨끗함에서 떠나 부패할까 두려워하노라"고 했다. 여기 제2단계가 있는데, 그리스도의 신부는 신부 본연의 자세를 지키지 못하고 거기서 떠나버릴 수도 있다는 것이다. 이것은 마치 신체적인 간음이 있듯이 또한 거룩한 신랑에 대해 불성실할 수도 있다는 것이다. 이것을 영적 간음이라 한다.

완전한 사람은 아무도 없다. 어느 누구도 우리의 거룩하신 신랑께 완전히 신실할 수 있는 사람은 없다. 우리는 모두 연약하다. 우리는 우리의 생각이나 행동에 있어서 적극적 또는 소극적 방법으로 불성실했을 때가 무수히 많다. 그러나 성경은 모든 그리스도인의 불완전과 영적 간음과를 명백하게 구별하고 있다. 영적 간음은 하나님의 백성들이라고 주장하는 사람들이 하나님이 하신 말씀을 듣지 아니하고 다른 신들을 향해 돌아서는 것이다. 성경에서 말하는 바에 의하면, 후자의 경우는 배교(背教)이다.

성경은 엄청나고 두려운 간음죄를 실례로 들어 이것이 얼마나 심각한 것인가를 보여주고 있다. 그리고는 성경은 배교(背教)를 다룬다. 이것은 하나님으로부터 돌아서는 일이며 영적 간음이라고 부른다. 이것을 다시 거룩하신 신랑으로부터 돌아서는 일로 말할 수 있다. 성경은 영적 간음을 아주 심각한 것이라고 한다. 그렇다고 생각지 않는가? 성경에서 결혼이라는 실례를 파괴하지 못하도록 특별히 강조하고 있는 것을 보면, 우리는 결혼의 상징이 말해주는 실재를 파괴한 데 대해 심판이 따를 것이라는 것을 더욱 심각하게 생각해야 한다.

20세기 후반인 오늘날에도 "간음"이란 단어는 사용하기에 치욕감이 느껴진다. 백일하에 드러난 간음행위로 부부가 이혼을 하기 위해 법정에 설 때에도 이들은 가급적 간음이란 말을 피하고 품위있는 말로 대치코자 한다. 세상 자체도 간음이란 말을 좋아하지 않는다. 배교에 있어서도 마찬가지다. 사람들은 실재적 사실을 완화해서 정중한 어조로 말하고자 한다. 그러나 하나님은 그렇지 않다. 세상은 지금도 간음이란 말에 대해서는 주춤한다. 심지어 탈기독교 시대인 20세기 후반기까지도 그렇다. 그러나 하나님은 이 용어를 들어 마치 하나의 칼처럼 사용하시면서 자기 백성들에게 외치신다. 하나님을 등지고 돌아선 하나님의 백성들을 묘사하기 위해 간음과 이에 유사한 용어들이 거듭거듭 사용되어지고 있다.

출애굽기 34 : 12－15을 보자.

> 너는 스스로 삼가 네가 들어가는 땅의 거민과 언약을 세우지 말라 그들이 너희 중에 올무가 될까 하노라 너희는 도리어 그들의 단들을 헐고 그들의 주상을 깨뜨리고 그들의 아세라 상을 찍을지어다 너는 다른 신에게 절하지 말라 여호와는 질투라 이름하는 질투의 하나님임이니라 너는 삼가 그 땅의 거민과 언약을 세우지 말지니 이는 그들이 모든 신을 음란히 섬기며 그 신들에게 희생을 드리고 너를 청하면 네가 그 희생을 먹을까 함이며.

하나님의 백성들이 주위에 너절하게 널려 있는 거짓 신들에게로 돌아설 때에 하나님은 이런 행위를 무엇이라고 부르시는가? 하나님은 이렇게 말씀하신다. 너희는 너희가 행하고 있는 것을 알지 못하느냐? 너희는 지금 매음행위를 하고 있다. 너희는 지금 영적 간음을 범하고 있다.

레위기 20 : 5－6은 가장 격한 어조를 사용하고 있다.

> 내가 그 사람과 그 권속에게 진노하여 그와 무릇 그를 본받아 몰렉(나는 뒤에서 이 거짓 신을 언급하겠다)을 음란히 섬기는 모든 사람을 그 백성 중에서 끊으리라 음란하듯 신접한 자와 박수를 추종하는 자에게는 내가 진노하여 그를 그 백성중에서 끊으리니.

여기서도 하나님은 동일한 표현을 사용하고 계심을 유의하라. 하나님의 백성이 하나님으로부터 돌아선다는 것은 영적인 간음이다. 사사기 2 : 17은 이렇게 말하고 있다. "그들이 그 사사도 청종치 아니하고 돌이켜 다른 신들을 음란하듯 좇아 그들에게 절하고." "그들에게 절하고"라는 말은 한 아내가 자기 남편에게 자기 자신을 맡기는 것에 사용하던 성적 용어이다. 하나님께서 "너희는 다른 남자 앞에서 성행위 자세를 취해 절하고 음탕한 여인처럼 행동하고 있는 것을 알지 못하느냐?"라고 말씀하실 때는 아주 격한 어조로 하신 것이다. 시편 73 : 27에는 이렇게 기록되어 있다. "대저 주를 멀리하는 자는 망하리니 음녀같이 주를 떠난 자를 주께서 다 멸하셨나이다."

이사야 1 : 21은 "신실하던 성읍이 어찌하여 창기가 되었는고"라고 했다. 누구를 두고 하는 말인가? 예루살렘, 곧 황금의 예루살렘을 두고 하는 말이다. 예루살렘은 하나님의 성읍인 시온이다. 그런데 어떻게 되어 버렸는가? 매음부가 되었다. 왜? 합법적인 남편을 떠나 거짓 신들과 짝하여 거리의 방황자가 되었기 때문이다. 예레미야 3 : 1을 보자. "세상에서 말하기를 가령 사람이 그 아내를 버리므로 그가 떠나 타인의 아내가 된다 하자 본부(本夫)가 그를 다시 받겠느냐 그리하면 그 땅이 크게 더러워지지 않겠느냐 하느니라 나 여호와가 말하노라 네가 많은 무리와 행음하고도 내게로 돌아오려느냐." 하나님은 말씀하시기를, 너희가 하는 일이 나를 상하게 할지라도 하나님 자신은 계속 신실하실 것이라고 말씀하신다. 신약도 같은 사실을 말해주고 있다. 우리는 성령님을 슬프게 하고 있다(엡 4 : 30). 성령님은 인격이시다. 우리가 성령님으로부터 돌아서서 성경에 계시된 하나님의 인격과 반대되는 것을 가르치며 행할 때에 우리는 성령님을 상하게 하는 것이다. 구약은 말하기를 하나님의 백성이 하나님으로부터 돌아설 때에 그것은 하나님께 아무 상관이 없는 사건이 아니라 하나님이신 남편을 슬프게 하는 것이라고 말한다.

예레미야 3 : 6은 "요시야왕 때에 여호와께서 또 내게 이르시되 네가 배역한 이스라엘의 행한 바를 보았느냐 그가 모든 높은 산에 오르며 모든 푸른 나무 아래로 가서 거기서 행음하였도다." 여기에서는 그들이 예배하던 장소와 나무와 산에 관해 묘사한다. 예레미야는 이것들이 다 너희들의 사랑하는 것들이 되었다고 말한다. 9절은 이렇게 말하고 있다. "그가 돌과 나무로 더불어 행음함을 가볍게 여기고 행음하여 이 땅을 더렵혔거늘." 그는, 너희는 살아계신 하나님을 경배하지 않고 다른 것을 경배하고 있다고 말한다. 하나님은 이것을 무엇이라고 부르시는가? 하나님은 이런 장면을 사물들과 더불어 행하는 탈선된 간음으로 묘사했다.

에스겔 6 : 9에서는 하나님께서 직접 말씀하시기를 "그들의 음란한 마음이 나를 근심케 했다"고 했다. 하나님을 돌아서서 배교하는 백성들에 대해서 "그들이 음란한 마음으로 나를 떠나고 음란한 눈으로 우상을 섬겨 나로 근심케 했다"고 하셨다. 하나님께서 자기 백성에게 얼마나 관심이 지극하신가 보라. 이런 문제는 하나님께 중립적인 사건이나 무관심한 사실이 아니다. 하나님은 신학 용어의 하나님도 아니며 철학적 타자도 아니시다. 하나님은 인격적 하나님이며 우리는 그분이 인격적 하나님이라는 사실에 마땅히 영광을 돌려야 한다. 그러나 하나님은 인격적 하나님이시기 때문에 슬퍼하실 수도 있다는 것을 알아야 한다. 하나님의 백성이 하나님으로부터 돌아설 때에, 전능하신 하나님은 진실로 슬퍼하신다.

에스겔 16 : 30－32은 다음과 같이 말하고 있다. "나 주 여호와가 말하노라 네가 이 모든 일을 행하니 이는 방자한 음부의 행위라 네 마음이 어찌 그리 약한지 네가 누(樓)를 모든 길 머리에 건축하며 높은 대(臺)를 모든 거리에 쌓고도 값을 싫어하니 창기 같지도 않도다. 그 지아비 대신에 외인과 사통하여 간음하는 아내로다" (여기서 누〈樓〉는 창녀집을 가리킨다. 하나님이 여기서 말씀하시는 것은 모든 거리 모퉁이에 세워 놓은 우상들은 꼭 창녀집 같다고 하는 것이다). 이것은 에스겔 23장에서 더 이야기되고 있는데 23장 전부가 이런 개념에 할애되어 있다. 하나님은 말씀하시기를 두 성읍이 있는데 하나는 남방에 있는 예루살렘이요 다른 하나는 북방에 있는 사마리아인데 모두가 다 영적인 간음을 저질렀다고 한다. 하나님은 가장 격한 어조로 이 장면을 묘사하고 있다.

이제 호세아 4 : 12로 가보자. "내 백성이 나무를 향하여 묻고 그

막대기는 저희에게 고하나니 이는 저희가 음란한 마음에 미혹되어 그 하나님의 수하를 음란하듯 떠났음이니라." 하나님께서 성적 묘사를 생생하게 사용하고 계시는 마지막 표현을 한번 더 주시해 보라. 하나님이 말씀하시는 요지는 이렇다： 너희가 행한 일이 이것이니, 곧 너희는 떠나가서 신도 아닌 신, 즉 다른 신 밑에서 이런 자세를 취하고 말았구나. 너희가 신이라고 하는 것은 아무것도 아니다. 막대기와 지팡이에 불과하다. 그런데 너희는 이런 막대기와 지팡이와 더불어 영적 간음을 범하고 있다. 바로 너희가 이런 사람이고 이런 상태에 놓여 있다.

호세아 4：13을 다시 주목해 보자. "저희가 산꼭대기에서 제사를 드리며 작은 산 위에서 분향하되 참나무와 버드나무와 상수리나무 아래서 하니 이는 그 나무 그늘이 아름다움이라 이러므로 너희 딸들이 행음하며 너희 며느리들이 간음을 행하는도다." 이것은 성경적 교훈의 다른 면을 지적하고 있지만 본인은 그것을 다 논의하지 않고 다만 다음 사실과 결부해서만 논의코자 한다. 즉 구약은 말하기를 만약 하나님의 백성이 영적 간음으로 하나님께로부터 돌아서면 곧 이어 다음 세대들은 또한 육체적 간음까지도 범하게 된다는 것이다. 왜냐하면 영적 간음과 육체적 간음은 서로 병행하기 때문이다. 존 업다이크(John Updike)는 그의 저서 커플즈(*The Couples*)에서 지당한 말을 했다. 이 소설을 대표하는 것은 마지막 페이지에 실려있는 교회가 불타고 있다는 실례라 하겠다. 실은 이 소설이 시작하기 전에 이미 "교회는 불타고 있었다." 주인공 피에트에게는 그의 난잡한 성생활 이외는 남겨진 것이라고는 아무것도 없었다.

우리 세대는 이 사실을 위압적으로 증명하고 있다. 영적 간음을 저지르게 되면, 머지않아서 육체적 간음도 마치 땅에서 독버섯이 솟아나듯 생겨난다. 1930년대에 자유주의가 미국의 대부분의 교회를 휩쓸자 1980년대의 우리 세대는 난잡한 성문란으로 병이 들어 있다. 이런 상황은 영국과 기타 다른 나라도 마찬가지이다. 이런 관계는 분리할 수 없는 인과관계인 것이다.

다시 호세아 9 : 1을 보자. "이스라엘아 너는 이방 사람처럼 기뻐 뛰놀지 말라 네가 행음하여 네 하나님을 떠나고 각 타작마당에서 음행의 값을 좋아하였느니라." 여기 호세아 9장에서도 배교는 영적 간음이라고 했다. 하나님이 사용하시는 말의 형태를 보라. 한 여인이 추수하러 밖에 나갔다. 추수하는 중에는 자유가 있다. 그런데 이 여자는 추수하는 중에 타작마당에서 어떤 남자와 더불어 동침하고 그 남자로부터 돈을 받아 가진다. 이것이 하나님의 백성의 상태였다. 즉 살아계시는 하나님의 아내는 이렇게 배교하고 있었던 것이다.

혹 독자들은 말하기를 우리는 이제 이런 구절을 읽을 만큼 읽은 것이 아니냐고 할 것이다. 그러나 우리는 성경에 있는 것을 절반도 채 찾아 읽지 못했다. 그러나 하나님은 말씀하시기를 나는 너희가 영적으로 간음한 사실을 잊는 것을 원치 않는다, 나는 영적 간음을 가볍게 보아넘기지 않는다고 하신다.

나는 목적이 있어서 구약의 모든 부분으로부터 예를 제시해 보았다. 율법서에서, 역사서의 여러 곳에서, 시 및 예언서에서 골고루 예를 제시해 보았다. 구약 전체가 동일한 어조로 말하면서 동일한 설득력, 동일한 취지로 영적 간음을 들추어내고 있다.

혹자들은 말하기를 이것은 구약적 관점이 아니냐고 할 것이다. 그러나 그 대답은 그렇지 않다는 것이다. 신약도 똑같은 방식으로 말하고 있다. 요한계시록 17 : 1—5을 보자.

> 또 일곱 대접을 가진 일곱 천사 중 하나가 와서 내게 말하여 가로되 이리 오라 많은 물위에 앉은 큰 음녀의 받을 심판을 네게 보이리라 땅의 임금들도 그로 더불어 음행하였고 땅에 거하는 자들도 그 음행의 포도주에 취하였다 하고 곧 성령으로 나를 데리고 광야로 가니라 내가 보니 여자가 붉은 빛 짐승을 탔는데 그 짐승의 몸에 참람된

> 이름들이 가득하고 일곱 머리와 열 뿔이 있으며 그 여자는 자주 빛과 붉은 빛 옷을 입고 금과 보석과 진주로 꾸미고 손에 금잔을 가졌는데 가증한 물건과 그의 음행의 더러운 것들이 가득하더라 그 이마에 이름이 기록되었으니 비밀이라, 큰 바벨론이라 땅의 음녀들과 가증한 것들의 어미라 하였더라.

이 말은 구약에만 한정적으로 있는 것이 아니다. 이 말은 말세 때 배교한 교회와 그 교회가 내어 놓은 문화가 어떠한 것인가를 이 용어로 묘사하는 신약에서 최고조에 이르게 된다.

오늘날의 영적 간음

이제 우리가 어디까지 왔는가를 주목해 보자. 하나님의 백성이라고 주장하는 사람들이 하나님의 말씀과 역사적 예수로부터 돌아서는 것은 결혼생활에서의 최악의 배신 행위보다도 하나님이 보시기에는 더 추악한 것이다. 왜냐하면 하나님의 말씀과 역사적 예수로부터 돌아서는 배교 자체는 실재, 즉 가장 중심적인 신랑 신부의 관계를 파괴하는 것이기 때문이다. 하나님은 문란한 성관계도 과소평가하시지 아니하시지만 특히 배교는 한층 더 나쁜 것이라고 하는 것을 나는 유의 강조해 왔다. 그런데 현대 자유주의 신학이 이런 상태에 놓여 있다. 우리는 이런 상태를 어떻게 보아야 하는가? 나는 우리가 그런 상태를 하나님이 보시는 것과 같이 볼 수 있도록 각별히 유의할 것을 제안하는 바이다. 오늘날의 자유주의 신학을 보라. 이것은 "존재하시는 인격적인 하나님"을 부인하며 하나님 되시는 역사적 그리스도를 부인한다. 이것은 언어로 표현된 하나님의 말씀으로서의 성경도 부인한다. 또한 하나님의 구원 방법도 부인한다. 자유주의자들은 하나님께서 인간에게 내린 계시된 의사소통인 하나님의 말씀보다 더 상위에 그들 자신의 인본주의 이론을 세운다.

이들은 신 아닌 신들을 만들고 있다. 이들은 자기 자신들의 마음의 투영에 불과한 신들을 만들고 있다.

우리는 자유주의자들의 이론을 기술할 때에 그들의 이론에 정중한 용어나 고운 옷을 덧입혀서 그들의 감정을 조금도 거스르지 않으려는 경향이 있다. 우리는 로마 카톨릭 교회의 "진보주의 신학"(the progressive theology)에 관해서도 좋은 말을 사용하여 우리의 태도와 진술을 꾸민다. 그러나 따지고 보면 이것은 진보주의 신학이 아니라 퇴보주의 신학이며 고전적 로마 카톨릭 용어로 말하면 인본주의이다. 개신교에서는 이것을 자유주의라 부른다. 이런 용어는 개신교에 적용하기에 좀 이상한 말일 것이다. 왜냐하면 고전적 개신교에서 쓰는 용어로는 단지 인본주의밖에 없기 때문이다.

우리들은 사람들과 이야기할 때 그들을 인격을 지닌 인간으로 대우해야만 하듯이 자유주의 신학자들도 그렇게 대우해야 한다. 이들이 하나님을 반항하고는 있으나, 우리는 이들도 하나님의 형상으로 피조된 사람으로 대우해야 한다. 그리고 이들로 하여금 우리가 그들을 개인적으로는 사랑하고 있음을 알려주기도 해야 한다. 그러나 이것이 배교는 배교로 불러야 함을 잊어버려도 좋다는 것을 의미하지는 않는다. 배교는 그대로 배교로 불러야 한다. 더도 말고 이것은 영적 간음이다. 우리는 우리와 논쟁하고 있는 자유주의 신학자들과 인간관계를 맺도록 노력하고 또 예의를 지키기도 해야 한다. 그러나 이들이 가르치는 체계에 대해서는 조금도 타협하지 말고 그대로 영적 간음이라고 해야 한다. 이미 말한 대로 우리 세대에서는 이혼할 경우 간음이란 말을 부드럽게 완화해서 쓰고자 하는 경향이 있다. 왜냐하면 우리는 간음이란 말을 좋아하지 않기 때문이다. 그런데 우리는 종교적 영역에서 영적 간음과 배교란 말을 완화하려는 경향이 더 많다. 그러나 이런 과정에서 우리는 유감스럽게도 잘못을 저지르고 있다. 왜냐하면 우리는 성경적인 견해를 우리의 것으로 취해야 하며 하나님께서 영적 간음과 배교를 말씀하시고 바라보시는 방법 그대로 우리 하나님의 백성들도 영적 간음으로 말하고 바라보아야 하기 때문이다. 즉 하나님은 영적 간음이라고 밝히 말씀하시는데 우리가 그렇게 밝히 말하지 않는다는 것은 있을 수 없는 일이기 때문이다.

영적 간음은 육체적 간음보다 더 사악하다. 그러나 자유주의 신학은 유대인들의 우상 숭배보다 더 사악한 것이다. 우상을 숭배하는 유대인들을 하나님은 어떻게 정죄하셨던가! 사랑의 하나님은 이들이 제정신을 차리도록 얼마나 강한 비유를 사용하셨던가. 그러나 오늘날의 자유주의 신학은 유대인의 이런 행동보다 더 사악하다. 이유는 위대한 빛을, 위대한 은총을 등지고 나가기 때문이다. 오늘날의 자유주의 신학은 몰렉 숭배보다 더 사악한 것이다.

몰렉에 대해 알고 있는가? 몰렉은 힌놈의 골짜기에 있는 이방신의 우상으로서 유대인은 이 신을 따르지 못하도록 늘 경고를 받아오고 있었다. 이 신은 도대체 어떤 신이었던가? 이 신을 예배하는 중심 활동은 모든 여인의 몸에서 난 장자를 제물로 바치는 것이었다. 어떤 전승에 의하면, 놋 우상 등에는 큰 구멍이 있어서 거기에다 불을 피우고는 부모들이 첫 아기를 데리고 와서 백열하는 몰렉의 손에 아기를 놓는다. 이 전승에 의하면, 부모들은 일체 자기의 감정을 나타내 보일 수 없게 되어 있었다. 그리하여 어린 아이가 몰렉의 손에서 죽을 때 외치는 고함소리가 들리지 못하도록 하기 위해 분주하게 북을 두드렸다고 한다.

오늘날도 이런 자리에 서 있는 사람들이 많이 있다. 나에게 온 사람들과 나와 더불어 일하던 사람들의 상당수가 몰렉보다 더 악한 자에 의해 파멸된 자녀들이다. 하나님의 사람들이라고 하는 사람들도 자녀들이 현대 신학에 의해 사로잡혀 먹히고 있는데도 그 옆에 그냥 서 있다. 어떤 감정도 표하지 말라는 말을 곧이 곧대로 듣고 서 있다.

우리 중 혹자들은 우리들의 출신 배경에서부터 이런 흔적을 지니고 있다. 우리의 탈기독교 서구 세계가 자유주의 신학에 의해 상처를 입고 있기 때문에 우리 모두는 어떤 면에서 그리고 어느정도는 그런 흔적이 있다. 이 세대가 가지고 있는 모든 상처, 눈물의 외침들, 여러분들이 지금까지 낙태시킨 모든 어린 아이, 여러분이 사용한 모든 약물 등 이 모든 일들은 교회가 하나님을 배반하고 그분께 신실하지 못했다는 사실과 분리해서 생각할 수 없는 심각한 것들이다. 이 세대의 사람들은 몰렉의 손 안에 있는 어린 아기들이다. 상황이 이렇게 되었는데도 우리는 단순히 관람자의 자세만을 취하고 아무런 소용도 없는 논쟁의 북소리만 크게 울려퍼지게 하여 정작 저 어린 것들의 울부짖는 소리를 듣지만 않으면 그만이란 말인가? 안 될 말이다. 우리는 울부짖고 또 행동해야 한다.

자유주의 신학은 마치 무엇과 같을까? 이것은 하나님께서 잠언 30：20에서 음녀에 대해 말씀하신 것과 유사하다. "음녀의 자취도 그러하니라 그가 먹고 그 입을 씻음같이 말하기를 내가 악을 행치 아니하였다 하느니라." 이것은 얼마나 생생한 표현인가! 자유주의 신학의 영향을 다소 받은 신학을 따르는 모든 사람을 모조리 도매금으로 이상의 음녀같이 여겨서는 안 될 것이다. 그러나 구자유주의 신학자든 또는 신실존주의 신학자든간에 진짜 자유주의 신학자들은 그런 자리에 들어 있다는 것이다. 이들은 영적 간음의 악을 범하지 않았다고 말하고 있으나, 교회뿐만 아니라 탈기독교의 전 문화가 이들의 불신실의 결과를 드러내 보이고 있다.

자유주의 신학만큼 타락해 온 음녀도 없다. 자유주의 신학은 하나님의 모든 은사를 다 받아 놓고도 하나님을 배반하여 우상숭배하는 부모들이, 바친 어린 아이를 파멸로 몰아가는 몰렉 이상으로 더 파멸적이다. 이것은 가볍게 보아 넘길 문제가 아니다. 우리는 우리와 논의하고 있는 상대방에게 사랑을 표현하지 않으면 안 된다. 우리는 이것을 위해 라브리에서 애쓰고 있다. 우리는 사람이 사람이하로 취급당해서는 안 된다는 사실을 위해 싸워야 한다. 상대방을 사람 이하로 취급하며, 또 모든 사람이 우리의 이웃이라고 한 그리스도의 교훈을 진지하게 여길 줄 모르는 저 정통주의 사람보다 더 추악한 것은 달리 없을 것이다. 우리는 단지 이기자는 목적을 가지고 자유주의자들과 토론하는 것은 아니다. 우리는 이들을 진지하게 도와주자는 목적으로 토론하는 것이다. 그러나 자유주의 신학이 행한 것을 잠시라도 가볍게 여겨서는 안 될 것이다.

우리 세대를 향한 하나님의 말씀

하나님께서 우리 세대를 향해 하시는 말씀은 무엇인가? 그것은 하나님께서 에스겔을 통해 2,500년 전에 이스라엘을 향해 하셨던 것과 똑같은 내용의 말씀이다. "그들이 음란한 마음으로 나를 떠나고 음란한 눈으로 우상을 섬겨 나로 근심케 한 것을 기억하고 스스로 한탄하리니"(겔 6 : 9). 하나님께서 대다수의 현대 교회와 우리 서구 문화를 보는 것이 바로 이와 같다고 나는 확신한다. 또 하나님께서 우리의 영화, 연극, 예술에 대해 보시는 것 역시 이와 같다고 나는 믿는다. 그 무엇보다도 이것은 복음 아닌 복음이 설교되고 있는 교회들을 하나님이 보시고 한탄하시는 모습이다. 하나님은 슬퍼하신다. 우리도 마땅히 찔림을 받아야 하지 않을까?

하나님은 언제나 동일하신 하나님이시다. 그는 언제나 살아 계시는 하나님이시며 변함이 없으신 하나님이시다. 하나님은 엄존(嚴存)하시는 하나님이시다. 하나님은 과거 북왕국의 이사야 때 유대인의 상황 속에서 자신이 행하셨던 일과, 남왕국의 예레미야 에스겔 다니엘 때 유대인의 상황 속에서 자신이 행하셨던 일을 오늘날과 같은 상황 속에서도 행하시지 아니하겠는가? 하나님은 우리의 문화를 심판하시지 아니하시겠는가? 하나님은 우리의 문화를 음란한 문화라고 하시지 아니하겠는가? 나는 여러분에게 하나님의 이름으로 말하거니와 하나님은 우리의 문화가 참다운 기독교적 기초로 돌아가지 않는다면, 우리의 문화를 심판하실 것이다. 이 귀환은 교회 내에서의 진정한 회개와 갱신으로부터 시작돼야 할 것이다.

자, 이쯤되면 우리의 반응은 어떠해야 하는가? 예레미야가 예레미야 13：27에서 "화 있을진저 예루살렘이여"라고 한 말에 귀를 기울여 보자. 실로 구속함을 받은 우리로서는 그리스도께서 무엇을 기뻐하시는가를 알아야 한다. 그러나 우리들의 교회와 문화의 여러 면을 살펴볼 때 우리는 울지 않을 수 있는가? 우리도 "화 있을진저 예루살렘이여"라고 울부짖어야 하지 않을까? 예루살렘처럼 오늘날 교회의 많은 면이 배교화되고 있다. 우리 북유럽의 여러 나라도 2, 3세대를 걸치면서 많이 변절했다. 독일에서는 훨씬 오랜 기간에 걸쳐 변절해 왔지만 지금 대부분의 나라에서는 빠른 속도로 변절이 행해지고 있다. "화 있을진저 예루살렘이여, 화 있을진저 자유주의 교회여, 화 있을진저 배교하는 기독교여." 우리는 이런 말을, 개개인을 향해서 부르짖을 때에도 해야만 한다. 그러면서도 우리는 개개인을 한 사람의 인간으로 대우하는 것을 잊어서는 안 된다. 우리는 예레미야가 한 말보다 더 경미하게 말해서는 안 된다. 우리는 예레미야 못지 않게 격하게 하지 않으면 안 된다. 우리의 반응은 지적인 성격을 띠는 이론적 토론이어서는 안 된다. "오, 화 있을진저, 자유주의 교회여, 화 "있을진저, 배교하는 기독교여"라고 외치지 않으면 안 된다.

여기 관계되는 것은 추상적인 신학의 문제만도 아니며, 단순히 학문적인 차이점만도 아니다. 이것은 내가 박사 학위를 취득하고 어떤 교수직에 앉아 단지 예절바른 학문적 대화를 나누는 문제가 아니다. 지금 말하고자 하는 것은 살아계시는 하나님께 대한 충성과 영적 간음간에 존재하는 차이점이다. 이 영적 간음은 우주의 창조주와 심판주에게 반항하는 행위이다. 여러분이 꼭 기억하고 있어야 하는 사실은, 곧 영적 간음은 인류 전체에 유일하게 적격인 신랑께 반항하는 행위이다. 다시 말해서, 온 세상의 모든 사람에게 해당되는 유일적격의 신랑을 배격하는 행위이다. 영적 간음은 인간 마음의 소원을 충족시켜 줄 수 있는 유일하신 그분께 반항하는 행위이다. 거룩하신 신랑을 마다하고 돌아선다는 것은 헛된 것을 향해 찾아가는 것이다. 이것은 단지 죄만이 아니다. 그것은 파멸이다.

우리는 육체적인 간음이 얼마나 사악하고 죄된 것인가를 보고 있다. 그러나 예수님께서 어디에 우선순위를 두셨는지 주목해 보자. 마태복음 21 : 31에서 예수님은 당시의 종교 지도자들에게 다음과 같이 말씀하셨다. "내가 진실로 너희에게 이르노니 세리들과 창기들이 너희보다 먼저 하나님의 나라에 들어가리라." 그렇다고 해서 예수님이 성적인 죄를 과소평가 하신다는 것은 아니다. 예수님이 여기서 말씀하시는 것은 하나님을 떠난 그 당시의 종교적 지도자들에게 로마를 위해 세금을 거두던 세리들과 창기들이 이들보다 먼저 천국에 들어갈 것을 이야기하고 있다. 종교 지도자들은 거리를 거닐 때 창기를 보고서는 말도 건네지 않았다. 종교 지도자들은 창기를 보기조차 하지 않으려 했다. 이런 여자로부터 그들은 돌아섰다. 종교 지도자들은 공개적으로 창기에 대한 혐오를 나타냈다. 그러나 예수님은 말씀하시기를 저 여자를 보라, 너희는 이해하지 못하느냐 그녀가 너희보다 먼저 하나님의 나라에 들어갈 것이다고 한 것이다. 양자가 다 죄를 범했다. 그러나 하나님은 그리스도의 말씀 속에서 우선순위를 정하셨다. 성적 죄도 죄다. 그러나 영적인 간음이 더 사악하다고 한 것이다. 하나님께서는 친히 이런 일들 중에 서열을 정하신 것이다.

배교란 무엇인가? 이것은 영적 간음이다. 이것보다 더 잘 표현한 말은 없다. 배교는 우리가 진리의 실천을 문제삼을 때 반드시 거론되어야 한다. 새로운 몰렉에 관해 말할 때 단순히 학문적인 자세만을 취하지 말라. 당신 자신도 새 몰렉이 가한 불탄 흔적을 지니고 있다. 비록 그리스도인 가정에서 태어나서 유년시절부터 그리스도인으로 자라온 사람이라 하더라도 새로운 몰렉의 흔적을 완전히 탈피한 사람은 아무도 없다. 우리 문화권 내에 살아가고 있는 사람치고 그 피부에 새로운 몰렉의 불탄 흔적을 지니지 않은 사람은 단 한 사람도 없을 것이다.

우리를 향한 하나님의 말씀

우리의 상태를 보자. 우리는 하나님의 은혜로 하나님의 백성에 속했으며 그리스도의 것이 되었고 하나님의 것이 되었으며 어린 양의 피에 기초해서 구속함을 받은 자들이다. 우리는 이런 연구에 기초해서 좀더 중대한 조치를 취하기 위해 부르심을 받았다는 사실을 이해하자. 우리는 우리의 신분에 어울리게 행동해야만 한다. 그런데 우리는 어떤 사람인가? 우리는 단순히 천국행 길만을 달리고 있는 사람들만은 아니다. 우리는 지금 하나님의 아내가 되어 있다. 우리는 이 순간에 그리스도의 신부이다. 우리의 거룩하신 신랑이 우리에게 원하고 계시는 것이 무엇인가? 그는 교리적인 신실성을 원하심은 물론 매일매일의 우리의 사랑도 원하고 계신다. 이제까지의 우리의 연구가, 단지 좀더 명확한 관점으로 신실하지 못한 사람들을 바라보는 데 그쳐서는 안 된다.

나는 자문해 보아야 한다. "쉐퍼, 너는 어떠냐?" 하나님의 은혜를 알고 있는 여러분 각자는 어떠한가? 우리는 어떤 태도를 가져야만 하는가? 우리는 우리 자신을 검토해 보아야 한다. 우리는 우리 자신에게 물어야 할 중대한 질문을 지니고 있다.

내가 단지 교리적인 신실성만을 위해 투쟁해야 하는가 물어보아야만 한다. 만약 교리적인 신실성만을 위해 투쟁한다면 그것은 마치 아내가 자기 남편 외의 다른 남자와 일체 잠자리를 같이 하지 않는 정도일 뿐이다. 그러나 아내는 이것만으로 전부를 다 행한 것은 아니다. 자기 남편에게 사랑을 내보여 주는 일까지 해야 하는 것이다. 그렇지 않다면 그런 관계가 충분한 결혼관계라 할 수 있을까? 천부당 만부당한 얘기다. 내가 교리적 신실성을 위해 말도 하고 행동도 하지만 나의 거룩한 신랑(예수님)께 사랑을 주지 아니한다면 나는 위에서 열거한 아내와 똑같은 처지에 있는 것이다. 하나님이 우리에게서 원하는 것은 교리의 신실성만이 아니라 일상생활에서의 우리의 사랑까지도 포함한다. 기억해야 할 것은 이론적으로 할 것이 아니라 실제적으로 행동해 보여야 한다는 것이다.

하나님의 자녀된 우리들에게, 간음과 배교에 관한 이 연구의 목적은 오직 하나일 것이다. 그것은 우리가 현대 배교의 심각성을 인식하는 것이다. 우리는, 다른 이들이 어떠한 형태의 배교에도 가담하지 못하게 경계해야 한다. 그러나 동시에 우리는 오늘날의 영적인 간음의 와중에서도 매일매일 실질적으로 그리고 실천적으로 거룩한 신랑의 사랑어린 진실된 신부가 되지 않으면 안 된다. 우리가 부름을 받은 일차적인 목적은 신실한 신부가 되는 것이다. 그러나 이것이 소명의 전부는 아니다. 이 소명은 신실한 신부가 되는 것은 물론이지만 또한 사랑할 줄 아는 신부가 되는 것이다.

제 3 장

가견적(可見的) 교회에서 순결을 실천하는 일

중생한 그리스도인이라면 그의 배경이 개혁파, 루터파, 침례교파, 형제교회파, 회중교회파, 영국국교파이든 또는 개인적인 특성이 무엇이든간에 공통적으로 지니고 있는 기본 사항들이 있다. 이 중의 하나는 하나님의 거룩하심과 하나님의 사랑을 자발적으로 드러내는 일이다.

그리스도인의 표지(*The Mark of the Christian*)에서 나는 좀 다른 방법으로 이 사상을 표현하고 발전시킨 바 있다. 거기서 나는 두개의 성경적 원리를 "자발적으로" 실천할 필요성에 관해 말했다. 그 첫째는 가견적(可見的) 교회의 순결성을 실천하는 원리이다(하나님의 은혜로 우리가 우리 자신을 그리스도에게 맡길 때 우리의 소속 교회는 불가견적〈不可見的〉 교회가 아니라 가견적 교회가 된다). 성경은 우리가 가견적 교회의 순결성에 관해서 말만 하라는 것이 아니라 실제로 실천해야 한다고 가르치고 있다. 둘째는 모든 진정한 그리스도인 가운데서 확인할 수 있을 정도의 사랑과 하나됨을 이루는 원리이다. 그리스도인의 표지는 요한복음 13 : 34－35을 인용해서 다음 사실을 강조하고 있다. 예수님의 말씀에 의하면, 우리가 진실된 그리스도인인지 아닌지 또는 진실된 그리스도의 제자인지 아닌지를 세상이 결정할 권리가 있다고 한다. 세상이 이것을 결정할 수 있는 권리의 근거는 우리가 모든 진실된 그리스도인에게 나타내는 사랑이다.

요한복음 17 : 21은 예수님께서 위에서 말씀하신 것보다 더 엄숙한 것을 제시하고 있다. 그것은 세상이 이제는 모든 진정한 그리스도인들 가운데 확인할 수 있을 정도의 사랑을 볼 수 있느냐 없느냐에 기초해서 아버지께서 아들을 이 세상에 과연 보내셨는지 보내시지 아니하셨는지의 사실까지도 판별할 권리를 주셨다는 것이다.

나는 20세기 말의 교회에서 또 다른 하나의 관련된 유사점을 강조했다. 그것은 자발적으로 교리의 정통성을 실천하는 일과 가견적 교회에서의 공동체의 정통성을 아울러 실천해야 하는 하나님의 소명을 우리가 받았다는 사실이다. 그러나 이 중에서 우리는 후자의 사실은 흔히 망각해 왔다. 그러나 초대 교회는 교리의 정통성과 또 세상이 다 볼 수 있는 가견적 교회 안에서의 공동체적 정통성 양자를 다 자발적으로 실천했다는 이 두 가지 사실을 떠나서는 아마도 초대 교회의 저 폭발적인 활력소(*dunamis*)를 설명할 수 없을 것이다. 그러므로 하나님의 은혜로, 교회는 교리의 순결성과 교회의 공동체적 실재성을 자발적으로 알려지게 해야 한다. 우리들의 교회는 공동체에 대해서는 별로 강조해서 설교하지 않고 있다. 그러나 하나님의 사랑을 실천하는 일은 아름다운 일이며 또 반드시 있어야 할 일이다.

그런즉 우리는 아래서 두 개의 연관된 대구(對句)를 볼 수 있다.

(1) 가견적 교회의 순결성을 실천하면서도 모든 진정한 그리스

도인 가운데 확인할 수 있을 정도의 사랑도 실천하는 원리가 있어야 한다.

(2) 가견적 교회에서의 교리의 정통성은 물론, 확인할수 있을 정도의 공통체의 정통성도 실천하는 원리가 있어야 한다.

이런 원리들의 핵심은 자발적으로 하나님의 사랑과 하나님의 거룩성을 드러내 보이는 것이다. 만일 우리가 이 두 개의 원리 중 하나의 원리는 배제하면서 다른 하나의 원리만을 드러낸다면 세상으로 하여금 볼 수 있도록 우리가 내어놓은 것이란 단지 하나님을 추악하게 제시한 것일 뿐, 하나님의 진정한 인격은 제시하지 못하고 있는 것이다. 만일 우리가 하나님의 거룩성을 떠나 하나님의 사랑만을 강조한다면, 이것은 단지 타협으로 드러날 따름이다. 그런데 만일 우리가 하나님의 사랑을 떠나 하나님의 거룩성만을 강조한다면 우리는 아름다움은 결여된 아주 힘든 어떤 일을 실천하는 것이 된다. 길을 잃은 세상과 세대 앞에 아름다움을 보여주는 것은 중요한 일이다. 흔히 사람들이 교회는 추악하다고 하는데 틀린 말이 아니다. 그런즉 우리는 주 예수 그리스도의 이름으로, 교회는 진정 아름답기도 한 것이라는 사실을 우리는 저 세상과 청년들에게 나타내 보여주어야 한다. 이들은 우리를 주시하고 있다.

몇 년 전에 나는 순결을 옹호해야 할 교회에 많은 잘못이 있다는 문제로 고민했었다. 그런데 나는 이런 결론에 이르렀다. 즉 육체 안에서는 우리가 사랑을 떠나 순결만을 강조하거나 또는 순결을 떠나 하나님의 사랑만을 강조할 수 있을 뿐, 육체 안에서는 그 양자를 모두 자발적으로 강조할 수는 없더라는 것이 그 결론이었다. 이 사랑과 순결 양자를 자발적으로 제시하기 위해서, 우리는 매순간 그리스도의 사역과 성령님의 사역을 바라보아야만 한다. 영적인 생활은 우리가 하나님의 거룩함과 하나님의 사랑을 자발적으로 나타내게 될 때 우리의 매순간순간의 생애 가운데서 진정한 의미를 지니게 된다.[1]

이제 가견적 교회의 순결성과 관련해서 하나님의 거룩함을 나타내는 일을 한번 생각해 보자. 이를 위해서는 일단 역사 속으로 되돌아가 보고자 한다. 먼저 나는 미국부터 이야기해 보겠다. 이것은 미국은 내가 속한 나라이며, 둘째는 미국 내에서는 모든 사건의 과정이 다른 어느 나라보다도 가장 단시간에 발생하고 있어서 대부분의 나라가 유사한 상황을 겪었거나 지금 겪는 중이기는 하지만 사건의 전모를 보고 이해하는 일이 미국에서는 보다 손쉽기 때문이다. 나는 전통적인 장로교 출신이다. 나는 1930년대의 장로교의 역사로 소급해 가서, 다른 배경에 있는 사람들이 우리의 과오를 통해 무엇인가를 배우기를 간청하는 바이다.

1930년대는 거의 대부분의 미국내 교파들이 자유주의의 통제하에 들어갔다. 미국의 장로교회 (지금은 연합장로교회라 호칭되고 있음)는 모든 경우 중에서 가장 분명하게 드러난 예이다. 이것은, 장로교회는 교리적으로 매우 강한 교회였기 때문에 이 교회의 어떤 변동은 매우 예민하게 주시를 받았기 때문이다. 나는 장로교회에 소속된 사람이 (다른 교파의 경우도 마찬가지로) 누구나 다 자유주의적으로 되었다는 것을 의미하는 것이 아니다. 확실히 모든 목사가 다 자유주의적으로 된 것은 아니었다. 다만 내가 여기서 의미하는 것은 하나의 교단으로서의 장로교단이 자유주의 신학을 지지하는 사람들의 통제하에 명백하게 들어가게 되었다는 말이다.

먼저 1924년으로 거슬러 가보자. 이 해는 오번선언(Auburn Affirmation)이 결정되던 이듬해이다. 장로교 안에서는 이 오번선언이 역사적 기독교 신앙에 대한 자유주의의 공적인 선전포고였다. 이 선언이 도전을 감행해 왔다. 그러자 교회의 보수주의자들은 이 도전을 대처하는 방법은 총회가 선임하는 명백히 성경을 믿는 한 대표자를 뽑는 일이라고 결정했다. 그 결과 1924년 정통적이고 성경을

---

[1] 진정한 영적 생활(*True Spirituality*)

믿는 클래어런스 에드워드 맥카트니(Clarence Edward McCartney) 박사를 북장로교의 총회 대표자로 선출했다. 보수주의자들은 환호성을 올렸다. 세상 신문도 보수주의의 승리의 기사를 실었고 보수주의자들은 기뻐했다. 그러나 그 기쁨이 계속되고 있는 동안, 자유주의자들은 교회의 행정권에 자기들의 세력을 강화시켰다. 자유주의자들이 이렇게 하자, 보수주의 대표자 선정은 무의미하게 되어버렸다. 1936년 자유주의자들은 너무도 득세하여 그레샴 메이첸 박사(Dr. J. Gresham Machen)를 성직 박탈시키고 그를 종교활동의 일선에서 제거했다.[2]

내가 보건대 1930년대 말까지 미국의 주요한 프로테스탄트 교단 중 세 교단을 제외하고는 기타 모든 교단이 자유주의 신학의 견해를 지지하는 사람의 통제하에 들어갔다. 그런데 지금 1970년대와 1980년대에 와서는 세 교단이 모두 1930년대에 다른 교단이 처했던 것과 동일한 위치로 들어간 것 같다. 로마 카톨릭 교회가 진보주의자

---

[2] 메이첸의 성직 박탈과 그로 인한 북장로교회의 분열 사건은 여러 곳에서 일반 세속 대중매체의 전면을 독차지했다. 이 사실은 신문 편집자와 방송국의 입장에서 보아 얼마나 의식적(意識的)인 투시력을 드러내 보였는가를 말해 주기도 하지만, 단연코 의당히 제1면 뉴스의 화제가 되게 마련이었다. 이 사건은 1900년에서 1936년 사이의 프로테스탄트 교회 추세의 절정을 나타내고 있기 때문이다. 그 이후 지금까지의 문화적, 사회학적, 도덕적, 법적 그리고 정치적 변화의 기초를 마련해 둔 것이 바로 이 추세였던 것이다. 교회 안에서의 이런 추세가 없었더라면 농촌 사회에서 도시 사회에 이르는 많은 변화들이 오늘날과 같은 동일한 결과는 초래하지 아니했을 것으로 나는 확신한다. 개혁교회가 제거되자 개혁주의 사상의 일치마저 흔들렸다. 20세기 후반기의 미국의 뉴스에서 가장 의미심장한 것은 메이첸에 관한 뉴스였다. 그것은 장로교회 안에서 자유주의로 향하는 추세의 절정이며 기타 대부분의 교단 내의 동일 추세를 대표하고 있기 때문이다. 우리가 사회에 관해서 관심을 가지더라도, 교회 안에서 벌어지는 이와 같은 변화와 결과적으로 기독교와 무관한 사회적 배경으로 나아가는 이런 현상은 이해하고 있어야 할 주요한 일이다. 우리가 오늘날 미국과 기타 북유럽의 개혁주의 나라에서 일어나고 있는 사실들을 알려고 한다면 이런 변화 현상을 반드시 이해하고 있어야 한다.

들의 손안에 강하게 잡혀 있다는 사실을 지적해야만 할 것이다. 이 진보주의자들은 프로테스탄트 교회 안의 실존주의 신학자들과 같은 사실을 믿고 가르치고 있으면서도, 그들이 쓰는 용어를 보면 프로테스탄트적인 용어보다는 전통적인 로마 카톨릭적 용어를 쓰고 있다.

지금 미국에서 주도적 위치를 차지하고 있는 세 개의 프로테스탄트 교단 중 두 교단은 과거 북장로교회가 그러했던 것과 똑같이 보수주의 집행위원을 선출함으로써 자기 자신들을 보호하기에 진력해 왔다. 그러나 나는 이 교단에 속한 진정한 그리스도인들에게 장로교회의 과오로부터 다음 사실을 깨달을 것을 촉구하는 바이다. 그것은 성경을 믿는 사람이 집행위원으로 피선되거나 중요 위치를 차지한다고 해서 이것이 교단의 안전을 줄 것이라고는 생각지 말라는 것이다. 현대 교단 내에서의 두 권력 중심인 총회 직제와 신학교가 여전히 자유주의자들의 통제하에 있는 한 영원히 그 어떤 것도 변화될 수 없다. 어떤 교단이든 진실로 안전하게 처신하려면 그 교단에 속한 가견적 교회의 순결성을 사랑으로 그러나 분명하게 실천해 보여야만 한다. 하나님의 거룩함이 교회의 일에 반드시 나타나야 한다. 우리는 진리를 실천에 옮겨야지, 진리에 관해 말하는 데 그쳐서는 안 된다.

신인본주의와 신신학은 참된 진리에 대한 개념마저 없음을 우리는 반드시 이해하고 있어야 한다. 헤겔의 상대주의(relativism)는 대학교와 사회에서처럼 교회에서도 개가를 올렸다. 그러나 진정한 그리스도인은 진리를 가르칠 뿐만 아니라 상대주의 속에서도 진리를 실천해 내기 위해 소명을 받은 것이다. 진정 우리가 진리를 실천하려고 한다면, 분명 오래지 않아 그 진리는 우리의 진리가 될 것이다.

지금 여기서 의미하고자 하는 사실은 이런 것이다. 가령 우리가 인간적인 수준에서 할 수 있는 모든 일을 다한 후에도 그들이 여전히 계속 자유주의를 주장한다면 교회 내의 자유주의자들은 마땅히 징계를 받아야 한다는 것이다. 왜냐하면 앞장에서도 이미 지적한 바 있지만, 교회는 그리스도의 신실한 신부로 존속해야 하기 때문이다. 1장에서 지적한 바와 같이, 자유주의자들은 성경에서 말하는 하나님, 존재하시는 하나님께 신실하지 않았다. 역사적 기독교, 성경적 기독교가 믿는 사실은 기독교는 단순히 교리적 진리가 아니라 타오르는 진리로서, 객관적인 존재에 적용되고 가장 최종적인 환경에 적용되고 무한하신 인격적 하나님께 적용되는 진리라는 것이다. 반면에 자유주의는 불신실하다. 이들은 거룩하신 신랑께 영적 간음을 저지르고 있다. 지금 우리가 중요시하고 있는 것은 충성의 문제이다. 신조에 충성을 해야할 뿐만 아니라 성경에 충성을 다 해야 하고 성경 이상으로 거룩하신 신랑께 충성을 다해야 한다. 이 신랑은 무한하고 인격적이신 거룩한 신랑으로서 비존재성에 대한 절대적인 반정립 기초에서 엄존하시는 분이다.

우리는 진리가 존재함을 믿는 정도가 아니라, 우리가 친히 진리를 소유하고 있음을 믿는다. 이 진리는 내용이 있는 진리이며 말해질 수 있는 진리로서 (따라서 살아 있는 진리), 오늘날 20세기 세상에 전해줄 수 있는 진리이다. 그런데 우리가 진리를 실천하지 않는데도 오늘날의 사람들이 우리를 신중하고 진지하게 대할 것이라고 당신은 생각하고 있는가? 우리의 진지한 20세기 청년들이 대학에 들어가서 사회학, 심리학, 철학 등의 학문 분야에서 모든 것은 상대적이라는 것을 배우게 될 때에도 이들이 우리를 신중하고 진지하게 대해줄 것이라고 당신은 잠시나마 생각하고 있는가? 진리가 존재함을 믿지 않는 세대 속에서, 이들이 이들의 아버지가 진리를 말하고 진리를 믿는 것을 신중하고 진지하게 여길 것이라고 당신은 생각하고 있는가? 이들의 아버지가 종교적 영역에서 반정립을 실천하지 않고서도 신뢰를 얻을 수 있겠는가?

교회 안의 진정한 그리스도인이라면 자유주의 신학자들이 사용하고 있는 맥루안식(McLuhanesque) "죽은" 의사소통(cool communication)을 단연코 신학 및 성경적인 내용을 전할 수 있는 "살아있는" 의사소통(hot communication)으로 반격하는 것이 필요하다.[3] 오직 이렇게 함으로써 우리는 하나님의 거룩함을 실제로 드러내 보일 수 있게 되는 것이다.

우리는 내용이 있는 살아있는 의사소통을 믿는다. 우리들의 세대는 그 의사소통에 있어서 점점 냉냉해지고 의사소통상의 내용이 무시되며 이성이 파묻혀 버리고마는 형편에 이르렀지만, 우리의 역사적 기독교의 신앙은 더욱더 내용을 계속 강조해야 한다고 믿는 바이다. 이렇게 함으로써 우리는 온전한 반정립을 가지고 실존주의

---

[3] 의사소통에 관한 마샬 맥루안(Marshall McLuhan) 커뮤니케이션 이론에 의하면, 살아있는 의사소통(hot communication)은, 내용이 있는 의사소통이고 사람에게 호소력이 있는 의사소통이며, 또 그 내용에 기초해서 사람의 마음을 움직이게 하는 의사소통인데 반해, 죽은 의사소통(cool communication)은 인간의 마음과 이성을 통해 아무런 내용도 들어오는 것이 없는 개인의 제일의 체험(first-order experience)과 같은 것이다.

포담 대학(Fordham University)에서 커뮤니케이션 학과장이었으며 맥루안의 추종자인 존 컬킨(John Culkin) 신부는 "구텐베르크가 있고 종교 개혁이 이루어졌다. 전자 공학이 등장하자 에큐메니칼 운동은 내용없는 상황 가운데 있는 연합에서 유래한 것이고 이 상황은 전적으로 냉정하고 객관적인 교리적 진리와는 관계가 없다는 것이다. 나는 그의 말이 옳다고 생각한다. 나는 현대 에큐메니칼 운동이 구자유주의 시대에도 일어날 수 있었으리라고 믿지 않는다. 내가 믿기로 에큐메니칼 운동은 내용부재의 기초 위에 있는 조직적 하나됨에서 시작되었다.

마찬가지로 우리의 교회들에서 볼 수 있는 실존주의 신신학은 죽은 의사소통의 영역에서만 유지된다. 그들은 내용을 부정하는데 그들에게는 내용이 중요하지 않거나 편협한 것이다. 실존주의적 상층부 체험은 모든 이성과, 검증하거나 반증할 수 있는 모든 것과 분리되어 있다. T. H. 헉슬리(T. H. Huxley)는 1890년에 신학이 사실과 관계가 있는 모든 것과 분리될 것인데 특히 아브라함 이전의 역사적 사실과 분리되고 이러한 사실은 도전의 대상도 되지 않을 것이라고 내다보았다(*Science and Hebrew Tradition,* Vol. 4. of *Collected Essays*, London : Macmillan, 1902). 그러나 물론 그런 류의 신학은 실제로 의미가 없다. 만약 어떤 사실이 검증하거나 반증할 수 있는 여지가 없다면 그것은 단지 상층부 상황에 있는 "종교적 진리"에 불과할 뿐이다.

신학자와 대결하게 된다. 우리가 참으로 진리를 말하고자 한다면 반정립의 기초 위에서 내용을 지니고 있어야 하고, 이를 위해서는 역사적 기독교 신앙에서 떠나는 사람에 대해 징계를 해야만 할 것이다. 이렇게 함으로써 우리는 하나님의 거룩함을 실제로 드러내 보일 수 있을 것이다.

그러나 동시에 우리가 반드시 보여주어야 할 것은 우리와 의견을 달리하는 사람에게도 하나님의 사랑을 나타내는 일이다. 45년 전에 미국에서 장로교회가 위기를 당했을 때 우리는 이 사실을 망각하고 말았다. 우리는 우리와 다른 사람에 대해서 사랑으로 말하지 않았다. 그 때 이래로 우리는 상당한 대가를 지불하게 되었다. 우리는 사람을 사랑해야 한다. 비록 실존주의 신학자들이 죽은 의사소통으로만 이야기하며 전적으로 내용을 포기하더라도 우리는 이들을 사랑하면서 우리의 이웃으로 여기지 않으면 안 된다. 왜냐하면 그리스도는 우리에게 우리 이웃된 모든 사람을 사랑하라는 제2계명을 주셨기 때문이다.

우리는 가견적 교회의 순결성의 원리를 분명히 대변해야 하며, 성경과 일치하지 않는 입장을 취하는 사람을 적절히 징계해야만 한다. 그러나 동시에 우리는 이들과 이야기하며 이들에 관한 글을 쓸 때에 이들을 가견적으로 사랑해야만 한다. 우리는 이런 사랑을 교회와 세상 양자에게 반드시 보여 주어야만 한다. 우리는 자유주의자들이 결정적으로 잘못되었다는 것과, 이들이 교회 안에서 그리고 교회에 의해 징계를 받아야 한다는 것을 말해야만 한다. 그러나 이렇게 하되 단순히 혈기로 말하는 어투로 해서는 안 된다. 성령의 역사로 이렇게 할 수 있지 우리 인간으로서는 안 된다. 지금도 나는 후회하고 있는 사실들이 있다. 그것은 몇 년 전에 우리가 장로교회 안에서 이렇게 하지 못했다는 사실이다. 우리가 자유주의와 팽팽히 맞서고 있었을 때 사랑을 보여주어야 한다는 필요성을 말하지 못했으며 따라서 장로교회가 길을 잃었을 때 우리에게는 너무도 엄청난 희생이 따랐던 것이다.

그러나 기도를 통해서 진리에 대한 사랑과 관심 양면을 잘 보여줄 수 있다. 몇 년 전에 나는 시카고의 루스벨트 대학교 강당에서 제임스 파이크(James Pike)와 대화를 한 적이 있다. 나는 라브리에 있는 사람들에게 한 가지 일을 위해 기도해 달라고 부탁했다. 즉 그것은 내가 제임스 파이크와 모든 대중에게 분명한 기독교의 입장을 제시하며 동시에 우리 두 사람 사이에 좋은 인간관계가 시종일관 유지될 수 있기를 바라는 부탁이었다. 이것은 내 힘으로는 해낼 수 없는 일이었다. 그러나 하나님은 그 기도에 응답하셨다. 나는 파이크를 한 사람의 인간으로서 조금도 그의 인격을 손상하는 일이 없이 기독교에 대한 나의 입장을 분명히 제시했고 그와 나와의 차이점이 무엇인가도 분명히 밝혀 말해 줄 수 있었다. 대화 끝에 그는 "캘리포니아에 오시거든 산타 바바라를 방문해 주시기 바랍니다"고 말해 주었다. 후에 에디스(Edith)와 나는 그가 있는 산타 바바라로 가서 그와 더불어 더 진전된 토론을 계속할 수 있었다. 나는 그와 단 한 점도 타협하지 않았으나 그러면서도 그를 손상시키지도 아니했고 오히려 그를 한 사람의 인간으로서 존경하고 있음을 알게 해주었던 것이다.

우리는 또한 그가 "저 세상"(on the other side)에 있는 자기 아들과 이야기한다는 그의 믿음이 실제로는 귀신론(demonology)에 관한 문제일 가능성이 있다는 것을 말해 주었다. 이때 제임스 파이크는 화를 내지 않았으며 오히려 거의 울 것 같았다. 우리가 상대방을 인격적으로 대해 주기만 한다면, 비록 주장하는 진술이 필연적으로 부정적인 것일지라도, 명백히 사실을 밝혀 줄 수 있는 것이다.

에디스와 내가 CSDI(Center for the Study of Democratic Institutions)를 떠날 때 그를 본 마지막 순간을 결코 잊을 수 없다.

그는 내가 지금까지 들었던 것 가운데서 가장 슬픈 말을 했다. 그는 이렇게 말했다. "내가 불가지론적(不可知論的) 입장에서 돌아섰을 때 영적인 양식을 얻으려는 열망으로 유니온 신학교에 갔건만 그 학교를 졸업할 때에 나에게 남은 것이라고는 한줌의 조약돌뿐이었다."

누가 제임스 파이크의 비극에 책임을 질 것인가? 그로부터 실재적인 모든 것과 인간적인 모든 것을 그대로 다 도적질해 간 그의 자유주의 신학 교수들이 책임을 져야만 한다. 어느 신학교이든 자유주의 신학 교수들이 청년에게 남겨 주는 것이라고는 한줌의 조약돌 이외에는 아무것도 없다는 사실을 우리는 가볍게 보아넘길 수가 없다.

그러나 이런 상황 속에서도 우리는 하나님의 은혜로 두 가지 일을 자발적으로 해내지 않으면 안 된다. 즉 우리는 하나님의 거룩함을 드러내는 일과 관련해서 가견적 교회의 순결성을 위해 필요한 모든 일을 해야 하지만, 자유주의자들이 아무리 악랄하더라도 또 이들이 아무리 역겨운 말을 하고 무슨 글을 신문에 싣더라도 이런 것에는 일체 상관하지 말고 우리로서는 하나님의 사랑을 나타내 보이지 않으면 안 된다는 것이다. 그런즉 우리가 이 중 어느 한 면을 등한시하면 우리는 거룩하시고 사랑이신 하나님에 대해서 간증을 할 수가 없다.

진정한 그리스도인들이 위에 언급한 균형을 지키는 것을 잊어버리고 있었던 때인 30년대의 장로교회의 투쟁으로 되돌아가 보자. 한편으로 이들은 너무도 장기간 징계를 집행하지 않았다. 그리하여 이들은 교단을 잃어버렸다. 거의 모든 다른 교단의 그리스도인들도 그러했다. 그런데 또 한편으로 이들 중 어떤 사람은 자유주의자라고 하면 인간 이하로 취급했고, 그후 이들은 나쁜 버릇도 배우게 되었다. 즉 나중에 어떤 그룹을 형성한 사람들이 약간의 차이점만 나타내도 그들은 상대방을 험악하게 대했던 것이다. 논쟁에서 배우게 되는 버릇을 우리는 항상 주의해야 한다. 하나님의 은혜에 의해, 하나님의 거룩성과 하나님의 사랑이 자발적으로 함께 나타나지 않으면 안 된다. 이것은 자동적으로 되는 것이 아니라 기도를 필요로 한다. 당신은 교단지(教團紙)에다 이것에 대해 써야 한다. 그리고 총회에 이야기해야 한다. 우리는 하나님의 거룩함과 하나님의 사랑을 동시에 함께 대변해야 한다는 필요성을 지적하는 설교도 해야 한다. 그리고 당신의 태도를 통해 회중에게와 당신의 자녀들에게도 이것을 나타내지 않으면 안 된다.

지금 우리가 여기서 말하고 있는 원리와 이 원리를 표현하기 위해 쓰고 있는 언어를 주목하는 것이 중요하다. 그것은(세상으로부터의) 분리의 원리가 아니다. 그것은 "가견적 교회의 순결성의 원리를 실천하는 일이다." 여기서 말은 중요하다. 왜냐하면 우리는 우리가 택해서 지속적으로 사용하고 있는 말을 가지고 태도를 표명하기 때문이다. 그래서 나는 다시 반복한다. "이 원리는 가시적 교회의 순결성을 실천하는 일이다." 이 원리는 여러 가지 방식으로 제시되겠지만 그것은 어디까지나 하나의 원리다. 교회는 성경을 하나님의 은혜로 충실히 믿는 사람들의 모임이다. 거의 모든 교회의 역사를 보면 징계를 집행한 과정을 알 수 있다. 징계가 필요할 때, 이 역사는 반드시 적극적인 원리의 실천을 위해 사용되어져야 한다.

브리그스(Briggs)박사는 1890년대에 장로교 목사직을 박탈당했다. 이유는 그가 유니온 신학교에 자유주의를 유입시킨 최초의 사람이기 때문이다. 그러나 1930년대에 구자유주의는 메이첸 박사를 추방했다. 이유는 그가 성경과 복음에 대해 취하는 명백한 태도 때문이었다.

생각해 보자, 1890년대에는 브리그스 박사가 징계를 받았고 1930년 대에는 메이첸 박사가 징계를 받아 목회선상에서 물러났다. 그런데 그 사이 여러 해 동안 무슨 일이 일어났던가? 징계가 교회의 신실한 사람들에 의해 계속적으로 실행되지 않았다. 실로 교회가 브리그스 박사는 징계할 수 있었으나 그 후 신실한 사람들은 너무 오래 동안 징계를 실행하지 않았다. 이들이 한 가지 현저한 승리는 이룩했으나 그 최초의 징계 이후로는 아무것도 행하지 않았다. 가정에서와 마찬가지로 교회에서의 징계는 한번의 굉장한 열심과 한 번의 큰 수련회와 한번의 어떤 큰 일을 통해서 이루어지는 것이 아니다. 사람들은 마땅히 사랑 안에서 인간으로서의 대접을 받아야 한다. 그러나 이것은 지속적이며 순간순간적이며 상존적인 보살핌이어야 한다. 왜냐하면 우리는 지금 단순히 인간 조직체를 다루고 있는 것이 아니라 그리스도의 교회를 다루고 있기 때문이다. 가견적 교회의 순결성을 실천하는 일은 성경의 교훈 및 신조에 관해서 온당한 태도를 취하지 않고 있는 사람에게 징계를 가하는 것을 의미한다.

그런데 오늘날에는 징계를 내리는 데에 대해 그토록 무관심한 이유가 무엇인가? 적어도 지금 미국에 있는 두 교단이 그토록 자유주의의 손에 들어가서 징계를 더 이상 공식적으로 내리지 못하는 이유가 도대체 무엇인가? 이것은 세상과 자유주의 교회가 모두 헤겔주의적으로 되어버려 전적으로 종합론(綜合論)과 상대론(相對論)에 붙잡혀 있기 때문이다. 우리 조상들은 진리가 존재함을 믿고 있었기 때문에 징계를 가하는 것을 생각할 수 있었다. 그러나 세상과 자유주의 교회는 더 이상 진리를 진리로 믿지 않기 때문에 교리에 관한 어떤 개념의 징계도 생각지 않는다.

내가 믿기로는 30년대에 끄덕도 하지 않던 세 개의 커다란 프로테스탄트 교단이 오늘날에도 지금 우리가 언급하고 있는 이런 전투의 와중에 있다. 교회적인 문제를 완결짓기 위해 우리는 제2차 바티칸 종교회의 이래로 로마 카톨릭은 로마 카톨릭적 용어를 사용하고 있는 실존주의 신학자들 곧 진보주의적 신학자들의 손에 넘어갔음을 지적해야 한다. 따라서 이제는 실존주의 신학자들의 견해가 교회 영역의 거의 모든 부분을 통제하고 영향력을 발휘하고 있다.

교회가 (45년 전의 북장로교회처럼) 더 이상 징계를 실행하지 않는 지경에 이를 때 그 다음에 우리로서는 주님 앞에서 눈물을 흘리며 제2의 방법을 생각하지 않으면 안 된다. 교리적 순결을 위한 투쟁이 패했을 때 우리는 가시적 교회의 순결성을 실천하기 위해 취해야 할 제2의 방법이 있음을 이해해야 한다. 진실한 그리스도인이라면 자신들이 관계해 오던 저 가견적 기구들을 버리고 떠나는 것이 필요할 것이다. 그러나 주의해야 할 것이 있다. 비록 우리가 우리의 교회를 떠난다 할지라도 눈물을 흘리며 떠나야 한다. 교회를 떠난다고 해서 북치고 깃발 날리며 떠날 것이 아니라 눈물을 흘리며 떠나야 하는 것이다. 교회는 본래 호언장담하기 좋아하는 사람이 덮어놓고 큰소리치라는 장소는 아니기 때문이다.

우리는 냉혹한 분리를 실행하고 있는 것이 아니다. 분리는 부정적인 개념이며 빈약한 정신 상태를 초래할 뿐이다. 성경이 최종적으로 강조하는 것은 결코 부정에 있는 것이 아니라 긍정에 있는 것이다. 가견적 교회의 순결성을 실천하는 일에 대한 성경적인 원리는 적극적인 개념이다.

그러나 우리는 이 원리를 유지하기 위해 우리가 기꺼이 치르어야 할 희생이 얼마나 되는가도 결정해야 한다. 이렇게 하지 않는다면 그리스도 안에서 자유를 누릴 수 없다. 나는 한 영국 대학교에서 강의를 맡고 있었던 명석한 교수를 지금도 기억하고 있다. 그녀와 그녀의 남편은 모두 그리스도인으로서 명석한 사람이었다. 모두가 다 각각 다른 영국 대학교에서 강의하고 있었다. 그런데 그녀가 사회과학을 가르치고 있었던 대학의 학과장은 행동주의자였다. 이 학과장이 주장하는 것은 그녀가 사회과학을 행동주의 기초에 근거해서 강의하든지 아니면 학교를 떠나라는 것이었다. 그녀에게는 굉장한 결단이었다. 그러나 다행스럽게도 그녀와 그녀의 남편은 이것에 대해 미리 기도했으며 이런 상황에서 이미 그리스도는 일차적이고 자기들의 학문적 입장은 이차적이라는 의견에 동의하고 있었다. 진실로 그리스도를 사랑하는 그리스도인에게 이것 외에 또 다른 어떤 가능성이 있을 수 있겠는가?

한 젊은 교수에게 희생이 필수적이라면 교회의 경우에 있어서도 희생은 필수적이다. 학문을 하고 있는 그리스도인 교수에게 미리 희생의 대가를 결정해야 하는 문제가 놓여 있다면, 더욱 교회에 있어서도 분명히 동일한 결정의 문제가 놓여 있는 것이다. 교회에 관해 이러한 참담한 결정이 내려져야 하는 입장에까지 우리가 이르기 이전에 이미 우선순위를 지닌 문제가 일단락 되어 있지 않으면 안 된다. 조직으로서의 교회가 제일차적인 것은 아니다. 그리스도가 일차적이다. 그러므로 그리스도가 일단 교회 내에서 왕과 주로 인정되지 않으면 우리는 그런 교회에게 충성을 바칠 필요가 없다. 진정 가견적 교회의 순결성의 원리를 실천하기 위해 이러한 제2의 방법을 취해야만 한다. 나는 그리스도께서 우리의 결정 행위에 있어서 제일차적이 되도록 기도할 것이다.

만일 불행하게도 교회의 그리스도인들이, 그리스도가 아니라 조직이 제일차적으로 되는 상황에 빠지게 된다면, 나는 나 자신이 많은 나라의 여러 교회에서 함께 일하면서 관찰했던 것으로부터 배워야 할 또 다른 하나의 교훈이 있음을 제시하는 바이다. 우리가 그런 불행한 순간에 이를 때 이것은 모든 신실한 그리스도인들이 동시에 다 뛰어나올 수 있는 그런 간단한 상황이 아니라는 것을 직시해야만 한다. 이런 상태는 진정한 그리스도인 사이에 감정적인 긴장을 조성한다. 나는 이런 사실을 다른 나라에서도 보았다. 가령 네덜란드와 영국 같은 나라를 들 수 있다. 수년을 나란히 살아오던 사람들이 갑자기 자기들 사이에서 긴장을 느낀다.

이것은 두 개의 상이한 경향을 보인다. 첫째로, 그런 상태에서부터 뛰쳐나온 사람들은 완고해지는 경향이 있다. 이들은 조그마한 교리 문제에 대해서까지 절대주의자들이 되려고 한다. 절대적인 것을 믿는 것과 만사에 절대주의적 정신을 가지는 것 사이에는 엄청난 차이가 있음을 인식해야 한다. 이 사람들은 아직 뛰어나오지 않은 진정한 그리스도인들에게 그리스도인의 사랑을 베풀려고 하지 않는다. 수년을 두고 우정을 나누어 오던 사람들이 갑자기 거리를 두고 지내게 된다.

둘째로, 머물러 있는 사람들은 성장하고 있는 포용주의(latitudinarianism)에 대해 반대하는 경향이 있다. 이것은 미국의 복음주의 속에서 생기는 현상이다. 이런 경향성은 교회적 포용주의에서 타협적 종합주의(comprehensiveness)로 나아가는 현상이다. 그리하여 그리스도인들이 진리에 관해 말은 하면서도 점점 진리를 생활 속에서 실천하지 않는다. 그러므로 그 다음 단계가 재빨리 두세 세대만에 들어오게 된다. 만일 어떤 사람이 자유주의자들에 의해 완전히 지배되고 있는 한 교단에 머물러 있어서, 타협적 종합주의가 되어버린 교회적 포용주의에 굴복한다면, 그 때는 교리적 종합주의를 받아들이기 쉬울 뿐 아니라 특히 성경에 대한 분명한 견해도 무시하려는 경향이 생기게 된다.[4]

이와 같이 뛰쳐나온 사람과 그 자리에 머물러 있는 사람 양자에게 똑같이 위험은 존재하고 있다. 주 예수 그리스도의 이름으로 서로를 돕기 위해 우리는 이런 위험에 대면하지 않으면 안 된다. 자유주의 교회나 교단 내에 분열이 생길 경우 진정한 그리스도인들이라면 양극화해서는 안 된다. 1936년 장로교회에서 우리는 바로

[4] 불행하게도 1980년대의 이러한 경향은 "복음주의적"이라고 명명되기를 바라지만 칼 바르트의 영향력을 따르는 성경의 견해를 취하는 상당수의 사람들 사이에서도 명백해졌다. 이러한 현대의 사고 방식은 성경이 "종교적"이거나 "영적인" 일에 대해 말할 때만 권위를 갖고 역사와 우주에 관해서는 관여할 수 없다고 한다. 그들이 이러한 입장을 취하는 것은 이상한 일이다. 왜냐하면 이러한 "방법론"(methodology)의 마지막 결과는 낙관주의적 시작과 신정통주의의 죽음 끝에서 생긴 일에 의해 드러났기 때문이다.

이런 실수를 범했다. 우리는 이 실수를 아직까지 완전히 복구하지 못하고 있는 실정이다. 떠나간 대부분의 사람들은 머물러 있는 그리스도의 참된 형제들과 완전히 교제를 끊어버렸다.

1936년, 메이첸 박사가 교회에서 추방될 때에 총회는 뉴욕의 시러큐스(Syracuse)에서 회합을 열고 있었다. 시러큐스의 대표적인 보수주의 장로교회 목사인 퍼스트 워드(First Ward) 장로교회의 담임목사 월터 왓슨(Walter Watson)은 매우 위대한 성직자의 용기를 과시했다. 총회가 개회되기 전 주일날에 그는 그의 강단을 메이첸 박사에게 허락했다. 메이첸 박사는 다음 주일 이내로 자유주의자들이 주관하는 총회에 의해 그의 성직이 박탈되리라는 것을 알고 있는 모든 사람에게 설교했던 것이다.

그 다음 주 필라델피아 공보(*The Philadelphia Bulletin,* 1936년 6월 11일)지는 "새 교회가 태동하다. 장로교회의 CCU(Constitutional Covenant Union)는 와해되다"라는 제하(題下)의 기사를 실었다. 이것은 하나의 제목에 불과하지만, 과연 그것이 뜻하는 것은 무엇인가? 필라델피아 공보지는 이전에 약자에게 용기를 보여준 월터 왓슨 목사가 교회를 떠나는 사람에게 "여러분들은 새 교회를 시작해야 합니다. 그러나 나는 주 예수 그리스도의 이름으로 여러분에게 탄원합니다. CCU를 와해하지 마십시오. 이 CCU는 장로교회 안에서 성경을 믿는 그리스도인들이 속해 있는 기관이었습니다"고 말했다고 보고하고 있다. 또 신문 사설은 다음과 같이 말하고 있다.

> 월터 왓슨 목사는 CCU가 조급하게 와해되어서는 안된다고 했다. 그는 기성교회 안에 아직 빛을 보지 못하고 있는 사람이 수없이 많이 있는데 우리가 "이들에게 나아갈 수 있는 유일한 길은 CCU와 유사한 기관을 통하는 길뿐"이라고 했다. 그리고 그는 또 말하기를 "적어도 잠시 동안은 이 새 교파가 불과 몇 교회를 지닌 조그마한 교파이

지만 5년 또는 10년이 지나면 수십만 명의 교인이 생길 것으로 나는 예견한다"고 했다.

그의 충고를 따르기는커녕 뛰쳐나온 사람들은 CCU를 와해하고 대개는 그 순간까지 투쟁에서 그들과 함께 했던 그리스도 안의 참된 형제들과 일체의 교제도 나누지 않았다. 45년동안 우리는 이 결정으로 인해 고통을 감수해야만 했다. 이 대가는 지금도 치러지고 있는데, 1980년대에 북장로교에 소속된 대다수의 지역 교회들이 이 교단을 떠나고 있지만 (북장로교의 자유주의적 지도자들이 극단으로 치닫고 있기 때문이다) 이 탈퇴 교회들의 상당수가 1930년대에 뛰쳐나온 사람들에 의해 시작된 교단에 가입하는 것에 대해서는 거의 관심을 보이지 않기 때문이다.

1930년대에 일어났던 일은 바로 이것이다. 그들이 대개 자유주의 교단에 남아 있는 진정한 그리스도인들과의 교제를 단절하고 그들과 관계가 없어지자, 이 나라의 개혁파 교회들은—남부와 북부에 공통적으로—더 한층 자유주의적으로 되고 말았다. 교회에 남아 있던 진정한 그리스도인들은 교회를 떠난 사람들의 태도에 실망했다. 이것이 그들이 기성교회에 그대로 남아 있게 된 요인이었다. 사람들이 지난 4,5년 동안 줄곧 나에게 하는 말은 이런 것이었다. "나는 과거에 받은 상처로 지금까지 실망 가운데 있습니다." 남아 있었던 사람들이든 무조건 밖으로 뛰쳐나오기만 했던 사람들이든 그리스도인의 표지를 잃은 사람이 이런 상황에 대해 책임을 져야 할 것이다. 우리가 기억해야 할 것은 이 상황은 비단 독특하게 미국만 그런 것은 아니라는 점이다. 내가 무려 33년 동안 살면서 일해온 유럽의 여러 나라에서도 이런 불행한 일은 마찬가지였다.

우리가 어떤 상황을 대비하여 미리 충분히 의식적으로 기도하지 아니하면, 다시 말해서 진정한 그리스도인 가운데 참되고 확인할 수 있을 정도의 사랑을 나타내며 동시에 명백한 교리를 제시하지 아니하면, 우리는 그리스도 안에 있는 우리의 형제들을 실망시키게 된다는 것은 명백한 사실이다. 우리는 이런 문제에 대해 생각하고 기도하고 글을 써야만 한다. 이런 일은 자동적으로 되는 일이 아니기 때문이다. 순간적으로 긴장이 고조되고 보면 우리의 태도에 대해서는 손쓸 겨를이 없게 된다.

그러므로 나는 여러분에게 탄원하노니, 그런 순간이 만약에 오거나 실제로 오거든, 오히려 여러분은 세상에 진정한 그리스도인 가운데서 확인할 수 있을 정도의 사랑을 내 보일 어떤 길을 찾기 바란다. 추잡하게 당을 짓지 마십시오. 만약 추잡하게 당파로 갈라진다면 세상은 추잡성만을 보게 될 것이고 세상은 외면하고 말 것이다. 여러분의 자녀들이 추잡한 것을 보면 여러분 자녀들의 일부를 잃게 될 것이다. 만일 여러분의 자녀들이 여러분이 친구들에 대해 거친 욕지거리를 하는 것을 듣는다면 이들은 부모된 여러분을 떠날 것이다. 그러므로 여러분은 사랑을 보여주고 또 그 교회의 순결성을 실천하는 두 원리를 동시에 하나님의 은혜로 지키는 것을 잊음으로 인해 여러분의 자녀들이나 기타 다른 사람들을 멀리 내팽개치는 일이 없도록 하라.

끝으로 우리는 세계가 불타고 있다는 것을 잊어서는 안 된다. 우리는 교회를 잃고 있을 뿐만 아니라 우리의 문화 전체를 잃고 있다. 우리는 하나님의 심판 아래 있는 탈기독교 세계에 살고 있다. 나는 지금 우리가 예레미야처럼 이야기해야만 한다고 믿고 있다. 혹자들은 미국은 미국이기 때문에, 그리고 영국은 영국이기 때문에 하나님의 심판 아래 들어가지 아니할 것이라고 믿는 모양인데 사실은 그렇지 않다. 북유럽에 있는 우리들은 종교개혁 이래로 다른 사람들은 좀처럼 소유하지 못한 그런 빛을 갖고 있다고 믿고 있다. 그러나 우리는 우리의 문화권 속에서 그 빛을 파괴하고 있다. 우리의 영화, 소설, 미술관이 그 빛이 파괴됨에 따라 신음하고 있다. 더욱 더 상황이 안 좋은 것은 현대 신학이 그 빛이 파괴됨에 따라 신음하고 있다는 점이다. 여러분은 우리나라이기 때문에 하나님이 특별히 보아주셔서 우리나라를 심판하시지 아니하실 것으로 생각하는가? 거룩하신 하나님이 심판하시지 아니하실 것이라고 여러분은 생각하는가?

현재의 역사적 상황이 이러하다면 우리는 서로를 필요로 한다. 우리는 교리적 특성을 지키자. 그리고 우리의 교리적 특성을 지키면서 상대방에게 우리의 특성을 말해 주자.

우리들이 살고 있는 오늘날과 같은 때에는 당면한 일의 체계를 인식해야 한다. 실질적인 간격은 장로교인과 기타 사람, 또는 루터교인과 기타 사람, 또는 영국 국교회와 기타 사람, 또는 침례교인과 기타 사람들 사이에 존재하는 것이 아니다. 실질적인 간격이 있다면 그것은 살아계신 하나님께 자복하고 따라서 언어로 표현된 명제적 의사소통인 하나님의 말씀, 곧 성경을 인정하는 사람과 그렇지 않은 사람간의 간격이다.

성경을 믿는 장로교인으로서 나는 다른 전통을 지닌 참된 그리스도인과 다른 특성을 지닌 참된 그리스도인에게 아주 가까운 친밀감을 느낀다. 나는 그리스도 안에서 분리를 느끼지 않는다. 나는 그들을 모르지만 가서 손을 잡는다. 그리고 나는 영원 전부터 알아왔던 것처럼 그들과 대화를 나눈다. 교리의 어떤 특수한 문제에 내려가서는 차이가 있다. 그러나 내가 여기서 말해온 사실은 장로교나 기타 다른 특성에 근거를 두고 있는 것이 아니라, 그것은 어디까지나 역사적 기독교와 성경적 신앙에 입각한 것이다. 비록 장로교인은 아닐지라도 성경을 믿는 그리스도인에게 나는 친근감이 가지만, 장로교인이라 하면서 성경을 믿지 않는 사람에게는 친근감이 없어지는 것이 나의 솔직한 체험이다. 구별이 있다면 이런 데서 구별이 있다.

우리가 살고 있는 시대처럼 세상이 불타고 있는 때에는 모든 것을 적절한 질서 위에 올려 놓기 위해 주의를 기울이도록 하자. 우리는 우리의 특성을 유지하며 그것을 과소평가하지 않으면서도 하나님의 언어로 표현된 명제적 의사소통인 성경을 따르고 또 그 성경의 그리스도를 따르는 우리가, 그리스도 안에서 한 형제임을 세상에 보여줄 수 있는 방법을 찾도록 하자. 우리는 자유주의 신학 앞에서도 이 일을 해야만 한다. 우리는 하나님 앞에서, 선택된 천사 앞에서, 사탄의 무리 앞에서, 주시하고 있는 자유주의자 앞에서, 주시하고 있는 세상 앞에서 눈으로 확인할 수 있을 정도의 실재적인 하나됨을 실천하지 않으면 안 된다.

부록

절대적인 한계선들

진정한 그리스도인의 경우라 할지라도 기독교적 사고체계의 특정 부분에 대해 반대할 수 있으며 실제로 그렇게 하기도 한다. 그럼에도 불구하고 그리스도인이라면 그 이상 넘어서면 안 되는, 그리고 기독교의 역사적 흐름 속에서 여전히 흔들림 없이 지주로서 버티고 서 있는 한계선들이 있다. 나는 여기서 이 몇몇 한계선들을 논의하고자 한다.

원과 벼랑

어떤 기독교 그룹들은 교리란 단지 그들 자신의 용어로 표현한 특정 교의 진술에 불과할 뿐이라고 생각한다. 만약 그들 중 한 사람이 이 특별한 교리체계를 조금이라도 고치려 하면 그는 이 그룹에서 쫓겨나게 된다. 이 그룹의 사람들은 교리체계의 변화란 절대로 있을 수 없다고 주장한다. 이들은 교리, 심지어는 교리가 아닌 단순한 지적 견해조차도 자신들이 결정한 바로 그 방식으로 유지하고 체계화시킨다. 그리고 모든 그리스도인들은 자신들이 사용한 바로 그 언어적 형식들을 그대로 따라야만 한다.

만약 어떤 사람이 이런 종류의 사고 방식 속에서 성장하게 되면 기존 교리의 표현방식에 동의할 수 없다고 생각하면 그 즉시 그 교리가 지니고 있는 견해 자체를 완전히 버리고 싶은 유혹을 받는다. 이것은 젊은층과 학생들의 경우에 특히 그렇다. 이들은 적절한 형식 속에 합법적인 자유가 있다는 사실을 모른 채 기독교 자체를 완전히 폐기해 버린다. 앞서 언급한 극단으로 나가려는 그룹들에서 기독교를 완전히 등지는 사람들이 속출하고 있다.

내가 볼 때, 이것은 적절한 태도가 아니다. 우리는 움직일 수 있는 자유가 확보되는 원을 그려야만 한다. 예를 들어, 웨스트민스터 신앙고백서가 만들어지고 있을 때 웨스트민스터 회의장에서 어떤 일이 진행되었었는지를 상상해 보라. 교리의 세부사항(예를 들어, 종말론)에 관해 다양한 견해를 가진 신학자들이 오랜 기간 동안(1643－1647) 함께 모여 있었다. 이들이 그 곳에서 했던 일은 자신들이 성경적이라고 동의했던 모든 견해들을 포괄하는 특정 진수들을 만드는 것이었다. 달리 말해, 이 신앙고백서가 완성되었을 때는 세부적인 것에 대해 사소한 견해 차이를 지닌 사람들도 이 고백서에는 찬성할 수가 있었다. 이 고백서는 교리의 세부사항에 대한 견해 차이에도 불구하고 이들이 자유롭게 움직일 수 있는 원을 제공해 주었다. 이 고백서의 진술들은 단순히 반복되어야 하는 것으로 만들어진 것이 아니라 하나의 한계선으로 수용하기를 원해서 만들어진 것이다. 이 한계선의 내부에는 성경에 충실한 것으로 여겨지는 명제들이 있고 외부에는 성경의 빛으로 조명해 보아서 수용될 수 없는 명제들이 있다. 따라서 분명 하나의 한정된 형식이 존재하면서도 이 형식의 속에는 어느 정도 변경을 위한 자유가 있었다.

요약하면, 기독교의 교리와 지적 입장은 하나의 점이 아니라 하나의 원을 제시한다. 즉 교리체계는 그 위에서만 반복적으로 이동할 수 있는 선이 아니다. 이러한 사실은 우리들에게 다양한 방식으로 교리를 표현할 수 있는 자유를 제공해 준다. 즉 교리가 처음 공포되었던 그 때의 단어들만을 계속 반복해서 사용할 필요는 없는 것이다.

여기서 우리 연구의 목표는 우리가 위험한 지경에 이를 때 경고를 해줄 수 있는 그런 원의 본질을 탐구하는 것이다. 우리는 이 원의 둘레를, 그것을 넘을 경우 우리가 벼랑밑으로 추락하게 되는 선으로 그리고 추락하는 경우 더 이상 그리스도인일 수 없는 절대적인 한계선으로 보아야 한다. 생각건대, 궁극적인 경계선이 어디인가를 인식하는 것보다 더 중요한 일은 없는 것 같다.

이제 한 예를 들어보자. 정통주의 그룹에서 성장한 한 젊은이가 대학에 입학을 했다. 그는 대학에서 경건한 삶을 살기 위해 투쟁한다. 그런데 문제는 종종 그가 경계선, 즉 절대적인 한계선을 주의깊게 설정하지도 않은 채 투쟁한다는 것이다. 그는 단지 혼자서 이렇게 생각한다. "나는 이것을 견뎌야만 해, 그리고 저것도 견뎌야만 해." 그러나 그는 그런 한계선들이 존재하는 진정한 이유는 알지 못한다. 그는 늘 정통 교리만 반복해서 들어왔고 또한 그가 이겨내야 할 것으로 배워왔던 것도 종종 견해 그 자체가 아닌 그 견해의 그림자에 불과한 것이었다. 그는 자신이 원 안에서 움직일 수 있는 자유가 있다는 것을 모르는 까닭에 조금이라도 움직이려고 할 때면 모든 것을 잃어버리지는 않을까 하고 염려한다.

따라서 우리 세대가 더 나아가기 전에 벼랑의 끝이 어딘가를 표시해야 하는 것은 실로 중요한 일이다.

위의 비유를 구체적으로 생각해 보자. 진정한 그리스도인의 입장과 관련해서 볼 때 그가 직면하게 될 벼랑에는 두 측면이, 아니 두 벼랑이 있으며 그것은 자유의 영역이 지니고 있는 각각의 벼랑들이다. 그는 한쪽 벼랑 아래로 떨어지는 것을 피하려고 하다가 다른 벼랑으로 떨어지거나 자신의 몸을 그 쪽으로 날릴 위험이 상존하고 있다. 우선 나는 그것을 넘어서면 추락하거나 원 밖으로 나가게 되는 몇몇 한계선들을 설정하고자 한다. 한계선을 모두 다루는 것이 아니라 절대적인 한계선들 중에 몇 가지만을 다룰 것이다. 물론 다른 한계선들이 더 고려될 수도 있을 것이다. 그리고 나는 한편으로 우리가 빠질 수 있는, 이 한계선들과 대조되는 실책들 또한 존재하며 그것들 역시 우리를 벼랑 아래로 던져 버리거나 원 밖으로 밀쳐버린다는 것을 보여주고자 한다. 생각건대, 적절한 기독교 교리가 그 양 극단 사이에 자리하게 될 것인 바, 그 극단의 두 벼랑을 의식적으로 상상해 보면 우리들의 신조와 교리의 진술들을 체계화하고 재서술할 경우에 활동할 수 있는 자유의 공간이 드러날 것이다. 그렇게 되면 우리가 단순히 반복적인 암기에만 제한될 필요가 없다는 것을 알게 될 것이며 동시에 우리가 추락하기 전에 경고를 받을 수 있을 것이다. 이러한 상황을 보여주는 다른 방법은 이 절대적인 한계선들이 광전관(an electric eye)의 렌즈와 유사한 면이 있음을 상상해 보는 것이다. 당신이 렌즈에 접근할 경우 벨이 울린다. 그러면 당신은 자신이 위험에 처해 있음을 알고는 뒤로 물러날 수 있을 것이다.

이 한계선들을 파악하는 데는 적어도 두 가지 길이 있다. 첫번째 길은 교회사에서 이 한계선 사이를 왔다 갔다한 균형추의 운동을 연구하는 것이다. 교회는 자주 이 추가 극단에 이르도록 방치하는 위험에 처했었다. 두번째 길은 교리나 개념등에 포함된 개념을 분석하는 것이다. 여기서 내가 사용할 방법이 이것이다.[1]

---

[1] 이 두 가지 방법 중 어떤 것이든 성경을 세심하게 연구하는 것이 한계선들의 근거가 되어야 한다. 경계선은 어떤 "방법론"(method)에 의해 정해진 것이 아니라 하나님께서 성경 전체를 통해 명제적 형태로 우리에게 주신 진리에 의해 정해진다. 그것은 성경의 나머지 부분을 강조함으로써 성경의 어떤 한 부분이나 어떤 증거 본문을 철로된 간막이로 만들지는 않을 것이다. 각 구절의 문맥은 이미

우리의 관심 영역인 교리는 두 가지 주된 부분으로 나눌 수 있다.

(1) 타락 이전과 이후 모두에 해당되는 기독교 체계의 본질적인 면을 포함하는 부분.

(2) 오직 타락이후에만 해당되는 부분

하나님과 중요성

먼저 본질적인 개념에 대해 생각해 보자. 이것들 중 가장 우선적인 개념은 하나님은 존재하시며 자유로운 분이시라는 것이다.

기독교는 결정론적 체계가 아니다. 우리는 그러한 체계를 진술하기 위해 사용된 말에 개의치 말고 어떤 의미의 결정론적 체계와도 거리를 두어야만 한다. 기독교가 비결정론적인 까닭은 우리가 기독교에서 만나는 하나님이 인격적인 분이시기 때문이다. 이것은 아무리 강조해도 지나침이 없는 사실이다. 하나님이 창조를 하신 것은 그렇게 하셔야만 했기 때문이 아니다. 그분은 "거기" 존재하시며 또한 "자유로운" 분이시다. 하나님이 자유로우시다는 사실은 그분이 반드시 창조를 하셔야만 했던 것이 아니라는 중요한 점을 포함한다. 이보다 더 기본적인 사실은 없다. 당신이 "하나님은 자유로우시지 못하다"는 생각에 접근하려고 할 때면 언제든지 경고의 벨이 울려야 한다.

사람들이 "그렇지만, 창조가 하나님을 필요로 하는 만큼 하나님도 창조를 필요로 해요. 왜냐하면 하나님은 사랑할 대상이 필요

있는 문맥과 그리고 그 특정 책의 전체 문맥과 그러고나서 성경 전체에 있는 문맥에 비추어 보아야 한다.

핵심적인 절대 한계선이 하나 있다. 그러나 이것은 거기 계시며 말씀하시는 하나님(*He Is There and He Is Not Silent*)에서 다루기 때문에 이 부록에서는 다루지 않으려고 한다. 이 책에서 나는 하나님은 존재하시는 분이며 형이상학(존재)과 도덕, 인식론(앎)의 영역에 관해 하나님께서 인간에게 명제적이며 언어로 표현된 의사소통으로 말씀하신다는 것을 다루었다.

하니까요"라고 말할 수 있다. 혹은 "하나님은 얼굴을 마주 대할 대상이 필요하죠"라고 말할 수도 있다. 그러나 이런 말들이 사실과 다른 까닭은 하나님은 삼위일체의 하나님이시기 때문이다. 그분은 삼위일체라는 높은 차원의 인격이신 하나님이시기 때문에 의사소통과 사랑을 하시기에 아무런 어려움이 없다. 삼위일체의 하나님은 모든 것이 창조되기 전에 서로 사랑하며 의사소통을 하셨다. 그러므로 우리는 다음의 선을 넘어서는 안 된다. 하나님은 존재하신다. 그리고 반드시 창조를 하셔야만 했던 것은 아니다. 그분은 원하셔서 창조를 하신 것이다. 요한계시록 4 : 11을 보라.

하지만 다른 벼랑이 있다. 즉 사람이 전혀 중요하지 않다고 말하는 위험이 바로 그것이다. 그러나 이 위험은 사람이 일단 하나님에 의해 창조된 이상, 하나님을 영화롭게 할 수 있다는 성경의 진술을 통해 극복할 수 있다.

웨스트민스터 요리문답 제1항은 "사람의 가장 주된 목적은 하나님을 영화롭게 하고 그를 영원히 즐거워 하는 것"이라고 말한다. 후반부 구절인 "그를 영원히 즐거워하는 것"을 제외하는 것은 성경에 비추어 볼 때 잘못된 것이다. "그를 영원히 즐거워 하는 것"이란 표현에는 이 요리 문답서를 작성한 사람들의 지혜와 혜안이 담겨져 있다. 그럼에도 첫번째 구절은 역시 첫번째 구절이다. "사람의 가장 주된 목적은 하나님을 영화롭게 하는 것이다." 기독교의 하나님은 삼위일체 가운데서 사랑과 의사소통을 하시는 까닭에 반드시 창조를 하셔야 할 필요는 없었던 비결정론적인 분이다. 그리고 우리가 비록 피조물이지만 우리는 하나님을 영화롭게 할 수 있다. 이것은 놀라운 일이다.

그러나 우리는 위에서 언급한 사항들 간에는 긴장이 있다는 것을 알아야만 한다. 만약 피조물인 우리가 창조주인 하나님을 영화롭게 할 수 있다는 사실을 제대로 강조하지 않는다면, 우리는 인간이 정말 중요한 존재인가 하는 문제에 대해 심각한 의문을 제기하는 셈이

된다. 우리의 행위가 중요하다는 사실을 강조하지 않을 경우 우리는 인간성을 상실한다. 우리는 하나님을 영화롭게 할 수 있다. 아니, 심지어 성경은 우리가 하나님을 슬프게 만들기도 한다는 것을 말하고 있다.

요약하면, 가장 기초적인 절대적 한계선은 하나님은 자유로우시며 그렇기 때문에 반드시 창조를 하셔야만 했던 분이 아니며 피조물인 우리 인간이 비록 유한한 존재이지만 하나님을 영화롭게 할 수 있다는 것이다. 여러분과 내가 하는 행위는 하나님께 중요하다.

우연과 역사

두번째의 절대적 한계선은 첫번째 것과 관련이 있는 것이다. 즉 하나님은 무(無)로부터 창조를 하셨으며 유대-기독교의 하나님은 창조 시에 우연을 개입시킬 필요가 없었던 분이시다. 하나님의 다스림에는 우연이란 없다. 이 경계선을 넘어서면 벼랑 밑으로 추락하게 된다.

그러나 다른 한편으로 역사가 의미를 지닌다는 사실을 단언하지 못한다면, 우리는 다른 편 벼랑 아래로 추락하게 된다. 기독교에서는 시공간의 역사 속에서 발생하는 인과관계가 실재적 의미를 갖는다. 하나님이 창조하신 합리적이고 도덕적인 피조물(여기에는 천사와 인간이 있다)인 우리 인간은 선택을 함으로써 역사에 영향을 미친다. 20세기 용어로 표현하면, 인간은 프로그램화된 존재가 아니다. 아담이 프로그램화되어 있지 않았다는 것은 특히 중요하다.

심지어 창조의 비인격적인 요소들조차 그 고유한 수준에서는 역사 속에서 중요성을 지닌다. 바람은 나무를 쓰러뜨리는 원인이다. 달리 말하면, 기계적인 인과 관계는 역사 속에서 중요성을 지닌다. 또 다른 차원에서 도덕적이고 합리적인 피조물은 선택을 할 수 있으므로 역사 속에서 중요성을 지닌다. 그러나 어떤 의미로는 후자의 사실만큼 더 굉장한 것은 없다. 물론 중요성의 측면에서는, 하나님이 만드신 물질적 우주가 실재적인 인과관계를 지니고 있다는 사실과 도덕적이고 합리적인 피조물이 선택을 통해 역사에 영향을 끼친다는 사실은 양자 모두 동등하게 굉장한 사실들이다. 하나님이 뜻을 가지시고 우주를 창조하셨다는 것과 그분이 창조하신 것이 중요성을 지니고 있다(have significance)는 것은 놀라운 일이다.

이것은 다음과 같이 말할 수도 있다. 즉 하나님이 만드신 것들은 실재적이고 객관적인 존재들이다. 사물은 단지 하나님의 마음속에만 존재하는 것이 아니다. 시스티나 성당(the Sistine Chapel)에 있는 미켈란젤로의 천장 벽화가 하나의 완벽한 실례이다.

그 벽화에서 인간 창조를 묘사한 부분을 보면 하나님께서 자신이 막 창조한 인간을 손가락으로 가리키고 계신다. 다른 팔은 뒤로 제쳐져 있고 밑으로는 몇몇 인물들이 묘사되어 있다. 이들 중 한 인물을 제외한 모든 인물들은 분명히 천사들이고 한 인물만이 다른 존재로 뚜렷이 구별되어 있다. 이 인물의 가슴을 보아서 이 인물이 여성이라는 것을 분명히 알 수 있다. 전승은 이 인물이 이브라고 말한다. 이 벽화는 기독교적인가? 아니면 비기독교적인가? 미켈란젤로가 이 벽화를 그렸을 때 어떤 생각을 가졌는지는 알 수 없지만 두 가지 가능성이 있다. 첫째로 하나님은 이브를 창조하시기도 전에 이브가 어떠한 모습으로 창조될 것임을 미리 아셨으며 따라서 아담이 창조되었을 때 비록 이브가 아직 창조되지는 않았지만 그 때에도 그녀는 이 후에 창조되었을 때와 마찬가지의 존재성을 지녔을 가능성이다. 이것이 미켈란젤로가 정말 염두에 두었던 것이라면 이러한 생각은 동양적 사고에는 적합할지 몰라도 기독교적인 사고는 아니다. 다른 가능성으로는 단지 하나님께서는 자신이 이브를 창조하실 것임을 알고 계셨으며 비록 이브를 창조하시기 전이지만 이브가 어떤 모습일 것을 알고 계셨다는 것만을 벽화는 나타낼 뿐이라는 것이다. 이러한 생각은 기독교적이다.

이 구별은 중요하다. 아담이 잠을 깬후 자기 앞에 서 있는 여인이 단지 하나님의 마음속에만 존재하는 이브인지 아니면 육체와 생명을 지니고 실제로 나타난 아름다운 이브인지의 문제는 아담에게는 엄청나게 중요한 문제인 것이다. 성경은 하나님께서 사물을 실재적이고 객관적으로 만드셨다고 말한다. 따라서 하나님이 만드신 것들이 객관적으로 존재한다는 것은 당연한 추론의 귀결이다.

또 다른 귀결은 역사를 만드신 분이 하나님이기 때문에 자신이 직접 역사에 개입하신다는 것이다. 하나님께 역사는 무의미한 것이 아니다. 하나님은 역사와 상관없이 공중에 계시는 분이 아니다. 예를 들어, 예수께서 십자가 위에서 돌아가시기 이전과 이후를 하나님께서는 분명히 구분하신다(요 7：39을 보라). 더 나아가 하나님은 지금의 나를 열일곱 살 때의 나를 다루시듯 하시지 않으며, 또한 이미 역사 속에 있는 갈대아 우르의 아브라함도 인도하시지 않는다. 하나님은 자신의 배후에 우연을 두지 않으시며 자신이 역사를 창조하셨기에 진정으로 역사에 개입하신다. 개입하시되, 매순간순간 역사의 존재를 인정하면서 개입하신다.

이들 두 귀결들은 타락이후나 이전 모두에 해당된다. 그러나 두번째의 한계선과 관련된 세번째의 귀결은 오직 타락이후에만 해당된다. 그 귀결은 바로 성령께서 그리스도인 개개인에게 역사하시며 또한 그리스도인들에게는 칭의에 대한 진정한 자각이 있다는 것이다.

인간의 구원과 관련된 상황이 너무 자주 독립적인 개념인 것처럼 논의되고 있다. 또한 우리는 이 상황이 두번째 기본 원리, 즉 하나님이 관여치 않으시는 우연이란 없다는 원리에 종속되어 있다는 사실을 자주 잊어버린다. 그러나 이러한 것들이 단순히 지적이고 교리적인 명제가 아니라 실제로 존재하는 것에 걸맞는 것이라는 사실을 깨달을 때 경배를 드리지 않을 수 없을 것이다. 하나님께서 참으로 중요한 뜻을 두고서 사물을 창조하셨다는 사실과 하나님이 관여치 않으시는 우연이란 없다는 사실이 상호모순되지 않는다는 것을 깨닫는 것은 아주 중요하다.

타락 이후의 관점에서 이것이 의미하는 것은 인간이 그리스도를 구주로 영접할 때 성령께서 인간에게 역사하시지만 그럼에도 이 과정에서 인간이 전적으로 수동적인 존재가 되어 버리는 것은 아니라는 것이다. 칭의의 사역에 대한 인간편에서의 분명한 자각이 있는 것이다.

만일 칭의의 사역에서 인간 편의 자각이 있다는 점을 간과한다면 우리는 곧 복음은 보편적으로 제시된 것이 아니라고 하거나, 인간이 무에 불과하다고 말해야만 할 것이다. 그러나 어느 경우든 사실과는 다르다. 복음은 보편적으로 제시되었으며 또한 인간은 중요한 존재라는 사실을 성경은 분명히 말하고 있다. 따라서 만일 한편으로 복음의 보편적 제시에 대해 회의하거나 혹은 다른 한편으로 인간을 무로 만들어 버린다면 우리는 벼랑 아래로 추락하게 될 것이다.

우리는 벼랑의 어느 쪽으로 떨어질 수 있다. 하나님이 관여하시지 않는 우연이 있다거나 칭의의 사역에서 인간편의 자각을 거부하고 인간을 무로 만들어 버림으로써 벼랑으로 떨어질 수 있다.[2]

통일성과 다양성

세번째의 절대적 한계선은 삼위 하나님의 각 위격은 분명히 구분되어야만 한다는 것이다. 하나님의 배후가 아닌 하나님 자신 안에 참된 통일성과 다양성이 존재한다. 이것은 단지 창조이후에만 해당되는 것이 아니라 영원토록 해당되는 사실이다. 하나님이 한 분이

[2] 인간의 구원에 대한 비인본주의 근거는 시공간의 역사 속에 있는 십자가상에서 죽으신 그리스도 (삼위일체 하나님의 제이 위격이신)의 무한한 죽음의 가치에 있다. 비인본주의적인 도구는 믿음의 빈손이다.

시라는 사실과 진정한 사랑을 서로 나눌 수 있을 만큼 뚜렷이 구분되는 본성을 지니신 세 위격으로 존재하신다는 사실은 통일성을 이룬다. 예수께서도 "아버지께서 창세 전부터 나를 사랑하시므로"라고 말씀하셨다(요 17 : 24). 창세기의 말씀도 다시 생각해 보라. "우리의 형상을 따라……사람을 만들고"(창 1 : 26). 이 구절들은 각 위격간에 사랑과 의사소통이 있음을 보여준다. 이것은 단순하게 들리지만 놀라운 사실이다. 기독교 체계에서 모든 것을 가늠할 수 있는 기준은 바로 이것이다. 우리는 결코 이 선을 넘으면 안 된다. 이것은 절대적인 벼랑이다. 왜냐하면 인격성에 대한 모든 개념이 바로 여기에 함축되어 있기 때문이다.

그리고 창조자와 피조물 사이에도 명확한 구분이 있으며 이 구분은 절대적이다. 교회의 초기 신조에서 드러나듯이 교회는 이 구분이 그리스도의 두 가지 본성, 즉 신성과 인성의 차원에까지 적용되어야 한다는 것을 명확히 이해하고 있었다. 예수 그리스도의 인격 속에서 이 두 가지 본성이 조금도 혼돈없이 함께 존재한다는 사실은 니케아와 칼케돈 종교회의에서 분명하게 표명되었다.

그러나 우리가 이 구분에만 지나치게 몰입한다면, 다른 쪽 벼랑으로 떨어지게 된다. 예수 그리스도의 인격 속에는 통일성 또한 존재하기 때문이다. 예수 그리스도는 두 본성을 지니고 계시지만 분명히 한 인격이시다. 한 본성이 활동하고 그리고 또 다른 본성이 활동하는 것이 아니라 예수 그리스도라는 한 인격이 활동하시는 것이다. 이것이 역사적 기독교가 초기의 종교회의 이후 줄곧 주장해온 것이며 또한 신약성경이 분명히 제시하고 있는 것이다.

우리가 구분과 통일성을 함께 발견하게 되는 또 다른 영역이 있다. 이 영역은 완전히 다른 질서에 속하면서도 원의 경계선과 벼랑의 끝을 이룬다. 그것은 피조물과 창조자 사이에는 절대적인 구분이 있으며 그러면서도 신자와 그리스도 사이에는 신비한 연합이 있다는 것이다. 이것은 삼위일체와는 전혀 다른 질서에 속하는 문제이지만 그럼에도 이것 역시 벼랑의 끝을 이루기 때문에 우리가 넘어서는 안 될 선이라는 것을 강조하지 않을 수 없다. 또한 내가 강조하고 싶은 것은 개개 신자들과 예수 그리스도 사이에 있는 신비한 연합뿐 아니라 교회와 그리스도 사이에도 신비한 연합이 있다는 것이다. 이것은 또 다른 귀결을 낳는다. 즉 성경은 분명히 개개인의 가치를 강조하고 있기 때문에, 현대사회에서 이러한 개념이 상실되는 것을 거부해야 하지만 우리의 대안은 맹목적인 개인주의는 아니라는 것이다. 교회는 그리스도의 몸으로서 통일성을 지니고 있기 때문이다. 교회 안에서 개개 그리스도인들은 그리스도의 몸으로서 하나가 된다.

이것을 요약하면, 한편으로는 구분을 하지 않는 혼돈의 벼랑 아래로 떨어질 위험이 있고 다른 한편으로는 통일성의 상실이라는 벼랑 아래로 떨어질 위험이 있다는 것이다. 달리 표현하면 삼위 하나님의 각 위격은 세상의 창조 이전에 이미 서로 참된 사랑과 의사소통을 나눌 만큼 분명한 구분이 있었으며 또한 그리스도의 본성인 신성과 인성 사이에도 혼돈이 일어나지 않을 만큼의 명확한 구분이 있어야 한다. 다른 한편으로 삼위 하나님의 각 위격간에, 그리고 예수 그리스도의 인격에는 통일성이 존재한다. 또한 신자들과 그리스도간에, 그리고 그리스도의 몸인 교회 안에는 실재적인 신비적 연합이 존재한다. 위의 각각의 경우에 (아주 다른 차원에서지만) 한 벼랑은 구분하지 않음으로 생기는 혼돈이며 다른 벼랑은 통일성을 상실함으로 생기는 것이다.

거룩과 사랑

이제 네번째 한계선에 대해 살펴보자. 이것은 하나님의 거룩과 관련된 벼랑이다. 하나님은 성품을 지니고 계시며 그분의 거룩은 그분의 성품의 일부이다. 우리는, 몇몇 현대의 신학자들이 생각하듯이 그분의 거룩은 단지 그분이 하나님이심을 의미할 뿐이라고 믿지 않는다. 오히려 하나님이 거룩하시다는 것은 어떤 것은 그분의 본성에 적합하고 어떤 것은 그렇지 않다는 것을 의미한다. 다른 말로 하면, 하나님의 거룩은 도덕적인 내용을 포함한다.

현대의 신학자들은 거룩이 단지 하나님의 형이상학적 타자성을 의미할 뿐이라고 생각하는 경향이 있다. 그러나 이것은 성경이 가르치는 바가 아니다. 성경의 하나님은, 틸리히가 말하는 "하나님 배후에 있는 신"(god behind God)이 아니다. 그리고 그분은 모든 것이기에 아무것도 아닌 신이 아니다. 다시 한번 강조하면, 하나님의 성품에 적합한 도덕적 행위가 있고 그렇지 못한 행위가 있다.

물론 이것은 아주 많은 세부적인 것들을 지닌다. 하나님이 거룩하시다는 사실은 개인뿐만 아니라 그룹에도 무엇인가를 의미하기 때문이다. 하나님의 거룩은 개인적 삶뿐만 아니라 교회 역시 삶과 교리 모두에서 거룩할 것을 요구한다. 이 모든 것들은 고립된 요소들로 있는 것이 아니라 하나님의 거룩이라는 실재에 기반해서 함께 존재하는 것이다.

하나님의 거룩을 강조하면서도 그분이 사랑이심을 간과해 버린다면 반대편 벼랑 아래로 떨어진다는 것을 또한 강조해야만 한다. 오늘날 사람들은 사랑을 매우 강조한다. 그러나 자주 이러한 강조는 거의 방향이 없는 것처럼 보이며 또한 동기화가 되어있지 않은, 즉 모든 방향으로 단지 형식적으로 골고루 베풀어져야 하는 사랑으로 보인다. 그러나 하나님의 사랑은 내용이 없거나 방향이 없는 사랑이 아니다. 하나님은 "내용이 부족한" 분이 아니시기 때문이다. 그분은 성품을 지니고 계신다. 성경 속에 있는 위대한 진술들, 그리고 위대한 교리들과 하나님의 율법, 이 모든 것들은 하나님의 사랑의 자취를 보여준다. 그러므로 우리는 두 방향에서, 즉 하나님의 거룩과 사랑 중 어느 하나를 무시함으로써 이단에 빠질 수 있다. 어느 것을 무시하는 일이 더 나쁜지를 우리는 말할 수 없다.

사랑만이 만사의 목적이 아님을 깨달아야 한다. 그것은 하나님의 성품에 근거하며 하나님은 거룩하시며 동시에 사랑이시다. 사랑과 거룩 중 어느 하나만 선택해서는 안 된다. 어느 것을 무시하든 똑같이 악한 것이기 때문이다. 오늘날 우리를 둘러싸고 있는 무수한 사랑의 말들은 실천의 자취가 없는 사랑이라는 것을 깨달아야 한다. 그러므로 하나님의 거룩을 실제로 다룰 때는 동시에 실재적으로 존재하는 하나님의 사랑을 항상 염두에 두어야 하며, 사랑을 실제로 다룰 때는 동시에 실재적으로 존재하는 하나님의 거룩을 항상 염두에 두어야 한다. 마치 두 개의 탁구 라켓을 가지고 번갈아 공을 치듯이 하나님의 성품 중 하나를 다루고 다시 또 다른 하나를 다루어서는 안 된다. 하나님의 거룩과 하나님의 사랑은 동시에 함께 제시되어야 한다. 그렇지 않을 경우 우리는 이쪽이나 저쪽 벼랑 아래로 추락하게 된다.

이 교리는 아주 실제적인 것이다. 이것은 우리의 지적이고 교리적인 사고에만 관계되는 것이 아니라 개인으로서, 그리고 그룹으로서 우리의 실천과도 관계된다. 진정한 사랑은 항상 교리와 삶 모두를 거룩하게 만든다. 그리고 진정한 거룩은 항상 교리와 삶 모두를 사랑으로 가득차게 한다. 다시 말하지만, 이 모든 것들은 진리이다. 사랑이나 거룩 그 어느 것도 허공에 매달려 있는 것이 아니라 이 둘 모두 존재하시는 하나님의 성품, 즉 그분은 거룩하시고 사랑이시라는 사실에 근거하고 있기 때문이다. 그리고 우리는 삶의 매순간마다 하나님의 계심과 성품을 나타내도록 부름을 받았다.

역사의 객관성과 주관성

이제 교리의 두번째 주된 부분에 대해 알아보자. 이제까지 논의한 모든 절대적인 한계선들(한 귀결만은 예외로 하여)은 본래적인 것들, 즉 다시 말해 타락 이전과 이후 모두에 해당되는 것들이었다. 이제는 오직 타락 이후에만 해당되는 절대적 한계선들에 관해 살펴보자. 이것들은 타락 이후 우주의 비정상적인 면과 관련이 있다. 이 범주에 속하는 첫번째 한계선은 타락의 역사적 시공간적인 본성과 관련되어 있다.

말의 의미가 너무도 변질되어 버려서 가끔 우리가 의미하는 바를 확실히 이해시키기 위해 좀 성가신 용어들을 사용해야만 할 경우가 있다. 사실(fact)이라는 단어는 이제 더 이상 필연적으로 어떤 것을 의미하는 단어가 아니다. 사실은 단지 상층부의 종교적 진리를 의미할 뿐이다. 따라서 우리는 원(原)사실(brute fact)이라는 어색한 단어를 사용해야만 한다. 이 경우 우리는 운이 좋은 셈인데, 자유주의 신학자들 자신이 전에 사실이란 용어로 뜻을 말할 수 없는 것에 대해 원사실이라는 용어를 사용한 적이 있기 때문이다. 그 때에는 최소한 함께 동의할 수 있는 용어는 가지고 있었다. 예를 들어 정통주의 기독교인들은 타락이 역사적 시공적인 원사실이라는 것을 믿고 있었다. 역사 속에서 타락이 있었다는 것은 해석이 아니다. 이것은 원사실이다. 만일 해석학을 이용하여 타락의 원사실성을 얼버무리려 한다면 여기에는 해석학을 위한 여지가 조금도 없다. 타락이 있었다는 것은 상층부의 진술이 아니다. 다시 말해서 그것은 상층부에 있는 "신학적"이거나 "종교적"인 진술이 아니다. 오히려 타락이 있었다는 것은 역사적 시공간적 원사실적인 명제적 진술이다.

한걸음 더 나아가 이 역사적 시공간적 타락의 결과로 세상은 더 이상 하나님이 창조하신 그대로의 세상이 아니다. 역사적 타락의 결과로 변화가 일어났기 때문이다. 이것을 달리 표현하면, 타락 이전에는 세상이 비정상적이 아닌 정상적이었던 시기가 있었다는 것이다. 이 개념을 부인하는 것은 기름이 쳐진 판자 위에 서 있는 것과 같다. 판자 위의 기름은 바로 현재 우주의 비정상적인 모습이며 이것 때문에 우리는 미끄러져 넘어진다.

합리주의 철학과 신학은 세계가 정상적이라는 개념을 전제로 출발한다.[3] 합리주의자들은 자신과 자신을 둘러싼 세계로부터 출발하여 그가 관찰하는 것은 정상적인 사태를 대표한다고 전제한다. 그러나 이것은 사실이 아니다. 기독교 사상가는 (정상적인) 세계를 창조하신 무한하고 인격적이신 하나님으로부터 출발한다. 그는 또한 역사적 시공간적 타락 이후에 세계가 비정상적으로 변했다는 것을 인정한다.

타락이 역사적 시공간적 사실이라는 것과 마찬가지로 그리스도의 죽음과 부활도 과거에 일어났던 역사적 시공간적 원사실이며 그리스도의 재림 역시 그러하다. 이것은 미래의 시공간적 역사는 언급하지 않고 현재 당장의 목적에 대해서만 언급하는 신정통주의 종말론과 얼마나 대조적인가? 여기에 타협이란 있을 수 없다. 이것들은 시공적인 원사실이든지 아니든지 둘 중의 하나인 것이다.

우리는 한밤중에 일어나 “우리는 비정상적인 세계에 살고 있어!”라고 스스로에게 말해야 한다. 우리가 쓰고, 가르치고, 전하고, 논의하는 모든 것은 창조, 타락, 그리스도의 죽음, 부활과 재림이 명제적, 즉 원사실이라는 것에 근거를 두어야 한다.

이 점을 더 진전시켜 이야기할 수 있다. 만일 지금 우리가 하나님의 자녀라면 어느 때인가 우리가 죽음에서 생명으로 옮겨진 역사적 시공간적 시점이 있었다는 것이다. 역사적 시공간적인 한 시점에서 심판자이신 하나님이 우리를 개인적으로 의롭게 하셨으며, 한 시점에서 하나님은 예수 그리스도께서 역사 속에서 완성하신 사역에 기초하여 우리의 도덕적 죄책에 대한 진정한 용서를 선포하셨다. 더 나아가 예수 그리스도의 재림으로 역사의 미래에 완전한

[3] 하이데거는 말년에 아리스토텔레스에게서 인식론적 비정상성이라는 개념을 도입함으로 여기에는 최소한의 문제가 있다는 것을 보여 주었다. 거기 계시는 하나님 참조.

구원, 즉 우리 몸의 부활과 모든 피조물의 회복이 이루어 질 것이다. 이러한 점을 확고히 하지 않는다면 우리는 벼랑의 한 아래로 추락하게 될 것이다.

우리가 쉽게 떨어질 수 있는 또 다른 벼랑이 있다. 만일 앞서 언급한 이러한 점들이 단지 속빈(bare) 교리가 아님을, 단지 속빈 명제들이 아님을, 혹은 속빈 사실들이 아님을 강조하는 것을 소홀히 한다면 우리는 벼랑 아래로 떨어진다. 앞서 원사실들이라고 언급한 과거, 현재, 미래의 모든 역사적 사건들은 우리 삶의 역사에서 현재적 의미를 지니고 있다. 그리스도의 죽음은 역사에서 그리고 나의 삶의 현 시점에서 의미를 지니고 있다. 그리스도의 부활도 마찬가지다. 이 점을 달리 표현하면, 이러한 역사적 사건들을 주관적 개념의 문제로 돌려 버리는 것을 단호히 거부해야 한다는 것이다. 동시에 또한 이 원사실들이 단순한 신학적 추상개념이거나 속빈 명제들이 아님을 깨달아야 한다. 이것들은 우리 삶에서 의미를 지녀야 하며 우리의 현재 삶에 영향을 미쳐야 한다. 순간순간의 실존적인 삶에서 의미를 지니고 있지 않은 기독교 교리는 없다. 예를 들어 삼위일체의 교회는 우리가 현 시점에서 (사랑과 의사소통의 주체로서 : 역자주) 인격의 실재성과 중요성을 깨닫고 인정하며 살 때 우리의 기독교적 삶 속에서 확증된다. 이것은 하나님과 인격적 관계를 맺을 때와 사람들과 인격적 관계를 맺을 때 그 모두에 해당된다. 예수님이 가르치신 첫번째 계명은 "네 마음을 다하고 목숨을 다하고 뜻을 다하여 주 너의 하나님을 사랑하라"는 것이었다. 그리고 두번째는 "네 이웃을 네 몸과 같이 사랑하라"는 것이었다(마 22 : 37－39). 우리 세대는 주관적인 "종교적 진리"를 강조하는데 이러한 상황이 우리가 맞서 싸워야 할 가장 큰 적이다. 그러나 이러한 상황과 싸우는 와중에 다른 벼랑 끝으로 뒷걸음질 칠 위험, 즉 위의 계명들을 단순한 교리로서만, 단순한 신조로서만, 단순한 속빈 명제로서만 생각하고 이 계명들이 지니고 있는 인격적 측면을 잊어

버릴 위험이 도사리고 있다는 것 또한 사실이다. 우리의 목표가 비록 올바른 신학적 교리의 확립이라 할지라도 교리 그 자체가 목표가 되어서는 안 된다. 현재의 매순간의 삶 속에서 우리의 모든 뜻을 다해 주님을 사랑하고 이웃을 우리 몸처럼 사랑하도록 이끄는 참된 지식이 우리의 목표가 되어야 한다.

칭의와 성화

이제 타락 이후에만 해당하는 범주에 속하는 두번째 절대적인 한계선에 대해 살펴보자. 이 한계선을 넘는다고 해서 우리가 비그리스도인이 되는 것은 아니다. 그러나 그러한 실수는 성경적 표준과 충돌을 일으키며 심각한 혼란을 일으키는 시초가 된다. 이 한계선은 칭의와 성화가 혼동되어서는 안 된다는 것이다. 이 절대적인 한계선에도 두 측면이 있다. 칭의는 단번에 이루어지고 영원한(once-for-all) 효력을 지닌다. 이러한 칭의를 매순간의 그리스도인의 삶과 혼동해서는 안 된다. 그러나 동시에 칭의는 단번에 이루어지고 영원한 효력을 지니는 것이 사실이긴 하지만 매순간마다 칭의의 표징이 나타나지 않는다면 과연 칭의가 이루어졌는가를 질문해 보아야만 한다.

성화의 영역에서도 상황은 유사한데, 성화는 단 한번의 행위가 아니라 과정이다. 그리고 그 과정 동안 종종 우리가 그것을 좇아 살도록 부름받았다는 새로운 지식의 의미를 깨닫게 될 때 위기가 생긴다. 성화가 칭의와는 달리 단번에 이루어지고 영원한 효력을 지니는 것이 아님을 아는 많은 사람들도 칭의와 성화를 자동적이고 무의식적인 과정이라고 생각함으로써 벼랑 아래로 떨어진다. 성화는 과정이다. 그러나 성화는 그리스도인이 그 과정 속에서 아무런 의식적인 역할도 하지 않는 기계적 과정이 아니다. 아주 종종 그리스도인의 삶 속에는, 그가 듣거나 스스로 성경을 통해 그리스도의 사역과 죽음이 매순간의 삶에서 의미하는 바를 배우고 이 배운 바를 좇아 살고자 할 때 위기가 생긴다.

이러한 상황과 관련해 볼 때, 그리스도인이 알려진 모든 죄로부터 한순간 동안만이라도 자유로울 수 있는가 하는 문제를 논의하는 것은 무익하다는 것이 분명해진다. 이 논의가 무익한 까닭은 타락 이후에 우리는 복잡한—극도로 복잡한—사람들이 되었고 또한 각 사람은 자기 자신과 분리되어 있다는 단순한 이유 때문이다. 어떤 한순간만이라도 완전한 승리의 삶을 살 수 있는가에 대한 모든 질문은, 우리를 기만하여 우리 자신의 잠재의식 속으로 빠지게 하는 우리의 모습에 비추어 볼 때 어리석은 것이다. 타락 이후 우리는 우리 자신에게까지 거짓말을 하게 되었으며 우리 중에 누구도 무엇이 우리에게 알려져 있으며 무엇이 알려져 있지 않은가를 완벽하게 알 능력이 없다.

동시에, 죄를 짓지 말라는 성경의 요구를 충분히 강조하지 않음으로써 우리는 반대편 벼랑 아래로 떨어질 수 있다. "하늘에 계신 너희 아버지가 온전하신 것처럼 너희도 온전하라"는 성경의 계명은 결코 차선의 기준이 아니다. 정적인 완벽주의에 반대하는 신중한 신학자는 우리는 매일 생각과 말과 행동 중에서 죄를 짓는다고 말할 것이다. 그러나 이러한 우리의 기준을 고려에 넣고 있다면 우리에게 화 있을진저. 이것은 철저히 파괴적인 생각이다. 우리가 매일 죄를 짓는다는 선언적(declarative) 진술과 그러한 죄를 짓는 것이 용납될 수 있다는 규범적(normative) 진술 사이에는 차이점이 있다. 우리는 우리 자신을 변명하지 않고 생각과 말과 행동 중에 죄를 짓는다고 고백할 수 있다. 여기서도 다시 한번 그 어느 쪽 벼랑 아래로 떨어지든지 각각은 동등하게 파괴적임을 지적하지 않을 수 없다.

이러한 점들을 다음과 같이 요약할 수 있다. (1) 칭의는 단번에 이루어지며 영원한 효력을 지닌다. 그러나 기독교적인 삶이 나타나지 않는다면 우리는 그가 칭의를 입었는지 여부를 물어보아야만 한다. (2) 성화는 단 한번의 행위가 아니라 지속적인 과정이다. 그리고 그리스도인이 자신의 현재 삶 속에서 그리스도가 의미하는 바와 그분의 사역에 대한 새로운 지식을 깨닫고 그 지식을 좇아 살고자 할 때 종종 위기가 발생한다. (3) 우리가 알려진 모든 죄로부터 승리하는 삶을 살 수 있는가 하는 문제를 논의하는 것은 무익하다. 그렇지만 이런 연유로 온전한 표준이란 없다는 것을 규범으로 삼아서도 안 된다. 이렇게 한번 생각해 보자. 완전하시고 빛과 아름다움이 되시는 하나님께서 "죄라는 것은 별 것 아니야"라고 말씀하시는 것을 상상할 수 있겠는가? 그럴 수 없을 것이다.

절대적 옳음과 절대적 그름

이제 마지막 절대적 한계선을 다루어 보자. 그 한계선은 체계들 중에는 절대적으로 옳은 것도 있고 절대적으로 그른 것도 있다는 것이다. 물론, 어떠한 체계도 옳고 그름의 잣대로 잴수 없다는 것이 오늘날의 조류이다. 심지어 자신을 복음주의라고 생각하는 많은 사람들도 체계로서의 로마 카톨릭은 그르다고 말한 16세기 종교 개혁자들의 주장에 혼란을 느낀다. 그러나 우리는 체계들과 범주들에 관해서는 옳음과 그름의 가능성을 배제해서는 안 된다. 그럴 경우 우리는 벼랑의 한 쪽 아래로 떨어지게 된다.

그러나 또 다른 벼랑이 있다. 그것은 우리 중 어느 누구도 완벽하게 기독교적인 사고를 일관성 있게 수행할 수 없다는 것이다. 우리는 비기독교적인 체계는 그른 것이라고 말해야만 한다. 더 나아가 무한하고 인격적이신 삼위 일체의 하나님이 존재하시며 그분은 (영원 전부터 계시는 자신을 제외하고는) 지금 존재하는 모든 것을 만드신 분이며, 자신이 만드신 우주에 개입하시는 분이며, 인간에게 언어로 표현된 형식으로 명제적 지식을 주시는 분이라는 사실에 기초하고 있는 기독교 체계가 진리임을 선포해야만 한다. 그렇지만 동시에 우리 중 어느 누구도 기독교 체계를 완벽하게 일관성있게 제시할 수 없다는 것을 이해해야만 한다.

종교 개혁자들은 여기서 중요한 개념을 생각해 내었다. 그들은 먼저 참 교회와 거짓 교회를 구분했다. 그리고는 참 교회에 대해서도 좀더 순수한 교회와 좀 덜 순수한 교회를 구분했다. 동일한 것이 교회뿐 아니라 기독교의 교리에도 적용될 수 있다고 생각한다. 모든 것을 상대적으로 보지 않도록, 즉 어떤 체계들은 90퍼센트, 또 어떤 체계들은 50퍼센트 정도 옳다고 여기지 않도록 주의해야만 한다. 사실 그런 것은 없기 때문이다. 교회와 교리 체계들이 옳은 것으로부터 그른 것으로 넘어갈 때 이것은 명백히 선을 넘는 것이다. 또한 우리가 기독교의 가르침을 철두철미 완벽하게 제시할 수 있다고 생각함으로써 벼랑 아래로 떨어지는 일이 없도록 해야 한다. 우리의 몸은 타락 이후 완전하지 못하며 언젠가 부활한 후에야 완전해질 것이다. 우리의 성화도 아직 완전히 이루어지지 않았다. 미래에 완성될 것이다. 기독교의 가르침 역시 철저히 일관성 있게 제시하지 못하는 상황이다. 그럼에도 불구하고 모든 것이 상대적인 것은 아니라는 것을 강조하지 않음으로써 벼랑 아래로 떨어지는 일이 있어서는 안 된다. 이렇게 균형을 취할 때 분파적 사고에서 벗어나 우리와 교리의 어떤 점에서 생각이 다른 사람들을 백안시하는 위험으로부터 벗어날 수 있다. 이것은 아주 현실적인 문제이다. 예를 들어 우리 중 누가 아이들을 집과 거리가 먼 곳으로 대학을 보낸다고 하자. 아이들에게 무엇을 말해 주어야 할까? 이렇게 말해서는 절대 안 된다. "그래, 네가 어느 교회에 출석하는가는 중요한 것이 아니다. 그게 그거야." 또 이렇게 말해서도 안 된다. "너는 완벽한 교회를 찾아서 출석해야만 한다." 이 말을 내가 그 부모라고 생각하고 좀더 개인적으로 표현해 보면 "너는 내가 가르친 것과 똑같은 교리를 믿는 교회를 찾아야 한다"라든지 "네가 어느 교회를 가든 그것은 중요하지 않다"라고 말해서는 안 된다는 것이다. 나는 이렇게 말할 것이다 : "정통주의 교리와 공동체의 정통성을 믿고 있고 그 교리대로 살고 있는 교회를 찾아가거라." 이것은 나의 자녀가 내가 가르친 모든 세세한 것까지 동의해야 한다는 것을 말하는 것도 아니고 교회를 이렇게 구분하는 것은 쓸데없는 일이라고 말하는 것도 아니다. 성경을 연구함으로써 생긴 통찰력에 비추어 생각해 볼 때, 진리의 원 내부에도 더 순수한 것과 덜 순수한 것이 있음을 알 수 있다. 그러나 성경을 믿는 교회라면 이 교회는 진리의 원 내부에 있는 것이며 이 교회에 출석한다 해서 벼랑 아래로 떨어지는 일은 없을 것이다.

통제와 원 내부에 있는 자유

이제 요약함으로 끝맺고자 한다. 기독교는 하나의 점이나 좁고 반복되는 선이 아니라 형식을 제공하는 원이다. 이 원 내부에는 이해와 표현의 폭에 따라 움직일 수 있는 여지가 있다. 기독교는 분명한 한계선, 똑같은 쌍둥이 벼랑으로 비유될 수 있는 분명한 한계선들이 있는 원이다. 우리는 늘 둘 중 어느 한 쪽으로 떨어질 수 있는 위험 속에 있다. 이것은 한 극단의 교리를 피하기 위해 다른 극단적 교리를 취하지 않도록 늘 주의해야만 한다는 것을 의미한다.

우리는 벼랑 아래로 떨어지지 않도록 하나님께 도움을 구해야 하고 또한 서로를 도와야만 한다. 각각의 원 내부에는 논의를 위한 여지가 있다. 그러나 그 논의는 늘 원 내부에서 이루어져야 하며 그 원에는 한계선이 있다는 것을 결코 잊어서는 안 된다.

전집 4 제 3 권 · 그리스도인의 표지

그리스도인의 표지

사람들은 오랜 세기에 걸쳐 자신들이 그리스도인임을 나타내기 위하여 여러 가지 상징들을 사용해 왔다. 그들은 외투깃에 마크를 달고 목걸이를 하고 심지어 특별한 머리 모양을 하기도 했다. 그렇게 하도록 부름을 받았다면 이렇게 하는 데는 아무런 잘못이 없다. 그러나 그것보다 훨씬 더 좋은 표지가 있다. 그것은 편의에 따라 어떤 특별한 절기나 특정한 시대에 사용하기 위하여 고안한 것이 아니다. 그것은 보편적인 표지이다. 교회 시대 전체에 걸쳐 예수님 재림까지 지속될 표지이다.

그 표지는 무엇인가?

예수님은 자신의 사역 마지막 즈음에는 자신의 죽음과 열린 무덤과 승천을 고대하셨다. 예수님은 자신이 곧 떠나실 것을 아시고 앞으로 다가올 일을 제자들로 하여금 대비하도록 준비시키셨다. 다음은 예수께서 무엇이 그리스도인을 식별하는 표지가 될 것인지에 대해 분명하게 말씀하신 것이다.

> 소자들아 내가 아직 잠시 너희와 함께 있겠노라 너희가
> 나를 찾을 터이나 그러나 일찍 내가 유대인들에게 너희는

> 나의 가는 곳에 올 수 없다고 말한 것과 같이 지금 너희에게도 이르노라 새 계명을 너희에게 주노니 서로 사랑하라 내가 너희를 사랑한 것같이 너희도 서로 사랑하라 너희가 서로 사랑하면 이로써 모든 사람이 너희가 내 제자인 줄 알리라(요 13 : 33-35).

이 구절들은, 예수께서 말씀하신 그리스도인의 표지는 어떤 한 시대나 한 장소에 국한되지 않고 모든 시대와 모든 장소에서 예수님이 다시 오실 때까지 드러날 것이라고 말한다.

예수님이 여기서 말씀하신 것은 어떤 사건에 대한 서술이 아니다. 그것은 조건을 포함한 명령이다. "새 계명을 너희에게 주노니 서로 사랑하라 내가 너희를 사랑한 것같이 너희도 서로 사랑하라 너희가 서로 사랑하면 이로써 모든 사람이 너희가 내 제자인 줄 알리라." 만일 우리가 이대로 순종하면 우리는 그리스도께서 주신 휘장을 달게 될 것이다. 이것은 명령이지만 어길 수도 있다.

중요한 것은 우리가 표지를 나타내지 않고도 그리스도인이 될 수 있으나 우리가 불신자들에게 그리스도인임을 나타내려면 우리는 표지를 보여야 한다는 것이다.

요한일서 3 : 11에서 요한은 "우리가 서로 사랑할지니 이는 너희가 처음부터 들은 소식이라"고 말함으로써, 그리스도가 죽으신 지 여러 해 후에, 서신서 기록을 통해 요한복음 13장에 있는 그리스도의 최초의 명령을 우리에게 환기시킨다. 요한은 교회에 편지하면서 "이것을 잊지 마십시오……이것을 잊지 마십시오. 이 계명은 그리스도께서 세상에 계실 때 우리에게 주신 것입니다. 이것이 여러분의 표지가 되어야 합니다"고 말한다.

모든 사람과 형제들

요한복음 13장과 요한 일서 3장에 나오는 이 계명은 우리와 같은 그리스도인, 즉 우리의 형제들을 사랑하라는 것이다. 그러나 물론 우리는 균형을 잃지 않고 그 교훈의 다른 면도 기억해야 한다. 우리는 우리의 동포를 사랑해야 하고 사실상 모든 사람들도 이웃과 같이 사랑해야 한다.

모든 사람은 다 하나님의 형상(形狀)을 입고 있다. 그들은 그들이 구속을 받았기 때문이 아니라 그들이 하나님의 형상을 입은 하나님의 피조물이기 때문에 귀중하다. 이 견해를 거부하는 현대인들은 자신의 근원에 대한 근거가 없으므로 자신이나 타인의 가치를 격하시키고 오늘날 우리가 당면하는 일, 곧 사람이 사람을 사람보다 못한 기계로 다루는 구역질 나는 병적 문화를 만든다. 그리스도인인 우리는 사람의 가치를 안다.

모든 사람은 다 우리의 이웃이다. 우리는 그들을 우리 자신과 같이 사랑해야 한다. 비록 그들이 구속을 받지 못했지만 그들이 하나님의 형상을 입은 피조물이기 때문에 우리는 창조의 근거에서 그들을 사랑해야 한다. 그러므로 많은 희생에도 불구하고 그들을 사랑해야 한다.

물론 이것은 예수님의 선한 사마리아 사람에 관한 이야기의 전체 요점이다. 사람은 사람이기 때문에 모든 희생에도 불구하고 사랑을 받아야 한다.

그러므로 우리의 그리스도인 형제를 사랑하라는 예수님의 특별 명령은 모든 사람을 사랑하라는 계명을 부정하는 것이 아니다. 이 두 계명은 반정립적인 것이 아니다. 우리는 모든 사람을 우리 자신과 같이 사랑하든가, 또는 그리스도인 형제들을 특별히 사랑하지 않으면 안 되는 양자택일을 할 필요가 없다. 이 두 계명은 상호 보강하는 것이다.

예수께서 모든 사람들을 우리의 이웃처럼 사랑하라고 엄명하셨다면 특히 같은 그리스도인을 사랑하는 것이 더욱 중요하지 않겠는가? 만일 우리가 모든 사람을 우리 이웃과 같이, 우리 자신과 같이 사랑해야 한다면, 예수 그리스도를 통해 한 아버지를 모시고 한 성령이 내주(內住)하는 그리스도인으로서 특별한 유대를 가진 사람들끼리 사랑하는 것을 모든 사람들에게 보여주는 것이 얼마나 중요한가를 이해할 수 있다. 바울은 갈라디아서 6：10에서 이 이중 의무를 분명히 표현한다. "우리는 기회 있는 대로 모든 이에게 착한 일을 하되 더욱 믿음의 가정들에게 할지니라." 그는 모든 사람들에게 선을 베풀라는 명령을 부정하지는 않는다. 그러나 특히 "믿음의 가정에"라는 것은 더욱 의의가 있다. 이 이중 목적이 우리의 정신자세, 곧 그리스도인의 사고방식이어야 한다. 우리는 이것을 부단히 생각하며 이것이 우리의 순간 순간의 삶에 어떤 의의를 부여하는지 생각해야 한다.

이것이 우리들의 외면적 가견(可見)적 행동을 지배하는 태도가 되어야 한다.

성경을 믿는 진정한 그리스도인이 빈번히 하나는 길을 잃고 하나는 구원받은, 즉 하나는 아직도 하나님께 반역하고, 다른 하나는 그리스도를 통해 하나님께 돌아왔다고 하는 두 인간성을 강조함으로 명예롭지 못한 배타적인 견해를 취한다.

인간성은 둘이라는 것이 사실이다. 어떤 사람들은 하나님의 형상으로 지음을 받았지만 아직도 하나님께 반역하고, 어떤 사람들은 하나님 은혜로 자신들을 하나님의 해결책에 맡겨 버렸다.

그럼에도 불구하고 다른 또 하나의 중요한 의미로 인간성은 단 하나뿐이라는 것이다. 모든 사람은 다 한 근원에서 유래했다. 창조에 의하여 모든 사람은 다 하나님의 형상(image)을 입었다. 이 의미에 의하면 모든 사람은 한 몸과 한 피를 받았다.

그리하여 두 인간성(humanity)은 만인의 통일성에 의하여 결합

된다. 그리스도인들은 믿는 형제들을 불신자들을 사랑하는 그 이상으로 사랑해야 한다. 우리는 항상 의식적으로 선한 사마리아 사람의 본을 이행해야 한다.

섬세한 균형

첫째 계명은, 우리 하나님을 마음을 다하고 목숨을 다하고 뜻을 다하여 사랑하라고 하였다. 둘째 계명은, 모든 사람을 사랑하라는 보편성을 띠고 있다. 둘째 계명이 다만 그리스도인만 사랑하라고 하지 않은 점에 유의하라. 이 계명의 범위는 지극히 광범위하다. 우리는 이웃을 우리 자신과 같이 사랑해야 한다.

데살로니가전서 3：12은 "또 주께서 우리가 너희를 사랑함과 같이 너희도 피차간과 모든 사람에 대한 사랑이 더욱 많아 넘치게 하사"라고 이중 강조를 한다. 여기서 보면 순서가 전도되었다. 우선 우리는 서로서로 사랑하고 나서 모든 사람을 사랑해야 한다. 그렇다고 해서 이중 강조를 변경하는 것은 아니다. 도리어 그것은 실천에 있어서 자동적으로 시행되지 않는 섬세한 균형을 강조한다.

오직 진정한 그리스도인만을 위하여

우리가 요한복음 13장에 있는 계명을 다시 살펴보면 중요한 사실을 발견하게 될 것이다. 첫째로 이 계명은 진정한 모든 그리스도인, 중생한 모든 그리스도인들을 특별히 사랑하라는 명령이다. 성경의 견해에 의하면 그리스도인이라고 자칭하는 사람들이 다 그리스도인은 아니다. 특히 우리 세대에 더욱 그러하다. "그리스도인"이란 말의 의미는 사실 아무것도 아닌 것이 되어버렸다. 그리스도인이란 말에 "하나님"이라는 말이 내포되어 있다는 사실을 제외하고서는 이 말만큼 평가절하되어 온 말도 없다. 의미론(意味論)의 중심은 관념(Idea)이다. 상징으로서의 말(word)은 거기에 내용을 부여하기 전에는 의미가 없다. 상징으로서의 "그리스도인"이란 말은 너무나도 그 의미를 상실했기 때문에 그 말이 모든 것을 의미하거나 그렇지 않으면 아무것도 의미하지 못하게 되었다.

그러나 예수님은 진정한 모든 그리스도인들을 사랑할 것을 말씀하셨다. 이것은 두 날을 가진 계명이다. 왜냐하면 이 계명은 진정한 그리스도인인 체하는 자를 구별해야 하고 진정한 그리스도인을 도외시하지 않아야 할 것을 의미하기 때문이다. 다시 말하면 그리스도인의 간판을 계속 달고 있는 인본주의자와 자유주의 신학자들, 그리스도인이라는 명칭이 오직 형식뿐인 교회 회원은 그리스도인이라고 인정할 수 없다.

그러나 우리는 그 반대의 잘못을 범치 않도록 주의해야 한다. 우리는 역사적, 성경적 신앙을 가진 사람이라면 "모두", 단체나 모임의 소속 여하를 막론하고 그리스도인으로 인정해야 한다.

비록 어떤 사람이 진정한 그리스도인이 아닐지라도 우리는 그가 우리의 이웃으로 사랑할 의무가 있다. 그러므로 우리는 "내가 아는 이 사람은 진정한 그리스도인 그룹에 속하지 않기 때문에 그를 더 이상 생각할 필요가 없다. 그를 무시해 버리겠다"고 말할 수 없다. 결코 그렇게 할 수 없다. 우리는 둘째 계명에 의해 그를 사랑해야 한다.

표준이 되는 요건

요한복음 13：33－35에서 우리가 유의해야 할 둘째 사실은 우리의 표준이 될 사랑의 요건이다. 우리는 예수께서 "내가 너희를 사랑한 것같이"라고 말씀하셨듯이 "나처럼"(as I) 모든 그리스도인을 사랑해야 한다. 그러면 예수님이 우리를 사랑하신 질적인 면과 양적인 면을 생각해 보자. 물론 그분은 무한하시고 우리는 유한하며 그분은 하나님이시고 우리는 사람이다. 그분은 무한하시기 때문에 우리의 사랑은 그분의 사랑과 같을 수 없고 우리의 사랑은 결코 무한한 사랑일 수 없다.

그럼에도 불구하고 예수님이 그 때 나타내신 사랑과 지금 나타내시는 사랑은 우리의 표준이 되어야 한다. 우리는 그 이하의 표준을 가져서는 결코 안 된다. 우리는 그리스도께서 우리를 사랑하신 것같이 진정한 모든 그리스도인들을 사랑해야 한다.

우리가 이 말을 하면 두 가지 사건이 일어날 수 있다. 우리는 "알았다. 알았어"라고 말할 수 있고 또 작은 기(旗)를 만들어 "우리는 모든 그리스도인을 사랑한다"는 표어를 거기에 쓸 수도 있다. 그래서 "우리는 모든 그리스도인을 사랑한다"는 기를 말아 들고 다니다가 적당한 때에 풀어 기를 펴들고 흔들면서 "우리는 모든 그리스도인을 사랑한다!"라고 외친다면 그 얼마나 흉칙스러울까!

그리스도인의 사랑은 사람이 상상할 수 있는 가장 흉칙한 것일 수도 있고 사람이 상상할 수 있는 가장 고상한 것일 수도 있다. 후자가 되려면 성경을 믿는 그리스도인이 많은 시간을 들이고 이에 대한 많은 생각과 기도가 있어야 한다.

교회는 죽어가는 문화 속에서 사랑하는 교회가 되어야 한다. 그러면 죽어가는 문화가 우리를 어떻게 생각하겠는가? 예수님은 말씀하시기를 "만일 너희가 서로 사랑하면 이것으로 인하여 모든 사람이 너희가 내 제자인 줄 알리라" 하셨다. 세상 가운데서, 죽어가는 현대 문화 속에서 예수님은 세상 사람들에게 권리를 주신다. 예수님은 자신의 권위로 모든 그리스도인을 향한 우리의 가견적 사랑에 근거하여 여러분과 내가 중생한 그리스도인인가 아닌가를 판단할 권리를 세상에 부여하신다.

그것은 상당히 무서운 일이다. 예수님은 세상을 향하여 말씀하시기를 "내가 너희에게 줄 것이 있다. 내 권위에 근거하여 내가 너희에게 권세를 주노니 너희는 사람이 모든 그리스도인에게 나타내는 사랑을 보고 그가 그리스도인인지 아닌지 판단하라"고 하신다. 다시 말하면 만일 사람들이 우리에게 와서 우리가 다른 그리스도인들을 사랑하지 않은 연고로 우리에게 그리스도인이 아니라는 불쾌한 판단을 내린다면 그들은 다만 예수님이 그들에게 주신 특권을 행사하고 있는 것뿐이라는 사실을 알아야 한다.

그리고 우리는 화를 내어서도 안 된다. 만일 사람들이 우리에게 말하기를 "당신들은 다른 그리스도인들을 사랑하지 않는군요" 하면 우리는 집에 가서 무릎을 꿇고 하나님께 그들의 말이 옳은지 그른지 여쭈어 보아야 한다. 그들이 옳다면 그들은 그렇게 말할 권리가 있다.

사랑에 있어서의 실패

그러나 우리는 이 점에 대해 주의해야 한다. 우리는 진정으로 거듭난 그리스도인이지만, 다른 그리스도인들을 사랑하는 데에 실패할 수 있다. 실제에 적용해서 사실 그대로 말한다면 이보다 더 심한 경우가 있다. 우리는 그리스도인 상호간의 사랑의 실패로 눈물을 흘려야 할 때도 있다. 예수께서 다시 오시기 전에는 완전이란 있을 수 없는, 타락한 세상에서는 이런 경우가 있을 수 있다. 우리가 실패하면 물론 하나님께 사죄를 구해야 한다. 그러나 예수님은 우리가 다른 그리스도인을 사랑하는 데 실패한다고 해서 우리가 그리스도인이 아님을 증명하시지는 않는다.

이제 우리 자신을 위하여 각자 이것을 생각해 보자. 내가 다른 그리스도인을 사랑하는 데에 실패했다고 그리스도인이 아님을 증명하는 것은 아니다. 예수께서 말씀하시는 것은 만일 내가 마땅히 다른 그리스도인들을 향해 나타내야 할 사랑을 나타내지 못하면 세상 사람은 나를 그리스도인이 아니라고 판단할 권리가 있다는 말이다.

이 구별은 명령적이다. 만일 우리가 모든 그리스도인을 사랑하는 데 실패할지라도 마치 이것이 우리의 타락을 뜻하는 것이나 되는 것처럼 가슴치며 통곡할 필요는 없다는 것이다. 그리스도를 제외하고는 세상에서 실패하지 않는 사람은 없다. 만일 그리스도 안에 있는 형제를 향한 사랑의 성패가 그가 그리스도인인지 아닌지를 결정하는 척도가 된다면 세상에는 그리스도인이란 있을 수 없다. 왜냐하면 모두 다 실패했기 때문이다. 예수님은 세상 사람들에게 사리를 알 수 있는 계기로서의 리트머스 시험지 한 장씩을 주셨다.

그리스도인에게는 한 표지가 있는데 세상이 그 표지를 보지 못하면 "이 사람은 그리스도인이 아니다"라고 결론지을 권리를 부여받았다. 물론 세상은 그릇된 판단을 할 수 있다. 왜냐하면 실제로는 그 사람이 진정한 그리스도인인데 그렇게 판단했다면 그것은 오판이기 때문이다. 불신자들은 가끔 그리스도인들의 잘못을 포착하여 "위선자여"라고 소리친다. 사실은 그도 그리스도의 요구에 대응할 수 없는 죄인이다. 그러나 예수님이 여기서 말씀하시는 것은 그것이 아니다. 여기서 예수님은 개인으로서, 단체로서 우리가 다른 모든 그리스도인을 사랑할 책임을 말씀하신다. 그리하여 세상이 우리를 그리스도인이 아니라고 말할 정당한 이유를 없애고자 하신 것이다.

최종적 변증(辨證)

그러나 여기 훨씬 더 온건한 그 무엇이 있다. 그리고 이것을 알기 위해서는 그리스도의 대제사장적 기도의 한 구절인 요한복음 17 :

21을 보아야 한다. 예수님은 "아버지께서 내 안에, 내가 아버지 안에 있는 것같이 저희도 다 하나가 되어 우리 안에 있게 하사 세상으로 아버지께서 나를 보내신 것을 믿게 하옵소서"라고 기도하셨다. 주님의 대제사장적 기도인 이 구절에서 예수님은 교회의 하나됨을, 특히 진정한 그리스도인간에 있어야 할 하나됨을 위해 기도하셨다. 예수님은 일반 사람들의 인본주의적이고 낭만적인 하나됨을 위해 기도하시지 않았다. 9절에서 "내가 비옵는 것은 세상을 위함이 아니요 내게 주신 자들을 위함이니이다 저희는 아버지의 것이로소이다"고 분명히 말씀하셨다. 예수님은 여기서 믿음으로 자신을 맡긴 자들과 아직도 하나님을 반역하는 자들의 차이를 분명히 말씀하셨다. 21절에서 하나됨을 위하여 기도하실 때 "저희"란 말은 진정한 그리스도인을 가리키는 말이다.

그러나 21절의 "저희도 다 하나가 되어"란 말에 유의하라. 흥미롭게도 이 강조는 요한복음 13장에서와 똑같이 참된 교회의 어떤 부서의 사람들만이 하나 되어야 할 것이 아니라 거듭난 모든 그리스도인이 하나 될 것을 말한다.

이제 온건한 부분이 제시된다. 예수님은 21절에서 늘 나를 움츠리게 했던 사실에 대해 말씀하신다. 예수님은 여기서 최종적 변증을 말씀하셨는데 만일 그리스도인으로서 우리가 움츠리지 않는다면 우리는 민감하지 않거나 정직하지 않은 것같이 보인다. 최종적 변증이란 무엇인가? "아버지께서 내 안에, 내가 아버지 안에 있는 것같이 저희도 다 하나가 되어 우리 안에 있게 하사 세상으로 아버지께서 나를 보내신 것을 믿게 하옵소서"라고 하셨다. 이것이 최종적 변증이다.

요한복음 13 : 21의 요점은 만일 어떤 그리스도인이 다른 진정한 그리스도인들에게 사랑을 표현하지 않으면 세상은 그를 그리스도인이 아니라고 판단할 권리가 있다는 것이다. 여기서 예수님은 훨씬 더 예리하고 심오한 다른 그 무엇을 말씀하신다. 세상이 진정한 그리스도인들의 하나됨의 실상을 보기 전에는 하나님께서 아들을 보내시고 예수님의 주장의 진실하심과 기독교의 진실성을 그들이 믿도록 기대할 수 없다.

그것은 무서운 일이다. 이 점에 있어서 우리가 느끼는 바가 있어야 하지 않는가?

이것을 다시 살펴보자. 예수님은 그리스도인들이 이 근거에 의하여 서로(그들이 그리스도인인가 아닌가)를 판단해야 한다고 하신 것이 아니다. 이 점에 심심(深甚)한 주의를 기울여야 한다. 교회는 어떤 사람의 신앙이 교리와 명제적인 내용과 신빙할 만한 고백에 근거한 그리스도인인지 아닌지 판단해야 한다. 어떤 사람이 이 본분을 지키고 있는 지역 교회에 나올 때 그는 자신의 신앙 내용에 대해 질문받을 것이다. 예컨대 만일 어떤 교회가 이단심문을 행한다면(신약에는 그리스도의 교회에 이단심문이 있음을 시사한다) 이단에 대한 질문이 그 사람의 교리 내용에 집중될 것이다. 교회는 사람이 믿고 가르치는 것의 내용에 근거하여 그를 판단할 권리가 있다. 실은 판단하라고 명령받았다.

그러나 우리는 세상이 그러한 방법으로 판단하기를 기대할 수 없다. 왜냐하면 세상은 교리에 대해서는 무관심하기 때문이다. 그리고 그것은 특히 20세기 후반기의 사람들이 그 나름의 인식론에 근거하여 절대진리의 가능성마저 부인하는 이때 더욱 그러하다. 그리고 우리가 진리의 개념마저 부인하는 세상에 둘러싸여 있다면 사람의 교리가 옳은지 그른지에 대해 사람들이 관심을 갖기를 기대하는 것은 어려운 일이다.

그러나 예수님은 세상의 주위를 끌 표지를 분명히 주셨다. 심지어 자신은 단지 하나의 기계라고 말하는 현대인의 주의도 끌게 하셨다. 모든 사람은 하나님의 형상으로 지음을 받았기 때문에 사랑에 대한 열망이 있다. 어떤 지역에서든 어느 시대이든 사람의 주의를 끌 수 있는 그 무엇이 있다.

그것이 무엇일까? 그것은 진정한 그리스도인들이 자신들이 소속한 집단에서만 아니라 서로에게 나타내는 사랑이다.

정직한 대답, 가견적 사랑

물론 그리스도인으로서 우리들은 정직한 질문에 정직한 대답을 할 필요성을 경시할 수 없다. 우리는 이성적인 변증론을 가져야 한다. 성경은 그것을 명했고 그리스도와 바울은 실천했다. 회당에서 장터에서 가정에서 그리고 상상할 수 있는 거의 모든 상황에서 예수님과 바울은 기독교를 논했다. 정직한 질문에 정직한 대답을 하는 것이 그리스도인의 과제이므로 그렇게 해야 한다.

그러나 그리스도께서 말씀하시기를 그리스도인 서로간에 진정한 사랑이 없이는 비록 우리가 정당한 대답을 한다 할지라도 세상이 믿기를 기대할 수는 없다고 하셨다. 우리는 참으로 조심스럽게 일생을 바쳐 연구하여 정직한 대답을 할 수 있도록 하자. 오랫동안 정통복음주의 교회는 이것을 제대로 하지 못했다. 그러므로 우리 주위에 있는 사람들에게 대답하기 위하여 시간을 들여 배우는 것은 좋은 일이다. 그러나 우리가 최선을 다하여 타락한 세상에 설명한 후에라도 예수님이 명하신 최종적 변증은 진정한 그리스도인들이 진정한 그리스도인들에게 행하는 가견적 사랑임을 잊어서는 안 된다.

내가 지금 여기서 다루고자 하는 요점은 이것이 아니다. 그러나 세상 앞에서 나타낸 진정한 그리스도인간의 가견적 사랑과 하나됨은 사람을 구분짓는 모든 계층을 총망라해야 한다. 신약은 "헬라인이나 야만인이나 유대인이나 이방인이나 남자나 여자의 분별이 없느니라"고 하였다(고전 12 : 13, 갈 3 : 28, 골 3 : 11).

안디옥 교회의 그리스도인들은 유대인과 이방인 그리고 헤롯의 젖동생으로부터 노예에 이르기까지 다 포용하고 있으며 또 천성적으로 교만한 마케도니아에 있는 이방인 그리스도인들이 예루살렘에 있는 유대인 그리스도인들의 물질적 필요에 실제적 관심을 나타내었다. 오늘날, 세상이 관찰할 권리가 있는 진정한 그리스도인의 가견적 및 실제적 사랑은 기탄없이 모든 장애물을 뛰어넘어야 한다. 이를 테면 언어, 국적, 국경, 노소, 피부색깔, 교육 및 경제수준, 말씨, 문벌, 특수 지역사회의 계급제도, 의상, 백인과 아프리카인들 가운데 머리칼의 장단과 흑인들 중의 비아프리카식의 머리 손질, 문화의 차이, 그리고 예배의식의 보다 더 전통적인 것과 덜 전통적인 것에 전혀 구애됨이 없이 총망라하고 있어야 한다.

세상이 이것을 볼 수 없다면 그들은 그리스도가 하나님의 보내심을 받았다는 사실을 부인하게 될 것이다. 사람들은 오직 정당한 대답에만 근거하여 믿지는 않을 것이다. 이 둘을 반정립(antithesis)의 입장에다 두어서는 안 된다. 세상은 그들의 정직한 질문에 대한 정당한 대답을 들어야 한다. 그러나 동시에 모든 진정한 그리스도인들간의 사랑의 조화도 있어야 한다. 예수님이 하나님의 보내심을 받은 것과 기독교가 진리라는 사실을 사람들에게 알리는 데에 필요한 것은 사랑이다.

연합(聯合)에 대한 그릇된 견해

하나됨(oneness)이란 무엇인지 분명히 알아보자. 우리는 약간의 그릇된 견해를 제함으로 출발할 수 있다.

첫번째로 예수께서 말씀하시는 하나됨은 다만 조직의 하나됨만이 아니다. 우리 세대는 교회의 연합을 맹렬히 추진하고 있다. 풍진이 전염병 유행시에 생기는 것처럼 하나됨은 공기 속에 있고 우리 주위에 빙 둘려 있다. 인간은 각양 각색의 조직적 연합을 이룰 수 있다. 그러나 세상 사람들에게 연합은 전혀 나타내지 못한다.

고전적인 본보기로는 오랜 시대를 걸쳐 내려온 로마 카톨릭 교회를 들 수 있다. 로마 카톨릭 교회는 거대한 외관적 연합을 이루었다. 아마 세상에서 일찍이 볼 수 없었던 가장 거대한 조직적 연합이었을 것이다. 그러나 동시에 거기에는 소속이 다른 교단간에 맹렬하게 미워하는 권력 투쟁이 전개되었다. 오늘날까지도 카톨릭 교회에는 전통적인 카톨릭주의와 진보적인 카톨릭주의간에 큰 차이가 있다. 로마 카톨릭 교회는 여전히 조직적인 하나됨을 유지하려고 노력한다. 그러나 그것은 조직적 연합에 불과하고, 그 가운데는 전혀 다른 두 개의 종교와 두 종류의 신관과 두 종류의 상이한 진리관이 있다.

개신교 에큐메니칼 운동에서도 이와 똑같은 현상을 볼 수 있다. 예수님의 진술에 근거하여 조직적으로 사람들을 결속시키려는 시도를 하고 있다. 그러나 두 개의 전혀 다른 종교, 즉 성경적 기독교와 아무리 보아도 기독교가 아닌 것이 포함되어 있기 때문에 진정한 연합이 없다. 일생 동안의 정력을 바쳐 조직적 연합은 이룰 수 있겠지만 예수께서 요한복음 17장에서 말씀하신 수준에는 근처에도 이르지 못할 수가 있다. 나는 정당한 교리에 기초한 연합을 얕보고 싶은 생각은 전혀 없다. 여기서 예수님은 매우 중요한 사실을 말씀하셨다. 왜냐하면 심지어 교리적 순결을 위해 싸우는 교회도 전혀 하나됨이 없이 거대한 조직적 연합을 이룰 수 있기 때문이다.

나는 가견적 교회의 순결의 원리와 실천을 굳게 믿는다. 그러나 나는 순결을 위해 싸운 교회들이 추악의 온상으로 화하는 것을 보았다. 다른 진정한 그리스도인은 고사하고 심지어 자기네들끼리도 불평하고 다정스러운 인격적 관계가 전혀 없다.

예수께서 말씀하신 연합은 조직적인 것이 아니라는 사실을 입증할 근거는 많이 있다. "그들이 모두 하나 되게 하소서"라고 하신

대로 모든 그리스도인들은 하나가 되어야 한다. 세계 각처에 있는 모든 중생한 그리스도인들을 다 포함할 조직적인 연합은 있을 수 없음이 분명하다. 그것은 될 수 없는 일이다. 예를 들면 어떤 조직에도 속하지 않은 중생한 그리스도인들이 있는 것도 사실이다. 그리고 진정한 그리스도인들을 포함할 수 있는 조직이 박해로 말미암아 외부세계와 격리되어 나갈 수도 있다. 조직적 연합이 해결책이 아님은 명약 관화한 일이다.

이 연합에 수반되는 두번째 그릇된 견해가 있다. 이 견해는 복음주의 그리스도인들이 가끔 피신하고자 하는 것이다. 복음주의자들은 너무나 빈번히 “물론 예수님은 여기서 불가견(不可見)적 교회의 신비적 연합을 말씀하시고 있다”고 한다. 그런 후에 이것을 방치해 버리고 그 이상은 전혀 생각하지 않는다. 신학 용어에는 분명히 가견적 교회와 불가견적 교회가 있다. 불가견적 교회가 진정한 교회이다. 어떤 의미에 있어서는 불가견적 교회만이 마땅히 강조되어야 한다. 불가견적 교회는 자신을 구세주이신 그리스도께 맡겨 버린 사람들로 구성되어 있기 때문에 그것이 가장 중요하다. 그것이 그리스도의 교회이다. 내가 그리스도인이 되는 순간, 내가 나 자신을 그리스도께 맡기는 순간, 나는 이 교회의 일원이 되고 나를 다른 모든 성도들과 결속시키는 신비적 연합이 이루어진다. 사실이다. 그러나 예수께서 요한복음 13장과 17장에서 말씀하신 것은 이것이 아니다. 왜냐하면 우리가 아무리 애써도 이 연합을 파괴할 수 없기 때문이다. 그러므로 그리스도의 말씀을 불가견적 교회의 신비적 연합에 연관시키는 것은 그리스도의 말씀을 무의미한 소리로 낮추는 것이다.

세번째로 예수님은 그리스도 안에서의 지위상의 연합을 말씀하신 것이 아니다. 물론 우리가 그리스도를 구주로 영접하는 순간 우리는 한 주님을 모시고 한 세례를 받고 한 출생(둘째 출생)을 하고 그리스도의 의를 옷입는 그리스도 안에서의 지위상의 연합이 있다. 그러나 여기에서 말하고자 하는 것은 그것이 아니다.

네번째로 우리는 그리스도 안에서 법률상의 연합을 한다. 그러나 주님은 이것에 대하여 말씀하신 것도 아니다. 모든 그리스도인들 가운데는 아름답고 놀라운 법률상의 연합이 있다. 성부(우주의 심판자)께서는 시공간과 역사 안에서 그리스도의 완성하신 사역에 근거하여 그리스도에게 자신들을 맡겨 버린 자들의 실제 도덕적 죄책은 사라졌다고 법률상으로 선언하신다. 이러한 사실에서 우리는 놀라운 연합을 하고 있다. 그러나 여기서 예수님이 말씀하시는 것은 이것이 아니다. 복음주의자들이 불가견적 교회에 대한 견해와 이와 연관된 다른 연합들 속으로 도피하려는 것은 부당한 일이다. 요한복음 13장과 17장의 이 구절들을 단지 불가견적 교회의 존재에 연관시키려는 것은 예수님의 말씀을 무의미한 말씀으로 만드는 것이다. 예수께서 볼 수 있는 그 무엇을 말씀하신다는 사실을 이해하지 못한다면 우리는 예수님의 말씀을 조롱하는 것이 된다.

전체 요점은 이것이다. 세상은 공개적으로 볼 수 있는 어떤 사실에 근거하여 성부께서 예수님을 보내셨는지 보내시지 않았는지 판단하게 될 것이라는 말이다.

진정한 하나됨

요한복음 13장과 17장에서 예수님은 모든 진정한 그리스도인들 간에 볼 수 있는 하나됨, 실천적 하나됨에 관해 말씀하셨다.

그리스도인들은 참으로 이중 과제를 가지고 있다. 그리스도인은 하나님의 거룩함과 사랑을 실천해야 한다. 그리스도인은 하나님이 무한하고 인격적인 하나님으로 존재하신다는 것을 나타내야 하고 동시에 하나님의 거룩과 사랑의 성품을 나타내야 한다. 그것이 유일의 엄격한 일이다. 하나님의 거룩함이 없는 사랑을 나타내지 않아야 한다. 그것이 유일의 타협이다.

개개의 그리스도인이나 그리스도인 집단이 하는 어떤 일이라도 지켜보고 있는 세상 앞에서 하나님의 거룩함과 하나님의 사랑의 동시적인 균형을 나타내는 데에 실패하면 그는 존재하시는 하나님을 나타낸 것이 아니라 존재하시는 하나님을 풍자한 것에 불과하다.

성경과 그리스도의 가르침에 의하면 나타내어야 할 사랑은 극히 강렬해야 한다. 이 사랑은 이따금 한번씩 이야기해 볼 정도의 것이 아니다.

가견적 사랑

그럼 이 사랑은 무엇을 의미하는가? 어떻게 해야 볼 수 있게 할 수 있는가?

첫째로 그것은 매우 단순한 것을 의미한다. 예를 들면 내가 그리스도인 형제를 사랑함에 있어서 잘못을 했거나 실수를 했다면 나는 그를 찾아가서 미안하다고 하면 된다. 이것이 우선이다.

우리가 말하고 있는 첫번째 것이 그렇게 단순한 것이라는 사실에 실망할지 모른다. 그러나 그것이 쉽다고 생각했다면 우리는 진정으로 실천하려고 시도한 것이 아니다.

우리 자신들의 모임에서나 우리들의 친근한 그리스도인 공동체에서나 심지어 우리 가족간에 있어서도 상호간의 사랑이 부족해 보일 때 곧장 우리들은 그리스도인으로서 곧장 가서 미안하다고 말하지 않는다. 가장 단순한 일이라도 그것은 결코 쉬운 일이 아니다.

우리가 미안하다고 사죄를 구하는 것은 극히 쉬운 것 같지만 실은 그렇지 않다. 이것이 부부간에 있든, 부모와 자녀간에 있든, 그리스도인 공동체 안에 있든, 집단들간에 있든, 이것은 갱신(更新)된 사귐의 방법이다. 우리가 다른 사람들에게 사랑의 결핍을 나타내었을 때 우리는 가서 "미안하다……정말 미안하다"고 말하라는 명령을 하나님께로부터 받은 것이다.

만일 내가 어떤 사람에게 잘못했을 때, 특히 내가 그에게 사랑을 나타내지 않았는데도 미안하다는 말을 하기 싫어한다면, 세상이 볼 수 있는 그리스도인의 하나됨의 의미를 생각조차 해보지 않은 것이다. 세상은 내가 그리스도인인지 아닌지 질문할 권리가 있다. 이보다 한 가지 더 말하고 싶은 것은 내가 이렇게 쉬운 일도 하기 싫어한다면 세상은 하나님이 과연 예수를 보내셨으며 과연 기독교가 진리인가 아닌가를 의심할 권리가 있다는 것이다.

우리는 이것을 얼마나 의식적으로 잘 실천했는가? 우리가 얼마나 자주 성령의 인도를 받아 우리 모임에 속해 있는 다른 그리스도인에게 가서 "미안합니다"고 말했는가? 우리는 다른 집단에 속한 사람들에게 우리가 말하고 행동하고 기록했던 일로 인하여 그들에게 가서 미안하다 하면서 그들과의 관계를 다시 회복하기 위하여 얼마나 많은 시간을 투자했는가? 한 집단이 의견을 달리하는 다른 집단에게 가서 "우리가 미안하다"고 얼마나 자주 말했는가? 이것은 복음 전파의 일부인 모든 실제적 목적을 위하여 매우 중요하다. 진리의 가견적 실천과 사랑의 가견적 실천은 예수 그리스도의 기쁜 소식을 전하는 것과 직결되어 있다.

나는 많은 나라에서 진정한 그리스도인과의 의견 차이로 말미암아 진정한 그리스도인의 집단과 그리스도인들을 분열시키고 갈라놓음으로써 그 쓰라림이 2, 30년까지 가고, 심지어 5, 60년간이나 그 손자들의 기억에 남게 한 것은 애초부터 교리나 신앙 문제가 아니었다는 사실을 발견했다. 그것은 틀림없이 사랑의 결핍에서 기인한 것이며 그들은 의견 차이 때문에 그런 신랄한 말을 한 것이다.

이 사실은 우리들의 마음에 접착제처럼 들러붙어 있게 된다. 그런데 시간이 흐름에 따라 그리스도인들이나 단체간의 의견 차이가 처음보다는 해소되지만, 우리가 옳고 충분한 반박거리가 된다고 생각하고 말한 신랄하고 비통한 말은 아직도 남아 있다. 세상이 예수 그리스도의 교회 안의 진정한 그리스도인에게서 악취를 맡게 되는 것은 사랑 없는 이 태도와 말 때문이다.

만일 우리가 진정한 그리스도인들과 의견이 맞지 않을 때에, 우리는 단지 우리의 혀를 제어하고 사랑으로 대하면 5년이나 10년 후에는 쓰라림이 사라지고 말 것이다. 그렇게 하지 않으면 우리는 저주의 상처를 여러 세대 동안 남기게 될 것이다. 교회 안에서의 저주일 뿐 아니라 세상의 저주도 된다. 우리 기독교 신문사에서는 그것을 큰 기사로 취급하고 때로는 그것이 일반 신문에도 파급되어 그리스도인들이 자기들끼리 상처를 준다고 말한다. 세상 사람들은 의아스러운 표정을 지으면서 가버린다. 세상은 죽어가는 문화 속에서 살아 있는 교회의 시작조차도 볼 수 없었다. 세상은 예수께서 명령하신 최종적 변증, 즉 참으로 그리스도 안의 참된 형제인 진정한 그리스도인간의 가견적 하나됨의 시작도 볼 수 없었다.

우리의 날카로운 혀, 곧 우리들간의 사랑의 결핍은 진정한 그리스도인들간에 있을 수 있는 의견 차이를 변호하는 데 필요한 진술이 아니라 이것은 마땅히 세상을 괴롭히는 것이다.

이것은 예수 그리스도의 솔직하시고 직접적인 명령, 곧 관망하는 세상 사람들에게 나타내야 할 가견적 하나됨과는 얼마나 다른가!

용서

가견적 사랑은 "미안합니다"라고 말하는 것으로 다 되는 것이 아니다. 아낌 없는 용서가 있어야 한다. "미안하다"는 말은 하기 힘들다. 그러나 용서는 더욱 힘들다. 하나님의 백성들은 세상 사람들에게 용서의 정신을 반드시 보여주어야 한다고 성경은 천명한다.

주기도문을 통해 예수께서는 "우리가 우리에게 죄지은 자를 사하여 준 것같이 우리 죄를 사하여 주옵소서"라고 기도하라고 가르치셨다. 우리는 이 기도가 구원을 위한 기도가 아님을 얼른 알 수 있다. 이것은 우리의 중생과는 아무런 상관이 없다. 왜냐하면 우리의 구원은 그리스도께서 완성하신 사역에 근거한 것이고 그 외에 아무것도 필요치 않기 때문이다. 그러나 이것은 그리스도인들의 하나님과의 실존적, 순간순간의 체험적 관계와 연관성이 있다. 우리들의 칭의(稱義)를 위해서는 단번속죄(單番贖罪)가 필요하고 또 하나님과 개방된 사귐을 하기 위해서는 그리스도께서 완성하신 사역에 근거한, 우리의 죄를 위한 순간순간의 사죄가 필요하다. 주님께서 주기도문을 통해 우리에게 기도하라고 가르치신 것이 그리스도인들의 일상생활을 매우 건전하게 할 수 있도록 해야 할 것이다. 우리가 다른 사람을 용서할 때 우리는, 우리와 하나님과의 사귐이 체험적으로 실재하도록 그에게 구하고 있는 것이다.

어떤 그리스도인들은 주기도문이 현 세대를 위한 것이 아니라고 하지만 우리들 대다수는 그렇다고 말한다. 그럼에도 불구하고 우리들은 동시에 하나님께서 우리를 용서하시는 것과 관련하여 우리의 용서하는 마음의 결여에 대해서 일 년에 한 번도 생각하지 않는다. 많은 그리스도인들이 주기도문을 형식적으로 매주일 예배 시에 반복은 하지만, 하나님과 실제적인 사귐의 결핍과 다른 사람들에게 베풀어야 할 용서의 결핍과는 거의 연관시키지 못하는 것같이 보인다.

우리는 모두 용서하는 마음의 실천이 결여되어 있다는 것을 늘 인정해야 한다. 그러나 주기도문은 "우리가 우리에게 죄지은 자를 사하여 준 것 같이 우리 죄를 사하여 주옵소서"라고 했다. 우리는 상대방이 자신의 잘못에 대해 사과하기 전일지라도 용서하는 마음을 가져야 한다. 주기도문은 우리에게, 상대방이 사과하면 그 때 용서하는 마음을 가지고 우리가 하나됨을 보여 주어야 한다고 가르치지 않는다. 오히려 상대방이 그 말을 하기 전에 용서하는 마음을 가져야 한다. 우리는 그가 잘못했다고 말할 수 있다. 그러나 이렇게 말하면서도 용서해 주어야 한다.

우리는 그리스도인뿐 아니라 모든 사람을 향해 이 용서하는 마음을 가져야 한다. 모든 사람들에게 용서하는 마음을 가져야 한다면, 분명히 그리스도인에게 용서하는 마음을 갖는 것은 중요하다.

이렇게 용서하는 마음은 다른 사람들을 향한 사랑의 태도를 표현하는 것이다. 그러나 비록 사람이 이것을 하나의 태도라 부르지만 진정한 용서는 가견적인 것이다. 분명히 우리가 어떤 사람의 얼굴을 쳐다보면 그가 어느 정도 용서하고 있는지를 알 수 있다. 그리고 세상은 과연 우리가 단체를 초월한 사랑과 당파를 초월한 사랑을 가지고 있는지 살피고 있다. 과연 그들이 우리가 "미안합니다"고 하는 말과 우리가 가진 사랑의 마음을 볼 수 있는가? 거듭 말하거니와 우리의 사랑은 완전무결할 수 없다. 그러나 적어도 세상이 볼 수 있도록 증거가 나타나야 한다. 그렇지 않으면 그것은 요한복음 13장과 17장의 구조에 부합되는 것이 아니다. 그리고 만일 세상 사람들이 진정한 그리스도인들 가운데서 이 사랑을 보지 못한다면 그들은 우리에게 "당신들은 그리스도인이 아니다. 또 그리스도는 하나님의 보내심을 받지 않았다"고 이 구절이 나타내고 있는 무서운 심판을 내리게 될 것이다.

그리스도인들이 의견을 달리할 때

그러면 우리가 교리나 생활에 있어서 하나님의 거룩함을 나타내기 위하여 그리스도 안의 다른 형제들과 부득불 의견을 달리하지 않으면 안 될 때에는 어떻게 해야 하나? 생활문제에 관한 한 바울은 고린도전후서에서 균형을 분명히 나타내고 있다. 교리에 있어서도 똑같은 사실이 적용된다.

먼저 고린도전서 5 : 1－5에서 바울은 간음을 행하고 있는 자를 징계하지 않고 용납한 것으로 인해 고린도 교회를 꾸짖었다. 하나님께서는 거룩하시기 때문에, 주시하는 이 세상에 하나님의 거룩함을 나타낼 필요가 있기 때문에, 하나님께서 계시하신 법에 근거한 그러한 심판은 하나님 보시기에 옳은 것이기 때문에 바울은 그 사람을 징계하지 않은 고린도 교회를 꾸짖었다.

그들이 그를 징계한 연후에, 바울은 다시 편지하여 고린도후서 2 : 6－8에서 그들이 그에게 사랑을 나타내지 않는다고 꾸중했다. 이 두 가지 사실은 병립해야 한다.

여기에는 시간의 경과가 있기 때문에, 나는 바울이 그의 첫번째 편지와 두번째 편지에서 이런 식으로 쓴 기록을 우리가 접할 수 있다는 사실에 감사한다. 고린도 교인들은 바울의 충고를 받아들여 그 신자를 징계했다. 그런데 여기서 바울은 "여러분들은 그를 징계했습니다. 그러나 왜 그에게 사랑을 표현하지 않습니까?"라고 말한다. 바울은 계속하여 예수님의 말씀을 인용하여 "너희는 너희가 정당하게 징계한 이 사람에게 사랑을 나타내지 않기 때문에 너희 주위에 있는 고린도의 이방인들이 예수님은 하나님의 보내심을 받지 않았다고 말할 권리가 있음을 깨닫지 못합니까?"라고 말했다.

여기서 매우 중요한 질문이 제기된다. 그것은 우리가 다른 사람의 과실을 체휼하지 않고 어떻게 그리스도께서 명령하신 하나됨을 나타낼 수 있느냐는 것이다. 나는 비록 우리들이 의견을 달리 하지 않으면 안 될 시점에도 이 하나됨을 실천하고 나타낼 수 있는 몇 가지 방법을 제안하고 싶다.

후회

첫째로, 후회와 눈물 없이 진정한 그리스도인과 결코 그러한 논란을 해서는 안 된다. 말은 쉽지 않은가? 복음주의자들이 빈번히 이것을 나타내지 못했다는 것은 안타까운 일이다. 우리는 매우 기뻐서 이 일에 함부로 뛰어들다가 때로 다른 사람의 과실만 발견하려는 것같이 보인다. 우리는 다른 사람을 짓밟음으로 우리 자신을 높이려 한다. 이래서는 결코 그리스도인 사이에 참된 하나됨을 이루지 못할 것이다.

어디에서든지 정당한 방법으로 주님의 전투를 할 수 있는 사람은 다만 한 종류의 사람뿐이다. 그 사람은 본능적으로 호전적인 사람이다. 호전적인 사람은 그가 호전적이기 때문에 투쟁하기를 좋아한다. 적어도 그렇게 보인다. 우리가 진정한 그리스도인과 의견 차이가 있을 때, 우리는 피냄새를 좋아하거나, 투기장(鬪技場)의 냄새를 좋아하거나 투우(鬪牛)의 냄새를 좋아하기 때문이 아니라 하나님을 위하여 그렇게 한다는 사실을 세상 사람들에게 보여 주어야 한다. 우리가 부득불 그렇게 하면서도 눈물이 따른다면 아름다운 일이 일어날 것이다.

둘째로, 진정한 그리스도인과의 잘못된 일의 비중에 정비례하여 의식적으로 세상 사람들에게 사랑을 나타내는 것이 중요하다. 그리스도인들간의 모든 의견 차이가 다 같은 것이 아니다. 어떤 것은 아주 사소한 것이고 어떤 것은 극히 중대한 것이다.

잘못이 크면 클수록 잘못된 것을 지적하여 하나님의 거룩함을 나타내는 것이 중요하다. 그와 동시에 의견 차이가 심하면 심할수록 우리는, 의견을 달리하는 진정한 그리스도인들에게 사랑을 나타낼 수 있도록 해달라고 성령께 간구하는 것이 중요하다.

의견 차이가 근소한 것이라면 사랑을 나타내는 데에 이와 똑같은 사려(思慮)가 요구되지는 않는다. 그러나 의견 차이가 정말 중요한 것이라면 하나님의 거룩함을 위하여 말하는 것 또한 똑같이 중요하다. 우리의 의견 차이에도 불구하고 세상 사람들에게 우리가 서로 사랑하고 있음을 보여 주는 것은 극히 중요한 일이다.

인간적으로 우리는 정반대 방향으로 가고 있다. 우리는 덜 중요한 의견 차이가 있을 때 상대방 그리스도인에게 더 많은 사랑을 나타내고, 의견 차이가 중요한 영역으로 들어감에 따라 사랑을 적게 나타내는 경향이 있다. 이 경우에는 반대로 해야 한다. 진정한 그리스도인간의 의견 차이가 커짐에 따라 우리는 의식적으로 사랑하여 세상으로 하여금 그것을 볼 수 있게 해야 한다.

그러므로 이것을 생각해 보자. 나와 그리스도 안에 있는 형제와의 의견 차이가 참으로 중요한 것인가? 만일 그렇다면 시간을 들여 무릎을 꿇고 성령과 그리스도께 나와 내가 소속한 단체를 통하여 그리스도의 일을 하게 해달라고 간구하는 일과, 나와 우리들이 의견 차이에도 불구하고 그리스도 안에 있는 형제와 진정한 그리스도인의 다른 단체와 연합하도록 사랑을 나타내는 것은 배나 더 중요하다.

값 비싼 사랑

셋째로, 비록 값 비싼 대가를 치를지라도 우리들은 난관 속에서 실제로 사랑을 표현해야 한다. 사랑이란 말이 하나의 구호에 그쳐서는 안 된다. 다시 말하면 이 사랑을 나타내기 위해서는 어떤 대가라도 치러야 한다. 우리는 "나는 당신을 사랑하오"라고 말하고서는 흥분하고 툭탁거려서는 안 된다.

사람들은 너무나 자주, 기독교는 악과 선을 동등하게 사랑하는 부드러운 그 무엇이며 일종의 감상적인 사랑이라고 한다. 이것은 성경적 입장이 아니다. 하나님의 거룩함이 사랑과 동시에 표현되어야 할 것이다. 그러므로 우리들은 교리의 영역에서든 생활의 영역에서든간에 우리가 소속한 단체나 다른 단체가 잘못한 것을 옳다고 말하지 않도록 주의해야 한다. 어디서든지간에 잘못된 것은 잘못된 것이다. 이런 상황에서 우리들은 잘못을 보고 잘못이라고 말할 의무가 있다. 그러나 어떤 대가를 치르더라도 가견적 사랑이 거기 있어야 한다.

성경은 이것을 방관하지 않았다. 고린도전서 6：1－7을 읽어보자.

> 너희 중에 누가 다른이로 더불어 일이 있는데 구태여 불의한 자들 앞에서 송사하고 성도 앞에서 하지 아니하느냐 성도가 세상을 판단할 것을 너희가 알지 못하느냐 세상도 너희에게 판단을 받겠거든 지극히 작은 일 판단하기를 감당치 못하겠느냐 우리가 천사를 판단할 것을 너희가 알지 못하느냐 그러하거든 하물며 세상 일이랴 그런즉 너희가 세상 사건이 있을 때에 교회에서 경히 여김을 받는 자들을 세우느냐 내가 너희를 부끄럽게 하려 하여 이 말을 하노니 너희 가운데 그 형제간 일을 판단할 만한 지혜 있는 자가 이같이 하나도 없느냐 형제가 형제로 더불어 송사할 뿐더러 믿지 아니하는 자들 앞에서 하느냐 너희가 피차 송사함으로 너희 가운데 이미 완연한 허물이 있나니 차라리 불의를 당하는 것이 낫지 아니하며 차라리 속는 것이 낫지 아니하냐.

이것은 무엇을 의미하는가？ 교회는 잘못된 것을 묵인해서는 안된다. 그러나 진정한 그리스도인들이 법정에 가서 다른 진정한 그리스도인들을 송사하는 것보다, 하나됨을 나타내기 위하여 실제적인 금전상의 피해를 입는 것이 낫다. 왜냐하면 이것은 주시하는 세상 사람이 보는 앞에서 가견적인 하나됨을 파괴하기 때문이다. 이것은 값비싼 사랑이다. 그러나 이것은 볼 수 있는 실천적인 사랑이다.

바울은 볼 수 있는 사실, 매우 실제적인 사실에 대해 말한다. 그리스도인들은 그의 형제들과 불가피한 의견 차이가 있을지라도 그러한 사랑을 나타내어 금전상의 손실(비록 대다수의 그리스도인들은 돈만 관련되면 사랑과 하나됨을 모두 잊어버리지만)뿐만 아니라 무슨 손실이든 기꺼이 견뎌야 한다고 했다.

특정 사항이 무엇이든간에 특수한 장소에 합당한 사랑을 실제로 나타내야 한다. 성경은 강하고도 현실적인 책이다.

우리가 형제들의 과실에 동참하지 않고 사랑을 보이고 나타낼 수 있는 넷째 방법은 이기려는 욕망보다 해결하려는 욕망을 가지고 문제에 접근하는 것이다. 우리는 다 이기기를 좋아한다. 사실상 신학자들보다 더 이기기를 좋아하는 사람도 없다. 신학의 역사는 모두 빈번히 이기려는 욕망의 장기적인 전시(展示)이다.

그러나 우리들은 의견 차이에도 불구하고 하나님께 영광을 돌리고 성경에 부합되며 하나님의 사랑과 동시에 하나님의 거룩함을 드러낼 수 있는 해결책을 모색하려고 노력해야 한다는 사실을 알아야 한다. 형제들과 둘러앉아 의논하거나 단체들과 단체들이 차이점을 토의할 때 우리의 태도는 어떠해야 하는가? 높은 자리를 차지하려는 욕망이 필요할까? 일인 고자세적 처신이 필요할까? 약간의 사랑이라도 원한다면 의견 차이를 토론할 때마다, 옳다는 인정을 받으려고만 할 것이 아니라 해결책을 모색해야 한다.

의견 대립의 차이

다섯째로 우리가 형제들의 잘못에 관여하지 않고, 주시하는 세상 사람들에게 실천적이고 가견적인 사랑을 보여 줄 수 있는 방법은,

타협하기 싫어하고, 그른 것을 옳다 하기 쉽고, 그리스도 안에서 하나됨을 나타내어야 할 것을 잊어버리기 쉽다는 사실을 깨닫고 의식적으로 생각하고 서로서로 주의하도록 도와주는 것이다. 이 태도는 우리 단체들과 우리 개개인 사이에서 토론하고 논술하여 계속적이고 의식적으로 발전시켜야 한다.

사실 진정한 그리스도인들간에는 의견 대립이 생기기 전에 이것이 토론되고 논술되어야 한다. 우리는 별별 회의를 다 한다. 그러나 진정한 그리스도인들이 어떻게 해야 실제로 하나님의 거룩함에 충성을 나타낼 수 있으며, 동시에 주시하는 사람들 앞에서 실제로 하나님의 사랑에 대한 충성을 나타낼 수 있느냐는 것을 논의하는 회의가 있다는 말을 들어본 일이 있는가? 처음에는 상충되는 것같이 보이는 두 원리 즉, 교리와 생활에 관련하여 가견적 교회의 순결성을 실천하는 원리와 모든 참된 그리스도인간에 가견적 사랑의 실천과 연합의 원리의 동시적인 실천을 주의깊게 제시한 설교나 글을 접해 본 일이 있는가?

이 문제에 관해 주의깊게 제시한 설교나 논문이 없는데도 진정한 그리스도인간에 의견 차이가 있을 때 실제적으로 어떤 아름다운 결과가 있을 것이라고 생각하니 얼마나 어리석은가?

그리스도인이 의견 대립에도 불구하고 주시하는 세상 사람들에게 가견적 사랑을 보여 줄 수 있는 것은 그리스도인의 의견 대립과 불신자들의 의견 대립의 차이점을 보여 주는 것이다. 세상 사람들은 그리스도인들이 무엇에 대하여 의견 대립을 하는지 알지 못할 것이다. 그러나 만일 우리가 솔직하고 가견적인 사랑 안에서 실제적인 면에 의견 대립하는 것을 보면, 그들은 즉시 우리의 의견 대립과 세상의 의견 대립의 차이점을 알게 될 것이다.

그것이 다른 것이다. 예수께서 이것이 세상 사람들의 주목을 끌 것이라 말씀하신 이유를 알겠는가? 특히 오늘날같이 진리와 절대 기준이 존재한다는 것은 생각조차 할 수 없는 개념이라고 하는 이 때에 세상 사람들이 교리적인 차이를 이해하기를 기대할 수 없다. 우리가 하나님의 절대기준을 다루기 때문에 하나님의 거룩함에 근거하여 다른 내용의 의견 대립을 한다는 것을 세상 사람들이 이해하기를 기대할 수는 없다. 그러나 그들이 의견이 대립되는 진정한 그리스도인들간에 가견적인 연합이 있음을 본다면 그들은 기독교의 진리와 아버지께서 아들을 보내셨다는 그리스도의 외침을 깊이 생각할 것이다.

사실상 우리들에게는 의견 대립이 없을 때 해야 할 일보다 한창 의견 대립이 있을 때 예수께서 말씀하신 바를 나타내야 할 큰 책임이 있다. 우리는 돌아다니면서 그리스도인들간의 의견 차이를 찾아내려 해서는 안 된다. 찾으려고 애쓰지 않아도 이미 넉넉하다. 그러나 의견 차이가 있는 가운데도 황금 기회가 있다. 모든 일이 잘되고 다 함께 둘러 모여 있다면 세상 사람들에게 보일 것이 별로 없다. 그러나 정말 의견이 대립되어 타협할 수 없는 원리를 표명할 지경에 이를지라도 동시에 가견적 사랑을 나타낸다면 세상 사람들이 볼 것이고, 그들은 정말 그리스도인이며 예수님은 과연 하나님의 보내심을 받았다고 판단할 수 있는 그 무엇을 얻게 될 것이다.

실천하는 사랑

가견적 사랑에 관한 아름다운 실례 두 가지를 들겠다. 첫째는 제 2 차 세계대전 직후에 독일의 형제단(Brethren groups) 가운데서 일어난 사실이다.

히틀러는 교회를 지배하기 위해 독일 종교 연합회에 명령을 내려 모든 교회를 하나로 통합하라고 했다. 형제단은 이 문제로 인하여 갈라졌다. 절반은 히틀러의 명령을 수락하고 절반은 거부했다. 물론 굴복한 집단은 지내기가 쉬웠지만 자유주의자들과의 조직상 통합으로 인하여 그들의 교리적 철저함과 영적 생활은 시들고 말았다. 그 반면에 통합을 하지 않은 집단은 영적으로 강건했다. 그러나 이들 가운데는 독일 정치범 수용소에서 가족을 잃지 않은 집이 거의 없었다.

그들의 긴장을 상상할 수 있겠는가? 전쟁이 끝나고 이들 그리스도인 형제들은 다시 대면하게 되었다. 그들은 같은 교리를 믿었고 한 세대 이상 함께 일했다. 어떤 일이 생겼겠는가? 어떤 사람이 그의 아버지가 정치범 수용소에서 죽은 것을 기억했고 자신의 아버지와 다른 그룹에 속해 있던 이 사람들은 안전하게 지낸 것을 알았다. 그러나 다른 그룹에 속했던 사람들도 마찬가지로 인간적인 감정을 나타내었다. 그 다음 이 형제들은 이 상태로는 살 수 없음을 점점 알게 되었다. 그래서 양쪽 그룹의 장로들이 시간을 정하여 조용한 곳에 회집하였다. 나는 내게 이 말을 한 사람에게 "어떻게 했습니까?"하고 물었다. 그는 대답하기를 "그럼 우리가 어떻게 했는지 말해드리지요. 우리는 함께 모여서 몇 날을 정하여 놓고 자신들의 마음을 살펴보았습니다"고 했다. 정말로 의견 차이가 있었다. 사람들의 감정은 크게 흥분되었다. "내 아버지는 정치범 수용소에 가고 어머니는 끌려가 버렸다." 이 사건은 결코 작은 일이 아니다. 이 사건은 인간의 감정의 심연(深淵)으로 파고 든다. 그러나 이 사람들은 여기서 그리스도의 명령을 이해하고 몇 날 동안 자신의 잘못에 대해 자신의 마음을 살피고 그리스도의 명령을 묵상하는 일 외에는 아무것도 하지 않았다. 그 다음에 그들은 회합했다.

나는 그 사람에게 "그 때 어떤 일이 일어났습니까"고 물었다.

그는 대답하기를 "우리는 정말로 하나가 되었지요"라고 했다.

나는 예수님이 말씀하신 것이 바로 이것이라고 생각한다. 하나님 아버지께서 아들을 보내신 것이다!

갈라졌으나 하나이다

우리가 말하고 있는 원리는 언제 어디서나 적용될 수 있는 보편적인 것이다. 그럼 같은 원리를 다르게 실천한 두번째 실례를 들어 보겠다.

나는 충분한 이유 때문에 서로 비난하지 않고 갈라져서 함께 일하기가 불가능하게 된 두 모임의 중생한 그리스도인들이 연합하기를 오랫동안 기다렸다. 나는 그들 조직상의 연합이 더 이상 가능하지 않은 지경에 이르렀을지라도 이 두 모임이 주시하는 세상 사람들에게 계속 사랑을 나타내기를 기다렸다.

물론 논리적으로는 모든 개교회가 사회 전 영역에서 봉사할 수 있어야 한다. 그러나 사실상 어떤 곳에서는 이것이 매우 어렵다는 것을 시인해야 한다. 각각의 지역 사회마다 요구도 다르다.

최근 미국 중서부 대도시의 한 교회에서 이런 문제가 일어났다. 현세대를 따르는 상당수의 사람들이 그 교회에 나가고 있었다. 그러나 그 교회의 목사는 그 집단에게 설교하며 봉사할 수 없다고 결론짓게 되었다. 어떤 사람은 할 수 있지만 자신은 그 교회의 각양각색의 회중을, 즉 반(反)문화적인 사람(the counterculture)과 그들이 데리고 온 급진파와 동시에 교회 주변의 이웃 사람들을 대상으로 목회하기 불가능하다고 결론지었다. 내가 지금 제시하고자 하는 가견적 사랑의 실례를 우리 시대의 "필연적인" 상황으로 생각해서는 안 된다. 우리 세대는 사랑의 결핍으로 인해 둘 다 쉬 망치기 쉽다. 중산층 사람들은 너무 점잖을 빼고 반문화적인 그리스도인들을 반대하고 미워하기 쉽고, 반문화적인 그리스도인들도 역시 신사인 체하는 중산층 그리스도인들을 반대하고 미워하기 쉽다.

오랫동안 함께 일하려고 시도했으나, 장로들은 모여서 교회를 둘로 나누고자 결정했다. 그들이 나누이는 것은 교리적 차이 때문이 아니라 실제성(practicability) 때문인 것을 분명히 했다. 구당회원(舊堂會員) 한 사람이 새 모임에 갔다. 그들은 질서있는 변화를 위해 전당회(全堂會) 아래서 움직였다. 지금 그들은 두 교회를 세웠고 의식적으로 상호간에 사랑을 실천하고 있다.

조직상의 연합은 부족하지만 세상 사람들이 볼 수 있는 진정한 사랑과 연합이 여기 있다. 아버지께서 아들을 보내셨다!

우리가 20세기에 복음을 올바로 전하려면 가견적 사랑의 중요성이 메시지에 반영되어야 한다는 것을 강력히 주장하고 싶다. 우리는 최종 변증을 잊어서는 안 된다. 진정한 그리스도인인 우리 사이에 실제적인 의견 차이가 있을 때 우리가 서로 사랑할 것을 세상 사람들이 기대할 권리가 있다. 우리의 사랑은 세상 사람들이 볼 수 있도록 형태가 있어야 한다. 사랑은 가견적이어야 한다.

하나의 참된 표지

그리스도인의 표지를 매우 분명히 나타내는 성경본문을 다시 한번 살펴 보자.

> 새 계명을 너희에게 주노니 서로 사랑하라 내가 너희를 사랑한 것같이 너희도 서로 사랑하라 너희가 서로 사랑하면 이로써 모든 사람이 너희가 내 제자인 줄 알리라(요 13：34－35).
>
> 저희도 다 하나가 되어 우리 안에 있게 하사 세상으로 아버지께서 나를 보내신 것을 믿게 하옵소서(요 17：21).

사마리아 사람이 부상당한 사람을 사랑한 것같이 우리 그리스도인들은 모든 사람을 우리의 이웃같이, 우리 자신같이 사랑하라고 부르심을 받았다는 것 외에 무엇이라고 결론짓겠는가? 이것은 우리의 의견 차이가 크고 적음을 막론하고 우리 형제들을 사랑할 것을 의미하는 것이다. 희생이 있더라도 사랑하고 무서운 감정의 긴장에도 불구하고 사랑하되 세상 사람들이 볼 수 있게 사랑하라. 요약해서 말하거니와, 우리는 하나님의 거룩함과 하나님의 사랑을 나타내고 실천해야 한다. 왜냐하면 이것이 없으면 우리가 성령을 근심하게 하는 것이기 때문이다.

사랑은 세상 사람들 앞에서 달고 다니라고 그리스도께서 그리스도인들에게 주신 표지이고, 연합은 사랑의 증거이다. 세상 사람들은 오직 이 표지로, 그리스도인들이 참으로 하나님의 자녀이며 예수님은 아버지의 보내심을 받았다는 것을 알 수 있는 것이다.

애 가

울어라, 울어라
고자세와 자고한 마음으로
주의 일을 하는 자들을 위하여.
그들이 거리에서 목소리를 높이니
그들의 외침이 들린다.
그들의 큰 힘으로 상한 갈대를 꺾으며
꺼져가는 심지를
짓밟아 버린다.

꺼진 자들을 위해 울지 말라
(하나님이 그들의 부르짖음을 들으시고
주께서 그들을 구하려 오실 것이기 때문이다)
울어라, 울어라 심지를 끄는 자들을 위하여

주의 날이 임하면
골짜기가 노래하고
언덕은 손뼉을 치며
빛이 빛나리니
그들의 눈이 열리리라.

황폐한 곳,
연기나는 곳에서,
타는 심지의 쓰디 쓴 연기가
그들의 코를 찌르며
그들의 발은
꺾여진 갈대에 찔리고……
나무와 건초와 지푸라기,
새싹이 자라지 않고
새들은 모두 날아가 버렸다.

울어라, 울어라
주님의 이름으로
황무지를 만드는 사람들을 위하여.

에반젤린 패터슨

전집 4 제 4 권 · 개혁과 부흥

제 1 장
도시의 죽음

우리는 탈기독교 세계(a post-Christian world)에 살고 있다. 그렇다면 개인으로서, 단체로서, 정통 그리스도인으로서, 성경을 믿는다고 자처하는 사람으로서 우리는 어떠한 관점을 가지고 살아야 하는가? 탈기독교 세계를 어떤 시각으로 바라보아야 하며, 이 세계 속에서 그리스도인으로 어떻게 활동해야 하는가?

이 책에서는 이런 질문들에 대답하고자 한다. 먼저 우리가 살고 있는 탈기독교 세계에서 정통 교회가 가장 절실히 필요로 하는 것이 무엇인지 그 명제를 제시한 다음, 로마서, 예레미야애가, 예레미야서의 교훈에 비추어 그 명제를 검토해 나갈 것이다. 그리고 책 전체를 통해 현대 세계에서 우리가 부딪히는 상황이 무엇이며, 그 안에서 그리스도인으로서 어떤 시각을 가지고 살아야 할지를 생각할 것이다.

무엇보다도 필자가 제시하고 싶은 명제는 개혁과 부흥이다. 이 명제를 초점으로 이 책을 전개해 나갈 것이다. 역사의 현 시점에 선 정통 복음주의 교회가 가장 절실히 필요로 하는 것이 바로 이 명제이다.

우리 세대의 교회에는 개혁, 부흥, 건설적 혁명이 필요하다.

개혁(reformation)과 부흥(revival)을 대립되는 두 단어로 생각하는 경우가 많지만, 그것은 잘못된 생각이다. 두 단어 모두 회복하다(restore)라는 단어와 관련이 있다.

개혁은 순수한 교리를 되찾는 것이고, 부흥은 그리스도인의 삶을 되찾는 것이다. 개혁은 성경의 가르침으로 돌아가는 것이고, 부흥은 성령과 올바른 관계를 맺고 살게 되는 것이다.

교회사의 위대한 시점들이 언제 찾아 왔는가? 개혁과 부흥이 동시에 실행됨으로써 교회가 순수한 교리로 되돌아가고 교회에 속한 그리스도인들이 성령의 권능을 맛보며 살게 된 때에 찾아 오지 않았던가? 개혁을 제대로 수행해 오지 않은 상태에서는 참된 부흥이 오지 않는다. 부흥 없이는 개혁도 완성될 수 없다.

이렇게 개혁과 부흥이 맞물려 실행된다면 이 시대에 가히 혁명적인 결과가 생길 것이다. 그리스도인 개인의 삶에 혁명이 일어날 것이다. 자유주의 교회에만 혁명이 일어나는 것이 아니고, 복음주의 정통교회에도 창조적인 혁명이 일어날 것이다.

개혁과 부흥의 실재를 알자. 그리하여 이 천박하고 어두운 세상에 순수한 교리를 되찾고 성령 충만한 삶을 사는 교회의 모습을 보여 주자.

로마서 1장 후반부는 인간이 처해 있는 상태를 말하며, 다음 두 절은 그런 상태에 이르게 된 경위를 말한다. "하나님을 알되 하나님으로 영화롭게도 아니하며 감사치도 아니하고 오히려 그 생각이 허망하여지며……"(롬 1 : 21, 22). 생각을 "상상"(imagination)으로 번역하는 경우도 있지만(KJV), 헬라어 성경을 따라 "생각"(reasoning)으로 번역하는 것이 중요하다. 왜냐하면 이 구절들은 우리 세대가 쓰는 "상상"이라는 단어의 뜻보다는 "생각"(또는 사유〈思惟〉)이라는 단어의 뜻을 갖고 있기 때문이다. 사람의 생각, 즉 사유, 사유 과정, 이해가 이 구절들에 함축되어 있다. 그러므로 "그 생각이 허망하여지며 미련한 마음이 어두워졌나니 스스로 지혜 있다 하나 우준하게 되었다"는 뜻이 된다. 사람이 어리석게 되었다고 성경이 말할 때는 단지 종교면에서만 그렇게 되었다는 뜻이 아니다. 성경의 가르침에 대해서뿐 아니라, 존재하는 것—우주와 그 형태, 인간의 인간됨—에 대해서도 어리석은 견해를 받아들였다는 뜻이다. 하나님과 그분의 진리에 등을 돌림으로써 사람이 무엇인지, 우주가 무엇인지를 참으로 어리석게 생각하게 된 것이다. 인간으로서의 마땅한 위치는 사라졌고 지식과 인격 면에서 매우 긴장된 상황에 놓여 있다.

이것이 성경이 말하는 사람의 위치이다. 따라서 개혁과 부흥을 생각하려면 먼저 하나님과 같은 시각을 가지고 사람의 상태를 바라보아야 한다.

성경은 사람이 이런 처지에 이르게 된 경위를 이렇게 말한다. "하나님을 알되 하나님으로 영화롭게도 아니하며 감사치도 아니하고." 그러므로 사람은 어리석게 사유하게 되었고, 어리석게 판단하게 되었고, 어리석게 생활하게 되었다. 위 구절은 시조(始祖)의 타락을 말하지만, 그것만 말하는 것이 아니라, 어느 시대든 사람들이 진리를 알고도 의도적으로 등을 돌리는 때를 염두에 두고서 하는 말이다.

역사의 많은 시기는 이러한 방식으로 설명할 수 있다. 성경의 관점에서 보면 인도 사람들의 조상들이 진리를 알고도 외면한 때가 있었고, 아프리카 사람들의 조상들이 진리를 알고도 외면한 때가 있었다. 오늘날 진리를 모르는 어느 지역 사람들도 다 마찬가지이다. 그러나 세계사를 훑어 내려오면서 사람들이 진리를 알고도 등진 시대들을 살피려고 할 때, 우리 세대만큼 이렇게 짧은 시간에 그런 모습을 뚜렷하게 보여준 때는 없었다. 미국과 캐나다를 포함하는 북유럽 문화권에 사는 우리들은 우리 세대에 위 구절이 큰 세력을 갖고 실현되는 것을 지켜보아 왔다. 우리 시대 사람들은 진리를 알고서도 외면하였다. 성경의 진리, 곧 종교개혁이 전해 준 종교 진리를 등졌을 뿐만 아니라, 그 진리 위에 세운 문화, 즉 종교개혁이 북유럽의 국가와 사회에 전해 준 자유와 형식의 균형, 지난 날 세계 어느 곳에도 없었던 그런 균형을 포함하는 문화 전체를 외면하였다.

사람은 하나님이 주신 지식을 외면한 뒤 기독교 문화 전체를 잃어 왔다. 영국을 포함한 유럽에서는 그것을 잃기까지 많은 세월이 걸렸으나, 미국에서는 수십 년밖에 걸리지 않았다. 미국은 1920－1960년대라는 짧은 기간에 완전히 변했다. 물론 1920년대의 모든 미국 사람들이 다 그리스도인은 아니었지만 당시에는 기독교적인 공감대가 형성되어 있었다. 이제는 그런 공감대를 찾아볼 수 없다. 우리가 사는 시대는 기독교가 그리스도인의 숫자에서 뿐만 아니라 문화적 중요성과 그 결과에서도 소수로 전락한 탈기독교 세계이다. 젊은이들에게 현상(現狀)을 유지하라고 요구해 봐야 아무 소용이 없다. 현상은 더 이상 우리 것이 아니기 때문이다.

변화의 물결은 40년(1920－1960년대)만에 삶의 구석구석에까지 미쳤다. 1920년대로 돌아가서 뉴욕 콜럼버스 원형광장 같은 곳에서 설문지를 나누어 준다면 비록 그리스도인이 아니더라도 대부분의 사람들이 기독교가 무엇인지는 다소 알고 있음을 발견할 것이다. 1890년 쯤에 런던 트라팔가 광장에서 같은 일을 했어도 결과는 마찬가지일 것이다. 그러나 오늘날 이런 장소에서 설문지를 나누어 준다면 사람들 대부분이 참된 기독교를 잘 모르거나 아예 모른다는 것을 발견하게 될 것이다. 기독교라는 단어는 알겠지만, 사람들 대부분이 이런저런 방식으로 갖고 있는 기독교에 관한 개념들은 그릇된 것임을 알게 될 것이다. 따라서 이들에게 복음을 전하려고 한다면 이들이 성경적 기독교에 무지하다는 점을 알고서 시작해야 한다. 그러나 문제는 그 정도로 끝나지 않는다. 문화 전체가 기독교에서 탈기독교로 바뀌어 온 것이다.

이것을 가볍게 생각해서는 안 된다. 살아 있는 동안 내 나라와 내 문화가 하수구로 떠내려 가는 것을 보는 것은 끔찍한 일이다. 60년 전만 해도 당신이 온 나라를 다니며 만날 수 있었던 거의 모든 사람들, 심지어 불신자들까지도 복음이 무엇인가를 알았지만 지금은 그렇지 못하다는 것은 끔찍한 일이다. 40－50년 전에는 우리 문화가 기독교라는 공감대 위에 건설되어 있었지만 지금은 기독교가 절대 소수로 전락해 있다는 것은 끔찍한 일이다.

우리 그리스도인들은 역사의 이 시점에서 몇 가지 중대한 질문 앞에 직면해 있는데, 그중 첫번째 질문은 만일 우리 문화가 탈기독교적 성격을 띠고 있음을 인정한다면, 이제 우리는 어떤 관점을 가져야 하는가? 하는 것이다.

로마서 1：21, 22을 다시 살펴보자. "하나님을 알되 하나님으로 영화롭게도 아니하며 감사치도 아니하고 오히려 그 생각이 허망하여지며 미련한 마음이 어두워졌나니 스스로 지혜 있다 하나 우준하게 되어." 18절은 사람들이 진리를 알고도 등을 돌려 반역한 결과에 대해서, "하나님의 진노가 불의로 진리를 막는 사람들의 모든 경건치 않음과 불의에 대하여 하늘로 좇아 나타나나니"라고 말한다. 사람은 하나님의 진노 아래 있다. 실제로 존재하시며 자신의 인격에 근거하여 사람들을 다루시는 그 하나님의 진노 아래 있는 것이다. 그리고 만약 하나님의 정의로운 분노가 모든 세대에 타당하다면, 우리 세대에 대해서도 마찬가지다.

탈기독교 세계, 곧 우리 세대가 취할 수 있는 관점은 하나밖에 없다. 우리 문화와 우리 나라가 하나님의 진노 아래 있음을 이해하는 것이다. 우리 나라가 하나님의 진노 아래 있다는 것이다! 북유럽 문화가 하나님의 진노 아래 있다. 북유럽 문화의 위대성을 아무리 떠벌여도 문제는 해결되지 않는다. 미국이 어떤 특별한 의미에서 하나님의 나라라고 말한다고 해서 문제가 해결되는 것이 아니다. 이 시대의 공감대와 과거 기독교 세계 당시의 공감대간의 차이점에 눈감아 버려도 문제는 해결되지 않는다. 지난 몇 세대는 종교개혁의 진리 유산과 그 유산이 가져다 준 모든 것을 짓밟았다. 그 결과 우리는 하나님의 진노 아래 있다. 개혁, 부흥, 건설적이고 진정한 혁명이 무슨 뜻인지를 알려면 이러한 관점을 가져야 한다.

그렇다면 이러한 세대에서 세계와 교회에게, 그리고 우리 자신에게 어떤 복음을 전해야 하는가?

이 질문에 하나님이 어떤 말씀을 해 주실지 추측할 필요는 없다. 성경의 역사에는 우리 시대와 아주 비슷한 시대가 있었기 때문이다. 바로 예레미야 시대이다. 예레미야와 예레미야애가에서 하나님께서는 자신을 알면서도 일부러 등을 돌린 문화를 어떤 눈으로 바라보시는지 알 수 있다. 그것은 배교(背教)로 얼룩진 예레미야 시대만의 성격이 아니라, 바로 내 시대, 여러분 시대의 성격이기도 하다. 따라서 우리 세대에 도움을 주려 한다면 예레미야와 같은 관점을 우리도 가져야 한다. 렘브란트(Rembrandt)의 비장한 묘사처럼, 예루살렘을 바라보며 울먹이는 선지자, 패역한 백성에게 눈물을 흘리면서도 냉정하게 심판을 외치는 그 선지자의 관점을 가져야 한다.

예레미야 1：2, 3은 이 선지자가 심판을 외치던 시대 배경을 보여 준다.

> 아몬의 아들 유다 왕 요시야의 다스린지 십삼 년에 여호와의 말씀이 예레미야에게 임하였고 요시야의 아들 유다 왕 여호야김 시대부터 요시야의 아들 유다 왕 시드기야의 제십일 년 말까지 임하니라 이 해 오월에 예루살렘이 사로잡히니라.

예레미야는 민족이 바벨론 제국에 포로로 끌려가기 전 마지막 왕이 다스릴 동안의 역사에 발을 딛고 서 있었다.

성경은 역사를 배경으로 가르친다. 신(新)신학이나 실존 사상과도 정반대이고, 종교를 "영적"이고 주관적인 영역으로 축소시킨 20세기 관행과도 정반대이다. 성경은 일반 문학 형식으로 표현할 수 있는 시공간의 역사에 참된 종교를 연관시킨다. 이것은 매우 중요하다. 우리 세대는 종교라는 단어와 종교적인 모든 것을 심리학이나 사회학에 관련지어 다루기 때문이다.

성경은 역사 외에도 또 다른 것을 강조한다. 시공간의 역사에서 발생하는 모든 것은 자연의 인과법칙－예를 들면 경제, 군사, 심리 등의 요인들－을 가지고 다 설명할 수 없다. 현대인들은 대부분 역사의 모든 내용을 그런 방식으로 설명하지만, 성경은 그렇지 않다. 성경은 하나님이 이루어 오신 참되고 중요한 시공간의 역사가 있다고 말한다. 물론 부분적인 의미에서는 역사를 경제력, 문화 사상의 흐름, 군사력 등의 부산물로 이해해야 한다. 예레미야서를 여유를 가지고 자세히 읽어보면 그 안에 대제국들(한편으로는 애굽, 다른 한편으로는 바벨론)과 커다란 외부 및 내부 세력들 등 다양한 요인들이 있는 것을 알게 될 것이다. 그렇지만 역사는 이런 요인들만으로는 다 설명할 수 없다. 거룩하고 인자하신 하나님이 실존하시면서, 의미를 가지고 존재하는 이 역사에 개입하신다. 자신의 인격에 근거하여 역사 안에서 일하신다. 그리고 자기 백성과 그 문화가 등을 돌릴 때 역사 안에서 심판하신다.

우리는 예레미야 시대의 "기독교 문화"가 "탈기독교 문화"로 타락하고 있던 점을 이해해야 한다. 거룩하신 하나님은 그 문화를 자신의 인격에 근거하여 다루고 계셨다. 역사의 결과들은 그냥 우연의 산물도 아니고, 기계적이고 경제적이고 심리적인 요인의 산물도 아니었다. 백성이 등을 돌릴 때에도 하나님이 그들의 역사 안에서 일하심으로써 나타난 결과였다.

예레미야애가 1：1에서 예레미야는 도시 예루살렘을 바라보면서 "본래는 거민이 많더니 이제는 어찌 그리 적막히 앉았는고" 하고 말한다. 하나님을 그렇게 가까이 모시고 있던 예루살렘은, 중요한 위치에 있던 사람들이 내린 선택에 의해 변해 왔다. 이들은 하나님을 알면서도 등을 돌렸고, 그 결과 예루살렘은 함락당했다. 이 도시에는 죽음이 있었다.

더 나아가 예레미야애가 1 : 9에서 예레미야는 뛰어난 사실적 필치로 "저의 더러움이 그 치마에 있으나"라고 말한다. 하나님의 약혼자—이 백성과 그들의 문화 전체—가 자기 치마를 더럽혔다. 영적인 간음에 절어 있었고, 하나님은 이들에 대해서 "저의 더러움이 그 치마에 있으나 결국을 생각지 아니함이여" 하고 말씀하신다. 이 마지막 구절은 두려움을 자아낸다. "결국(즉, 종말)을 생각지 아니함이여."

이렇게 된 데에는 두 가지 요인이 있었다. 약혼자는 하나님에게서 돌아설 경우 자신의 종국이 어떻게 될지를 잊었다. 그러나 더욱 중요한 것은 약혼자가 민족으로서 지닌 목적을 잊고 지내 왔다는 것이다. 하나님과 자신의 관계를 잊고 살아 왔다. 모세오경에 기록된 것, 즉 가장 중요한 목적이 하나님을 사랑하는 것임을 잊었다. 하나님의 백성으로서 지닌 목적을 잊었다. 심지어 인생의 목적도 잊었다. 사람은 무의미하고 우연한 역사의 소용돌이 속에서 원자들이 우연히 결합해서 이룬 존재가 아니다. 전혀 그렇지 않다. 사람은 하나님의 형상으로 목적이 있는 존재로 지음을 받았다. 그 목적은 존재하시는 하나님과 관계를 맺고 사는 것이다. 그러나 예레미야 시대나 최근 우리 시대나 결과는 똑같았다. 사람은 자기 목적을 잊었고, 따라서 자기가 누구인지, 산다는 것은 무슨 의미가 있는지를 잊었다.

이 세대와 이전 세대가 이 점을 잊었다. 가장 큰 질책을 당해야 할 세대는 오늘의 젊은 세대가 아니다. 방황하며, 그리스도인의 양심에서 멀리 떠나 정반대되는 일을 하고 있는 사람들이 아니다. 하나님을 등진 세대는 필자의 세대와 그 이전 세대였다. 오늘날 우리는 무의미한 종교, 무의미한 교회와 함께 버려져 있을 뿐만 아니라,

의미없는 문화와 함께 버려져 있다. 바로 사람이 죽어 있는 것이다.

예레미야는 자기 시대에 하나님께 등을 돌린 백성을 향해서 다음과 같이 말한다. "저의 더러움이 그 치마에 있으나 결국을 생각지 아니함이여 그러므로 놀랍게 낮아져도 위로할 자가 없도다." 유대 민족은 그 존재 목적을 기억하지 않았기 때문에 놀랍게 낮아졌다. 그리고 위로할 자를 찾을 수 없었다.

우리 시대의 특징은 무엇인가? 포근하게 감싸줄 존재가 우주 어디에도 없다고 생각하는 것이 그 특징이다. 사람을 사랑하는 사람도 없고, 삶의 제한되고, 유한하고, 수평적인 여러 관계 안에서 아무리 위로를 찾아도 위로해 줄 존재가 없다. 그러나 위로를 찾으려는 노력은 미술에서, 음악에서, 또는 다른 어떤 분야에서도 수그러들지 않는다. 문학에서도 그렇고 드라마에서도 그렇다. 성행위에서, 인간 관계에서, 사람은 아주 메마르고 추한 모습만 발견한다.

유대인들은 애굽에도 붙어보고 바벨론에도 기대어 보았다. 그러나 위로를 얻지 못했다. 참된 위로자가 가버렸기 때문이다. 우리 현대인들도 향략주의에서, 외설문학에서, 그외 분야들에서 많은 애굽과 많은 바벨론에게 기대어 왔다. 그러나 사람들은 참으로 놀랍게도 비천해졌다. 인생이 누구인지, 최종 목적이 무엇인지 잊어버렸으며 이것은 참된 위로자가 가버렸기 때문이다.

그러나 예레미야애가 1 : 11에서 예레미야는 계속해서 이렇게 말한다. "그 모든 백성이 생명을 소생시키려고 보물로 식물들을 바꾸었더니 지금도 탄식하며 양식을 구하나이다." 함락된 성에서 유대인들은 신체적으로 굶주려 있었다. 먹을 것을 얻으려고 무엇이든 다 내놓았다.

오늘날 미국 사람들은 신체적으로 굶주려 있지 않다. 미국 사람들 대부분은 지나치게 풍족한 사회가 뿜어내는 악취에 숨막혀 있다. 그러나 사람은 어떤 철학과 지식 체계를 갖고 있든간에, 하나님의 형상으로 지음을 받았기 때문에 인간적인 배고픔에 주려 있다. 어떤 사람들은 지적인 면에 가장 주려 있다. 이들은 대답을 얻어야 만족한다. 그러므로 이들은 실존철학에도 기웃거려 보고, 언어분석학에도 기웃거려 보고, 그외 비기독교 철학들에도 기웃거려 본다. 그러나 이런 것들에는 최종적인 대답이 없다. 어떤 사람들은 미(美)를 절실히 갈망한다. 그래서 이들은 타락한 자신들의 상태에서, 그리고 타락 그 자체에서 미를 만들어 내려고 한다. 그러나 여기에도 최종적인 대답이나 참된 위로가 없다.

어떤 사람들은 미에 굶주려 있다. 어떤 사람들은 대답에 굶주려 있다. 또 어떤 사람들은 도덕의 실재에 굶주려 있다. 예를 들어, 많은 현대 사회학자들은 도덕과 사회의 틀을 마련할 만한 확고한 근거가 없으므로 곤란을 겪는다. 어떻게 하면 사회적인 악과 사회적인 선을 구분해 줄 확고한 범주들을 찾을 수 있는가? 사회학자들은 상대주의에 기대 보고, 사회계약 사상에 기대 보고, 여러 유형의 전체주의에 기대 보지만, 물이 손가락 사이로 빠져나가듯 위로는 잡히지 않는다.

많은 사람들은 사랑에 굶주려 있다. 원래 하나님이 인간을 지으시기를 사랑하도록 지으셨기 때문이다. 그래서 사람들은 가슴속에 있는 사랑에 대한 갈증을 해소하기 위해 성(性)에 눈을 돌려왔다. 그러나 성은 그 갈증을 해소시켜 주지 못했다. 인간성과 분리된 성은 사랑이 아니다. 그러므로 사람은 "나는 굶주려 있다"고 외친다.

하나님은 심판하기 위해서 우리 문화 안으로 손을 내리셨고, 그 결과 사람들은 굶주려 있다. 벼락을 집어 던지는 존재라고 사람들이 상상한 제우스(Zeus)와는 달리, 하나님은 자기에게 등을 돌린 우리 문화에 심판을 해 오셨으며, 이러한 인과법칙이 역사에 엄격히 적용되도록 허용하신다.

하나님은 역사에 직접 개입하는 방법으로든, 아니면 역사의 수레바퀴를 돌리는 방법으로든 둘 중 한 가지 방식으로 심판하실 수 있다. 복음을 믿을 때 함께 흘러나오는 부수적인 복들은 기독교라는 토대를 떠날 경우 다음 세대에는 오히려 심판 거리가 되는 일이 많다. 예를 들어 자유를 놓고 생각해 보자. 국가와 사회에서 형식과 자유간의 균형, 여성들의 자유, 어린이들의 자유, 국가 법률 아래 누리는 자유는 북유럽에서 일어난 종교개혁의 산물들이다. 그럼에도 그 국가 사회가 기독교라는 토대에서 벗어날 때는 자유 자체, 즉 오늘날 볼 수 있는 대로 형식이 결여된 자유 자체가 돌아가는 역사의 수레바퀴 속에서 심판 거리가 된다.

역사의 수레바퀴가 돌아감에 따라 우리 세대는 프루스트(Proust)가 말한 대로 모든 것 위에 "죽음의 재"가 쌓여 있는 것을 느낀다. 사람은 생명의 짧음을 느끼고서 그것을 늘이려 하거나, 이상하고 빗나간 장치들을 사용해서라도 내세에 희망을 두려고 한다. 그러므로 자연주의자로 자처하는 사람들이 교령회(交靈會)에 가입하여 죽은 사람들과 교제를 나누려고 하는 이상한 일이 생긴다. 베르히만(Ingmar Bergman) 같은 사람들은 하나님의 존재를 부정하는 대신에 귀신론에 관심을 갖는 현상을 내보인다.

예레미야 시대 유대인들이 밥에 굶주린 채 아무 위로자도 찾지 못했듯이, 탈기독교 세계인 우리 시대도 국가와 사회가 굶주려 있고, 개인들도 각자 애타게 갈망하는 것들로 굶주려 있다. 이것은 우리 시대가 유일하고 풍성한 위로자에게서 너무나 철저히 등을 돌린 데서 생긴 결과이다.

그러므로 개혁과 부흥을 이해하고 우리 마음과 복음주의 교회에서 일어나야 할 진정하고 건설적인 혁명을 이해하려면, 그리고 이 문제를 놓고 생각하고 기도하려면, 매우 현실적이어야 한다. 먼저 우리가 탈기독교 세계에 살고 있다는 사실을 이해해야 한다. 사람이 하나님을 등졌기 때문에 도처에 굶주림이 있다. 그리고 도시에는 죽음이 있다!

제 2 장
인간의 고독

우리 세대는 굶주려 있다. 사랑에, 미(美)에, 의미에, 항구적인 도덕과 법에 굶주려 있다. "죽음의 재"가 모든 것을 뒤덮고 있다. 예레미야 시대처럼 풍성한 위로자에 대한 가시지 않는 갈증이 있다.

예레미야는 예레미야애가 1：16에 이 점을 잘 말해 놓았다. "이를 인하여 내가 우니 내 눈에 눈물이 물같이 흐름이여 나를 위로하여 내 영을 소성시킬 자가 멀리 떠났음이로다." 예레미야 시대 유대인들은 위로자를 찾았으나 찾지 못했고, 만족을 찾았으나 찾지 못했다. 왜 그랬을까? 사람의 존재 목적, 사람의 의의를 잊었기 때문이다. 필자는 여러분에게 강조하고 싶은 것이 있다. 복음주의와 정통신앙권 안에서는 사람의 목적을 말할 때 "사람의 제일된 목적은 하나님을 영화롭게 하고"라는 웨스트민스터 소요리문답 제1문의 답 가운데 첫번째 부분을 인용한다. 그리고 그것으로 끝나는 경우가 많다. 그것으로 끝난다면 종교개혁을 일으킨 우리 조상들이 이해한 성경 교훈의 뜻은 완전히 바뀐다. 성경대로 충실히 대답하려면 소요리문답 제1문의 답을 "사람의 제일된 목적은 하나님을 영화롭게 하고, 그분을 영원토록 즐기는 것입니다" 하고 완전하게 인용해야 한다.

이 후반부 답이 인생에 대한 관점 전체를 바꾸어 놓는다.

우리의 사명은 하나님을 영화롭게 하는 것뿐만 아니라 그분을 즐기는 것이기도 하다. 사명을 진실히 수행하는 것은 우리가 창조된 목적과 관련된다. 창조된 목적이 무엇인가? 하나님과 관계를 맺고 살되 인격적인 관계를 맺고 살고, 그분에게 채우심을 받고, 그로써 삶에 대해 확신을 가지는 것이다. 기독교는 어느 방관자에게도 기독교가 염세 교리를 믿는다고 결론짓도록 빌미를 주어서는 안 된다. 기독교는 긍정할 수 있는 능력을 갖고 있다. 왜냐하면 존재하시는 하나님, 친히 창조하신 모든 피조물들의 궁극적인 환경이 되는 인격적인 하나님과 인격적인 관계를 맺고 살 수 있다는 긍정적인 믿음을 갖고 있기 때문이다. 하나님을 제외한 모든 것은 다 종속된 존재들이다. 그러나 그중에서 사람은 하나님의 형상을 지녔기 때문에 궁극적이고 항상 존재하시는 하나님과 인격적인 관계를 맺고 살 수 있다. 우리는 현세와 내세에서 우리 인격이 도달할 수 있는 가장 높은 수준에, 그리고 삶의 모든 부분에 채움을 받을 수 있다.

기독교에는 현실과 동떨어진 플라톤적인 것이 없다. 영혼만 채움을 받고 육체와 지성은 뒷전에 밀리는 일이 없다. 기독교에 대해 파괴적인 지성주의가 존재하긴 하나, 이것이 말하는 지식이란 참된 기독교가 이해하고 있는 지식이 아니다. 전인(全人)이 채움을 받아야 한다. 즉, 사람이 기쁨으로 충만하여 살 수 있음을 긍정해야 한다. 주변에서 그리스도인들을 많이 만나지만 이들에게서 기독교에서 반드시 얻어야 할 삶의 기쁨을 보지 못한다. 존재하시는 하나님과 바른 관계를 맺고 전인이 채움을 받아 가고 있는 모습을 보지 못한다.

예레미야 시대에도 유대인들이 진정한 채움으로 향하는 길에서 등을 돌린 모습을 본다. 그러나 이 옛 유대인들은 탈기독교 세계를 사는 현대인들만큼 악하지는 않았다. 그들은 우상들을 찾아갔으나, 그래도 어떤 것이 존재한다는 것만큼은 적어도 알고 있었다. 그리스인들도 비슷한 방식으로 자기들의 문화를 건축하였다. 물론 그들의 신은 완전하지 못하였다. 따라서 플라톤(Plato)은 신들이 모든 것을 포괄할 만큼 크지 않으므로 절대 기준들을 어떻게 다루어야 할지를 몰랐고, 그리스 작가들도 신들이 자기들을 항상 통제할 만큼 크지 않으므로 운명을 어떻게 보아야 할지를 몰랐다. 그러나 이들은 적어도 어떤 것이 존재한다는 것만큼은 알았다. 물질주의를 전부로 삼고 모든 것을 질량, 에너지, 운동으로 축소시킨 우주에서 사는 사람들은 어리석은 우리 세대밖에 없다(나는 "어리석다"라는 말을 로마서 1장과 같은 뜻으로 사용하고 있다). 그러므로 유대인들은 참되신 하나님을 버리고 우상들에게로 갔고, 그리스인들과 로마인들, 그리고 그 이후 민족들도 거짓된 신들에게로 갔으나, 그들은 우리 세대만큼 진리에서 멀리 떠나 있지는 않았다. 우리 세대에 이 우주에 고향을 갖고 있는 사람은 아무도 없다. 결론으로 다음 사실을 이해하자. 인격적인 위로자만이 인격적 존재인 사람을 위로할 수 있다. 오직 한 분이신 창조주, 존재하시는 무한하시고 인격적이신 하나님, 즉 유대-기독교의 성경이 말하는 하나님만이 이 일을 넉넉히 하실 수 있다. 하나님만이 충분한 위로자이시다.

아가서는 인격적인 위로자가 얼마나 필요한지를 아름답게 그려 놓았다. 성경 중간에 실린 이 숭고한 사랑의 노래는 하나님이 사람을 남자와 여자로 만드신 사실을 강조한다. 이 사실 때문에 성경에는 사랑의 노래가 실릴 자리가 있다. 아가서에는 밤에 자기 방으로 가는 처녀가 등장한다. 이 여자는 몸에 향유를 붓고 눕는다. 그뒤 문을 두드리는 소리가 들린다. 사랑하는 이가 함께 지내고 싶어서 찾아 왔다. 그러나 여자는 방안에 있으면서도 문을 열어주지 않는다. 목욕을 하고 향유를 발랐는데도 자리에 누운 채 일어나고 싶어하지 않는다. 그러자 남자가 갑자기 떠나가고, 여자는 이 사실을 곧 알고는 사랑하는 이가 가버린 뒤에야 향유가 무가치하다는 것을 깨닫는다. 사람도 조금도 다를 바 없다. 스스로의 인격을 아름답게 꾸미려고 노력한다 해도, 진실하고 충분한 연인이 없다면, 무한하고 인격적인 하나님이 계시지 않다면, 온갖 장식물로 치장하려는 노력은 아무 소용이 없다.

예레미야는 예레미야애가 1 : 16에서 유대인들에게 이 사실을 강조한다. 참된 위로자 없이 지낼 날이 올 것이라고 말한다. 그것은 그분에게 등을 돌려온 데에 따른 당연한 결과이다. 이들에게, 즉 유대인들에게 적합한 위로자가 되고 싶어 했던 분(우리 20세기 사람들에게도 같은 말을 할 수 있다)이 이제는 계시지 않는다. 이들은 마치 향유를 지니고 있는 처녀와 같다. 처녀가 사랑하는 연인을 가도록 내버려 둔 뒤에는 향유가 더 이상 의미가 없게 되었다.

예레미야애가 1 : 18에서는 이러한 사고의 연결고리가 하나 더 이어진다. "여호와는 의로우시도다 내가 여호와의 명령을 거역하였도다." 히브리어 성경에서는 "명령"이 아니라 "입"이다. 이 구절은 하나님께서 특정 계명들을 세웠는데 유대인들이 그것들을 깨뜨렸다는 뜻만을 지니는 것이 아니다. 좀더 포괄적으로, 유대인들이 하나님께서 말씀하신 모든 것－하나님께서 인생의 진정한 해답, 존재하시는 하나님을 기쁘시게 해드리는 방법, 그분과 관계를 맺고 사는 방법을 말씀해 주는 명제적 계시(propositional revelation)－에 반역했다는 뜻이다. 사람들이 예레미야 때의 시대 상황이나 탈기독교 세계의 상황에 처하게 된 데에는 하나님의 명제적 계시를 외면했다는 한 가지 이유밖에 없으며, 그 결과 하나님의 도덕적 심판 아래 놓여 있다. 로마서 1장에서 사람들이 진리를 알고도 거기서 돌아섰기 때문에 하나님의 진노 아래 있게 되었다고 바울이 강조한 것을 앞에서 보았다. 하나님은 어느 곳에나 계신다. 그러나 예레미야 시대의 유대인들은 하나님의 계시로부터 돌아섰기 때문에 그분과 분리되게 되었다. 우리 시대 사람들은 하나님의 명제적 계시로부터 돌아섰기 때문에 우리 역시 충분한 위로자가 없는 처지에 놓여 있다. 도덕적으로 하나님과 분리되었기 때문이다.

그리고 예레미야애가 1 : 19에는 이러한 말씀이 있다. "내가 내 사랑하는 자를 불렀으나 저희가 나를 속였으며 나의 제사장들과 장로들은 소성시킬 식물을 구하다가 성중에서 기절하였도다." 이렇게 영혼을 소성시킨다는, 즉 되살린다는 말이 관련 구절들인 예레미야애가 1 : 11, 1 : 16에 이어 1 : 19에 세번째로 나온다.

사람이 하나님의 계시에, 그리고 존재하시는 참되신 하나님을 등진 결과가 무엇인가? 우리는 어떤 관점에서 이 탈기독교 세계를 바라보아야 하는가? 그리스도인이라면 누구나 우리 세대에 대해 두 가지 반응을 나타내야 한다. 첫번째 반응은 우리 문화가 망해가고 있는 것―개인들만 상실되는 것이 아니라 우리 문화 전체까지도 상실되어 가고 있는 것―을 지켜보는 데서 오는 비통한 심정이다. 두번째 반응은 이 문화가 성경적인 종교개혁 사상의 터 위에 세워졌는데, 우리 바로 앞 세대들이 그 진리를 외면해 왔으므로 다시 진리로 돌아서는 일이 없이는 도시에는 반드시 죽음이 있게 될 것을 자각하는 일이다. 반드시 그렇게 된다는 것을 알아야 한다!

예레미야가 예레미야애가 1 : 19에서 그들이 그 성(도시)에서 기절했다고, 즉 그 도시에 죽음이 있다고 말했을 때, 그 도시는 바로 예루살렘이다. 그러나 도시라는 단어의 뜻은 더욱 확대할 수 있다. 즉, 사회적인 집단이나 문화를 뜻하는 그리스어 폴리스(polis)와 관련지을 수 있다. 예레미야는 하나님께서 자신을 외면한 문화를 다루고 계시기 때문에 할 말은 "도시에는 죽음이 있다. 도시에는 죽음이 있다! (There's death in the city. There's death in the city.)." 하는 오직 한 가지밖에 없었다. 예레미야 시대가 그러했고, 오늘 우리 시대가 또한 그러하다.

나는 복음주의 지도자들이 우리 문화에 밀어닥친 변화들에 허를 찔려온 것에 놀라움을 금치 못한다. 우리는 그 변화들을 예측했어야 했다. 대중이 문화를 지탱하는 토대에 한번 등을 돌리게 되면 도시에는 죽음이 있기 마련이다. 현대 미술가들, 작가들은 도시 안에 죽음이 있음을 이해한다.

키리코(De Chirico)는 초현실주의 회화 작품들에서 도시 곧 현대 문화를 이런 식으로 보았다. 이 화폭들에는 대도시, 치솟은 탑, 그늘, 동상, 달리는 기차들이 담겨 있지만, 사람의 흔적은 없다. 몇 년 전 유럽에서 기차를 타고 가는 동안 이 그림들의 강렬한 의미를 깨달은 적이 있다. 일등칸에는 화려한 색채를 띤 멋진 그림들이 걸려 있었다. 이등칸에는 흑백 그림들이 걸려 있었다. 나는 이등칸에 탔다. 이 객실에는 도시 사진이 걸려 있었다. 고도(古都) 제네바였다. 매우 낯익은 거리들이 있었다. 그러나 순간적으로 이 사진에는 사람이 하나도 없다는 것을 알아차렸다. 이 도시에는 아무도 없었다. 죽음에 관한 느낌이 으스스하게 다가왔다. 그리고는 키리코가 무엇을 그리고 있었는지를 이해하게 되었다. 우리 세대에는 도시 속에 죽음이 있다는 것이었다.

어떤 죽음인가? 인적이 끊긴 것을 말하는가? 아니다. 오히려 사람의 죽음이다. 인격성이 자취를 감췄다. 비슷하게 무섭고 소름끼치는 고독을 그린 호퍼(Edward Hopper) 같은 미국 화가들이 생각난다. 아니면 폭탄이 떨어져 사람들이 죽어버린 세계를 그린 네빌 슈트(Nevil Shute)의 해변에서(*On the Beach*)가 생각난다. 이 부분은 강렬한 전경을 묘사하고 있다. 불빛은 여전히 비치고 있고, 발전기도 여전히 돌아가고 있다. 그런데 아무도 없다. 슈트가 묘사하는 것은 소름끼치는 고독이다. 그러나 그는 우리가 핵무기로 파멸될 가능성이 있는 시대에 살고 있다는 사실보다 더욱 심각한 것을 말하고 있다. "이해하지 못하겠는가? 폭탄이 떨어지든 떨어지지 않든 이것이 오늘날 인간이 처해 있는 실상이다. 궁극적인 존재 목적을 갖고 있지 않기 때문이다"라고 말하고 있다. 인간의 도시에는 죽음이 있다. 정말로 우리 시대의 문제들에 민감하다면 적어도 믿지 않는 시인들, 저자들, 화가들, 그리고 그외 사람들과 마찬가지로 도시에, 인간의 도시에 죽음이 있다는 것이 현실적인 딜레마임을 이해해야 한다.

우리 나라는 어떻다고 말해야 하는가? 물론 우리가 여러 가지 자유를 누리고 있다는 것을 감사하게 여겨야 한다. 그러나 그렇게 말한다 해도, 우리 문화가 더 이상 기독교적인 기반을 갖고 있지 않기 때문에 도시에 죽음이 있게 될 것임을 몰라도 되는 것일까? 하나님과 그분의 계시를 토대로 교회와 문화에 진정한 개혁이 일어나지 않는다면 도시의 죽음은 점차 모든 것을 삼켜버릴 것이다. 우리 문화가 기독교라는 기반을 내동댕이 친 뒤에도 예전처럼 남을 수 있다고 생각하는가? 어리석은 생각이다. 예레미야라면 여러분을 보고서 이렇게 말할 것이다. "여러분은 바른 관점을 갖고 있지 않다. 지금 여러분은 비장한 마음을 가져야 옳다. 상황이 그런 방향으로 나가고 있기 때문이다. 충족시킬 수 있는 분에게, 위로를 줄 수 있는 분에게 등을 돌렸으므로, 그의 사랑에 등을 돌렸으므로, 여러분의 도시에는, 여러분의 문화에는 죽음이 있게 될 것이다!" 현대인들은 이런 위치에 서 있다. 이런 점에서 예레미야는 우리가 이 시대에 가져야 할 관점을 제시한다. 이것이 그의 메시지이다. 참으로 역사는 단순히 기계처럼 움직이지 않는다. 예레미야 시대에 하나님은 자신의 인격에 기초하여 역사 안에 들어와 일하셨고, 지금도 계속 그렇게 일하신다. 예레미야 시대 사람들이 바벨론으로 끌려간 것은 그냥 군사나 경제상의 이유들 때문만이 아니었다. 하나님은 거룩하신 하나님으로서 이들이 자기에게 등을 돌렸기 때문에 심판하셨다. 우리 세대도 똑같이 대하실 것이다.

이것이 하나님의 말씀이 우리에게 주는 관점이다. 그리스도인이 된다는 것은 특정 교리들을 긍정하는 것을 뜻하지만, 아울러 하나님께서 자신의 책에서 역사의 실재들에 관해 보여오신 교훈에 마음으로 동의하는 것을 뜻하기도 한다. 그리고 우리는 다음의 사실을 우리의 관점으로 삼아야 한다. 사람들이 실제적인 채움을 주실 수 있는 분에게 돌아가며, 그분의 계시로 돌아가야만, 예수 그리스도를 통해서 마련해 주신 길대로 그분과 사귐을 가질 수 있다는 사실을 다시금 긍정해야만 모든 사람이 갈망하는 충분한 위로를 얻을 수 있다. 그 외에 다른 길은 없다. 다른 길이 없음을 철저히 깨닫지 못한다면 개혁과 부흥을 이룰 준비가 되어 있지 않은 셈이다. 복음주의 교회를 뒤흔들 혁명을 일으킬 준비가 되어 있지 않은 셈이다. 예술, 역사, 심리학, 사회학, 철학, 그 외 어떤 주제나 학문 분야에 그 밖의 최종적인 대답들이 있다고 생각한다면, 사람이 하나님에게 등을 돌린 뒤에도 다른 대답들이 있다고 생각한다면, 복음주의 교회가 이토록 절실히 요구하고 있는 개혁, 부흥, 혁명－건설적인 혁명－을 이룰 준비가 되어 있지 않은 셈이다. 우리의 관점은 하나님의 말씀에 담긴 관점이어야 한다. 이 관점을 갖고 있다면 싸구려 해결책들을 내놓지 않을 것이고, 심판이 있다는 사실에도 놀라지 않을 것이다.

제 3 장
심판의 메시지

계속해서 예레미야서를 보면서 그가 우리 세대와 아주 비슷한 세대를 향해 뭐라고 말했는지를 살펴보자. 잘 알다시피, 사람들은 예레미야를 "눈물의 선지자"라고 부른다. 자기 백성을 보고서 우는 모습을 보이기 때문이다. 이러한 태도를 우리도 가져야 한다. 본래 오던 길에서 돌아선 교회를 보고 우리는 울어야 한다. 그런 교회를 따라온 문화를 보고서 울어야 한다.

예레미야 1 : 1에서 보듯이, 예레미야는 아나돗에서 태어나 육십대 초반에 애굽에서 죽은 듯하다. 그의 삶은 평탄하지 않았다. 히브리서 11 : 36, 37은 이렇게 말한다. "또 어떤 이들은 희롱과 채찍질뿐 아니라 결박과 옥에 갇히는 시험도 받았으며 돌로 치는 것과 톱으로 켜는 것과 시험과 칼에 죽는 것을 당하고." 조사해 보면 히브리서 11장에 열거된 고초들과 성경상의 특정인을 연결시킬 수 있는데, 오직 한 가지 고초만은 그렇지 못하다. 성경에는 누가 톱으로 켜서 죽었다는 내용이 나오지 않는다. 그러나 전승에 따르면 유대 민족이 바벨론으로 끌려간 뒤 일부 유대인들이 예레미야를 애굽으로 끌고 갔다고 한다. 그가 가고 싶어하지 않았고, 또 그들에게도 가지 말라고 하던 바로 그곳으로 말이다. 이 전승은 (사실일 수도 있고 사실이 아닐 수도 있다) 더 나아가서 그 유대인들이 예레미야를 빈 통나무에 집어넣은 뒤 통나무와 함께 톱으로 켰다고 한다. 이것은 히브리서 기자가 언급하고 있는 것일 가능성이 있다. 앞으로 자세히 보게 되겠지만, 어느 경우든 예레미야의 생애는 평탄치 않았다.

그가 전한 메시지도 평탄치 않은 것이었다. 예레미야 1 : 10에 그 메시지의 요지가 실려 있다. "보라 내가 오늘날 너를 열방 만국 위에 세우고 너로 뽑으며 파괴하며 파멸하며 넘어뜨리며 건설하며 심게 하였노라." 순서를 눈여겨 보자. 먼저 강력한 부정적인 메시지를 전한 다음에 긍정적인 메시지를 전해야 했다. 부정적인 메시지가 먼저였다. 그것은 하나님을 등진 교회와, 그 교회에서 흘러나온 문화에 대한 심판의 메시지여야 했다. 유다는 하나님과 그분이 계시해 주신 진리를 거역했다. 그리고 하나님은 예레미야에게 먼저 심판의 메시지를 전하라고 하신다. 나는 오늘날 우리가 전할 메시지도 같다고 믿는다.

기독교는 낭만적이지도 않고 나약하지도 않다. 억세고 현실적이다. 성경은 예레미야가 당대 사람들에게 외친 현실적인 메시지를 전해 주는데, 나는 오늘날 교회가 진정으로 탈기독교 세계에 조금이라도 도움이 되려면 이 메시지를 전해야 한다고 확신한다.

세상의 반응에는 놀라지 말자. 성경은 거역하는 교회, 거역하는 문화가 이 메시지를 잘 받아들이지 않는다는 사실을 분명히 해 둔다. 예레미야 1 : 18, 19 말씀을 들어보자. "보라 내가 오늘날 너로 그 온 땅과 유다 왕들과 그 족장들과 그 제사장들과 그 땅 백성 앞에 견고한 성읍, 쇠기둥, 놋성벽이 되게 하였은즉 그들이 너를 치나 이기지 못하리니 이는 내가 너와 함께하여 너를 구원할 것임이니라 여호와의 말이니라." 달리 말해서, 하나님은 "예레미야야,

이것이 네가 행할 사역 형태이다"고 말씀하신다. 그러므로 그리스도인으로서 탈기독교 세계에서 평탄하게 사역하기를 바란다면 그는 비현실적인 관점을 갖고 있는 셈이다. 예레미야 시대에도 그런 기대를 할 수 없었고, 오늘날과 같은 시대에도 그런 기대를 해서는 안 된다.

예레미야서에서 예레미야는 그 다음에 문맥을 바꿔 자기 문화가 하나님께 등을 돌린 다양한 방법들을 분석한다. 단지 형식적일 뿐인 신앙의 부적합성, 만연하는 교회의 배교(背教)행위, 몇 가지 특정 죄악 행위들, 존재하시는 하나님을 떠나서 의미와 안전을 찾으려고 하는 경향 등 여러 가지 잘못들을 부각시킨다.

형식적인 신앙은 풍성하나 그것은 하나님이 원하시는 바가 아님을 지적한다. 예를 들어 예레미야 6：20은 이렇게 말한다. "시바에서 유향과 원방에서 향품을 내게로 가져옴은 어찜이뇨 나는 그들의 번제를 받지 아니하며 그들의 희생을 달게 여기지 않노라." 제사는 빈번했으나, 아무런 소용이 없었다. 잘못된 동기와 잘못된 전제들 때문에 잘못된 방향으로 흐르고 있었다. 그러므로 하나님께서는 "너희 종교가 내게 무슨 소용이 있느냐？"고 말씀하셨다. 예레미야 7：4의 논지도 마찬가지다. "너희는 이것이 여호와의 전이라, 여호와의 전이라, 여호와의 전이라 하는 거짓말을 믿지 말라." 달리 말해서, 백성들은 "여호와의 전이 우리와 함께 있지 않은가？ 그렇다면 만사가 형통할 것이다！" 하고 말했다. 그러나 하나님은 진노의 손을 펴시면서 이렇게 말씀하셨다. "너희가 계시된 내 진리에서 일단 등을 돌렸으므로 너희 성전에는 아무 관심도 없다. 너희가 등을 돌린 후에라도 성전을 가질 수는 있겠지만, 내게는 아무 의미도 없다."

우리 세대도 다를 바 없다. 종교활동이 왕성하다는 사실은 하나님께 아무런 의미도 없고, 심판을 막는 데도 아무런 영향을 미칠 수 없다. 신 신학과 타협안들－이른바 복음주의라는 데서도 심심치 않게 보게 되는 성경에 관한 타협안들—은 종교를 하나님이 받으실 만하게 만드는 실질적인 것을 제거한다. 예레미야애가에서 보았듯이, 유대인들은 하나님의 계시를 외면했다. 그리고 하나님의 명제적 계시를 외면하면 그분께 드리는 예배도 받아들여지지 않는다. 우리는 지금 추상적인 신학 용어들을 놓고 씨름하고 있는 것이 아니다. 하나님을 믿는 문제, 그분의 계시된 진리를 믿는 문제를 놓고 씨름하는 것이다.

그러나 예레미야는 7：10에서 한걸음 더 나아가 이렇게 말한다. "내 이름으로 일컬음을 받는 이 집에 들어와서 내 앞에 서서 말하기를 우리가 구원을 얻었나이다 하느냐" 다시 말해서 "성전 예배에 참석했다가 끝나고 나가면서, '이제는 하고 싶은 것을 다 할 수 있다. 향락을 즐기며 살 수 있다'" 하고 말하느냐는 것이다. 그러나 하나님은 예레미야를 통해서 말씀하시기를, "그렇지 않다. 단지 외견상의 종교는 내게 아무런 의미도 없다"고 하신다. 9：25에서 같은 점을 강조한다. "여호와께서 말씀하시되 날이 이르면 할례받은 자와 할례받지 못한 자를 내가 다 벌하리니." 그들은 할례를 받았지만 그것이 무슨 가치가 있었는가? 할례는 진리 곧 하나님의 계시에 뿌리를 두지 않는다면 하나님 보시기에 아무것도 아니다. 외적인 형식들 자체는 하나님께 아무런 의미도 없다.

그러나 하나님은 예레미야를 통해서 그 이상의 사실을 말씀하신다. 예레미야는 뚜렷하게 배교(背教)를 비판했다. 여기에 현대 교회가 종합 개념인 상대주의로 얼룩져온 우리 세대의 특징이 있다. 1930년대 이래로 교회는 갈수록 배교라는 단어를 쓰지 않는다. 딱딱하고 거친 태도로 이 단어를 쓰기가 쉽다. 물론 그렇게 하는 것은 잘못이다. 그럼에도 하나님의 말씀에 근거해서 보면 배교라는 것이 엄연히 있다. 하나님에게서 돌아서는 것을 실제로 보면서도 그것을 있는 그대로 말하지 않는다면 하나님의 말씀에 충실치 못한 일이

다.[1]

하나님은 예레미야를 통해서 배교에 관해 강력하고, 엄격하고, 심지어 충격적인 용어를 써서 말씀하신다. "세상에서 말하기를 가령 사람이 그 아내를 버리므로 그가 떠나 타인의 아내가 된다 하자 본부가 그를 다시 받겠느냐 그리하면 그 땅이 크게 더러워지지 않겠느냐 하느니라 나 여호와가 말하노라 네가 많은 무리와 행음하고도 내게로 돌아오려느냐"(렘 3 : 1). 그런 다음에 그들을 다시 부르시기를, "배역한 자식들아 돌아오라 내가 너희의 배역함을 고치리라"(렘 3 : 22)고 하신다. 그러나 이러한 부르심은 그 전에 있던 행위가 진정한 배교였다는 사실을 시인하는 데 뿌리를 둔다.

부르심에 대한 묘사는 매우 의미심장하다. 성경 전체를 통하여 하나님은 계속해서 말씀하신다. "너는 나의 신부라." 하나님의 교회가 이를 외면하는 것은 영적 간통, 즉 배교이다. 이 말을 교만하고 거칠게, 사랑이 없이, 눈물이 없이, 혹은 너무나 쉽게 사용하지 않도록 주의해야 되겠지만, 적절히 사용하는 방법은 있다. 그 묘사가 예레미야 3 : 6에서 반복된다. "요시야 왕 때에 여호와께서 또 내게 이르시되 네가 배역한 이스라엘의 행한 바를 보았느냐 그가 모든 높은 산에 오르며 모든 푸른 나무 아래로 가서 거기서 행음하였도다." 유대인들은 거짓 신들을 향해 떠났다. 그릇된 신학에 착념하는 것은 거짓 신들을 향해 떠나는 것과 같다. 예수 그리스도의 교회가 살아 계신 하나님과 그의 명제적 진리를 외면할 때마다 교회는 간음을 하고 있는 것이다. 예레미야 3 : 9에서 우리는 그와 같은 것을 발견한다. "그가 돌과 나무로 더불어 행음함을 가볍게 여기고 행음하여 이 땅을 더럽혔거늘."

그러므로, 탈기독교 세계에서, 그리고 때로는 탈기독교 교회에서

[1] 오늘날의 교회의 사명(*The Church Before the Watching World*—생명의 말씀사 역간) 2장 "간음과 배교" 참조.

어디에 배교가 있는지를 사랑으로 지적하는 것이 시급하다. 경청의 의지가 있는 모든 사람들을 동료로 여기며 그들과 공개적으로 논의해야 하지만, 배교는 배교라고 말해야 한다. 우리가 그렇게 하지 않는다면, 우리는 개혁과 부흥, 그리고 성령의 권능으로 교회를 혁신할 준비가 되어 있지 않은 것이다.

우리 모두는 상대주의와 종합(synthesis)에 너무나 쉽게 젖어들고 있으며, 반정립(antithesis)이 부족한 경향이다. 진정한 하나님이라는 명제가 있고, 하나님이 아니다라는 명제가 있다. 하나님이 계시다는 것은 하나님이라는 존재는 없다는 것에 반대된다. 이것은 큰 반정립이다. 창세기 1장부터 그의 계시와 관련된 반정립들이 있다. 이것에 반대되는 것에 반정립으로서 주어진 것이 있다. 하나님의 진리를 무시하거나 왜곡하는 사람들을 볼 때 우리는―증오하거나 분노함이 없이―"당신은 틀렸소"라고 분명히 말해야 한다.

예레미야는 종교적 배교에 대해서뿐만 아니라 특정한 죄에 대해서도 반박한다. 그런 태도는 우리와 같은 세대에서도 시급하다. 그래서 하나님은 예레미야 5 : 7, 8에서 이렇게 말씀하신다. "내가 어찌 너를 사하겠느냐 네 자녀가 나를 버리고 신이 아닌 것들로 맹세하였으며." 이것은 다시 종교적 측면이다. 그러나 풍요로운 사회의 결과가 어떤지 주목해보라. "내가 그들을 배불리 먹인즉 그들이 행음하며 창기의 집에 허다히 모이며." 그들은 풍요를, 죄를 짓는 데 사용하였다. 우리도 그와 같지 않은가?

예레미야는 5 : 8에서 계속한다. "그들은 살지고 두루다니는 수 말같이." 말을 잘먹이면 성행위를 하게 된다고 예레미야는 말한다. 그래서 그는, 오 이스라엘 사람들이여, 당신들은 풍요로운 사회 속에서 그런 식으로 살아간다고 말한다. 그리고 안타깝게도 여러분들, 풍요로운 미국과 북유럽의 종교개혁 국가들은 종교개혁의 믿음을 외면하고 그런 식으로 살아가고 있는 것이다. "그들은 살지고 두루다니는 수 말같이 각기 이웃의 아내를 따라 부르짖는 도다." 불의의 공동체로 도피하는 것을 표현하는 오늘날의 소설들에 대해 생각해 보라. 1960년대에 많은 젊은이들이 내게 이렇게 말했다. "앞 선 세대가 알콜과 간음에서 도피처를 발견했는데 나는 왜 약물을 먹어서는 안 된다는 말입니까?" 그들이 옳았다. 그들은 앞선 세대를 본받았을 뿐이다. 지금 1980년대에는 더 큰 도피를 위하여 약물과 알코올이 함께 사용되고 있다. 탈기독교 세계에서 만연하는 죄를 반박하지 않는 교회는, 하나님께서 예레미야를 통해 교회가 가져야 할 메시지에 관해 보여 주신 선례를 따르지 않는 것이다. 형식적 종교 행위, 배교, 성적 범죄, 그리고 거짓말 등은 예레미야가 충분히 말한 것들이다. 예레미야 9 : 2은 이렇게 말한다. "어찌하면 내가 광야에서 나그네의 유할 곳을 얻을꼬 그렇게 되면 내 백성을 떠나가리니 그들은 다 행음하는 자요 패역한 자의 무리가 됨이로다." 또 5절에서는 "그들은 각기 이웃을 속이며 진실을 말하지 아니하며 그 혀로 거짓말하기를 가르치며 악을 행하기에 수고하거늘"이라고 말한다. 하나님은 진실을 말하는 사람에 대하여 관심을 갖는다.

사람들은 절대 기준이 있다는 것을 더 이상 믿지 않으며, 점점 더 진리를 말하지 않는 것이 당연한 일로 받아들여지고 있다. 사업상의 계약도 만약 법적으로 피할 길만 있다면 존중되지 않는다. 고용주는 약속을 중요하게 생각하지 않는다. 고용인도 그런 식으로 대응한다. 절대 진리의 토대를 주시는 유일한 분인 하나님으로부터 돌아섰을 때, 사람들은 서로에 대해서 신의를 잃고 위선적으로 되었다. 우리는 TV광고에서, 그리고 아이를 더욱 쉽게 없앨 수 있도록 태어난 아이를 "자궁 밖 태아"라고 표현하는 의학에서, 위선적 언어를 받아들인다. 우리는 우리가 믿지 못할 위선으로 둘러싸여 있음을 알면서도 우리 세대는 그것을 정상으로 받아들이고 그리하여 그것에 조종받는다.

젊은 세대들에게는 이 모든 것을 표현하는 구절이 있었다. 그들은 "플라스틱 문화"라는 말을 사용하였다. 적절한 말이다. 우리의 문화는 플라스틱 문화이며, 우리의 교회가 플라스틱 교회일 때도 있다. 사람들은 기억에 따라 단순히 행동하고 있다. 자신들의 행동에 대한 확고하며, 이성적이며, 기독교적 토대가 없이 습관에 따라 살고 있을 뿐이며, 이것은 참으로 추악한 일이다. 문화와 교회 양쪽 모두에서 위선과 추악함을 보기란 너무나 쉬우며, 우리는 그것이 현재와 같이 극한 상태에 이르도록 가만히 있지 말았어야 했다. 교회는 이런 것들에 대해 말해 왔어야 했다. 옳은 것들을 산출해 낸 토대가 사라지면 겉으로 아무리 옳은 일을 한다고 해도 아름다움은 사라져 버린다.

우리는 당대의 철학 속에서 진리가 해체되어버린 시대에 살고 있다. 이런 일은 그저 철학 강좌에서만 아니라, 살아있는 철학이 현재 두들겨 맞고 있는 바로 그곳에서 그렇게 되고 있으며, 우리는 사회에서는 진리에 대해 아무 일도 벌어지지 않았는데, 단지 대학 안에서나 예술 분야에서 해체될 것이라고 예상할 수가 없다.

그러나 예레미야는 하나님을 대변하여 말한다. "나는 단지 성적 죄에 대해서만 반박하는 것이 아니다. 나는 진리의 힘을 죽이는 것에 관해 말하고 있다." 9 : 8에서 그는 이렇게 말한다. "그들의 혀는 죽이는 살이라 거짓을 말하며 입으로는 그 이웃에게 평화를 말하나 중심에는 해를 도모하는도다." 정통 교회나 자유주의 교회나 사랑을 말하면서도 사랑으로 살지 못하는 것은 어려운 일이 아니다. 교회 밖에 있는 현대의 세대가 그와 같은 행동을 하는 것도 쉬운 일이다. 1960년대에는 "사랑"이라는 외침에 끌린 수많은 "히피"가 이용당하였고 열네 살의 나이에 삶의 공허를 체득하였다. 그리고 1980년대에는 사랑이라는 말이 쾌락, 비사랑, 추악을 뜻하는 것으로 계속해서 사용되었다. 교회 안이든 밖이든 사랑이나 기타 평화의 말들을 기만하기 위해 사용하는 것은 착취하는 행위일 뿐이다.

하나님은 그러한 거짓과 착취하는 행위에 반대하여 예레미야에게 말씀하셨다. 교회가 당대의 배교와 죄악들에 대해 강력히 말하지 않는다는 것은 우리 세대의 어떤 혁신 운동도 외면하려는 것이다. 우리 세대는 하나님의 말씀에 신물을 내고 있다.

예레미야는 또한 세상을 의지하는 것에 반대한다. 그 당시에 그것은 매우 특이한 일이었다. 바벨론으로부터 보호를 받기 위하여 애굽과 다른 강대국에 의지하고 있을 때였다. 2 : 18에서 예레미야는 이렇게 말하고 있다. "네가 시홀의 물을 마시려고 애굽 길에 있음은 어찜이며 또 그 하수를 마시려고 앗수르 길에 있음은 어찜이뇨." 즉 "너는 애굽을 보며 무엇을 하고 있는가? 앗수르를 보며 무엇을 하고 있는가? 너는 왜 하나님을 의지하지 않는가?"라고 말하는 것이다. 예레미야에게 그것은 문자 그대로 앗수르요 애굽이었다. 우리 시대의 애굽은 세상과 세상의 영리함이다. 만일 교회가 세상의 방식을 사용한다면, 우리는 그럴 듯한 말과 즉흥적인 것에 흠뻑 배어있는 냉소적인 세대가 교회를 진지하게 받아들일 것이라고 기대할 수가 없다. 2 : 36에서 예레미야가 말하는 것처럼 "네가 어찌하여 네 길을 바꾸어 부지런히 돌아다니느뇨 네가 앗수르로 인하여 수치를 당함같이 애굽으로 인하여 수치를 당할 것이라."

혹은 다시 37 : 7, 8에서 예레미야는 이렇게 말한다. "이스라엘의 하나님 나 여호와가 이같이 말하노라 너희를 보내어 내게 구하게 한 유다 왕에게 이르라 너희를 도우려고 나왔던 바로의 군대는 자기 땅 애굽으로 돌아가겠고 갈대아인이 다시 와서 이 성을 쳐서 취하여 불사르리라."

"너희는 세상의 도움을 기대하느냐?" 하나님이 물으신다. "실패할 것이다. 너희는 부끄러워할 것이다." 상대주의의 세대 안에 진리가 있다고 말하는 교회, 곧 하나님이 있다고 말하는 교회, 새로운 신학이 종교를 단순한 심리학으로 변질시킬지라도, 그러한 교회는 그들이 하나님의 존재하심을 정말로 믿는다는 것을 보여주어야 한다. 우리는 직접적으로 하나님께 도움을 기대해야 한다. 허드슨 테일러가 말하곤 했던 것처럼, 주님의 일은 주님의 방식으로 이루어져야 한다.

그러면 예레미야가 이스라엘 사람들에게 주었던 메시지는 무엇인가? 그것은 가벼운 메시지였는가? 그가 말한 것은 이렇다. "당신들은 하나님을 외면하고 돌아섰으며, 회개하지 않을 것이므로 철저하게 멸망할 것입니다. 역사 속에서 일하시는 하나님은 당신들의 문화를 철저히 파괴할 것입니다." 그리하여 그는 1 : 14에서 이렇게 쓰고 있다. "여호와께서 내게 이르시되 재앙이 북방에서 일어나 이 땅의 모든 거민에게 임하리라." 그리고 5 : 15에서는 "나 여호와가 말하노라 이스라엘 족속아 보라 내가 한 나라를 원방에서 너희에게로 오게 하리니 곧 강하고 오랜 나라이라 그 방언을 네가 알지 못하며 그 말을 네가 깨닫지 못하느니라." 예레미야서 전체가 그러한 예언으로 가득차 있다. 혁신이 일어나지 않는 한, 완전한 멸망, 완전한 멸망의 시간이 여러분의 문화 전체에 다가 오고 있는 것이다.

우리에게 필요한 것은, 사람들이 허영의 시장(Vanity Fair)으로 돌아갈 때 어떤 일이 일어나는지를 지적한 존 번연과 같은 사람들이다. 사람들이 하나님을 외면하고 돌아설 때, 도시는 파멸의 도시가 된다. "내가 예루살렘으로 무더기를 만들며 시랑의 굴혈이 되게 하겠고 유다 성읍들로 황폐케 하여 거민이 없게 하리라"(9 : 11). "이스라엘의 하나님 여호와께서 이같이 말씀하시되 보라…… 너희 손에 가진 병기를 내가 돌이킬 것이요"(21 : 4). 우리 세대에게 하나님은 이렇게 말씀하신다. "오, 국가여, 문화여, 너희들이 지금 갖고 있는 지식, 덕분에 실제로 있는 것(자연적인 것뿐만이 아니라 초자연적인 것도 있는 우주, 모든 것이 단지 경제적 원인과 결과만으로 설명되는 것이 아닌 우주)과는 유리된 그 지식 덕분에, 너희들이 필요한 것을 충족시키는 무기를 만들 수 있다고 생각하는가? 아니다"라고 하나님은 말씀하신다. "그런 것은 약한 인간의 손에 쥐어져 있는 칼에 지나지 않으며, 그것을 쥐고 있는 사람을 벨 것이다. 너희들은 진보하는 과학 기술을 신뢰하고 있지만, 그 기술이 너희를 파멸시킬 것이다." 시대적 용기를 가지고 이렇게 외치는 것을 듣기 전까지는 우리는 교회가 진지하게 받아들여질 것이라고 기대할 수가 없다.

> 너희가 성밖에서 바벨론 왕과 또 너희를 에운 갈대아인과 싸우는 바 너희 손에 가진 병기를 내가 돌이킬 것이요 그들을 이 성중에 모아 들이리라 내가 든 손과 강한 팔 곧 노와 분과 대노로 친히 너희를 칠 것이며 내가 또 이 성에 거주하는 자를 사람이나 짐승이나 다 치리니 그들이 큰 염병에 죽으리라 하셨다 하라 여호와께서 또 말씀하시되 그 후에 내가 유다 왕 시드기야와 그 신하들과 백성과 및 이 성읍에서 염병과 칼과 기근에서 남은 자를 바벨론 왕 느부갓네살의…… 손에 붙이리니(렘 : 21 : 4-7).

우리 세대는, 인간이 하나님을 무시할 수 없다는 것, 빛을 발해 왔으나 고의적으로 하나님을 외면하고 돌아선 우리의 문화는 하나님의 심판대 아래 서 있다는 사실을 들을 필요가 있다. 하나님은 은혜의 하나님이지만, 은혜라는 동전의 뒷면은 심판이다. 만일 하나님이 계신다면, 만일 하나님이 거룩하시다면(우리에게는 거룩한 하나님이 필요하며, 그렇지 않으면 절대적인 것은 없다), 반드시 심판이 있을 것이다.

이 장을 마치면서 나는 한 가지 질문을 하려고 한다. 여러분은 그분이 계시다는 것을 진정으로 믿는가? 복음주의자들 가운데, 젊은이든 노인이든간에 왜 그렇게 비실재적인 이들이 많은가? 최종적 실재는 어떤 것인가? 최종적 실재는 하나님이 정말로 계시다는 사실이다. 성경은 존재하시는 하나님께서 명제적, 언어적 형태로 그것을 말씀하셨기에 성경이다. 여러분의 기독교는 존재하시는 하나님 이하의 어떤 것으로 끝나고 있는가? 기독교 학교에서 가르치면서 여러분은 그분이 존재하신다는 것을 믿는가? 배우는 과정에서 여러분은 그분이 계시다는 것을 믿는가? 여러분은 그분이 계시다는 것을 진정으로 믿는가, 그렇지 않으면 일종의 사회적 믿음 상태에서 살고 있을 뿐인가? 여러분은 단지 올바른 신학을 말하고만 있는 것인가, 그렇지 않으면 하나님이 계시다는 것을 믿고 그분 앞에서 살고 있는 것인가?

만일 그가 실재로 계시다면, 만일 그가 거룩하신 하나님이라면, 여러분은 우리나라와 같은 국가가 그를 외면하였다는 사실에 하나님께서 무관심하다고 진정으로 생각하는가? 이 세대에 효과있는 설교는 단 한 가지, 하나님의 심판을 전하는 설교뿐이다.

제 4 장
세상의 메아리

앞 장에서 우리는 예레미야가 하나님의 말씀을 그 세대 사람들에게 전했던 것을 살펴보았다. 그가 단지 형식적일 뿐인 신앙에 대해, 만연하는 배교 행위에 대해, 특정 죄악 행위들－간음, 거짓말, 위선－에 대해 심판의 메시지를 어떻게 전했는가를 보았다. 동족들이 하나님이 계시하신 진리를 조롱하는 것에 예레미야의 음성은 고조되었다.

이제 우리는 방향을 돌려 그 사람들의 죄에 대해서보다는 오히려 그 사람들 자체를 알아보자. 예레미야는 누구에게 말하고 있었는가? 건너 마을에 사는 보통사람들이었는가? 하나님에게서 돌아섰다고 그가 비난하는 사람들은 누구였는가?

예레미야 22 : 11, 12을 읽어보자. "나 여호와가 유다 왕 요시야의 아들 곧 그 아비 요시야를 이어 왕이 되었다가 이곳에서 나간 살룸에 대하여 말하노라 그가 이곳으로 다시 돌아오지 못하고 잡혀간 곳에서 죽으리니 이 땅을 다시 보지 못하리라." 여기에서 우리는 그 땅의 왕의 죽음을 포함한 완전한 파멸을 선포하고 있음을 쉽게 발견한다. 예레미야 22 : 18, 19도 같은 강조를 하고 있다. "그러므로 나 여호와가 유다 왕 요시야의 아들 여호야김에게 대하여 이같이 말하노라 무리가 그를 위하여 슬프다 내 형제여 슬프다 내 자매여 하며 통곡하지 아니할 것이며 그를 위하여 슬프다 주여 슬프다 그 영광이여 하며 통곡하지도 아니할 것이라 그가 끌려 예루살렘 문밖에 던지우고 나귀같이 매장함을 당하리라."

그래서 예레미야는 매우 강한 어조로 냉정하게 말한다. 이 땅에 사는 사람들이 하나님으로부터 돌아섰기 때문에 하나님의 심판이 오고 있으며, 유다의 왕들이 원했던 영광스러운 장례식은 커녕 당나귀같이 매장당하게 된다는 것이다. 여러분은 당나귀를 어떻게 매장하는가? 도시 바깥으로 질질 끌고가서 시체를 버리는 것, 그것 뿐이다. 하나님을 외면한 세대와 지도자들에게 그러한 심판이 다가오고 있다. 다시 25 : 9－11에서 우리는 철저한 파멸이 강조되고 있음을 알 수 있다. "보라 내가 보내어 북방 모든 족속과 내 종 바벨론 왕 느부갓네살을 불러다가 이 땅과 그 거민과 사방 모든 나라를 쳐서 진멸하여 그들로 놀램과 치소거리가 되게 하며 땅으로 영영한 황무지가 되게 할 것이라 내가 그들 중에서 기뻐하는 소리와……등불 빛이 끊쳐지게 하리니." 예레미야의 세대는 어디에서나 기쁨의 소리를 구하고 있었으며, 심지어는 기쁨이 없는 곳에서조차 그러하였다. 그래서 하나님께서는 "나는 그들 중에서 기뻐하는 소리를 끊쳐지게 할 것이다"고 말씀하시면서 "내가 무엇을 도구로 사용할까?"라고 묻는다. "나의 백성이 아닌 민족과 살아계신 하나님을 따르지 않는 군사력을 사용할 것이며, 나는 그것들을 사용하여 너희에게 대항케 할 것이다."

나의 조국과 문화를 위해 기도할 때, 나는 하나님의 공의를 구하지 않는다는 사실을 말해야겠다. 단지 나는 그의 자비를 바랄 뿐이다. 우리에게 하나님의 공의가 있다면, 우리는 평화스럽게 있지 못할 것이다. 우리는 예레미야 시대와 같은 상황에 있게 될 것이다.

하나님과 그의 계시를 그처럼 고의로 외면하면서 우리가 감히 어떻게 우리의 문화에 하나님의 공의가 임하도록 기도하겠는가? 하나님께서 우리에게 왜 축복을 내리셔야만 하는가? 예레미야는 이렇게 말했기 때문에 반역자로 간주되었으나, 이것은 하나님이 그의 입을 통해 말씀하신 것이다. "그렇다. 너희들은 하나님의 백성이다. 그렇다. 겉으로 보기에 너희들은 성전 안에서 참 신앙을 갖고 있는 것처럼 보인다. 그러나 그것은 내게 아무런 가치도 없다. 너희들이 나와 내가 너희에게 준 명제적 진리를 외면하였기 때문에 나는 너희에게 무서운 심판을 내릴 것이다." 그리하여 나는, 나의 세대와 나의 조국을 위하여 단 한 가지, 하나님의 자비를 구할 뿐이라고 말할 수밖에 없다.

그러나 예레미야 당대에는 완전한 파멸의 메시지가 계속된다. "(내가) 이 땅과 그 거민과 사방 모든 나라를 쳐서 진멸하여 그들로 놀램과 치소거리가 되게 하며 땅으로 영영한 황무지가 되게 할 것이라 내가 그들 중에서 기뻐하는 소리와 즐거워하는 소리와 신랑의 소리와 신부의 소리와……등불 빛이 끊쳐지게 하리니." 삶의 중심이 되는 것들이 산산조각나 버린다. "맷돌 소리와 등불 빛이" 끊쳐진다. 즉 결혼의 기쁨뿐만이 아니라 일하는 행위도 끝나는 것이다. "이 온 땅이 황폐하여 놀램이 될 것이며 이 나라들은 칠십 년 동안 바벨론 왕을 섬기리라"(렘 25 : 11). 그 다음에는 물론 놀라운 약속이 온다. 즉 70년 후에는 하나님께서 그들을 그 땅으로 되돌려 보내실 것이라는 것이다. 그러나 예레미야가 그 세대에게 전하는 메시지는 파멸이었다.

예레미야가 파멸을 전할 때 그는 일반 다수의 사람들을 말하고 있지 않았다. 그는 백성들을 하나님 밖으로 끌어낸 그 땅의 고위층과 지도자들에게 전한 것이었다. 이러한 것은 예레미야 8 : 1에서도 알 수 있다. "나 여호와가 말하노라 그 때에 사람들이 유다 왕들의 뼈와 그 방백들의 뼈와 제사장들의 뼈와 선지자들의 뼈와 예루살렘

거민의 뼈를 그 묘실에서 끌어내어." 즉, 예레미야는 다음과 같이 말하고 있다. "오 왕들이여, 나는 여러분들에게 말하고 있습니다. 오 제사장들이여, 나는 여러분들에게 말하고 있습니다. 오 선지자들이여 나는 여러분들에게 말하고 있습니다." 예레미야는 그 사회와 국가의 높은 자리에 앉아서 백성들을 방황하게 하고 있는 고위층들에게 선포했던 것이다. 오늘날 그러한 고위층에는 교회와 정부와 사법부의 지도자들뿐만 아니라 교육과 매스컴과 문화의 지도자들도 포함된다.

13：13, 14에서 그는 계속해서 강조하고 있다. "너는 다시 그들에게 이르기를 여호와의 말씀에 보라 내가 이 땅의 모든 거민과 다윗의 위에 앉은 왕들과 제사장들과 선지자들과 예루살렘 모든 거민으로 잔뜩 취하게 하고 또 그들로 피차 충돌하여 상하게 하되 부자간에도 그러하게 할 것이라……여호와의 말이니라." 그는 그 땅의 지도자들, 즉 사회적으로 국가적으로 높은 지위에 있는 자들 —왕들, 선지자들, 그리고 제사장들—을 지칭하고 있다. 이 책의 끝부분에도 유사한 메시지가 있다(나는 그 내용을 거의 무작위로 고르고 있다. 왜냐하면 예레미야의 메시지는 그가 예언했던 수십 년 동안에 걸쳐 반복되고 있기 때문이다). 그리하여 예레미야 34：19, 20에서는 "곧 쪼갠 송아지 사이로 지난(즉, 하나님의 이름으로 언약을 하고 그것을 어긴) 유다 방백들과 예루살렘 방백들과 환관들과 제사장들과 이 땅 모든 백성을 내가 너희 원수의 손과 너희 생명을 찾는 자의 손에 붙이리니 너희 시체가 공중의 새들과 땅 짐승의 식물이 될 것이며"라고 했다. 일반 대중에게 그렇게 전하기는 쉽다. 그러나 예레미야는 하나님의 감동을 받아, 자기에게 어떤 조치를 취할 수 있는 고위층들을 향해 하나님의 말씀을 외치고 말로 표현하는 용기를 가졌던 것이다. 그는 감히 그들을 직접 지칭하기조차 했다. 감히 이렇게 말하는 것이다. "당신들은 우리를 방황하게 하고 있소. 하나님의 심판이 당신들에게 내릴 것이요." 우리 시대

에도 그러하듯이, 그러한 선포는 교회나 국가의 권력을 쥐고 있는 자의 반발을 일으키게 마련이다.

예레미야는 정치 지도자들에 대해 선포하지는 않았지만 누구보다도, 백성들을 하나님이 계시하신 진리로부터 멀어지도록 이끌고 있던 종교지도자들에 대해 선포했다. 예레미야 2：8에서 그는 이렇게 말한다. "제사장들은 여호와께서 어디 계시냐 하지 아니하며 법 잡은 자들은 나를 알지 못하며 관리들도 나를 항거하며 선지자들은 바알의 이름으로 예언하고 무익한 것을 좇았느니라."

그리고 그는 여기에서 돌이켜 이렇게 자문자답한다. "종교 지도자들은 너희를 올바로 인도하고 있는가？"

그리고 그는 말한다. "아니다."

"그들은 종교 지도자들이라는 이유만으로 영예를 받아야 한단 말인가？"

"그들이 진리를 전하고 있지 않다면 그렇지 않다."

확실히 여기에는 우리가 탈기독교 세계에 말하지 않으면 안 되는 메시지가 담겨있다. 우리는 사람들을 사랑으로 대해야 하며, 우리는 그들을 인간적으로 대하며 말해야 한다. 그러나 우리는 우리의 메시지, 즉 우리 시대의 종교 지도자들이 사람들을 타락으로 인도할 때가 너무나 많다는 사실을 큰소리로 외쳐야 한다. 종교 지도자이기 때문에 성경의 심판을 모면할 수 있다는 구절은 성경 어디에도 없다. 사실은 거의 그 반대이다.

더 나아가 예레미야 5：13에서 다음과 같은 말씀을 볼 수 있다. "선지자들은 바람이라 말씀이 그들의 속에 있지 아니한즉 그같이 그들이 당하리라 하느니라." 선지자들은 어떠한가？ 문제는 그들이 하나님을 위해 말하고 있지 않다는 것이다. 그들은 단지 당대의 사회 여론을 취하여, 그것이 하나님의 말씀인 것처럼 말하고 있을 뿐이다. 31절에서 "선지자들은 거짓을 예언하며 제사장들은 자기 권력으로 다스리며 내 백성은 그것을 좋게 여기니 그 결국에는 너희가 어찌하려느냐?"(렘 5 : 31) 이 제사장들은 어떠한가? 이 선지자들은 어떠한가? 그들은 주변 사람들이 말하고 있는 것을 메아리로 되풀이하고 있을 뿐이다. 분명히 오늘날의 형편과 같다. 우리 세대에 전해지고 있는 신앙에 귀기울여 보면 대개 신앙이 없는 철학자나 사회학자가 말하는 것과 같다. 차이가 있다면 종교적 언어를 사용하고 있다는 것뿐이다. 그러나 하나님은 말씀하신다. "그것은 아무 소용도 없을 것이다. 너희를 심판에 이르게 할 것이다."

예레미야 12 : 10에서 하나님께서는 우리에게, 종교 지도자들이 그 백성들에게 가져온 파멸의 모습을 생생하게 보여주신다. "많은 목자가 내 포도원을 훼파하며 내 분깃을 유린하여 나의 낙토로 황무지를 만들었도다." 종교 지도자들은 하나님의 정원을 밟아 파괴하였다. 스위스에서는 풀 잎사귀 하나하나를 다 귀하게 여긴다. 어떤 풀밭에도 감히 들어가서 밟지 못한다. 거기에 들어가는 것은 남의 장미 정원에 들어가 밟는 것과 같다. 그러나 여기는 하나님의 풀밭이며, 누군가 들어와 풀을 짓밟았다. 보통 사람들이 그랬는가? 아니다, 근본적으로 그들이 아니다. 오히려, 정원을 황폐시키고 황무지로 만든 것은 종교 지도자들이다. 확실히 그렇다면, 황폐화시키는 자들이 종교 지도자들이라면 우리는 그들에 대해 말하지 않을 수가 없다.

예레미야 23 : 1에서는 말하는 양상이 다르다. "나 여호와가 말하노라 내 목장의 양무리를 멸하며 흩는 목자에게 화 있으리라." 하나님의 목장을 짓밟은 결과 양무리가 흩어지게 되었다. 양무리를 흩어지게 한 자들이 누구인가? 역시 종교지도자들이다. 예레미야는 계속 다음과 같이 말한다. "그러므로 이스라엘 하나님 나 여호와가 내 백성을 기르는 목자에게 이같이 말하노라 너희가 내 양무리를 흩으며 그것을 몰아내고 돌아보지 아니하였도다 보라 내가 너희의 악행을 인하여 너희에게 보응하리라 여호와의 말이니라." 너희가 양무리를 돌보지 않느냐? 좋다. 그렇다면 너희가 가르친 것의 당연한 결과로 인해 너희를 보응하겠다. 맬콤 머거리지(Malcolm Muggeridge)는 그의 저서 새 정치가(*The New Statesman*)에서 "자유주의자의 죽은 소망"(The Death Wish of the Liberal)을 말하면서 자신의 자유주의적 성장 배경을 근거로 자유주의가 정확히 어디로 가고 있는지를 고찰하고 있다. 그는 절대 기준을 제거했기 때문에 자유주의는 황무지로 가고 있다고 말한다. 자유주의는 사랑과 사랑 아닌 것의 차이를 구별하는 범주를 없애 버렸다. 이리하여 "죄책감 없는 살인, 의미 없는 사랑"으로 선전되었던 안토니오니의 영화 확대(*Blow Up*)까지 나오게 되었다. 양무리는 흩어져버렸다.

오늘날의 양무리들은 예레미야 당시의 거짓 예언자들에 의해 흩어졌던 양무리들보다 더욱 흩어지고 있다. 이스라엘 백성들에게는 거짓된 것이기는 했지만 최소한 어떤 신들이라도 있었다. 우리 세대는 어리석음에 사로잡혀서 가치관과 범주도 없이 스스로 명상하며, 종국에는 원자들의 흐름과 의식의 흐름뿐인 물질주의 세상에서 살고 있다. 그리고 1980년대 말까지 셀 수 없을 만큼 많은 신비주의를 양산해 왔다. 하나님이 이렇게 말씀하시는 것은 당연하다. "나는 너희가 행한 것에 따라 너희를 심판할 것이다." 예레미야 당대에 행한 것에 대해서는 누구에게 책임이 있는가? 종교 지도자들이다. 우리 시대에는 누가 그렇게 하고 있는가? 확실히 최대의 심판은 교회 밖에서 파괴시킨 자들에게 내리지 않을 것이 분명하다. 확실히 최대의 죄는 진리를 알고도 고의로 진리를 외면하며, 사람들에게 현대 세속 사상의 메아리인 상대주의를 제시하는 교회에 있다.

23 : 11에서 예레미야는 계속 말한다. "여호와께서 말씀하시되 선지자와 제사장이 다 사특한지라 내가 내 집에서도 그들의 악을 발견하였노라." 여러분이 하나님의 백성이라면 사악함 속에서 산다는 것은 무서운 일이다. 그러나 사악함을 하나님의 집으로 가져가는

것은 더 심각한 죄이다. 하나님은 말씀하신다. "이 사악함이 어디서 생겼는가? 바로 나의 집에서 생겼구나." 마찬가지로 우리의 문화에서도 근본을 무너뜨리는 것은 내부에 있다. 이신론(理神論)의 시대에 우리 나라에는 그리스도인들이 드물었던 것이 참으로 사실이었다. 그러나 교회 자체가 이신론적이지는 않았다. 오히려 교회의 규모는 작았을지 몰라도 통상적으로 사람들은 교회에 가서 진리를 들을 수 있었다. 그러나 우리 세대에는 수많은 사람들이 교회에 귀를 기울이지만 듣는 것은 진리가 아니다.

더욱이 우리는 23：13－16에서 다음과 같은 말씀을 볼 수 있다. "내가 사마리아 선지자들 중에 우매함이 있음을 보았나니 그들은 바알을 의탁하고 예언하여 내 백성 이스라엘을 그릇되게 하였고." 이런 일은 북쪽 왕국에서 있었다. 그러나 지금 예레미야는 남쪽 왕국으로 방향을 돌려 너는 좀 나으냐 하고 말한다. "내가 예루살렘 선지자들 중에도 가증한 일이 있음을 보았나니 그들은 간음을 행하며 행악자의 손을 굳게 하여……" 이것은 무엇인가? 상황 윤리가 아닌가? 예레미야는 계속 말한다. "……사람으로 그 악에서 돌이킴이 없게 하였은즉 그들은 다 내 앞에서 소돔 사람과 다름이 없고 그 거민은 고모라 사람과 다름이 없느니라 그러므로 만군의 여호와 내가 선지자에 대하여 이같이 말하노라 보라 내가 그들에게 쑥을 먹이며 독한 물을 마시우리니 이는 사악이 예루살렘 선지자들에게로서 나와서 온 땅에 퍼짐이라 하시니라." 그리고 21절에서는 "이 선지자들은 내가 보내지 아니하였어도 달음질하며 내가 그들에게 이르지 아니하였어도 예언하였은즉"라는 말씀을 볼 수 있다. 그들은 와서 하나님의 이름으로 말하였고 "하나님이 말씀하신다"며 말하였으나, 그들에게는 하나님의 말씀이 없었다. 그것은 단지 그들 내부에서 흘러나오며 그들 주변의 사회에서 회자되는 것을 메아리로 되풀이할 뿐인 그들 자신의 말이었다. 그러한 사람들이 와서 "하나님의 메시지를 들으라"고 말하지만, 그것은 하나님의 메시지가 아니다. 그것은 인간의 메시지이다.

여러분은 하나님이 그것을 가볍게 받아들이실 것이라고 생각하는가? 사람들이 하나님의 백성에게 와서 실은 자기 마음속에서 생각한 말을 "이것이 하나님의 말씀"이라고 하면서 하나님이 계시하신 진리에 직접적으로 어긋난다면, 거룩한 하나님이 계시다는 것을 믿는 여러분은 하나님이 그것을 가볍게 받아들이실 수 있다고 생각하는가? 여러분은 어떻게 하나님께서 그것을 가볍게 받아들이실 것이라고 예상하는가? 하나님은 어떤 분이신가? 정말로 그는 귀가 먹고 눈이 멀어 의자에 앉아 흔들거리는 노인인가?

같은 장 26절을 다시 한번 읽어보자. "거짓을 예언하는 선지자들이 언제까지 이 마음을 품겠느냐 그들은 그 마음의 간교한 것을 예언하느니라." 그리고 마지막으로 특별히 강한 어조로 말하고 있는 30절을 읽어보자. "나 여호와가 말하노라 그러므로 보라 서로 내 말을 도적질하는 선지자들을 내가 치리라." 선지자들은 무슨 말을 하고 있는가? 이 선지자는 저 선지자의 말을 듣고 그 메시지를 되풀이한다. 여러분이 듣는 것은 모두가 메아리이다. 마치 속이 텅 빈 판자집 속에 있는 것 같다. 듣는 것은 온통 메아리, 메아리, 메아리, 메아리일 뿐이다. 이 시대의 신학을 공부해 보라. 여러분이 듣는 것이라고는 메아리, 메아리, 메아리, 메아리뿐이다! 무엇이 메아리치는가? 이 사람이 말하는 것, 저 사람이 말하는 것, 유물주의 사회학이 가르치는 것, 유물주의 심리학이 가르치는 것, 유물주의 경제학이 가르치는 것, 유물주의 철학이 가르치는 것이 메아리친다. 그들이 신학적 용어를 써서 그 말들을 되풀이하고 있기 때문에 마치 성수로 적신 것처럼 메아리치고, 메아리치고, 메아리친다.

그리고 여러분은 하나님이 하늘 나라 의자에 앉아서 그저 흔들거리며, "그거 좋지 않은데, 그거 좋지 않은데, 그거 좋지 않은데"라고 말씀하실 것이라고 생각하는가? 여러분은 어떤 종류의 신을 갖고 있는가? 그리고 만일 그러한 신이 존재한다면, 그는 어떤 종류의 신일 것 같은가? 그런 신이 있다는 것이 무슨 소용이 있겠는가? 사람들은 우리 복음주의자들이 턱수염이 긴 할아버지를 믿고 있다고 말한다. 그리고 우리는 그것이 사실이 아니라고 말한다. 그러나 나는 복음주의 교회들을 보면, 우리가 그 사람들에게 그렇게 말할 빌미를 주고 있는 것처럼 보인다고 말할 수밖에 없다. 그래서 나는 여러분에게 말한다. 오 교회여, 나는 여러분에게 말한다. 오 이 세대여, 그리고 동요하고 있는 복음주의 교회들이여, 나는 거듭해서 여러분에게 하나님께서 심판하실 것이라고 말하는 바이다! 우리가 그렇게 말할 용기가 없다면, 우리는 우리 세대가 "신의 말, 신의 말, 신의 말"이라고 말하는 이상으로 말할 것이라고 기대할 수가 없다.

그러나 우리는 최악의 죄에 이른다. 6 : 14을 읽어보라. "그들이 내 백성의 상처를 심상히 고쳐주며 말하기를 평강하다 평강하다 하나 평강이 없도다." 예레미야 8 : 9－11에도 같은 말이 사용되고 있다. 그것은 무슨 뜻인가? 곧 무너질 벽이 있는데 누군가 와서 그럴싸하게 페인트를 칠해 놓는다고 상상해 보라. 하나님께서는 그 선지자들이 값싼 약을 내놓으며 나의 백성들의 상처를 심상히, 심상히 치료하고 있다고 말씀하시는 것이다. 그들은 이렇게 말하고 있었다. "그것은 당신이 생각하는 것보다는 괜찮습니다. 그렇게 낙담하지 마십시오. 그렇게 불안해 하지 말고 편안히 계십시오. 상황은 그리 나쁘지 않습니다. 우리가 간단히 처치할 수 있습니다. 너무 걱정마십시오. 평강을, 평강을." 그리고 하나님이 말씀하신다. "내가 무엇보다도 증오하는 것은, 나의 백성들이 나에게 반역을 했기 때문에 나의 심판 아래 있는데도, 하나님을 대신해서 말한다고 주장하는 그 선지자들이 평화가 없는데 평화, 평화를 말한다는 사실이다." 예레미야 예언의 종반에 가까운 27 : 14, 15에서 우리는 그가 똑같은 방법으로 말하고 있는 것을 발견한다. "왕과 백성에게 바벨론 왕을 섬기지 아니하리라 하는 선지자의 말을 듣지 마소서 그들은 거짓을 예언하나이다." 그들은 이렇게 말하고 있었다. "걱정하지 마십시오. 바벨론은 이 나라를 취하지 않을 것입니다. 일이 그리 나쁘게 돌아가지는 않을 것입니다. 여러분들은 잘 해결할 것입니다." 그 다음에 하나님께서는 이렇게 말씀하셨다. "내가 그들을 보내지 아니하였거늘 그들이 내 이름으로 거짓을 예언하니." 이것이 여러분이 반복해서 겪고 있는 상황이다. 진지한 것을 가볍게 말하며, 온갖 이차적인 해결책만을 제시하는 것이다.

우리 문화는 무엇 때문에 몰락하였는가? 두 차례의 세계 대전 때문인가? 그렇게 믿지 말라. 집이 튼튼했더라면 지진에도 무너지지 않았을 것이다. 그 마음이 문화에 침식당하지 않았더라면, 세계 대전이 마음을 파괴하지 못했을 것이다. 어떤 사람들은 이렇게 말한다. "걱정하지 마십시오. 그것은 기술적인 문제일 뿐입니다. 기술이 해결해 줄 것입니다." 그러나 그것은 사실이 아니다. 인간이 진정으로 기독교의 기초를 갖고 있었더라면, 단순히 기술적인 문제 때문에 지금의 위치에 있지는 않았을 것이다. 에너지 위기? 물론 그것은 심각하다. 그러나 그것은 문제의 핵심이 아니다. 미국이 지금 농촌이기보다는 도시화되어 있다는 사실? 그것이 최종적인 문제인가? 아니다. 도시 문제만을 해결하는 것은 "심상히" 치료하는 것이다. 여러분들은 이차적인 문제에 온갖 이차적인 해결책들을 반복해서 듣고 듣는다. 물론 그것들도 문제이지만 그것들은 주요한 문제가 아니다. 그리고 신학적인 용어를 사용해서 우리들의 눈으로 하여금 그것들을 주요한 문제로 보게 하는 사람들은 하나님의 심판 아래 있다. 왜냐하면 그들은 우리가 그런 혼란에 빠진 진짜 이유, 즉 우리가 존재하시는 하나님과, 그가 계시하신 진리를 외면하였다는 사실을 잊었기 때문이다. 문제는 그 집이 너무 썩어서 작은 지진에도 중심이 흔들린다는 사실이다.

28 : 1－15에서 예레미야는 평화를 예언하는 선지자의 한 표본

으로서 하나냐를 소개하고 있다. 하나냐는 이렇게 말했다. "걱정 마시오. 모든 것이 잘 될 것이오." 하나냐는 2년 안에 하나님께서 바벨론에 끌려간 인질들을 돌려 보내실 것이라고 예언했다. 그러나 하나님은 예레미야를 통해서 이렇게 말씀하셨다. "하나냐야 그렇지 않다. 그렇지 않을 뿐 아니라, 하나님은 너를 심판하실 것이다. 왜냐하면 너는 백성들에게 거짓말을 하고 있기 때문이다. 문제는 시작도 되지 않았는데, 너는 모든 것이 그리 나쁘지 않을 것이라고 말하고 있다." 진짜 문제는 사람들이 하나님과, 하나님이 그 자신에 관하여 말로 표현하여 명제화된 형태로 계시하신 진리를 외면한 것이며, 하나님의 이름을 사용하여 이차적인 해결책을 가지고 이 문제를 치료할 수 있다고 말하는 것이다.

우리는 예레미야가 이러한 것들을 막연히 높은 사람들을 향해서 말하는 데에 그치지 않았다는 사실을 알아야 한다. 그는 그들의 이름을 불렀다. 므낫세 왕(15장), 여호와의 집 유사장(有司長)인 바스훌(20장), 시드기야 왕(21장), 살룸 왕, 여호야김 왕, 고니야 왕(22장), 하나냐 선지자(28장), 그리고 바벨론에 있으면서 팔레스타인으로 회답을 하는 스마야(29장) 등의 이름을 부르고 있다. 이들의 이름은 대부분 그의 예언의 후반부에 등장한다. 상황이 심각하여졌지만, 그는 메시지를 줄이지 않았고, 오히려 높은 사람들의 이름을 들면서 그들에게 이렇게 말했다. "당신들이 어떤 일을 하고 있는지를 보시오."

그러면 그의 메시지의 결과는 어떠했는가? 우리는 예레미야의 고향인 아나돗에서 한 가지 암시를 발견한다. "여호와께서 아나돗 사람들에 대하여 이같이 말씀하시되 그들이 네 생명을 취하려고 찾아 이르기를 너는 여호와의 이름으로 예언하지 말라 두렵건대 우리 손에 죽을까 하노라 하도다"(렘 11 : 21). 즉, 그의 고향 사람들은 이렇게 말했다. "예레미야, 네가 입다물지 않으면 우리는 너를 죽이겠다. 우리는 심판에 대해 네가 예언하는 것을 원하지 않야." 제사장들, 선지자들, 그리고 백성들은 격렬하게 그에게 반대했다. 그래서 예레미야 26 : 8에서는 "예레미야가 여호와께서 명하신 말씀을 모든 백성에게 고하기를 마치매 제사장들과 선지자들과 모든 백성이 그를 붙잡고 이르되 네가 반드시 죽으리라"고 했고 11절에서는 "제사장들과 선지자들이 방백들과 모든 백성에게 말하여 가로되 이 사람은 죽음이 합당하니 너희 귀로 들음같이 이 성을 쳐서 예언하였느니라"고 했다. 여러분들 중에서 우리 세대에 하나님의 말씀을 전하려는 사람들은 사람들이 이렇게 말하리라는 것을 알고 있어야 한다. "당신은 낙관주의를 없애려고 하고 있어요. 따라서 우리는 할 수 있는 모든 압력을 당신에게 가할 것이요." 오늘날 공산주의나 전체주의 국가에 있는 사람이 하나님의 심판을 진실로 선포할 때에 그는 예레미야와 같은 대우를 받는다. 서구에서조차도 그 결과는 비슷하다. 사람들은 "당신은 우리 문화에 반발하고 있소. 당신은 우리 문화의 단결을 저해하고 있소. 당신은 우리 문화의 진보를 방해하고 있소. 당신은 우리 문화와 우리 나라의 낙관적 견해에 저항하고 있소. 따라서 우리는 당신에 반대하여 할 수 있는 것을 다할 것이오." 만일 우리가 긍정적 메시지만을 선포한다면 우리 문화는 별 반대를 하지 않을 지도 모른다. 그러나 만일 우리가 신실해서 교회나 국가에 심판이 있을 것이라 선포한다면 그 결과는 예레미야가 당한 것과 같을 것이다.

사람들은 조금도 변하지 않았다. 오늘날 자신이 하나님의 말씀을 전하면서도 그 문화에 의해 받아들여지지 않기 때문에, 그리스도의 십자가의 참된 가치를 경험할 수 없다고 생각하는 사람—교사든, 목사든, 기독교 화가든, 시인이든, 음악가든, 영화 제작자든 혹은 극작가든간에 자기가 예언자가 될 수 있다고 생각하는 사람—이나 오늘날 우리 문화를 향해 하나님의 것들에 대해 진정으로 말할 수 있다고 생각하면서도 자기에게 비난의 말을 하지 않을 것이라고 생각하는 사람은 어리석은 사람이다. 그것은 불가능하다. 음악이나 목소리로 표현하는 사람이든, 악기를 연주하거나 강단에서 설교를 하는 사람이든, 책을 쓰거나 그림을 그리는 사람이든, 그것은 불가능하다. 기독교 메시지를 전할 수 있다고 생각하면서도 획일적이고 탈기독교적인 문화를 지닌 세상이 우리를 압박하지 않으리라고 생각하는 것은 예레미야 당대나 우리 시대가 격렬한 전투의 상태에 있다는 사실을 깨닫지 못하는 것이다.

예레미야 36：22－24에서 우리는 같은 것을 발견한다. 즉 제사장들, 선지자들, 백성들이 일어나서 그 메시지에 대항한다. "때는 구월이라 왕이 겨울 궁전에 앉았고 그 앞에는 불 피운 화로가 있더라 여후디가 삼편 사편을 낭독하면 왕이 소도로 그것을 연하여 베어 화로 불에 던져서 온 두루마리를 태웠더라(그러나 그들이 두려워하지 아니하였고)." 예레미야는 그들이 하나님의 말씀을 취해 칼로 베어서 불에 집어던져 그 메시지가 완전히 없어질 때까지 태워버릴 수 있다는 사실에 경악했다! 그리고 그는 놀라움으로 이렇게 말한다. "왕과 그 신하들이 이 모든 말을 듣고도 두려워하거나 그 옷을 찢지 아니하였고."

이것은 우리 시대에 대한 정확한 묘사이다. 오늘날 사람들은 성경을 불태우지 않으며, 로마 카톨릭 교회도 한 때 그랬던 것처럼 성경을 금서 목록에 넣지도 않는다. 그러나 사람들은 주석의 형태로 그것을 파괴한다. 즉 그들은 성경을 다루면서 성경을 파괴한다. 그들은 그것을 통상적인 문학 형식으로 쓰여진 것으로 읽지 않음으로써, 역사적·문법적 해석을 무시함으로써, 시간과 공간, 그리고 역사 속에 있는 명제적 계시인 성경 자체의 관점을 바꿈으로써, 성경의 "영적" 부분만이 우리에게 권위를 갖는다고 말함으로써, 그것을 파괴한다.

스스로를 성경을 믿는 그리스도인이라 부르는 여러분에게 나는 말하고 싶다. 만일 여러분이 우리 시대에 하나님의 말씀이 손상되는 것을 보면서 눈물을 흘리지 않고 분노하지 않는다면, 여러분이 우리가 살고 있는 시대를 제대로 이해하고 있는지 걱정스럽다고. 성경을 믿는 그리스도인으로서 우리가 하나님의 말씀, 하나님이 말로 표현하신 명제적 의사가 그렇게 다루어지는 것을 보고도 슬픔이 차오르지 않고 "당신은 그 결과를 깨닫지 못한단 말이오?" 라고 울부짖지 않는다면, 나는 여러분이 그의 말씀을 사랑하는지 의심스럽다. 우리가 격정이 없이 철학에서, 예술에서, 과학에서, 문학에서, 드라마에서 전투를 하고 있다면 우리는 정말로 하나님을 사랑하고 있는 것일까? 예레미야가 감동되었던 것 같은 감동없이 우리가 어떻게 싸울 수 있는가? 눈물을 흘리던 그 선지자처럼 눈물이 없이 우리가 어떻게 심판에 대해 말할 수 있는가?

제 5 장
지속적 동정

앞에서 우리는 심판이 있을 것을 선포한 예레미야에게 개인적으로 어떤 결과가 있었는지 희미하게나마 알 수 있었다. 아나돗에서 사람들은 "입을 다물지 않으면 죽여버리겠다"고 말했다. 그의 자유에 대한 위협도 하찮은 것이 아니었다. 왜냐하면 예레미야 20 : 2에서 "이에 바스훌이 선지자 예레미야를 때리고 여호와의 집 베냐민의 윗문에 있는 차꼬에 채웠"다고 기록하고 있기 때문이다. 그들이 그에게 처음으로 한 것은 차꼬에 붙들어 매는 일이었다. "탈기독교" 문화의 한복판에서 성실하게 복음을 전하고 있던 예레미야는 가엽게도 차꼬에 채이게 되었다. 그러나 그에 대한 벌은 거기에서 그치지 않았다.

차꼬로도 성이 차지 않은 그들은 그를 감옥에 가두었다. "때에 바벨론 군대는 예루살렘을 에워싸고 선지자 예레미야는 유다 왕의 궁중에 있는 시위대 뜰에 갇혔으니"(렘 32 : 2). 그의 예언이 막 맞아 들어갈 때에, 바벨론의 왕이 막 밀어닥칠 때에, 거짓 선지자들이 옳지 못했음이 막 판명될 때에, 예레미야는 왕의 집에 있는 감옥에 갇혀 있었다. 베니스에 있는 도제의 궁전(Doge's palace)을 아는 사람은 이 감옥을 상상할 수 있을 것이다. 그 궁전 안에는 가장 중요한 감옥이 있었기 때문이다. 아마 이 궁전과 예레미야가 갇힌 감옥이 있는 궁중이 비슷할 것이다.

후반부인 33 : 1을 봐도 예레미야는 여전히 감옥에 있다. "예레미야가 아직 시위대 뜰에 갇혔을 때에 여호와의 말씀이 그에게 다시 임하니라." 그러나 그것도 끝은 아니었다. 예레미야 37 : 15, 16에서 우리는 다음 사실을 읽는다. "방백들이 노하여 예레미야를 때려서 서기관 요나단의 집에 가두었으니 이는 그들이 이 집으로 옥을 삼았음이더라 예레미야가 토굴 옥 음실에 들어간 지 여러 날만에……." 그들은 처벌의 강도를 높이고 있다. 즉 차꼬에서 감옥으로, 다시 토굴로 옮겨가며 괴롭혔다.

마지막으로 예레미야 38 : 4-6을 읽는다면 누구라도 감동하지 않을 수 없을 것이다. 왜냐하면 여기 우리와 같은 살과 피를 갖고 역사의 시공간 속에서 큰 뜻을 품은 한 사람이 수레에 실려 지하 토굴에 갇히고, 급기야는 그의 생명까지도 위협을 받고 있기 때문이다. "이에 그 방백들이 왕께 고하되 청컨대 이 사람을 죽이소서 그가 이 성에 남은 군사의 손을 약하게 하나이다." 다시 말해서 예레미야가 낙관적으로 말하고 있지 않다는 것이다. 만사가 잘 풀릴 것이라고 말하지 않는다는 것이다. 그는 손쉬운 해결책, 즉 우리에게는 다만 성공을 위한 약간의 기술적 진보만 필요하다고 말하지 않는다. 그는 그들이 하나님의 심판 아래 있다고 말함으로써 그들의 인본주의적 낙관주의를 무너뜨리고, 백성들을 약화시키며 그들의 사기를 저하시키고 있는 것이다. "이 사람이 백성의 평안을 구치 아니하고 해를 구하오니." 물론 이것은 진실이 아니다. 예레미야는 그들의 진정한 평안을 원하고 있는 것이다. 그는 이렇게 말하고 있다. "당신들은 진짜 병을 치료받아야 됩니다. 하나님께 반역하는 것이 진짜 병입니다. 피상적이고 외적인 부상이 진짜 병이 아닙니다." 그러나 이 말은 고위층을 즐겁게 하지 못하였다.

그리하여 "시드기야 왕이 가로되 보라 그가 너희 손에 있느니라 왕은 조금도 너희를 거스릴 수 없느니라 그들이 예레미야를 취하여 시위대 뜰에 있는…… 구덩이에 던져 넣을 때에 예레미야를 줄로 달아 내리웠는데 그 구덩이에는 물이 없고 진흙뿐이므로 예레미야가 진흙 중에 빠졌더라"는 말씀을 읽게 된다. 이 이야기는 한 편의 드라마 같다. 그러나 그것은 단순히 연극의 한 장면이 아니다. 우리와 같은 사람인 예레미야를 그들이 팔을 묶어 달아 내려서 깊숙한 구덩이 속으로 던져넣었던 것이다. 밑으로 내려갈 때 그는 틀림없이 "내 아래에는 무엇이 있을까?" 하고 두려워했을 것이다. 그는 익사하지는 않았으나, 바닥에는 진흙이 있었고, 그들이 그를 내리자, 그는 무릎, 허리, 겨드랑이까지 계속해서 빠져 들어갔다. 우리는 이해하지 못하지만, 이것이 그가 탈기독교 세계에 하나님의 심판이 있을 것이라는 사실을 충실하게 전한 결과였다.

메시지에 충실한다는 것은 사소한 일이 아니다. 임의로 선택하는 일은 쉽다. 복음주의자들이 좋은 게 좋다며 주위의 현실 상황을 외면하고 임의로 선택하고서는 자기만의 집단으로 들어가는 것은 쉽다. 사람들은 여러 가지 방식으로 임의로 선택할 수 있다. 그러나 진정으로 탈기독교 세계에 하나님의 말씀을 전하는 사람이라면 자신이 예레미야와 같은 종말을 맞을 수도 있음을 깨달아야 한다.

예레미야가 당한 시련이 단지 육체적인 것이었다고 생각해서는 안 된다. 그것은 심리적인 것이기도 했는데 그 이유는 예레미야는 생전에 어떤 변화도 전혀 보지 못했기 때문이다. 그는 70년 후에 사람들이 돌아올 것을 알았지만, 그것을 볼 수 있을 만큼 살지는 못했다. 모든 사람들과 같이 예레미야도 순간순간 살얼음판 같은 시간 속에서 실존적으로 살았다. 우리 모두와 같이 그는 한정된 생애 속에서 하루하루 살았다.

예레미야는 그저 한 장의 마분지가 아니었다. 그에게도 여러분과 나와 똑같은 정신적 심리적 삶이 있었다. 그러면 그는 어떤 식으로 영향을 받았는가? 예레미야도 낙담하고 당황했을 때가 있었다.

예레미야 15 : 10을 읽어 보자. "내게 재앙이로다 나의 모친이여 모친이 나를 온 세계에게 다툼과 침을 당할 자로 낳으셨도다 내가 뀌어주지도 아니하였고 사람이 내게 뀌이지도 아니하였건마는 다 나를 저주하는도다." 나는 예레미야가 이렇게 말했다는 것이 기쁘다. 왜냐하면 나 또한 낙담에 대해서 알고 있기 때문이다. 그리고 우리와 같은 문화 속에서 여러분이 충실히 전하고 임의로 선택하지 않고 있다면 여러분 또한 낙심하는 때가 있을 것이다.

그리고 여러분은 하나님의 사람이 어찌 낙담할 수 있느냐고 말할 수 있다. 이런 사람은 전투가 벌어지고 있는 한복판에 있어 보지 않은 사람이다. 하나님을 위한 진정한 투쟁에 관해 아무것도 모르는 사람이다. 우리는 진짜 사람이다. 우리는 타락의 이편에 서 있다. 우리는 완전하지 못하다. 우리에게는 꿈이 있으며, 정신적 욕구가 있으며, 만족하기를 원한다. 들으려 하지 않는 사람들 앞에 굳건히 서서 충실히 전하면서 영웅이 된 것 같은 때도 있다. 그러나 실망과 좌절을 느낄 때도 있는 것이다.

예레미야 20 : 14－18에서 우리는 욥의 울부짖음에 필적할 만한 커다란 울부짖음을 듣는다. 그러나 흥미를 자아내는 것은 욥도, 예레미야도, 시편의 다윗도(다윗은 시편에서 하나님께 "오 하나님이여, 당신은 영원히 나를 외면하였나이까? 당신은 어디 계십니까?"라고 울부짖는다), 이들 중 누구도 하나님을 외면하지 않는 한, 하나님을 모독하거나 하나님을 향한 진실한 태도를 버리지 않는 한, 하나님은 당신의 사람들을 책망하지 않으신다는 사실이다. 여기에 모순은 없다. 하나님께 충성하면서도 세상에 부딪혀 좌절하고 실망할 수도 있는 것이다. 사실, 만일 우리가 결코 좌절하지 않는다면, 나는 우리들이 동정심과 진실함으로 전투를 벌이고 있는 것인지, 아니면 종이 칼을 가지고 종이 풍차와 시합을 하고 있는 것인지 의아스럽다. 그래서 예레미야는 20 : 14－18에서 "내 생일이 저주를 받았더면, 나의 어미가 나를 생산하던 날이 복이 없었더면, 나의 아비에게 소식을 전하여 이르기를 네가 생남하였다 하여 아비를 즐겁게 하던 자가 저주를 받았더면, 그 사람은 여호와께서 훼파하시고 후회치 아니하신 성읍같이 되었더면, 그로 아침에는 부르짖는 소리, 낮에는 떠드는 소리를 듣게 하였더면, 이는 그가 나를 태에서 죽이지 아니하셨으며 나의 어미로 내 무덤이 되게 하지 아니하셨으며 그 배로 항상 부르게 하지 아니하신 연고로다 어찌하여 내가 태에서 나와서 고생과 슬픔을 보며 나의 날을 수욕으로 보내는고"라고 했다. 예레미야는 죄악의 대홍수와 맞서 있었기 때문에 좌절할 만했다. 그러므로 내가 여러분에게 말하고 싶은 것은 우리 시대에 전투를 벌이고 있는 사람 누구도 푹신푹신한 침대 위에서 발을 쭉 뻗을 수 없다는 점이다. 하나님을 사랑하고 사람을 사랑하고 그들을 동정한다면 여러분은 진정으로 정신적 대가를 지불해야 할 것이다.

성령께서 일하시면 일이 매우 쉽게 된다고 생각하는 사람이 많은 것 같다. 이것을 믿지 말라! 성령께서 일하실 때 인간은 소진되어 버린다. 이것이 부흥의 기록이다. 이것이 하나님께서 진정 일하신 곳들에 대한 기록이다. 이것은 쉽지가 않다!

세상에 메시지를 전하려 할 때－식당에서나 대학교에서, 개인들에게나 큰 모임에서, 공적으로나 사적으로－대가를 지불해야 한다. 종종 실망스러울 때가 있다. 때때로 "나는 저 언덕을 더 이상 올라갈 수가 없어. 나는 다시 못하겠어"라고 자문자답했다. 이럴 때 하나님의 응답은 무엇이었겠는가? 첫째로, 투쟁에 지치고 동정심으로 눈물을 흘리는 사람을 하나님은 책망하지 않으신다는 사실을 아는 것이 중요하다. 둘째로, "주여, 나의 연약함 속에서 당신의 능력을 온전히 드러내소서"라고 말하는 것, 그분을 의지하는 것이다.

예레미야는 우리가 아는 바와 같이 눈물의 선지자였다. 이 말에는 역사적 의미뿐만 아니라 정신적 깊이도 있다. 그는 진정 눈물의 사람이었다. 그러나 하나님께서는 예레미야에게 무엇을 기대하시는가? 우리와 같이 잃어버린 세대에게 복음을 전하는 한 사람 한 사람에게 하나님은 무엇을 기대하시는가? 하나님이 무엇을 기대하시는지를 여러분에게 말하겠다. 그는 단순히 우리가 올바로 나아가기를 기대하신다. 그는 사람이 피곤에 지치는 것을 책망하지 않으시지만, 사람들이 반대한다고 해서 메시지 전하는 일을 그만두는 것도 바라지 않는다. 예레미야는 마지막 순간까지 메시지를 외쳤다. 그는 도움을 구하기 위해 애굽으로 내려가는 것에 늘 반대했다. 그리고 포로가 되었을 때 바벨론으로 탈출할 수도 있었으나 그 대신에 그는 하나님의 심판이 내린 후에도 하나님의 백성들과 함께 머물면서 메시지를 계속 전했다. 그의 백성들은 그를 애굽으로 끌고 내려갔으며, 그는 거기에서조차 같은 메시지를 계속해서 전했고, 그가 결단코 가기 싫어했던 애굽에서도 철저히 그랬던 것이다.

예레미야서는 인간이 하나님을 떠나고 탈기독교 사회가 되어버린, 우리와 같은 시대에 대한 광범위한 연구 과제를 제공해 준다. 이제 이 책 처음에 다루었던 로마서로 돌아가기 전에 우리는 예레미야서에 대한 해설을 한 데 묶어야 하겠다.

첫째, 우리는 우리의 시대가 그러하듯이, 긍정적인 메시지가 시작되기 전에 부정적인 메시지가 필요한 시기가 있다고 말할 수 있다. 모든 것이 파멸될 것이라는 심판의 메시지를 먼저 전해야 한다. 만일 우리가 긍정적인 메시지를 지나치게 강조하는 것으로 출발한다면, 건설적 혁신을 기대할 수 없는 시기—예레미야 당시와 우리 시대가 그러한 시대들이다—가 있다. 당신이 열차 안에서 참으로 현대적인 사람을 만나 그에게 복음에 관해 정확히 한 시간 동안을 이야기해야 한다면 어떻게 하겠느냐는 질문을 나는 가끔 받는다. 나는 45분 내지 50분 동안은 그의 딜레마를 현실적으로 설명하는 데에, 즉 현대인이 스스로 죽어 있다고 생각하는 것보다 더 죽어 있다는 것과, 생의 무의미함을 죽음으로 보는 20세기적 죽음의 의미에서 볼 때 죽어 있지 않으나 존재하시는 하나님으로부터 떠나 있기 때문에 도덕적으로 죽어 있다는 것을 설명하기 위해 부정적인 것을 이야기하는 데에 사용할 것이라고 누누이 말했다. 그 다음에 10분 내지 15분 동안은 복음을 전하는 데에 쓸 것이다. 그리고 나는 일반적으로 이 방법이 진정한 현대인에게 접근하는 옳은 길이라고 믿는다. 왜냐하면 부정적인 것을 이해시키는 데에는 오랜 시간이 걸릴 때가 종종 있기 때문이다. 그리고 잘못된 것이 무엇인지를 깨닫지 못하는 한 그는 긍정적인 것에 귀를 기울여서 이해하려고 하지 않을 것이기 때문이다. 오늘날의 복음 및 개인 사역의 상당 부분이 명료치 못한 것은, 우리가 사람들에게 (단순한 심리적 죄책감이 아닌) 하나님 앞에서의 진정한 도덕적 죄책인, 병의 진짜 원인을 깨닫게 하지 않은 채 답변하려고 지나치게 염려하기 때문이라고 믿는다. 그런데 문화에 있어서도 이것은 마찬가지이다. 만일 내가 우리와 같은 문화에 대해 말한다면, 그 메시지는 예레미야와 같은 메시지가 되지 않으면 안 된다. 개인적으로나 공공의 설교 양쪽 모두에서 그러해야 한다.

둘째, 우리는 사랑을 가지고 우리의 문화가 진정으로 하나님의 심판 아래 있다는 사실을 직시해야 한다. 우리는 병을 심상하게 치료해서는 안 된다. 우리는 실상을 강조해야 한다. 우리는 눈물로 그 메시지를 외쳐야 하며 사랑으로 그 메시지를 주어야 한다. 우리가 이렇게 말할 때에 성령의 역사하심을 통해 하나님의 거룩함과 하나님의 사랑이 동시에 드러날 것이다. 우리는 사람들을 향하여 고함을 치거나 소리를 질러대서는 안 된다. 우리가 그들과 함께 있으며, 우리가 모두 죄인임을 말하고 있다는 것을 그들이 느껴야 하며, 이것이 단지 입바른 소리가 아니고 우리의 진심임을 그들이 알아야 한다. 우리의 태도 속에서 우리 또한 죄인이며, 우리가 복음적 가정에서 태어나 복음주의 교회나 복음주의 학교에 다닌다고 해서 혹은 형식적 성례를 받았다고 해서 날 때부터 선한 것이 아님을 우리 자신이 알고 있음을 그들이 느껴야 한다.

이 모든 일을 함에 있어서 눈물을 흘려야 할 순간이 있다. 하나님의 심판을 선포할 때 냉담하게 말할 수는 없다. 예레미야는 울부짖었다. 우리는 모두 한 종족이므로 우리도 불쌍하고 타락한 세상을 위하여 울어야 한다. 물론 두 부류의 인간-구원받은 인간과 버림받은 인간-이 있다. 그러나 성경은 인간은 오직 하나뿐이라고 말한다. 우리는 모두 같은 조상을 갖고 있으며, 모두가 하나님의 형상으로 만들어졌다. 그래서 나는 나의 동족을 위하여 눈물을 흘리지 않으면 안 된다. 그러나 눈물과 더불어 그 메시지가 명료해야 한다. 즉 우리의 문화, 우리의 조국, 우리의 교회는 하나님이 우리에게 주신 것을 짓밟아 왔으므로 이 모든 것은 심판 아래에 있음을 분명히 선포해야 한다.

만일 사람들이 당신에게서 동정하는 마음이 있다는 것을 느낀다면 현실적인 메시지가 그들을 기분상하게 하지 않는다는 것이 나의 경험이다. 사실 다른 면으로 볼 때도 그렇다. 진정한 사상가, 진지한 예술가는 현대인의 절규를 이해하고 있다. "우리 문화에는 잘못된 것이 있다. 그것은 치명적인 종말이다."

예를 들어, 뭉크(Edvard Munch)가 그린 한 남자가 절규하고 있는 그림을 보라. 혹은 사람들이 "그것은 날조된 것이야. 우리 문화는 날조된 것이야"라고 외치는 것에 귀를 기울여 보라. 현대인은 뭔가 잘못되어 있다는 것을 알지만, 아무도 그 이유를 말하지 않는다. 그 이유를 말하고, 잘못된 것을 지적하고, 현대인들에게 왜 그들이 꼼짝달싹 못하고 있는지, 왜 그들의 문화가 날조된 것인지 설명해 줄 책임이 그리스도인에게 있다.

그리스도인들도 젊거나 나이 들었거나 똑같이 자기 나라에 관한 사실-나라가 하나님의 심판 아래 있다는 것-을 직시하지 않을 때가 종종 있다. 이것은 왜 그들이 복음을 선포하는 데에 열정을 잃는지, 왜 그들이 무너져가는 벽에 칠을 하고 있는지 짐작하게 해

준다.

셋째, 우리가 진리를 믿는다면, 진리를 행해야 한다는 점을 강조해야겠다. 우리는 종합과 상대주의의 시대에 살고 있다. 사람들은 진리가 존재한다는 것을 믿지 않는다. 우리가 진리를 믿는다고 말하면서 상대주의적 방식으로 살고 있을 때 우리가 어떻게 세상이 진지하게 우리를 받아들일 것이라고 기대할 수 있겠는가?

나는 내가 쓴 거기 계시는 하나님(*The God Who Is There*—생명의 말씀사 역간) 부록 3에서 인용하려고 한다. 부록의 제목은 "진리의 실천"으로, 베를린에서 있었던 세계 복음주의자 회의에서 내가 한 연설을 요약한 것이다: "우리가 말한 원칙들 가운데 첫번째 내용, 즉 역사적 기독교의 온전한 교리적 입장을 분명하게 견지해야 한다는 내용에 비추어 생각할 때, 내게는 20세기 후반의 복음주의 정통신앙이 안고 있는 핵심 문제는 이 원칙의 실천이라는 문제로 보였다. 우리가 20세기의 두드러진 영적이고 지적인 정신 상태를 고찰할 때 이 점은 특별히 그러하다……정통적 혹은 복음적 기독교의 통일성은 진리에 대한 이런 강조점을 중심으로 삼아야 한다. 이 일은 언제나 중요하다. 특히 우리 주위에 반정립의 의미를 가진 진리 개념을 전혀 생각해 볼 수 없는 것으로 생각하는 사람들이 많이 있을 때에는 더욱 중요하다……게다가 종합(synthesis)의 시대에 우리가 세우고자 하는 통일과 우리의 활동에서 진리와 반정립을 우리가 진지하게 실천하고 있음을 사람들이 보지 못한다면, 그들은 진리를 위한 우리의 저항을 진지하게 대하지 않을 것이다……진리의 중요성을 분명하게 파악하는 것과 진리를 분명하게 실천하는 일을 하자면 희생이 따르겠지만 그래도 우리의 증거와 복음전도가 우리 세대와 역사의 흐름에서 중요한 것이 되려면 이 일은 반드시 있어야 한다……상대주의 시대에서 큰 희생이 따르는 진리의 실천은 세상으로 하여금 진리에 대한 우리의 항거를 진지하게 대하게 하는 유일한 방법이다. 생활의 순수함과 교리의 순수함에 이르지 않는 상호협력과 통일은 길 잃은 자들을 위하여 관심을 쏟지 않고 그들을 향하여 나아가지 아니하는 정통 신앙처럼 잘못되고 불완전한 것이다…… 우리가 세상과 우리 자녀들에게 드러내 보인 유일한 반정립은 신학에서, 교회에서 그리고 주변 문화에서 그릇된 내용과 반대되는 진리와 아울러 거룩함과 사랑을 살피고 실천하기보다는 거룩함에 대한 우리의 말이나 사랑에 대한 우리의 말에 불과한 경우가 너무 많았던 것이다."

여러분에게 묻고 싶은 것이 있다. 예레미야 당시에 "평강을, 평강을"이라고 말하던 거짓 선지자들을 생각해 보라. 여러분은 예레미야가 그들에게 "우리 모두는 같은 색깔의 성직자 타이를 매고 있으므로 하나의 그룹"이라고 말하는 것을 상상할 수 있겠는가? 나는 상상할 수 없다. 그는 그렇게 말하지 않았다. 그리고 나는 사람들이 진리를 믿지 않는 이 위급한 절망의 시대에 우리가 반드시 이해해야 할 것이 그점이라고 확고하게 믿는다. 만일 우리가 실천하는 가운데 교회 조직에 있는 사람들이나 일정한 형식의 신학적 언어를 사용하는 모든 사람들 사이의 수적 차이만을 지적한다면, 우리는 그들이 우리의 믿음을 객관적 진리로 진지하게 받아들일 것이라고 기대할 수 없다. 내 뜻은 우리가 사람들과 공개적인 대화를 해서는 안 된다는 것이 아니다. 나의 말과 실천은, 사랑이 그것을 요구한다는 내 생각을 강조한다. 그러나 내 의도는, 실천하는 가운데 그것들이 전통적 기독교 용어로 표현되기 때문에 모든 종교적 개념들이 단계별, 양적 스펙트럼상에 있다는—핵심 교리에 관해서는 옳은 것과 그른 것 사이에 차이가 없다는— 인상을 주어서는 안 된다는 것이다.

넷째, 우리가 깨달아야 할 것은, 진리를 아는 것과 진리를 실천하는 데는 희생이 따른다는 점이다. 여러분 각자의 가정 안에서 그 희생의 대가는 매우 클 때도 있을 것이다. 비기독교 가정의 어린 그리스도인들은 가족으로부터 엄청난 압력을 받을 때도 있다. 사회에서도 그 대가는 작지 않다. 세속적인 세상에서, 예술계에서, 의료 분야에서, 혹은 사업 분야에서 여러분이 몹시 갈망하는 영예를 갖지 못할 수도 있다. 그 대가는 참으로 클지 모른다.

다섯째, 비록 그 대가가 크더라도 우리는 말하고 행동하는 것을 계속하지 않으면 안 된다. 성경에는 우리가 중지해야 한다고 말한 구절이 없다. 성경은 오히려, 계속하고, 계속하라고 말한다. 우리는 고린도후서 11：24－28에서 "나는 유대인들에게 얻어 맞았고, 나는 이방인에게 얻어 맞았고, 나는 바다의 위험을 당했으며 사람들의 분노를 알았으며 사탄의 위력을 알았습니다"라고 쓴 바울을 생각해 볼 수 있다. 그래서 바울은 중지했는가？ 바울은 "아닙니다. 나는 로마에 가서 거기에서도 복음을 전하기를 원합니다"고 말했다.

여러분은 마르틴 루터에 관한 이런 이야기를 알 것이다. 그가 설교를 시작했을 때 그는 첫 개신교 순교자에 관한 소식을 듣게 되었다. 몇몇 수도사들이 마르틴이 쓴 책을 읽고 이런 사고 방식으로 생각을 바꾸었고 부뤼셀의 그랜드 광장에서 산 채로 화형당했다는 것이었다. 그랜드 광장에는 지금도 그들이 불에 탄 자국이 있다. 그때 그 이야기를 들은 마르틴 루터는 복도를 걸으며 "나는 계속할 수 없어. 나는 더 이상 못하겠어. 나 때문에 다른 사람이 죽어가고 있다니, 나는 계속할 수 없어！"라고 말했다는 것이다. 그러고 나서 그 문제와 씨름하면서 그는 그것이 진리이기 때문에, 자신이나 다른 사람에게 어떤 희생이 있더라도 계속해야 한다는 것을 깨달았다. 마르틴 루터가 계속 앞으로 나아가서 급기야는 종교개혁이 성취된 것을 하나님께 감사드린다.

기독교는 현대의 성공담이 아니다. 그것은 사랑과 눈물로 세상과 타협함이 없이, 세상적인 성공과는 상관없이 사람들과 맞부딪쳐 가며 전해야 하는 것이다. 결과가 없는 것처럼 보인다면, 예레미야도 당대에 결과를 보지 못했음을 기억하라. 그 결과는 나중에 나타났다. 결과가 없는 것처럼 보인다 해도, 그것은 하나님의 명령을 바꾸지 못한다. 우리가 결과를 보든, 보지 못하든 계속하고 계속하는 것이 오직 여러분과 나의 임무이다. 그러므로 계속하라.

라브리 펠로우십(L'Abri Fellowship)에서 우리는 많은 결과를 보았고, 우리에게는 감사할 것이 무척 많다. 우리는 우리를 격려하는 것을 많이 보아왔지만, 낙담시키는 것 또한 많았다. 그리고 낙담시키는 것들만 있었다고 해도 하나님의 말씀은 여전히 예레미야에게 메시지이다. 어떤 희생이 있더라도 계속해서 진리를 가르치고 실천하고, 전하라. 계속하고 계속하라. 여러분이 계속하고 싶지 않거든, 스스로에게 나는 기독교가 진리임을 정말로 믿고 있는가, 아니면 내가 믿는 기독교는 머릿속에만 있는 종교적 관념인가? 나는 정말로 기독교가 진리라고 믿고 있는가, 아니면 나의 기독교는 단지 체험, 감정에 의존하고 있어서 그 체험이, 그 감정이 식을 때 나의 기독교 신앙은 붕괴되는가? 라고 물어 보라.

우리 시대만 완전히 유별난 것은 아니다. 시간이 갈수록 기독교 문화는 스스로를 팽개쳐 버렸다. 예를 들어, 인도에 있는 사도 도마 교회를 보라. 그 교회는 진리를 조금씩 조금씩 손상시키기 시작했다. 그리하여 그 교회는 거의 죽어버렸다. 그러한 죽음을 초래하는 데에는 두 가지 양상이 있다. 하나는 진리를 굽히는 것이고 다른 하나는 죽은 정통성을 지키는 것이다. 둘 다 똑같이 한 세대에서 교회의 메시지를 마모시키고 파괴하며, 특히 세대가 거칠면 더욱 그러하다. 주후 800년경에 중국의 거의 모든 큰 도시마다 기독교 교회가 있었다는 것을 알고 있는가? 마호메트 이전 주후 550년에 아라비아 반도에는 수백 명의 기독교인이 있었다는 것을 알고 있는가? 마호메트교는 왜 그 지역을 휩쓸 수가 있었는가? 군사력 때문이었는가? 단지 그것 때문이 아니다. 마호메트는 그리스도인들을 가까이에서 쳐다보며 접해 보고는 "여기는 아무도 없군"라고 말했다. 그의 말은 거의 옳았다. 마호메트교가 시작되자 그 지역을 휩쓸어 버렸다. 북아프리카의 교회, 아르메니아, 조지아, 골(Gaul)의 원시 교회들에서도 똑같은 일이 있었다. 이 장소들마다 기독교 교회가 있었고 기독교 문화가 성장하고 있었으나 교회는 무너졌다. 붕괴된 양상은 명백했다. 변질이 있었고, 그리곤 몰락했다.

그러면 오늘날 그리스도인으로서 우리는 무슨 말을 하고 있는가? 우리는 개혁을 원하며, 부흥을 원한다고 말한다. 그러나 우리는 여전히 이 세대에 필수적인 부정적인 것들을 말하며 전하지 않고 있다. 정통적이고 복음적인 교회에 건설적인 혁신이 있어야 한다면, 우리는 예레미야같이 개인, 교회, 국가, 문화에 대해 심판이 있다는 것을 말해야 한다. 왜냐하면 그들 중의 많은 사람들이 하나님의 진리를 알고도 하나님과 그분의 명제적 계시로부터 돌아섰기 때문이다. 하나님은 존재하시며, 그분은 거룩하시며, 심판이 있을 것이라는 것을 알아야 한다. 그리고 예레미야같이 우리는 어떤 희생이 따른다 하더라도 계속해서 그렇게 말해야 한다.

나의 결론을 간단히 말하면 세상은 길을 잃었으며, 성경의 하나님은 존재하신다. 세상은 길을 잃었으나, 진리는 진리이다는 것이다. 그러므로 세상 끝날까지 우리는 전진해야만 한다.

제 6 장
인간의 의의

이 책은 로마서 1 : 21, 22 말씀을 분석하면서 시작했는데, 이 구절은 우리에게 인간은 왜 현재와 같은 딜레마에 빠지게 되었는가를 말해준다. 인간은 진리를 알았으나 고의적으로 외면해 버렸다. 나는 특히 우리 세대가 지난 몇 십 년간 어떻게 외면해 왔는지를 말했으며, 그 다음에는 우리가 그리스도인으로서 20세기의 탈기독교 세계에 어떤 메시지를 선포해야 하는지를 제시하기 위해서 우리 시대와 예레미야의 시대를 비교하였다.

이 장과 다음 두 장에서 다시 로마서를 분석하고자 한다. 나는 로마서 1 : 21, 22을 다시 살펴보는 것으로 시작하여, 성경은 과연 인간을 어떻게 보고 있는지—인간의 본질과 의의—를 알아볼 것이다.

20세기 인간들은 일종의 결정론을 강조하는 경향이 있다. 결정론에는 보통 화학적 결정론(마르키드 사드 등이 주장했고 오늘날에는 프란시스 크릭 등이 지지한다), 심리학적 결정론(프로이트와 그의 추종자들이 강조한다), 또한 환경적 결정론(스키너와 그의 추종자들이 가르친다) 세 가지가 있다. 화학적 결정론에서 인간은 화학적 힘의 저당물이다. 심리학적 결정론에서는 인간이 내리는 모든 판단은 과거에(특히 어렸을 때) 그에게 심리학적으로 일어난 것을 토대로 하여 이미 결정되어 있는 것이다. 환경적 결정론에서, 우리는 환경의 산물일 뿐이다. 세 가지 주장 모두에서, 인간은 더 이상 자신의 존재나 행위에 대한 책임이 없다. 인간은 우주 기계의 부품일 뿐이다.

인간에 대한 성경의 견해는 이와 크게 다르다. 로마서 1 : 21, 22은 이렇게 말하고 있다. "하나님을 알되 하나님으로 영화롭게도 아니하며 감사치도 아니하고 오히려 그 생각이 허망하여지며 미련한 마음이 어두워졌나니 스스로 지혜있다 하나 우준하게 되어." 이 구절이 강조하는 것은, 인간이 진리를 알고 있으나 고의적으로 그것으로부터 돌아섰다는 것이다. 그렇다면 인간은 놀라운 존재이다. 인간이 실제로 역사에 중요한 영향을 미칠 수 있다는 것이다. 하나님께서는 자신의 형상대로 인간을 만들었으므로 인간은 결정론의 수레바퀴 속에서 꼼짝 못하는 것이 아니다. 오히려, 인간은 너무나 위대하여서 그 자신과 타인을 위한, 이생과 내세를 위한, 역사에 영향을 미칠 수 있는 것이다.

지난날 복음주의 전도의 큰 취약점 중의 하나는 인간이 놀랄만한 존재라는 성경적 사실을 놓치고 있었다는 것이다. 우리는 주위에서 비성경적 인본주의를 보았으며, 이것에 저항하기 위해 인간의 길 잃음을 강조하다 보니 인간을 무의 상태로까지 격하시키는 경향이 있었다. 인간은 참으로 길을 잃었으나, 인간을 아무것도 아닌 상태까지 격하시키는 것은 인본주의에 저항하는 올바른 방법이 아니다. 여러분은 인간이 완전히 길을 잃었음을 강조할 수 있는 반면에 인간은 참으로 위대하다는 성경적 대답을 가질 수 있는 것이다. 사실은 성경적 입장에서만이 진정하고 적절한 "인본주의"가 나온다. 자연주의적 인본주의는 인간을 축소시키고 결국에는 무의 상태로 이끈다. 그러나 기독교의 입장은 인간이 하나님의 형상대로 만들어졌으므로 지금은 비록 죄인이지만 엄청난 일을 할 수 있다는 것이다. 즉, 이생과 내세에 그 자신과 타인을 위해 역사에 영향을 미칠 수 있다는 것이다.

결과적으로, 인간의 행동은 한 편의 연극이 아니며, 각본도 아니다. 어느 날 저녁 한 편의 연극을 보고 다음날 그 연극을 다시 본다면, 그 결과가 똑같은 것은 그것이 같은 연극이기 때문이다. 그 다음날 다시 가서 보아도 그 결말은 역시 같다. 배우들의 행동은 한 편의 연극이다. 그들은 바뀔 수가 없다. 그러나 성경이 강조하는 것은 인간이 책임이 있으므로 인간의 선택이 역사에 영향을 미친다는 것이다. 죄조차도 아무것도 아닌 것이 아니다. 로마서 1 : 21, 22은 인간의 위대함을 함축하고 있다.

다음과 같은 비유로 말하면 알기 쉬울 것이다. 역사, 시공간의 역사를 여성으로, 그리고 우리(모든 남자와 여자)를 남성이라고 상상해 보라. 남성이 상징하는 바처럼, 우리는 역사를 수태시킬 수 있다. 우리는 외부 세계에서 열매가 되는 씨앗을 심을 수가 있다. 한 남자가 수태를 시킴으로써 적자나 사생아를 태어나게 할 수 있듯이, 성경이 강조하는 바, 모든 사람은 선한 것으로든 악한 것으로든 역사를 수태시킬 수 있다.

요컨대 인간은 기계의 톱니바퀴가 아니다. 인간은 한 편의 연극이 아니다. 인간은 역사에 실제로 영향을 미칠 수 있다. 성경적 관점에서 볼 때 인간은 길을 잃었으나, 위대하다.

우리는 이 문제에 대해 많은 시간을 들였다. 왜냐하면 내가 확신하는 바, 20세기의 사람들에게 기독교는 인간의 의미심장함을 파괴시키지 않는다는 것을 분명히 하는 것이 우리 논의에 매우 중대하기 때문이다. 사실, 기독교야말로 인간에게 최종적이고 충분한 의미를 부여하는 유일한 체계이다. 인간은 비록 가끔은 불행하게도 그 영향이 선한 것은 아니더라도 역사에 영향을 미칠 수 있다.

로마서 1 : 21이 말하는 것을 함께 주목해 보자. 이 구절을 통해 우리는 인간이 진정한 하나님을 알았음에도 불구하고 어떻게 하나님을 저버리게 되었는지 알 수 있다. 성경을 믿는 진정한 그리스도인인 우리는 이것을 자신에 대한 경고로 받아들여야 한다. 즉 "하나님을 알되 하나님으로 영화롭게도 아니하며 감사치도 아니하고." 하나님의 사람들이 그로부터 돌아서는—심지어 그들이 강인하고 적극적으로 정통파의 입장을 고수하고 있는 동안에도—첫 단계는 감사하는 마음으로 맺었던 그와의 관계를 끝내는 것이다. 그러므로 그리스도인으로서 우리가 이 구절을 읽을 때에 왜 길을 잃은 인간이 현재의 위치에 있는가가 핵심이기는 하지만, 이러한 관계의 단절에 대해서도 알아야 한다. 20세기의 정통적이고 역사적인 기독교 신앙을 대표하는 우리들은 우리에게 감사하는 마음이 있다는 것을 소중히 여겨야 한다. 그렇지 않으면 정통은 사라져버리고 이단을 마주할 날이 그리 멀지 않을 것이다.

바울을 통하여 하나님께서는 로마서 1 : 21을 매우 조심스럽고 이성적으로 기록하시고 있다. 사실, 로마서 1장부터 8장까지는 신약성경 중에서 기독교의 입장을 가장 체계적으로 설명하고 있다. 로마서 1장에서 8장까지가 로마서 전체의 통일성 내에서 또 하나의 통일성을 지니는 까닭은, 그것이 그리스와 로마 세계에 대한 바울의 기본 메시지를 제시하기 때문이라는 것이 나의 지론이다. 로마서는 바울이 방문해 보지 않은 교회에 보낸 유일한 서신이다. 에베소나 고린도에 편지를 쓸 때에 바울은 그 교회 사람들에게 이미 자기의 기본 메시지를 설교했으므로 그들이 이미 그 메시지를 알고 있다고 가정할 수 있었다. 그러나 그가 설교한 적이 없는 로마에 편지를 쓸 때에는 먼저 기독교의 입장에 대한 전체 구조를 주의깊게 설명했다. 그 다음에 다른 내용도 덧붙였음은 물론이다. 지적 상황으로 보면 그리스와 로마의 당시 상황은 우리 시대와 큰 차이가 없다. 당시는 우리 시대와 마찬가지로 고도로 발전된 세상, 사상가들의 세상이었다. 그래서 우리는 여기에서, 바울이 생각하기에 인간이 진정한 기독교를 이해하고자 한다면 꼭 알아야 할 것과 바울이 설교한 것 모두를 알 수 있다.

1장에서 8장까지는 순서에 따라 두 부분으로 나누어진다. 로마서 1 : 1－15는 도입부이며, 1 : 16－17은 나머지 모든 부분에 대한 주제이다. “내가 복음을 부끄러워하지 아니하노니 이 복음은 모든 믿는 자에게 구원을 주시는 하나님의 능력(이 말에 해당하는 헬라어 두나미스〈*dunamis*〉는 다이나마이트〈*dynamite*〉의 어원이다)이 됨이라 첫째는 유대인에게요 또한 헬라인에게로다 복음에는 하나님의 의가 나타나서 믿음으로 믿음에 이르게 하나니 기록된 바 오직 의인은 믿음으로 말미암아 살리라 함과 같으니라.” 여기에서 바울은 기독교의 메시지를 공포하고 있는 것이다. 그리고 로마서 1 : 18에서 8 : 39까지는 이 두 구절에 대한 주해의 연속이다.

이 주해는 다음과 같이 몇 부분들로 나누어져 있다. 첫째는 구원의 필요성이다(1 : 18－3 : 20). 그리고 우리가 앞 장에서 보았듯이 인간들은 긍정적인 것을 듣기 전에 부정적인 것을 듣는 것이 필요하다. 둘째는 의롭다 함이다(3 : 21－4 : 25). 여기까지는 어떻게 그리스도인이 되는가에 대해서 말하고 있다. 세번째 부분에서는 그의 편지를 읽는 자들을 그리스도인으로 가정하고 기독교적 생활의 성화에 관해 말하는데, 이것은 물론 개혁, 특히 부흥이라는 우리의 주제와 관련된다(5 : 1－8 : 17). 네번째는 미래에 관한 문제를 언급하는데 영화(榮化)에 관한 것이다(8 : 18－25). 마지막으로 8 : 26－39은 영생이란 영원한 것임을 우리에게 말해준다. 여기에는 매우 논리정연하게 논의된 결론이 있다.

여러 지역을 여행하면서 많은 것을 말해야 하는 사람들은 흔히 여행하는 데 따라 기본 메시지를 약간씩 변화시킨다. 나는 예수께서도 그랬을 것이라 생각한다. 예수께서도 자신의 가르침을 여러 번 반복했다고 믿는다. 복음의 다양한 설명에서 볼 수 있는 미묘한 차이는 이런 관점에서 설명할 수 있다. 예수께서는 약간씩 다른 상황에 대하여 약간 다른 방식으로 같은 메시지를 간단하게 전하셨던 것이다. 내가 생각하기에 만일 여러분이 바울을 따라다녔다면, 그가 복음에는 충분한 내용이 있다는 것을 말하기 위해 동일한 기본 메시지를 순서에 따라 반복해서 전하는 것을 들었을 것이다. 사실, 위대한 설교와 위대한 전도가 있는 곳이면 어디에서나, 복음에는 충분한 내용이 있다는 것을 강조해 왔다. 사람들은 복음없이 구원받을 수 없다. 결과적으로, 우리는 바울이 설교 대상자들에게 충분한 정보를 제공하는 데에 주의하였다는 것을 알 수 있다.

이제 16절 "내가 복음을 부끄러워하지 아니하노니" 이하의 구절에 대해 주목해 보자. 나는 로마서 1：16과 5：5에서 바울은 부끄러워하다는 말로 재미있게 말하고 있다고 생각한다. 5장에서 바울은 그리스도인에게 "소망이 부끄럽게 아니함은 우리에게 주신 성령으로 말미암아 하나님의 사랑이 우리 마음에 부은 바 됨이니"라고 쓰고 있다. 바울은 체험상 여러분이 그리스도인이 되고 난 후에는 부끄러워하지 않을 것이라고 말하고 있다. 그러나 1：16에서 그는 아직 그리스도인이 아닌 자들에게 말하고 있으며, 그－설교자 바울, 교육받은 사람인 바울－가 복음의 체계, 진리의 체계, 즉 복음의 내용을 헬라와 로마의 교육받은 사람들의 마음에 전할 때에 그는 그것에 대하여 부끄러워하지 않았다고 말하고 있다. 복음은 다른 것이 주지 못하는 해답을 주기 때문에 바울은 복음을 부끄러워하지 않았다.

우리가 복음과 복음이 인간들에게 주는 해답을 부끄러워할 필요가 없다는 것을 우리가 깨닫지 않는 한, 오늘날 우리는 확신을 가지고 말할 수 없을 것이라고 나는 믿는다. 우리에게 이러한 확신이 없다면 사람들은 우리가 몰리고 있다는 것을 느낄 것이고 그로 인하여 복음이 그들에게 환영받지 못할 것이다. 교육이 되어있는 지역에 복음을 전할 때, 그 효과를 축소시키는 것이 바로 그러한 지적 위축이다. 그러나 바울은 "내가 아레오바고(Mars Hill) 위에 서 있을 때에도 부끄러워하지 않은 것은 나에게는 그리스 철학자들이 갖고 있지 못한 해답이 있기 때문입니다. 내가 거칠고 혼잡한 시장 속에서도 부끄러워하지 않은 것은 인간들이 필요로 하지만, 그 어떤 것도 주지 못하는 진정한 해답을 성경이 내게 줄 것이라는 사실을 내가 알고 있기 때문입니다"고 말한다.

많은 그리스도인들 중에도 일종의 반지성주의(anti-intellectualism)가 있다는 것은 무척 슬픈 일이다. 영성(靈性)을 지성적 이해와 그릇되게 경쟁시키는 것을 보면 그들은 이분법적 사고 속에 있는 것 같다. 그러한 반지성주의는 기독교 메시지의 심장부를 도려내고 있다. 물론, 성령의 역사를 파괴시키는 그릇된 지성주의도 있다. 그러나 사람들이 정직한 물음을 가지고 정직하게 씨름하며, 그에 대하여 성경이 어떤 해답을 주는지 살펴볼 때 그런 것은 생기지 않는다. 지성주의는 진정한 영성에 반대되는 것이 아니다. 그래서 바울은 "나는 부끄러워하지 않습니다. 내가 복음을 부끄러워하지 않는 것은 이것이 인간들의 질문에 해답을 줄 것이기 때문입니다. 이것이 유대인이나 헬라인이나, 모든 믿는 자에게 구원을 주시는 하나님의 능력이 되는 것입니다"고 말한다.

바울이 여기서 **구원**을 언급할 때, 그는 그 용어를 그리스도인이 되는 것에 국한하고 있지 않다. 성경에서 **구원**의 개념은 의롭다하시는 것의 개념보다 더 넓다. 구원은 예수 그리스도께서 십자가 위라는 시간과 공간 속에서 죽음으로써 일을 완성하신 것으로 비롯되는 전과정이다. 의롭다 하심 속에서 우리의 죄는 하나님의 법적 선언에 의해 사해지는데, 즉 한 인간이 예수 그리스도께 자신을 내어 맡기고 그가 완성한 사역에 의지할 때 그의 죄가 사라진다. 그러나 구원은 또한 성화(기독교적 삶)와 영화(주 예수 그리스도께서 재림하실 때 그리스도인의 몸이 들림받는 그 날)이다. 그러므로 바울이 말하고 있는 것은 이렇다. "나는 모든 사람, 타락에 의해 영향을 받은 모든 것, 영원으로 가는 우리 미래의 모든 것을 구원하시는 하나님의 능력인 복음을 부끄러워하지 않습니다."

참 기독교는 플라톤적인 것이 아님을 깨닫도록 하자. 그러나 기독교로 간주되는 많은 부분이 플라톤적 사고 고리를 갖고 있다. 플라톤주의는 육체가 나쁘거나 경멸되어야 할 것이라고 말한다. 유일하게 중요한 것은 영혼이라는 것이다. 그러나 성경은 하나님께서 전인(全人)을 만드셨고, 전인은 구원을 알아야 하며, 전인은 삶 전체 속에서 예수 그리스도의 주되심을 알아야 한다고 말한다. 육체의 부활에 대한 위대한 가르침은 그저 추상적인 교리가 아니다. 성경은 매우 중요하고도 희망적인 사실을 보증하고 상기시킨다. 성경은 하나님께서 전인을 만드셨다고 말한다. 하나님은 인간의 정신과 육체를 만드셨으며, 둘 다에 관심을 갖고 계신다. 그는 인간을 지성을 가진 존재로 만드셨으며, 지성에 관심을 갖고 계신다. 그는 인간을 미에 대한 예술적이고 창조적인 감성을 가진 존재로 만드셨으며, 미에 관심을 갖고 계신다. 육체, 마음, 예술적 감성, 이것들은 천한 것이 아니라 귀중한 것이다. 물론 이것들이 잘못된 관점에 놓여진다면 잘못될 수도 있다. 그러나 그 자체로는 나쁜 것도 중요하지 않은 것도 아니다. 그러므로, 하나님께서는 전인을 만드셨고, 전인에 관심이 있기 때문에 바울이 가르치는 구원은 전인에 관계되는 구원이다.

구원은 개인뿐만 아니라 문화와도 밀접한 관련이 있다. 각 사람이 회개하고 돌아서며, 한 번에 한 사람씩 거듭나야 한다는 면에서 기독교는 개인적이다. 그러나 그것은 개인주의적이지는 않다. 그것을 구분하는 것은 중요하다. 인간을 만드실 때에 하나님은 하와도 만드셨으므로 두 사람 사이에는 제한적이고 수평적인 관계가 생길 수 있었다. 이런 인간 관계가 하나님께 중요한 것은 "구원을 주시는 하나님의 능력"이란 인간의 사회적 욕구, 즉 두 사람과 모든 사람 간의 상호 작용에 대한 해답을 주시는 것을 의미하기 때문이다. 하나님께서는 전인, 그리고 사람들의 상호관계로부터 꽃피는 문화에도 관심을 가지신다.

그러므로 바울이 여기에서 구원을 주시는 하나님의 능력이 되는 복음을 부끄러워하지 않는다고 말할 때 이것이 작은 영역에 국한되는 것으로 생각하면 안 된다. 그것은 타락으로 비롯된 모든 영역에 관계되는 것이다. 기독교적 관점에서 볼 때, 우리가 인간 안에서 발견하는 모든 자기 소외는 인간의 역사적, 시공간적 타락에서 비롯된 것이다. 무엇보다 먼저 인간은 하나님으로부터 분리되어 있다. 둘째, 인간은 자신으로부터 분리되었다(그리하여 삶의 심리학적 문제가 야기되었다). 셋째, 인간은 다른 인간으로부터 분리되었다(그리하여 삶의 사회학적 문제가 야기되었다). 넷째, 인간은 자연으로부터 분리되었다(그리하여 세상의 생물에 관한 문제가 야기되었다. 예를 들어, 생태학적 문제). 이 모든 것이 치료를 필요로 한다.

바울이 "내가 지성적으로 복음을 부끄러워하지 않는 것은 이것이 인간이 필요로 하는 해답을 줄 것이기 때문입니다. 내가 복음을 부끄러워하지 않는 것은 이것이 모든 분야에 구원을 주시는 하나님의 능력이 되기 때문입니다. 이것은 영원과 현재 모두에 해답과 의미를 줍니다"라고 말하는 것은 당연한 일이다. 복음은 위대하다. 여러분이 복음주의 그리스도인이라면, 성경적 기독교는 값싸고 번지르르한 것이 아님을 확신해야 한다. 그것은 삶의 작은 영역을 다루는, 작은 것이 아니다. 여러분이 구원받지 못한 사람이라면 기독교가 타이탄 같은 것임을 깨달아야 한다. 그것은 어둠 속에서의 도약에 의해서가 아니라 정당하고 충분한 이유를 지니고 사람들의 모든 필요에 대해 말해준다. 기독교의 내용을 설명하면서 바울은 전인을 위한 구원－의롭다 하심, 성화, 그리고 영화－이 있다고 말한다.

바울이 "첫째는 유대인에게요 또한 헬라인에게"라고 말한 것에 주목해야 한다. 칼 바르트 이후의 신학에서 두드러지는 점들 가운데 하나는 보편구원론(universalism), 즉 궁극적으로는 모든 사람이 구원을 받는다는 것이다. 바르트에게 보편구원론은 암묵적으로 나타났으나, 그를 추종하는 사람들에게는 그것이 명시적으로 드러나고 있다. 성경에는 이런 형태의 보편구원론은 없지만 한 가지 메시지가 모든 사람들의 필요를 충족시킨다는 다른 형태의 보편구원론이 있다. 유대인이거나 이방인이거나, 서양에 살거나 동양에 살거나, 과거에 살았거나 현재 살고 있거나, 그가 필요한 것을 충족시키거나 아니면 충족시켰을 하나의 메시지, 즉 예수 그리스도의 복음이라는 메시지가 있다는 것이 진정한 성경적 보편주의이다. 바울은 두 부류의 사람들, 즉 유대인(성경을 가지고 있는 사람들)과 헬라인(성경이 없는 사람들) 양쪽 모두에게 말한다. 즉, 모든 사람과 그들의 모든 필요에 적합한 보편적 메시지가 있다는 것이다.

17절에서 우리는 "복음에는 하나님의 의가 나타나서 믿음으로 믿음에 이르게 하나니 기록된 바 의인은 믿음으로 말미암아 살리라 함과 같으니라"는 말씀을 읽을 수 있다. 그는 하박국 2 : 4을 인용하고 있다. 바울은 사람이 믿음으로 구원받는 것 이상의 그 무엇을 말하고 있다. 사실, 그 구절을 이해하는 데 유의해야 하는데, 왜냐하면 그 구절이 비성경적으로 설명될 때가 있기 때문이다. 우리의 구원의 토대는 우리의 믿음이 아니다. 믿음은 오히려 도구이며, 우리는 빈 손으로 선물을 받아들이는 것이다. 우리는 믿음을 믿음으로 구원받는 것이 아니다. 우리의 구원의 토대는 시간과 공간 속에서 예수께서 완성하신 사역이다. 바울은 그것을 3장에서 강조하는데, 우리는 예수 그리스도의 사역을 토대로 하여 구원받았다고 말한다. 믿음은 선물을 받아들이기 위해 빈 손을 들어올리는 것이다.

그러나 이것이 의롭다 하심에 대하여 사실이라면, 이것은 또한 성화에 대해서도 사실이다. 그러므로 우리는 믿음으로 그리스도인이 될 뿐만 아니라 믿음에 의하여 실존적으로 살기도 한다. 실존적이라는 말이 혼동을 일으킬 수도 있지만 그 개념은 일부 설명을 정당화하는 데에 매우 중요하다. 실존적이라는 용어를 사용하는 데는 두 가지 방식이 있다. 한편으로, 그것은 실존주의, 즉 인간에게 실제적이고 이성적이며, 의미있는 것은 없다고 말하는 철학을 가리킬 수도 있다. 이런 정의는 지나치게 단순할지도 모르지만, 유용하다. 다른 한편으로, 실존적이라는 말은 순간순간의 실재를 가리킨다. 그리스도인은 실존주의 철학을 거부해야 하지만, 참된 실존적인 것은 강조해야 한다. 왜냐하면 성경은 그리스도인이 되는 것이 전부라는 식의 정적(靜的) 상황을 가르치고 있지 않기 때문이다. 오히려, 성경은 시간이 흘러가며, 주어진 실존적 순간마다 하나님과의 관계가 중요하다는 것을 가르친다. 그러므로, 여러분은 믿음으로 그리스도인의 삶을 시작하고는 곧 정적인 상태에 머물러서는 안 된다. 여러분은 믿음으로 그리스도인의 삶을 계속해 나가야 한다. 로마서 5장에서부터는 바울의 가르침의 상당 부분이 이 문제를 다루고 있다. 그리스도인은 칼날 같은 시간 위에서 움직이며 주어진 순간마다 하나님과 관계를 맺는, 진정한 실존주의자가 되어야 한다. 믿음으로 순간순간 살아야 한다는 것이 여기서 가르치는 바이다.

나는 바울이 로마서 1 : 18부터 2 : 16까지에서 성경이 없는 사람들에게 말한 주의깊고 논리적인 설명을 위한 장을 마련하려고 애써왔다. 모든 인간 — 버림을 받았거나 구원받았거나 — 은 굉장한 의의를 갖고 있다. 하나님의 형상대로 만들어졌기에 인간은 파괴 속에서도 장엄하다. 하나님께서는 인간을 자신의 사고와 자신의 행동에 책임을 지도록 만드셨으며, 인간은 중대한 역사를 형성해 나간다. 이것은 그리스도인들에게나 비그리스도인들에게나, 성경이 있는 자에게나 성경이 없는 자에게나 모두 사실이다.

제 7 장
성경이 없는 사람

바울은 성경이 없는 사람들에게 세 곳에서 메시지를 전하였다. 그 첫째는 루스드라(행 14 : 15－17)에서인데, 여기에서는 방해 때문에 메시지의 일부만 전하였다. 둘째는 아레오바고(행 17 : 16－32)에서인데, 여기에서 긴 연설을 하지만 역시 중단되었다. 셋째는 로마서 1 : 18－2 : 16에서인데 여기에서는 자신의 주장을 펼치기가 용이하였다. 로마서의 이 구절에서는 그가 세 장소에서 진정으로 말하고 있었던 것이 무엇인지를 알 수 있는데, 그것은 나머지 둘이 로마서의 이 앞부분과 일치하기 때문이다.

나는 이 구절에서 하나님이 우리에게 우리 세대에 전도하는 방법을 말해 주고 계시다고 믿는데, 왜냐하면 우리 세대는 거의 모두가 성경이 없는 사람들로 구성되어 있기 때문이다. 여러분은 그들에게 어떤 식으로 시작하려 하는가? 그들이 성경에 관해 모르거나, 아니면 그들이 성경을 무시하거나 그 권위를 모르는데, 여러분은 성경에서 인용하기만 할 것인가? 바울은 그렇게 하지 않았다. 로마서 1 : 18－2 : 16까지 구절에서 그는 구약성경을 한 번도 인용하지 않고 있다. 그러나 그가 로마서 2 : 17이후에서 유대인들에게 말할 때 성경 구절을 인용하는 것은 유대인들은 성경이 무엇인지를 알기 때문이다. 그러나 첫 부분에서 그가 헬라인, 즉 성경이 없는 사람에게 말할 때 그는 다른 방식으로 말한다. 반복해 말하지만, 나는 이 구절에서 우리 세대에 전도하는 방법을 배울 수 있다고 믿는다.

그러면 바울은 성경이 없는 사람에게 어떻게 이야기를 시작하는가? 그는 18절에서 이렇게 말하고 있다. "하나님의 진노가 불의로 진리를 막는 사람들의 모든 경건치 않음과 불의에 대하여 하늘로좇아 나타나나니." 많은 새 번역판에서는 진리를 막는다는 구절을 "진리를 방해하는"(hinder the truth)이라고 번역하지만, 나는 흠정역와 "막는"(hold)이 더 나은 번역이라 생각한다. 바울은 성경이 없는 사람에게 "당신들은 불의로 진리를 막고 있기 때문에 하나님의 진노 아래에 있습니다"라고 말한다. 그가 먼저 하나님의 진노를 전하기 시작한다는 사실에 주목하라. 이제 성경이 없는 다음과 같은 사람을 생각해 보라(그는 지금과 다르지 않은 사람이다). 여러분이 단지 바울이 16절과 17절에서 말한 "구원을 받으라"만 말한다면, 그 사람은 어깨를 으쓱해 보이며 이렇게 말할 것이다. "구원이라는 것이 내게 왜 필요합니까?" 혹은 현대인이 구원이 필요하다고 생각해도 그것은 이십 세기의 심리학적 의미의 구원일 것이다. 그러나 바울은 이렇게 말한다. "아닙니다. 당신에게 필요한 것은 도덕적 구원입니다. 당신은 죄책이 있습니다. 당신은 하나님 앞에서 진정한 죄책이 있습니다."

캔디(*Candy*), 마술적 기독교인(*The Magic Christian*)의 작가 테리 서던(Terry Southern)은 작가들의 반란(*Writers in Revolt*)의 서문에서 중요한 것을 언급했다. 그는 독단적인 법을 기초로한 절대 독재 권력을 수립하고 있는 공산 국가와, 모든 것을 심리학적으로 판단하는 경향으로 나가는 현대 서구 국가 사이의 특징을 구분하였다.

그는 우리가 역사상 처음으로 범죄를 없앤 첫 세대라고 재치있게 표현하였다. 범죄가 없다는 것이 아니라, 우리는 더 이상 범죄를 범죄로 부르지 않는다는 의미다. 즉 우리는 매사를 심리학적으로만 설명한다는 것이다. 배운 사람이건 그렇지 않은 사람이건 현대인이 구원이 필요하다고 생각할 때, 그가 생각하고 있는 것은 도덕적 죄책으로부터의 구원이 아니라 심리학적 죄책감으로부터의 안도감 같은 것이다.

복음을 전하고 주님을 사랑하는 많은 사람들이 정말로 오해하고 있다고 나는 확신한다. 사람들은 "신앙 고백"을 하고는 있지만, 메시지를 잘못 이해하고 있기 때문에 진정으로 구원받은 것이 아니다. 그들은 심리학적 필요성을 느끼며 심리학적 안도감을 원하지만, 그들은 기독교의 메시지가 심리학적 안도감에 관해서 말하고 있는 것이 아니라(그것을 포함하고 있기는 하다), 존재하시는 거룩한 하나님 앞에서의 진정한 도덕적 죄책에 관해서 말하고 있다는 것을 이해하지 못하고 있다. 진정 필요한 것은 진정한 도덕적 죄책으로부터의 구원이지 죄책감으로부터의 단순한 안도감이 아니다. 나는 신앙 고백을 한 많은 사람들이 진정한 복음을 한 마디도 듣지 못함으로써 구원을 받지 못하고 멀어져 가고 있다고 확신하는데, 왜냐하면 그들은 죄라는 말을 죄책감이라는 말과 똑같이 여기는 그들 자신만의 사고 형태와 그들 자신만의 지성 구조를 통해서 복음의 메시지를 여과시키기 때문이다.

그러나 바울은 그것을 용인하지 않는다. 그는 지체없이 하나님의 진노를 말하며, 하나님의 진노에 대해 말하고 싶어하지 않는 사람은 기독교 신앙을 이해하지 못하는 것이라 말한다. 어떻게 구원을 받는지를 말해주는 위대한 구절을 보자. "아들을 믿는 자는 영생이 있고"(요 3 : 36). 그러나 이 구절이 다음과 같이 끝난다는 것을 잊어서는 안 된다. "아들을 순종치 아니하는 자는 영생을 보지 못하고 도리어 하나님의 진노가 그 위에 머물러 있느니라." 인간이 하나님의 진노—하나님의 도덕적 진노—아래 있다는 사실을 보지 않고 기독교 복음을 전하는 것은 진정한 것이 아니다. 그래서 바울에게는, 어깨를 으쓱해 보이며 "구원이라는 것이 내게 왜 필요합니까?"라고 말하는 사람에 대한 응수가 있다. 그는 "당신에게 구원이 필요한 까닭은 당신이 하나님의 진노 아래 있기 때문입니다. 당신은 하나님의 법을 어겼습니다"고 응수한다.

우리는 여기에서 주의해야 하는데, 왜냐하면 매우 그릇된 기독교 율법주의가 있기 때문이다. 바울은 갈라디아서에서 이에 대해 반박하고 있다. 그럼에도, 적절한 율법주의가 없이는 기독교 메시지도 존재하지 않는다. 이런 관점에서 볼 때 이것이 바로 비그리스도인의 생각과 그리스도인의 생각을 구별해 주는 것이다. 비그리스도인, 특히 20세기의 비그리스도인은 율법적, 도덕적 토대가 없다. 모든 것이 허공 속을 떠다니고 있다. 즉 우익이거나 좌익 독재거나 과반수의 투표로 어떤 것을 받아들여야 하며, 혹은 어떤 형태이든 쾌락주의를 받아들여야 하는데, 그 까닭은 플라톤이 그렇게 잘 깨달았던 것처럼, 진정한 도덕성을 위해서는 절대기준이 필요하기 때문이다. 플라톤은 그러한 절대기준을 전혀 발견하지 못했으나 문제점은 깨달았으며, 르네상스 시대의 신플라톤주의자들도 마찬가지였다.

그러나 성경은 우주의 도덕법이 있다고 분명히 말한다. 그리고 그 기본법은 하나님 자신의 인격이다. 하나님의 배후에서 하나님을 구속하는 법이란 없다. 오히려 하나님 자신이 법이다. 왜냐하면 그는 알맹이가 없는 하나님이 아니라, 인격을 갖춘 하나님이기 때문이다. 그의 인격이 우주의 법이다. 그가 인격을 말로 표현하여 명제적인 형식으로 우리에게 드러내실 때, 우리는 인간들에 대한 하나님의 명령을 갖게 되는 것이다. 그리하여 절대기준과 범주가 있는 것이다. 즉 존재하시는 하나님께서 계시하시고 그의 인격에 근거한 법은 궁극적인 것이다. 이것이 성경의 입장이다.

그러므로, 인간들이 그런 명령들을 어기면 죄책을 지게 된다. 이것은 국가의 법을 어기면 죄책을 져야 하는 것과 똑같다. 한 인간이 죄를 지을 때 그는 하나님의 인격에 대하여 죄를 짓는 것이며, 그는 대재판장 앞에서 도덕적 죄책이 있는 것이다. 사람들이 이런 식으로 말하는 경우가 드물다는 것을 나는 잘 알고 있다. 그러나 그 결과 우리는 길을 잃게 되는 것이다. 변하는 독단적 절대 권력을 지닌 좌익이나 우익 전체주의와는 대조적으로, 도덕 및 법에 있어 현대인의 상대주의적인 혼돈과는 대조적으로, 성경의 가르침만이 인간들에게 도덕적 해답을 준다.

로마서 1：18에서 우리는 성경이 없는 사람이 불의로 진리를 막는다는 표현을 보았다. 혹은 여러분의 선택에 따라 사람이 진리를 방해한다거나 혹은 억누른다고 표현할 수 있다. 막는다(hold)와 방해한다(hinder)의 차이에 대해서는 나중에 다루겠다. 여기서는 현대의 많은 번역판에서 사용하고 있는 억누른다(suppress)는 말을 사용할 것이다.

성경이 없는 인간이 억누르고 있는 것은 어떤 진리인가? 앞에서 우리는 복음을 알되 복음에서 돌아선 한 세대의 배교에 관해서 말했다. 예레미야 시대의 이스라엘 백성들은 그들이 갖고 있던 성경의 진리를 억눌렀다. 그러나 성경을 갖고 있지 않은 사람들이 억누르는 것은 어떤 진리인가? 19절과 20절을 읽어보자. "이는 하나님을 알 만한 것이 저희 속에 보임이라 하나님께서 이를 저희에게 보이셨느니라 창세로부터 그의 보이지 아니하는 것들 곧 그의 영원하신 능력과 신성이 그 만드신 만물에 분명히 보여 알게 되나니 그러므로 저희가 핑계치 못할지니라."

바울은 그들이 억누르는 진리를 두 부분으로 나눈다. 흥미롭게도 이것들은 칼 구스타프 융(Carl Gustav Jung)이 말한 인간의 의지에 영향을 주는 두 가지와 똑같다. 즉 첫째는 외부 세계이며, 둘째는 인간의 내면에서 솟아오르는 것들이다. 융은 비록 진정한 해결책을 제시하지는 못했지만 인간이 직면하는 두 가지, 즉 인간 자신과 외부 우주를 정확히 밝혔다. 그리고 바울은 오래 전에 이것이 인간, 심지어는 성경이 없는 인간조차도 억누르는 두 가지 진리라고 말했다. 우리가 보아왔듯이 바울은 유대인들이 있지 않은 두 곳, 즉 루스드라와 아레오바고에서 이방인들에게 설교를 하였다. 거기서 또한 그는 성경이 없는 사람에게 똑같은 방법으로 접근하였다.

성경이 없는 사람들이 억누르는 인간에 관한 진리를 우리는 좀더 자세히 살펴보아야 한다. 그 목록은 꽤 긴데, 왜냐하면 인간은 창조성, 도덕적 동기, 사랑의 필요성, 비존재에 대한 두려움, 미와 의미에 대한 갈망 등을 근거로 할 때, 동물과 기계와 구분되기 때문이다. 성경의 체계만이 인간을 인간답게 만드는 요소들을 설명하는 방법이 있다.

로마서 2：15에서 바울은 인간의 도덕적 동기에 대해 특별히 강조하고 있다. "이런 이들은 그 양심이 증거가 되어 그 생각들이 서로 혹은 송사하며 혹은 변명하여 그 마음에 새긴 율법의 행위를 나타내느니라."

우리가 현대인에게 말해야 한다고 내가 생각한 것을 하나님께서는 여기서 바울을 통하여 정확히 말씀하시고 있다. 그것은 인간이 이론적으로 무슨 말이든 할 수 있지만, 도덕적 동기로부터 벗어날 수는 없다는 것이다. 도덕이 존재하지 않는다고 말하는 사람이 자신은 도덕적 동기를 가지지 아니한다고 할지라도 도덕과 관계가 없는 것이 아니다. 인간들이 여러 가지 서로 다른 사회적 풍습들을 가질 수는 있지만, 도덕적 동기가 없는 사람은 없다.

누구에게나 말을 걸어보라. 그들이 도덕과는 전혀 관계가 없는 것처럼 보일지도 모른다. 그러나 그들에게 진정으로 말을 걸어보면 그들이 나름대로의 도덕 기준을 가지고 있다는 것을 발견할 것이다. 그들은 다를 수도 있으며, 매우 빈곤할 수도 있다. 그러나 그들은 기계가 아니다. 내가 말하는 바, 현대인들은 스스로를 도덕이 아무 의미를 갖지 못하는 결정론적 상황 속에 있는 것으로 여긴다. 그러나 그들은 그렇게 살 수도 없고, 살지도 않는다.

이에 대한 주목할 만한 예를, 춘화가(春畫家)였을 뿐 아니라 진정한 철학자이기도 했던 마르키 드 사드(Marquis de Sade)에게서 볼 수 있다. 유물론자들은 어떤 결정론자도 대답하지 못했던 것을 마르키 드 사드의 이론에서 발견하려고 애쓴다. 마르키 드 사드는 모든 것이 화학적으로 결정되기 때문에 존재하는 것은 무엇이든 다 옳다고 말했다. 6개월 동안 그것에 관해 생각해 보라. 간단히 말해 그 결론 외에는 없다는 것이다. 드 사드는 옳다. 그리고 새디즘(sadism)은 완벽하게 논리적인 결과이다. 자연이 남자를 여자보다 강하게 만든 것은 분명하다. 그러므로 남자는 여자에게 자기가 하고 싶은 것이면 무엇이라도 할 수 있는 권리가 있다. 이것이 사드의 독특한 형태의 새디즘이다. 화학적이든 심리학적이든 어떤 개념의 결정론을 지지하든 아무도 왜 마르키 드 사드가 옳지 않은지를 설명할 수 없다. 결정론은 그것이 독특한 형태의 사드의 새디즘을 취하든 취하지 않든 잔인성과 비인간성으로 나아간다.

그러나 모든 인간들이 결정되어 있을 뿐이라고 주장했던 마르키 드 사드조차도 그런 식으로 살 수는 없었다. 그의 책과 그의 개인사를 면밀히 조사해 보면 그가 말년에는 샤렌톤에 있는 정신병자 수용소에 있었음을 발견할 것이다. 그가 하고 있던 것은 거의 불가능한 것으로 생각된다. 그는 간수들의 대우에 불평하면서 시간을 보내고 있었으며, 아내의 편지를 세심하게 읽으면서 편지 글들의 글자 수로부터 그가 수용소를 나가게 될 날짜를 산출할 수 있는 어떤 방법을 만들려 애썼다. 단순한 사실은, 사람들, 즉 마르키 드 사드조차 도덕성 같은 것은 없으며 모든 것은 정해져 있다고 말할 수는 있지만, 그들 자신들의 행동을 보면 자신의 저작에서 부정하고 있는 행위들을 하고 있다는 점이다.

유엔의 소련 사무실에서 신발로 책상을 치며 "그것은 나쁜 일이야, 그것은 나쁜 일이야"라고 소리치는 후르시초프를 생각해 보면

늘 재미가 있다. 유물론자가 그런 말을 하는 것이 재밌지 않은가? 그는 단순히 소련연방의 최대 이익을 방해한다는 의미로 말한 것이 아니다. 뭔가가 나빴다고 말하고 있었다.

도덕적 동기는 인간을 인간 아닌 것과 구별하며 사랑에 대한 욕구도 그러하다. 인간은 성적 관계 이상의 의미로서 사랑에 대한 필요를 느낀다. 사랑을 성적인 것으로만 말하는 많은 사람들도 결혼생활을 거듭할수록 육체적 만족 이상의 어떤 것을 발견하기를 바란다. 사랑은 성적인 관계뿐이라고 말할 때조차도 그들은 인간의 마음이 원하는 사랑의 의미를 실현시켜 줄 수 있는 어떤 것을 찾고 있다. 그들은 단순히 그들 자신의 견해에 맞추어 철저하게 살 수 없다.

몇몇 사람들에게는, 비록 비인격적인 우주 안에 있는 원자들의 우연한 배열로 인간을 파악하는 자신의 개념을 근거로 해서는, 미라는 말의 정확한 의미가 의문을 제기하기 쉬움에도 불구하고, 미에 대한 갈망이 인간의 인간됨을 가장 분명하게 보여주는 것이 된다.

그러나 모든 인간에게는 의의에 대한 갈망, 의미에 대한 갈망이 있다. 나는 윌 듀란트(Will Durant)와 아리엘 듀란트(Ariel Durant)의 역사의 교훈(*The Lessons of History*) 서문을 보고 충격을 받았다. 그 첫 문단에서 두 사람은 우주의 광대 무변한 영역에 관해, 인간 하나하나가 사라질 때뿐만 아니라 인류 전체가 없어진 후에도 혹성들은 남아 있을 것이라고 생각하고 있다. 그들은 프루스트가 죽음의 재가 모든 인간 위에 있다고 말했을 때만큼이나 인간의 덧없음을 인식하고 있었다. 그러나 인간의 의의에 관해, 두 사람이 지적할 수 있는 것이라고는 인간이 가지고 있는 일종의 존엄성, 즉 인간은 혹성을 관측할 수 있지만 혹성은 인간을 관측할 수 없다는 의미에서의 존엄성뿐이다. 정말 분명한 것은, 어떤 인간도—그의 철학이 무엇이든, 그의 시기나 시대가 어떻든—단지 의식의 흐름이나 우연히 스스로를 관찰하는 원자의 우연한 배열 이상의 것이 되고 싫은 갈망을 없앨 수는 없다.

극단적인 형태에서, 의의에 대한 갈망은 비존재에 대한 두려움에서 가장 분명하게 표현된다. 인간이 죽음을 두려워한다는 것은 오랜 세월에 걸쳐 확인되어 왔지만, 심층 심리학자들은 그러한 두려움은 동물에게서는 발견되지 않는 반면에, 인간에게는 근본적인 정신 신경 증세라고 말한다. 어떤 인간도 자신의 이론적 체계에 관계없이 전적으로 또 영원히 버려질 수 있거나 궁극적으로 의미없는 기계 같은 자신을 보고 만족하지 못한다. 죽으려고 하고, 죽음의 희망이 빨리 성취되기를 애걸하는 자들도 마음속 어딘가에 여전히 비존재에 대한 두려움을 갖고 있다. 당신이 자살을 생각하고 있는 사람에게 이야기할 때, 내내 그들은 마음 속으로 자신을 방관자로 생각한다는 사실에 나는 감동을 받았다.

여러분이 가장 오래된 예술로 거슬러가 본다면, 어느 시기에서나 인간의 필수적인 인간됨이 있었다는 것을 발견한다. 고고학자들은 40,000년 전 정도에 살았다고 여겨지는 인간을 발굴하였다. 그들은 그 인간이 꽃잎으로 된 무덤에 묻혀있는 것을 발견하였다. 지금도 그것은 흥미로운 일이다. 동물이 꽃잎으로 된 무덤에 시체를 묻는다는 이야기는 들어본 적이 없을 것이다. 혹은 스페인과 프랑스의 동굴 벽화들—우리에게 좀더 많은 내용을 제공해 주는 최고로 오래된 작품—을 조사해 보라(나는 이것들이 B.C. 20,000년 정도의 것이라고 생각한다). 이 그림들은 동굴에 거주한 사람들이 우리와 똑같은 갈망이 있었다는 것을 보여준다. 그 그림의 중간 오른쪽에는 한 인간이 "나는 내가 주위의 먼지 이상의 존재라는 것을 알아"라고 외치고 있음을 암시해 주는 것들이 있다. 사실, 프랑스 남부와 스페인 북부의 동굴 벽화들을 인간의 갈망을 표현하는 상징 체계로 설명하는 이론이 있다. 논의의 여지는 있지만, 내 생각에 그것은 아마도 맞을 것이다. 그리고 그 이론이 옳지 않은 것으로 판명된다고 해도, 그 그림들은 인간이 비인간과 독특하게 구별되는 여전히 스스로 생각하는 인간임을 보여주고 있다.

레비스트라우스(Levi-Strauss)의 증언도 언급할 수 있다. 그의 이론에 논의의 여지가 있기는 하지만, 그는 가장 중요한 인류학자였다. 이 프랑스 과학자는 세계 인류학계에 충격적인 개념을 발표하였는데 그 내용은 이렇다. 과거든 현재든, 원시 사회든, 문명 사회든 모든 사람이 생각하는 방식은 같다는 것이다. 시간이 경과해도 인간의 사고는 근본적으로 변하지 않았다. 그러므로 원시인이 높은 수준의 분석적 반정립을 만들지는 못하지만, 원시인의 사고 안에는 종족과 비종족, 뜨거움과 차가움 등의 명백한 반정립이 있다. 인간의 인간됨은 과거로 갈수록 더욱 뚜렷하다. DNA주형에 관한 마이클 폴라니(Michael Polanyi)의 주장도 상당히 같은 것을 보여주고 있다. 세부적으로 들어가지는 않고, 간단히 말해서 마이클 폴라니는 특히 프란시스 크릭(Francis Crick)의 화학적 결정론을 부정했다. DNA 주형의 화학적, 물리적 성질은 단지 화학적, 물리적 성질을 근거로 하여 인간의 존재를 설명하지 못한다.

그래서 레비스트라우스는 인간의 사고를 보라고 말했다. 과거의 인간이든, 현재의 인간이든 인간은 인간이다. 폴라니는 DNA의 형태가 인간의 독특한 점들을 설명해 주지는 못한다고 말했다. 모티머 애들러(Mortimer Adler) 또한 인간의 차이점과 그 차이점이 만드는 차이점(*The Difference of Man and the Difference It Makes*)에서 인간의 독특성에 대한 문제를 증명했다. 그는 해결책을 제시하지는 못했으나, 인간은 다른 점이 있고, 우리는 그 점을 밝혀내는 것이 좋으며, 그렇지 않으면 우리는 사람을 비인간적으로 다루기 시작할 것이며, 심각한 비극을 초래할 수 있다고 말했다. 그의 논리 체계가 어떠하든지 인간은 자신이 비인간과 같을 수는 없다는 것을 스스로 알고 있다.

로마서에서 바울이 말하는 것은, 현재 시계가 똑딱거리는 소리와 같이 현재적인 문제이다. 즉, 인간들, 심지어는 성경이 없는 인간들조차도 그들 자신이 어떤 존재인지에 대한 진리를 억누른다는 것이다. 원시인, 문화인, 고대인, 현대인, 동양인, 서양인, 모두가 인간은 그들 자신의 이론이 설명하는 것 이상이라는 사실을 말해준다.

다음에 바울은 인간들이 진리를 억누르는 두번째 영역으로 방향을 돌린다. 로마서 1 : 20에서 그는 "창세로부터 그의 보이지 아니하는 것들 곧 그의 영원하신 능력과 신성이 그 만드신 만물에 분명히 보여 알게 되나니 그러므로 저희가 핑계치 못할지니라"고 말한다. 인간이 억누르는 두번째 증거는 외부 세계의 진리이다. 장 폴 사르트르(Jean Paul Sartre)는 모든 질문들 중에서도 근본적인 철학적 질문은 "왜 거기에는 아무것도 존재하지 않는 것이 아니라 오히려 어떤 것이 존재하는 것일까?"라는 질문이라고 말했다. 그는 옳다. 유물론자들에게 최대의 미스테리는 뭔가가 확실히 존재한다는 사실이다.

그러나 뭔가 있는 것은 혼돈스런 것이 아니고, 질서가 잡힌 것이다. 아인슈타인은 생애의 말년에 이 사실을 잘 깨달았다. 그의 친구인 오펜하이머(Oppenheimer)의 이야기와 그가 쓴 저작들을 보면, 아인슈타인은 말년에 현대적 신비주의자가 되었다. 그는 해답을 얻지 못했고, 유대-기독교의 입장이나 성경으로 돌아가지 않았지만, 그는 우주에 반박할 수 없는 질서가 있다는 것을 알았기 때문에 큰 해답이 있어야 한다는 것을 깨달았다. 그는 이것을 세계가 잘 짜여진 낱말 맞추기(crossword puzzle—어떤 낱말이라도 무한정 생각할 수는 있지만 빈칸에 들어맞는 낱말은 단 한 개밖에 없다) 같다고 아름답게 표현했다. 그리고 사르트르는 "거기에는 무엇인가 존재하는 것이 있다"고 말하며, 아인슈타인은 "그렇다. 저 놀라운 그것의 형태를 보라"고 덧붙인다. 이것을 다른 말로 표현해 보면, 과학과 공상 과학은 차이가 있다. 공상 과학에서는 어떤 종류의 우주도 상상할 수 있지만, 과학에서는 존재하는 그 우주를 다룰 수밖에 없다.

매사추세츠 공과대학(MIT)의 머레이 에덴(Murray Eden)은 여러 해 동안 고속 컴퓨터를 이용하여 우주 안에서 그런 복잡한 현상이 어떤 일정한 시간 내에 우연히 일어날 가능성을 계산하였다. 그의 결론은 그럴 가능성은 없다는 것이었다.

찰스 다윈의 자서전과 편지들에서도 똑같은 것이 발견된다. 인생의 종말을 앞둔 노인이 된 그가 "내 지성으로는 모든 것이 우연히 만들어진 것이라고 믿을 수가 없다"고 말한 것은 재미있는 일이다. 그의 감정이 아니라, 그의 지성으로 말이다. 그렇다면 그는 자신의 지성은 원숭이의 지성에서 진화한 것이라고 말함으로써 자신이 지적으로 증언한 것에 대해서 변명을 해야 할텐데 누가 그것을 신뢰할 수 있겠는가. 그러나 물론 그 속에는 문제가 있다. 만일 그가 그런 절대 절명의 순간에 자신의 지성을 신뢰할 수 없다면, 진화론 가설 자체를 만든 자신의 지성을 그가 어떻게 신뢰할 수 있었겠는가?

요컨대, 고대 세계나 현대나 외부 우주와 인간 자체에 대한 존재와 형태에 관한 선언은 인간에게 끊임없이 말하며 묻는다. "당신의 전제—당신의 신들, 당신의 철학, 혹은 자연주의적 과학—는 존재하는 무엇을 진정으로 설명해 주고 있는가?" 바울은 성경이 없는 사람이 억누르는 진리는 존재에 대한 진리, 즉 사방에서 자신을 둘러싸고 있는 진리라고 말하고 있다. 성경은 "그들은 핑계치 못할 것이라"고 말한다. 성경이 없는 사람은 인간의 본질과 외부 우주의 본질에 대한 진리를 억누르기 때문에 핑계치 못한다.

이제 나는 이 장 앞부분에서 언급한 것으로 돌아가려고 한다. 여러분은 흠정역의 로마서 1 : 18에 있는 "불의로 진리를 막는(hold)"이 현대 번역본에서는 "불의로 진리를 방해하는(hinder)"이나 "진리를 억누르는(suppress)"으로 되어 있다는 것이 생각날 것이다. 몇몇 희랍어 전문가들은 내게 "막는다"(hold)가 더 낫다고 말했다. 나는 이것이 좋은 설명이라고 믿는다. 바울은 인간들이—

존재하시는 하나님께 복종하기를 거부하기 때문에, 자신의 전제들을 맹목적 신앙으로 붙들고 있기 때문에—그들 자신에 관한, 그리고 우주에 관한 어떤 진리를 지니고 있지만, 그것들을 자신의 논리적 결론으로 이끌지 못하는 것은 그것들이 그들의 전제와 상충되기 때문이라고 말한다. 따라서 그들은 진리의 일부를 붙잡고 있지만, 그것을 불의로 쥐고 있다. 그들은 그들 자신과 우주에 관한 진리의 일부를 붙잡고 있어야 하는데, 그것은 그들이 우주에서 하나님이 만드신 대로 살아야 하기 때문이다. 그러나 그들은 그런 진리를 자신의 논리적 결론에 이르게 하기를 거부한다. 고대에 살거나 현대에 살거나 그들은 자신들의 그릇된 전제를 신봉하고 있다. 그래서 바울은 "당신들은 깨닫지 못합니까? 성경이 없는 당신들조차도 불의로 이 증거를 막고 있으므로 정말로 하나님의 진노를 받아 마땅합니다"고 말하고 있다.

그리하여 바울은 21절과 22절에서 계속하고 있는데, 그 구절은 우리가 이미 많은 시간을 들였던 부분이다. 인간은 존재하는 것을 앞에 두고서도 자신들의 생각 속에서 허망하여졌으며, 그들의 마음은 어두워졌고, 어리석고 어리석게 되었다. 그리하여 인간은, 하나님께서 인간을 한 줌 모래알처럼 뿌려 버렸기 때문이 아니라, 그가 창조하던 대로—중요하게—그들을 다루시기 때문에 하나님의 심판 아래 있다. 인간 스스로의 선택이 그들을 현재 위치에 있게 한 것이다. 그들 나름의 방식으로 살아갈 때 모든 인간들은 "좋아, 나는 다음 세대에게 무슨 일이 일어날지에는 관심이 없어. 나는 환각제(LSD)가 염색체를 파괴시킨다 해도 먹겠어. 나는 지금 이 순간만이 중요해"라고 말했던 1960년대의 히피족과 같다. 시대가 흘러감에 따라 진리를 갖고 있는 인간들은 고의적으로 진리를 버렸다. 세상은, 하나님이 인간을 잔인하게 대해서가 아니라, 인간이 인간을 잔인하게 대했기 때문에 이 지경이 된 것이다.

로마서 1 : 24을 읽어보자. "그러므로 하나님께서 저희를 마음의 정욕대로 더러움에 내어 버려두사 저희 몸을 서로 욕되게 하셨으니." 우리와 같이 사회학적으로, 심리학적으로 나가는 경향이 있는 시대의 인간들은 인간의 도덕적 문제에 대해 온갖 설명을 한다. 그러나 성경에 따르면 교의적 타락을 일으키는 원인은 도덕적 타락이 아니다. 그것은 그 반대이다. 진리로부터 돌아서는 것－그것은 인지적인 것이며, 하나님에 관해 알려진 것일 수 있다－이 도덕적 타락을 초래한다. 현대의 예술가들, 극작가들, 그리고 소설가들은 현대인들이 도덕적으로 얼마나 제 궤도를 이탈해서 가고 있는지를 보여주고 있다. 성경이 그 원인을 우리에게 말해주는데, 진리를 알되 진리에서 돌아선 인간들을 진리를 모르는 인간들이 따르고, 이 결과가 온갖 종류의 도덕이 뒤집어지는 결과를 낳은 것이다.

바울은 이것을 1 : 23－24, 25－27, 그리고 28절에서 세 번 반복한다. 마치 그가 내게 이렇게 말하는 것 같다. "이것을 주목하십시오, 이것을 잘 주목하십시오. 당신은 잘못 읽지 않았습니다. 이것을 가볍게 읽지 않기만 하면 됩니다. 왜냐하면 내가 이것을 세 번 이야기할 것이며, 그리하여 당신은 당신이 처음에 정확하게 읽은 것을 이해하게 될 것이기 때문입니다. 도덕적 문제가 일어나는 것은 인간들이 하나님으로부터 돌아섰기 때문입니다."

우리는 인간이 왜 죄를 짓느냐는 문제를 사소하고 부차적인 문제로 받아들여서는 안 된다. 인간 각자의 삶에는 심리학적, 사회학적 조건화가 일어나며, 그것이 인간의 결정에 영향을 미친다. 그러나 우리는 모든 죄가 단지 조건에 의해 설명될 수 있다는 현대적 개념에 저항하지 않으면 안 된다. 우리 세대에는 죄를 가볍게 설명하고 그러한 설명이 더욱 인도주의적이라고 생각하려는 경향이 있다. 그러나 그것은 그렇지 않다. 그러한 경향은 인간의 중요성과 의의를 감소시킨다. 결과적으로 우리는 성경의 설명이 그렇게 단호하다는 사실을 인간을 위해 기뻐할 수 있다.

바울은 이 점을 25절에서 반복한다. "저희가 하나님의 진리를 거짓 것으로 바꾸어(바꾼다〈changed〉는 말은 희랍어에서는 실제로 교환한다〈exchanged〉이다) 피조물(피조물이란 만들어진 것임을 의미한다)을 조물주보다 더 경배하고 섬김이라." 이것이 세 번 반복한 것 중에 두번째 강조이다.

바울은 은과 돌로 만든 우상들과 우주 내지는 우주의 일부에 대한 경배에 대해 생각하고 있었다. 그는 인간들이 살아계신 하나님을 경배하기보다는 그러한 우상들을 경배하고 있다고 말한다. 심지어는 그들 자신에 대한 스스로의 지식에 근거해서라도 그보다 더 잘 알았어야 한다. 이사야는 700년 전에 이렇게 말했다. "당신들보다 못한 신을 만들다니 바보 같은 짓이 아니오? 당신들은 그것들을 옮길 수 있지만, 그것들은 당신을 그렇게 하지 못하오. 자기 자신보다 못한 것을 만들다니 어리석은 일이 아니오?" 바울은 아레오바고에서 똑같은 주장을 하였다. 하나님께 무릎 꿇기를 거부하는 인간들은 우주와 인간에 관한 사실들을 취해다가 자신이 전제하고 있는 쇠창살 속으로 밀어넣어, 자신의 생각을 합리적인 결론으로 이끌지 못하고, 엄청난 거짓과 마주치게 되는 것이다. 돌로 만든 우상들은 인간보다 못하므로 분명 거짓이다. 그러나 닫힌 체계 속에서의 자연 원인의 제일성(齊一性) 사상과 같은 비기독교적 전제들－비인격적인 것＋시간＋우연－도 마찬가지로 거짓이며 궁극적으로는 인간을 기계로 만들어 버린다.

그래서 바울은 "이를 인하여 하나님께서 저희를 부끄러운 욕심에 내어버려 두셨으니 곧 저희 여인들도 순리대로 쓸 것을 바꾸어 역리로 쓰며 이와 같이 남자들도 순리대로 여자 쓰기를 버리고 서로 향하여 음욕이 불 일듯하매 남자가 남자로 더불어 부끄러운 일을 행하여 저희의 그릇됨에 상당한 보응을 그 자신에 받았느니라"(롬 1：26－27)고 하였다.

이러한 죄들중 첫번째로 여성 동성 연애자를 언급하는 것이 보통이다. 그러나 나는 여성 동성 연애가 여기에 포함되고 있는지는 확신하지 못한다. 내 생각에는 이 구절은 이사야 3 : 16에 대응된다고 생각한다. "여호와께서 또 말씀하시되 시온의 딸들이 교만하여 늘인 목, 정을 통하는 눈으로 다니며 아기죽거려 행하며 발로는 쟁쟁한 소리를 낸다 하시도다." 만약 그렇다면 바울은 왜곡되어 가고 있는 이성간의 사랑에 관해 주로 말하고 있는 것이다. 여성들은 진리에서 멀어져서 자신이 갖고 있는 자연스런 여성다움과 그에 관련된 건전한 성욕을 남용하고 있다. 여기에서 성욕이란 중립적인 말이다. 왜냐하면 성욕의 정당성은 그것을 어떻게 다루느냐에 달려 있기 때문이다. 바울은 그 여자들이 하나님의 선물을 나쁜 것으로 왜곡하여 자신의 육체와 자신의 성적 매력을 남성을 유혹하는 덫(하와가 그러했듯이)으로 이용하였다고 지적했다. 그래서 바울은 "당신들은 이 세상에서 존재하는 것 중에 무척 아름다운 것을 갖고 있으며, 그것은 영원할 것입니다. 그런데 당신들은 그것을 악으로 바꿨습니다"고 말하고 있는 것이다. 물론 27절은 남성 동성 연애를 가리키는 것이며, 여성 동성 연애도 포함한다. 사람들이 진리로부터 멀어질 때에 그들은 자신의 성욕을 뒤죽박죽으로 만들어 버렸다. 수많은 남성 동성 연애자와 여성 동성 연애자들이 도움을 얻고자 라브리에 찾아온다. 우리는 동정을 베풀어야 하며, 그것을 다른 죄보다 더 큰 죄처럼 혹은 그것에 사로잡혀 있지 않은 우리가 그들보다 우월한 것처럼 행동해서는 안 된다. 그러나 동시에 우리는 동성 연애를 하는 것(유혹과는 대조적으로)이 나쁘다는 것을 지적해야 한다. 그 죄가 다른 죄들보다 그들을 더 비참하게 만든다는 면에서 잘못된 것이 아니다. 그러나 하나님의 절대기준으로 볼 때 그런 행위를 하는 것은 나쁜 일이다.

세 번 반복한 것 중에 세번째 강조는 28절에 있다. "또한 저희가 마음에 하나님 두기를 싫어하매 하나님께서 저희를 그 상실한 마음대로 내어버려 두사 합당치 못한 일을 하게 하셨으니." "타락한 마음"(a reprobate mind)이라고 번역한 흠정역은 핵심을 놓치고 있다. 그것은 판단력을 상실한 마음(a mind void of judgment)을 가리키는데 21절과 22절의 "그 생각이 허망하여지며"를 다시 언급하면서 그들이 종교적으로뿐만 아니라 지성적으로 어리석다는 것이다. 이 사람들은 우주가 무엇인지를 이해하지 못하며, 자기 자신이 어떤 사람인지를 깨닫지 못하고 있다. 이 말은 참으로 현대적으로 들린다.

프랑스의 뛰어난 화가 고갱(Gauguin)이 멋진 예이다. 그는 인간은 자율적이며(자율적이어야 한다) 완전히 자유롭다는 장 자크 루소(Jean－Jacques Rousseau)의 사상을 따를 때, 자기를 괴롭히는 것은 2＋2＝4라는 사실이라고 말했다. 그는 화요일 아침 8시에는 2＋2＝4 1/2이라고 말할 수 있을 정도로 그렇게 자유롭게 되기를 원했다.

여기에서 바울이 강조하고 있는 것은, 하나님을 저버리고 다른 전제 조건들을 따를 때, 그 전제들에 충실하면 할수록 실재로부터 더욱더 멀어져 간다는 것이다. 그리하여 여러분은 고갱이 자율적 자유, 원초적 단순성을 그리기 위해 애를 쓰는, 그리고 굳이 강조하며 "나의 체계가 옳다면 어찌 되었건 2＋2는 언제나 4는 아니야"라고 말하는 모습을 보는 것이다.

이 장의 논의 과정을 간단하게 요약해 보자. 우리는 성경이 없는 사람에게 바울이 특별한 방법으로 말하는 것에 주목하는 것으로 시작했다. 성경이 없는 사람은 특별 계시(즉, 성경에 있는 계시)를 억누르지는 않았으나, 인간의 인간됨과 외부 세계에 의해 주어진 일반 계시는 억눌렀다. 그 다음에는 성경이 없는 사람이 불의로 진리를 막는 것이 분명하다. 그런 사람은 그 자신과 우주에 관한 진리의 일부를 가지고 있으나 그는 그것을 이성적 결론으로 이끌지는 않는다. 그 후에 도덕의 파괴가 일어난다. 하나님께서는 이러한 위치에 있는 인간에게 너희들은 나의 심판 아래 있다고 말씀하신다.

그래서 "성경이 없는 사람은 어떻게 심판을 받을 것이며 그 심판은 옳은가?"라는 의문이 생긴다.

이러한 질문을 끝으로 이 장을 마치고자 한다.

제 8 장
하나님의 공의

성경이 없는 사람이 어떻게 하나님의 심판을 받는가? 그러한 심판에서 하나님은 공의로우신가? 앞장에서 우리는 이 질문으로 끝을 맺었다.

여러분들 중에 정직하게 생각하며, 복음주의 그늘 아래 있지 않다면, 혹은 외부 사람들에게 이야기하려고 노력했다면 이 질문이 고려해 볼 만한 가치가 있다는 것을 즉시 알 것이다. 성경이 없는 사람을 심판하시는 데 있어서 하나님은 정말로 공의로우신가?

로마서 1 : 32－2 : 3을 읽어보자. "저희가 이 같은 일을 행하는 자는 사형에 해당한다고(다른 말로 표현하면 그들의 철학 체계와 관계없이 도덕적 동기를 가진다고) 하나님의 정하심을 알고도 자기들만 행할 뿐 아니라 또한 그 일을 행하는 자를 옳다 하느니라 그러므로 남을 판단하는(성경이 없는) 사람아 무론 누구든지 네가 핑계치 못할 것은 남을 판단하는 것으로 네가 너를 정죄함이니 판단하는 네가 같은 일을 행함이니라 이런 일을 행하는 자에게 하나님의 판단이 진리대로 되는 줄 우리가 아노라 이런 일을 행하는 자를 판단하고도 같은 일을 행하는 사람아 네가 하나님의 판단을 피할 줄로 생각하느냐." 이 구절은 무엇을 말하고자 하는지 생각해 보라.

성경이 없는 사람은 전세계 도처에 있다. 그들의 조상들(우리 문화의 지난 2세대를 포함해서)은 진리를 알고도 그것으로부터 돌아섰으며, 이 세대는 이것을 알지 못한다. 그러나 그들은 그들 자신의 체계가 실재—인간의 인간됨과 우주의 존재와 형식—를 충분히 설명하지 못한다는 사실에 강력한 증거를 가졌었다. 더 나아가서 모든 인간은 도덕적 동기를 가지며, 이론적으로는 도덕성을 믿지 않는 현대인들조차도 그렇다. 그 도덕적 판단의 기준은 성경에서 말하는 것보다 상당히 낮을 수도 있으나 여하튼 도덕적 판단들이 여전히 계속해서 이뤄지고 있다.

사람이 태어날 때 목에 녹음기를 달고 나온다고 잠시 가정해 보자. 그리고 그 녹음기는 도덕적 판단을 할 때만 작동한다고 상상해 보자. 미적 판단 등등은 기록되지 않으며, 도덕적 판단은 빠지지 않고 기록되는 녹음기이다. 인간의 한평생에 걸쳐 진정한 도덕적 동기가 낱낱이 녹음기에 기록된다. 마지막으로, 사람이 죽고 하나님 앞에서 심판을 받을 때 하나님께서는 녹음기를 틀어놓고, 사람들은 평생에 걸쳐 녹음된 스스로의 도덕적 판단들을 자신의 귀로 직접 듣는다. "너는 이 일을 잘못했고, 너는 저 일을 잘못했다"고 할 것이다. 수많은 도덕적 판단들이 쏟아져 나오고, 하나님께서는 돌아서서 "너 자신의 말을 근거로 해서 너는 그러한 도덕적 기준을 지켜왔는가?"라고 말씀하신다. 그러자 모든 사람이 침묵한다. 이 세상의 어떤 사람도 타인을 구속하려 했던 자신의 도덕적 기준을 지키지 못했다. 따라서 하나님께서는 "내가 너희의 도덕적 진술들(너희들이 타인을 구속하고 비난하는 데에 기준을 삼았던 판단들)에 따라 너희를 심판할 것이다. 비록 그것들이 당연한 도덕적 진술들보다 못할지라도 상관치 않겠다. 너희들은 죄책이 있는가 없는가?"라고 말씀하신다. 목소리를 높일 자는 아무도 없을 것이다. 온 세상이 완전히 공의로우신 하나님 앞에서 철저하게 유죄 판결을 받을 것이다. 왜냐하면 그들이 몰랐던 것에 따라 심판을 받게 되는 것이 아니라, 그들이 타인을 판단하고 스스로는 지키지 못했던 것에 따라 받을 것이기 때문이다. 그러므로 모든 인간은 "참으로, 나는 유죄이다"고 말할 수밖에 없다.

바울이 성경이 있는 사람에게 말하기 전에, 성경이 없는 사람에게 말하는 마지막 두 절인 로마서 2 : 15, 16에서 이런 개념으로 결론을 내린다는 것은 매우 의미 심장하다. "이런 이들은 그 양심이 증거가 되어 그 생각들이 서로 혹은 송사하며 혹은 변명하여 그 마음에 새긴 율법의 행위를 나타내느니라 곧 내 복음에 이른 바와 같이 하나님이 예수 그리스도로 말미암아 사람들의 은밀한 것을 심판하시는 그날이라."

성경은 이 내용을 여러 곳에서 강조하고 있는데, 누가복음 12 : 2, 3을 읽어보자. "감추인 것이 드러나지 않을 것이 없고 숨은 것이 알려지지 않을 것이 없나니 이러므로 너희가 어두운 데서 말한 모든 것이 광명한 데서 들리고 너희가 골방에서 귀에 대고 말한 것이 집 위에서 전파되리라." 나는 사람들이 남들에게 쏟아부었던 자신의 도덕적 판단들, 자신의 거친 말들을 실제로 듣게 되리라 생각한다. 그리고 그들은 이렇게 말해야 할 것이다. "당신은 공의로우며, 나는 죄를 지었습니다."

요한계시록 20 : 12은 최후의 심판에 대해서 말하고 있다. "또 내가 보니 죽은 자들이 무론 대소하고 그 보좌 앞에 섰는데 책들이 펴 있고 또 다른 책이 펴졌으니 곧 생명책이라 죽은 자들이 자기 행위를 따라 책들에 기록된 대로 심판을 받으니." 이 구절을 읽고 당황한 복음주의자들이 이 구절은 그리스도를 구세주로 받아들였는지의 여부에 따라 사람들이 심판을 받게 되는 것을 의미한다고 말하는 것을 들었다. 하나님은 그렇게 말씀하지 않는다. 그는 "나는 너희가 한 일에 따라 심판할 것이며, 너희 일은 실패할 것이다"고 말씀하신다. 타인을 판단했던 자신들의 도덕적 판단을 근거로 할 때 그들은 실패할 것이다. 하나님이 타락한 인간을 다루시는 데에 공의롭지 않은 것은 하나도 없다. 왜냐하면 그들은 자신이 다른 사람을 구속한 기준에 따라 심판을 받기 때문이다.

로마서 4장까지는 바울이 그리스도인이 되는 길에 관하여 말하고 있음을 여러분은 기억할 것이다. 5장부터 그는 그리스도인들에게 말하기 시작한다. 로마서 5장은 아담의 시공간적 타락이 내포하는 역사성에 관한 방대한 진술이다. 바울은 그리스도인들에게 악의 기원에 관하여 설명하고 있다. 그러나 바울이 성경이 없는 사람에게는 이 말을 하지 않았다는 것은 매우 의미심장한 일이라 생각한다. 성경이 없는 사람에게 말할 때 바울은 "내가 질문을 하나 하겠습니다. 당신은 자신의 도덕적 기준을 준수하고 있습니까?"라고 말한다. 감정이 잘 전달되는 분위기에서 이렇게 말하지 않을 사람을 아직 나는 발견하지 못했다. "아닙니다. 가끔 실수로 어길 때가 있어요. 하지만 고의적으로 어길 때도 있습니다." 하나님이 말씀하시는 바가 바로 이것이며 이것이 성경을 갖고 있지 않은 사람들에 대한 심판의 토대가 될 것이다. 심판은 각 개인의 진정한 도덕적 선택에 달려 있다.

모든 인간에 대한 하나님의 심판에 관한 성경적 입장을 모르고서는 의문을 갖는 현대인들에게 좋은 대답을 해줄 수 없다는 것이 경험에서 나온 나의 확신이다. 내가 강조하기도 했지만, 그들이 제기하는 의문 중에는 이런 것들이 있다. 인간은 누구인가? 인간은 무엇인가? 나는 누구인가? 역사에는 어떤 의의가 있는가? 나에게는 어떤 의의가 있는가? 그리고 만일 그리스도인이 20세기의 정직한 사람들의 생각 속으로 파고들 정도의 대답을 제공하고자 한다면, 의의와 관련된 완전한 대답을 갖고 있지 않으면 안 된다.

도덕적 심판은, 인간이 지니고 있으되 고의로 어기는 기준에 따라 행해진다. 그러한 도덕적 심판은 이 세상에서의 삶뿐 아니라 앞으로 올 세상에서의 삶에도 영향을 미친다. 이 세상의 삶의 한계는 결코 충분한 의의를 제공하지 못한다. 그러나 도덕적 심판이, 그의 현재의 삶과 미래의 삶, 더 나아가서 영원한 곳까지 영향을 미치는 인간의 선택을 근거로 하는 것일 때, 의의라는 문제가 갑작스럽게 거대한 폭탄처럼 폭발한다. 이것은 유한한 인간에 대한 가능한 최고 수준의 의의이다. 이제 삶에 덮인 죽음의 먼지라는 프루스트의 생각에 매우 반대되는 것을 살펴보자.

인간들의 길 잃음(lostness)의 위험을 없앨 수 있는 유일한 길은 다음의 아래 둘 중 어느 하나를 포기하는 것이다. 하나는 하나님의 진정한 거룩하심을 강조하는 것이다. 물론 이것이 인간들의 길 잃음을 제거한다. 그러나 그 결과는 비참하다. 길 잃은 것은 하나님이 아니고 인간인 것이다. 만일 니체가 하나님이 죽었다고 말한다면, 사르트르는 인간이 죽었다고 말해야 한다. 왜냐하면 만일 하나님의 진정한 거룩하심을 포기한다면, 우주의 절대적 도덕성을 포기하는 것이며, 모든 것이 표류하는 커다란 원으로 돌아가는 것이다.

둘째로, 역사의 중요성과 그 역사에서 인간의 중요성을 포기할 수 있다. 아무것도 중요하지 않다면, 하나님이 인간을 심판하신다는 개념도 무시될 수 있다. 그러나 만일 그렇게 한다면, 인간에게도 아무 의미가 없다. 그리하여 하나님의 거룩함을 포기한다면, 절대성이란 존재하지 않으며, 도덕성은 땅에 떨어진다. 만일 절대적인 것, 도덕성, 그리고 의미를 지닌 중요한 사람이기를 원한다면, 성경이 주장하는 바－하나님께서 인간들을 공의롭게 심판하시며, 하나님의 심판하시는 기준 때문에 인간들은 목소리를 높일 수 없을 것이라는 사실－를 갖고 있지 않으면 안 된다.

이런 사실이 우리에게 두 가지 결론을 가져다 준다. 무엇보다도,

로마서 2 : 1에서 바울은 추상적 진술에서 개인적 적용으로 옮겨간다. "사람아 네가 핑계치 못할 것이라." 3절에서는 인격적 강조를 되풀이 한다. "사람아 네가…… 생각하느냐." 바울은 추상적인 교리만을 가르치고 있는 것이 아니다. 사실, 모든 교리는 실천되어야 한다는 것이 내 의견이다. 삼위일체와 관련된 교리조차도 우리의 삶이 인격의 중심성에 대한 깨달음을 드러내는 방식으로 실천되어야 한다. 그리고 확실히 바울의 이 메시지는 실천되어야 한다. 모든 인간은 심판을 받으며, 모든 인간은 완전히 실패한 모습으로 드러날 것이다. "그러므로, 오 사람아"는 여러분들 각자인 것이다. 2 : 17을 시작하면서 바울은 성경이 있는 유대인들을 향해 말한다. 하나님께서 바울을 통하여 "내가 성경이 없는 사람은 그가 타인을 구속했던 도덕적 기준에 따라 심판을 받게 될 것이라고 설명했던 것같이 성경이 있는 너희들은, 내가 너희를 성경이라는 더 높은 기준으로 심판하겠다"고 말씀하신다. 그리고 바울은 3 : 9까지 계속하면서 이렇게 결론을 맺는다. 즉 성경이 있는 사람이 성경이 없는 사람보다 나을 것이 없다. 왜냐하면 유대인이나 이방인이나 다 죄 아래 있기 때문이다.

여러분은 하나님의 통과 점수는 100퍼센트라는 사실을 알아야 한다. 만일 그 자신이 완전하지 못하거나, 완전치 못한 것을 인정한다면, 절대기준은 날아가 버린다! 이것이 절대기준이 의미하는 것이며, 이것이 100퍼센트의 일이라는 사실이다. 그래서 하나님께서는 성경이 없는 사람에게 이렇게 말씀하신다. "너는 네가 다른 사람을 구속하는 도덕적 심판을 100퍼센트 지켰느냐?" 그리고 성경이 있는 사람에게는 "너는 성경의 기준을 100퍼센트 지켰느냐?" 대답은 "아니오"이다. 갈라디아서 3 : 21에서 바울은 이렇게 쓰고 있다. "그러면 율법이 하나님의 약속들을 거스리느냐 결코 그럴 수 없느니라 만일 능히 살게 하는 율법을 주셨더면 의가 반드시 율법으로 말미암았으리라." 즉, 만일 하나님께서 율법을 주셔서 예수가 십자가에 못박힐 필요가 없었더라면, 그는 확실히 그렇게 하셨을 것이다! 그가 예수를 십자가로 보내신 것은 여러 가지 자의적 가능성 중에 하나이거나, 연극의 한 장면 같은 일이 아니다. 오히려, 반역한 인간이 범하지 않는 율법이란 없기 때문에, 하나님께서는 인간의 문제를 해결하기 위해 비인간적 해결책을 주셔야 했던 것이다.

그러나 로마서의 앞부분인 1 : 16, 17에서 우리는 예상치 못한 하나님의 해결책에 직면한다. "내가 복음을 부끄러워하지 아니하노니 이 복음은 모든 믿는 자에게 구원을 주시는 하나님의 능력이 됨이라 첫째는 유대인에게요 또한 헬라인에게로다." 바울은 나 개인을 위한, 그리고 너 개인을 위한 해결책—모든 인간의 보편적 필요를 위한 해결책—이 있다고 말한다. 하나님께서는 실질적인 필요를 충족시키며, 그리고 아레오바고 위에서 부끄러움이 없이 말할 수 있는 해결책을 주셨다. 그 해결책에서 두 가지 큰 필요가 충족된다. 즉 절대기준을 위한 필요와 인간의 의의에 대한 필요이다.

이 해결책이란 구체적으로 무엇인가? "모든 사람이 죄를 범하였으매 하나님의 영광에 이르지 못하더니"(롬 3 : 23). 희랍어는 더욱 강하게 "모든 사람이 과거에 죄를 범하였으므로(부정과거) 모든 사람이 하나님의 영광에 이르지 못하고 있는데"라고 말한다. 과거에 우리는 죄를 범하였다. 현재에 우리는 죄를 짓고 있다. 그러나 바울은 "그리스도 예수 안에 있는 구속으로 말미암아 하나님의 은혜로 값없이 의롭다 하심을 얻은 자 되었느니라"(롬 3 : 24)고 하였다. 여러분들 중의 많은 사람이 성경의 이 말씀과 더불어 성장했기에 이제는 그들 자신이 그 말씀일 정도가 되었다. 여러분들 중에는 "아, 난 그 말씀을 수천만 번은 들었을거야. 이제 내 머리 속에 골수처럼 박혀 있어"라고 말하는 사람이 있다. 그 기록을 지워버리고 그 말씀에 귀를 기울이라! "이 예수를 하나님이 그의 피(즉, 그리스도가 하나님의 영원한 아들로서의 자신의 인격 때문에 무한한 가치를 지닌 그의 사역을 근거로하여 시간, 공간, 역사 속에서 완성한 사역)로 인하여 믿음으로 말미암는 화목제물로 세우셨으니(즉 그리스도로) 이는 하나님께서 길이 참으시는 중에 전에 지은 죄를 간과하심으로 자기의 의로우심을 나타내려 하심이니"(롬 3 : 25). 하나님께서는 그의 거룩함과 인간의 의의가 설 수 있으며, 게다가 모든 인간이 타락하지 않을 해결책을 주셨다.

그러면 큰 의미가 있는 26절을 보자. 사람들은 바울이 말하는 이 놀라운 사실을 깨닫지 못하고 그대로 지나치는 경우가 너무나 많다. "곧 이 때에 자기의 의로우심을 나타내사 자기도 의로우시며(즉, 그는 그의 거룩함을 지키신다. 그래서 거기에 절대기준이 있다) 또한 예수 믿는 자를 의롭다 하려 하심이니라." 여기서는 무엇을 말하고 있는가? 어떤 철학도 생각하지 못할 길을 하나님께서 주셨다. 그것은 우리가 습관적으로 생각하지만 않는다면 우리를 깜짝 놀라게 할 길이다. 그 안에는 영속적인 놀라움이 있다. 나는 여기에 서 있다. 나는 중요하다. 하나님은 거룩하시다. 내가 죄를 범하였으니 모든 것을 잃고 파멸하였는가? 그 대답은, "아니다!" 이다. 하나님께서는 화목제물, 대속물을 주셨다. 하나님의 대답의 전부는 예수 그리스도의 대속적 죽음에 달려 있다. 그렇기 때문에 그의 죽음은 무한한 가치가 있다. 그것은 모든 오점을 덮을 수 있다. 그것은 우주의 완전한 심판자이신 하나님 앞에서의 진정한 도덕적 죄책(죄책감이 아니다)을 제거할 수 있다.

그리하여 세 가지 큰 것, 즉 하나님의 거룩하심, 인간의 중요성, 그리고 인간의 구원의 가능성이 제 위치에 있게 된다. 나는 여러분에 관해서는 잘 모르지만, 이제 일어나서 송영을 부를 시간이라고 믿는다. 누구도 제시한 적이 없는 지성적 대답이 여기에 있다!

2 : 1-3에서 바울은 메시지를 개인에게 향한다. "…… 사람아 네가 핑계치 못할 것은." 이 메시지는 특정한 사람에게만 해당되는 것이 아니라 우리 각자에게 모두 해당되는 것이다. 하나님은 거룩

하신 분이시다. 절대적 도덕이 있다. 나는 중요한 존재이다. 나는 고의적으로 죄를 지었다. 나는 하나님의 진노 아래 있다. 이러한 딜레마에 빠져 있는 내가 하나님의 은혜에 의해 예상치도 않은 전면적이며 놀라운 유익을 취하지 않는 한, 나는 하나님의 진노 아래 있다.

성경이 없는 사람도(부시맨뿐만 아니라 교양있는 현대인도 포함해서) 하나님의 심판을 받는다는 사실을 알고 있는 이상, 그리스도인으로서 우리의 태도는 두번째 결론과 관계가 있다. 하나님께서는 자비를 베푸시는 가운데 우리가 전혀 예상치 않았던 식으로 사람들을 복음과 만나게 하신다는 것은 틀림없는 사실이다. 일년 내내 하루도 빠짐없이, 라브리(L'Abri)가 그 증거이다. 하나님께서는 놀라운 방법으로 놀라운 사람들을 땅끝에서 데려오셔서 라브리에서 복음을 듣게 하시는 것이다! 그러나 우리는 바위처럼 가만히 앉아서 하나님께서 사람들을 우리에게 데려오실 때까지 기다려서는 안 된다. 바울은 우리가 어떤 자세를 가져야 하는지 매우 명료하게 말해준다. 1 : 14, 15에서 그는 이렇게 말한다. "헬라인이나 야만이나 지혜있는 자나 어리석은 자에게 다 내가 빚진 자라." 바울은 자기가 모든 부류의 사람들에게 빚진 자라고 말하는 것이다. "그러므로 나는 할 수 있는 대로 로마에 있는 너희에게도 복음 전하기를 원하노라." 그리고 감옥과 죽음이 기다리는 줄 알면서도 그는 기꺼이 가고자 했던 것이다. 예레미야가 중단하지 않고 나아갔던 것처럼 그도 중단하지 않고 나아갔다.

후반부인 10 : 13－15에서 바울은 이렇게 쓰고 있다. "누구든지 주의 이름을 부르는 자는 구원을 얻으리라 그런즉 저희가 믿지 아니하는 이를 어찌 부르리요 듣지도 못한 이를 어찌 믿으리요 전파하는 자가 없이 어찌 들으리요 보내심을 받지 아니하였으면 어찌 전파하리요 기록된 바 아름답도다 좋은 소식을 전하는 자들의 발이여 함과 같으니라." 바울의 반응은 확고하고 강하다. 나는 좋은 소식을 전하는 자에게 빚진 자이다. 그리스도인은 좋은 소식을 전하는 자로 부르심을 입었다.

밀턴은 사탄이 무서운 반역자였으나, 그의 행위는 역사에 커다란 의미가 있다고 바로 이해했다. 인간들이 돌아서서 반역할 때 역사에 의미가 있다. 진리를 알고 있는 사람들이 하나님으로부터 돌아서서 반역하는 것은, 역사에서 그들의 후세대들이 복음을 제대로 알지 못하게 된다는 것을 뜻했다. 그러나 복음은 있다. 그리고 하나님께서는 복음을 아는 인류를 향해 복음을 받아들이라고 말씀하신다. 그리고 그는 하나님이 인간을 중요한 존재로 만드신 그 방법을 계속 존중하신다. 왜냐하면 그분은 너희들이 너희 종족을 향해 사랑을 하도록 좋은 소식을 너희 손에 주었다고 지금도 말씀하시기 때문이다!

피부색과 언어의 차이에 관계없이 온 세상에 퍼져 있는 이들은 누구인가? 복음을 알지 못하는 이들은 누구인가? 그들은 누구인가? 그들은 나의 동족이다. 그들은 나의 사람들이다. 그들은 다른 무엇도 아니다. 그들은 바로 나이다. 그들이 나이므로 나는 진정으로 그들을 이해할 수 있다. 인류라는 종족의 진정한 단일성을 아는 사람이 그리스도인이다. 왜냐하면 우리는 공통의 근원을 갖고 있기 때문이다. 우리는 한 몸이요, 한 핏줄이다.

나는 지금 이 자리에 복음의 메시지를 가진 그리스도인으로서 서 있다. 인간은 아무것도 아니라고 말하는 현대인에게 우리가 말해줄 대답을 갖고 있다는 사실이 놀라운 일이 아닌가? 나는 여러분이 아무것도 아닌 것이 아니라고 말할 수 있다. 나는 프루스트가 틀렸다고, 죽음의 재가 모든 것을 덮고 있는 것은 아니라고 말할 수 있다. 영원히 미래로 뻗어 나가는 참된 의미를 가진 것이 있다. 놀라운 일이 아닌가! 하나님의 말씀뿐만이 아니라 이웃을 사랑하라는 양심의 명령에도 귀를 기울이고 철저히 생각하고 있다면, 그 인간의 중요성이 그 이상의 무엇을 의미한다는 사실을 깨닫는다. 중요성은 나를 날개로 얼굴을 덮고 있는 천사처럼 만든다. 나는 내 손으로 내 얼굴을 가려야 한다. 왜냐하면 지금 나는 중요하고 의의가 있기 때문이다. 사랑하는 마음으로 좋은 소식을 나의 종족에게 전해주는 일은 내게 달려있다. 나는 바로 이러한 존재이다.

고린도전서 9：16에서 바울은 다시 경고의 소리를 발하고 있다. "내가 복음을 전할지라도 자랑할 것이 없음은 내가 부득불 할 일임이라 만일 복음을 전하지 아니하면 내게 화가 있을 것임이로다." 무엇을 근거로 해서 나는 복음을 전하고 가르쳐야 하는가？ 내가 다니는 교회로부터 어떤 사회학적 압력을 받기 때문인가？ 신학교 캠퍼스와 교회 등지에서 선교사 후보가 실력자라는 사실 때문인가？ 전혀 아니다！ 천부당 만부당하다！ 나는 중요하고 의의가 있으며, 내가 알고 있는 메시지가 나의 동족에게 필요하다는 것, 그것이 내가 받는 압력이다.

동정심이 부족한 우리 자신과 우리의 복음주의를 슬퍼한다. 복음주의 단체들에 전반적으로 선교에 관한 관심이 줄어들고 있다. 무엇을 잃어버렸는가？ 길을 잃은 자의 길 잃음에 대한 실제적인 분별력이나 우리 마음속의 동정, 둘 중의 하나나 둘 다를 잃어버렸다. 우리는 상대주의의 시대 속에서 자연주의적 개념들에 물들어 있다. 우리들 중에 많은 사람들이 길 잃은 자의 길 잃음에 대해 말할 때 지적 당혹감을 느낀다. 복음주의 전체에 걸쳐 커다란 베일이 있다. 자신의 믿음에 대해서 확신하고 있는 것에 관계없이, 자신의 동족의 길 잃음에 대한 현실을 직시하지 않는다.

우리가 길을 잃은 자의 길 잃음에 대한 분별력을 상실했기 때문에 우리는 동정도 잃은 것이다. 우리는 무정해졌다. 신문에서 굶주리고 있는 난민들의 사진을 볼 때 여러분은 무슨 생각이 드는가？ 동정과 사랑의 마음이 있는가？ 많은 복음주의에서 발견하는 것은 길 잃은 자의 길 잃음을 제대로 깨닫지 못하고 있을 뿐만 아니라,

현재 내 동족이 필요로 하고 있는 것에 대한 동정의 마음이 무척이나 부족하다는 것이다. 신문, 텔레비전, 라디오를 통해 매일같이 들려오는 엄청나게 불행한 일들을 어떻게 생각하는가? 이 세상은 현재 그들(혹은 다른 사람들)이 필요로 하는 것을 돕는 데에 관심이 있는가? 그리스도인으로서 여러분은 확고하고 철저한 세계관으로 무장하고 있어서 굶주리는 사람들을 볼 때 "그래, 그들은 이 세상에서 도움을 필요로 하고 있어. 그들은 나의 동족이야, 그리고 저 밖에는 영생이 있어. 그리고 이 사람들은 복음도 또한 필요해"라고 말하는가? 어려운 자들에 대한 동정, 그것은 우리가 필요한 것이다. 부요함 가운데에 있는 우리들이 길 잃은 자의 길 잃음에 대해 이해하고 있다면, 이 세상과 내세에서의 삶 양측 모두에서 사람들에 대한 동정심을 가져야 한다.

모든 교회는 말하는 사람들로 구성되게 마련이다. 누구나 선교사가 되거나 누구나 목사가 될 수는 없으나, 바울이 말한 복음에 빚진 자가 되라는 교훈을 실천하지 않는 그리스도인은 없다. 누구나 하나님이 주신 직업에 따라 소명 의식을 갖고 자기가 있는 위치에서 전파하는 자가 되어야 한다.

선교 헌금은 어떤가? 종종 우리는 미국이 세상의 어떤 나라보다 선교 헌금을 많이 낸다는 것을 자랑스럽게 말한다. 그러나 그리스도인들 대부분은 자기가 속한 그룹의 사회적 압력 때문에 헌금을 하고 있으며, 그러한 그룹의 압력은 자주 습관적인 것같이 내게는 느껴진다. 대부분의 복음주의자들이 자기 종족들 중에서 길 잃은 자의 길 잃음에 대한 동정심과 깨달음에서 헌금을 하고 있는 것같지 않다. 추악한 일이다. 이러한 일이 우리 세대의 사람들을 복음주의에서 멀어지게 하는 것이다.

예레미야와 그의 메시지에 대한 연구를 마치면서 정통적이며 복음주의적 교회에 어떤 건설적 혁신이 있으려면 우리는 예레미야처럼, 위대하든 평범하든 각 개인과 관련된 심판과, 하나님의 진리를 알고도 하나님과 그의 명제적 계시로부터 돌아선 교회, 국가, 그리고 문화에 내릴 심판에 대해 말해야 한다고 우리는 결론을 내렸다. 하나님은 존재하시며, 그는 거룩한 하나님이시며, 심판이 있으리라는 것을 알아야 한다. 예레미야처럼 우리는 우리 자신에 어떤 희생이 따르더라도 그렇게 말하기를 그쳐서는 안 된다. 이제 로마서 공부를 마치면서 우리는 이렇게 덧붙여야 한다. 만일 정통적이며 복음주의적 교회에 건설적 혁신이 필요하다면, 우리는 성경이 없는 자를 포함하여 길을 잃은 자의 길 잃음에 대해 사려깊게 분별하고 말해야 한다. 그리고 바울처럼 우리는 정통주의 속에서 냉혹해질 것이 아니라 희생이 클지라도 우리 자신의 종족에 대해 깊은 동정심을 가져야 한다.

우리가 그리스도인이면서 길 잃은 자의 길 잃음에 대해 응답해야 한다는 부르심을 입지 않고, 이 세상에서 삶과 영생을 위해 우리 동족에 대한 동정심이 없다면, 우리의 정통성이라는 것은 추악한 것이다. 그것은 정직한 사람 앞에서도 추악한 것이다. 그리고 그 이상으로, 동정이 없는 정통파는 하나님이 보시기에 추악한 것이다.

제 9 장
우주와 두 개의 의자

지금까지 우리는 하나님께서 우리 문화, 그리고 성경이 있는 인간들과 하나님으로부터 돌아선 성경이 없는 인간들을 어떻게 보시는가에 대해 주의를 집중하였다. 이 마지막 장에서는, 성경을 갖고 있으며, 존재하시는 하나님을 믿음으로 응답하는, 거룩하신 하나님 앞에서 자신의 죄를 없애기 위해 시간과 공간의 역사 속에서 그리스도께서 완성하신 사역에 의지하는 자들을 하나님께서는 어떻게 보시는지 조사해 보자.

여러분은 사도 바울이 로마서 1 : 17에서 의인은 믿음으로 살리라고 말하는 것을 기억할 것이다. 즉, 의인들은 하나님께 의지하고 그분을 믿음으로써 실존적으로 살 것이라는 말이다. 우리는 이제 방향을 돌려 20세기의 세상에서 믿음으로 사는 것이 무엇인지를 살펴보기로 하자.

먼저, 20세기의 후반부에 살고 있는 우리들은 점점 복잡해지는 세상에서 살고 있음에 주목하자. 그 복잡함은 몇 년 전보다 훨씬 더하다. 망원경으로 더 멀리 볼 수가 있으며, 엄청난 숫자 단위의 광년을 쉽게 말하는 세상이다. 그런 숫자들의 그 엄청난 크기에 우리는 당혹감을 느낀다. 다른 한편으로, 물리학자들은 점점 더 작은 입자들을 연구하고, 질량은 에너지로, 에너지는 공식으로 되어버림으로써 실재가 우리 손가락 사이로 빠져나가는 듯하다. 광년을 알게 되면 몸이 오그라든다. 또한 그 미세한 입자들을 자세히 조사해 보면서 우리는 이상한 나라의 앨리스처럼 커지기도 한다. 그러나 여기에서 우리 몸의 크기는 별 도움이 되지 못한다. 왜냐하면 우리는 실재하는 물질이 몇 가지 수학 공식과 무서운 속도로 달려드는 에너지 입자로 축소되는 것을 볼 때에 불안해지는 경향이 있기 때문이다. 그러나 우리가 그리스도인으로서 살고자 한다면, 이 모든 현상이 참으로 복잡하고 혼란스러운 것이기는 하지만 성경의 관점에서 볼 때 이 우주는 단순하다는 것을 이해하지 않으면 안 된다.

지금부터 그것을 예를 들어 설명하겠다. 여러분들이 지금 커튼이 쳐 있고 문이 잠긴 방안에 앉아 있다고 상상해 보라. 또 이 방이 하나님께서 만든 유일한 우주라고 가정해 보자. 지금 그것은 가능한 일이다. 즉, 하나님께서는 그러한 우주를 만드실 수 있었던 분이셨다. 그러므로 문은 잠겨 있고 커튼이 내려져 있는 이 방을 유일한 우주라고 말하자. 밖에는 아무것도, 절대로 아무것도 없다. 우리가 있는 우주는 한 눈에 다 둘러볼 수 있는 방이다.

좀더 상상해 보자. 방 안에는 의자가 두 개 있고, 두 사람이 그 의자에 앉아 있다. 우주에는 두 사람만이 있는 것이다. 잘 살펴보면 그들은 매우 다르다는 것을 알 수 있다. 한 사람은 완전히 철저한 유물론자이다. 그가 관심을 갖는 한 우주는 오직 질량, 에너지, 운동으로 구성되어 있으며, 그것들 외에는 아무것도 없다. 다른 의자에 앉아 있는 사람은 하나님의 명제적 계시인 성경의 가르침에 비추어 살고 있는 그리스도인이다. 그리고 이 두 사람은 두 사람만이 있는 우주 속에서 서로 마주보고 앉아 있다.

두 사람은 한동안 서로를 마주 보고 있었는데, 유물론자가 말을 꺼낸다. "지금 나는 우리가 살고 있는 우주를 조사해 보려고 합니다." 그러자 그리스도인이 대답한다. "그거 좋은 일이지요." 그래서 유물론자는 우주를 연구하기 시작하고, 그것에는 오랜 시간이 걸린다. 그는 현재 우리가 우리의 우주를 조사하기 위해서 사용하고 있는 모든 과학적 과정을 거친다. 그는 화학, 생물학, 물리학 등을 사용한다. 원소의 주기율표까지 거슬러 올라간다. 그는 벽에 칠한 페인트에서 기본 입자에 이르기까지 모든 것을 조사한다. 그 모든 것을 하는 데에는 여러 해가 걸린다.

마침내 늘그막해서 그는 책을 한 보따리 들고 성경을 믿는 그리스도인에게 가서는 이렇게 말한다. "자, 이 책들을 보시지요. 멋지게 장정이 되었고, 우리 우주에 대해 많은 것들을 자세하게 설명해 주는 책입니다." 그리하여 그리스도인은 몇 개월 혹은 몇 년에 걸쳐 조심스럽게 그 책들을 공부한다. 마침내 그리스도인이 유물론자를 향해서 이렇게 말한다. "좋습니다. 이 책들은 엄청난 작업의 결과이군요. 당신은 내게 이 우주에 관해 많은 이야기를 해주었습니다. 책을 읽지 않았다면 제가 알지 못했을 것입니다. 하지만, 선생, 그 모든 것이 매우 교훈적이기는 해도 불완전하기 짝이 없습니다." 여러분들은 이 유물론자, 일생 동안 조사하고 측정하는 데에 모든 것을 쏟아 부은 이 사람이 깜짝 놀라는 모습을 상상할 수 있을 것이다. 그가 그리스도인에게 말한다. "좋습니다. 이것이 완전치 못하다고 말하는 당신의 말에 나는 충격을 받았어요. 그러면 도대체 내가 뭘 빠뜨렸다는 겁니까?" 그러자 그리스도인은 이렇게 대답한다. "여기 성경이 있습니다. 이 책은 당신이 알지 못하는 것들을 내게 말해줍니다. 우주의 기원을 말해줍니다. 당신이 해온 과학적 조사는 본질적으로 그렇게 할 수가 없습니다. 당신의 연구는 당신과 내가 인간으로서 어디에서 왔는지에 대해서는 일언반구도 없습니다. 당신이 우리를 조사한 것은 우리가 저 벽에 칠한 페인트처럼 이 우주의 한 현상이기 때문입니다. 당신은 우리의 생리 현상과 심리 현상을 연구해서 그 문제에 관해 여러 권의 책을 내게 제시했습니다. 그러나 당신은 내게 우리가 왜 여기에 있는 것인지를 말하지 않았습니다. 요컨대, 당신은 우주의 기원도, 우리의 기원도 모르고 있는 것입니다."

"더군다나", 그리스도인은 계속했다. "내가 이 책으로부터 알게 된 것은, 우주에는 당신이 설명한 것보다 더 많은 것이 있다는 사실입니다. 보이는 부분도 있지만 보이지 않는 부분도 있으며, 그것들은 서로 인과 관계를 갖고 있습니다. 그것들은 상호 배타적이지 않으며 한 실재의 일부분들입니다. 당신은 마치 오렌지를 반으로 잘라서는 반쪽에만 관심을 갖는 것과 같습니다. 우리 우주의 실재를 이해하려면, 보이는 것과 보이지 않는 것을 모두 고려하지 않으면 안 됩니다."

이런 의미에서 보이지 않는 부분을 초자연적이라는 말로 표현하는 것은 좋지 않다. 우리는 우주의 보이지 않는 부분이 보이는 부분과 꼭같이 자연스러우며 실제적인 것이라는 사실을 이해하지 않으면 안 된다. 더욱이, 보이는 부분과 보이지 않는 부분이 완전히 분리되어 있는 것은 아니다. 우리가 어떤 일을 할 때 그것은 보이지 않는 세계에서 다르며, 보이지 않는 세계에 있는 일들은 보이는 세계에서 다르다. 그리스도인은 유물론자에게 이렇게 말할 것이다. "역사 철학에 관한 당신의 책은 앞뒤가 맞지 않습니다. 그 이유는 당신이 우주에 존재하는 것의 반쪽밖에 보고 있지 않기 때문입니다. 당신은 보이지 않는 부분은 고려하지 않고 있습니다. 결과적으로 역사에 대한 당신의 철학은 결코 완전치가 못합니다." 그의 이야기는 맞다. 유물론적 관점에서 시작해서 만족스러운 역사 철학을 이끌어 낸 사람은 아무도 없다. 물질만이 존재한다고 가정했을 때 이해되지 않는 것이 세상에는 너무나 많다. 인간은 역사의 반쪽을 근거로 해서 역사 철학을 이끌어 낼 수는 없다.

다음에는 무슨 일이 일어날까? 두 사람은 기본적인 우주관이 상치되기 때문에 서로를 의심하는 눈초리로 보고 있다. 유물론자가 이렇게 대답한다. "당신은 제정신이 아니군요. 눈으로 볼 수 없는 것을 이야기하고 있다니." 철저한 그리스도인이 대답한다. "좋습니다. 당신은 내가 볼 수 없는 것을 말하고 있기 때문에 나를 제정신이 아니라고 말할 수도 있겠지요. 하지만 당신의 경우는 전혀 균형이 잡혀있지 않아요. 당신은 우주의 반밖에 모르고 있습니다."

우리가 주목해야 할 극히 중요한 사실은 이 두 사람의 견해는 통합될래야 통합될 수가 없다는 점이다. 이 사람도 조금은 옳고, 저 사람도 조금은 옳다면 둘보다는 통합하는 쪽이 훨씬 낫다. 그러나 두 사람의 견해는 서로 배타적이다. 한 사람은 옳고 다른 한 사람은 그르다. 여러분들이 만일 이보다 축소시켜 말한다면, 기독교를 심리적 목발이나 미화된 아스피린 정도로 격하시키는 것이다. 그렇다고 해서 그리스도인이 유물론자의 연구, 관찰 결과의 세부 사항들을 받아들이지 못한다는 것은 아니다. 오히려 상당한 것들을 얻어내고 있다. 그러나 우주를 이해하는 관점에 관한 한 통합이란 있을 수 없다. 이 사람이 옳고 저 사람은 그르거나, 저 사람이 옳고 이 사람은 그르거나 둘 중의 하나이다. 그것은 전적인 반정립이다.

그들의 상황이 어떻게 되어가는지 좀더 살펴보자. 그 방의 벽에 대형 시계가 걸려 있다고 가정해 보자. 시계가 갑자기 멈춘다. 두 사람이 고개를 돌려 그것을 보고 말한다. "저런, 시계가 멈췄네." 유물론자가 덧붙인다. "손을 보지 않으면 안 되겠군. 이 우주에는 우리 두 사람뿐이 없으니 누구든 한 사람이 올라가서 시계를 가도록 해야겠습니다. 그것을 할 사람은 아무도 없지 않습니까?" 그리스도인이 대답한다. "잠깐만 기다려 보세요. 그렇죠, 우리 둘 중 한 사람이 올라가서 시계를 가도록 할 수가 있겠지요. 그러나 다르게 할 수도 있습니다. 내가 이 우주를 만드신 분께 말씀드리겠어요. 그분은 이 우주가 그분의 본질의 연장이라는 의미에서는 이 우주에 계시지 않는 분이지만, 어쨌든 그분은 시계를 다시 가게 할 수 있는 분입니다."

두 사람의 자세에는 엄청난 차이가 있다. 여러분들은 유물론자가 어떤 반응을 보일지 상상할 수 있을 것이다. "이제 보니 당신 제정신이 아니군요. 당신은 우리가 볼 수 없는 존재가 물질로 된 이 시계를 가게 할 수 있다고 말하고 있습니다." 20세기의 현대적 사고를 하는 사람이라면 그의 반응이 당연하다고 인정할 것이다. 나는 우리가 이 대화에서 많은 그리스도인들이 현실적인 면이 부족한 이유를 알게 될지도 모른다고 생각한다. 그들은 이 우주를 만드신 하나님께서는 그리스도인들이 그분에게 말할 때 "시계를 가게" 할 수 있다는 사실을 확신하지 못하고 있다.

내가 체험한 사실을 예로 들어 설명하겠다. 한번은 밤중에 비행기를 타고 북대서양 위를 횡단하고 있었다. 그때는 1947년이었고 처음으로 유럽을 방문하고 돌아오는 길이었다. 내가 탄 비행기는 양 날개에 각각 두 개씩의 엔진이 있는 DC4라는 기종이었는데 북대서양에 들어선지 2-3분 정도가 지났을 때였다. 갑자기 한쪽 날개에 있는 엔진 두 개가 모두 멈추어 버렸다. 나는 비행기를 타고 여행한 경험이 꽤 있어서 비행기에 문제가 발생했음을 알 수 있었다. 나는 바다 한가운데로 곧 떨어질 것이라면 코트를 입는 편이 좋겠다고 생각했다. 그런 생각을 하면서 나는 비행기 여 승무원에게 "엔진에 무슨 이상이 있는 거로군요"라고 말하자 그녀는 "사람들은 엔진에 이상이 있을거라고 생각하는 것이 다반사랍니다"라고 약간 강한 어조로 말했다. 그래서 나는 어깨를 움츠리며 코트를 입었다. 내가 자리에 앉기도 전에 불이 켜지더니 부조종사가 흥분된 모습으로 나타났다. 그러고는 "문제가 생겼습니다. 서둘러 구명 조끼를 입으시기 바랍니다"라고 말했다.

비행기는 아래로 떨어지고 있었다. 떨어지고 또 떨어지고, 달도 없는 한밤중에 어둠 속에서, 우리 아래로 부서지는 파도가 보이기 시작했다. 내려가고 있는 동안에 나는 기도를 했다. 비행기에서 보낸 조난 구조 신호를 받아 미국 전역에서 방송이 되고 있는 것은 정말 흥미있는 일이었다. 라디오 뉴스 속보에서 이렇게 말했다. "여객기 한 대가 대서양 한복판에서 추락하고 있습니다." 나의 아내가 그 방송을 듣고는, 즉시 딸 아이 셋을 모두 모아놓고 무릎 꿇고 기도하기 시작했다. 가족들은 미조리주의 세인트루이스에서 기도하고 있었고 나는 추락하고 있는 비행기 안에서 기도하고 있었다. 그 사이에도 우리는 아래로 아래로 내려가고 있었다.

우리 아래에서 부서지는 파도를 보면서 바다 위로 불시착할 준비를 하고 있을 때, 갑자기 고장났던 두 개의 엔진이 돌기 시작했고 우리는 갠더 공항으로 날아갔다. 비행기가 착륙한 다음에 나는 조종사를 찾아가 어떻게 된 일이냐고 물었다. 조종사는 이렇게 말했다. "글쎄, 이상한 일이었어요. 우리로서도 설명할 수가 없군요. 한쪽 날개에서 두 개의 엔진이 서 버리는 일은 좀처럼 드문데다가, 한번 멈춰버린 엔진이 다시 돈다는 것은 더욱 불가능한 일입니다. 우리는 이해할 수가 없습니다." 그래서 나는 그를 향해 "나는 그것을 설명할 수가 있습니다"고 말하자 그는 나를 쳐다보며 "어떻게 말입니까?"라고 물었다. 그래서 나는 "내가 기도하고 있었으므로 하늘에 계신 나의 아버지께서 그 엔진을 다시 돌리셨던 겁니다"고 말했더니 그 조종사는 이상한 표정을 짓더니 돌아서서 가버렸다. 나는 그 조종사가 유물론자의 의자에 앉아 있던 사람이었을 것이라고 확신한다.

그러나 여기에 요점이 있다. 시계를 가게하는 것과 엔진을 돌리는 것에는 아무런 차이가 없다. 우주의 기계적 부분을 만드신 하나님께서는 시계를 가게 하거나 엔진을 돌게할 수 있는가, 할 수 없는가? 유물론자는 아니요라고 대답할 것이 틀림없고, 성경을 믿는 그리스도인들은 네라고 대답한다.

이제는 작은 방 속의 우주에서 나가보자. 커튼을 확 젖히고, 문을 열고, 벽과 마루와 천정을 밀고, 있는 그대로의 우주, 하나님이 창조하신 그대로의 우주로 나가보자. 우주에는 두 사람뿐만 아니라 수많은 사람들이 있다. 그러나 그 많은 사람들도 이 두 사람으로 대표될 수가 있다. 우리가 반드시 알아야 할 사실은, 우리가 물질 입자와 에너지 속으로 아무리 깊숙이 들어간다고 해도, 혹은 망원경과 전파 망원경으로 창조된 우주의 광대무변함을 안다고 해도, 우주의 실체는 우리가 그 방에서 설명했던 것보다 복잡하지 않다는 것이다. 좀더 크다는 것뿐이며, 그것이 전부이다. 우주 전체를 볼 때, 우리는 그것을 유물론자가 보듯이 보거나, 혹은 그리스도인이 보듯이 보는 것외에 다른 방법이 없다. 우리는 한 체계의 전제들을 가지고, 혹은 다른 체계의 전제들을 가지고 우주를 보는 것이다.

그러나 누구나 깨달아야 할 사실은 그리스도인으로서 세계를 본다는 것이 단순히 "나는 그리스도인이다. 나는 초자연적인 세계를 믿는다"고 말하는 것을 의미하지 않는다는 사실이다. 그리스도를 믿음으로 구원을 받고도, 삶의 상당한 부분을 유물론자의 의자에 앉아서 보낼 수도 있다. 우리는 초자연적인 세계를 믿는다고 말하면서 우주에는 초자연적인 세계가 전혀 없는 것처럼 살 수가 있다. 우리가 단지 그러한 초자연적인 세계를 믿는다고 말하는 것만으로는 충분하지 못하다. 우리는 "이 주어진 실존의 순간에 나는 어느 의자에 앉아 있는가?"라고 물어야만 한다. 우리는 "한날의 괴로움은 그날에 족하니라…… 오늘날 우리에게 일용할 양식을 주옵시고"라는 현재에 살아야 한다. 중요한 것은 어떤 실존의 순간에도 내가 앉아 있는 의자인 것이다.

어떤 교리가 진리라는 것, 심지어는 올바른 교리가 진리라는 것에 마음으로 동의하는 것만이 기독교가 아니다. 그것은 시작일 뿐이다. 어느 굶주린 사람이 커다란 음식 더미 위에 앉아서는 "나는 음식이 있다는 사실을 믿어. 나는 그 음식이 진짜라는 것을 믿어" 라고 말하기는 하지만 결코 먹지는 않는 것과 같다. 단지 "나는 그리스도인이야"라고 말할 뿐이고, 실제로는 초자연적인 존재와 접촉하는 것이 요원하고 이상하다는 듯이 사는 것으로는 충분치 않다. 내가 알고 있는 많은 그리스도인들은 딱 두 번－한 번은 의롭다 하심을 받고 그리스도인이 되었을 때에, 그 다음은 죽을 때에－초자연적인 존재에 접하는 것처럼 행동하는 듯이 보인다. 그 나머지 시간에는 유물론자의 의자에 앉아 있는 것같이 행동한다.

실제로 초자연적인 것을 인정하며 사는 그리스도인과, 그리스도인이라고 말하면서 유물론자처럼 사는 사람의 차이는 축전지와 전기 플러그의 차이로 설명할 수 있다. 거듭날 때 축전지와 같이 모든 것을 다 충전했다고 생각하는 듯이 보이는 그리스도인들이 있다. 그때부터 죽을 때까지 그들은 자기 힘과 노력으로 살아가야 한다. 그러나 그것은 잘못이다. 그리스도에 대한 믿음을 통하여 의롭다 하심을 일단 받은 후에도 우리는 매순간 주님과의 초자연적인 교제를 나누며 살아가야 한다. 우리는 전류가 흐르도록 플러그가 끼워져 있는 전등 같아야 한다.

성경은 우리의 기쁨과 영적 능력이 하나님과의 계속적인 관계에 달려 있다는 것을 분명히 말하고 있다. 우리가 마땅히 해야 할 만큼 주님을 사랑하지도 않고 주님께 의지하지 않는다면 플러그는 뽑히고 영적 능력과 영적 기쁨을 더 이상 누리지 못한다. 바울이 기도 중에 "성령의 교통하심이 너희 무리와 함께 있을지어다"고 진술하는 것을 상기해 보라. 우리 안에 거하시며 삼위일체 전체의 대리자이신 성령의 교통하심의 실재가 그리스도인의 삶에서 계속적인 실재가 되어야 한다.

좀더 자세히 연구해 보자. 성경은 예수 그리스도가 죽은 자 가운데서 육신으로 다시 살아났다고 말한다. 이 말이 함축하는 것은, 우리가 그 날 그 곳에 있었더라면 그리스도가 부활해서 4차원의 세계로 떠나시는 진정한 역사의 주목할 만한 장면을 보았을 것이라는 사실이다. 유물론자는 "아니야. 난 그것을 믿을 수가 없어. 그리스도는 죽은 자 가운데서 다시 살아나지 않았어"라고 말한다. 이것이 불신앙이다. 자유주의 신학이 또한 불신앙인 것은, 그들은 말하기를 역사상에서 예수께서 죽은 자 가운데서 다시 살아나지 않았다고 하거나, 그렇지 않으면 아무것도 확신할 수 없는 이 세상에서 무슨 일이 일어날지는 아무도 모르기 때문에 예수께서 다시 살아났을 수도 있고 다시 살아나지 못했을 수도 있다고 하기 때문이다. 자유주의 신학에서는 그리스도가 실제로 부활했느냐는 것은 문제가 되지 않는다. 즉, 교회는 그가 역사 속에서 실제로 다시 살아났다고 생각함으로써 교회가 엄청난 추진력을 얻었다는 사실이 중요하다는 것이다. 그들은 부활이 심리적으로 중요하다고 이해하며, 심지어 우리는 확신할 수 없는 우주에 살고 있기 때문에 실제 부활의 가능성을 남겨 놓을 수도 있다고 한다. 나는 구자유주의, 신자유주의, 그리고 유물론이 근본적으로는 모두 똑같다고 늘 말한다. 그들에게는 궁극적으로 불신앙(unbelief)이라는 말이 적용된다.

그러나 지금 우리는 성경을 믿는 그리스도인들의 입장에 있다. 우리는 서서 "아니야. 나는 그것을 인정하지 않아. 난 유물론자와 신, 구자유주의자들에 대항하겠어. 예수 그리스도는 죽은 자 가운데서 다시 살아나셨으며 제자들이 보고 만졌던 그 몸으로 승천하셨어. 그분은 부활과 승천 사이에 여러 차례 나타나셨다가는 사라지셨어. 그분은 40일 동안 보이는 세계와 보이지 않는 세계 사이를 자주 드나드셨어. 그리고 마침내는 감람산에서 공식적으로 떠나셨어"라고 말한다. 그리스도가 죽은 자 가운데서 다시 살아나셨다면 우리는 순간순간의 삶 속에서 그 사실에 따라 행동해야 할 것이라고 성경은 말한다. 부활은 그저 과거 역사에서만 중요한 것이 아니다.

그러기에 성경을 믿는 그리스도인들은 "물론, 난 그것을 믿어!" 라고 말하는 것이다. 유물론자는 "난 그것을 믿지 않아!"라고 말하며 불신앙 속에서 살아간다. 그러나 "난 그것을 믿어. 난 그것을 믿어"라고 말하면서 일상 생활에서는 그 사실에 따라 행동하지 않는 사람은 어떨까? 우리는 그런 사람에 대해 뭐라고 말해야 할까? 나는 그것에 대해 말을 하나 만들었다. 나는 그것을 비신앙(unfaith)이라고 부른다.

성경은 그리스도가 우리를 통해 그의 열매를 맺게 할 것을 약속한다고 분명히 말한다. 로마서 7:4에서 매우 감동적인 말을 하고 있다. "그러므로 내 형제들아 너희도 그리스도의 몸으로 말미암아 율법에 대하여 죽임을 당하였으니 이는 다른 이 곧 죽은 자 가운데서 살아나신 이에게 가서 우리로 하나님을 위하여 열매를 맺히게 하려 함이니라." 이 구절은 그리스도인으로서 우리들 각자는 굶어 죽었다고 말하는 것이다. 회심함으로 우리는 신랑인 그리스도와 결혼하며, 순간순간 우리 몸을 그의 품에 맡김으로써 그는 우리를 통해 외부 세계에서 열매를 맺으시는 것이다. 그것은 아름답고 굉장한 일이다. 일상적인 결혼에서 신부가 남편에게 자신을 맡기고 그의 팔에 안길 때 가정에 아기가 태어나는 것과 같다. 결혼식장에서 신부가 신랑과 하나가 될 수는 없다. 신부가 실존적으로, 정규적으로, 자신을 신랑에게 맡겨야 하며, 그 다음에 그녀의 몸을 통해 아기가 그에게, 즉 외부 세계로 태어나는 것이다.

그 본보기로서 마리아와 그리스도의 탄생에 대해 생각해 보자. 마리아는 수태 예고를 들었을 때, 천사에게 이렇게 말하지 않았다. "메시아가 태어나게 하기 위해 내 몸을 하나님께 드리는 일은 할 수 없어요. 요셉이 어떻게 생각하겠어요?" 이렇게 말하는 것이 일리가 있었을 것이라고 생각하는 까닭은, 나중에 요셉이 정말 혼란스러워 했다는 것을 우리가 알기 때문이다. 그렇다고 해서 그녀가 "당신이 내게 무슨 일이 있을지 말한 이상 그것을 혼자서 할 수 있습니다"고 말하지도 않았다. 마리아 자신도 다른 여자가 처녀 수태를 바랄 수 없는 것처럼 그 아이를 가질 수가 없었다. 그녀는 그녀가 말할 수 있는 옳은 것을 말했다. "나는 당신의 종입니다. 나는 당신의 손에 내 몸을 드립니다. 뜻대로 하옵소서." 이것이 적극적 수동이었다. 하나님께서 그 아이를 갖게 하는 부분에서 그녀는 수동적이었다. 그러나 그녀의 의지 안에서는 수동적이지 않았다. 그것을 이렇게 말할 수 있다(그것을 조심스럽게 말하고 싶다). 즉 하나님은 마리아를 강탈하지 않았을 것이다. 그녀는 자신을 하나님의 손에 드렸으며, 그는 처녀 수태라는 기적을 만드신 분이었다. 물론 마리아의 몸에서 그리스도가 처녀 수태된 것은 전적으로 유일한 일이지만 그것은 우리에게 심원한 본보기가 됨에 틀림없다.

이와 같은 상황이 그리스도인인 우리 각자에게도 매우 다른 방식으로 나타난다. 만일 내가 순간순간 자신을 그리스도의 품에 맡기면, 그는 나를 통하여 이 비참하고 손상된 세상에 그분의 열매를 맺으실 것이다. 그러나 만일 내가 그분을 의지하여 행동하지 않는다면, 나는 비신앙의 의자에 앉아 있는 것이다.

여러분들은 로마서 6장(섬세한 이해와 느낌으로 음미하며 읽는다면 그리스도인을 깨어 있게 하는 장) 13, 16, 19절의 문장이 현재 시제임에 주목할 것이다. "또한 너희 지체를 불의의 병기로 죄에 드리지 말고 오직 너희 자신을 죽은 자 가운데서 다시 산 자 같이 하나님께 드리며." 여러분은 그리스도인이 된 후에 계속해서 중요한 존재이며, 여러분은 어떤 한 순간에 자신을 포기하고 그리스도의 손에 맡김으로써 그가 이 세상에서 여러분을 도구나 무기로 사용하시도록 할 수 있으며, 혹은 그리스도인임에도 어떤 순간에 불의의 도구로 자신을 내어줄 수도 있다.

16절에서 그 말이 다시 나온다. "너희 자신을 종으로 드려 누구에게 순종하든지 그 순종함을 받는 자의 종이 되는 줄을 너희가 알지 못하느냐 혹은 죄의 종으로 사망에 이르고 혹은 순종의 종으로 의에 이르느니라." 믿는 자의 의자에 앉아 나 자신을 그리스도께 맡겨 그가 나를 통하여 열매를 맺으시도록 하고 있는가, 아니면 나 자신을 나의 옛 왕 사탄의 종이 되도록 굴복해서 외부 세계에서 사망을 낳고 있는가? 냉정한 현실은 어떤 중요한 것이 위태로운 상태에 있다는 것이다. 즉, 성령의 열매를 외부 세계에서 맺는 것과, 하나님의 존재와 그의 인격을 현시하는 것의 문제이다. 인간의 중요성은 계속된다. 여러분은 프로그램을 입력한 컴퓨터가 아니다. 여러분은 자신을 포기하고 신랑에게 맡기겠는가, 맡기지 않겠는가? 19절에서 요점을 반복하고 있다. "너희 육신이 연약하므로 내가 사람의 예대로 말하노니 전에 너희가 너희 지체를 부정과 불법에 드려 불법에 이른 것같이 이제는 너희 지체를 의에게 종으로 드려 거룩함에 이르라."

믿지 않는 사람은 이렇게 말한다. "음, 부활이라고? 나는 그것을 정말 믿지 않아!" 그리스도인은 이렇게 말한다. "난 그것을 믿어." 그러나 만일 그리스도인이라고 하는 내가, 믿음에 따라 행동하지도 않으며, 죽은 자 가운데서 다시 살아났다고 말하는 그리스도로 하여금 나를 통해 열매를 맺게 하지도 않는다면 그것을 비신앙이라 해야 되지 않을까?

이런 마음으로 기도에 대해서 살펴보자. 나는 우리 세대의 결정론이 우리들 같은 복음주의 그리스도인들에게 침투함으로써 우리가 기도하는 사람이 되지 않으려는 경향이 생기게 되었다고 생각한다. 우리는 기도가 무엇인지를 잘 알고 있지 않으면 안 된다. 성경에 따르면 기도는 하나님께 말씀드리는 것이다. 우리가 하나님께 말씀드릴 수 있는 이유는 그분이 존재하시기 때문이다. 우리는 그의 형상대로 만들어졌으므로, 비록 그분은 무한하시고 우리는 유한하다고 해도 우리가 그분과 의사소통할 수 있다는 사실에 놀랄 필요는 없다.

우리의 죄가 그리스도께서 완성한 사역을 통해 사해질 때, 우리는 하나님과의 의사소통을 기대할 수 있다. 여러분과 나는 수평 방향에서 언어를 통해 서로 의사소통을 한다. 사실, 언어로 표현하는 것 이상 인간과 인간 아닌 것을 구별시켜 주는 것은 없다고 많은 인류학자들은 말한다. 하나님께서도 성경에서 언어를 통해서 우리와 의사소통하시며, 우리는 기도할 때 언어로 하나님과 의사소통을 한다. 그것은 그만큼 간단하면서도 의미가 깊다.

그러면 기도가 어떻게 해서 성경적 우주관에 적합할까? 하나님께서는 우주를 만드셨다. 우주는 그분 자신에 대해 외재적인데, 공간적 의미에서가 아니라 그의 본질의 연장이 아니라는 의미에서 그렇다. 우주에는 물론, 기계적인 부분이 있지만 하나님이나 인간은 기계에 속박되지는 않는다. 자연 원인의 제일성(齊一性)이 있지만, 닫힌 체계 안에 있는 것은 아니다. 자연의 과정은 변화될 수 — 질서가 다시 잡힐 수 — 가 있다. 마치 내가 의지를 갖고 선택하여 어떤 것을 중단시키는 것과 같은데, 예를 들어 손을 뻗어 불을 끄는 행위와 같은 것이다. 의지를 갖고 이렇게 행동하는 것이 인과율이라는 자연의 흐름에 다시 질서를 잡는 것이다. 성경이 기도에 관해 가르치는 것에는 이러한 배경이 있다.

따라서 그 비행기 사건으로 돌아가보자. 내가 기도를 했고, 내 가족이 기도를 했으며, 하나님께서는 비행기 엔진을 다시 돌리셨다. 이것은 하나님이 언제나 엔진을 돌리신다는 말이 아니다. 위의 상황에서는 그가 행하셨다. 뚜렷한 사실은, 그리스도인은 하나님께서 "엔진을 돌릴 수 있다"고 생각하는 것이 터무니없는 것이 아님을 알고 있다는 사실이다. 그렇게 생각하고 행동하지 않는 그리스도인은 비신앙의 자리에 있는 것이다.

그것이 기도이며, 기도라고 여겨지는 것이다. 인간뿐만 아니라 하나님께서도 4차원의 세계에서 엔진을 돌릴 수 있다. 하나님과 인간에 대한 진정한 정통 교리가 없다면 기도란 넌센스일 뿐이다. 인격적 하나님이 계시며 그분께서 우주를 창조하셨으며, 그 우주는 그의 본질의 연장이 아니라는 사실을 여러분은 깨달아야 한다. 말하자면, 우리는 기도가 의미를 가지지 못하는 범신론적 체계를 갖고 있는지도 모른다. 이런 점에서 동양의 범신론과 서양의 수많은 신흥종교가들 사이에는 차이가 거의 없다.

그러나 그러한 강조가 단지 교리의 문제가 아니라는 사실에 주목해야 한다. 우리는 참으로 초자연주의자의 의자에 앉아 기도하지 않으면 안 된다. 그리스도인이 기도하지 않는다면, 기도하는 자세로 살아가지 않는다면, 그가 자신의 교리에 관해 무슨 말을 한다고 해도, 그가 믿지 않는 유물론자를 아무리 심한 말로 지칭한다 해도, 그리스도인은 자리를 옮겨 유물론자의 의자에 앉아 있는 것이다. 현재의 삶에서 초자연적인 분께 의지하여 행동하지 않는다면 그는 비신앙 속에서 사는 것이다.

비신앙은 기독교를 단순한 철학으로 변질시킨다. 물론 기독교도, 우리 자신을 출발점으로 해서 만든 것이 아니기 때문에 합리적인 것이 아니기는 하지만 하나의 철학이다. 오히려, 하나님께서 우리에게 해답을 말씀하셨다. 그런 점에서 기독교는 진정한 철학이다. 왜냐하면 인간의 철학적, 지성적 질문에 올바른 답을 주기 때문이다. 그러나 기독교는 진정한 철학인 한편, 하늘에 계시는 우리 아버지께서는 그것이 단지 이론적이거나 추상적이기를 의도하지 않으셨다. 그는 우리에게 자신에 관해 말씀하시기를 의도하셨다. 즉 우리가 어떻게 하늘 나라에 갈 수 있는가, 동시에 우리는 현재 있는 그대로의 우주, 즉 보이는 부분과 보이지 않는 부분이 똑같이 실재하는 우주에서 어떻게 살 수 있는가를 말씀하신 것이다.

그리스도인들이 그저 기독교를 회개하고 믿는 것과 죽음 사이의 선택에 관한 정신적 동의의 문제로만 사용한다면, 그리스도인들이 단순히 기독교를 지적 의문에 대한 해답을 주는 데에만 사용한다면, 그것은 은수저를 나사를 푸는 드라이버로 사용하는 것과 같다. 때에 따라서는 은수저를 드라이버로 사용하면 좋기도 하지만 그것은 다른 문제이다. 순간순간 당신이 음식을 먹는 데에 사용하라고 있는 은수저를 나사를 푸는 드라이버로만 사용하기 위해 공구함에 넣어 두는 것은 어리석은 일이다.

비신앙으로 사는 그리스도인을 좀더 살펴보기로 하자. 성경을 믿는 그리스도인이 자리를 옮겨 실제로 유물론자의 의자에 앉아 있다면 그는 우주를 있는 그대로가 아닌 다른 것이라고 여기며 살고 있는 것이다. 그는 우주와 조화를 이루지 못하고, 실제로는 머나먼 정글 속에 사는 이교도보다 더 무지한 채로 살고 있는 것이다.

제트 여객기에 세 사람이 앉아 있다고 가정해 보자. 한 사람은 창문 쪽에, 한 사람은 복도 쪽에, 또 한 사람은 가운데에 앉아 있다. 창문 쪽 좌석에 앉아 있는 사람은 비행기가 어떻게 해서 나는지 전혀 모르는 이교도이다. 그는 비행기가 이륙할 때 공포에 사로잡힌다. 복도 쪽에 앉아 있는 사람은 그와는 달리 비행기 설계사로서, 이런 류의 비행기에 대해서는 모르는 것이 없는 사람이다. 그러나 그는 초자연적인 것에 대해서는 전혀 믿지 않는 사람이다. 여러분은 그리스도인으로서 가운데 자리에 앉아 있는 사람이다. 여러분 생각에는 위 두 사람 가운데 누가 우주를 더 잘 알고 있을 것 같은가? 그 이교도는 비행기에 대해서는 전혀 알지를 못하지만, 수호신을 경배하고 있기 때문에 우주에는 눈에 보이는 것과 보이지 않는 것이 있다는 것을 안다. 복도 쪽에 앉아 있는 사람은 비행기에 관해서는 모르는 것이 없지만 수호신을 경배하고 있지 않으며, 눈에 보이지 않는 것이 있다는 사실을 전혀 모른다. 그 이교도는 그 엔지니어보다 우주의 실체에 대하여 덜 무식하다. 왜냐하면 후자는 반쪽의 우주 속에서 살고 있기 때문이다. 그러나 그리스도인으로서 당신은 어떤가? 당신이 우주에는 영적 영역이 있다고 말하면서도 그것에 따르는 삶을 살지 않는다면, 우주에 대해 그 이교도보다 모르는 상태로 행동하고 있는 것이다.

이제는 복음주의 교회에서 왜 우리가 종종 무미건조함, 비현실성, 그리고 추상적인 느낌을 갖게 되는지를 살펴볼 차례인 것 같다. 내 생각으로는 많은 사람들이 이교도보다 우주에 관해 알지 못한 채 살고 있기 때문이다. 그들은 비신앙으로 자리를 옮겨서는 우주를 자연적인 것으로 여기며 살고 있다. 무미건조하다는 사실이 놀랄 일이 아닌 것이다! 그런 경우에 복음주의 교회는, 우리가 믿는다고 여전히 말하는 교리가 한 때 살아 있었다는 것을 보여주는 인공 모조품의 박물관이다.

만일 기독교계 대학의 교과 과정에서 교수가 유물론자의 의자에 앉아서 강의를 한다면, 그것은 비현실적이라고 놀라지 않겠는가? 과목들을 그런 식으로 가르치는 것은 가능하다. 교회 생활을 그런 식으로 해 나갈 수 있으며, 복음을 그런 식으로 실천할 수도 있다. 그러면 우리 아이들은 우리를 보고 머리를 흔들며 "어, 선생님, 목사님, 부모님의 기독교적 삶을 보니 뭔가 몹시 비현실적이고 케케묵은 것이 있는 것이 분명해"라고 생각할 것이다. 우리가 비신앙의 의자에 앉아 있다면 그 결과는 뻔하다. 우리가 주의해야 할 점은 의자는 단 두 개라는 사실이다. 세 개가 아니다. 그리고 지금 이 순간에 우리는 어느 한 의자에 앉아 있는 것이다. 비신앙은 바로 유물론자의 의자에 앉아 있는 그리스도인이다. 실존적으로 매 순간마다 우리 그리스도인들 앞에는 두 개의 의자가 있는 것이다. 주어진 순간마다 살아 있는 그리스도께 내 삶을 굴복시키든지 그렇지 않든지 둘 중의 하나이다. 이 의자가 아니면 저 의자이다.

우리는 어느 의자에 앉아 있는가? 우리는 우리의 삶을 어떻게 살고 있는가? 우리는 어떤 돛을 달고 항해를 하고 있는가? 진실로, 우리들 중 아무도 완벽하지 못하다. 우리 모두는 때때로 유물론자의 의자에 앉아 있는 자신을 발견한다. 그러나 그 자리에 우리는 습관적으로 앉고 있지는 않은가? 이것이 보통 우리가 과목들을 가르치는 방식은 아닌가? 이것이 보통 우리가 연구하는 방식이 아닌가? 우리는 "주님의 일"이라 부르는 것조차 그런 식으로 하고 있는 것은 아닌가? 우리는 믿음의 교리를 드러내려고 하는 중에도 비신앙의 의자에 앉아 있지는 않은가?

성경을 믿는 그리스도인이 된다는 것은 머리로 믿는 것뿐만 아니라 지금 이 순간에 그 믿음에 따라 믿음으로 행동하는 것도 의미한다. 참된 영성은 주어진 순간에 그리스도인으로서 자기가 믿는다고 말한 교리에 따라 행동하는 것이다.

우리는 믿음의 의자에 앉아 믿음 안에서 주님의 무기를 가지고 주님의 전투를 수행해야 한다. 그 때만이 우리는 진짜 전투에서 어느 역할이라도 맡을 수가 있다. 만일 우리가 세상이 하는 것과 똑같은 방법으로 주님의 전투에서 싸운다면 우리는 마치 큰형들은 멀리 전장에서 피를 흘리며 싸우고 있는데 동네에서 전쟁 놀이를 하는 꼬마들과 같다. 주님께서는 그의 자녀들 안에 있는 비신앙적인 태도를 명예롭게 여기지 않을 것이다. 왜냐하면 그 태도는 그분을 명예롭게 하지 못하기 때문이다. 그분은 무시당한 것이다. 기독교 활동에서, 선교 사업에서, 복음주의에서, 그리고 당신이 이름을 붙이는 어떤 활동에도 맞는 사실이다. 초자연적으로 사는 것이 일을 덜 하라는 의미는 아니다. 또한 일이 적게 이루어지는 것을 의미하는 것도 아니며 오히려 더 많아진다. 누가 더 많은 일을 하는가? 정열과 지혜를 갖춘 우리인가, 아니면 하늘 나라와 땅을 창조하신 하나님인가? 우리가 갖고 있지 못한 권능으로 시공간의 역사 속에서 일하시는 분은 누구인가? 하나님은 존재하신다. 우리가 믿음을 통해 성경을 믿는 의자에 순간순간마다 실제로 머무르면서 비신앙의 의자로 옮겨가지 않는다면 그리스도께서는 우리를 통해 믿음의 열매를 맺으실 것이다. 그 열매는 각자마다 다르겠지만 그의 열매인 것이다.

이 책을 시작할 때, 나는 개혁과 부흥—순수한 교리로 돌아가는 것과 개인과 그룹이 성령과의 적절한 관계로 복귀—이라는 개념을 동시에 꺼냈다.

예레미야와 그의 메시지를 연구한 결론으로 우리는 정통적이고 복음주의적인 교회에서 건설적 혁신이 일어나야 한다면, 우리도 예레미야처럼 위대하든 평범하든 각 개인들에 대한 하나님의 심판과, 하나님의 진리를 알고도 그와 그의 명제적 계시로부터 돌아선 교회, 국가, 그리고 문화 그 모두에 대한 하나님의 심판에 대해 말해야 한다. 하나님은 존재하시며, 그는 거룩한 하나님이시다. 우리는 심판이 있을 것임을 알아야 한다. 예레미야와 같이 우리는 우리 자신에게 어떤 희생이 따르더라도 끊임없이 그렇게 말해야 한다. 로마서에 대한 연구의 결론으로서 우리는 이렇게 덧붙였다 : 만일 정통적이고 복음주의적 교회에 건설적 혁신이 일어나야 한다면, 우리는 성경이 없는 자를 포함하여 길을 잃은 자의 길 잃음에 관해 깨닫고 말해야 한다. 바울의 경우처럼 이 일은 냉정한 정통주의식으로 해서는 안 되며, 우리의 동족에 대한 깊은 동정심으로 해야 한다. 마지막으로 우리는 이러한 것들이 한 번에 이루어질 수도 없고, 우리 자신의 인간적 노력으로만 이루어질 수도 없다는 것을 덧붙이지 않으면 안 된다. 우리는 순간순간 신앙인의 의자에 있어야 한다.

개혁과 부흥은 순간순간 믿는 자의 의자에 앉아 있는 하나님의 백성과 관련되어 있다. 그리고 그러한 개혁-부흥과 더불어 복음주의적이며, 정통적인 교회 안에 건설적 혁신이 일어날 것이다. 비록 도시의 죽음의 한 가운데에 있다 하더라도 복음주의적 교회는 진정으로 건설적인 혁신, 즉 모든 부분을 혁신시켜, 하나님 앞에서, 보이지 않는 세계 앞에서, 탈기독교 세계의 주시하는 눈 앞에서 교회를 살려내는 혁신을 이뤄낼 수 있을 것이다.

전집 4 제 5 권 · 위기에 처한 복음주의

역자 서문

프란시스 쉐퍼는 이미 고인이 되었고, 그의 22권의 주옥 같은 신앙 사상은 다섯 권의 전집으로 엮어져 새로운 고전, 20세기 기독교 고전이 되었다.

그는 미국 사람이지만 조국을 떠나 말년에는 주로 스위스에서 라브리(L'Abri)라는 신앙 공동체 모임을 통해 사역했다. 문필로써 전세계를 향해 사상, 신앙 선언을 했고, 세계 도처에서 그의 신앙, 인격, 사상을 흠모해서 모여드는 제자들을 육성했다. 그리고 그의 호소를 육성으로 전달하기 위해 광범위한 세계 여행을 했다.

그는 본서 위기에 처한 복음주의에서 그의 조국 미국의 타락과 퇴폐상을 애도했다. 그는 본서 가운데 "눈물로"라는 구절을 여러 차례 되풀이하면서 눈물의 예언자 예레미야처럼 울먹이곤 했다.

그는 미국의 복음주의가 이름만 거창할 뿐 사실상 불꺼진 등이요 맛 잃은 소금임을 탄식하고 때로는 통렬히 비난했다. 이것은 비단 미국만의 문제가 아니라 전세계 복음주의자들의 당면 문제이기도 한데, 쉐퍼는 이들이 "적응"과 "타협"의 명수들로 둔갑했다고 통탄하면서, 참으로 그리스도 교회가 살아남을 수 있는 길은 주님께서 보여 주신 타협 없는 신앙의 외길로 매진하는 것뿐이라고 갈파했다.

그도 말했듯이, 이 책은 그의 사상을 이해하고 그의 다른 저서들을 이해할 수 있는 길잡이요 입문서이다. 그런 의미에서 이 책을 번역한 보람을 느낀다.

윤 두 혁

서 문

독자가 이 책을 읽기에 앞서, 내게는 어떤 딜레마가 있으며 또한 지금까지 여러 해 동안 이것을 지녀 왔다는 사실을 먼저 말하고 싶다. 이것이 무엇인지 설명하려고 한다. 지난 20년 동안 나는 23권의 책을 썼다. 나의 초기 저술은 특히 철학에 관한 지적 문제들과 문화 영역의 제(諸)문제를 다루었다. 그 다음에는 그리스도인의 생활과 교회 문제를 다루는 책들을 썼다. 더욱 최근에 이르러 나의 여러 책은 특히 시민적 필요와 법적, 정치적 필요의 분야들을 다루었다.

나의 모든 저술을 통해 공통적이며 통합적인 제목 하나가 있다면, 나는 그것을 "인생 전반에 걸친 그리스도의 주 되심"(the Lordship of Christ in the totality of life)이라고 정의할 수 있을 것이다. 그리스도께서 참으로 주님이시라면, 그는 삶 전체의－영적 문제들에 있어서 뿐만 아니라 지적 문제들과 문화, 법률, 정치 영역의 문제들을 포함한 삶의 전분야에 걸친－주가 되셔야만 할 것이다. 나는 내 저술을 통해 처음부터 끝까지 복음 전도(evangelism, 인간으로 하여금 그리스도를 구주로 알도록 돕는 행위)의 중요성과 주님과 날마다 걸으며 하나님의 말씀을 연구하며 기도 생활을 하며 우리 주님의 사랑과 긍휼, 거룩하심을 나타내 보여야 할 필요성을 강조하고 싶다. 그러나 우리는 이것을, 다시 말해서 문화와 사회의 온갖 영역에서 실생활에 옮길 필요성을 똑같이 그리고 동시에 강조해야 할 것이다.

따라서 지금 읽고 있는 이 책을 당신은 나의 저술의 전체적인 맥락의 범주 안에서 볼 필요가 있다. (그러므로 독자가 느끼는—역자주) 내 딜레마는, 많은 사람이 내 저술의 전체 범주에 익숙해질 기회를 가지지 못했기 때문에, 그리고 이 책의 페이지들 안에서 이 모든 문제를 개관 내지 소개하는 것이 불가능하기 때문에 불가피한 것이다.

그렇기는 하지만, 이 책은 이 시대의 긴급한 문제들을 논함에 있어 독자적인 입장을 지니고 있다. 따라서 내 책을 처음 읽는 사람들에게 이 책은 좋은 입문서의 구실을 하리라고 생각한다. 그러나 다른 면에서 내 저술에 이미 익숙한 이들은, 이 책이 오늘날 우리가 살고 있는 이 위험스런 상황에서 나왔다는 것, 또한 과거 여러 해 동안 내가 저술해 온 책들의 직접적인 연장이요 응용이라는 것을 이해해 주기 바란다.

그리고 만일 이 책에서 말한 것이 흥미롭고 도움이 된다면, 내가 초기에 쓴 저술들로 돌아가서 연구해 보기를 권고하는 바이다. 이렇게 하려면 쉐퍼 전집 전 5권을 보는 것이 유익할 것이다. 이 전집은 나의 사상의 흐름을 가장 잘 파악할 수 있도록 정리되어 있다. 이 전집에는 이 새로운 편집을 위해 나의 책 22권이 수정, 수록되어 있다.

본서의 저술 목적의 하나는, 내 초기 작품의 사상들과 과제들 중 일부를 재긍정하고 재진술함과 아울러 이것들을 우리가 살고 있는 오늘의 상황에 연장해서 적용하고 응용하려는 데 있었다. 이러한 과제들과 사상들이 보다 자세하게 풀이된 나의 다른 저서들에 관해서는 각주들을 상고하기 바란다.

끝으로, 내가 이 책의 지면에 써 놓은 진술은 어떤 뜻에서는 내가 지금까지 기록한 가장 중요한 것이 될지도 모른다는 사실을 말하고 싶다. 그것은 "위기에 처한 복음주의"에 관한 것, 곧 우리 그리스도인들이 우리 세대에 직면한 가장 큰 문제에 관한 것이다.

프란시스 쉐퍼

제 1 부

서 론

제 1 장
참으로 중요한 것은 무엇인가

타임(*Time*)지는 최근에 "가장 놀라운 60년"이라는 제목을 붙여 창간 60주년 기념 특집호를 냈다. 이 잡지가 출간되기 시작한 당시의 세계를 회상하면서 이 특집호는 아래와 같은 말로 시작했다. "원자핵은 분열되지 않았다. 마찬가지로 대부분의 결혼이 파경을 모르고 있었다."[1] 우리 시대에 일어나고 있는 두 가지 사실이 여기에 한꺼번에 정확하게 실렸는데 그 하나는 과학 기술의 폭발이고, 또 하나는 도덕적 파탄이다. 이 두 가지 사실이 동시에 일어났다는 것은 단순한 우연이 아니다. 두 가지 현상의 배후에는 그 무엇이 숨어 있는데, 타임지는 이것을 인식함에 있어서 참으로 놀랄 만한 이해를 보여주었다.

자율성의 모색

지난 60년 동안 어떤 일이 일어났다. 그 어떤 일이란, 우리들의

[1] Henry Grunwald, "*Time* at 60," *Time*. October (60th Anniversary Issue) 1983, p. 5.

문화의 밑둥이 되어왔던 도덕적 기초를 절단해 버리는 그런 것이었다. 문화의 온갖 분야에, 그것이 법조계든 정부든, 학교든 지역 공동체든 가족이든간에, 참화(慘禍)가 거침없이 들이닥쳤다. 더욱이 이러한 사태가 이 책을 읽고 있는 많은 이들의 생존 기간 안에 발생했다. 우리들의 문화는 탕진되고 길을 잃고 여지없이 버려졌다. 사실상 그것을 도덕적 파탄이라고 일컫는 것은 온건한 표현이다. 도덕 그 자체가 변모해서 그 머리 위에 온갖 형태의 도덕적 문란과 도착의 관을 뒤집어 썼으며, 뿐만 아니라 대중 매체들과 오락의 세계로부터 찬양과 영광을 누리기에 이르렀다.

이러한 사태를 우리는 어떻게 해석할 수 있을 것인가? 타임지는 이 특집의 주요 논평에서 설명했다. "참으로 중요한 것은 무엇인가?"라는 논평에서 시사하기를, "이러한(사태의) 뒤범벅 가운데서 참으로 중요한 것이 무엇인지를 가려내려면, 개별자들(the particulars)을 초월한 그 무엇에 대한 의식이 필요할 것 같다"라고 했다. 타임지는 "(우리) 시대의 특징이 될 만한 이념을 찾아내는 것이 필요할 것이다"[2]고 덧붙여 말했다.

타임지는 이 점에 있어서 매우 올바른 입장을 취하고 있다. 지난 60년 동안의 시대적인 의미를 깨닫고 아울러 현재를 이해하며 우리 그리스도인들이 오늘을 어떻게 살 것인가 하는 것을 알기 위해, 우리들의 시대 정신—혹은 1920년대 이후 우리들의 문화를 너무도 근본적으로 변화시켜 버린 시대 정신이라고 우리가 불러도 좋을 그것—을 이해할 필요가 있을 것이다. 타임지는 이 이념, 이 정신은 "자유"에 대한 이념이었다고 한다. 이 자유는 다만 추상적인 이념이나 불공정으로부터 풀려난다는 의미에서의 자유가 아니라, 절대적인 의미에서의 자유이다.

미국이 대표한 근본 이념은 시대의 가치관과 일치하는

---

[2] Roger Rosenblatt, "What Really Mattered?" *Time.* October (60th Anniversary Issue) 1983, pp. 24, 25.

> 것이었다. 미국은 단지 자유로울 뿐만 아니라 자유롭게 되었으며 굴레를 벗어난 것이다. 그 모습은 전에는 다소 제약을 당했었으나 이제는 폭발적인 세력을 지닌 나라가 되었는데, 처음에는 보잘것없는 정력으로 제멋대로 돌아다녔으나 드디어 힘을 얻게 되었고 번영을 누리게 되었다. 자유롭게 된다는 것은 현대적이 된다는 것이며, 현대적이 된다는 것은 기회를 잡는다는 것이었다. 미국적인 세기(The American century)란, 속박에서 풀려나고 탈출하는 것이어야만 했는데, 처음에는 19세기로부터였고(마치 프로이트, 프루스트〈Proust〉, 아인슈타인 및 그 밖의 다른 이들이 그렇게 했듯이) **종국적으로는 모든 압박으로부터였다.**[3]

타임지는 같은 논평에서 또다시 논했다. "이러한 대부분의 사태의 배후에는 자유롭지 못한 것은 자유롭게 되어야 한다는, **제한이란 본질적으로 악한 것이라고** 하는, 그리고 과학은 자신 만만한 자율정신으로 하고 싶은 일은 무엇이든지 해야 한다고 하는 거의 도덕적인 **명령과** 같은 가정이 깔려 있다."[4] 그러나 타임지가 결론을 내렸듯이, "사람이나 사상 따위가 구속을 받지 않게 되면, 풀려나기는 하지만 아직도 자유로운 것은 아니다."[5]

형식과 자유

1920년대부터 1980년대까지의 문제가 여기에 정확하게 지적되어 있다. 그것은 절대 자유를 누리려는, 곧 어떠한 본질적인 제약도 받지 아니하고 완전히 자율적이 되려는 시도이다. 그것은 사람의

---

[3] Rosenblatt, p. 25. 고딕 부분은 필자가 첨가했음.

[4] Rosenblatt, p. 26. 고딕 부분은 필자가 첨가했음.

[5] Rosenblatt, p. 27.

개인적인 자율성을 억누를 수 있는 일체의 것을 벗어버리려는 시도이다. 그런데, 그것은 특히 하나님과 그의 법에 대해 직접적이고 고의적으로 반역하는 것이다.

타임지는 이 논평에서 사실상 중심 문제인, 곧 형식(form)과 자유의 문제를 제시했다. 이것은 역사의 시초부터 모든 문화가 당면해 온 문제이다. 문제란 이것이다. 즉 만일 형식과 자유 사이에 적절한 균형이 잡혀 있지 않을 때에는 사회는 두 가지 극단 중 어느 쪽으로든 기울어질 것이라는 것이다. 적절하게 균형잡힌 형식을 결여한 자유는 혼돈과 사회의 전적인 붕괴로 끝을 맺을 것이며, 적절하게 균형잡힌 자유를 결여한 형식은 권위(독재)주의와 그리고 개인 및 사회적 자유를 파괴하는 데 이를 것이다. 그러나 한층 더 주의해야 할 것은, 여하한 사회도 혼돈 상태에서는 존재할 수 없다는 사실이다. 그리고 비록 짧은 기간이라도 혼돈이 세력을 잡고 있을 때는 멋대로 마음대로 인간을 통솔하는 길을 열어 주게 된다.

우리는 각자 자기 나라에서 엄청난 인간의 자유를 누려왔다. 그러나 동시에 이 자유는, 개인적 사회적 생활에 안정을 가져다 주며 우리가 누리고 있는 여러 가지 자유가 혼돈에 이르지 않도록 지켜 주는 정부의 형식과, 법률 및 사회 도덕 위에 세워져 왔다. 우리가 세상에서 자연스러운 것으로 여기고 있는, 형식과 자유 사이의 균형이 여기에 있지만 이제 그것은 자연스러운 것이 되지 못한다. 그런데 만일 종교개혁 사상 형식으로부터 우리가 이어받은 독특한 균형이 이 타락한 세계 안에서는 자동적으로 이루어지는 것이 아니라는 것을 깨닫지 못한다면, 우리는 몹시 어리석은 자들이라 할 것이다. 이 사실은 우리의 장구한 인류 역사를 살펴볼 때 분명하게 된다. 그러나 또한 이것은 우리가 일간 신문을 읽고 세계의 절반이 전체주의의 압박 아래 갇혀 있다는 것을 알게 될 때에도 명백해진다.

종교개혁은 명확한 복음전도를 하게 했을 뿐만 아니라, 정부를 포함한 사회 전반을 형성하는 일과 또 민중의 세계관 및 광범위한 문화 계층을 조성하는 일을 아울러 했다. 종교개혁은 북유럽과 북유럽의 연장인 미합중국과 같은 나라들에서 방대한 성경지식이 날로 더해 가게 했는데, 이 지식은 사회 각 계층에 고르게 퍼져 나갔다. 이것은 물론 종교개혁이 "황금시대"를 연출했다든가, 종교개혁을 한 나라들에 살던 각자가 참그리스도인이었다는 말을 하려는 것이 아니다. 그러나 종교개혁을 통해 많은 사람이 그리스도께 인도된 것과 성경의 절대적인 가르침들이 문화 전반에 광범하게 침투된 것은 분명하다. 여기서 발전되어 나온 여러 가지 자유는 엄청난 것이었으나, 성격적인 합의 또는 기풍[6]에 근거를 둔 형식 때문에

---

[6] 본장과 본서를 통해 사용되고 있는 "성경적 합의"와 "기독교적 합의"라는 술어들에 대해 밝혀 둘 필요가 있다. 이 술어들을 사용함에 있어서 종교개혁 당시 북유럽에 살던 모든 사람이 진실한 그리스도인이었다든가, 이 술어들을 필자의 나라와의 관계에서 사용할 때 우리 나라에 사는 각자가 순수한 그리스도인이라는 뜻으로 그렇게 말한 것은 아니다. 차라리 이 말은 기독교적 세계관, 특히 성경적인 지식이 문화 전반에 널리 침투되어 있고 문화 형성에 결정적 영향력이었다는 사실에 관해 언급하고 있는 것이다. 바꿔 말하면, 종교개혁 당시와 그리고 지난 40년 전에서 60년 전까지는 우리 나라에서는 절대 다수의 사람들이 아래와 같은 기본적인 기독교 진리들을 믿었다 : 곧 하나님의 존재, 예수님은 하나님의 아들이시라는 것, 내세가 있다는 것, 도덕이라는 것은 참으로 옳고 그른 것에 관한 것(으로서 소위 말하는 "상대적인 도덕"과 반대되는 것), 하나님은 의로우시므로 악을 행하는 자들을 벌하실 것이라는 것, 타락의 결과로 세상에는 참으로 악이 있다는 것, 그리고 성경은 참으로 하나님의 말씀이라는 것 등등이었다. 종교개혁의 나라들과 지난 40년 전에서 60년 전까지는 우리나라에서는, 비록 때로는 다만 희미하게, 그리고 종종 그리스도를 그들의 구주로서 개인적으로 의지한다는 뜻에서는 아닐지라도, 대부분의 사람들이 이상의 신조들을 믿었다.

미국의 건국 당시를 돌이켜 볼 때 이 합의는 중요한 것이었다. 이것은 물론 그때가 황금 시대였다든가, 건국의 조상들이 주님과 개별적인 관계를 지닌 그리스도인들이었다든가, 이들 그리스도인들이 언제나 한결같은 정치 사상을 가졌었다는 것을 뜻하지 않는다. 그러나 창조주께 대한 신앙 개념과 기독교적인 합의 또는 기풍은 그들의 일에 있어 중요한 것이었으며, 프랑스나 러시아 혁명과 비교해 볼 때 미국 혁명(American Revolution)은 기독교적인 합의나 또는 기풍의 중요성을 인식하지 못하고서는 이해할 수 없는 것이다.

적절하게 말해서, 성경 지식의 이와 같은 광범한 침투를 "성경적인 합의", "기

이러한 여러 자유는 혼란에 빠지지 않았다.

그런데 지난 60년 동안 무엇인가가 일어났다. 일찍이 성경적인 합의와 기독교적인 기풍 위에 자리잡고 있던 자유가, 이제는 모든 억제로부터 단절된 자율적인 자유가 되어 버린 것이다. 여기서 우리는 우리 시대의 세계 정신을 보게 되는데, 곧 하나님께서 주신 지식 및 그가 주신 도덕적 영적 진리를 무시해 버리고 스스로를 신격화한 자율 인간의 출현이 그것이다. 인생의 제반 분야에 왜 도덕적인 파탄이 일어났느냐 하는 이유가 바로 여기에 있는 것이다. 일찍이 우리가 즐기던 엄청난 여러 자유는 그 기독교적 억제에서 풀려나 혼돈으로 인도하는 파괴력이 되어가고 있다. 이런 일이 일어나자 사실상 선택의 여지는 사라지고 말았다. 모든 도덕은 상대적이 되고 법은 자의적인 것이 되고 사회는 와해에 직면하고 있다.

독교적인 합의", 또는 "기독교적인 기풍"이라고 부를 수 있다. 그리고 정확하게 말해서, 이 "합의"는 종교개혁의 문화 수립과 북미와 호주와 뉴질랜드에서의 문화의 연장 수립에 있어서 결정적인 영향을 끼쳤다. 그러나 우리는 이 사실을 과장함으로써, 그리스도인이 된다는 것이 무엇을 뜻하느냐는 성경적 참뜻에서 마치 미국은 일찍이 "기독교 국가"였다든가, 미국은 하나님께서 "선택하신 나라"라고 불리는 것이 정당할 것이라고 암시하는 일이 없도록 조심해야 한다.

더욱이 우리는 우리가 돌아갈 만한 지난날의 "황금 시대"가 전혀 없다는 것과, 국가적으로 우리는 언제나 완벽함에 훨씬 미치지 못했다는 것을 인정해야 할 것이다. 과거에 내가 언급했듯이 우리에게는 맹점, 특히 세 가지 영역에서 심각한 단점이 있다고 본다. (1) 인종의 영역에서 (2) 부를 동정적으로 사용하는 영역, 다시 말해서 어떻게 돈을 벌어 어떻게 쓸 것인가의 영역에서, 그리고 (3) 일부에서 그렇게 하고 있듯이 "명백한 운명" 사상에 그릇되이 찬동하고 있다는 점에서 그렇다. 이 모든 성격을 밝혀 놓기는 했지만, 그럼에도 불구하고 종교개혁을 주도한 북유럽의 여러 국가들과 이 나라들의 연장인 미국과 같은 나라가 사실상 기독교적 합의를 대표하고 있는 동안, 이 합의는 이 모든 나라의 문화를 형성하는 데 있어 심오한 영향력을 끼쳤으며, 삶의 전분야에 걸쳐 놀라우리 만큼 많은 축복을 가져다 주었다. 그 반대의 경우도 사실이라 하겠는데, 지난 40년 전에서 60년 전 사이에 우리 문화가 기독교적 합의로부터 급속도로 떠나가 버리자, 이 사실은 인간 생활과 문화에 파괴적인 결과를 가져와 도덕 및 그 밖의 다른 많은 면에서 전면적인 파탄을 몰고 왔다.

개인과 사회생활에서 남을 동정한다는 생각은 사리사욕 때문에 사라져 버리고 말았다. 전에 내가 저술한 여러 책에서도 지적했다시피, 성경적인 형식 안에서 우리에게 자유를 준 기독교적 합의에 대한 기억이 점점 잊혀져 갈 때, 교묘한 조작에 능한 독재주의가 그 공백을 메우는 경향이 있을 것이다. 이런 때에는 "우파"니 "좌파"니 하는 말에 별 차이가 없게 될 것이다. 이 말들은 다만 같은 목적을 향해 가는 두 길을 나타내는 것에 불과하며, 결과는 마찬가지이다. 독재주의 같은 소수의 권력층은 사회가 혼돈에 빠져 들어가지 않게 하려고 점차 그 사회에 형식을 강요하게 될 것이며, 또한 대다수 사람들은 그것을 받아들일 것이다.[7]

우리가 하고 있는 전투

성경을 믿는 복음주의 그리스도인들인 우리는 이 문제를 이해하기 위해 진력을 다하지 못하고 있다. 우리 시대의 세계 정신은 자율성을 주장하고, 우리가 살아오면서 귀히 여겨온 것을 모조리 파괴하면서 역습에 역습을 거듭하고 있다. 60년 전에 우리는 과연 우리 나라에서 수백만의 태아가 죽음을 당하리라고 어찌 상상조차 했겠으며, 우리들의 공립 학교에서 하나님과 성경 진리에 관해 말하려 할 때 언론의 자유가 없으리라는 것을 어찌 짐작조차 했겠는가? 오락 매체를 통해 온갖 형태의 도착적인 성행위가 장려되며, 결혼, 자녀를 키우는 일, 가정 생활이 공격의 대상이 될 줄이야 어찌 상상이나 할 수 있었겠는가? 아주 적은 수의 그리스도인들만이 우리가 하고 있는 전투가 어떤 것이라는 것을 이해하고 있다는 것은 슬픈 사실이다. 일찍이 우리 나라를 형성시킨 우리 문화와 기독교적

[7] 더 자세히 이 문제를 살피려면, 그러면 우리는 어떻게 살 것인가(*How Should We Then Live?*) 12장을 보라.

기풍을 파괴하려는 이 시대의 세계 정신을 대항해서 굳세고 용감하게 일어선 자들은 극소수였다.

그러나 성경은 성경을 믿는 그리스도인들인 우리가 우주적인 규모의 싸움에 휘말려 있음을 분명히 말하고 있다. 이것은 영원을 위한 인간의 마음과 영혼의 쟁탈을 놓고 벌이는 죽느냐 사느냐의 투쟁인 동시에 또한 땅 위의 생명을 구출하려는 생사를 초월한 탈환작전이다. 그리고 어떤 면에서 이것은 천상에서 전개되고 있는 영적 싸움이기도 하다. 에베소에 있는 성도들에게 보낸 바울의 편지에 이 사실이 아래와 같이 고전적으로 표현되었다.

> 우리의 씨름은 혈과 육에 대한 것이 아니요 정사와 권세와 이 어두움의 세상 주관자들과 하늘에 있는 악의 영들에게 대함이라(엡 6 : 12).

우리는 참으로 우리가 이 우주적인 전투에 참전하고 있다고 믿는가? 우리는 참으로 우리 시대를 다스리고 있는 "이 어두움의 세상 주관자들"이 있다고 믿는가? 또는 사도 요한이 말했듯이, "온 세상은 악한 자 안에 처해" 있다는 사실(요일 5 : 19)을 참으로 믿는가? 만일 우리가 이러한 사실들을 믿지 않는다면(우리는 복음주의 교계에 속한 대부분의 사람들이 마치 이러한 사실들을 믿지 않는 것처럼 행동한다는 사실을 지적하지 않을 수 없다), 이 전투에서 크게 성공할 수 없을 것이라는 것을 확실히 알아야 할 것이다. 어째서 우리 문화가 지니고 있는 기독교 기풍이 탕진되어 버렸는가? 어째서 우리는 오늘의 세계에 대해서 그다지도 영향력이 변변치 못하단 말인가? 그것은 우리가 치러야 할 주요 전투를 심각하게 생각하지 못한 데서 기인하지 않는가?

그리고 만일 우리가 전투를 심각하게 여기지 않는다면, 우리 주님께서 공급하시는 무기를 사용하는 데 있어서도 틀림없이 실패할 것이다. 사도 바울은 아래와 같이 기록했다.

> 종말로 너희가 주 안에서와 그 힘의 능력으로 강건하여지고 마귀의 궤계를 능히 대적하기 위하여 하나님의 전신갑주를 입으라 그러므로 하나님의 전신 갑주를 취하라 이는 악한 날에 너희가 능히 대적하고 모든 일을 행한 후에 서기 위함이라 그런즉 서서 진리로 너희 허리 띠를 띠고 의의 흉배를 붙이고 평안의 복음의 예비한 것으로 신을 신고 모든 것 위에 믿음의 방패를 가지고 이로써 능히 악한 자의 모든 화전을 소멸하고 구원의 투구와 성령의 검 곧 하나님의 말씀을 가지라 모든 기도와 간구로 하되 무시로 성령 안에서 기도하고 이를 위하여 깨어 구하기를 항상 힘쓰며 여러 성도를 위하여 구하고(엡 6：10－11, 13－18).

이 목록 안에는 세상이 쓸모 있는 것으로 받아들일 만한 것이 전혀 없지만, 이런 무기들을 제쳐놓고서는 하늘에서의 영적인 전투를 해낼 다른 어떤 방도도 없는 것이다. 그리고 만일 우리가 이 무기들을 사용하지 않는다면, 싸움에 이길 가망이 전혀 없다.

근원적인 싸움은 하늘에서 진행되고 있는 영적 싸움이다. 그렇기는 하지만, 이것은 우리가 참전하고 있는 싸움이 타계적인 것이라든가 인간 역사 밖에서 되어지는 것이라는 뜻은 아니다. 그것은 실질적인 영적 싸움이지만, 동시에 우리 나라, 우리 공동체, 우리 일터와 학교, 그리고 심지어는 우리 가정에서 진행되고 있는 싸움이다. 가시적인 세상과 인간들의 마음속에서, 인간 문화의 모든 영역에서 천상적인 싸움과 대응되는 영적 싸움이 벌어지고 있다. 다시 말해서, 공간과 시간의 영역인 인간 역사의 무대에서 하늘의 싸움이 벌어지고 있다는 말이다.

그러나 우리가 인간 역사의 무대에서 벌어지는 싸움에 이기려면, 유효한 단 한 가지 무기를 가지고 영적 싸움을 싸울 때 위탁이 선행되야 할 것이다. 그것은 그리스도께 평생을 위탁하는 것으로서, 진리에 기초해서 의롭게 살며 복음에 터를 잡고 사는 삶이다. 바울이 기술한 모든 무기가 방어적이라는 것은 흥미 있는 사실이다. 여기에서 언급된 유일한 공격 무기는 "성령의 검, 곧 하나님의 말씀"이다. 다른 무기들은 사탄의 공격을 방어하는 데 도움을 주지만, 성경은 우리 주님께서 영적인 악의 군대를 쳐부수기 위해 공격을 가하실 때 우리로 하여금 주님께 가담할 수 있게 해주는 유일한 무기이다. 성경은 하나님의 말씀으로, 구원의 문제에 있어서 모든 것을 가르쳐 줌은 물론이다. 그러나 성경은 이에 못지않게 역사와 과학과 도덕에 대해서도 말하고 있다. 불행하게도 오늘날 소위 복음주의자들이라고 자처하는 많은 사람들 사이에서 일어나고 있듯이, 만일 이러한 영역의 그 어느 곳에서든지 타협이 벌어진다고 한다면, 우리는 말씀의 능력을 파괴하고 원수의 손에 우리 스스로를 내맡기는 결과가 될 것이다. 따라서 최종적으로, 우리는 "무시로 성령 안에서 기도"하는 기도의 삶을 살아야 할 것이다.

그런데 이 싸움은 인간 역사의 면에서도 똑같이 중요하다. 여기서도 근본적인 갈등이 계속되고 있고 하늘의 싸움과 대응되는 지상의 싸움이 벌어지고 있다. 이 투쟁은 두 가지 형태를 취한다. 이 가운데 첫째 것은 우리의 사고 방식, 곧 우리가 가진 관념들과 우리가 세계를 보는 방법이다. 둘째 것은 우리가 살고 행동하는 방법과 관계된다. 사고 영역과 행동 영역에서 이 두 가지 투쟁은 똑같이 중요한 것이며, 성경을 믿는 그리스도인들은 이 두 가지 영역에서 우리 시대의 문화에 둘러싸인 싸움에 휘말려 있다는 것을 스스로 발견하게 된다.

세상의 지혜

사도 바울은 그의 서신서들에서 사고의 영역에 관한 싸움을 매우 명확히 지적했다.[8] 여기서 우리는, "이 세상의 지혜"와 "하나님의 지혜" 사이에 근본적인 투쟁이 있음을 알게 된다. 바울은 다음과 같이 기록했다.

> 지혜 있는 자가 어디 있느뇨 선비가 어디 있느뇨 이 세대에 변사가 어디 있느뇨 하나님께서 이 세상의 지혜를 미련케 하신 것이 아니뇨 하나님의 지혜에 있어서는 이 세상이 자기 지혜로 하나님을 알지 못하는고로 하나님께서 전도의 미련한 것으로 믿는 자들을 구원하시기를 기뻐하셨도다(고전 1 : 20－21).

그는 또

> 아무도 자기를 속이지 말라 너희 중에 누구든지 이 세상에서 지혜 있는 줄로 생각하거든 미련한 자가 되어라 그리하여야 지혜로운 자가 되리라 이 세상 지혜는 하나님께 미련한 것이니(고전 3 : 18－19).

그런데 우리는, 바울이 지식과 교육은 무가치한 것이라고 말하고 있는 것이 아니라는 사실을 즉각적으로 말해야 한다. 바울 자신은 그 당시 최고 지식인 가운데 한 사람이었다. 그 대신 바울은 스스로 자족함을 주장하면서, 하나님과 그의 계시로부터 멀리 떨어져 있는 세상적인 지혜에 관해 말하고 있는 것이다. 그것은 인간 역사의 판도로부터 하나님과 그의 계시를 제거해 버리고, 완전히 왜곡된 실재관을 가짐으로써 끝장을 맺는 일종의 세계관이라 할 것이다. 이러한 세계관은 바울이 기록한 로마서 1장에서 가장 분명하게 찾아 볼 수 있다.

---

[8] 나의 저서 개혁과 부흥(*Death in the City*) 1장을 참고하라.

> 하나님을 알되 하나님으로 영화롭게도 아니하며 감사치도 아니하고 오히려 그 생각이 허망하여지며 미련한 마음이 어두워졌나니 스스로 지혜 있다 하나 우준하게 되어……그러므로 하나님께서 저희를 마음의 정욕대로 더러움에 내어 버려 두사 저희 몸을 서로 욕되게 하셨으니 이는 저희가 하나님의 진리를 거짓 것으로 바꾸어 피조물을 조물주보다 더 경배하고 섬김이라(롬 1 : 21－25).

여기에 내포된 문제는 인간의 사고 방식 및 추리, 사유, 이해의 과정이다. 따라서 "그 생각이 허망하여지며 미련한 마음이 어두워졌나니 스스로 지혜 있다 하나 우준하게" 될 수밖에 없는 것이다. 인간이 이런 식으로 어리석다고 성경이 말할 때는, 단순히 그가 종교적으로만 어리석다는 뜻이 아니다. 그것은 오히려 그가 성경이 말하는 것에 관해서뿐만 아니라, 우주와 그 형식에 관해서 그리고 인간이 된다는 것은 무슨 뜻인가 하는 문제에 관해서 지적으로 어리석은 입장을 취하고 있다는 사실을 뜻한다. 인간은 하나님께로부터 그리고 하나님께서 주신 진리로부터 돌아섬으로써, 인간이 무엇이며 우주가 무엇인가를 깨닫지 못하는 심히 어리석은 자가 되어 버렸다. 인간은 독존할 수 없는 입장에 놓이게 되었으며, 헤아릴 수 없이 많은 지적 개인적 긴장에 휩싸이게 되었다.

성경은 인간이 왜 이런 처지에 빠지게 되었는가에 대해서, "하나님을 알되 하나님으로 영화롭게도 아니하며 감사치도 아니하기" 때문이라고 말하고 있다. 그렇기 때문에 인간은 그 추리와 이해와 삶에 있어 어리석게 되었다는 것이다. 이 구절은 근원적 타락(the original fall)에 관해 말하고 있지만, 그것에 대해서만 말하고 있는 것은 아니다. 인간이 진리를 알면서도 고의로 그것을 이탈한 어떤 시기에 대해서도 말하고 있는 것이다.

이러한 식으로 많은 역사적 시기를 묘사할 수 있을 것이다. 성경적인 관점에서 논한다면, 인도 사람들의 조상들이 진리를 안 때가 있었지만 거기서 돌아섰고, 아프리카 사람들의 조상들도 진리를 안 때가 있었지만 거기서 돌아섰다. 이것은 세계 도처에 있는, 진리를 알지 못하는 사람들에게도 그대로 적용된다. 그러나 만일 인간이 진리를 알면서 그렇게 속히 이탈한 때가 과연 있었는지 여부를 알아내기 위해 세계사를 살펴 볼 때, 우리 세대만큼 그렇게 단시일 내에 그렇게 분명히 진리를 떠난 예는 역사상 일찍이 그 유례가 없었다는 사실을 힘주어 말하고 싶다. 우리들은 이러한 현실이 맹렬한 세력으로 우리 세대에 이루어져 가고 있음을 목격한다. 우리 시대를 사는 사람들은 진리를 알기는 알지만 거기서 돌아서 버렸는데, 곧 성경적인 진리로부터뿐만 아니라 우리가 일찍이 가졌던 형식과 자유의 균형을 포함한 문화의 모든 분야에 성경적 진리가 가져다 준 많은 축복으로부터 또한 돌아서 버렸다.

탈기독교 문화

하나님께서 주신 지식으로부터 떠나 버린 기독교는 문화 전반에 대한 그 영향력을 상실했다. 영국을 포함한 유럽에서는 이 일에 많은 세월이 걸렸지만, 미국에서는 20－30년밖에 걸리지 않았다. 미국에서는 20년대에서 60년대까지의 단시일에 완전한 변동이 일어난 것을 우리는 보아 왔다. 우리들이 사는 곳은, 기독교가 신도의 수에서뿐만 아니라 문화적인 강조와 문화적인 결과 면에서 더 이상 우리 사회의 합의 또는 기풍을 나타내는 것이 아닌 탈기독교 세계가 되어 버렸다.

이 일을 가볍게 여기지 않기를 바란다. 나와 같은 사람이 내 나라를 회고할 때 생전에 내 나라 문화가 날로 악화되어 가는 것을 보다니 기가 막힌 일이다. 60년 전에 이 나라를 여행해 본 사람이라면 누구나, 심지어는 믿지 않는 사람들까지도 복음이 무엇인지를 알 수 있었고, 50−60년 전만 해도 우리 문화가 기독교적인 합의 위에 세워졌었건만, 지금은 더 이상 그렇지 못하니 어찌 기가 막힌 노릇이 아니겠는가!

다시 한번 로마서 1 : 21−22을 인용하고 싶다. "하나님을 알되 하나님으로 영화롭게도 아니하며 감사치도 아니하고 오히려 그 생각이 허망하여지며 미련한 마음이 어두워졌나니 스스로 지혜 있다 하나 우준하게 되어." 18절은 그들이 알고 있는 진리를 이탈하고 배반한 결과에 대해 우리에게 말해 주고 있다. "하나님의 진노가 불의로 진리를 막는 사람들의 모든 경건치 않음과 불의에 대하여 하늘로 좇아 나타나나니……." 참으로 존재하시는 그리고 그 인격을 기초로 해서 인간을 다루시는 하나님의 진노 아래 인간이 놓여 있다는 것은 정당하다. 그리고 어느 시대에 대해 그의 진노의 공정성이 뚜렷이 드러난 때가 있었다면, 그것은 바로 우리 자신의 시대이다. 진노는 역사의 수레바퀴의 원인과 결과의 순서로도 내릴 수 있고 하나님의 직접적인 행동으로도 올 수 있다.

우리 세대의 탈기독교 세계 현상에 대한 전망은 오직 하나뿐으로 우리 문화와 우리 나라가 마땅히 하나님의 진노 아래 놓여져야 한다는 데 대한 이해가 바로 그것이다. 미국은 어떤 특별한 면에서 하나님의 나라라고 말해서도 안 되고, 오늘날의 국민적 합의와 60년 전에 편만했던 기독교적 합의와의 차이점을 숨겨서도 안 된다. 지난 몇 세대 동안 성경 진리는 짓밟혀 왔고, 이 진리가 나타내는 모든 사실 역시 유린되어 왔다.[9]

사고와 행동

우리는 성경을 믿는 그리스도인들로서 사고의 영역에 관한 싸움

[9] 개혁과 부흥 1장을 보라.

에 휘말려 있다는 사실을 이미 살펴보았다. 그런데 행동의 영역에서도 사고의 그것과 직접적인 병행을 이룬다. 사고는 결코 중립적이거나 추상적일 수 없다. 사고는 우리가 살고 행동하는 방식에, 그리고 우리의 개인적 삶과 문화 전체에 영향을 미친다. 우리는 이 사고의 결과가 행동 양식에 어떻게 나타나는지를 알아보기 위해 로마서 1장을 다시 살펴보자.

> 그러므로 하나님께서 저희를 마음의 정욕대로 더러움에 내어 버려 두사 저희 몸을 서로 욕되게 하셨으니……또한 저희가 마음에 하나님 두기를 싫어하매 하나님께서 저희를 그 상실한 마음대로 내어 버려 두사 합당치 못한 일을 하게 하셨으니 곧 모든 불의, 추악, 탐욕, 악의가 가득한 자요 시기, 살인, 분쟁, 사기, 악독이 가득한 자요 수군수군하는 자요 비방하는 자요 하나님의 미워하시는 자요 능욕하는 자요 교만한 자요 자랑하는 자요 악을 도모하는 자요 부모를 거역하는 자요 우매한 자요 배약하는 자요 무정한 자요 무자비한 자라 저희가 이 같은 일을 행하는 자는 사형에 해당하다고 하나님의 정하심을 알고도 자기들만 행할 뿐 아니라 또한 그 일을 행하는 자를 옳다 하느니라(롬 1：24, 28－32).

오늘날 우리 자신의 문화를 묘사함에 있어서, 이상의 구절들보다 더 적절한 표현은 없을 것이다. 자율적인 자유－곧 일체의 제약으로부터의, 특히 하나님의 진리와 도덕적 절대 기준으로부터의 자유－추구에 열중한 나머지 우리들의 문화는 자멸의 길로 들어섰다. 자율적인 자유！ 우리 시대에 이 소리가 얼마나 시끄럽게 떠들고 있는가！ 나는 태중의 아이를 죽일 자유가 있어야 한다. 내가 세운 "질적인 삶"(quality life)의 표준에 신생아가 미달했다고 생각될 때 죽여 버릴 자유가 있어야 한다. 나는 내 남편이나 아내를 버리거나 내 자식들을 유기할 자유가 있어야 한다. 나는 나의 동성과 부끄럼 없이 성행위를 할 자유가 있어야 한다. 특히 마지막 말은 오늘날 우리 문화와의 관계에서 생각해 볼 때 가공할 만하다. "저희가 이 같은 일을 행하는 자는 사형에 해당하다고 하나님의 정하심을 알고도 자기들만 행할 뿐 아니라 또한 그 일을 행하는 자를 옳다 하느니라".

만일 이것으로 충분하지 못하다면 베드로후서 2장을 읽어 보기를 강력히 권한다. 우리가 일찍이 지녔던 지식에 관해, 그 진리를 배척한 일에 관해, 도덕적 타락에 관해, 그리고 진리를 알았으나 그것에서 떠난 자들을 기다리고 있는 심판에 관해 다른 어느 곳에서 발견할 수 있는 것 못지않게 2장 전체가 우리 문화를 정확하게 묘사하고 있다. 베드로는 2장의 결론을 이렇게 내리고 있다.

> 저희가 허탄한 자랑의 말을 토하여 미혹한 데 행하는 사람들에게서 겨우 피한 자들을 음란으로써 육체의 정욕 중에서 유혹하여 저희에게 자유를 준다 하여도 자기는 멸망의 종들이니 누구든지 진 자는 이긴 자의 종이 됨이니라 만일 저희가 우리 주 되신 구주 예수 그리스도를 앎으로 세상의 더러움을 피한 후에 다시 그 중에 얽매이고 지면 그 나중 형편이 처음보다 더 심하리니 의의 도를 안 후에 받은 거룩한 명령을 저버리는 것보다 알지 못하는 것이 도리어 저희에게 나으니라(벧후 2 : 18－21).

다음 사실에 있어 틀림이 없으니, 곧 성경을 믿는 복음주의 그리스도인들인 우리가 싸움에 휘말려 있다는 사실이다. 이것은 우정어린 신사적 토론이 아니다. 이것은 영적인 악의 군대와 그리스도의 이름을 부르며 그를 따르는 자들 사이에 벌어지는 죽느냐 사느냐의 전투이며, 진리와 실재에 관해 근본적으로 대치되는 두 가지 견해 사이에서 벌어지는 사고의 싸움이고, 완전한 도덕적 도착 및 혼돈대 하나님의 절대 기준과의 사이에서 벌어지는 행동의 싸움이다. 그런데 우리는 참으로 우리가 죽느냐 사느냐의 결전장에 있다는 것을 믿고 있는지, 그리고 우리가 가담하고 있는 역할이 결과적으로 인간들을 영원한 지옥에 떨어지게 할 것이냐 하지 않을 것이냐를 결정하게 되리라는 것을 참으로 믿고 있는지 여부를 묻고 싶다. 사람들은 과연 이 인생을 뜻있게 살고 있는지 뜻없이 살고 있는지? 산다고들 하지만 도덕적인 도착과 타락의 풍토 속에서 살고 있지는 않은지? 슬픈 사실은, 복음주의 신앙 세계에 속했다고 하면서도 위에서 지적한 사실들을 액면 그대로 받아들여 무엇인가 해보겠다고 생각하는 사람들이 별로 없다고 말해야 한다는 것이다. 우리들의 성과를 떠벌리고 점점 늘어나는 사람의 수로 인해 마시고 흥청거리는 것보다는 오히려, 우리들의 반응은 파국적이었다고 인정하는 것이 진상에 더 가까울 것이다.

기독교 진리에 대한 반론

이 점에 대해 내가 말한 것을 돌이켜 보면, 이 시대 정신은 자율적인 자유, 곧 모든 제약으로부터의 자유, 그리고 특히 하나님의 진리 및 도덕적 절대 기준에 대한 반항이라는 것을 이미 살펴보았다. 그리고 우리는 지난 60여 년 동안 자율적인 자유 추구가 일찍이 심오한 영향력을 끼쳐 온 기독교적인 기풍의 밑둥을 잘라 버렸다는 사실을 관찰해 왔다. 어째서 이런 일이 일어났는가? 어떤 의미에서는 하나님의 진리와 그의 말씀의 계시에 대한 고의적인 반항 때문이라고 말해도 좋을 것이며, 또 이것은 옳은 말인 것 같다. 그러나 어떤 의미에서는, 우리 문화 곧 서구 세계의 지적 종교적 역사에서 흘러나온 변화 때문이라고도 말할 수 있을 것이다. 내가 저술한 몇몇 책 가운데서, 서구 세계에서의 인본주의의 시발 및 이것이 끼친 파괴적인 결과에 대해서 충분히 논한 바 있으므로, 독자가 이를 참고하기를 권하는 바이다.[10] 그러나 나는 여기서 이에 대한 오직 한 가지 국면에 관해서만 언급하려고 하는데, 그것은 계몽주의(the Enlightenment)의 영향과 이것이 특히 지난 60년 동안 우리 나라에서 일어난 변천과 어떤 관계를 가지는지에 대해서이다.

19세기 말에 계몽주의 사상은 미국 기독교에 중요한 영향을 미치기 시작했다. 이제 계몽주의 견해가 무엇인지를 이해하는 것은 중요한데, 왜냐하면 이 견해는 오늘날에 이르기까지 미국 종교에 근본적인 흔적을 남겨 놓았기 때문이다. 계몽주의는 17세기 중엽에 나타나기 시작하여 18세기에 독일에서 가장 선명한 모습을 드러낸 하나의 사상 운동이었다. 일반적으로 이것은 인간 이성의 충족성과 과거 전통적인 권위의 타당성에 대한 회의를 강조한 지식 운동이었다. 옥스퍼드 기독교 사전(*The Oxford Dictionary of the Christian Church*)에 계몽주의가 어떻게 정의되었는지를 잘 살펴보면 도움이 될 것이다.

> 계몽주의는 이 세상 삶을 살아가는 인간의 행복을 촉진하려는 열렬한 욕망과 더불어, 모든 초자연적 종교에 대한

---

[10] 다음의 여러 책들에서 이 문제를 취급한 것을 참조하라. 본인의 저서 기독교 선언(*A Christian Manifesto*) 1장 참조. Vladimir Bukovsky, and James Hitchcock, *Who Is For Peace?* (Nashville: Thomas Nelson, 1983), pp. 13－19; 특히 본인의 저서 거기계시는 하나님(*The God Who Is There*)에서 발견되는 세속적 인본주의에 대한 나의 비판과 나의 후기 저술들 중 특히 그러면 우리는 어떻게 살 것인가와 낙태, 영아 살해, 안락사에 대한 그리스도인의 자세(*Whatever Happened to the Human Race?*)를 찾아 거기에 실린 나의 비판들을 각각 참고할 것. 아울러 참고할 만한 책들: James Hitchcock의 세속적 인본주의를 다룬 탁월한 토론집인 *What Is Secular Humanism? Why Humanism Became Secular and How It Is Changing the World* (Ann Arbor, Mich.: Servant Books, 1982); Herbert Schlossberg, *Idols for Destruction: Christian Faith and Its Confrontation with American Society* (Nashville: Thomas Nelson), esp. Chap. 2; and Os Guinness, *The Gravedigger File: Papers on the Subversion of the Modern Church* (Downers Grove, Ill.: InterVarsity Press, 1983).

> 반대와, 인간 이성의 완전한 충족성에 대한 신념을 결합한 사상 운동이다.……이 운동의 대표자 대다수는 기독교 교의들을 배척하며 카톨릭 및 개신교 정통주의를 반대했는데, 이는 두 교파가 그들의 생각에 인간으로부터 이성적 기능의 사용을 박탈해 버리는 영적 흑암의 세력들이라고 여겨졌기 때문이다……계몽된 이성의 원리를 그들이 일단 깨닫게 되자, 인간 본성의 선을 믿는 그들의 근본 신념—비록 이것이 죄의 사실에 대해 그들의 눈을 멀게 한 것은 사실이었지만—은 안이한 낙관주의 및 인간 사회에 대한 절대적 신앙을 낳았다. 계몽주의 정신은 독일 개신교 속으로 깊이 침투해 들어가(19세기에) 성경의 권위에 대한 신앙을 와해시켰으며, 한편으로는 성경 비평(Biblical criticism)을, 다른 편으로는 감정적인 "경건주의"(Pietism)를 고무했다.[11]

이 사실은 몇 마디 말로 요약될 수 있다. 곧 계몽주의 중심 사상은 기독교 진리와 완전히 반대 입장에 놓여 있다는 것이다. 뿐만 아니라, 이 사상은 하나님 자신과 그의 인격에 대한 공격이다.

19세기 후기에 미국 기독교를 근본적으로 변형시키기 시작한 것은 바로 이 사상이었다. 이 일은 특히 독일에서 발전되어 오던 "고등 비평"(the higher critical)의 방법을 받아들임으로써 시작되었다. 이 방법들을 사용해서 신자유주의 신학자들은 성경의 권위를 완전히 붕괴시켜 버렸다. 우리는 특히 이 새로운 방법론에 반대하고 또 성경의 완전 영감 및 무오성을 옹호하기 위해 열렬히 항변한 사람들에 대해 감사해야 할 것이다. 위대한 프린스턴 대학 신학자

---

[11] F. L. Cross, ed., *The Oxford Dictionary of the Christian Church*(London : Oxford University Press, 1958), pp. 104, 105. 여기에는 영어 "Enlightenment" 대신에 그 말의 독일어형인 "Aufklärung"이 쓰여 있다는 것을 주시하라. 본서에서는 영어형으로 대신했다.

들인 핫지(A. A. Hodge)와 워필드(B. B. Warfield)와 조금 후대 사람인 그레샴 메이첸(J. Gresham Machen)을 기억해야 한다. 그러나 이 사람들과 성경을 믿는 수십 명에 달하는 다른 기독교 지도자들의 노력에도 불구하고, 또한 엄청나게 많은 기독교 평신도들이 참으로 성경을 믿는다는 사실에도 불구하고, 계몽주의 자유 사상과 파괴적인 성경 비평 방법을 옹호하는 자들이 세력을 잡게 되었고 각 교파를 지배하게 되었다. 1930년대에 이르러서는 자유주의가 대부분의 교파를 휩쓸게 되었고, 싸움은 패배할 수밖에 없을 듯이 보였다.

전환점

그러던 중 1930년대 중엽에 한 사태가 발생했는데, 나는 이것을 우리 문화의 돌파구를 마련한 세기적인 전환점이었다고 말하고 싶다. 1936년에 이르러서는 자유주의자들이 북장로교회를 완전 지배한 나머지 그레샴 메이첸 박사의 성직을 박탈할 정도까지 이르렀다. 내가 앞에서도 말했듯이, 1924년에 발간된 그의 책 기독교와 자유주의[12] (*Christianity and Liberalism*)에서도 볼 수 있듯이 메이첸은 성경을 믿는 기독교의 빛나는 옹호자였다. 메이첸의 성직 박탈과 북장로교회의 결과적인 분열은 대다수 국가의 세속 신문 매체들의 일면 기사 거리가 되었다(이런 일은 오늘날 그 유례를 찾아볼 수 없는 일이라고 우리는 말해야 하겠지만, 1930년대는 종교적인 사건들이 아직도 신문의 일면 기사 거리로서 중요시되고 있었다). 신문 편집인이나 방송 편집자들에게 이 사건이 얼마나 장래에 대한 의식적인 예상을 하게 했든간에 이것은 제1면 뉴스 자료가 됨이 마땅했는데,

[12] J. Gresham Machen, *Christianity and Liberalism* (Grand Rapids, Mich.： Eerdmans, 1924).

그것은 이 사건이 1900년부터 1936년까지의 개신교회들의 영적 표류의 절정을 드러냈기 때문이다. 이 표류 현상으로 말미암아, 그 때 이후 현재까지 문화, 사회, 도덕, 입법, 정부 등의 제반 면에 기본적인 변화가 있어 온 것이다. 내가 확신하는 것은, 만일 여러 교파의 표류 현상이 없었더라면, 지난 50년 동안의 우리 사회의 변동은 우리가 지금 경험하고 있는 것과는 아주 다른 결과를 낳았을 것이라는 사실이다. 종교개혁파 교회들에 변질이 일어나자 종교개혁적인 합의는 와해되었다. 메이첸에 관한 뉴스가 20세기 전반기에 미국에서 일어난 가장 중요한 소식이었다는 것은 하나의 특종 기사였다. 그것은 장로교회 안에서 서서히 확산되던 자유주의를 향한 오랜 경향성의 절정이었으며, 또한 대부분의 다른 교파들에게서 나타난 경향성을 대표한 것이기도 하다. 설사 우리가 사회학에 대해서 흥미만 가졌다 하더라도, 오늘날 미국에서 일어나는 일을 파악하려면, 교회 안에서 일어난 이 변동과 우리 문화가 결과적으로 탈기독교 합의 쪽으로 옮겨가고 있다는 사실을 이해하는 것이 중요할 것이다.[13] 고등 비평 방법들이 생겨 독일에서 널리 받아들여진 때로부터 독일 문화의 붕괴와 히틀러 아래서 전체주의(totalitarianism)가 고개를 들 때까지 약 80년이 걸렸다는 것은 흥미 있는 사실이다.

새로운 합의

이제 독자들은 문화와 사상의 영역에서 진행된 싸움의 본질이 무엇이었는지 알았을 것이다. 우리 문화가 근거하고 있던 합의는 지난 60년 동안에 기독교적 합의(물론 이 합의가 완벽한 것과는 거리가 먼 것이었다고 즉시 말해야 하겠지만)로부터 위치를 옮겨

---

[13] 더 자세히 이 문제를 살피려면, 오늘날의 교회의 사명(*The Church Before the Watching World*) 3장을 참고하라.

계몽주의가 산출한 합의 쪽으로 가게 되었는데, 이것은 모든 점에서 기독교적 진리와 정반대 입장을 취하는 합의로서, 이 안에는 초자연적인 것들에 대한 부정, 인간 이성의 완전한 충족성에 대한 신념, 타락이라는 사실에 대한 배척, 그리스도의 신성과 그의 부활 부정 및 성경 파괴 사상 등이 포함되어 있었다. 그리고 이와 더불어 거의 전적인 도덕적 파탄에 이르렀다. 이러한 사상과 기독교적 진리를 접합시킬 수 있는 방도는 전혀 없으며, 이 두 가지는 온전히 반대되는 입장에 놓여 있는 것이다.

내가 쓴 다른 여러 책에서, 나는 이 새로운 합의를 세속적 인본주의라 묘사했다. 계몽주의 세계관과 세속 인본주의 세계관은 실질적으로 똑같은 지적 유산을 지니고 있으며 본질적으로 동일하다. 우리가 여기서 가졌다고 하는 것은 전체적인 세계관을 말한다. 기독교 선언(*A Christian Manifesto*—생명의 말씀사 역간)이란 책에서 내가 말했듯이, 오늘날 우리가 당면하고 있는 문제들은 아래와 같은 이유 때문에 온 것이다.

> 그것은 세계관의 변천, 다시 말해서 인간이 전체로서의 세계와 인생을 생각하고 관찰하는 전반적인 방법에 근본적인 변화가 일어났기 때문이다. 이것은 적어도 사람들의 기억에 어렴풋하게나마 남아 있는 기독교적 세계관(비록 그들이 개개인으로서는 그리스도인이 아니었다 하더라도)으로부터 완전히 다른 그 무엇 쪽으로, 다시 말해 궁극적 실재란 비인격적 우연에 의해 현재의 형태로 빚어진 비인격적 물질 또는 에너지라는 사상에 기초를 둔 세계관 쪽으로 사람의 생각이 옮겨졌기 때문이다.[14]

그리고 만일 우리가 이러한 세계관을 품게 된다면, 궁극적으로는

[14] 더 자세히 이 문제를 알려면, 기독교 선언(*A Christian Manifesto*) 1장을 보라.

침묵하고야 말, 의미도 목적도 없고 법과 도덕의 기초도 없으며 인간이 된다는 것은 무엇을 의미하는지와 인간 생명의 가치의 개념조차 없는 우주에 살게 될 것이다. 모든 것이 상대적이고 자의적이다. 따라서 현대인의 마음의 공백을 채울 수 있는 것은 아무것도 없고 단지 향락주의나 물질주의 또는 그 외의 다른 어떤 "주의"에 그저 휩쓸려 다닐 따름이다.

적응

그렇다면 우리 복음주의자들은 우리 문화를 중심으로 진리와 도덕의 싸움이 벌어지고 있을 때 어디서 무엇을 하고 있었느냐고 물어야만 하겠다. 우리 복음주의자들은 지난 40-60년 동안 과연 최전방에서 믿음을 위해 싸우고 있었으며, 도덕적인 파탄과 정면으로 대결하고 있었단 말인가? 도대체 우리는 싸움이 진행되고 있다는 사실을 알기나 하고 있는가? 하늘에서의 싸움뿐만 아니라 이 생과 저 생에서 남녀 어른들과 어린이들에게 있을 생사 결판의 투쟁에 대해서 아는가 모르는가? 기독교 신앙의 진리가 실제로 진리라면, 우리 시대의 생각과 부도덕에 대해서 반대 입장을 취해야 할 것이고, 남을 가르치고 실제 행동을 취할 때 그것이 나타나야 할 것이다. 진리는 대결을 강력히 요구한다. 물론 그것은 사랑을 잃지 않은 대결이어야 하겠지만, 그래도 대결은 반드시 있어야 한다.

그러나 애석하게도 우리는 이 사실이 좀처럼 일어나지 않았다고 말하지 않을 수 없다. 복음주의 세계에 속한 대다수 사람들은 이 싸움에 적극적이 아니었을 뿐만 아니라, 우리가 이런 싸움에 참전하고 있다는 것을 볼 수조차 없었다. 그리고 당대의 문제들에 관한 한 복음주의 세계에서는 거의 아무 말도 하지 않았으며, 입을 열어도 겨우 세속 사회가 하는 말과 별로 다를 것이 없는 말밖에 할 줄 몰랐다.

여기에 복음주의자들의 심각한 재난, 곧 진리를 진리로서 옹호하지 못하는 복음주의 세계의 실패가 있는 것이다. 이 사실을 시사하는 오직 한 마디 말이 있는데, 그것은 적응(accommodation)이라는 단어이다. 복음주의 교회는 이 시대의 세계 정신에 대해 적응을 보여 왔다. 첫째로는 성경에 관한 적응인데, 복음주의자들임을 자처하는 많은 사람들이 성경에 관해 약화된 견해를 가진 나머지 성경이 가르치는 모든 진리, 곧 종교적인 문제에 있어서뿐만 아니라 과학과 역사와 도덕의 영역에 있어서의 진리까지 더 이상 긍정하지 않게 되었다. 이러한 태도의 일환으로, 많은 복음주의자들이 지금 성경 연구에 고등 비평 방법들을 받아들이고 있다. 지난 세기에 독일의 개신교회에서 성경의 권위를 파괴하고, 금세기초부터 우리 나라 자유주의자들이 성경을 파괴한 도구가 바로 이러한 방법들이었다는 것을 우리는 기억해야 할 것이다. 둘째로 영혼이 죽느냐 사느냐 하는 문제에 대해 전혀 명백한 태도를 취함이 없이 어떤 제기된 문제들에 대해 적응을 보여 왔다.

이 적응은 값비싼 대가를 치러 왔는데, 첫째로 우리 시대 정신에 대결할 성경의 능력을 파괴함으로써 둘째로 우리 문화가 계속해서 퇴화하도록 허용함으로써 대가를 치러왔다. 따라서 복음주의 교회가 우리 문화의 계속적인 와해를 막지 못하도록 방해하는 것은, 복음주의자들이 주변의 세상 정신, 곧 이 세대의 지혜에 대해 적응을 보이기 때문이라는 사실을 우리는 눈물을 머금고 말해야 하겠다. 내가 확신하기는, 우리가 장차 예수 그리스도 앞에 설 때 우리는 지난 40년 내지 60년 동안 우리 나라 문화 영역에 자리잡고 있던 기독교적 기풍이 사라져 버린 것은 주로 당대의 제반 문제들에 대한 복음주의 집단의 우유 부단함과 적응 때문이었다는 사실을 발견하게 되리라는 것이다.

그리고 우리 시대에 우리 주변에 있는 세상 정신에 대해 적응을 보인다는 것은, 그 말을 적절하게 정의하면 가장 순전한 의미의 세속성이라 할 수밖에 없다는 것을 우리는 이해해야 할 것이다. 이렇듯 세속성에 대한 적절한 정의를 내림과 아울러, 복음주의적 교회들이—그 가운데는 예외들도 있지만—세속적이며, 또한 살아 계신 그리스도께 불충하다고 눈물을 머금고 말해야 하겠다.

참으로 중요한 것은 무엇인가

본장의 결론을 내리면서 최종적인 질문을 한 가지 하고 싶다. 참으로 중요한 것은 무엇인가? 나의 생애나 독자의 생애에 있어서, 그 중요성이 너무나 크기 때문에 우리가 하는 온갖 일 가운데서 우선 순위를 차지할 만한 것은 도대체 무엇인가? 우리 주 예수님께서도 본질적으로 같은 질문을 받으셨으며 그 대답은 아래와 같았다.

> 네 마음을 다하고 목숨을 다하고 뜻을 다하여 주 너의 하나님을 사랑하라 하셨으니 이것이 크고 첫째 되는 계명이요 둘째는 그와 같으니 네 이웃을 네 몸과 같이 사랑하라 하셨으니 이 두 계명이 온 율법과 선지자의 강령이니라(마 22：37—40).

참으로 중요한 것이 여기 있으니 주 우리 하나님을 사랑하고 그의 아들을 사랑하며, 또 개인적으로 그가 우리의 구주 되심을 아는 것이다. 그리고 우리가 그를 사랑한다면, 그를 기쁘시게 해드릴 일을 하고 동시에 우리의 삶을 통해 그의 거룩하신 인격과 사랑을 나타내며, 그의 진리에 충실하고 살아 계신 그리스도와 날마다 걸으며 기도의 생활을 하는 것이다.

참으로 중요한 것의 다른 절반은 우리 이웃을 우리 자신처럼 사랑하는 일이다. 두 가지는 병행해야 하며 서로 분리될 수 없는 것이다. "이 두 계명이 온 율법과 선지자의 강령"인 것이다. 우리가 주 예수 그리스도를 사랑하며 개인적으로 그가 우리의 구주 되심을 아는 까닭에, 우리는 하나님의 은혜를 통해 우리의 이웃을 우리 자신처럼 사랑해야 하는 것이다. 그리고 그리스도께서 우리로 우리 이웃을 사랑하게 하셨듯이 우리가 우리 이웃을 사랑한다면, 우리는 분명히 우리 이웃에게 복음을 전하고 싶어할 것이며, 그 이상으로 우리 이웃과의 모든 관계에서 하나님의 사랑을 나타내고 싶어할 것이다.

그러나 그것은 여기서 멈추지 않는다. 복음전도는 제1차적인 것이기는 하지만, 이것은 우리 일의 마감(the end)도 아니며, 또한 사실상 기독교 생활의 여타의 것과 분리될 수도 없다.[15] 그리스도께서 우리의 구주이시라면, 그는 또한 생활의 모든 면에서 주가 되신다는 사실을 시인한다면 이 사실에 입각해서 행동해야 할 것이다. 그는 다만 종교적인 일에 있어서만, 예술이나 음악 같은 문화적인 일에 있어서만 우리들의 주가 되시는 것이 아니라, 우리들의 지적 생활에 있어서와, 사업에 있어서, 우리들의 사회 관계에 있어서도, 우리 문화의 도덕적 파탄에 대한 우리들의 태도에 있어서도 우리들의 주가 되신다. 그리스도께서 주가 되심을 시인하고 우리 스스로를 성경 전체가 가르치는 교훈 아래 예속시킨다고 하는 것은, 우리 정부와 법과 관련을 가진 시민들로서 어떻게 생각하고 행동할 것인가 하는 문제를 포함한다.[16] 그리스도를 우리들의 삶의 주로 모

---

[15] 더 자세히 이 문제를 알려면, 본인의 저서인 낙태, 영아 살해, 안락사에 대한 그리스도인의 자세에서 좀더 확대하여 이 문제를 발전시킨 곳을 보라.

[16] 근년에 들어서면서 나는 소위 나의 초기의 책들이나 저술에서 반영했던 그 초기적인 관심을 떠났으며, 소위 새로운 방향으로 접어들었다는 비판을 받아왔다. 그러나 이 비판은 사실상 정확하지 않다. 내 저술 활동을 정확하게 평가하려면, 내 작품들을 처음부터 끝까지 지속적으로 살펴야 할 것이다. 나의 초창기 저술들은 특히 지적인 문제들과 문화의 영역을 다루었다. 그리고 기독교적인 삶과 교회 문제를 취급한 책들도 있었다. 나의 후기 저작들은 나의 초기 작품을 법과 사회 전체 영역, 특히 인간 생활 및 종교적 표현의 자유라는 중대한 문제들과 연관시켜서 특

신다는 것은, 우리 시대의 세계 정신이 자율적임을 강력히 내세우면서, 유리한 입장에서 우리가 지금까지 소중히 여기던 모든 것을 압도하며 의기 양양하게 나아갈 때 그것에 매우 직접적이고 실제적인 방법으로 정면 대결한다는 것을 뜻한다.

우리가 참으로 주님을 사랑하고, 참으로 이웃을 사랑한다면, 오늘날 우리는 우리 나라와 전세계에 있는 인간을 불쌍히 여기는 마음으로 가슴 아파해야 할 것이다. 우리는 사람들이 기독교의 진리를 깨닫고 그리스도를 구주로 모시도록 돕기 위해 우리가 할 수 있는 모든 일을 해야 하겠다. 아무리 그 수법이 교묘할지라도 성경의 권위를 약화시키는 어떠한 권위와도 타협해서는 안 된다. 이것은 "복음주의자들"이라고 자처하는 자들이 이 일을 할 때 특별히 그러하다. 우리는 또한 도덕의 파탄을 가져 온 우리 시대의 정신과 이것이 가져 온 무서운 인간성 상실에 대해서도 동일하게 항거해야 할 것이다. 이것은 특히 인간 생명을 위해 싸우는 것이고, 모든 생명은 우리 인간 존재에 대해서뿐만 아니라 하나님께 대해서도 신성하고

별히 평가한 것들이었다. 이 모든 저술 활동을 통해 나의 계속적인 관심은 복음전도(인간들을 도와 그리스도를 구주로 알게 해주는 일)에 있었으며 또한 삶의 전체 영역에서 그리스도께서 주가 되신다고 강조하는 것에 있었다. 끝으로 내가 시종일관 강조하고 싶은 것은, 날마다 주님과 함께 걷고 하나님의 말씀을 연구하고 기도 생활을 하고 일상 생활에서 우리 주님의 사랑과 긍휼과 거룩함을 나타내 보일 필요성에 대해서이다.

내 작품을 평가하는 적절한 방법은, 내 후기 작품을 나의 초기 작품의 연장이요 응용이라고 보는 일이며, 어떠한 면에서도 내가 나의 초기적 관심을 버리지 않았다는 것을 이해해 주는 일이다. 내 저술은 방대하고 내가 다룬 범위는 넓기 때문에 독자들 가운데는 내 저작의 다만 일부만을 잘 알고 있든가, 또 어떤 이들은 여러 부분 가운데서 어떤 한 부분을 우선적으로 생각하고 싶어한다는 것과 관련된 문제에 내가 직면하고 있다는 사실을 나는 인정한다. 다만 내 저작물은 전체적으로, 그리고 처음부터 끝까지 일관성 있게 다루어질 필요성이 있다는 것을 강조하고 싶다. 아마도 이렇게 할 수 있는 최선의 방도는 나의 전집을 참고하며 처음부터 끝까지 독파하는 것일 것이다.

자체적으로 귀중하다는 사실을 우리의 행동으로 나타내 보여 주는 것을 뜻한다. 인간 각자는 그가 젊었든 늙었든, 병들었든 건강하든, 태어났든 태어나지 않았든, 또는 피부 빛깔이 갈색이든 붉든 누렇든 검든 희든간에, 마땅히 그를 위해 싸울 만한 가치있는 존재인 것이다.

삶을 개변(改變)시키시는 능력을 가지신 하나님만이 인간 각자에게 손을 대실 수 있는 것이며, 이렇게 촉진(觸診)을 받은 인간은 성경에서 발견한 절대적인 가르침을 가지고 그의 주변 세상에 치유의 손을 대야 할 책임이 있다. 종국에 가서 우리는 이 시대 정신 ―진리와 미를 모두 상실하고, 동정심과 그것이 가져온 인간성을 상실한― 이, 단순한 문화적 질환이 아니라는 것을 깨달아야 할 것이다. 그것은 성경의 진리가 우리에게 알려 준, 그리고 그리스도만이 고치실 수 있는 영적 질환인 것이다.

제 2 부

복음주의 세계의 분수령

제 2 장
분수령을 만들다

분수령

스위스에 있는 우리 주거지에서 별로 멀지 않은 곳에 높은 바위 능선이 하나 있고 양쪽에는 계곡이 있다. 한번은 능선 비탈에 눈이 덮여 있을 때 거기 올라간 적이 있었다. 눈은 거기에 고스란히 덮여 있었고 하나로 연결되어 있는 듯이 보였다. 그러나 그 연결은 환상에 불과했는데, 그것은 눈이 커다란 분수령 위에 차곡차곡 메워진 채 놓여 있었기 때문이다. 눈더미 한쪽이 녹으면 한쪽 계곡으로 흘러내려 가고, 그 옆에 있던 눈더미는 녹아 다른 쪽 계곡으로 흘러 내려갔다.

그런데 저 특이한 능선에서 녹은 눈은 그 능선 양쪽 비탈을 타고 계곡으로 흘러내려가 조그마한 개울을 이루고 이 개울 물은 라인 강과 합류한다. 그리고 라인 강물은 독일을 가로질러 흘러 북해의 차가운 물에 삼켜져 버린다. 그런데 능선 다른 쪽 분수령을 따라 흐르기 시작한 눈 녹은 물은 깎아지른 듯한 능선 벽을 타고 급류로 내려와 론(Rhone) 계곡으로 들어간다. 이 물은 락 레망(Lac Leman)—또는 영어 사용 세계에서는 제네바 호수(Lake Geneva)로 알려져 있다—으로 흘러들어가 땅 밑으로 해서 론 강으로 또다시 흘러, 프랑스를 통과한 다음 따뜻한 지중해의 물과 섞인다.

눈은 고스란히 하나로 연결되어 있듯이 분수령에 놓여 있지만, 그러나 그것이 녹아 흘러내려 그 종착지에 다다랐을 때에는 문자 그대로 천 마일 이상이나 서로 떨어지게 된다. 그것이 분수령이다. 그것이 바로 분수령의 본질이다. 분수령은 가르는 것이다. 처음에는 같아 보이거나, 적어도 아주 가까이에 있는 것처럼 보이지만 사실상 매우 다른 상황으로 끝을 맺는 것 사이에 아주 명확한 선을 그어 놓을 수 있는 그 무엇이다. 분수령에는 구획의 선이 있다.

분열된 가정

이 예화는 오늘날의 복음주의 세계와 무슨 관련성을 가지는가? 나는 이 예화가 지금 일어나고 있는 사실에 대한 매우 정확한 묘사라고 말하고 싶다. 복음주의자들은 오늘날 성경의 영감과 권위의 본질에 관한 분수령에 직면하고 있다. 그것은 예화에서 묘사된 것과 매우 흡사한 의미에서의 분수령 사건이다. 성경의 무오성에 관한 견해를 조절한 나머지 성경의 더할 나위 없는 권위를 여지없이 짓밟아 버리는 자들의 수가 복음주의 진영 안에서 점점 늘어 가고 있다. 그러나 이 일은 매우 미묘한 방법으로 일어나고 있다. 능선 위에 나란히 놓여 있는 눈과 같이, 성경의 권위에 대한 새로운 견해는 얼핏 보아서는 극히 최근까지 복음주의자들이 믿어 오던 것과 그다지 큰 차이가 없어 보인다. 그러나 이 새로운 견해는 능선 위에 나란히 덮여 있던 눈처럼 집요하게 그 행방을 추적해 보면 종국에 가서는 천 마일 이상이나 차이가 나 버린다.

처음에는 보잘것없는 차이처럼 여겨지던 것이 종국에 가서는 어마어마한 차이를 낸다. 그것은 우리가 예측하듯이 신학과 교리 및 영적 문제들에 있어서 뿐만 아니라, 일상적인 그리스도인의 삶에 관한 문제 및 그리스도인들로서 우리가 주변 세계와 어떤 관계를 맺을 것인가에 관한 문제들에 있어서까지도 큰 차이를 가져 온다. 다시 말해서, 성경의 완벽한 권위에 대해서 타협적인 태도를 취하면, 결과적으로 그리스도인이라는 말의 신학적인 의미와 완벽한 인간 생활을 영위하는 방법에 영향을 미치게 될 것이다.

완벽한 성경의 권위의 문제가 아주 최근에 일어난 것이라는 데에는 일리가 있다. 지난 이백여 년 전까지만 해도, 사실상 모든 그리스도인은 성경의 완전 무오설 내지는 비슷한 술어들로 표현된 동등한 신조를 믿어 왔었다. 이러한 입장은 종교개혁 이전이나 이후나 마찬가지였다. 종교개혁 이전의 중세 교회의 문제는, 그 교회가 오류 없는 성경에 대한 신앙을 가지지 않았다는 데 있는 것이 아니라, 전체적인 영역에 퍼진 비성경적 신학 사상과 미신들이 교회 내부에서 자라나도록 용납한 데 있었다. 이러한 사상이 그 당시 성경과 나란히, 심지어는 성경 위에 놓여짐으로써, 성경의 권위와 가르침이 비성경적인 가르침에 예속되기에 이르렀다. 이 일은 성경을 남용하는 결과를 낳았고, 이 결과가 발단이 되어 종교개혁이 일어났다. 그러나 문제는 종교개혁 이전의 교회가 성경의 무오성을 믿지 않았다는 데 있었던 것이 아니라, 그 교회가 거짓된 교훈에 성경을 예속시킨 나머지 그 교회가 성경의 무오성을 실제 생활에 반영시키지 않았다는 데 있었다는 것을 주시해야 할 것이다.

따라서 최근까지 (1) (비록 성경의 무오성을 실제 생활에 완전히 반영하지는 못한다 하더라도) 그 무오성을 믿는 일과 (2) 그리스도인이라고 주장하는 일이 필연적으로 병행되어야 할 두 가지 사실로 여겨졌다는 것을 주시함이 중요하다. 그리스도인이라면 하나님의 기록된 말씀인 성경에 대해 완전한 신뢰를 했어야 하며, 성경을 믿지 않았다면 그리스도인이라는 주장을 하지 말았어야 했다. 그런데 지난 이백 년이 다하기까지, 아무도 "나는 그리스도인이다.

그러나 성경에는 오류가 가득 차 있는 것으로 알고 있다"라고 말하려 한 이는 없었다. 그런데 과거의 그리스도인들이 도저히 믿을 수 없었고 오늘날 성경을 믿는 그리스도인들이 도무지 믿을 수 없는 이러한 일이 소위 복음주의 세계 내부에서 지금 일어나고 있다.

약 이백 년 전에 일어나기 시작한 이 문제는 지난 이십 년 동안 복음주의자들 사이에 전면 과제로 등장했다. 이것은 내가(그리고 다른 이들이) 60년대 중엽에 공공연히 말하기 시작했고, 다시 70년대에, 그리고 80년대에 되풀이해서 말한 문제였다. 우리는 이 문제에 관해 강력한 입장을 취한 많은 사람을 인해 감사한다. 그러나 또한 우리는 유감스럽게도 이 문제가 계속되고 있으며, 뿐만 아니라 확대 일로에 있다는 사실을 지적하지 않을 수 없다. 복음주의는 분열되되 철저하게 분열되었다. 누구든지 이 사실을 부인한다는 것은 도움이 되지도 못하려니와 진실하지도 못하다. 그것은 단순히 없어져 버릴 그 무엇도 아니고, 어디에다 숨겨 버릴 수도 없는 것이다. 이하의 본장에서 다루어질 내용은 내가 그리스도인으로서 살아오는 동안에 취급한 분수령의 문제와 관련된 연구, 사색, 기도－종종 눈물을 흘리며 드린－의 산물이며, 특히 지난 이십 년 동안 내가 말과 글로써 그렇게 한 문제들이다. 따라서 아래의 글들은 이 분야에 관해 내가 저술한 것들을 종합해서 한층 더 발전시킨 것을 다시 진술한 것이다.

밑을 파낸 땅

강력하고 비타협적인 성경관을 우리 시대에 견지해야 할 두 가지 이유가 있다. 무엇보다도 먼저, 이것이야말로 성경이 그 자체에 관해 가르치는 것에 대해, 그리스도께서 성경에 관해 가르치시는 것에 대해, 그리고 교회가 오랜 세월에 걸쳐 일관되게 주장하고 있는 바에 대해 충실할 수 있는 유일의 방도이기 때문이다. 이것만으로도 충분한 이유가 될 수 있어야 할 것이다. 그러나 오늘날에는 강력하고 비타협적인 성경관을 왜 우리가 견지해야만 하느냐 하는 두번째 이유가 있다. 우리의 앞에, 그러니까 우리 자신과 우리의 영적, 육적 자녀들 앞에 어려운 앞날이 기다리고 있다. 따라서 터전으로서의 강력한 성경관이 없이는 다가올 고난의 시대를 위한 준비를 할 수 없을 것이다. 성경이 구원의 문제에 관해 말할 때뿐만 아니라 역사와 우주에 대해 말할 때, 만일 성경이 정확하지 않다면 우리에게는 우주의 존재와 그 형식 및 인간의 독특성에 관한 질문들에 대한 대답의 근거가 전혀 없을 것이다. 우리에게는 도덕적 절대 기준도 구원의 확실성도 없을 것이기 때문에, 다음 세대의 그리스도인들은 그들이 디디고 서 있을 발판을 전혀 가지지 못할 것이다. 우리들의 영적, 육적 자녀들은 발 밑을 파낸 땅, 곧 그 위에다 그들의 믿음이나 삶의 터전을 마련할 수 없는 땅 위에 내동댕이쳐질 것이다.

기독교는 우리 사회를 위한 합의를 더 이상 나타내지 못하고 있고, 그리고 우리들의 법이 기초하고 있는 그러한 합의도 더 이상 보여 주지 못하고 있다. 이것은 우리 시민 모두 또는 거의 모두가 그리스도인들이었다는 뜻에서, 또는 나라와 그 법과 사회 생활이 기독교적 진리의 충족하고도 완전한 구현(具現)이었다는 뜻에서, 미국이 일찍이 "기독교 국가"였다고 말하려는 것이 아니다. 인류의 과거 역사 가운데—그것이 미국의 건국초이든 종교개혁 시대이든, 또는 초대 교회 시대이든간에—우리가 이상화할 만한 황금시대는 없었다. 그러나 최근 수십 년전까지만 해도 결정적인 방법으로 서구 사회와 미국에서 뚜렷한 형태를 제공한, 기독교적인 합의 또는 기풍이라고 정당하게 불릴 수 있는 그 무엇이 분명히 존재했었다. 그러나 지금 그 합의는 거의 다 사라지고 그 합의가 가져다 준 각종 자유는 우리의 눈 앞에서 소멸되어 가고 있다. 우리는 인본주의가 도덕, 가치, 법에 있어서 자연주의적 결론에 도달하고 있는 시점에 이르렀다. 오늘의 사회가 지닌 모든 것은, 통계적인 평균치에 기초를 둔 상대론적인 가치이든가 그렇지 않으면 법적 정치적 세력을 쥐고 있는 자들의 자의적인 결정이든가 둘 중 하나이다.

형식을 가진 자유와 혼돈

성경과 성경이 가르치는 모든 것이 하나님의 계시라고 강조하는 종교개혁은 사회에서의 자유뿐만 아니라 사회에서의 형식까지 제공했다. 따라서 종교개혁이 이루어진 나라들에는 (일찍이 세계가 전혀 알지 못했던 그러한) 자유가 있었지만 그 자유가 나라를 혼돈으로 이끌어 가지 않았는데, 이는 성경이 가르친 바에 기초를 둔 합의가 그 나라의 법과 도덕을 둘러싸고 있었기 때문이다. 이제 그러한 상황은 끝이 났다. 만일 우리가 이 사회에 무엇이 일어났는지를 참으로 이해하지 못한다면, 우리 자신이나 우리들의 영적, 육적 자녀들은 오늘의 사회를 알지 못할 것이다. 뒤돌아볼 때, 1930년대 이후 미국에서는 기독교적인 합의가 점점 소수파의 의견이 되어 버렸으며, 도덕 및 법률상의 문제에 있어 더 이상 합의된 의견을 제시하지 못하게 되었다는 것을 우리는 알 수 있게 되었다. 성경을 믿는 그리스도인들인 우리는 더 이상 우리 사회의 유력한 법적 도덕적 견해를 대변하지도, 또는 이것을 형성하는 데 있어 중요한 영향력을 발휘하지도 못하게 되었다.

성경적인 기독교의 으뜸가는 강조점은, 무한하고 인격적이신 하나님은 궁극적인 실재이자 만물의 창조주이시라는 것, 그리고 개인은 그리스도께서 완성해 놓으신 사역, 오로지 그것만을 기초로 해서 거룩하신 하나님께 공개적으로 접근할 수 있다고 하는 것을 가르치려는 데 있다. 그리스도께서 완성해 놓으신 사역에는 다른 아무것도 보태질 필요가 없고, 그리스도께서 완성해 놓으신 사역에는 다른 아무것도 보태질 수 없다. 종교개혁적 국가들에서 기독교적인 합의가 이루어졌고 (그것은 비교적 최근까지 미국에서 이룩되었다), 이것이 이루어진 곳에서는 그 어디서나 그것과 더불어 많은 제2차적 축복이 동시에 주어진다. 이러한 축복 가운데 하나가 거대한 자유인데, 이 자유가 혼돈으로 끌려가지 않는 것은 성경의 절대기준이 합의를 제공하고 이 합의의 범위 안에서 자유가 작동할 수 있기 때문이다. 그러나 오늘날처럼 기독교적 합의가 일단 제거되면, 종교개혁으로부터 유래한 바로 그 자유는 사회를 혼돈으로 이끌고 가는 파괴력이 되어 버린다. 이것이 바로 오늘날 우리 사회 각처에서 목격하는 도덕적인 파탄, 곧 인간 생명의 더할 나위 없는 격하와 전적인 도덕적 상대론 및 철두철미한 향락주의의 이유이다.

상대주의냐, 하나님의 절대기준이냐

성경을 믿는 우리 그리스도인들이나 우리의 자녀들은 이러한 여건하에서 결단의 시기에 직면하고 있다. 우유 부단한 복음주의 그리스도인들의 시대는 지나가고, 이제는 상대주의 및 상대주의적 사고 위에 기초를 둔 강력한 성경관만이 광범위한 문화적 압력에 대항하기에 충분하다. 초대 교회로 하여금 로마 제국의 압력에 대항할 수 있도록 한 절대기준은 무한하고 인격적이신 하나님께서 구약성경을 통해, 그리스도의 성육신을 통한 계시를 통해, 그리고 당시 형성 과정에 있던 신약성경을 통해 초대 교회에 주신 강력한 절대기준에 대한 견해였다는 것을 우리는 기억해야 한다. 하나님의 절대기준에 대한 강력한 헌신이 없었더라면, 결코 로마의 끊임없는 괴롭힘과 박해에 직면한 초대 교회가 주님께 대한 충성을 지키면서 남아 있을 수 없었을 것이다. 그리고 오늘날의 우리 상황도 상당히 비슷하다고 할 수 있겠는데, 그것은 우리들의 법적, 도덕적, 사회적 구조가 점점 더 반기독교적이고 세속주의적인 합의 위에 세워지고 있기 때문이다.

그런데 오늘의 복음주의 진영에서 무슨 일이 일어나고 있는가?

하나님의 절대기준에 대해 초대 교회가 가졌던 똑같은 헌신이 거기에 있는가? 유감스럽게도, 우리는 거기에는 이러한 헌신이 없다고 말해야만 할 것이다. 전세계와 미국을 통해서 복음주의자라는 이름을 가진 자들의 수효가 늘어갈지는 몰라도, 복음주의는 강력한 성경관에 있어서 일치된 노선을 지키지 못하고 있다. 그러나 복음주의자들이 복음주의자들이 되려면, 결코 성경관에 있어서 타협을 해서는 안 된다. 아무리 복음주의가 외형적으로 점점 더 커진다 할지라도, 복음주의자들의 상당 부분이 성경관에 있어 동시에 타협적이 되어 버린다면 외형적 증거는 무의미하다.

어떤 곳에서는 소위 복음주의 신학교와, 고등 교육 기관 및 개인들이 더 이상 완전한 성경관을 가지지 않게 되었다는 것을 가슴아프게 인정해야 되겠다. 문제는 명백하다. 성경이 역사와 우주에 관해 말하는 것을 포함해서, 성경이 말할 때마다 언제나 그것은 참진리이며 오류가 없는가, 또는 그것이 종교적 문제들에 관해서 말할 때에만 어떤 의미에서 계시적인가 하는 이것이 바로 문제이다.

새로운 신정통주의

완전한 성경관을 더 이상 가지지 않는 자들을 묘사하는 단 한 가지 길이 있다. 이들의 다수는 복음주의자들이라는 이름을 스스로 유지하고 싶어하지만, 이 견해를 묘사할 수 있는 유일하게 정확한 표현은, 그것은 일종의 신정통주의적 실존 신학의 형태라고 말할 수 있을 것이다. 신정통주의적 실존 신학의 핵심은, 성경은 종교적 경험의 원천을 제공하지만 검증이 가능한 분야, 곧 역사와 과학에 관해서는 오류를 포함하고 있다는 것이다. 그러나 불행하게도 이 개념은 지금 복음주의라고 일컬어지고 있는 어떤 집단에 부분적으로 침투해 들어왔다는 사실을 말해야만 하겠다. 결국 이 집단에서는 신정통주의적 실존 신학이 복음주의라는 이름 아래 가르쳐지고 있다.

여기서 문제시되고 있는 것은, 성경이 역사와 우주에 관해 언급할 때, 다시 말해서 아브라함 이전의 모든 역사와 창세기 11장까지에 관해 언급할 때에 그것이 과연 명제적 진리(즉 긍정 또는 부정을 요하는 명제로 표시된 진리)를 제시하고 있느냐, 그렇지 않으면 종교적이라고 여겨지는 문제를 다룰 때에만 성경이 의미심장한 것이냐 하는 것이다. 다윈의 친구이자 알더스(Aldous)와 줄리안 헉슬리(Julian Huxley)의 조부인 생물학자 헉슬리(T. H. Huxley)는 1890년에 기록하기를, 머지않아 모든 사실 특히 아브라함 이전의 모든 역사가 믿음과 분리되고, 분리된 그 믿음이 영원한 승리의 전진을 계속할 것이라고 했다. 이것은 실존주의 철학이나 실존주의 신학이 태어나기 이전인 1890년에 나온 말로서는 놀라운 진술이다. 사실 헉슬리는 그 무엇을 분명하게 내다본 것이었다. 그와 그의 친구들은 이것을 일종의 농담으로 여겼음이 분명한데, 이는 믿음이 사실로부터 특히 아브라함 이전의 시공간적 역사로부터 분리된다면, 그것은 우리가 오늘날 환각 체험(a trip)이라고 부르는 것의 또 다른 형태에 불과할 것이기 때문이다.

그러나 불행하게도 공공연하게 신정통주의적 실존 신학을 품고 있는 신학자들뿐만 아니라 복음주의자들임을 자처하는 일부 사람들까지도 T. H. 헉슬리가 예견한 사상을 지금 품고 있는 것이다. 이것은 성경의 모든 부분이 계시된 것이 아니라고 말하는 신학적인 측면에서 나왔을 수도 있고, 성경이 우주에 관해 말할 때에는 별로 또는 전혀 가르치는 바가 없다고 말하는 과학적인 측면에서 나왔을 수도 있으며, 성경의 도덕적 교훈은 성경이 기록된 그 문화에 의해서 결정되고 그것이 기록된 상대적인 상황을 단순히 표현한 것에 불과하므로 오늘날에는 권위가 없다고 말하는 문화적 측면에서 나왔을 수도 있다는 것이다.

다음은 마르틴 루터의 말이다. “정확하게 말해서, 아무리 내가 하나님의 진리의 온갖 부분을 가장 우렁찬 목소리와 가장 명확한 해석을 곁들여 고백하고 담대하게 고백한다 하더라도, 세상과 악마가 이 순간에 공격을 집중하고 있는 저 작은 문제를 되외시하고 있다면 나는 그리스도를 고백하고 있는 것이 아니다. 군인의 충성은 전투가 맹렬한 곳에서 입증되어야 하며, 그 모든 전투에 있어서 그것은 흔들림이 없어야 한다. 만일 그 점에 있어서 그가 주춤한다면, 거기에는 오직 패주와 불명예가 있을 뿐이다."

분명한 구획선

오늘날에 있어서 위의 사실은 성경의 문제이다. 강력한 성경관을 갖느냐 갖지 않느냐 하는 것이 복음주의 세계의 분수령이다.

우리가 직면해야 할 첫째 방향은, 가장 사랑스럽게 그러나 분명하게 말하는 것이다. 즉 복음주의는 완전한 성경관을 가진 자들과 그렇지 않은 자들 사이에 구획선을 긋지 않는 한 시종 일관 복음적이 될 수 없다는 것이다.

우리가 종종 잊고 있는 것은, 분수령이 있는 곳에는 관찰할 수 있고 표를 해 놓을 수 있는 선(線)이 있다는 사실이다. 예를 들어, 만일 누가 스위스에서 급류를 이용하여 수력 전기를 개발하는 임무를 가졌다면, 그는 나라의 지세를 판단하여 어디서 선이 경사를 이루며 어디서 물이 갈라져 흐르는지를 알아낼 커다란 책임이 있을 것이다. 복음주의 세계의 분수령에서 그러한 구획선을 긋는다는 것은 무엇을 뜻하는가? 그것은 어디서 선이 기울어지는지를 똑똑히 보이도록 구획해 놓되 사랑하는 마음으로, 어떤 사람들은 선의 다른 쪽에 있다는 것을 보여 주되 역시 사랑하는 마음으로, 그리고 선의 양쪽에 있는 각자에게 이러한 분열의 결과가 무엇인지 밝혀 주는 것을 뜻한다.

우리는 어디서 선이 경사를 이루고 있는지를 밝혀야 하고 무엇이 일어나고 있는지를 이해해야 할 것이다. 소위 복음주의의 상당한 부분은 성경의 완전한 권위를 부정함과 아울러 우리 시대의 일반적인 세계관이 자체 안으로 침투해 들어오는 것을 허용해 버렸다. 이 오염된 것은 사실상 신정통주의라는 이름 아래 자유주의 진영을 지배했던 것의 한 변형이다.

내적 느낌이냐, 객관적 진리냐

우리는 자유주의적인 사고 방식과 신정통주의적인 사고 방식이 약화된 새로운 복음주의적 견해에 얼마나 선명하게 반영되었는가를 보고는 놀랄 수밖에 없다. 얼마 전에 나는 매우 잘 알려진 자유주의 신학교를 졸업한 어떤 젊은 자유주의 목사와 더불어 시카고에서, 밀트 로젠버그의 라디오 쇼 "확장 720"(Milt Rosenberg's radio show "Extension 720")에 출연한 적이 있었다. 그 프로그램은 나와 자유주의 목사와 로젠버그 사이에 삼자 토론 형식으로 짜여졌는데, 로젠버그는 자기를 종교인이라고 생각하지 않았다. 로젠버그는 영리하고 능숙한 사회자였다. 토론 제목으로 기독교 선언(*A Christian Manifesto*)과 낙태의 문제를 가지고 나온 그는 젊은 자유주의 목사와 나와의 차이점 속으로 점점 깊이 파고들어 왔다. 젊은 자유주의 목사는 칼 바르트(Karl Barth)와 니버(Niebuhr)와 틸리히(Tillich)를 화제에 올렸으며 우리는 그들에 관해 토의했다. 그러나 이 삼자 토론에서 젊은 자유주의 목사는 무조건 성경을 믿고 따를 수 없다는 것이 아주 분명하게 드러났다. 그런데도 그는 "그렇지만 나는 예수님께 호소한다"고 말했다. 라디오 토론에서 내가 말한 대답은, 그의 성경관으로 미루어 볼 때 사실상 그에게는 예수께서 이 땅에 생존하셨다는 확신이 없었다는 것이었다. 그는 그의 내적 느낌, 내적 반응이 예수님께서 존재하셨었다고 그에게 말해 주었노라고 내게 대답했다.

약화된 성경관을 가졌으면서도 복음주의자임을 자처하고 또한 주님을 진정으로 사랑하는 저명한 사람들 중 한 사람이 여러 해 전에 우리 집에서 길고도 열렬한, 그러나 유쾌한 토론을 벌였었는데, 나는 그에게 예수 그리스도의 부활에 관한 확신을 어떻게 얻게 되었느냐고 지난 날을 돌이켜 보고 대답해 달라고 간청하였다. 그러자 그 또한 앞의 사람과 거의 같은 단어들을 사용하여 대답했다. 이것은 실로 흥미있는 사실이다. 그는 내적 증거 때문에 예수 그리스도의 부활을 확신하다고 말했다. 이 두 사람의 대답은 결국 같은 것이었다.

신정통주의라는 이름 아래 자유주의 신학계를 지배해 오던 견해와 직접적으로 관련이 있는 한 견해가 복음주의라고 불리는 중요하고 영향력 있는 상당수 속으로 침투해 들어왔다는 사실이 내가 말하고자 하는 요점이다. 여러 해 전에 나는 이 일이 일어나는 것을 보고 흥미를 느꼈었는데, 그것은 이러한 상황의 종국이 니버-틸리히-"사신"(死神) 신학 증후군에 의해 이미 입증되었기 때문이었다. 신정통주의는 60년대의 신학에 의해 이미 입증된 바와 마찬가지로 사신 신학이라는 막다른 골목에 이르렀다. 그런데 일부 복음주의자들이, 우리가 "그런 경향성과 공존"하려면 마땅히 품어야 할 사상이나 되는 듯이 그런 경향성을 방금 띠기 시작했다는 것은 호기심을 끌 만한 일이 아니겠는가? 그런데 자유주의 목사와 자칭 복음주의자라고 하면서 약화된 성경관을 가진 지도자가 "내적 증거" 이외의 다른 궁극적이고 객관적인 권위를 가지지 못한 채 똑같은 곳에서 끝을 맺게 된다는 것은 의미 심장한 일이다. 그들에게는 최종적이고 객관적인 권위가 전혀 없는 것이다.

위의 사실은 이 사상이 각계 각층에 얼마나 철저히 침투되어 있느냐 하는 것을 잘 나타내고 있다. 다시 말하면, 신정통주의의 뿌리는 다만 주변에 있는 세계관의 신학적 표현이며 실존주의의 방법론에 지나지 않듯이, 복음주의가 새로운 성경관으로서 내세우고 있는 그것 역시 일반적인 세계관과 실존주의 방법론이 침투된 견해이다. 실존주의는 주관적인 인간 체험을 철저히 강조함으로써 존재의 객관적인 측면을 도외시해 버린다. 실존주의자는 우리가 무엇을 참으로 알 수 있다고 생각하거나, 어떤 객관적 진리 또는 도덕적 절대기준 같은 것이 있다고 생각하는 것은 착각이라고 한다. 우리가 가진 모든 것은 주관적 경험뿐이며, 옳다든지 그르다든지 참되다든지 아름답다든지 하는 등의 궁극적 기초는 전혀 없다고 한다. 이 실존주의적 세계관이 철학, 대부분의 예술, 그리고 소설, 시, 영화와 같은 일반 문화를 지배하고 있다. 학구적이고 철학적인 분야에서 특별히 이러한 사고가 뚜렷하지만, 이에 못지않게 대중 문화 속에도 널리 퍼져 있다. 텔레비전을 켜거나 신문을 읽거나 대중 잡지를 들추면, 도덕적 상대주의 철학, 주관적 경험론 및 객관적 진리에 대한 부정론의 집중타를 도저히 면할 수 없다. 복음주의자들 사이에서 유행되고 있는 새로운 성경관 가운데서 우리는 같은 것을 발견하는데, 다시 말해서 성경은 객관적 진리가 아니라는 것, 증명될 수 있는 분야 가운데에도 많은 오류가 있다는 것, 역사와 우주에 관해 언급할 때 그것을 신뢰할 수는 없다는 것, 그리고 도덕에 관해 가르칠 때에도, 문화적으로 조건화된 것이니만큼 절대적인 의미에서 그것을 받아들일 수는 없다는 것이다. 그러나 이처럼 약화된 새로운 견해는, "종교적 어휘"(a religious word)는 어쨌든 성경에서 나온 것으로서 결국 "내적 느낌" "내적 반응" 또는 "내적 증거"와 같은 표현들로 귀결됨을 강조한다.

분할된 성경

아래의 두 인용문은 이에 대한 명확한 보기들이다. 이 두 문장은, 필자가 모두 복음주의 진영에 속해 있고 지리적으로 피차 멀리 떨어진 곳에 살고 있지만, 아래와 같은 사상, 곧 성경은 인간 이성이 작용해서 기록한 영역에서는 오류를 내포하고 있다는 사상을 내세우고 있는 두 사람의 글에서 뽑은 것이다. 첫번째 사람은 이렇게 썼다.

> 그러나 오늘날 어떤 사람들은 성경의 완전 축자 영감설이, 하나님의 능력 있는 구속의 행위를 상술하고 해석하려는 공공연한 의도에 있어서의 무오성뿐만 아니라, 지질학, 기상학, 우주론, 식물학, 천문학, 지리학 등등의 비계시적 문제들과 관련되는 부수적인 진술 전체에 있어서까지 그 무오성을 보증하는 것이라고 생각하고 있다.

다른 말로 하면, 성경이 두 조각으로 나누인 것이다. 장 폴 사르트르(Jean-Paul Sartre)나 알베르 카뮈(Albert Camus)나 마르틴 하이데거(Martin Heidegger)나 칼 야스퍼스(Karl Jaspers)의 글에, 그리고 실존주의적 방법론을 수용한 수천의 사람들의 경우에 자주 접해 본 나 같은 사람에게는 앞에 나온 글의 내용이 새로울 것이 없다. 이 인용문은 실존주의 철학자들이 한 말과 같은 말을 하고 있지만, 특기할 것은 이러한 실존주의 방법론을 성경에다 관련시켰을 따름이다.

미국에서 멀리 떨어진 나라에 사는 다른 복음주의 지도자는 비슷한 맥락에서 아래와 같이 기록했다.

> 내가 평가하기에 더 문제가 되는 것은, 성경에는 모순이 없다고 하는 원리를 모든 경우에 구원의 문제와는 관계가 없고 성경의 인간적 요소에 속하는 역사적, 지리적, 통계적 진술 및 다른 성경적 진술들에까지 그것을 적용시키려고 하는 근본주의자들의 태도이다.

이 두 진술은 같은 사실을 말하고 있다. 그들은 성경을 분할, 곧 이분법(dichotomy)으로 생각하고 있다. 그들은, 성경에는 오류가 있지만 그렇더라도 의미 체계, 가치 체계, 종교적 사실들은 확보하고 있어야 한다고 말한다. 그러고 보면, 이것은 실존주의 방법론이 복음주의 진영으로 침투해 들어온 형태인 것이다. 결국 이 방법론은 성경의 진리를 객관적 세계로부터 절단해 버리고, 그 자리에 "내적 증거"라고 하는 주관적 경험을 대신 앉혔다. 이것은, 세속적 실존주의 철학자 칼 야스퍼스의 술어인 "한계 체험"(the final experience)이라는 말과, 내적 증거야말로 최종적 권위라고 하는 개념을 나타내는 몇몇 술어들을 생각나게 한다. 신정통주의적 형태와 세속적 실존주의 형태와 이 새로운 복음주의 형태에서는 드디어 진리가 다만 주관적인 것으로 다루어지게 되었다.

이 모든 것은 그리스도 자신께서 제시하신 역사적인 견해와, 그리고 그리스도 교회가 지닌 역사적인 성경관, 곧 성경은 객관적인 것이므로 절대적인 진리라고 하는 견해와 날카롭게 맞선다. 물론 우리가 개인적으로 성경을 읽고, 교회가(공식 예배 등에서—역자 주) 성경을 읽는 데 있어 주관적인 요소들이 포함된다는 사실을 우리는 모두 알고 있다. 그러나 성경은 객관적인 것이며, 그것이 관여하는 모든 영역에서 절대적인 진리이다. 그러므로 우리는 그리스도께서 살아계셨던 것과, 그리스도께서 죽은 자들 및 모든 여타의 사람들 가운데서 살아나신 것을 안다. 그것은 어떤 주관적 내적 권위 때문이 아니라, 성경이 객관적 절대적 권위로서 엄존하기 때문이다. 이것이 우리가 알고 있는 방도이다. 나는 객관적 실재 위에 기초를 둔 경험을 경시하지는 않는다. 그러나 "성경은 객관적이며 절대적인 진리이다"라는 확신의 기초 위에 세워진 경험이야말로 정도(正道)라고 나는 생각한다.

바꿔 말하면, 성경이 허리를 굽히고 주변 문화에 동화되는 것이 아니라 문화가 성경에 의해서 끊임없이 심판을 받아야 하는 것이다. 초대교회는 당시의 로마 그리스 문화에 관해 이렇게 했으며, 종교개혁 역시 중세기 말엽에 일기 시작한 문화와의 관계에서 이렇게 했다. 모든 위대한 부흥사들도 그 당시 주변 문화에 대해 이렇게 했다는 것을 결코 잊지 말아야 하며, 그리스도 교회 역시 역사의 위대한 시점에 이르렀을 때마다 이렇게 했다.

새로운 허점

그러나 사태를 더욱 복잡하게 하는 것은, 복음주의자들 가운데는 "성경의 무오성"이라는 말을 즐겨 쓰는 사람들이 있지만, 그 말을 조심스럽게 분석해 보면 사실상 이 말이 역사적으로 교회 안에서 뜻했던 것과 전혀 다른 그 무엇을 의미하기 때문이다. 이 문제를 1974년 로잔 언약(the Lausanne Covenant)에 있는 성경에 관한 진술란에서 찾아볼 수 있다. 그 진술은 아래와 같다.

> 우리는 그 전체가 유일하게 기록된 말씀인 신구약 성경의 신적 영감과 진실성과 권위를 긍정하며, 그 말씀이 긍정하는 모든 것에 오류가 없다는 것과, 신앙과 실천을 위한 유일하게 무오한 법칙임을 단언한다.

한 번만 읽어 본 사람에게는 이 글이 성경의 완전한 권위를 뒷받침하는 강력한 진술서처럼 보일 것이다. 그런데 문제는 "그 말씀이 긍정하는 모든 것에"라는 구절에서 발단한다. 많은 사람은 이 구절을 허점으로 사용하고 있다. 로잔 대회 언약문에 나온 이 짧은 구절과 나는 무관하다는 것을 말해야 되겠다. 나는 이 구절이 활자로 찍혀 나오기까지는 그것이 언약문에 포함되리라는 것을 알지 못했기 때문에 그것을 보고 기분이 언짢았다. 그러나 단어들을 공정하게 다루기만 한다면, 그것은 정당한 진술이다. 물론 우리는 ("말씀이 긍정하는 모든 것에 오류가 없다"라는 말에서 논리를 발전시켜—역자주) 말씀이 긍정하지 않는 사실들에 있어서까지 성경의 무오설을 적용시키고 싶지는 않다. 가장 확실한 보기의 하나를, "어리석은 자는 그 마음에 이르기를 하나님이 없다 하도다"(시 14：1)라는 성경 구절에서 찾아볼 수 있다. 성경은 "하나님이 없다"라고 가르치지 않는다. 비록 성경이 이런 진술을 했을망정, 이것은 성경이 긍정하는 그 무엇은 아니다. 더구나 우리는 성경을 기초로 해서 사람들이 진술해 놓은 모든 평가에 있어서까지, 성경은 오류가 없다고 말하려 하지 않는다(다시 말해서, 성경의 무오성을 두둔한다고 하면서 늘어놓은 각종 진술에는 오류가 있다는 뜻인 듯하다—역자주). 그러므로 로잔 언약에 나타난 그 진술문은 그 자체로서는 완전히 정당한 진술인 것이다.

그러나 나는 그것이 인쇄된 형태로 나온 것을 보자마자 그것이 남용되리라는 것을 알았다. 불행하게도 "그것이 긍정하는 모든 것에"라는 이 진술이 사실상 많은 사람에 의해 허점으로 이용되었다. 어떻게 그것이 허점으로 이용되었는가? 성경은 그 안에 표현되어 있는 가치 체계 및 어떤 종교적 사실들을 긍정한다고 말하고 싶어하는 실존주의 방법론에 의해서 허점으로 이용되었다. 그러나 실존주의 방법론에 기초를 두고 있는 사람들은, 언약문에 서명을 하면서도 심리의 이면에서는 "그러나 성경은 역사와 우주의 영역에 관해 가르칠 때 오류가 없이 가르친다고 자부하지 않는다"라고 은근히 생각하고 있다.

이처럼 복음주의 공동체의 일부에서 널리 받아들여진 실존주의 방법 때문에, 성경은 그것이 가치들에 관해서, 그리고 의미 체계와 종교적인 사실들에 관해서뿐만 아니라 역사와 우주에 관해서 말할 때에도 오류가 없다는 어떤 구절을 첨부하지 않는 한, 오늘날 무오성이라는 오래된 낱말은 무의미하다. 만일 그러한 구절이 첨가되지 않는다면, 오늘날 이 말은 무의미하다는 말이다. 특히 주목해야 할 것은, 이 무오성이라는 단어를 성경 전체에 적용하지 않고 다만 의미 체계와 가치 체계와 어떤 종교적 사실들에 대해서만 적용하고,

성경이 역사에 관해서와 과학의 관심을 불러일으킬 만한 사실들에 관해서 언급하는 한, 어느 사실에 대해서도 그것을 적용하지 않는 사람들에 의해 이 단어가 사용되고 있다는 사실이다.

모든 오류에도 불구하고

바로 몇 달 전에 이에 대한 가장 명확한 실례 하나가 내 관심을 끌었다. 오늘날 현대 자유주의 신학자들이 품고 있는 성경관이 자칭 복음주의라고 하는 신학교들에서 가르쳐지고 있는 것을 우리는 발견한다. 이 견해는, 성경에는 오류가 있지만 어찌 되었든 믿을 수밖에 없다고 하는 세속적 사상가들의 실존주의 방법론을 따르고 있다. 예를 들면, 나는 최근에 대영 제국의 매우 유능한 한 사상가로부터 한 통의 편지를 받았는데, 그는 아래와 같이 썼다.

> 성경에 관한 신정통주의의 입장은 더욱 말할 것도 없고, 오늘날 복음주의자들은 많은 문제들에 직면하고 있습니다. 나는 며칠 동안 틴데일 하우스(Tyndale House, 영국 케임브리지에 있는 연구소)에서 연구중에 있습니다. 내가 머물고 있는 방 앞 복도를 조금 걸어 내려간 곳에 아주 상냥한 교수 한 사람이 머물러 있었는데, 그는 캘리포니아의 어떤 이름난 자칭 복음주의 신학교에서 온 자로서 자기를 가리켜 "개방적인 복음주의자"라고 불렀습니다. 그는 공개적인 신학 토론에서, "성경에 있는 모든 오류에도 불구하고" 그것을 믿는다고 말했습니다.

내게 이 편지를 써 보낸 영국의 이 기독교 지도자는 아주 적절하게도 이것을 일컬어, 복음주의라는 미명 아래 있는 신정통주의라고 했다. 신정통주의가 "사신 신학"으로 귀착되는 것을 자유주의자들이 의식하고 있을 무렵에 복음주의자들이 신정통주의를 진보적인 것으로 채택했다는 것은 흥미있는 일이 아닌가? 몇 해 전에 이 신학교와 다른 신학교들이 복음주의라는 이름 아래 성경에 관한 일종의 신정통주의적 형태를 제시한 데 불과했음이 명백해졌을 때, 복음주의 지도층에서는 과연 신속히 한계선을 그어 놓았던가? 복음주의 지도층은 재빨리 성경 및 신앙의 파수 운동에 나섰던가? 유감스럽게도 그렇지 못했다고 말해야 할 것이다. 몇몇 외로운 목소리를 제외하고는 크고도 깊은 침묵만이 흘렀었다.[1]

문화적 침투

역사의 영역에서 성경을, 그리고 성경이 우주의 문제를 다룰 때

[1] 이 신학교가 성경에 대해 신정통주의적 견해를 받아들이기 시작했을 때, 외롭고도 용감한 목소리로 외친 이가 적어도 한 사람 있었던 것은 사실이다. 그 사람은 이 신학교 졸업생인 제이 그림스테드(Jay Grimstead)였는데, 나는 그의 노력을 특별히 공개하고 그에게 영예를 돌리고 싶다. 제이 그림스테드는 성경의 무오성에 관한 국제 협의회(the International Council on Biblical Inerrancy)를 창설하는 데 있어 결정적인 역할을 했다. 이 협의회는 우리들 열 사람이 출석한 가운데, 1977년 5월 16일에 시카고에서 정식으로 조직되었다. 이 모임은 여전히 복음주의 지도층 대부분의 후원을 받지 못하고 있었으며, 이 운동을 지원하려는 복음주의 지도층의 신속한 움직임도 전혀 없었다.

이 협의회는 특히 성경에 관한 역사적 정통적 입장을 옹호할 목적으로 조직되었다. 특히 주시해야 할 것은 이 협의회가 발표한 두 개의 성명서인데, 1978년 10월에 발표한 첫번째 성명서의 제목은 "성경의 무오성에 관한 시카고 성명"(The Chicago Statement on Biblical Inerrancy)이고, 1982년 11월에 발표한 두번째 성명은 "해석학"(Hermeneutics)에 관한 문제를 다룬다. 이 두 성명은, 첫째로 성경에 오류가 없다고 말하는 것은 무엇을 뜻하며, 둘째로 이것을 성경 이해와 해석에 어떻게 응용할 것인가의 방법론을 제시함에 있어 무한한 가치가 있다. 해석학에 관한 두번째 성명은, 어떻게 성경을 정당하게 연구하며 해석할 것인가에 관한 놀라우리만큼 균형 잡힌, 그리고 도움이 될 말한 25가지의 긍정적 조항과 부정적 조목들을 연속적으로 제시하고 있다. 이 성명서들은 성경의 무오성의 완전 결백함을 함께 표명하고 있다.

그것의 위치를 약화시키는 자들은 성경에 기록된 이러한 사실들이 문화적으로 그렇게 방향 설정이 된 것이라고 말함으로써 성경을 약화시키고 있다. 다시 말해서, 성경이 역사와 우주에 관해 말하는 곳은 성경의 그 부분이 기록된 당시의 문화가 주장하던 견해를 나타낼 뿐이라는 것이다. 이를테면, 창세기 기자와 바울이 하와가 아담에게서 나왔다고 분명히 인정했을 때, 이것은 다만 이 책들이 기록된 그 당시에 널리 퍼져 있던 문화적 견해들로부터 그 사상을 빌어 온 것이라고 일컬어지고 있는 것이다. 따라서 창세기의 처음 열한 장뿐만 아니라 신약성경까지도 절대적인 경전 대신에 상대적인 것으로 보고 있다.

그런데 이러한 과정을 밟기 시작한 사람은, 필연적으로 좀더 과격한 정도에까지 이르지 않을 수 없다는 것을 인식해야 한다. 이러한 일들이 아직도 복음주의자들임을 자처하는 일부 사람들 사이에서 벌어지고 있다. 그들은 아직까지 성경 가운데 있는 가치 체계와 의미 체계와 종교적 사실들을 인정하려고 노력은 하고 있지만, 그들에게 있어서는 성경이 역사와 문화에 대해 언급하고 있는 한, 다만 문화적으로 방향이 설정된 입장에서 그렇게 하고 있을 뿐이다. 아주 최근에 이르러서는 이러한 입장이 한걸음 더 나아갔다. 이제는 성경에 제시된 개인 관계의 영역에 속한 일부 도덕적인 절대 기준 역시 문화적으로 방향이 설정된 것이라고까지 말하게 된 것이다. 다른 많은 예를 들 수 있겠으나 두 가지 보기만 들겠다.

첫째로, 이혼과 재혼이 쉬워졌다. 일부 복음주의자들은 이혼과 재혼에 대해 가해진 제한에 관해 성경이 명확히 가르친 그것을, 이제는 문화적인 영향의 범주에 속하는 것으로 취급하고 있다. 이런 것들은 신약성경이 기록된 당시의 사상일 따름이라고 그들은 말한다. 그들의 생각에, 이러한 문제들에 관한 성경의 가르침은 문화적으로 방향이 설정된 다른 한 가지 사실일 뿐 그 이상의 것은 아니라는 것이다. 이 문제에 관해 성경이 단언하는 바에 대해 더 이상 구속을 느끼지 않는 평신도들, 장로들, 목사들이 소위 복음적인 교회들 안에 상당수 존재한다. 이 영역에 관해 성경이 가르치는 그것은 문화적으로 방향이 설정된 것이기 때문에 절대기준으로 삼을 수 없다고 그들은 말하고 있다.

두번째 보기로서, 가정과 교회의 질서에 관해 성경이 명확하게 가르치고 있는 영역에서 같은 사실이 일어나고 있는 것을 우리는 발견한다. 복음주의자라는 이름을 지닌 몇몇 강연자들과 저자들은 이 질서에 관한 명령들 역시 문화적으로 방향이 설정된 것으로 여기고 있다.

바꾸어 말하면, 지난 몇 년 동안에 상황은 바뀌어 복음주의자들은 성경이 역사와 우주에 관해 긍정하고 있는 바 그것은 문화적으로 방향이 설정된 것이라고 말하면서 성경의 가치 체계, 의미 체계, 종교적 사실들을 고수하던 입장을 바꾸어(하기야 여전히 같은 가치 체계, 의미 체계, 종교적 사실들을 고수하려고 노력은 하면서도), 앞에서 언급된 도덕적 명령들을 역사 및 우주적 사실들과 나란히, 문화적으로 그 방향들이 설정된 것으로 총괄하려는 보다 전진적 단계를 밟기에 이르렀다. 말을 하자면 끝이 없다. 성경은 다만 우리가 사는 역사의 순간에 우리를 둘러싸고 있는 문화를 반영하는 말만을 하도록 만들어졌다. 성경은, 그것이 우리 사회와 문화를 심판하기는 고사하고 문화에 굴복하고 있다.

인간들이 복음주의라는 이름 아래 일단 실존주의 방법론의 길을 걸어 내려가기 시작하면, 더 이상 성경은 오류가 없는 하나님의 말씀이 되지 못하고 성경의 각 부분은 점차 유오(有誤)의 낙인으로 잠식당하고 만다. 인간들이 이 지경에까지 이르게 된다면 도대체 성경은 어떻게 되어 버린 것인가? 그것은 자유주의 신학자들이 말했듯이 20년대 내지 30년대로 돌아간 것이다. 우리는 기독교가 서 있는 기초가 무너져 가고 있다고 지적한 그레샴 메이첸과 같은 학자의 시대로 되돌아간 것이다. 그 기초는 무엇인가? 그것은 영원히 살아 계신 인격적인 하나님께서 침묵하지 아니하시고, 성경이 가르치는 것을 포함한 모든 것을 통해서, 그리고 종교적인 과제들에 관해서 그것이 가르치는 것뿐만 아니라 도덕적 절대기준을 통해서 그가 명제적인 진리를 말씀하셨다는 것이다.

그러나 근원적인 문제는 과거나 현재나 다음과 같다는 것을 주목해야 할 것이다. 끊임없이 변천하는 문화를 성경이 부동의 기초가 되어서 심판하는 것이 아니라, 우리를 둘러싸고 있는 세상적인 견해의 한 형태가 성경관 속으로 침투해 들어왔다는 사실이다. 복음주의자들인 우리는 우리를 둘러싸고 있으면서 끊임없이 변천하는 이 타락한 문화에 의해 침투를 당할 것이 아니라, 오히려 성경적인 기초에 입각해서 그 문화를 심판하는 소명의 자리에 서 있어야 할 것이다.

어떠한 차이가 있는가

무오성을 따르면 차이가 생기는가? 압도적으로 그렇다. 그 차이는 이렇다. 곧 성경은 어디까지나 성경이고 절대적인 하나님의 말씀이며 객관적인 진리이기 때문에, 우리는 우리를 둘러싸고 있으면서 끊임없이 변천하는 타락한 문화들에 사로잡힐 필요도 없으려니와 사로잡혀서도 안 된다는 것이다. 성경의 무오성을 신봉하지 않는 자들은 이처럼 높은 특권을 가지지 못한다. 그들은 정도의 차이는 있겠지만 변천하는 타락한 문화의 지배를 받는다. 따라서 그들은 성경을 이 시대의 변천하는 세계 정신에 맞도록 재해석하는고로, 그들에게는 변화 무상한 세계 정신이 가져다 준 견해들과 가치관을 심판하고 거기에 항거할 만한 실질적인 권위가 없다.

그러나 우리는 주님 앞에서 조심해야 한다. 만일 우리가 성경은 오류가 없는 권위 있는 "주의 말씀"이라고 믿노라고 말한다면, 우리 주변에서 일어나는 변화의 회오리 바람을 혼동과 공포로 맞지 않는다. 그러나 다른 측면에서, 성경이 틀림없이 "주의 말씀"이라면 우리는 그 밑에서 복종하며 살아야 할 것이다. 만일 그렇게 하지 않는다면, 성경의 무오성을 지지한다는 말을 올바로 이해하지 못하고 있는 것이다.

다시금 묻고자 한다. 무오성을 따르면 인간 존재의 전영역에 걸쳐 우리가 삶을 영위하는 방도에 있어 진정한 차이가 생긴다는 말인가? 유감스럽게도, 성경의 완전한 권위를 참으로 주장하는 우리 복음주의자들 역시 이 점에 있어 언제나 만족할 만하지 못했다는 것을 실토해야 할 것이다. 나는 무오성에 대한 태도 여하가 복음주의 세계의 분수령이라고 말했다. 그러나 그것은 단순히 신학적인 토론에 그치는 문제가 아니다. 성경에 대한 복종 여부야말로 분수령이다. 우리가 성경을 실제로 믿느냐의 여부를 명시하는 것은, 그것을 믿고 우리 생활에 적용하느냐의 여부에 달려 있다.

쾌락주의

오늘날 우리는 모든 것이 상대적이고, 그것이 무엇이든간에 개인이나 사회를 "행복하게" 해주며, 또는 순간적으로 기분을 좋게 해주는 것에 최종적인 가치를 두는 사회에 살고 있다. 이것은 자기 기분에 좋은 대로 행하는 쾌락적인 젊은이에 대해서만 말하는 것이 아니라 사회 전체에 대해서 말하는 것이다. 여기에는 많은 국면이 있는데, 그 가운데 하나는 사회의 모든 안정을 파국으로 모는 국면이다. 아무것도 확정된 것은 없고 최종적인 표준이란 없으며, 오직 인간을 "행복하게" 만들어 주는 것만이 지배적이다. 이것은 인간 생활에 관해서도 그대로 적용된다. 1982년 1월 11일자 뉴스위크(*Newsweek*)지는, 5,6 페이지에 달하는 특집 기사를 실었는데, 그 결론 부분에서 인간 생명은 임신에서부터 시작된다고 말하고 있다. 생물학을 공부하는 사람이라면 누구나 이 사실을 알아야 했다. 그러나 다음 페이지를 넘기면, "그렇지만 그것이 인격체란 말인가?" 라는 기사가 나온다. 이 기사의 결론은 이렇다. "문제는 실제 인간의 생명이 언제 시작되는가를 결정하는 데 있지 않다. 그보다는 그 생명의 가치가 다른 고려 사항들, 예를 들어 산모의 건강, 즉 행복보다 더 중요하게 되는 때를 정하는 문제이다." 즉 "행복"이란 표현은 끔찍한 말이다. 그래서 인정된 인간의 생명조차도 다른 사람의 행복을 위해 빼앗을 수 있고 또 빼앗고 있다는 것이다.

고정된 가치관이 없는 곳에서 중요시되는 것은 오로지 나나 또는 사회의 순간적인 행복뿐이다. 나는 미국 시민 자유 연맹(the American Civil Liberties Union)에 속한 자유주의 법률가들이 왜 그 점에 놀라지 않는지 이해할 수가 없다.

물론 신생아가 가정이나 사회를 불행하게 만들 것같이 보일 때에는 그 아이를 죽도록 허용해야 한다는 생각이 점점 받아들여지고 있다. 멀리 갈 필요없이 텔레비전 방송만 보아도 홍수처럼 밀려오는 것을 볼 수 있다. 이러한 견해에 근거해서, 다시 말해서 사회의 행복을 위해 스탈린과 모택동은 수백만의 사람이 죽도록 허용("허용"이라는 말을 사용한 것은 아주 부드럽게 표현한 것이다)했다. 이것이 오늘날 교회를 둘러싸고 있는 공포이다. 개인이나 사회의 행복이 인간의 생명보다 훨씬 우선하는 것이다.

우리는 실존주의 신학 사상에 침투당하는 위험에 놓여 있는 것과 마찬가지로, 우리를 둘러싸고 있는 우리 문화의 무도덕적 사상에 침투당하는 위험에 놓여 있다는 사실을 인식해야 한다. 왜 그런가? 확립된 표준이 없는 사회, 모든 것에 "잘못된 것이 없는" 사회에 우리가 둘러싸여 있기 때문이다. 모든 것을 심리학적으로 밀어붙이거나 해석해 버리기 때문에, 결국 옳고 그른 것이 없게 된다. 산모의 "행복"이 인간 생명보다 우선하듯이, 개인이나 사회의 "행복"에 방해가 되는 것은 그 무엇이든 제거될 수 있다. 이것 역시 쾌락주의나 마찬가지라고 할 수 있다.

성경을 굴복시키다

진정한 분수령의 결정은 성경에 대한 순종 여부에 달려 있다. 성경에 오류가 없다고 우리가 입으로는 말할 수 있지만, 성경으로 이 문화를 판단하는 대신 이것에 적응하기 위해 우리의 삶을 통해 성경을 굴복시킨다면(성경의 주장을 타협한다면－역자주) 우리는 성경을 파괴하는 것이다. 오늘날 우리는 쉽게 생각하는 이혼과 재혼의 경우를 통해 성경 파괴 행위가 점점 더 빈번하게 일어나고 있는 것을 보게 된다. 미국 여러 주에서 실시되고 있는 합법적 이혼법은 사실상 인도주의나 인정에 기초를 둔 것이 아니다. 옳고 그른 것은 없다는 견해에 입각한 것이다. 따라서, 모든 것은 상대적이다. 이 말은 사회나 개인은 순간적으로 그들에게 행복을 줄 수 있는 것으로 여겨지는 것에 근거해 행동한다는 뜻이다.

성경에는 오류가 없다는 사실을 믿는다고 주장하는 대다수 복음주의 교회까지도, 타락한 문화의 현 관점을 성경이 판단케 하는 것이 아니라 이 문화에 순응하기 위해 이혼 문제에 관해 성경으로 하여금 굴복하게 했다는 사실에 우리는 동의해야 하지 않겠는가? 내가 만일 성경을 거스르고 가족을 공격할 권리－일반적인 가족이 아니라 나 자신의 가족을 공격하고 파괴할 권리－를 주장한다면, 자신의 "행복"을 위해 제 아이를 죽일 권리를 주장하는 어미와 같지 않겠는가? 말하기는 어렵다. 그러나 성경에 대한 신학적인 공격에 못지않게, 성경에 대해 파괴적인 주변 사회 풍조가 성경 사상 안으로 침투해 들어왔다. 두 가지 다 비극이다. 두 가지 다 성경으로 하여금 주변 문화에 순응하도록 굴복을 요구하고 있다.

우리 시대의 표지

만일 복음주의라는 이름 아래 있는 많은 사람들이 복음주의를 복음주의적인 것이 되게 하는 것을 더 이상 고수하지 않게 된다면, 외형상 점점 더 커지는 것처럼 보이는 복음주의가 도대체 무슨 소용이 있겠는가? 만일 이 상태가 지속된다면, 우리는 성경이 그 자체에 대해 주장하는 바에 대해서 불충하게 되고, 예수 그리스도께서 성경에 대해 주장하시는 바에 대해서도 불충하게 된다. 그러나 또한 우리가 잊지 말아야 할 것은, 만일 이 상태가 지속된다면 우리와 우리 자손이 장차 어려운 날들에 대비할 수 없게 될 것이라는 사실이다.

뿐만 아니라, 만일 우리가 묵종한다면 우리는 더 이상 우리 문화－도덕과 법률은 다만 문화적으로 방향이 설정된 것이나 통계적인 평균치의 문제에 불과하다는 개념에 몰두한 문화－를 건져낼 소금이 될 수 없을 것이다. 이것이 우리 시대의 특징이며 표지이다. 그리고 만일 우리에게 이와 같은 표지가 찍힌다면, 우리는 어찌 우리가 살고 있는 이 깨지고 조각난 세대를 건져낼 소금이 될 수 있겠는가?

여기에 복음주의 세계의 분수령이 있다. 우리는 가장 사랑하는 마음으로 그러나 분명히 말해야 한다. 복음주의는 완전한 성경관을 가진 자들과 그렇지 않은 자들 사이에 구획의 선이 그어져 있지 않는 한 일관적으로 복음적일 수 없다는 것이다. 그러나 우리는 다만 추상적인 하나의 신학적 교리에 관해서만 말하고 있는 것이 아니라는 것을 기억해야 한다. 성경이 신학적 침투를 당함으로써 타협을 하기에 이르렀든지, 아니면 주변 문화의 침투로 말미암아 그렇게 되었든지간에, 종국에 가서는 별로 차이가 없을 것이다. 곧 교리적인 면에서와, 삶의 전영역에서 우리가 살아가는 방법 면에서 동일하게 성경에 복종하느냐의 여부에 달려 있다.

대결

그러나 만일 우리가 참으로 이것을 믿는다면, 그 어떤 사실을 반드시 고려해야 한다. **진리는 대결을 동반한다.** 진리는 대결을 강력히 요구한다. 물론 그것은 사랑하는 마음으로 벌이는 대결이지만, 어디까지나 대결은 대결이다. 만일 우리의 반사적인 행동이 내포된 진리의 핵심에 관계 없이 언제나 적응한다면, 거기에는 무엇인가 잘못된 것이 있다. 사랑이 없는 성결을 우리가 하나님의 보여 주신 성결(God's kind of holiness)이라고 부를 수 없듯이, 불가피한 대결을 포함한 성결이 없는 사랑 또한 하나님의 보여 주신 사랑(God's kind of love)이라고 할 수 없다. 하나님은 거룩하시며 하나님은 사랑이시다.

우리는 성경에 대한 신학적인 공격을 기도하는 마음으로 거부해야 한다. 우리는 이에 대해, 분명하게 그리고 사랑하는 마음으로 힘있게 거부해야 한다. 그리고 우리는 도덕적 문제에 있어 잘못된 것이 없다고 보는 현대 세계관이 우리의 삶에 침투함으로 인한 성경에 대한 공격을 거부하지 않으면 안 된다. 우리는 이상의 공격들을 똑같이 거부해야 한다.

우리가 살고 있는 세상에는 확고한 가치관도 표준도 없다. 그러므로 사람들이 그들 나름대로 또는 사회 나름대로 생각하는 행복의 개념이 모든 것을 지배한다. 우리 믿는 자들은 그러한 위치에 놓여 있지 않다. 우리는 오류가 없는 성경을 가졌다. 전체 문화가 이 시점에 처한 우리에게 항거하고 있느니 만큼, 이 어마어마한 압력에 대항할 수 있는 힘을 주시기를 그리스도께 앙청(仰請)하면서, 우리는 신학 및 생활 양면에서 동일하게 침투해 들어오는 것을 배척해야 한다. 성경의 무오성을 긍정함과 아울러, 우리의 개인적 생활에 있어서나 사회 생활에 있어서 그러한 자세 아래 살아가야 할 것이다. 우리 가운데 어느 누구도 이 일을 완벽하게 해내고 있지는 못하지만, 적어도 이것은 우리의 사고와 삶의 "표준"이 되어야 하겠다. 그리고 우리가 실패했을 때에는 하나님께 용서를 구해야 한다.

하나님의 말씀은 결코 사라져 없어지지 않겠지만, 구약과 및 그리스도 시대 이후를 되돌아볼 때 하나님의 백성의 인내의 결핍과 불충 때문에, 하나님의 말씀이 오류가 없는 말씀으로서 그 시대의 세계 정신과 주변 문화를 심판하는 대신에 그 말씀이 여러 차례 허리를 굽혀 그 시대의 변천하는 주변 문화에 순응하게 되었다고, 우리는 눈물을 머금고 말해야 하겠다. 우리 자손들이 우리에 대해 그렇게 말하게 되지 않기를 주 예수 그리스도의 이름으로 소원한다.

제 3 장
진리의 실천

신학적인 침투와 타협, 그리고 이에 못지않은 문화적인 침투와 타협으로 성경이 파괴당하고 있을 때, 성경을 믿는 그리스도인들인 우리에게 과연 분수령을 수립할 만한 용기가 있겠는가? 완전한 성경관을 가진 자들과 신학적, 문화적 침투를 당한자들 사이에 선을 긋되, 공공연히 그렇게 할 수 있는 용기가 우리에게 있는가? 만일 우리에게 그런 용기가 없다면, 우리는 우리 자손의 발 밑에 함정을 파는 것이 될 것이며, 우리는 그들로 우리의 죽어 가는 문화를 살릴 소금과 빛이 되게 할 모든 희망을 말살해 버리는 것이 될 것이다.

우리는 다른 이들이 선을 그어 줄 때까지 기다릴 수는 없고, 바로 우리가 그 선을 그어야 한다. 그 일은 쉽지 않을 것이며 많은 사람이 값비싼 대가를 치러야 할 것이다. 그러나 우리가 영원한 인격적 하나님－거룩과 사랑의 하나님－을 참으로 믿고 또 주님과 그의 말씀과 그의 교회를 참으로 사랑한다면, 우리에게는 다른 것을 선택할 여지가 없다.

신"근본주의적 율법주의"

에버리트 쿠프(C. Everett Koop) 박사와 나의 아들 프랭키(Franky)와 내가 낙태, 영아 살해, 안락사에 대한 기독교인의 자세?(*Whatever Happened to the Human Race* ?)라는 영화를 중심으로 한 어떤 세미나에 참석하고 있을 때 흥미있는 일이 있었다. 우리 가운데 한 사람이 어떤 저명한 복음주의 지도자로부터 편지를 받았다. 그는 성경에 대해 신학적으로 건전한 견해를 가진 자였으며, 나는 그를 좋아한다. 그러나 그는 그 편지에서, "나는 새로운 종류의 근본주의적 율법주의(fundamentalist legalism)가 출현함을 봅니다"라고 말했다. 그는 자기가 말하고자 하는 뜻은 아래와 같은 것이라고 계속해서 설명했다. "이것은 무오성 문제에 있어서 거짓된 복음주의에 관한 공격이 그렇고 또 정부의 낙태 비용 지원 문제에 있어서 예외를 허용함으로써 복음주의의 대의가 배신당했다고 말하는 사람들의 경우가 그렇다. 그는 성경과 낙태 두 가지 문제를 연결시킨 것이다." 이 말에는 약간의 해명이 필요하다. 기본적으로 그가 말하고 있는 것은 이것이다. 즉 참으로 복음주의적이 되기 위해서 성경의 무오성을 고수해야 한다고 믿는 사람들과 낙태에 대해 강한 반대 입장을 취하고 있는 사람들은 "새로운 종류의 근본주의적 율법주의"를 나타내고 있다는 것이다.

어떤 점에서 이 복음주의적 지도자는 아주 옳은 것이다. 성경에 대한 높은 견해와 생명에 대한 높은 견해는 병행한다. 인간 생명의 가치에 관해 성경이 가르치는 것에 대해서는 충실하다고 하면서 낙태에 찬성할 수는 없는 것이다. 그러나 그 반대의 경우도 사실이다. 성경에 대한 낮은 견해라는 형태를 뒤집어 쓴 신학적인 침투와, 인간 생명의 평가 절하라는 형태를 가진 문화적인 침투 역시 서로 보조를 같이한다. 그가 두 가지 문제를 결합시킨 것은 정확했다.

그러나 "근본주의적 율법주의"라는 술어는 문제를 야기시킨다.

이것이 바로 우리가 선을 긋는다고 하는 말의 뜻인가? 이것이 과연 우리가 하나님의 사랑과 거룩에 충실해야 한다는 말의 뜻인가?

만일 이 말에 내포된 뜻이 우리 가운데 일부가 과거에 너무나 잘 알고 있던 무정하고 사랑 없는 "근본주의적 율법주의"라고 한다면, 물론 우리는 그것을 원하지 않을 뿐더러 그리스도의 이름으로 그것을 배척한다. 하나님의 사랑과 하나님의 거룩하심은 언제나 동시에 나타나야 한다. 그리고 만일 누군가 그릇된 길로 나갔다가 돌아왔다면, 우리가 그 동안 옳았다는 교만한 태도를 취할 것이 아니라 기뻐하며 노래를, 행복한 음악을, 기쁜 음악을 연주하며 환희의 노래를 불러야 한다. 그리고 진정한 회심이 있기에 거리에서 춤을 추어야 할 것이다.

다시금 말하지만, 만일 "근본주의적 율법주의"라는 술어가 불행하게도 자주 그러했듯이 인간성을 무시하는 것, 지성의 중요성을 인식하지 못하는 것, 그리스도인이나 비그리스도인을 막론하고 그들이 나타내 보인 인간적 창조성은 연구할 만한 가치가 있다는 사실을 알지 못한다면, 그리고 만일 그것이 학문적인 것을 무시하는 것을 뜻하며 인생 제반사에 있어서 그리스도의 주 되심을 무시하는 것이라면, 40여 년간의 나의 모든 연구와 모든 저서들과 기록 영화들이 이것을 전적으로 반대함을 보여줄 것이다. 또한 만일 "근본주의적 율법주의"라는 술어가 교리와 삶의 근본적인 문제들과 2차적인 문제들을 혼동하고 있음을 뜻하는 것이라면, 그런 사상 역시 거부되어야 마땅하다.

사랑과 거룩

그러나 이 모든 것이 성경은 오류가 없다는 주장을 지키는 것을 포함한 핵심 교리의 문제와 인생의 핵심 문제에 관한 것이라면 무언가 반드시 고려해야 한다. 앞장의 끝 부분에서 내가 말했듯이,

진리는 대결—사랑하는 마음으로 대결하지만 어디까지나 대결은 대결이다—을 동반한다. 우리의 고찰이, 관련된 진리의 핵심에 관계없이 언제나 적응하는 것이라면 무엇인가 깊이 잘못된 것이다. 만일 우리가 사랑이라는 말을, 마땅히 필요할 때 해야 할 대결을 회피하기 위한 구실로 사용한다면, 우리는 하나님의 거룩을 부인하는 것이며 하나님과 및 그의 참된 인격에 충실하지 못한 것이다. 사실상 우리는 하나님 자신을 부인해 버린 것이다.

불과 몇 년 사이에 사태가 얼마나 악화되었는지는 감히 상상할 수도 없다. 어떤 유명한 복음주의 대학의 성경 교수 한 사람이 예수 탄생에 관한 이야기의 일부는 복음서 기자들 가운데 한 사람이 꾸민 것이며, 예수께서 말씀하신 것이라고 하면서 복음서들에 기록된 사실들의 어떤 것은 사실상 전혀 예수께서 하신 말씀이 아니라 다른 사람들이 나중에 만들어 넣은 것이라고 가르친 것은 무엇인가가 심각하게 잘못되어 있는 것이다. 많은 복음주의 대학과 신학교 교수들이 성경을 연구할 때 고등 비평 방법들을 사용하고 있으며, 이 방법들은 80년 내지 100년 전에 미국 안에 있는 자유주의 교회에서 성경을 파괴하기 위해 사용하기 시작한 것들이었다는 것을 감안할 때 무엇인가 깊이 잘못되었고, 어떤 유명한 기독교 대학의 철학, 윤리학 과장이 낙태 찬성론의 입장을 가졌을 때 무엇인가 심각하게 잘못되었으며, 어떤 지도적인 복음주의자가 성경의 완전한 권위에 관한 그의 입장을 바꿔 신정통 실존주의 방법을 찬성하고, 성경의 완전한 권위를 주장하는 자들을 "근본주의적 반계몽주의자들"[1] (Fundamentalist obscurantists)이라고 비웃을 때, 그 무엇이 심각하게 잘못된 것이다.

사실 여기서 위기에 직면한 것은 복음 자체인데, 우리는 여기에

[1] 보다 자세히 알려면, Bernard Ramm, *Beyond Fundamentalism* : *The Future of Evangelical Theology* (San Francisco : Harper and Row, 1983)을 참고하되, 특히 pp. 19—22와 pp. 43, 44를 보라.

어떻게 대처할 것인가? 문제는 여기에서 그치는 것이 아니라, 우리 문화의 장래와 수백만의 생명이 패망당하고 있다는 사실이다.

참으로 성경을 믿는 그리스도인들이 되기 위해서, 우리는 발걸음을 옮겨 놓을 때마다 동시에 두 가지 성경적 원리를 실천할 필요가 있다. 한 가지는 가시적 교회의 순결 원리이다. 성경은, 우리는 가시적 교회의 순결에 대해 말만하지 말고 비록 희생이 크다 할지라도 그 순결을 실제 행동에 옮겨야 한다고 명령한다.

두번째 것은, 모든 참된 그리스도인들 사이에서 능히 관찰될 수 있는 사랑의 원리이다. 육신적으로는 우리가 사랑 없는 순결이나 순결 없는 사랑을 강조할 수 있지만 우리는 두 가지를 동시에 강조할 수는 없다. 그렇게 하기 위해서 우리는 순간순간 그리스도와 성령님께서 하신 일을 바라보아야 한다. 그렇게 하지 않으면 순결에 대한 강조는 딱딱하고 교만하고 율법적인 것이 된다. 마찬가지로, 그렇게 하지 않을 때에 사랑에 대한 강조는 단순한 타협이 된다. 영성(spirituality)은 우리가 하나님의 거룩과 하나님의 사랑을 동시에 나타내기 시작할 때 우리 삶에서 진정한 의미를 가지기 시작한다. 우리는 이 일을 결코 완전하게 해낼 수는 없지만, 우리가 그 일을 진실되이 할 수 있도록 도와 주시기를 살아 계신 그리스도께 앙망해야 한다. 이렇게 양면성을 동시에 나타내지 않는다면, 우리의 놀라우신 하나님과 주님은 드러나지 않는다. 드러난 것은 하나님의 풍자적인 모습이며, 그는 굴욕을 당하신 것이다.

무엇이 위기에 직면했는가

오늘날 우리가 어떻게 대처할 것인가를 논하기 전에, 무엇이 위기에 직면했는지 그것을 먼저 알아야 한다. 그러나 우리가 참으로 현재의 종교적인 상황에 이 원리들을 적용시킬 방법을 알고 싶어 한다면, 20세기 초엽의 수십년 동안에 어떠한 일들이 일어났었는지를 이해할 필요가 있다. 우리는 제 1 장에서 이 문제를 간략하게 다루었는데, 이제 좀더 면밀하게 이 문제를 검토해 볼 필요가 있다. 이 수십년 동안에 그 후 사건들의 전체적인 방향이 설정되었는데, 그 사건들은 현대에 이르기까지 교회에 그 표지를 남겼으며, 그것들은 또한 앞으로 올 여러 세대 동안에도 틀림없이 그러할 것이다. 그 시대는 미국의 여러 교파가 현대주의 대 근본주의의 분쟁(the modernist / fundamentalist conflict)이라고 종종 일컬어지고 있는 것의 와중에 있을 때였다. 그러나 나는 이 말을 사용하는 것조차 망설인다. 왜냐하면 대부분의 사람들이 이 말을 아주 그릇되이 이해하고 있으며 특히 근본주의자라는 말을 전적으로 그리고 고의로 왜곡하고 있기 때문이다.

19세기 말과 20세기 초에 자유주의 독일 신학 사상이 이 나라에 밀고 들어왔다. 이 사상은 당시에 유행하던 독일 및 서구 철학의 산물이었는데, 이 사상은 기본적으로는 계몽주의 사상을 신학과 종합함으로써 과거의 "비과학적 미신"과 대조되는 종교에 "현대적"으로 접근하려는 방법에 도달하려는 시도였다. 그런데 여기에 문제가 있다. 우리가 제 1 장에서 살폈듯이, 계몽주의의 근본적인 과제는 기독교 진리에 대해 완전히 반대 입장을 취하는 데 있다. 계몽주의는 초자연적인 것에 대한 반대와 인간 이성의 완전한 충족성에 대한 신념에 기초를 두었다. 이 사상은 인간 본성의 근본적인 선(善)을 확신했으며, 인간 사회가 완전해질 수 있다는 가능성을 믿었다. 19세기 후기에 이 사상이 미국에 이르렀을 때에는, 이것이 이미 독일 개신교 안으로 깊숙이 침투해 들어와 성경에 대한 신앙을 "고등비평"[2]의 방법을 통해 이해시키고 있었다. 조금 뒤에는 이 사상이

---

[2] 여기서 거론되고 있는 문제는 사실상 학문에 관한 것이 아니다. 성경을 믿는 그리스도인들은 결코 어떠한 분야에서도 순수한 학문에 반대해서는 안 된다. 성경을 믿는 위대한 학자들은 여러 해 동안 꾸준히, "하등 비평"이라고 흔히 불려온 것, 곧 최선의 성경 본문은 사실상 무엇이냐 하는 문제에 종사해 왔다. 성경은 하나님으로부터 인류에게 주어진 명제적 의사 소통이기 때문에, 성경적 그리스도

로마 카톨릭 교회에도 들어갔다.

20세기 초엽에 이 새로운 자유주의 신학은 미국 안으로 홍수같이 밀려들어 오고 있었다. 대부분의 큰 개신교 교파들은, 나란히 서 있는 볼링핀이 차례차례 쓰러지듯이 마침내 자유주의 신학에 점령당하고 말았다. 그런데 참으로 위기에 직면한 것은 무엇이었던가? 그것은 복음 자체였다. 우리는 2차적 교리들에 관한 사소한 해석상의 변차(變差)에 대해서 말하고 있는 것이 아니다. 교파적 차이점에 대해서 말하고 있는 것도 아니다. 자유주의자들에게서 거부되고 있는 것들은 기독교 신앙의 중심에 속하는 것으로서, 그것은 성경의 권위와, 그리스도의 신성과, 구원의 의미이다. 뉴욕 제일 장로 교회의 목사이자 현대주의의 가장 영향력 있는 대변자의 한 사람인 해리 에머슨 포스딕(Harry Emerson Fosdick)은 하나의 뚜렷한 표본이었다. 1922년에 그가 한 유명한 설교 "근본주의자들은 이길 것인가?"(Shall the Fundamentalists Win?)에서, 그는 자유주의자들이 뜻하는 그리스도의 재림에 대해서 설명했다. 포스딕은 다음과 같이 설교했다.

> "그리스도는 오신다!"라고 자유주의자들은 말한다. 그들은 진심으로 그렇게 말하고 있지만, 그가 구름을 타고 겉으로 보이게 땅 위에 도달하신다고는 생각하지 않는다. 그들은 이

인들이 가급적이면 가장 훌륭한 성경 본문에 관심을 갖는 것은 명백한 사실이다. 따라서 우리가 본문 연구를 중요시하는 것은 당연하며, 필연적으로 기독교 학자들은 여러 해에 걸쳐 "하등 비평" 분야에서 연구해 오고 있다.

"고등 비평"은 전혀 다른 문제이다. 하등 비평이 연구를 끝맺은 곳에서부터 시작해서, 그 자체의 주관적인 기초에 입각하여 확정된 최선의 본문 가운데서 무엇을 받아들이고 무엇을 배척할지를 결정하려고 시도한다. 자유주의와 성경적 기독교 사이의 진정한 차이점은 학문상의 문제가 아니라 전제(presuppositions)의 문제이다. 구자유주의와 신자유주의는 그것들이 공유하고 있는 일정한 전제에 입각해서 활동하고 있으나, 이것들은 역사적 정통적 기독교의 전제 조건과는 다르다.

보다 상세히 알기 위해서는 나의 저서 오늘날의 교회의 사명(*The Church Before the Watching World*) 1장을 참고하라.

> 최근 세대에 속한 자들이 우리에게 제공해 준 유쾌한 통찰력, 곧 발전(현대의 진보)이야말로 하나님께서 그의 뜻을 펴 나가시는 방법이라는 사실을 거룩한 계시의 한 부분으로서 (재림의 내용에—역자 주) 동화시켰다……그리스도는 오신다고 그들이 말할 때, 그들은 그것이 더딜지는 몰라도 확실히 그리스도의 뜻과 원리들이 인간 제도[3] 가운데서……이루어질 것이라는 것을 뜻했다.

위기에 직면했다는 것은 바로 이것이다. 곧 그리스도의 사역과 그의 실제적인 재림의 부인, 성경을 대치하는 현대 사상의 "새로운 계시" 및 인간 제도들의 현대적인 진보를 구원으로 보는 것 등이다. 이것은 복음을 부정하는 이단 사상이며, 인간의 완전 가능성을 믿는 계몽주의 견해와 직접 관련된다.

믿음의 방어

20세기 초엽의 30년 동안 각 교파를 휩쓴 자유주의의 파도에 대처하기 위해, 성경을 믿는 그리스도인들은 기독교 진리를 영적으로 방어하는 일에 착수했다. 이 점에 대해서도 오늘날 일반적인 이해가 크게 잘못되어 있다. 이 방어 운동은 당시의 가장 위대한 사상가 겸 학자들 가운데 몇 사람이 주도했는데, 벤자민 워필드(Benjamin B. Warfield), 제임스 오르(James Orr), 그리피스 토마스(W. H. Griffith Thomas), 및 캠벨 몰간(G. Campbell Morgan) 같은 사람들이었다. 방어의 관건이 된 전략은, 1910년부터 1915년까지 근본문제들(*The Fundamentals*)이라고 불린 12권의 문고본을 계속해서

[3] George C. Bedell, Leo Sandon, Jr., and Charles T. Welborn, *Religion in America* (New York： Macmillan, 1975), p. 237에서 인용. 고딕 부분은 필자가 첨가했음.

출간한 것과, 1920년경까지 이상의 책들을 네 권으로 편집하여 재출판한 일이었다. 어떤 기독교 사학자가 최근에 지적했듯이 이것은 "'진리에 대한 위대한 증언'으로서 출판되었으며, 어떤 의미에서는 미국과 영국의 가공할만한 보수주의 학자의 무리를 집결한 바……곡예와도 같이 힘든 일종의 학적 노력이었다."[4] 프린스턴 신학교의 유명한 신약 교수 그레샴 메이첸 박사도 마찬가지로 이런 방어자였다. 1923년에 메이첸은 기독교와 자유주의(*Christianity and Liberalism*)라는 책을 출판했다. 기독교 진리를 과감하게 방어한 이 책에서 메이첸은, 자유주의는 사실상 새 종교이지 전혀 기독교가 아니라고 주장했다. 자유주의는 그리스도께서 인간들의 죄를 속량하시기 위해 역사적으로 죽으셨다는 사실과 이것만이 구원의 유일한 기초가 된다는 사실을 믿지 않기 때문에, 자유주의는 사실상 기독교적 용어와 상징들로 차려 입은 인간의 종교적 신앙이다. 따라서 메이첸은, 자유주의자들이 할 수 있는 단 한 가지 정직한 일은 성경적인 진리 위에 기초를 둔 교회들을 떠나는 길일 것이라고 설명했다.[5]

이 방어의 중심에는 광범한 기반을 형성하고 있는 기독교 평신도들의 "신앙의 필수적인 기본 교리"에 대한 긍정적인 자세와 이러한 자세를 옹호해 주는 지도적인 기독교 학자들의 노력이 있다. 기본 교리는 흔히 아래의 필수적인 다섯 가지 진리로 표현된다. (1) 성경의 영감 및 무오성 (2) 그리스도의 신성과 그의 동정녀 탄생 (3) 그리스도의 죽으심을 통한 대속적 속죄 (4) 문자 그대로 그리스도께서 죽은 자들 가운데서 살아나심 (5) 그리스도께서 문자 그대로 재림하심.

---

[4] George M. Marsden, *Fundamentalism and American Culture : The Shaping of Twentieth Century Evangelicalism : 1870-1925* (New York : Oxford University Press, 1980), pp. 118, 119 참조.

[5] *Eerdmans' Handbook to Christianity in America*, Mark A. Noll et al, eds. (Grand Rapids, Mich. : Eerdmans, 1983), p. 379를 잘 살펴보라.

두 집단

성경을 믿는 오늘의 그리스도인들로서, 우리는 복음 진리를 수호하기 위한 초기 "근본주의자들"의 시도에 관해 전혀 부끄러워할 것이 없다. 사실상 신앙에 있어서 근본적인 것으로 옹호된 특별 교리들은 오랜 세월 동안 언제나 긍정되어 온 것들이다. 그리고 그것들을 옹호한 자들은 뛰어난 기독교 학자들이었다. 그러나 1930년대에 이르러 무엇인가 변하기 시작했다. 1930년대 이전에는 자유주의가 교회들에 침입하게 되자 성경을 믿는 그리스도인들이 일치 단결했었다. 그러자 자유주의자들은, 속도는 서로 달랐지만 신학교들과 교권 체제들의 세력 본거지들을 장악함으로써, 여러 교파에 대한 영적 도둑질을 성취했다. 이 시점 이후부터 성경을 믿는 그리스도인들은 함께 단결하는 대신에 두 집단으로 나뉘었는데, 가견적 교회의 순결 원리를 고수하는 자들과 다원주의 교회(a pluralistic church)의 개념을 받아들이고 이를 따라 행동하는 자들로 분열되었다. 바로 그 같은 선이 그어졌다. 그것은 1930년대에 시작해서 지금까지 지속되어 왔으며, 오늘에 이르기까지 미국의 종교 생활에 몹시 괴로운 흔적을 남긴 분열의 선이다. 한쪽에는 가견적 교회의 순결의 원리를 고수하는 자들이, 다른 쪽에는 다원주의 교회의 개념을 받아들이는 자들이 있다. 지난 여러 해를 뒤돌아 볼 때, 우리는 양쪽 모두에 문제가 있었음을 알 수 있다.

첫째로, 가견적 교회는 마땅히 순결해야 한다는 사실을 확신한 나머지, 자유주의 교단을 떠나는 자들을 관찰할 때 우리는 종종 그들이 완고하며 사랑이 결핍되어 있었음을 인정해야 되겠다. 그렇게 할 필요가 없었다. 그것은 그 다음 시대의 "분리주의 운동"(the separatist movement)을 특징짓는 실수였다. 미국 장로교회(장로교회의 북부 지부)에서 일어난 일은 대부분의 교단들에서 일어난 일의 대표적인 것이었다. 분열이 일어나기 전, 많은 사람들은 자유주의자들이 교단을 장악하는 것을 용납하지 않겠다고 말했다. 그러나 그 때가 왔을 때, 이들 가운데 많은 사람이 교단 안에 그대로 남아 있었다. 그들의 동기를 판단하지 않더라도, 거기서 나온 소수의 사람들은 버림받고 배신당한 느낌을 가졌을 것이라는 사실이다. 북장로교회 안에 남아 있는 자들 가운데 일부는, 전에 모든 장로교인들이 공동으로 설치한 기관인 헌법 제정회의 연합은 그 기구 안에 남아 있는 자들과 탈퇴하고 나간 자들이 함께 일을 계속할 수 있게 하기 위해 해체시키지 말자고 강력히 제안했다. 그러나 분개와 분노 가운데 떠나온 사람들은 그 조직을 즉각 해체해 버렸다. 그리하여 형제들 사이에 눈으로 볼 수 있는 사랑을 실제로 보여줄 수 있는 통로가 모두 붕괴되었다.

교단을 떠난 사람들이 발행하는 간행물들은 자유주의자들의 문제를 다루기 보다는 떠나는 문제에 있어 자기들과 의견을 달리한 사람들을 공격하는 데 많은 지면을 할애하는 경향이 있었다. 지금까지도 잊기 어려운 내용들이 그 간행물들에 실려 있었다. 나온 사람들은 남아 있는 사람들과 때로는 기도하는 것조차 거절했다. 떠난 많은 사람들은, 떠나지는 않았지만 그리스도 안에 있는 진정한 형제들과의 모든 교제도 단절해 버렸다. 서로 사랑하라고 하신 그리스도의 명령은 깨어졌다. 남아 있는 것은 주로 내부지향성과 자기의와 완악함이었다. 떠난 사람들에게는 떠난 것이 그 어느 핑계보다도 옳다는 생각이 뿌리박혔다. 그런 나쁜 습관을 배운 이후로 그들은 새 집단들과 그들 사이에 약간의 이견이 있어도 서로를 그렇게 취급했다.

그리스도인의 소명

나온 사람들은 분노와 좌절과 심지어는 독선으로 인해 그리스도인들인 우리의 소명이 항상 어떠해야 될 것인지를 잊었다. 우리의 소명은 개인적으로, 집합적으로 하나님의 존재를 나타내고 그의 인격을 나타내는 데 있다. 하나님은 거룩하시고 하나님은 사랑이시다. 따라서 우리의 소명은 우리의 온갖 생활 면－곧 어버이와 자녀로서, 남편과 아내로서, 사업이나 우리들의 기독교 조직체들이나 교회나 정부나 그 밖의 모든 일－에서 하나님의 거룩과 사랑을 동시에 나타내 보이는 것이다. 즉 하나님의 인격의 한 표현으로서, 그의 거룩하심과 사랑을 동시에 드러내는 것이다. 만일 우리가 성령님의 사역보다 육신을 의지한다면, 우리가 성결을 나타낸다고 말하기는 쉬우나 그것은 다만 자기 본위의 자만심과 굳은 마음일 뿐이다. 마찬가지로, 성령님의 사역이 아닌 육신으로서는 우리가 사랑을 나타낸다고 말하기는 쉬우나 그것은 다만 자기 본위적 타협과 자유 방임주의(latitudinarianism)와 적응에 불과하다. 두 가지가 다 동일하게 육신적이 되기 쉽다. 두 가지가 다 동일하게 자기 중심적이다. 개인적인 문제에 있어서나 교회 또는 공중 생활에 있어서 두 가지를 동시에 나타내 보이는 일은, 엄밀하게 말해서 우리가 의식적으로 고개를 숙이고 자기 중심적인 자아를 부정하고 우리를 통해 그리스도께서 자기의 열매를 나타내 보이시도록 하되, 단지 "종교적인" 말에서뿐만 아니라 계속되는 실생활 속에서 이루어질 수 있게 해야 한다.

이와 같이 기독교 핵심 진리를 수호하기 위해 선을 긋는 일이 필요해질 때마다, 교만해지고 완고해지기 쉽다. 우리는 이 한 가지 일에 있어서는 그 어느 핑계보다도 매우 옳다고 생각하기 때문에 독선적이 되거나 독선적으로 생각하기 쉽다. 그렇다. 이것은 아주 쉬운, 우리가 빠지기 아주 쉬운 생각이다. 이러한 과오들이 사실상 범해졌으며, 약 50년 동안 우리가 이 때문에 고통을 받아 왔고 그리스도의 대의 역시 수난을 겪었었다. 이 비극적 과오를 다시 범함으로써 사탄에게 승리를 안겨 주지 않게 도와달라고 하나님의 은혜를 힘입어 우리 주님을 똑똑히 바라보자.

진정한 차이점

장로교회를 떠난 자들의 두번째 문제는, 우리의 정체성을 특징짓는 기본적인 차이점을 어디에 둘 것이냐 하는 문제를 둘러싼 혼동이었다. 그 차이점을 성경을 믿는 교회들과 믿지 않는 교회들 사이에 둘 것인가, 혹은 그것을 우리 자신의 교파에 속한 자들과 그렇지 않은 자들 사이에 둘 것인가? 우리가 어떤 마을에서 교회를 개척할 때, 그 기본적인 동기가 장로교와 개혁 신앙에 충실한 교회, 또는 세례(침례)에 관해 침례교적인 입장, 또는 성례전에 관해 루터교적인 견해에 충실한 교회 및 그 밖의 입장 등에 충실한 교회 등을 세우는 것인가? 아니면 역사적으로 성경을 믿는 모든 교파의 교회들이 지지하는 복음을 전하며, 우리가 믿는 그것이 성경에 충실할 뿐 아니라 우리 교파 자체의 특색과도 일치할 그것을 전하기 위한 것인가? 이런 질문에 대한 대답은 큰 차이가 날 것이다. 동기도 다를 것이고 활동의 규모와 범위도 차이가 있을 것이다. 한쪽 입장은 보편적이고 성경적인 것으로서 두 가지 면에서 성공의 가망을 보여 주는데, 그 첫째 면은 교회 성장과 우리가 접하는 사람들에게 있는 건전한 시야이고, 두번째 면은 전체 기독교 교회가 필요로 하는 지도력의 공급이다. 다른 한쪽 입장은 내부지향적이요 자기 제한적이며 따라서 파당적이다.

성경을 믿는 그리스도인들인 우리는 다양한 배경을 가지고 있다. 그러나 우리는 이 역사적인 순간에 서로를 필요로 하고 있다. 우리는 서로의 교리적 특색을 간직할 뿐 아니라, 그 특색들에 대해 서로 이야기하자. 그러나 사물의 정당한 체계를 인식해야 한다. 진정한 간격은 장로교인들과 그 밖의 다른 사람들, 루터교인들과 그 밖의 사람들, 성공회 신도들과 그 밖의 다른 사람들, 그리고 침례교인들과 그 밖의 다른 사람들 사이에 있는 것이 아니다. 진정한 간격은 살아 계신 하나님 앞에와, 오류가 없는 하나님의 말씀인 성경의 축자적이고 명제적인 의사소통 앞에 무릎을 꿇은 자들과 꿇지 않은 자들 사이에 존재한다.

자유 방임주의

그런데 50년 전에 자유주의가 지배하던 교파를 떠나지 않은 자들에게도 두 가지 문제가 있었다. 첫째는 일반적인 자유 방임주의의 출현이었는데, 이것은 쉽게 타협하고 적응하는 일종의 신학적 다원주의를 용납하는 것이었다. 이탈해 나온 자들이 완고해지는 경향이 있었다면, 머물러 있는 자들의 일부는 우유 부단해지는 경향이 있었다. 어떤 이들은 "지금은 이탈할 때가 아니다. 그러나 만일 이러 이러한 일이 일어난다면 그때는 그렇게 할 것이다"라고 말했다. 이들은 원칙상 다원주의 교회의 개념을 받아들이지 않았다. 어떤 이들은 그들 나름대로의 완고함을 키워 왔는데, 곧 어떤 일이 일어나더라도 머물러 있겠다고 결심했다.

사람이 만일 지상 교회에 관해 자유 방임주의를 용납한다면, 개인의 성경관을 포함하여 교리를 쉽게 포용하는 집단적 자유 방임주의에 쉽게 빠지게 된다. 이것은 역사적으로 일어났던 일이다. 30년대와 40년대의 교회에 대한 자유 방임주의로부터, 80년대에 복음주의 일부 진영에서 성경에 관해 타협하는 일이 있었다. 광범한 복음주의 진영은, 사람이 성경에 관한 역사적인 견해를 가졌든 가지지 않았든 또는 실존주의 방법론—성경은 종교적인 사실들을 가르칠 때에는 권위가 있지만, 그것이 역사적인 것 내지는 과학적인 것 또는 남녀 관계와 같은 것을 다룰 때에는 권위가 없다고 주장하는—을 가졌든 어떻든간에 실질적인 차이가 전혀 없는 듯이 행동하고 있다.

자유주의가 지배하는 교파들 안에 머물러 있던 모든 사람이 다 이와 같았다는 것은 결코 아니다. 그러나 "무슨 일이 일어나더라도" 머물러 있기로 작정한 자들이 자유 방임주의적 심성을 피할 수 있을 것이라고 나는 생각지 않는다. 그들은 복음주의적 일치(evangelical unity)라는 외적 모습을 유지하기 위해 성경에 관한 견해 차이를 가리려고 애쓰지만, 사실상 오늘날 성경의 결정적인 문제에 대한 의견의 일치는 없다. 교회사와 개인적인 관찰로부터 미루어 볼 때 교리적인 자유 방임주의가 싹트기 시작하면, 이러한 사고방식을 지지하는 교회들과 학교들에 의해 가르침받은 자들이 한두 세대가 지나면 더욱 많은 것을 잃게 될 것이며 마침내는 복음주의자들과 자유주의자들 사이의 분계선이 없어지라는 사실을 확언할 수 있다.

한계선을 뒤로 물리다

자유주의가 지배하는 교파들을 떠나지 않은 자들이 당면한 두번째 문제는, 궁극적인 입장을 취해야 할 한계선을 자연적으로 계속해서 뒤로 물리는 경향이 있다는 것이다. 이를테면 클라렌스 매카트니(Clarence McCartney), 도날드 그레이 반하우스(Donald Grey Barnhouse) 및 롤랜드 필립스(T. Roland Phillips) 같은 잘 알려진 1930년대의 복음주의 장로교인들이, 명백한 이단 사상을 품고 있는 자들을 치리할 가능성이 없는 교파에 남아 있을 수 있었겠는가? 성육신하신 하나님의 신화(*The Myth of God Incarnate*)의 저자 존힉(John Hick) 교수의 경우를 예로 들어 보자. 성육신을 신화라고 주장하는 사람이 어떻게 자기 자신을 그리스도인이라고 부를 수 있는가? 그러나 그는 최근에 신분이 높은 목사로서 캘리포니아의 클래어몬트 장로회(the Presbytery of Claremont)에 허입(許入)되었다. 어떻게 앞에서 언급된 세 사람이 호전적으로 낙태를 찬성하는 입장을 취하고 있는 교파 안에 머물러 있을 수 있겠는가? 또는 습관적으로 계속하는 남자 동성 연애자들과 여자 동성 연애자들에게 목사 안수를 준 것을 "승리"라고 간주하는 그런 교파에 어떻게 머물러 있을 수 있겠는가? 매카트니와 반하우스와 필립스가 무엇이라 말했으리라고 당신은 생각하는가? 그들의 교파에서 일어나는 그러한 상황을 그들은 상상조차 할 수 없었을 것이다.

거짓된 승리들

복음주의자들은 거짓된 승리들이 무엇인지를 알고 있어야 한다. 자유주의 교파의 권력 구조는 성경을 믿는 그리스도인들을 계속해서 넘어뜨릴 방법을 알고 있다. 그들이 명백한 입장을 취하지 못하도록 자유주의자들이 그들에게 던져 줄 수 있는 많은 거짓 승리들이 있다. 아직도 이렇게 말하는 자들이 있다. "우리의 행렬을 깨뜨리지 마시오. 조금만 더 기다리시오. 이것을 기다리시오. 저것을 기다리시오." 언제나 기다리기만 하고 행동은 하지 말라는 것이다. 그러나 사태는 악화되어 가는데 50년 동안 기다린다는 것은 너무도 지리하다. 내 건강이 점점 나빠지기 때문에, 우리가 때때로 언급하는 바 그리스도를 위해 그렇게 용감하고 고귀한 입장을 우리가 영원히 취할 수는 없을 것이라고 말해야 하겠다.

괄목할 만한 승리처럼 보이는 것일지라도 실제적인 효과가 전혀 없이 끝날 수도 있는 것이다. 이에 대한 명백한 실례 하나가 또다시 북장로교회에서 일어났다. 1924년에 보수주의자들은, 자유주의자들의 도전에 대처할 수 있는 최선의 방도는 성경을 분명히 믿는 자를 총회장으로 선출하는 데 있다고 결정했다. 그 결과로 1924년에, 정통주의자이며 성경을 믿는 사람인 클라렌스 매카트니 박사를 북장로교회의 총회장으로 선출했다. 보수주의자들은 환호성을 올렸다. 세속 신문들은 보수주의의 승리의 내력을 실었으며 보수주의자들은 기뻐했다. 그러나 이렇듯 기쁨이 진행되고 있는 동안, 자유주의자들은 교파 집권층 내부에 자기들의 세력을 공고히 했다. 그들이 이런 일을 하도록 방임되었기 때문에 보수적인 총회장 선출이 무의미했음이 입증되었다. 1936년에 이르러서는 자유주의자들이 어찌도 지배적이었던지, 그들은 그레샴 메이첸 박사의 성직을 박탈하고 그를 목회에서 축출할 수 있게까지 되었다.

내가 보기에는, 1930년대 말까지 미국의 거의 모든 주요 개신교파들이 자유주의 신학 사상을 가진 자들의 지배 아래 놓였었으며, 1980년대에는 1930년대의 자유주의 신학에 지배를 받지 않던 교파들까지도 1930년대에 다른 교파들이 처했던 자리에 놓여 있는 것 같다. 로마 카톨릭 교회의 성직자단 안에도 진보주의자들임을 자처하는, 그리고 개신교회들에 속한 실존주의 신학자들과 똑같은 사실들을 믿고 가르치되, 개신교적이 아닌 전통적 로마 카톨릭 술어들을 사용하는 실존주의적 신학자들인 성직자들과 신학자들과 교사들이 많다는 사실을 주시해야 한다.

매우 흥미롭게도, 미국에 있는 두 개신교파가 그 교단들의 진로를 결정하는 과정에서 북장로교회가 그렇게 했듯이, 최근에 보수적인 최고 행정 책임자를 선출함으로써 그들 스스로를 보호하려는 시도를 했다. 그러나 나는 오늘날 이 교단들에 속한 그리스도인들이 장로교회의 과오에서 배우는 바가 있기를 강력히 권고하고 싶다. 성경을 믿는 사람이 단지 행정 책임자로 선출되거나 또는 중요한 지위에 임명되었다고 해서 교파를 안전케 할 수 있으리라고 생각해서는 안 된다. 만일 현대 교파의 두 중심 세력인 교권체제와 신학교가 자유주의자들의 지배 아래 남아 있다면, 아무것도 항구적으로 변화되지 못할 것이다. 어느 교파에 속한 가견적 교회이든간에 만일 그것이 참으로 안전하게 존재하기를 원한다면, 그 교회의 순결을 사랑하는 마음으로 그러나 확실히 실천에 옮겨야 할 것이며 하나님의 거룩하심이 교회 제반사에 나타나야 할 것이다. 우리는 진리를 실천에 옮겨야지 그것에 대해서 말만 해서는 안 된다.

타오르는 진리

신인본주의와 신신학에는 참진리, 곧 절대적인 진리의 개념이 전혀 없다는 것을 알아야 한다. 상대주의가 대학교와 사회에서뿐만 아니라 교회에서도 승리를 거두었다. 그러나 진정한 그리스도인은 진리를 가르칠 뿐만 아니라 그러한 상대주의 한복판에서 진리를 실천하도록 부름받았다. 그리고 우리가 진리를 실천에 옮겨야 한다면, 우리가 사는 이 시대야말로 바로 그때이다.

이것은 다른 어느 것들보다도 이하의 사실을 뜻한다. 곧 우리가 개인 수준에서 할 수 있는 모든 것을 하고 난 다음에도 만일 교회 안에 있는 자유주의자들이 집요하게 그들의 자유주의를 고집한다면, 그들은 치리를 받아 마땅하다는 것이다. 나의 저서 오늘날의 교회의 사명에서 충분히 제시했듯이, 교회는 그리스도의 신실한 신부로 남아 있어야 한다.[6] 내가 그 책에서 자세히 설명했듯이, 자유주의자들은 성경의 하나님, 거기 계신 하나님께 충실하지 못하다.[7] 역사적인 기독교, 성경적인 기독교는, 다만 교리적인 진리가 아닌 타오르는 진리(flaming truth), 곧 존재하는 것에 충실하고, 궁극적인 위대한 환경에 충실하고, 무한하고 인격적이신 하나님께 충실한 진리임을 믿는다. 이와는 반대로, 자유주의는 불충성의 표지이며 신령한 남편에 대한 영적 간음 행위이다. 그러므로 우리는 충성, 곧 신조에 대해서뿐만 아니라 성경에 대한 충성, 그리고 그것을 뛰어넘어 신령한 남편－그가 거기에 계시지 않는다는 것과는 정반대로 절대적으로 거기에 계시는 무한하고 인격적이신 신령한 남편－에 대한 충성의 문제에 관련되어 있다.

우리는 진리의 존재를 믿을 뿐만 아니라 우리에게 진리가 있다는 것을 믿는다. 그 진리에는 내용이 있고, 그것은 말로 표현될 수 있

[6] 나의 책 오늘날의 교회의 사명 2장을 참고하라.

[7] 나의 책 오늘날의 교회의 사명 1장을 참고하라.

으며(그러고 나서 그대로 살 수 있고), 또한 그것을 20세기 세계에 선포할 수 있다. 그리스도와 성경은 우리에게 이 진리를 주었다. 우리가 진리를 실천에 옮기지 않는데도 우리의 동시대 사람들이 우리를 곧이 곧대로 받아들일 것이라고 당신은 생각하는가? 우리가 아주 실제적인 방법으로 진리를 실천에 옮기지 않는데도, 참으로 진지한 마음을 가진 20세기의 젊은이들－대학교에 진학해서 사회학, 심리학, 철학 등의 분야에서 가르침을 받되 모든 것이 상대적임을 배우게 될 우리들의 젊은이들－이 우리를 진지하게 받아들일 것이라고, 당신은 한순간이라도 생각해 본 적이 있는가? 진리가 존재한다는 것을 믿지 않는 이 시대에, 당신은 우리들의 젊은이들이 자신들의 부모가 진리를 말하고 있고 진리를 믿고 있다고 곧이 곧대로 시인하리라고 참으로 믿고 있는가? 그들의 부모가 종교적인 문제에 있어 반정립의 문제를 실천에 옮기지 않는데도 그들에게 과연 신뢰성이 있을 것인가?

그러므로 교회 안에 있는 진정한 그리스도인들은, 자유주의 신학자들이 채택한 맥루안적인 "죽은"(cool) 의사 소통을, 신학적이고 성경적인 내용으로 된 "살아있는"(hot) 의사 소통을 가지고 반대할 필요가 있다. 이렇게 함으로써만 우리는 하나님의 거룩하심을 실질적으로 나타내 보일 수 있다.

우리는 살아 있는 의사소통인 내용을 믿는다. 우리 시대가 의사소통 면에서 점점 냉랭해지고, 내용이 질적으로 저하되고 이성이 매장된다 할지라도, 나는 역사적인 기독교 신앙이 의식적으로 더욱 더 내용을, 더 많은 내용을 강조해야 된다고 믿는다. 이 점에 있어서 우리는 실존주의 신학자와 완전히 대치 상태에 놓이게 된다. 만일 우리가 진리를 말해야 한다면 반정립의 기초에 서 있는 (예수님의 존재를 부인하는 "정립"에 대치되는 예수님의 존재를 시인하는 절대적인 "반정립"－역자주) 내용이 우리에게 있어야 하고, 이렇게 하기 위해서 우리는 역사적인 기독교 신앙에서 떠난 자들을 치리해야 할 것이다. 이렇게 함으로써 우리는 하나님의 거룩하심을 실제적으로 나타내 보일 수 있다.

그러나 우리는 동시에, 우리와 견해를 달리하는 자들에게 하나님의 사랑을 나타내 보여야 한다. 50년 전에 미국 장로교에 위기가 일어났을 때, 우리는 그것을 저버렸다. 우리는 우리와 의견을 달리하는 자들에게 사랑으로 말하지 못했으므로, 그 후 우리는 계속해서 그 대가를 치르고 있다. 비록 실존주의 신학자들이 "내용"을 완전히 포기해 버렸을지라도 그들까지 포함해서 사람들을 사랑해야 한다. 그리스도께서 우리에게 제2계명을 주시면서 모든 사람을 우리 이웃으로서 사랑하라고 분부하셨기 때문에, 우리는 그 신학자들을 우리의 이웃으로 여겨야 한다.

우리들은 가견적 교회의 순결의 원리를 명백히 나타내야 하며, 성경과 일치하지 않는 입장을 취하는 자들에 대한 적절한 치리를 요구해야 한다. 그러나 아울러, 우리는 우리가 그들에 관해 말하거나 기록할 때 그들을 사람들로서 분명히 사랑해야 한다. 우리는 교회와 세계 앞에 그것을 나타내야 한다. 우리는 자유주의자들이 몹시 잘못되었으며 그들은 교회 안에서, 그리고 교회에 의해서 마땅히 치리를 받아야 한다고 말해야 하지만, 그렇게 말하는 것은 다만 육적인 생각을 나타내는 것이 아니라는 견지에서 그렇게 해야 한다. 우리가 이렇게 하기란 힘에 부친다. 그러나 성령님의 역사로서는 조금도 힘겨운 일이 아니다. 나는 여러 해 전에 장로교에서 이렇게 하지 않았던 것을 유감으로 생각한다. 우리는 자유주의에 대한 반대 입장을 취할 때, 사랑을 나타내야 할 필요성에 대해서는 말하지 않았었다. 그리고 장로교회가 영적으로 상실을 당하자 사랑의 결핍은 우리에게 치명상을 입혔다.

파이크 감독의 비극

그러나 기도하는 마음으로 우리는 사랑과 진리를 위한 관심을 나타내 보일 수 있다. 여러 해 전에 나는 시카고에 있는 루스벨트 대학교(the Roosevelt University) 강당에서 제임스 파이크 감독(Bishop James Pike, 그는 감독교회의 지도적인 자유주의자였다)과 대화를 가졌었다. 우리들이 대화를 갖기 몇 년 전에, 그는 감독교회에서 이단 사상으로 고소를 당해 교회 재판정에 출두당한 일이 있었다. 그러나 그 고소는 결국 취하되었는데, 그것은 그의 견해가 사실상 정통이었기 때문이 아니라 감독 교파가 신학적 다원주의 및 상대론을 받아들이고 있었기 때문이며, 따라서 치리를 실시하기 위한 진정한 기초가 그 교회에 없었기 때문이다.

대화를 가지기 전에 나는 라브리(L'Abri)에 있는 동역자들에게 한 가지를 위해 기도해 달라고 요청했다. 그것은 내가 파이크 감독과 청중에게 명확한 기독교적 입장을 제시할 수 있을 뿐만 아니라 동시에 우리 두 사람 사이에 좋은 인간적 관계를 가지고 끝낼 수 있게 해주시기를 빌어 달라는 것이었다. 그것은 나 스스로 할 수 없는 그 무엇이었지만 하나님께서 그 기도를 들어주셨다. 인간 존재로서의 그의 인격을 손상함 없이 명확한 의견의 차이에 대한 진술을 곁드린 명확한 진술이 제기되었다. 대화가 끝나자, 그는 "캘리포니아에 오실 일이 있으시면 부디 제가 살고 있는 산타 바바라(Santa Barbara)를 방문해 주십시오"라고 말했다. 그 후 아내 에디스(Edith)와 내가 산타 바바라까지 갈 일이 생겼을 때 우리는 그를 방문하고 한치의 타협도 없이 그와 토론을 계속할 수 있었으며, 그러나 조금도 그의 인격에 손상을 입히지 않았을 뿐만 아니라, 우리가 그를 한 인간으로서 존경한다는 것을 그로 하여금 알게 했다.

우리는 또한, 그가 "저 세상"(on the other side)에 있는 그의 아들과 이야기한다는 신념이 귀신론의 문제일 수도 있다는 가능성에 관해 이야기했다. 이것은 파이크 감독의 아들이 자살한 지 얼마 후의 일로서, 그는 영매를 통해 그의 아들과 이야기해 보려고 시도했었던 것이다. 그는 성을 내지 않았으며 오히려 울음이 북받치는 듯했다. 우리가 만일 사람들을 인격적으로 대하기만 한다면, 불가피하게 부정적인 것일지라도 명확한 진술을 할 수 있는 것이다.

에디스와 내가 "민주주의 제도 연구 본부"(the Center for the Study of Democratic Institutions)를 떠날 때 마지막으로 그를 만난 것을 결코 잊을 수 없을 것이다. 그는 내가 전에 들어 보지 못한 가장 구슬픈 이야기를 했다. "불가지론자를 겨우 면하고 주린 영혼을 채울 그 무엇을 열심히 찾고 기대하면서 유니온 신학교(Union Theological Seminary)에 들어갔건만, 내가 졸업할 때 내게 남아 있는 것이라고는 한줌의 조약돌뿐이었습니다."

제임스 파이크 감독의 비극을 누가 책임질 것인가? 실질적이고 인간적인 온갖 것을 그에게서 빼앗아 가버린 자유주의 신학 교수들이다. 우리는 어느 신학교든간에 자유주의 신학 교수들이 젊은 남녀에게 한줌의 조약돌 외에는 다른 아무것도 남겨주지 못했다는 사실을 가볍게 넘길 수 없다.

그러나 이러한 상황의 한복판에서라도, 우리는 하나님의 은혜로 말미암아 두 가지 일을 동시에 해야 한다. 우리는 하나님의 거룩을 나타내기 위해 가견적 교회의 순결 유지에 필요한 모든 일을 해야 한다. 그러나 아무리 자유주의자들이 가혹해지고 아무리 그들이 비열한 말을 하며 비열한 기사를 신문에 게재한다 할지라도, 우리가 아주 강력하게 발언해야 할 때라도 하나님의 사랑을 나타내 보여야 한다. 만일 우리가 어느 한 쪽을 취하고 다른 쪽을 버린다면, 거룩하심과 아울러 사랑이신 하나님께 대한 우리의 증언을 상실하게 될 것이다.

치리(또는 징계)

이제 우리는 진정한 그리스도인들이 거룩함과 사랑의 균형을 지킬 것을 기억하지 못한 30년대의 장로교회 분쟁 사건으로 되돌아가

보자. 한편으로는 그들이 치리 행사를 너무 오래 미루어 왔기 때문에 다른 교파에 속한 그들 교파 본연의 성격을 상실했다. 또 한편으로는 그들 가운데 일부가 자유주의자들을 인간 이하로 취급하는 나쁜 버릇을 익혔기 때문에, 나중에 그들 사이에서 새 집단들이 또 형성되어 그들과 사소한 의견 차이를 보이게 되자 이 나쁜 버릇으로 서로를 좋지 않게 다루었다. 우리는 논쟁중에 배운 버릇을 조심해야 한다. 두 가지가 함께 나타나야 하는데, 곧 하나님의 거룩하심과 하나님의 사랑이 하나님의 은혜로 말미암아 동시에 제시되어야 한다. 그것은 자동적으로 나오지 않을 것이며, 기도를 필요로 한다. 우리는 이에 관해 우리들의 교파 기관지들에 기록해야 한다. 우리는 하나님의 거룩하심과 하나님의 사랑을 동시에 나타낼 필요성을 논하는 설교를 해야 하며, 우리의 태도를 통해 그것을 우리 회중과 자녀들에게 나타내야 한다.

우리가 여기서 언급하고 있는 원리와 그 원리를 표현하기 위해 우리가 사용하는 언어에 주의를 기울이는 것이 중요하다. 그것은 분리의 원리가 아니다. 그것은 가견적 교회의 순결 원리를 실천하는 문제이다. 이 점에 있어서 단어들이 중요하다. 왜냐하면 우리는 해를 거듭하면서 우리가 선택해서 사용하는 단어들을 가지고 태도들을 나타내기 때문이다. 그러므로 나는 되풀이한다. 원리는 가견적 교회의 순결 원리를 실천하는 것이다. 그 원리는 여러 방면으로 나타나야 하겠지만 그것은 어디까지나 원리이다. 교회는 하나님의 은혜로 성경에 충실한 자들에게 속한다. 거의 모든 교회가 다 역사상 치리를 행사한 과정이 있으므로, 필요할 때에는 적극적인 원리를 실천하기 위해 치리가 사용되어야만 한다.

1890년대와 1930년대 사이에 이 치리가 어떻게 실천에 옮겨졌는지를 우리는 알 수 있다. 1890년대 초에 찰스 브릭스(Charles A. Briggs)박사에게 치리의 판결이 내려졌다. 브릭스 박사는 고등 비평의 강력한 옹호자였으며, 뉴욕에 있는 유니온 신학교에 자유주의를 도입한 주동자 중 한 사람이었다. 1881년에 그는 이단 사상으로 말미암아 재판을 받았으며, 결국 1883년에 북장로교회 총회에 의해 성직 박탈을 당했다. 그러나 1930년대에 이르러서는, 이보다 이전 시대에 속한 전형적인 자유주의자들이 교단을 점유하면서 상황은 완전히 반전되었다. 이리하여 자유주의자들은 메이첸 박사를 신앙과 실천 면에서 정통주의를 고수하는 그의 견고하고 실천적인 입장 때문에 교단으로부터 추방할 수가 있었다.

메이첸 박사는 치리를 당해 성직에서 쫓겨났다. 그렇다면 그 중간의 50여 년 동안에는 무슨 일이 일어났었던가? 교회의 충성된 사람들은 치리를 일관성있게 적용하지 않았었다. 교회는 1880년대에 브릭스 박사를 치리할 수 있었는데, 그러나 그것은 충성된 사람들이 너무나도 오래 기다린 후였다. 비록 그들은 한 가지 뛰어난 승리를 이룩하기는 했었지만, 최초의 그 과감한 치리 행사 이후에 그들은 너무 오랫동안 아무 일도 하지 않고 있었다. 교회나 우리 기독교 조직체들 안에서의 치리는—가정에 있어서의 그것과 마찬가지로—위대하고 폭발적인 단회적 열심이나, 한 차례의 거대한 협의회나 한 번의 위대한 그 무엇으로 되어지는 것이 아니다. 인간은 인간답게 사랑으로 다루어져야 하지만, 어디까지나 지속적으로 순간순간 관심을 기울여야 할 대상이다. 왜냐하면 우리는 단순한 하나의 인간 조직체가 아닌 그리스도의 교회를 다루고 있기 때문이다. 따라서 가시적 교회의 순결의 실천이란, 첫째로 성경의 가르침에 정당한 입장을 취하지 않는 자들을 치리하는 것을 뜻한다.

치리를 행하는 일을 오늘날 왜 생각조차 하지 않고 있는가? 미국에 있는 적어도 두 교파가 지금 자유주의자들의 손아귀에 단단히 쥐어져 있기 때문에 치리 재판(a discipline trial)을 갖는다는 것—심지어 이론상으로라도—이 공식적으로나 형식적으로 더 이상 불가능하다고 하는데, 그 이유는 무엇인가? 그것은 세계와 자유주의 교회가 종합론(synthesis)과 상대론에 완전히 사로잡혀 있기 때문이다. 우리의 신앙 선조들은 진리가 존재한다는 것을 믿었던 까닭에, 치리를 위한 청문회를 가지는 것을 당연시했다. 그러나 세계와 자유주의 교회가 진리를 진리로서 더 이상 믿지 않기 때문에, 교리에 관한 어떠한 치리의 개념도 생각조차 할 수 없게 되었다.

제2의 단계

우리는 이제 시각의 방향을 다른 곳으로 옮겨 보자. 인류의 미래는 어찌 될 것인가? 다가올 시대에 우리 자신과 우리 회중들과 우리의 육신적 영적 자손들을 위해 무엇을 기대할 수 있을 것인가? 미국은 완전히 인본주의적 사회 및 국가가 되기 위해 무서운 속도로 움직이고 있다. 이 경향성이 우리 자신의 작은 사업과 생활과 교회를 건드리지 않고 그대로 넘어가리라고 생각하는가? 샌프란시스코의 어떤 정통 장로교회 회중이 공공연하게 동성 연애 하는 오르간 반주자를 파면한 것 때문에 차별 금지법 위반 혐의로 법정 출두를 당하는 판국에, 이 모든 경고의 종소리를 전혀 듣지 못하는 귀머거리가 될 수 있겠는가?

미국 장로교회의 어느 노회가 과연, 안수받은 목사가 거짓된 교리관을 가졌다고 해서 그를 성경적인 치리의 자리에까지 이끌어갈 수 있겠는가? 다른 많은 교파의 경우도 마찬가지이다. 물론 무엇보다도 우리는 자유주의자들을 돕기 위해 개인적인 사랑의 입장에서 우리가 할 수 있는 모든 일을 해야 할 것이다. 그러나 만일 그가 자유주의를 고집한다면 마땅히 치리를 받아야 하는데, 왜냐하면 가견적 교회는 그리스도의 신실한 신부로 남아 있어야 하기 때문이다.

교회는 세상이 아니다. 한 교파가 치리를 행할 수 없는 지경에 이르게 되면, 주님 앞에서 그 교인들은 제2의 단계를 곰곰이 생각해야만 된다. 그 단계는 가견적 교회의 순결 원리를 실천하는 것과 관계되는 것으로서, 눈물을 머금고 탈퇴하는 것이다. 깃발을 흔들면서 만세를 외치면서 또는 이 타락한 세상에 완전한 교회를 세울 수 있다는 생각에서가 아니라, 눈물을 머금고 그 단계를 취하게 되는 것이다.

이 단계에 이른 복음주의자들이라 할지라도 여전히 자유주의자들을 사랑해야 되는데, 이는 그것이 옳은 일이기 때문이다. 만일 우리가 조직화된 자유주의에 대해 단호한 입장을 취하면서도 여전히 자유주의자들을 사랑할 줄 모른다면, 지켜보는 세계 앞에서, 지켜보는 교회 앞에서, 우리 자녀들 앞에서, 지켜보는 천사들 앞에서, 그리고 지켜보시는 주님 자신의 얼굴 앞에서 하나님의 사랑과 거룩함을 동시에 나타내라는 소명의 절반을 실패한 것이라고 볼 수 있다.

과거의 일에서 배우다

성경의 완전 권위 및 무오성에 관한 분수령적인 문제에 직면할 때, 우리는 이 과거의 일로부터 무엇을 배울 수 있는가? 첫째로, 우리는 20세기 초엽의 몇 십 년 동안에 일어났던 일과 우리가 오늘날 당면하고 있는 일 사이에 밀접한 유사성이 있다는 것을 깨달아야 한다. 우리는 우리가 과거에 저지른 과오들을 되풀이할 것인가, 그렇지 않으면 이런 과오들을 참작해서 하나님의 사랑과 거룩을 동시에 표현함으로써 하나님께 충성하며 남아 있을 것인가?

복음주의 진영 안에서도 제반사가 50년 전에 교파들 안에서 일어났던 사태의 방향대로 급속히 움직이고 있다. 그러나 만일 우리에게 명확하게 그리고 사랑하는 마음으로 선을 그을 만한 용기만 있다면, 성경에 대해 약화된 견해를 품고 있는 자들과 주변의 세계관으로 말미암아 신학적으로 문화적으로 침투를 당한 자들이, 복음주의 진영 안에서 행사하고 있는 지도력 및 저들이 장악하고 있는 주요 기관들을 저들이 완전히 장악하는 것을 미연에 방지할 시간의 여유는 아직 있다고 본다. 그러나 유감스럽게도 제반사는 급속히 그리고 약 50년 전에 정확하게도 교단들이 이미 답습했던 것과 같은 방법대로 움직이고 있다고 우리는 말해야 하겠다. 우리 나라의 대학들과 신학교들에서는 점점 더 고등 비평 방법들을 받아들이고 있다. 점점 더 신정통주의, 실존주의 방법론을 받아들이고 있고 점점 더 인본주의적 이념이 신학과 실제 생활에 침투해 들어가고 있으며, 점점 더 다원주의와 적응주의를 받아들이고 있다. 그런데 복음주의 지도층의 반응은 어떠했던가? 압도적인 다수는 그저 침묵을 지키든가, 사태가 악화되는 대로 내버려 두든가, 이견 조정에 미봉책을 썼을 뿐이었다. 여기서 우리는 다시금 복음주의의 커다란 재난을 본다. 그 재난이란, 복음주의 지도층이 우리 문화의 상대론적인 퇴화를 결정적으로 막을 수 있는 그 어느 일에 실질적인 입장을 취하지 못한 그 실패, 곧 우리들의 개인적인 용납에 관해 파문을 일으킬 만한 어떤 입장을 취하지 못한 그러한 실패를 뜻한다. 우리 문화가 거의 상실된 이 마당에 만일 우리가 확고한 입장을 취하지 않는다면, 완전한 도덕적 파탄과 신인본주의적 권위주의의 발생으로 나타날 한층 더한 재난 외에 우리가 무엇을 기대할 수 있겠는가?

실질적 단계

우리는 매우 실질적 수준, 곧 우리 교회들과 교파들뿐만 아니라, 우리들의 복음적 조직체들과 기관들의 수준에서 모종의 매우 특수한 단계들을 취할 필요가 있다. 성경에 대한 역사적인 견해 및 하나님의 말씀에 대한 순종에서 떠난 자들, 곧 성경에 대한 약화된 입장을 가진 자들은 치리를 받을 필요가 있다. 그 치리는 본장에서 지금까지 말해 온 모든 것, 곧 순수한 사랑으로 스스로 의로운 척함 없이, 그 밖에 내가 말한 모든 것을 따라 이루어져야 한다. 그러나 복음적인 조직체들과 대학들과 신학교들의 이사회원들은 아래의 문제들에 관해 명백한 선을 그어야만 한다. 곧 학생들이 지원 또는 피해야 할 학교들을 지정해 줄 때, 성경에 대해 약화된 견해를 가진 다른 사람들과 더불어 복음 사업을 해달라는 요청을 받을 때, 잡지와 출판물에 어떤 기고가를 청하며 어떤 내용을 실을 것인가를 결정할 때 그렇게 해야 한다. 자유주의자들이 지배하도록 허용한 근본 원인은 50년 전에 복음주의자들이 치리의 실천에 있어서, 그리고 교파적인 영향의 여러 중심지, 곧 대학들과 신학교들과 출판 기관들과 조직체의 기구들을 계속 통제하는 데 있어서 실패한 데 있다.

그리스도께 대한 충성의 일념으로 남에게 치리를 베풀어야 할 자리에 이르렀거나, 개교회나 교파나 기독교 조직체를 떠나지 않을 수 없는 순간에 이르렀을 때에, 부디 지켜보는 세상 앞에 있는 진정한 그리스도인들 사이에 관찰 될 수 있는 사랑을 드러낼 수 있는 어떤 방도를 발견할 수 있기를 간절히 호소한다. 진리를 실천에 옮기기 위해서는, 성경에 대한 역사적 견해를 가진 자들과 약화된 견해를 가진 새 무리 사이에 선을 긋는 일이 요청된다. 그러나 이 말은 이러한 약화된 견해를 가진 자들이 그리스도 안에서 형제 자매들이 아니라든가, 그들과 더불어 개인적인 사랑의 관계를 가져서는 안 된다는 것을 뜻하지 않는다. 제발 추악한 당파를 나누지 않기를 바란다. 만일 당신들이 갈라지게 되면 세상은 그 추악한 것을 보고 고개를 돌릴 것이다. 당신의 자녀들이 그 추악한 것을 보게 될 것이며, 당신의 아들들과 딸들의 일부를 잃게 될 것이다. 그들은 당신의 친구들로 알고 있던 자들에 대해 당신의 입에서 쏟아져 나오는 독설을 듣고 당신을 떠날 것이다. 당신의 자녀들을 좌절케 하지 말라. 하나님의 은혜로 두 가지 원리, 곧 사랑과 거룩을 동시에 보여주는 것을 잊어버림으로써 다른 사람들을 좌절케 하지 말라.

세계가 불타고 있을 때

끝으로, 우리는 세계가 불타고 있음을 잊어서는 안 된다. 우리는 비단 교회뿐만 아니라 우리의 전체 문화를 아울러 상실하고 있다. 우리는 하나님의 심판 아래 놓여 있는 탈기독교 세계에 살고 있다. 나는 오늘날 우리가 예레미야와 같이 말해야 한다고 믿는다. 어떤 사람들은 미국은 미국이기 때문에, 영국은 영국이기 때문에 하나님의 심판 아래 놓이지 않을 것이라고 생각한다. 그런데 사실은 그렇지 않다. 나는 종교개혁 이후로 북유럽에 사는 자들은 다른 사람들이 별로 가져 보지 못한 빛을 가졌다고 믿는다. 우리는 우리 문화 속에 있는 그 빛을 짓밟아 버렸다. 우리들의 극장과 소설과 미술관과 학교들이 그 빛을 짓밟아 버리면서 비명을 지른다. 그리고 가장 참담한 것은, 현대 신학이 그 빛을 짓밟으면서 비명을 지르는 것이다. 당신은 하나님께서 우리 나라들이 단지 우리 나라들이기 때문에 심판하지 않으시리라고 생각하는가? 당신은 거룩한 하나님께서 심판하지 않으시리라고 생각하는가?

만일 이것이 우리 역사의 순간에 사실이라면 우리는 서로를 필요로 한다. 우리는 우리의 교파적 특징을 지켜야 한다. 우리는 우리의 교파적 특징을 지킬 뿐만 아니라 그것에 관해서 서로 이야기해야 한다.

그러나 이러한 시대에 살고 있는 우리들은 사물의 정당한 체계를 인식해야 한다. 우리의 특징이 단절의 심연이 되어서는 안 된다. 우리가 우리의 특징을 유지하는 것은 그 특징이 성경적이라고 확신하기 때문이다. 그러나 하나님의 분부는 사랑하라는 것이며, 그리스도 예수 안에 있는 모든 사람과 하나가 되라는 것이고, 인생의 전영역과 사회의 전영역 속에 하나님의 진리를 전하라는 것이다. 그것은 우리의 소명이다. 우리 교파의 특징이 한계선이 되어서는 안 된다. 우리가 이것들을 주장하는 것은 사실상 성경이 이것들을 가르쳤다고 믿기 때문이다. 그러나 그 이상으로 주 예수 그리스도의 전체 교회에 그 무엇이 되어야 할, 그리고 주 예수 그리스도의 교회를 뛰어넘어 전체 사회와 전체 교회에 그 무엇이 될 책임이 있고 소명이 있다. 만일 우리가 이것을 이해하지 못한다면, 기독교와 하나님의 진리가 얼마나 풍성한지 이해하지 못할 것이며, 총체적인 삶 속으로 그리스도인을 부르신 그 부르심이 얼마나 광대한지도 이해할 수 없을 것이다. 예수께서 주(Lord)가 되신다고 말하지 않는다면 또한 그가 구주(Savior)시라고도 말할 수 없다. 또한 그가 모든 사회적, 정치적, 문화적 삶을 포함한 완벽한 삶이 아닌 단지 삶의 한 부분의 주님에 지나지 않는다면, 우리는 그가 주님이시라고 정직하고 정당하게 말했다고는 할 수 없을 것이다.

세계가 불타고 있는 이러한 시대에, 우리는 사물을 정당한 순서대로 처리하도록 조심해야 하겠다. 우리는 신학적인 침투이든 문화적인 침투이든, 양자간 어느 침투이든 침투를 통해 성경의 완전 권위를 타협해 버린 자들과 그렇게 하지 않은 자들 사이에 선을 그을 만한 용기를 가져야 하겠다. 그러나 우리는 동시에 살아 계신 하나님께 그렇게 함으로써 하나님의 말씀인 성경의 축자적, 명제적 의사소통에 무릎을 꿇은 모든 자들 사이에 눈에 보이는 하나됨을 조성해야 한다. 우리는 과거의 잘못을 배움으로써 증거를 제시하여 영혼 구혼과 하나님의 백성의 육성을 위해, 그리고 총체적인 인본주의 사회와 권위주의적인 압제 국가로 기울어지는 것을 최소한 늦추기라도 하기 위해 교회와 사회를 변혁해야 할 것이다.

제3부

명칭들과 문제들

제 4 장

내포와 타협

명칭은 별스러운 것이다. 특히 내포(connotation)와 더불어 주어졌을 때 더욱 그러하다. 명칭은 높이는 데에도 파괴하는 데에도 사용될 수 있다.

앞에 나온 장을 통해 이미 알게 되었듯이, "근본주의"(fundamentalism)라는 명칭은 1920년대 중엽에 처음으로 사용되기 시작했다. 이 무렵과 그 이전에는 자유주의가 주요 교파들을 휩쓸고 있었고, 자유주의자들이 신학교들과 많은 출판사들과 교단의 기구들의 지도적 위치를 점유 지배하고 있었다.

근본적 진리

이에 대한 반응으로, 그레샴 메이첸과 로버트 딕 윌슨(Robert Dick Wilson) 같은 학자들의 지도하에, 성경을 믿는 그리스도인들은 믿음의 근본(*The Fundamentals of the Faith*)이라는 문서를 발간했다. 메이첸 박사와 그의 다른 동지들에게는 결코 이것을 하나의

"주의"(ism)가 되게 하려는 의도가 없었다. 그들은 이것을 역사적 기독교 신앙 및 교리의 참된 표현이라고 여겼을 따름이었다. 그것은 기독교 신앙의 근본적인 진리, 곧 성경에 대한 진실한 교리이며, 그들이 관심을 가지고 그것에 몸을 바친 진리였다. 앞에 나온 장에서 살폈듯이, 이 진리는 당시의 저명한 기독교 사상가들에 의해 제시되었으며 그들에 의해 계속적으로 저술 출판되었다. 내가 학생 시절에 알게 된 메이첸 박사는 자기를 가리켜 다만 "성경을 믿는 그리스도인"(Bible-believing Christian)이라고 불렀다. 뿐만 아니라, 성경에 충실했던 교리 및 가르침을 활자화한 많은 출판사 역시 스스로를 그렇게 생각했을 뿐이다.

얼마 가지 않아 **근본주의자**라는 말이 쓰이기 시작했다. 처음 사용되었을 때에는 정의를 내리거나 내포를 나타냄에 있어서 사용상 문제가 될 만한 것이 전혀 없었다. 그러나 나는 개인적으로 메이첸의 용어인 "성경을 믿는 그리스도인"이라는 말을 더 좋아한다. 이는 토론의 골자가 바로 그것이기 때문이다. 그러나 시간이 경과함에 따라 이 **근본주의자**라는 말은 많은 사람에게 그 원래의 뜻과 필연적인 관계를 가지지 않은 내포를 지니게 되었다. 그것은 그리스도인의 관심을 매우 제한된 영성관에 대해서만 국한시키는 경건주의의 한 형태를 내포하기에 이르렀다. 이 새로운 내포에서 예술, 문화, 교육 및 사회 참여와 관련된 많은 것은 "비(非)영적인 것"으로, 그리스도인들의 정당한 관심 영역이 아닌 것으로 여겨졌다. 영성은 그리스도인 삶의 매우 좁은 영역에 관계되는 것이며, 다른 모든 것은 의심스러운 것들이다. 근본주의가 성경에 대해 거짓된 입장을 취하고 있는 자유주의 교리와 마땅히 대결해야 한다고 주장하는 것은 정당하지만, 때로는 이 근본주의가 지나치게 가혹하며 사랑이 결핍될 때가 있다.

삶의 전체 영역

그러므로 미국에서는 역사의 어느 시점에 이르러 복음주의적(evangelical)이라는 새로운 명칭이 도입되었다. 이 말은 주로 영국에서 온 말이었다. 20년대와 30년대에 영국에서 사용한 복음주의적이라는 말은, 메이첸과 그의 다른 동지들이 미국에서 뜻했던 그것, 다시 말해서 여러 형태와 칭호를 지닌 자유주의 신학에 반대하는 "성경을 믿는 기독교"(Bible-believiong Christianity)를 뜻했다. 1940년대 중엽에 이르러서는 복음주의적이라는 말이 미국에서 보편적으로 쓰이게 되었다. 특히 여기서의 복음주의적이라는 말은 스스로를 삶의 전체 영역으로부터 단절시킴이 없이 성경을 믿는 것과, 기독교를 사회, 정치, 문화의 현실적 필요성과 효과적으로 접촉하게 한다는 내포로 사용되었다. 이 말은 구세주이신 그리스도께로 사람들을 인도하되 아울러 그 문화 안에서 소금과 빛이 되도록 한다는 내포를 지니고 있다.

내 강의들과 저서들이 어느 정도의 영향력을 끼치기 시작한 것은 대충 이 시기, 곧 1950년대부터였다. 내 강의들과 초기 저서들은 문화, 예술, 철학 영역 등에 걸친 모든 삶에 대한 그리스도의 주 되심을 강조한 것이었으며, 사랑은 하지만 참으로 대결－거짓된 신학뿐만 아니라 우리를 둘러싸고 있는 거짓된 세계관의 파괴적인 결과와의 대결－하면서 성경을 믿을 필요성을 또한 강조한 것이었다.

이 책들의 중요성을 지나치게 강조하는 것은 아니지만, 이것들은 그 시기, 특히 급진적인 60년대를 살고 있던 많은 사람들이 새로운 문호를 여는 데 도움이 되었다. 보다 오래 된 문화 형태들이 우리 시대를 지배하는 기풍으로 변화되고 있는 이 가치 붕괴의 시대 가운데서도 기독교가 생존할 수 있다는 것을 많은 사람들이 발견했다. 그리고 많은 사람은 이 새로운 기풍－다시 말해서, 궁극적인 실재는 어떤 형태로 영원히 존재해 왔고 또한 우연히 현재의 형태를 취하게 된 원동력이라고 하는 개념－이 삶을 완전히 파괴해 버리는 결과를 가져 왔다는 사실을 이해하게 되었다. 60년대의 젊은이들은 이 입장으로 말미암아 모든 표준이 상대론적인 유동(流動)속에 있고 인생은 무의미하다는 것을 느끼게 되었으며, 또한 그들은 이러한 투로 생각하고 살기 시작했다. 이러한 여건 속에서 다행히도 어떤 사람들이, 기도 생활을 곁들인 사상 및 생활 전체에 관한 라브리적 기독교 신행 생활(信行生活)이 기독교적 생활 능력을 나타내는 것을 보고 성경을 믿는 헌신적인 그리스도인들이 되었다.

그러나 이것은 두 가지 사실에 기초한 것임을 주목하라. (1) 참으로 성경을 믿는 일과 (2) 그들을 둘러싸고 있는 잘못된 세계관의 결과를 사랑으로, 그러나 확고한 대결 의식을 가지고 직면하는 일이다. 하나님의 은혜로 이 강조는 많은 나라들과 많은 치리 사건에 어느 정도 영향을 끼쳤다.

그러나 우리는 내포를 가진 명칭 문제가 다시 거론되는 것을 발견한다. 그 단어가 최초에 사용되었을 때는 그런 일이 없었지만, 복음주의자들이라고 알려진 상당수의 사람들이 점점 적응의 방향으로 흘러가기 시작했다. 그 단어를 최초에 사용할 때나 또는 그 단어를 최초에 사용하기 시작한 사람들의 입장에서 볼 때, 그것을 적응시킬 필요 따위는 없었다. 원래 복음주의자들임을 자처한 사람들은 성경을 믿은 자들이었으며, 세상과의 관계에서 타협적인 입장을 취하지 않은 자들이었다.

"청바지" 정신

이 정신(the "Blue-Jean" Mentality)의 결과가 무엇이었는지를 아는 일이 중요하다. 적응을 향한 이 변천상은 그보다 앞서 근본주의에서 일어났던 일과 일종의 같은 상황이다. 30년대에 있은 교파적인 소란 이후 근본주의는 그릇된 경건주의로 점점 빠져들어갔는데, 이 주의는 주변 문화에 대한 어떠한 도전도 비(非)영적인 것으로, 그리스도인의 본분은 다만 사람들을 그리스도께로 인도하고 또한 개인적으로 기독교에 관해 무엇인가를 알려는 것이라고 여겼을 뿐이다. 그리하여 변천하고 파괴적인 주변 문화는 점점 더 도전을 받지 않은 채 남아 있는 경향을 보였다. "적응을 보인 복음주의"의 경우에 있어서는 보다 평범하고 보다 풍요한 기독교를 논하는, 그리고 보다 깊이 문화에 합류되는 경향이 있었음과 아울러, 모든 중요한 문제에 있어 우리 주변의 세계 정신에 적응하려는 경향을 보였다. 결국 결과는 같다는 것에 주목하기 바란다. 문화적인 관련성을 가졌다는 주장에도 불구하고, "적응을 보인 복음주의" 역시 파괴적인 주변 문화가 점점 도전을 받지 않는 상태가 되게 했다. 이리하여 두 입장은 비슷한 결과로 끝을 맺고 있다.

이상의 사실을 통해서, 나는 새삼스레 버클리 대학교와 다른 여러 대학교 및 다른 기독교 대학들에서 우리가 같이 일한 젊은이들과 1960년대에 배낭들을 지고 라브리에 있는 우리를 대거 방문한 젊은이들을 생각하게 된다. 그들은 반항아들이었다. 그들은 자기들이 그렇다는 것을 알고 있었으며, 반항아들의 표지인 낡은 청바지들을 입고 있었다. 그러나 그들은 모든 사람이 입고 있는 청바지가 사실상 적응의 표지가 되었다는 것을 눈치채지 못하는 듯했다. 이 사실은 복음주의적이라는 말을 새로 사용한 데서 나온 내포의 대부분에서 우리가 깨닫게 된 그것과 매우 유사한 것같이 여겨진다. 그들이 말하고 있는 것은 아래와 같다. "우리는 '새로운 복음주의자들', '개방적인 복음주의자들'이다. 우리는 옛 근본주의자들의 문화적 고립주의와 반지성주의를 벗어 버렸다." 그러나 그들이 깨닫지 못하고 있는 점은, 그들이 주변 문화에 대해 명백한 대결의 입장에 있다는 점에 관해서와 반정립에 관해 전혀 말하고 있지 못하다는 사실이다. 청바지를 입는 일반적인 풍토에 적응하기 위해 청바지를 입음으로써 급진적인 척하기는 쉬운 일이다.

이것은 사실상 새로운 것이 아니다. 기독교는 지난 여러 세기를 통해, 그리고 특히 20세기에 적응의 문제로 여러 차례 고통을 겪어왔다. 20세기 초에 접어들면서 해럴드 옥켕가(Harold J. Ockenga)박사가 자유주의에 대해서 한 말을 경청하는 것은 흥미있다.

> 19세기 말과 20세기 초에 성경에 대한 파괴적인 고등 비평이 신학자들에게 강력히 접근했다. 이 비평은 자연주의적 진화론에 가담함으로써 자유주의를 낳았다……그리고 자유주의는 기독교의 세밀한 내용에 관해 반대가 일어날 때마다……**기독교를 현대 과학적 자연주의에 적응시켰다.**[1]

일부 자유주의자들까지도 신학적 적응의 파괴적인 결과를 인식하기 시작하고, 그것을 점점 염려하기 시작하며, 어찌 해야 좋을지 몰라 망설이고 있다는 것을 알게 되는 것 또한 흥미 있는 일이다. 그 같은 자유주의자 한 사람이 최근에 아래와 같이 썼다.

> 현대 신학의 중심 과제는 **현대성에 대한 적응의 문제이다.** 그것은 실존 신학과 과정 신학과 해방 신학과 비신화화(demythologization)와 그 밖의 많은 자유주의 신학 사이의 얼핏보아 매우 다른 것같이 보이는 점을 하나로 묶는 기본적 특색인데, 이 모든 것은 현대성에 보다 적합하게 되기를 모색하고 있는 것이다.
>
> **이 적응 정신 때문에 100년간의 꾸준한 후퇴와 지난 20년간의 재난이 있었다…….**[2]

[1] Harold J. Ockenga, "From Fundamentalism, Through New Evangelicalism, to Evangelicalism," in Kenneth S. Kantzer, ed., *Evangelical Roots* : *A Tribute to Wilbur Smith* (Nashville : Thomas Nelson, 1978), p. 36. 고딕 부분은 필자가 첨가했음.

[2] Thomas C. Oden, *Agenda for Theology* : *Recovering Christian Roots*

그러나 이 적응의 문제는, 신학적으로나 문화적으로 무서운 결과를 가져 왔음에도 불구하고 많은 복음주의자들 사이에 유행이 되

(San Francisco : Harper and Row, 1979), pp. 29-31. 고딕부분은 필자가 첨가했음. 오덴은 매우 흥미 있는 표본 인물의 하나이다. 그는 자유주의가 완전히 실패했다는 것을 인정한 철저한 자유주의자였다는 점에서 이 사실을 공공연히, 그리고 단호하게 말할 수 있는 용기를 가졌음을 우리는 칭송할 수 있다. 이 사실 때문에 그는 결국 신정통주의적 입장을 취하게 되었으나, 동시에 역사적인 기독교의 전영역을 진지하게 살피려고 노력하는 자가 되었다. 그러나 그는 성경의 완전 권위와 무오성을 받아들이지 않기 때문에 여전히 심각한 문제를 해결하지 못하고 있는데, 그 문제는 궁극적으로 어디에 그의 믿음의 기초를 둘 것인가 하는 것이다. 그의 기초로서의 객관적인 성경 진리가 없이는, 그는 성경 진리를 신뢰하는 마음으로 적용하거나 또는 여러 세기에 걸쳐 교회의 생활과 신학에 있어서 뒤섞인 진리와 오류를 참으로 가려낼 수 있는 방도를 여전히 가지지 못하고 있는 것이다. 우리는 오덴이 역사적인 정통 신앙의 흐름을 재발견한 것은 칭송하지만, 성경의 권위를 이해함에 있어 그의 신학에 여전히 심각한 결함이 있다는 사실을 말하지 않을 수 없다. 성경의 완전 권위와 무오성을 믿지 않고서는, 그는 여전히 궁극적인 권위 없이, 그리고 그가 출발 했을 때 가진 똑같은 기본적인 문제에 사로잡힌 채 남아 있을 것이다. 오덴으로 하여금 그의 자유주의를 재고하도록 촉구한 문제가 임신 중절에 관한 자유주의의 입장이었음을 주목하는 것은 흥미롭다. 오덴은 다음과 같이 논평하고 있다.

> 그러므로 내가 종교적 적응이라는 설사병에 대해 말할 때에, 나는 "다른 사람들"에 관해 생각하거나 추상적으로 말하고 있는 것이 아니다. 이것은 나 자신의 개인적인 역사를 말하고 있는 것이다.
>
> 충격적인 사실은, 눈에 뜨인 인기 있는 일을 내가 무엇이든지 했다는 데 있는 것이 아니라 내가 기독교적인 교육을 실시하고 있다고 생각했다는 점이며, 그것이야말로 기독교적 교육 직책의 진정한 본질이라고 때때로 여겨 왔다는 사실이다…….
>
> 나로 하여금 운동을 하도록 유발시킨 것은 그 어느 것보다도 임신 중절 운동이었다. 그런데 낙태의 통계가 점점 불어나자 그 운동에 싫증이 났으며, 그 운동에 사기가 저하되었다. 나는 나 자신의 이상주의적 정치 행동사의 상당 부분이, 명성이라는 형태의 권력을 추구한 나머지 자기 기만적 낭만주의로 잘못 형성되지나 않았는지, 그 낭만주의라는 것이 사실은 처음부터 인도주의의 이름으로 인간 전통을 적극적으로 파괴하고 있는 것은 아니었는지, 그리고 종국적으로는 개인적인 자율의

었다.

거룩과 사랑

문제를 복잡하게 하는 것은 바람직한 균형을 유지하지 못하는 우리 자신의 경향성이다. 우리가 어떤 문제에 직면했을 때, 거기에는 성경이 가르치는 범주 안에서의 조심스러운 삶과 아울러 성령님의 이끄심 아래서의 바른 균형이 있어야 한다. 문제마다 거룩하심과 사랑을 가지고 해결해야 한다. 참으로 성경을 믿고 살아 계신 그리스도께 진실하기 위해서는 각 문제마다 두 가지 대립적인 오류에 대해 "아니오"하는 균형이 강력히 요구되는데, 그 오류란 우리는 거룩의 이름으로 사랑을 타협할 수 없고 사랑의 이름으로 거룩을 타협할 수도 없다는 것이다. 혹은 다르게 말한다면, 마귀는 결코 우리에게 한쪽 전선에서만 전투를 벌이는 사치를 허락하지 않는다는 것이다.

각 세대마다 하나님께서 자기 백성을 부르셔서 하나님의 사랑과 거룩하심을 나타내 보이게 하시고 하나님께 충성하게 하시며 당대의 세상적인 가치관에 성도들이 적응하는 것을 반대하게 하셨다. 하나님의 사랑과 거룩하심을 나타내 보이고 생명력 있는 복음의 기쁜 소식을 우리 세대에 전하기 위해서, 우리는 "청바지" 정신의 과오－우리를 둘러싸고 있는 시대의 사상 형태 속에 사실상 스스로를 맞추고 있음에도 불구하고 우리는 용감하다는 등, "그것과 호흡이 맞는다"는 등 생각하는 과오－에 빠지지 않도록 균형 잡힌 방법으로 시도해야 할 것이다.

이름으로 아직 태어나지 않은 무수한 어린이들의 장래를 적극적으로 파멸하려는 것은 아니었는지를 드디어 의심하지 않을 수 없게 되었다 (pp. 24－25).

우리는 이 방면에 있어 별로 잘하지 못했음을 인정해야 한다. 나는 학교라든가 출판계라든가 그 밖의 영향력 있는 분야들에 있는 복음주의 지도자들이 이러한 사실들에 도움이 되었다고 생각지 않는다. "그것과 호흡이 맞는다"는 말은 다만 시사적인 인기있는 일들을 다루는 것을 뜻할 뿐, 사실상 그런 일들에 대한 균형 잡힌, 그러나 명백한 대결을 뜻하는 것같이 보이지 않을 때가 너무도 많다. 물론 이것은 우리 시대를 지배하고 있는 상대론적인 정신과 일치한다. 유행하는 세계관이 가르치는 바에 따르면, 궁극적인 실재란 가치 판단을 내릴 수 없는 말없는 우주이기 때문에 사실상 궁극적인 진리는 존재하지 않는 것이다. 따라서 여러 가지 개인적 의견의 차이는 있을 수 있지만, 지난날의 그리스도인들이나 고전적인 철학자들이나 사상가들이 궁극적 진리는 존재한다고 믿었던 것과 같은 진리 대 오류의 대결은 없는 것이다. 우리는 어느 것이 옳다든가 그르다고 말할 수 있는 기초를 전적으로 상실했다. 따라서 당대의 중대 문제들에 당면했을 때, 옳은 것도 그른 것도 없고 다만 개인적인 의견만 있을 뿐이라고 유행하는 세계관은 가르쳤다. 상대론이 판을 치고 있으며, 우리는 적응 정신에 포위되어 있다.

"배를 흔들지 말라"

인간 생명의 문제는 이 점에 있어서 하나의 적절한 예이다. "나는 개인적으로 낙태에 반대합니다만……"이라고 말을 시작해 놓고는 거기에다 수없이 많은 허용 조건을 첨가한다. 이것이 바로 공직에 있는 그리스도인들뿐만 아니라 성직자들이나 출판 기관에 있는 많은 사람의 중재적(仲裁的)인 말투가 됐다. 결과적으로는 도덕적 상대론과 같은 것이며, 낙태의 문제는 사람이 이 세상에서 사는 방식과 전혀 관계가 없는 개인적 의견으로 축소되어 버렸다. 에버리트 쿠프 박사와 프랭키 쉐퍼와 내가 낙태, 영아 살해, 안락사에 대한 기독교인의 자세(*Whatever Happened to the Human Race?*)라는 책을 집필하기 시작한 1970년대 중엽에는 이 운동에 가담한 개신교들이 사실상 별로 없었기 때문에, 그 싸움은 로마 카톨릭적인 문제라는 별명이 붙여진 채 다만 패색(敗色)만이 짙었었다. 그렇다면 왜 개신교들이 그토록 별로 가담하지 않았던가? 오도(誤導)된 경건주의자들은 정부를 상대로 해서 싸운다는 것은 "영적인 것이 아니다"라고 생각했다. 그리고 다른 흐름을 따르는 자들은 적응의 습관을 몸에 익혔으며, 명확한 입장을 취한다는 것은 "배를 몹시 흔드는 것"과 같은 짓이라고 생각했다. 다행히 근자에는 보다 많은 사람들이 이 일에 전념하고 있지만, 그래도 여전히 많은 손상을 입어 온 것은 사실이다. 낙태와 인간 생명관에 대한 일반적인 평가 절하가 공공연히 주창되기 시작했을 때에 이에 반대하는 소리가 명확히 들렸던들, 십중 팔구 이러한 개념들이 처음부터 홍수처럼 파급되지 않았을 것이며, 대법원의 "로우 대(對) 웨이드"(the *Roe* v. *Wade*) 사건에 대한 판결같은 것도 결코 일어나지 않았을 것이다. 그리고 만일 기독교 지도자들과 출판사들이 반대의 열의를 그대로 지속했던들, 국회에 있는 그리스도인들이 개인적으로는 낙태에 반대한다고 말하면서, 예컨대 낙태에 대한 정부의 재정 지원에 한계를 두는 일에 반대하는 투표 따위를 쉽사리 하지는 못했을 것이다.

빈약한 경건주의로 말미암은 초연하고 고립적인 영성에 기독교가 전념하는 것을 반대하는 수많은 사람들이, 보편적으로 받아들여진 현대 사상에 어긋나는 모든 문제에 대해 경건주의자들과 마찬가지로 침묵을 지키고 있다는 것은 풍자적인 사실이다. 모든 사람이 청바지를 다 입는 판국에 청바지를 입음으로써 급진적인 척하기는 쉬운 일이다.

참으로 진리는 대결을 가져 온다. 사랑하는 마음으로 하는 대결이지만 대결임에는 틀림이 없다. 그것이 "근본주의자들"과 "복음주의자들"이 본래 성경에 대해 가졌던 성경관보다 낮은 견해를 가진 자들과의 대결이든, 또는 인간 생명에 대해 낮은 견해를 가진 자들과의 대결이든간에 차이는 없다. 인간 생명관에 대한 이러한 평가절하는, 임신 중절과 같은 극단적인 경우부터 이야기를 시작할 수도 있겠지만, 나아가서는 영아 살해까지, 그리고 당신이 사회에 짐이 될 때 당신의 생명까지 포함해서 어떤 생명을 과연 살려 둘 만한 가치가 있는지를 마음대로, 그리고 실용적으로 결정하는 일에 모든 인간 생명을 내맡기는 일까지 논해야 할 것이다.

앞에 나온 장에서 나는 성경과 임신 중절의 문제를 결부시킨 어떤 기독교 지도자로부터 온 편지를 인용했다. 거기서 아래와 같은 내용으로 말한 것을 나는 다시 한번 강조하고 싶다. 곧 성경에 관해 본래 복음주의적이라는 말이 뜻하는 기초에 입각해서 우리는 성경에 관해 낮은 견해를 가진 자들과의 사이에 선을 긋되, 사랑하는 마음으로 그러나 적극적으로 그렇게 해야 한다는 것이다. 복음주의적이라는 본래의 말에 입각해 볼 때, 그들은 거짓 복음주의자들인 것이다. 선을 긋지 않는다는 것은 이 중대한 시점에서 우리를 둘러싸고 있는 세계 정신에 우리가 적응한다는 말이며, 그렇게 되면 결국 그 밖의 모든 것까지 휩쓸려 내려갈 것이다.

그런데 똑같은 원리가 인간 생명이라는 중대한 문제들에 동일하게 적용된다. 생명에 대한 낮은 견해와 성경에 대한 낮은 견해는 병행한다. 분수령이 되는 문제는 무오성 교리를 믿는 것과 동시에 성경에 대한 순종이다. 태 안에 있는 생명도 인간 생명이라고 성경이 가르치고 있는 만큼, 사람이 낙태를 시인하는 것은 실질적으로 성경의 권위와 진리를 부정하는 것이 된다. 복음주의 기관들은 성경 문제에 대해서와 인간 생명에 관해서 선을 긋는 일에 별로, 또는 전혀 지도력을 행사해 오지 못했다. 대부분의 시간 동안 그들은 내포된 진정한 문제에 관해 아무것도 이해하고 있지 못하는 것같이 보인다. 그들은 오도된 경건주의의 실천 또는 불화를 야기시킬지도 모른다는 두려움 때문에 인간 생활의 이 중대 문제를 둘러싼 싸움에 말려들지 않았음이 명백하다. 설사 거기에 개입했다 하더라도, 그들은 너무 늦게 전투에 참가한 것이다.

진정한 문제

종종 대부분의 그리스도인과 그리스도인 지도자보다 세상이 이 문제들을 더 잘 이해하고 있는 듯이 보이는 것은 흥미롭다. 이를테면 타임지에 실린 "동물들이 생각하듯이 생각해 본다"(Thinking Animal Thoughts)라는 제목의 최근 논평이 진정한 문제를 똑똑히 설명하고 있다. 타임지는 "동물의 권리"를 논하면서 동물의 생활과 인간 생활 사이에 사실상의 어떤 차이가 있는지 없는지를 찾아 내려고 애썼다.

> 만일 인간이 하나님의 형상대로 창조되었다고 가정한다면, 인간과 보다 낮은 수준의 피조물들 사이에 어마어마한 질적 차이를 발견하는 것은 어렵지 않다. 성경은 인간이 바다의 어류와 공중의 조류와 가축류와 온갖 파충류를 지배할 권세를 가졌다고 가르치고 있다. 아마도 동물의 권리 향상 운동이 고조되고 있다는 사실은 보다 세속적인, 자신감 상실의 징후인지도 모른다…….
>
> 인간과 짐승을 구별할 수 있는 것은 불멸의 영혼, 곧 인간에게만 속하고 결코 짐승에게 속하지 않은 절대적인 차이라고 어떤 이들은 알고 있다. 영혼은 인간만의 특징이며 이것은 아마도 자기 앞에 나타나는 하등 동물을 잡아먹을 수 있도록 하는 섭리인지도 모른다. 그러나 세속적인 의미에서 볼 때 인간의 생명과 동물의 생명은 어떻게 다른가? 지성(知性) 때문인가? 이를테면, 피그미침팬지들이나 그보다 훨씬 못한 짐승들은 심한 저능아와 지능이 똑같다. 만일

> 저능아를 죽이는 것이 허락되지 않는다면 왜 짐승을 죽이는가?[3]

따라서, 우리가 만일 하나님은 궁극적인 실재이시고 하나님은 인간을 하나님의 형상대로 독특하게 창조하셨다는 성경적인 가르침을 제거해 버린다면, 인간은 인간으로서의 고유의 가치를 지니지 못한다고 타임지는 지적하고 있다. 세속적인 뜻으로 말한다면, 인간 생명은 동물의 생명보다 다를 바가 없는 것이다. 다시 말해서, 궁극적인 실재는 우연히 조성된 물질 또는 에너지에 지나지 않는다는 세속적인 세계관을 받아들일 때 인간 생명은 동물적인 존재 수준으로 저하되는 것이다. 오직 두 가지 구분, 곧 무생명(nonlife)과 생명(life)뿐이다. 만일 인간이 인간 생명을 기본적으로 동물적인 생명과 다름없이 생각한다면, 사람들을 그와 같은 방식으로 다루지 않아야 할 이유가 무엇인가? 그렇게 하지 않는 것은 오직 종교적인 향수일 뿐이다. 따라서 태내(胎內)에서 영아를 죽이는 것이 1차적으로 쉬워졌고, 다음으로 아이가 태어난 것이 마음에 들지 않았을 때에는 태어난 후에 죽이는 것이 쉬워졌다. 그리고 나아가서는, 누구든지 부담스럽거나 불편한 존재가 되었을 때에는 안락사도 서슴지 않게 되었다. 결국 세속적인 세계관을 따르면 인간 생명은 본질적으로 동물적인 생명과 다를 바가 없으니, 무엇 때문에 인간 생명을 다르게 취급해야 하겠는가?

우리의 바람은 기독교 언론과 기독교 지도자들이 타임지가 이해하듯이 이해하고 그 함축적 의미를 깨달아 주었으면 하지만, 세속주의와 세속적 인본주의를 취급한 많지 않은 경우에 기독교 언론이 과연 이 세계관의 진정한 함축성을 폭로했었는지가 궁금하다. 한

---

[3] Lance Morrow, "Thinking Animal Thoughts," *Time.* October 3, 1983, p. 86, 고딕 부분은 필자가 첨가했음

기독교 잡지는 세속적 인본주의와 이것으로 인해 사회에 미친 영향력에 대한 염려는 상상적 괴물(a bogeyman)[4]에 불과하다는 결론을 내렸다. 올바로 정의를 내린다면, 세속적 인본주의－인본주의, 세속주의, 또는 그 어떤 명칭을 당신이 사용하고 싶어하든－는 결코 상상적 괴물이 아니라 하나의 악독한 원수이다. 여기서 다시 조심스럽게 낱말에 대한 정의를 내림으로써 균형을 유지하는 일이 중요하다. 인본주의(humanism)라는 낱말을 인도주의(humanitarianism)라든가 인간다움(humanities)이라는 낱말과 혼동해서는 안된다.[5] 그런데 인본주의는 거기 계신 하나님께 대한 대담한 부정이며, 하나님의 자리에 신격화된 인간을 만물의 척도로서 대신 앉혀 놓은 것이다. 만일 궁극적인 실재가 다만 우연에 의해서 영원히 존재해 왔고 현재의 형태를 유지하게 된 물질 또는 에너지에 지나지 않는다면, 순전히 상대적 가치를 설정하고 법과 정치를 위한 순전히 상대론적 기초를 놓을 자는 유한한 인간을 제외하고는 아무도 없는 것이다. 이것은 절대로 상상적 괴물이 아니다! 그것은 본래의 근본주의자들이 주장하던 모든 것에 전적으로 반대하는, 본래의 복음주의자들이 뜻했던 바에 전적으로 반대하는, 그리고 성경이 주장하는 모든 것에 전적으로 반대하는 입장이다. 어떻게 그리스도인이, 소위 "상상적 괴물"이 신자 개인의 장래의 삶과 현재 삶을 동시에 파멸로 이끌겠노라고 호언장담하고 있는 것을 깨닫지 못할 만큼 어리석을 수 있단 말인가?

---

[4] David Neff, "Who's Afraid of the Secular Humanists?" *His*. March 1983, pp. 4-7, 31.

[5] *A Christian Manifesto*(Westchester, Ill. : Crossway Books, 1981), pp. 22-24, in *The Complete Works,* Vol. V(Westchester, Ill. : Crossway Books, 1982), pp. 425-527에서 내가 조심스럽게 정의를 내린 "인본주의"를 아울러 참조하라. 인본주의란 무엇인가의 문제를 더욱 참고하려면 James Hitchcock, *What Is Secular Humanism*? (Ann Arbor, Mich : Servant Books, 1982)을 보라.

미신적 우상 행위

이것이 무엇을 함축하고 있는지 알겠는가? 성경적 인간관과 세속적 인간관은 정반대이므로, 이것들은 피차에 완전히 결과가 다른, 그리고 완전히 상충하는 인간 생명관을 낳게 된다는 사실을 당신은 참으로 이해하는가? 피터 싱어(Peter Singer) 박사의 논평에서 명백히 찾아볼 수 있듯이, 세속 세계는 이것을 이해하고 있다. 싱어 박사는 유명한 의학 정기 간행물 소아과(*Pediatrics*)라는 잡지에서 이렇게 기록하고 있다.

> '인간 생명은 신성 불가침'이라는 윤리관－나는 이것을 "생명 존엄 사상"(the sanctity-of-life view)이라고 부를 것이다－은 공격을 받고 있다. 생명 존엄 사상에 대한 첫번째 맹타는 서구 세계를 휩쓸고 있는 임신 중절의 수용이다. 생명 존엄 사상의 지지자들은 어떤 조산아들은 낙태 때문에 죽음을 당하는 몇몇 태아들보다 발달이 덜 되어 있기도 하다고 지적하고 있다. 태아 내지 영아의 위치는 그것이 태내이든 태외이든 도덕적 입장에서 볼 때에는 중대한 차이가 있을 수 없다고 덧붙여 말한 것은 아주 그럴 듯하다. 그러므로 임신 중절, 특히 최근에 이러한 행위들을 허용하고 있는 사실은 이른바 무죄한 인간 생명의 보편적 존엄성에 대한 우리들의 방어 벽을 깨뜨리고 있는 것으로 여겨진다.
>
> 생명 존엄 사상에 대한 두번째 타격은, 큼직한 많은 공공 병원들이 어떤 환자들에게는 생명 구원에 필요한 치료 제공을 회피하는 것이 상식적 행위가 되어 버렸다는 사실이다…….
>
> 생명 존엄 사상이 침식당했다는 것이 과연 그토록 놀라운 일인가? 변화는 종종 그 자체가 놀라운 것이다. 특히

여러 세기에 걸쳐 귓속말로나 이야기해 왔던 어떤 사실에 대해 질문한다는 것 자체가 자동적으로 신성 모독죄를 범하는 것이 되는 그러한 변화가 바로 그렇다…….

장래가 어찌 될지는 모르지만, 생명 존엄 사상이 완전히 회복되기란 불가능한 것 같다. 이 사상의 철학적인 기초는 산산조각이 났다. 우리는 더 이상 우리의 윤리를, 인간은 하나님의 형상으로 지음받되 다른 모든 짐승들과는 구별된 홀로 불멸의 영혼을 소유한 특별한 형태의 창조물이라고 하는 사상에 기초할 수 없게 되었다. 우리 자신의 본질을 더 잘 이해하게 됨에 따라, 한때 우리 자신과 다른 종(species)사이에 가로놓여 있는 것으로 생각되었던 큰 간격에 다리가 놓여졌다. 따라서 우리는 무엇 때문에 다음과 같은 단순한 사실－곧 존재란 그 생명에 어떤 독특하고도 거의 무한한 가치를 부여하는 호모사피엔스 종의 일원이라는 사실－을 구태여 믿어야 하겠는가?

"인간"이라는 술어를 둘러싼 미신적 우상 행위(the religious mumbo jumbo)가 제거되었다 할지라도, 우리는 우리 종에 속하는 정상적 일원들이 다른 어떤 종의 일원들보다도 이성적 행동, 자제, 의사소통 등에 있어 더 큰 기능을 가졌다고 계속해서 관망해도 무방할 것이다. 그러나 우리는 우리 종에 속하는 각 일원의 생명이 지적 내지 의식적 생활에 있어 아무리 유한하다 할지라도 그것이 신성불가침하다고는 여기지 않을 것이다. 가령 우리가 몹시 결함이 있는 인간 영아를 개나 돼지와 같은 인간이 아닌 짐승과 비교한다면, 우리는 종종 그 인간 아닌 존재가 생각하고 스스로 의식하고 의사를 교환하며, 또한 도덕적으로 그럴 듯하게 여겨지는 그 밖의 다른 모든 면에서 실질적 또는 잠재적으로 월등한 능력이 있음을 발견하게 될 것이다. 결함이 있는 영아일지라도 예지를 지닌 인류의 한

> 일원이기만 하면, 결국 개나 돼지와는 다른 대접을 받게 되는 것이다. 그러나 종의 한 일원이 되었다는 것만으로는 도덕적인 관련성을 논할 수 없다…….
>
> 만일 우리가 모든 생명은 존엄하다는 진부하고도 잘못된 개념을 제거해 버릴 수 있다면 우리는 인간 생명을 그 진상대로, 곧 각 사람이 지니고 있거나 성취할 수 있는 삶의 질(質)을 보기 시작하게 될 것이다. 그렇게 되면 개인적인 차이점에 대해 눈을 감아 버리는 것보다는 경우마다 다르게 요청되는 윤리적인 민감성을 가지고 삶과 죽음이라는 이 난문제들에 접근할 수 있을 것이다. 그런데 이 개인적인 차이점에 대한 무관심은, 영아를 죽여야 할지의 여부를 결정할 때 모든 불리한 조건을 개의치 말라는 "보건사회복지성, 후생성"(the Department of Health and Human Services)이 내린 엄격한 지시에 잘 나타났다.[6]

방금 읽은 것을 당신은 이해하겠는가? 만일 당신이 인간 생명의 존엄성에 대한, 그리고 하나님의 형상대로 지음받은 인간에 대한 성경적인 가르침을 제거해 버린다면(싱어 박사가 매우 명백하게 제시했듯이), 인간 생명에 가치를 부여할 최종적인 기초가 전혀 없어지게 되고 만다. 그리고 이것은 아직 태어나지 않은 태아에 대해 우리가 말하거나 이미 태어난 영아에 대해 말하거나를 불문하고 다 적용된다. 만일 인간 생명을 출생 전에 죽일 수 있다면, 출생 후에는 죽이지 못한다는 논리적인 이유는 전혀 있을 수 없다. 따라서 과오가 많고 죄가 있는 사람들이 제멋대로 판단한 삶의 질이, 인간 생명이 세상에 태어나지 않았거나 새로 태어났거나 부(富)하거나 늙었거나를 막론하고 그것을 죽일 것이냐 죽이지 말아야 할 것이냐를

---

[6] Peter Singer, "Sanctity of Life or Quality of Life ? " *Pediatrics.* July 1983, pp. 128, 129.

위한 표준이 되어 버렸다. 그렇다면 이 표준이 지금 살아 있는 장애자들에 대해서는 무엇이라고 말하겠는가? 그들의 삶이 평가절하를 받는다는 것은 잘못된 일이요 비극적인 일이 아니겠는가? 이 책을 읽을 독자들 가운데는 만일 오늘날 태어난다면 이런 기준에 의해 속절없이 죽음을 당해야 할 자들도 있을 것이다.[7]

인간 생명의 문제는 참으로 분수령적인 사건이다. 임신 중절을 용인하는 자들은 "삶의 질"이라든가, "산모의 행복과 복지"라든가, "꼭 필요한 아이의 당위성" 따위의 훌륭한 말 뒤에 소름 끼치는 현실을 숨기려고 애쓴다. 비록 그러한 말이 성경이 가르치는, 곧 모든 인간 생명은 하나님의 형상대로 지음받았으므로 독특하고도 고유한 가치를 지녔다는 사상과 가까운 듯이 들릴지는 모르지만, 그 말은 결과적으로 생명의 파괴를 가져 올 것이다. 태어나지 않은 어린이도 하나님의 형상대로 지음받은 인간 존재인 만큼, 이 존재를 부정한다는 것은 성경의 권위를 부정하는 것이다. 시편 139편을 읽을 때 태 안에 있는 생명도 인간 생명이라는 사실을 깨닫지 못하면서 시편이 말하는 바를 진실로 믿는다는 것은 있을 수 없는 일이다. 성육신을 참으로 믿으면서, 성령의 능력으로 마리아에게 수태된 아기가 수태 당시부터 사실상 하나님의 아들이었다는 것을 인식하지 않는다는 것은 불가능하다. 만일 우리가 참으로 성경을 믿는다면, 인간 생명이 언제 시작되느냐에 관해 의문의 여지가 있을 수 없다. 그리고 이것을 부정하는 것은 성경의 권위를 부정하는 것

[7] 일단 임신 중절이 받아들여지면, 인간 생명의 평가 절하를 어느 정도까지 해야 할지에 대한 논리적인 한계가 철폐되고 만다. 태아를 실험용으로 사용하는 문제에 관해 얼마나 신속히 그 가능성이 토의되고 있는지를 생각해 보라. 그것을 생각하는 것조차 소름이 끼친다. 그러나 일단 출생 전의 인간 생명이 합법적으로 받아들여지지 않고 인간으로서 보호를 받지 못한다면, 앞에서 말하는 생체 실험은 가장 논리적인 귀결인 것이다. 태아 실험의 암시 및 이에 대한 고증(考證)된 실례들에 관해서는 "On Human Experimentation." Donald DeMarco, *The Human Life Review,* Fall 1983, pp. 48-60을 읽어 보라.

이다.

그런데 임신 중절의 문제가 아무리 중대하다 할지라도 문제는 거기에서 그치는 것이 아니다. 거기에 포함된 문제가 무엇인가 볼 수 없을 만큼 우리의 눈이 어두워졌단 말인가? 거기에 포함된 것은, 인간 생명이 인간 생명다와야 한다는 문제이다. 그런데 복음주의 진영에 속한 상당수의 사람들은 여느 때처럼 천연스럽게 생업에 종사하면서, 이러저러한 경우를 제외하고는 임신 중절 문제에 관여할 필요가 없다느니, 이 문제는 분열을 조장하기 쉬우니 이것을 문제 삼아서는 안 된다느니, 또는 명백한 선을 긋지 말아야 한다느니 한다. 수백만의 인간 생명이 위기에 놓여 있는데도 말이다. 그러나 만일 우리가 인간 생명을 위한 적극적인 입장을 취하지 않는다면 우리가 위해서 입장을 취해야 할 그 무엇이 있단 말인가?

제 5 장

세상 정신의 여러 형태

우리 주변에서 유행하고 있는 것과 우리 시대의 세상 정신에 적응하는 것은 편리하다. 그러나 소위 이 편리한 적응 때문에, 지난 10여 년간 임신 중절로 말미암아 1,200만의 인명이 죽어갔다. 그러나 이것은 인간 생명의 문제에서 멈추는 것이 아니라, 이 시대의 세속주의 정신으로 말미암아 유행하게 된 실질적인 다른 모든 문제에도 마찬가지로 똑같이 적용된다.

사회주의적 정신

이렇듯 또 다른 영역에서, 우리는 복음주의를 따르는 다수의 무리가 하나님의 왕국과 사회주의적 계획을 혼동하고 있음을 발견하게 된다. 이것 역시 우리를 둘러싸고 있는 세상 정신에 대한 완전 적응이다. 우리는 어떤 주요한 복음주의 잡지사가 발간한 뉴스레터에서, 명백한 하나의 보기를 찾아볼 수 있다. 이 뉴스레터는 최근 호에서 "사회 행동화를 위한 복음주의자들의 모임"(Evangelicals for Social Action, ESA)의 사업 내용과 사회 정책과 및 사회에 대한 그들의 비판을 대서 특필했다. ESA의 비판을 간단히 요약하면 다음과 같다.

> 이 나라의 그리스도인들이 가장 염려하는 사회적인 문제들(이를테면 범죄, 낙태, 기도의 결여, 세속적 인본주의 등등)은, 중요한 것들이기는 하지만 사실은 이러한 기독교적 관심의 저변에 있는 보다 큰 문제들—**미국의 불공정한 사회 구조들**—의 증후이다. 따라서 이 질병의 원인을 척결하면 증후가 물러가리라는 것이 분명한 대답이다. ESA는 그 교육적인 노력의 대부분을 성경적인 그리스도인들에게, 사회에 있는 기본적인 불공정의 중요 분야들 및 이것들을 개선할 필요성을 알리는 데 시간을 바치고 있다.
>
> 그렇다면 이 기본적인 "불공정한 사회 구조"란 무엇인가? ESA는 그것들의 대부분은(그러나 물론 전부는 아닌) 국가 및 국제적 차원에서의 빈곤과 부의 잘못된 분배에 기인한다고 믿고 있다.[1]

여기에서 말하고 있는 것을 당신은 이해할 수 있겠는가? 분명하게 ESA는 "불공정한 사회 구조"와 특히 "부의 잘못된 분배"가 이 세상의 악의 진정한 원인이라고 말하고 있다. ESA에 의하면, "범죄와 낙태와 기도의 결여와 세속적 인본주의 등을 야기시키는 것은 바로 이런 것들(이를테면 불공정한 사회 구조들과 부의 잘못된 분배)이다." 사실적인 차원에서 볼 때 이것은 어리석은 생각이다. 부와는 상관없이 사회의 모든 차원에 범죄가 만연되어 있으며, 낙태는 부유한 사람들이 가장 강력하게 지지하고 있다. 과연 ESA는

---

[1] Russ Williams, "Spotlight : Evangelicals for Social Action," *Evangelical Newsletter.* October 15, 1982, p. 4, 고딕 부분은 필자가 첨가했음.

변화하고 있는 경제적 구조가 "기도의 결여"라는 문제를 해결하리라고 믿고 있는가? 여기서 복음은 사회 구조를 변혁시키는 사업계획 정도로 축소되고 말았다. 이것은 마르크스주의 노선이다. 그렇다고 해서 이 입장을 취하는 자들이 공산주의자들이라는 뜻은 아니다. 그러나 이것은 그들이 하나님의 나라를 사회주의의 기본 개념과 완전히 혼동해 버렸다는 것을 뜻한다. 그런데 만일 여기서 문화적 경제적 연관성만 제거해 버린다면, 그 배후에는 인간의 완전성이라는 계몽주의 사상이 버티고 서 있다.[2]

그러나 이것이 신학적으로 무엇을 뜻하는지 좀더 생각해 보자. 타락과 죄 문제를 어떻게 취급하고 있는가? ESA는 경제 구조를 바꾸는 것만이 "질환의 근본적인 원인"을 다루는 방도이니만큼 이것이 현대인의 구원의 수단이라고 말하고 있는 것같이 보인다. 그러나 애석하지만 그들의 계획은 충분히 근본적인 것이 못 된다! 근본적인 문제는 인간의 타락과 죄, 그리고 마음의 문제이다. 근본적인 문제는 사회 구조 문제보다 훨씬 깊으며, 이것을 인식하지 못하면 ESA는 성경이 가르치는 것과 아주 다른 구원의 이해로 끝맺게 될 것이다. 죄가 문제이다. 그런데 이념과 행동의 영역에서 하나님과 그 율법에 대한 현대인의 고의적인 반항보다 더 큰 죄는 없다.

"사회 행동화를 위한 복음주의자들의 모임" 및 그 밖의 다른 사람들에 의해 조장되고, 복음주의 세계에 속한 다수에 의해 지지되고 있는 사회주의 정신은 두 가지 과오에 기초하고 있다. 무엇보다 먼저, 그것은 신학적으로 잘못되었으며, 근본적으로 복음의 의미를 왜곡하고 있다. 그런데 부의 재분배와 그 결과에 대한 고지식한 평가 역시 잘못된 것이다. 문제의 해답은 어떤 종류의 사회주의적 또

---

[2] "사회주의적 정신"에 대한 보다 광범한 논설과 예리한 비판에 관해 알려면 Franky Schaeffer, *Bad News for Modern Man*(Westchester, Ill.: Crossway Books, 1984)를 참고하라.

는 평등주의적 재분배가 아니다. 이러한 체제는 비록 불완전하다 할지라도 우리의 체제보다 훨씬 더 불공정하고 압제적일 것이다. 이것을 이해하기 위해 우리가 할 일은, 사회주의 또는 평등주의 노선을 따라서 급진적으로 부를 재분배하려는 시도에서 유래한 압제적인 사회들을 관찰하는 일이다. 급진적인 재분배를 시도하려고 할 때마다 그것을 시도하려던 나라의 경제와 문화는 파국에 이르렀으며, 마르크스주의 혁명이 일어날 때마다 유혈 참극으로 끝이 났다. 그것은 국민을 더 잘 살게 한 것이 아니라 더 못살게 했으며, 그들을 전체주의 정부 아래 굴종하게 했다. 이 점에 있어서, 경제가이자 역사가인 허버트 슐로스버그(Herbert Schlossberg)의 논평은 매우 도움이 된다. 슐로스버그는 사회주의적 재분배를 요구하는 이 시대의 여론 지도자들의 진술에서 나타난 "원칙상의 증오"(the "hatred in principle")를 아래와 같이 지적했다.

> 그러한 진술들 가운데 나타난 증오심은, 질투심을 제도화 하고 합법화된 도둑질의 체제를 묘사하기 위해 사회정의라는 말을 사용하는 사회에서 사람이 기대할 수 있는 모든 것이다. 재산권은 인권과 구별되어야 하며 전자는 후자보다 열세에 놓여 있다고 하는 오래 된 사기설(詐欺說)에 경각심을 느껴야 할 것이다. 왜냐하면 인간 사회 그 어느 곳을 보더라도 재산권은 보호해 주지 않으면서 인권만은 지켜주는 그러한 곳은 없기 때문이다. 당신의 돈주머니에 손을 대는 국가는 당신의 인격에도 손을 댈 것이다. 두 가지는 다 초월적인 법을 무시하는 정부의 행동이다.
>
> 자본주의의 경쟁을 사회주의의 협동으로 대치하려고 생각하는 자들은 두 가지를 다 모르고 있는 것이다…….
> "협동"은 1959년까지 1억1천만 명의 목숨을 앗아 갔다. 자유 경제 활동에 대한 대안은 협동이 아니라 압제이다.[3]

나는 당신이 제2장의 앞부분에 나온 분수령의 예화를 다시 한번 생각해 주기 바란다. 나는 그 장에서 서로 나란히 놓여 있는 눈이지만 녹아서 흐를 때에는 천 마일이나 서로 떨어진 반대 쪽에서 끝을 맺게 된다고 말했다. 그리고 우리는 성경의 경우에도, 처음에는 꽤 가까운 듯이 보이던 두 견해가 완전히 서로 다른 곳에서 끝을 맺어 신학과 우리 문화에 대해 파괴적인 결과를 가져왔다는 사실을 깨닫게 되었다. 그런데 이제 우리가 복음주의자들이 사회주의 정신에 적응한 것을 생각해 볼 때, 우리는 사실상 같은 일이 일어나고 있음을 발견한다. 복음주의가 처음 정의와 긍휼을 부르짖고 나섰을

---

[3] Herbert Schlossberg, *Idols for Destruction : Christian Faith and Its Confrontation with American Society*(Nashville : Thomas Nelson, 1983), pp. 133, 134.

알렉산더 솔제니친(Alexander Solzhenitsyn)의 논평 역시 여기서 참고가 된다. "Three Key Moments in Japanese History," *National Review,* December 9, 1983에서 솔제니친은 다음과 같이 말했다.

> 사회주의에 관해 널리 유행하고 있는 신화에 대해 여기서 간단히 언급하는 것이 타당할 것이다. 비록 사회주의라는 말이 정확하고 확실한 뜻을 결여했다 할지라도, 세계적으로 이 말은 "정의 사회"라는 어떤 막연한 꿈을 뜻하기에 이르렀다. 사회주의의 중심에는 모든 인간 문제가 사회적 재편성으로 해결될 수 있다는 허위가 도사리고 있다. 그러나 사회주의가 가장 온건한 형태를 취하겠다고 약속할 경우에 있어서까지라도, 이 주의는 모든 인간은 동등해야 한다고 하는 도달하기 어려운 꾸며 만든 개념을 언제나 강제로 이행하려고 시도한다. 현대 러시아의 가장 명석한 사상가 중 한 사람인 물리학자 유리 오를로프(Yuri Orlov, 그는 공산 노동 수용소에서 5년 이상 복역했으며, 지금은 병들어 죽을 날이 가깝다)는, 순수한 사회주의는 언제나 불가피적으로 전체주의적이라고 논증했다. 오를로프는 지적했다. "사회주의를 추진하는 정도가 아무리 온건하고 점진적이라 하더라도 그것은 문제가 되지 않는다. 만일 그 정도가 일관적이기만 하다면, 사회주의 개혁의 전달용 피댓줄 같은 결과는 마침내 그 나라(또는 전세계)를 뒤집어, 공산 전체주의라는 심연 속에 빠지게 할 것이다." 그리고 전체주의는 물리학자가 "정력원"(精力源, an energy well)이라고 부르는 바로 그것이다. 굴러 떨어지는 것은 쉽지만, 거기서 피해 나오려면 특별한 노력과 파격적인 여건이 필요하다.

때, 그것은 성경이 정의와 긍휼을 가르친 것과 똑같았거나 상당히 가까왔다. 사회주의 정신을 대변하는 자들 역시 모든 정당한 복음주의적 어휘를 사용하려고, 붉은 깃발과 관련된 사회주의적 수사를 피하려고 애썼다. 그러나 그들이 실제로 말하고 있는 것은 "다른 복음"이었다. 그리고 거기에 내포된 것을 보다 면밀히 관찰해 볼 때, 사회주의 정신은 완전히 다른 입장으로 끝나는데 신학적으로 그리고 인간 권리 및 인간 생명의 견지에서 파괴적인 결과를 가져온다는 사실을 발견할 수 있다. 사회주의적 계획이 해답이 아니다.[4] 복음주의 진영의 상당 부분이 하나님의 나라를 사회주의적 계획과 혼동하기 시작했을 때[5], 벌써 이것은 이 세대의 세상 정신에 대한 전적인

[4] "사회주의적 정신"에 대한 대안의 뛰어난 보기를, John Perkins의 저서에서 찾아보라. 그것은 동시에 성경적이고 동정적이고 실제적인 대안이기도 하다. 그 자신이 흑인인 Perkins는, 흑인들이 경제 제도에 능동적으로 가담하고 기회가 주어지고 공정한 대우를 받고 경제 제도 안에서 공정을 수립할 필요가 있음을 강조하고 있다. 특히 John Perkins의 여러 저서 *Let Justice Roll Down*(Ventura, Calif.: Regal Books, 1976), *A Quiet Revolution: The Christian Response to Human Need, A Strategy for Today*(Waco, Texas.: Word, 1976), and *With Justice For All*(Ventura, Calif.: Regal Books, 1982)를 보라.

[5] 많은 복음주의자들이 사회주의를 찬양하기 시작했지만, 점점 많은 세속 사회주의자들은 사회주의에 대해 피곤을 느끼기 시작했다는 사실을 주시하는 것은 흥미 있는 일이다. 크리스찬 사이언스 모니터(*The Christian Science Monitor*)지가 "프랑스의 가장 위대한 현대 철학자 가운데 한 사람"이라고 부른 "새로운 철학자"(*Nouveaux Philosophes*) 베르나르 앙리 레비(Bernard-Henri Levy)는 특히 흥미롭다. 레비는 전혀 그리스도인은 아니지만, 도덕 문제, 사회 윤리 및 법에 대한 그의 깊은 통찰은 주목할 만하다. 레비는 아래와 같이 논평했다.

> 나는 신앙인은 아니지만, 만일 우리가 윤리의 새로운 기초를 찾으려 한다면 최선의 기초는 성경적인 옛 전통이라고 생각한다. 이 옛 사본들인 성경 안에는 인간 권리의 원리들, 개인에 대한 사상, 망명과 세계주의에 관한 사상이 깃들어 있다. 마르크스주의는 절대적인 윤리도 진리도 악도 선도 없다고 주장한다. 이 모든 것은 환경에 달려 있으며, 있는 것이라고는 이 모든 것을 나타내는 계급뿐이다. 그러나 만일 당신이 이 윤리의 상대성을 탈피하려면, 그 도구(道具)와 영감을 성경에서 발견해야 할 것이다.

적응이었던 것이다. 우리들의 반응은 대결이어야 한다—사랑의 대결이어야 하지만 대결은 대결이다. 거기에는 선이 그어져야 한다.

3대 약점

그러나 우리는 여기서 또한 조심해야 하며 올바른 균형을 잡아야 한다. 사회주의 정신에 반대하는 입장을 취함에 있어서, 우리는 미국의 과거에 속한 모든 것에 세례를 주려고 하지 않도록 조심할 필요가 있다. 비록 이것이 내가 처음 집필을 하고 강의를 하기 시작한 후 여러 해 동안 되풀이해서 강조해 온 내용이기는 하지만, 다시금 반복할 필요가 있다. 결코 지난 날에 황금 시대란 없었다. 종교개혁 시대나 초대 교회나 개척 초기의 미국을 포함해서, 우리가 돌아볼 때 완전한 또는 완전히 기독교적이었던 시대는 전혀 없었다. 그리스도인들인 우리가 마땅히 거부하고 시정해야 할 큰 약점들이 있었는데, 나는 여기서 그 세 가지를 말하고자 한다.

첫째는 인종의 문제인데, 여기에는 두 가지 종류의 악폐가 있었다. 그것은 인종에 근거한 노예 제도와 거기에 따르는 인종 차별이다. 두 가지 행위는 다 잘못된 것이며, 종종 이 두 가지는 당시 그리스도인들의 "일반적인 합의"(국민 전체의 일반적인 의식 수준 내지 향방—역자주)가 오늘날의 그리스도인들보다 더 강력한 영향력을 지니고 있었음에도 불구하고 자행되었다. 그럼에도 불구하고 교회는 교회로서, 그들에 대한 반대의 소리를 충분히 외치지 않았

레비는 많은 복음주의 그리스도인들보다도 훨씬 뛰어나게, 마르크스주의와 기독교의 전적인 상반성을 관찰하고 있다. 또한 스튜어트 맥브라이드(Stewart McBride)에 의한 완벽한 논문, "New Philosopher, Bernard-Henri Levy : A French Leftist Takes Out After Socialism"을 추가적으로 참고하라. *The Christian Science Monitor*(Pullout Section). January 20, 1983, pp. B1—B3.

다. 유감스럽게도 미국 사람들은 흑인은 사람이 아니며 그러므로 물건으로 취급되어야 한다는 거짓말에 탐닉하게 되었다. 낙태를 합법화하기 위한 1973년의 "로우 대 웨이드" 사건에 대한 판결에서도, 전적으로 똑같은 논법이 사용되었다는 사실은 주목할 만하다. 150년 전에는 흑인이 법적으로 사람이 아니었기 때문에 사람들이 그를 노예로 삼을 수 있었으며, 지난 10년 동안에는 태어나지 않은 아기들은 사람이 아니라고 대법원이 결정했기 때문에 1,200만 명의 미분만아가 살해되었다. 그리스도인으로서, 우리 선조들과 동일시함으로써 한걸음 더 나아가 오늘날의 인종적인 편견을 제거하기 위한 온갖 노력을 기울여야 할 것이다. 절대기준의 존재를 인정하는 성경적인 견해에 기초해서 이와 같은 악과 불공정은 절대적으로 악하다고 말할 수 있었던 샤프츠베리(Shaftesbury)와 윌버포스(Wilberforce) 그리고 웨슬리(Wesley)와 같은 그리스도인들로 인해 우리는 감사를 드릴 수 있다. 그러나 만일 그와 같은 거짓말이 오늘날의 인간 생명을 제멋대로 파괴하는 데 쓰이고 있다면, 우리는 지난 세대나 비판하고 앉아 있을 수 없다.[6]

둘째는, 부를 동정적인 목적에 쓰는 문제이다. 내가 지난번에도 강조했다시피 이것은 두 가지를 뜻하는데, 먼저 공정하게 부를 이

---

[6] **그러면 우리는 어떻게 살 것인가?** 5장과 6장에서 내가 이 문제에 관해 전개해 놓은 내용을 더 참고하라. 1940년대에 세인트 루이스에서 내가 목회하고 있을 때, 흑인들의 주거지가 점점 교회 건물에 접근하고 있었다. 나는 교회 장로들에게 **절대로** 피부 빛깔이 교회에 받아들여야 하는지의 여부를 결정하는 요인이 돼서는 안 되며, 그렇게 되는 날에는 내가 목사직을 사임할 것이라고 강조했다. 그 뒤 여러 해가 지나고, 상당수의 흑인들은 라브리야말로 전혀 인종 차별을 하지 않는 최초의 장소임을 알게 되었다. 1940년대에는 우리들의 많은 복음주의 학교들이—나는 여기서 절대로 Bob Jones University 같은 학교들을 마음에 두고 하는 말이 아니다—여전히 엄격한 인종 차별적 남녀 교제 학칙들 및 여타의 모든 규칙들을 지키고 있었다. 그와 같은 학교에 다녔던 한 흑인이 라브리에서 "이곳은 내가 사람 대접을 받은 최초의 장소입니다"라고 말한 것을 결코 잊을 수 없다. 그의 말을 듣고 나는 울었다. 나는 그가 그렇게 말할 수 있었던 것이 기뻤다.

루어야 하며, 그러고 나서는 진정한 동정심을 가지고 그것을 사용해야 한다. 사실상 나는 여러 차례 여러 곳에서 말한 바 있었다. 그리스도인들이 천국에 가서, 거액의 현금을 선교 사업이나 교육사업 및 그 밖의 목적 등에 사용했다고 주님께 보고를 드리면, 주님께서는 그들에게 차라리 적은 액수라도 공정한 방법으로 벌어서 바치는 것이 더 나았을 것이라고 말씀하실는지 모른다.

셋째는, 기독교를 국가와 혼동하는 위험이다. 이 분야에 있어서 나는, 첫째로 기독교를 미국 국기로 감싸서는 안 되며[7], 둘째로 미국이 하고 싶은 것은 무엇이든지 허용해야 한다고 하는 "명백한 운명" 의식에 반대해야 한다고 이미 강조했다. 우리는 우리가 하는 모든 일에 대해서와 하나님께서 우리에게 주신 모든 것에 대해 책임을 져야 하며, 만일 우리가 그의 크신 은사들을 짓밟아버리면 장차 그의 심판을 받게 될 것이다.[8]

역사의 평가 절하

우리는 이러한 커다란 약점들을 인정함에도 불구하고 사실상 기독교는 미국이 형성되는 데 있어서, 심오하고도 긍정적인 영향을 끼쳤다는 것을 인식해야 할 것이다. 이 나라의 건국에 끼친 기독교의 영향력을 역사가들이 너무 지나치게 평가 절하한다면, 그것은 좋은 역사가 되지 못하게 하는 행위이든가, 그렇지 않으면 이 영향력으로부터 나온, 그리고 특히 종교개혁적 기독교로부터 나온 좋은 것들로 인해 하나님께 영광을 돌리지 못하는 행위가 된다. 그 당시

---

[7] 기독교 선언(*A Christian Manifesto*) 9장을 참고할 것.

[8] Francis A. Schaeffer, Vladimir Bukovsky, and James Hitchcock, *Who Is For Peace?* (Nashville : Thomas Nelson, 1983), p. 19.

이 나라에는 일반적으로, 그리고 특히 대각성 운동(the Great Awakening)의 결과로 심도 있고 광범한 성경 지식이 있었다. 이 일로 말미암아 사회 전반이 심원(深遠)한 영향을 받게 되었으며, 많은 세속 사학자들은 당시에 위대한 기독교적 합의 내지는 기풍이 존재했다는 사실에 동의하고 있다.

그러나 미국을 세운 자들이 모두 그리스도인들이었다고 생각하는 것은 어리석은 일이다. 다 그렇지는 않았다. 그 예로 제퍼슨(Jefferson)은 이신론자(理神論者, a deist)였다. 그러나 비록 이신론자였을망정, 그는 한 하나님이 존재한다는 것을 알고 있었으며, 이 사실은 그가 세계를 이해하는 방법에 현격한 차이를 가져다 주었다. 특히 이것은, 제퍼슨이 "양도할 수 없는 권리의 개념"의 기초를 창조주에게 두었다는 것을 뜻했다. 비록 제퍼슨의 사상에 결함이 있다손 치더라도, 이 사상과 프랑스와 러시아 혁명의 대학살을 가져온 계몽 사상과는 현격한 차이가 있다. 또는 장로교 목사이자 현재의 프린스턴 대학교의 옛총장이었으며 독립 선언서에 서명한 유일의 목사였던 존 위더스푼(John Witherspoon)의 예를 들 수 있다. 우리 가운데 아무도 그런 사람이 없듯이, 그 또한 언제나 그 생각이 시종 일관할 수는 없었다. 그러나 설교를 하면서 위더스푼이 "계몽주의자"인 토마스 페인(Thomas Paine)을 공개적으로 지명하여 공격했을 때, 그의 핵심적인 논제가 무엇이었는지를 뚜렷하게 파악할 수 있었다. 위더스푼은 인간의 완전 가능성에 관한 페인의 계몽주의적 견해를, 인간의 타락과 상실됨 및 그 때문에 있게 된 모든 정치 분야에서의 완전성의 결여라고 하는 성경적인 견해와 대조하면서 직접 도전했다.[9] 위더스푼의 정치적 견해가 언제나 정확한 것은 아니었다. 그러나 당시의 정치적 현실을 이해하는 데 있어서 그의 기독교 신앙은 다른 이들의 그것과는 달랐다.

---

[9] *Witherspoon's Works,* Vol. 5, p. 184.

그런데 복음주의 진영 안에 있는 자들로서, 학문이라는 변장 아래 이 모든 것을 대수롭지 않게 여기고 마치 기독교적인 합의는 언제나 지리 멸렬한 것같이 행동하려는 사람들이 있었다. 그런데 이 상태를 얼마나 이전까지 소급해 올라갔는지를 한 기독교 역사가의 보기에서 찾아볼 수 있겠는데, 그는 이 지리 멸렬상을 종교개혁에까지 적용했던 것이다. 그는 이렇게 기록했다.

> (쉐퍼의) 혼동은, 그가 개신교(Protestantism)를 르네상스 인본주의의 종교적 형태로서 볼 줄 몰랐다는 점에 있다. 하기야 개신교도들은 그들의 양심이, 유일의 권위가 근거한 '성경에 의해서'(*"sola scriptura"*) 깨우침을 받았다고 말은 했다. 그러나 우리 모두는 개신교도들이 성경이 무엇을 말하고 있는지에 대해, 또는 그것이 어떤 종류의 책인지에 대해 의견의 일치를 보지 못하고 있음을 알고 있다.
> 승리에 도취된 쉐퍼는 개신교 운동의 풍자적이고 비극적인 면을 볼 수가 없다. 왜냐하면 그는 그 운동을 인본주의 운동 자체의 한 국면으로 보기를 거부하기 때문이다. 쉐퍼는 그의 여러 저서에서 종교개혁을—사실상 그것은 문제의 한 부분이었음에도 불구하고—인본주의라는 문제에 대한 해답으로서 이해하도록 촉구했다.[10]

여기서 말하고 있는 뜻이 무엇인지 당신은 이해하겠는가? 종교개혁의 중요성이 완전히 평가 절하되었고 또 인본주의에 종속되고 만 것이다. 종교개혁과 개혁주의자들의 성경 유일관(view of *sola scriptura*)—기독교 진리의 유일한 기초로서의 성경관—이 완전히 내동댕이쳐진 것이다. 종교개혁이 뜻하는 온갖 것이 종합과 상대성

---

[10] Ronald A. Wells, "Francis Schaeffer's Jeremiad", *Reformed Journal*. May 1982, p. 18.

의 혼란 속에 잠식되고 말았다. 상대론적이고 비기독교적이고 세속적인 오늘날의 역사가들이 똑같은 노선을 취하고 있다. 이것은 역사적 사실에 대한 논란이 아니다. 실제로 많은 비기독교 역사가들이 종교개혁 사상에 대한 이러한 급진적 비난의 언사에 동의하지 않을 것이다. 여기서 우리가 당하고 있는 것은 마치 복음주의 학문의 결과인 것 같으나, 사실은 철저하게 세속화된 사상의 침투이다. 그렇다. 우리는 모든 것을 순수하게만 해석하고 기독교를 애국이라는 이름으로 감싸려고 하는 자들에게 반대해야 하겠다. 그러나 우리는 학문이라는 변장 아래 이 시대의 세계 정신에 적응하며 또한 이렇게 하는 과정에서 역사적 사실들뿐만 아니라 기독교 진리까지 왜곡해 버리려고 하는 자들에게 똑같이 반대해야 할 것이다.[11]

학문계에의 침투

유감스럽게도 복음주의자들은 학문계에서 별로 뛰어나지 못했음을 고백해야 하겠다. 모든 학문 분야에서 적응에 대한 유혹과 압력은 몹시 거세다. 기독교를 매우 편협한 영적 생활 영역으로 폐쇄해 버리는 서툰 경건주의를 복음주의자들이 배척한 것은 옳았다. 복음

---

[11] 이것은 다만 추상적인 학술 토론이 아니다. 만일 기독교 진리가 사회를 전혀 또는 별로 다르게 만들지 못한다면(그렇게 하지 못한다면, 황금 시대는 결코 도래할 수 없겠지만), 그리고 만일 오직 성경(*Sola Scriptura*)이라는 종교개혁 개념을 포함한 모든 것이 다만 혼합물에 지나지 않는다면, 만일 이것이 환각에 지나지 않는다면, 실로 기독교는 개연성과 불확실성과 끊임없는 유동의 세계에서 얻는 또 하나의 정보 자료에 불과할 것이다. 내가 위에서 (각주 10을 보라) 인용한 역사가—그는 또 다른 논문에서 종교개혁과 이 운동의 성경 유일성(*Sola Scriptura*)주장을 몹시 평가 절하했다—가 복음주의자들에게 Walter Rauschenbusch와 Reinhold Niebuhr와 그들의 사회복음을 현대 문화에 대해 우리가 무엇인가 말할 수 있는 기초로서 참고하라고 열렬히 권했다고 해서, 우리는 조금도 놀랄 것이 없다. 이 두 사람이 누구인지 아는 자들은 위의 말의 뜻을 알 것이다. 초기 복음주의자들은 자기들이 니버의 사회복음과 전적인 충돌 상태에 있음을 알고 있었다.

주의자들이 예술, 철학, 사회, 정부, 학원 등의 모든 문화 영역에 대한 그리스도의 주 되심(the Lordship of Christ)을 강조한 것은 정당했다. 그리하여 결국 어떤 일이 일어났는가? 많은 젊은 복음주의자들이 이 메시지를 듣고 학문계로 들어가 일류 세속 대학들로부터 학사 및 석, 박사 학위들을 취득했다. 그러나 그 과정에서 무엇인가가 일어났다. 이 많은 젊은 복음주의자들은 전적으로 인본주의적인 대학들과 대학교들의 한복판에서 여러 학문 분야에 걸친 전적으로 인본주의적인 성향 속에서 공부하는 가운데, 그들의 대학과 교수들의 사상을 지배하고 있는 반기독교적인 세계관의 침투를 받기 시작했다. 이러한 과정에서, 그 어떤 명백한 복음적인 기독교 관점도 그들의 학문 분야의 세속주의적 사고와 및 우리 시대의 주변적인 세계 정신에 적응하게 되었다.[12] 그 순환을 완성시키는 듯이 이들 중 다수는 지금 복음주의적 대학들로 돌아가 가르치고 있지만, 그들이 강의실에서 가르치고 있는 것은 별로 뚜렷하게 기독교적인 것이 못 된다.

이 비판은 지적 후퇴와 새로운 반지성주의로의 외침이 아니라는 것에 주의하라. 복음적인 그리스도인들은 모든 학문 분야의 상대론과 편협한 환원주의(reductionism)와 대조되는 진리가 존재한다는 것을 알고 있는 만큼 비기독교인들보다 더 나은 학자들이 되어야 한다. 그러나 너무나 자주 그리스도인들은 순수하고 황홀한 심정으로 학문계로 들어가서는, 그들의 비판력과 기독교적 진리를 뒤에 둔 채 잊어버린다.

우리가 개입하고 있는 싸움이 가장 치열한 곳은 학문계이다. 모든 학문 분야, 특히 행동 과학들과 인문학들과 예술 분야들이 세속주의

---

[12] 이를테면 심리학적으로 어떻게 이 일이 일어날 수 있을 것인가에 대한 개인적 수기로서, William Kirk Kilpatrick의 저서 *Psychological Seduction*(Nashville : Thomas Nelson, 1983), pp. 13－27에 실린 "Wolf in the Fold"라는 제목의 탁월한 장을 참고하라.

사고를 지배하고 있다. 그리스도인들로서 우리의 과업의 일부는 이러한 분야들을 주의깊게 이해하고 연구하는 일이며, 그러고 나서는 분명한 기독교적인 견지에서 비판적으로 대응하는 것이다. 그러나 내가 앞의 장에서 지적했다시피 여기에는 두 가지 사실, 곧 (1) 참으로 성경을 믿어야 한다는 것과 (2) 주변의 잘못된 세계관의 결과를 사랑하는 심정으로 직면하되 어디까지나 단호히 대결해야 한다는 사실을 기억해야만 한다. 부디 이 문제를 가볍게 다루지 말라. 우리는 뒤로 물러서서 기독교를 편협한 영성관 속에 가두어 둘 수는 없다. 그러나 전적으로 세속화된 학문계에는 위험과 유혹이 깊이 도사리고 있다. 이 사회에서 대학생으로서 4년 또는 그 이상을 지내면서도 주변에 있는 세계관에 의해 침투를 당하지 않기란 매우 어렵다. 그리고 만일 당사자가 교사일 경우, 세속적 사고에 의해 지배받고 있는 분야 안에서 학문적으로 존경받기 위해서는 가지고 있는 생각을 타협하라는 견디기 어려운 압력 때문에, 이 위험 곧 주변 세계관의 침투의 위험은 그 도수를 더해 가는 것이다.

그리고 복음주의 여러 기독교 대학 교수들의 책임은 실로 어마어마하다. 그렇다. 당신은 당신의 전문 분야의 모든 학문 영역을 명료하고 조심스럽게 제시해야만 한다. 그러나 이것은 겨우 당신의 책임의 시초에 불과하다. 그런데, 당신은 당신의 학문 분야의 사상과 성경적 진리 사이에 근본적으로 갈등이 있는 쟁점들을 계속해서 설명할 용의가 있는가? 혹은 학문적 자유나 관용 또는 중립의 이름으로, 이 모든 것에 대결함이 없이 그것으로 그냥 지나가게 하고 말 것인가? 세상이 움직이는 방식은 이렇지 않다. 세속 대학교에서 가르치는 마르크스주의적 사회학 교수는, 중립에는 관심이 없고 오히려 자기의 이념적인 입장이 강의실에서 철저히 주지되기를 바랄 것이다. 다시금 말하지만, 학문적인 영역에서 복음주의 진영은 종종 명확한 입장을 취하는 데 실패했다. 물론 이것은 모든 사람에게 다 해당되는 말은 아니다! 따라서 그러한 입장을 취한 이들로 인해 주께 감사를 드려야 할 것이다. 그러나 여러 학문 분야에 그것이 나타나 있듯이, 시대 정신에 대한 적응이 있어 왔으며 또한 그 작용의 폭이 점점 더 넓어지고 있다. 이러한 연유 때문에 얼마나 많은 자들이 생명의 떡을 찾아 우리들의 학교에 다니다가 한 주먹의 조약돌만을 얻어 가지고 학교를 떠나야만 했는가? 그러한 위험이, 가장 훌륭한 기독교 대학들이라고 생각되는 곳에 현존하고 있다. 문제는 장래의 것이 아닌 현재의 것이다.

거짓된 예언

적응, 적응! 적응에 대한 심리적 향방이 얼마나 연장되고 또 확장되고 있는지는 모를 일이다. 우리는 세계 교회 협의회(the World Council of Churches)에 가입하자는 복음주의자들의 새로운 외침 속에서 다시 한번 이 사실을 발견할 수 있다. 세속 보도진이 WCC의 위선을 폭로하고 준엄하게 그것을 비판하고 있을 때 복음주의 지도자들과 영향력 있는 복음주의 출판 기관들이 그것을 찬양하고 있다는 것은 아이러니하다. 타임지의 논평이 매우 주목할 만한 지각을 나타냈기 때문에, 나는 "교회 연합 사상의 홍미 있는 정책"(the Curious Politics of Ecumenism)이라는 제목의 그 논평을 장황함을 무릅쓰고 아래에 인용한다.

> 서유럽과 미국에 사는 많은 보수적인 그리스도인들에게는, 4억 이상의 회원을 가진 301개의 개신교 및 정교회 교파들을 산하 조직체로 규합하고 있는 세계 교회 협의회가 국제 연합(the United Nations)을 닮은 교회적인 영양계(營養系, an ecclesiastical clone)로 보일 것이다. 제3세계 교회들의 증대하는 영향력에 호응하여, 협의회는 얼핏 보기에 미국 정책과 자본주의의 죄를 사정없이 탄핵하

는 공개 토론장으로 바뀌어 버렸다. 한편 WCC는, 어떤 비평가들이 지적했듯이 공산주의 정권들에 대해서는 방임 정책(a see-no-evil policy)을 채택하고 있다…….

100개의 국가들로부터 838명의 대의원과 수천 명의 방문객이 참석한 가운데, 밴쿠버(Vancouver)에 있는 브리티쉬 컬럼비아 대학교(the University of British Columbia)에서 열린 WCC 제6차 대회 역시 반서구적 편견의 의심을 불식해 버리려는 노력을 전혀 하지 않았다. 그 예로, (미국) 장로교회의 두 고위 지도자 가운데 한 사람인 윌리암 톰슨(William P. Thompson)이 이끄는 한 위원회는 아프가니스탄(Afghanistan)에 대한 지난 주의 공식 성명서의 기초를 작성하는 책임을 맡았다. 소련 교회들로부터 파견된 대표들과 친밀하게 공동 작업을 한 위원회는 전면적인 정치적 해결의 일환으로서 소련 군대의 철수를 요구하는 온건한 어조의 서류를 제출했다. 그것은 소비에트 사회주의 연방 공화국(U.S.S.R－Union of Soviet Socialist Republics)이 WCC의 정치적 선언문에서 지명된 많지 않은 경우의 하나였다. 그러나 그 성명서는 또한 그러한 해결에 도달할 때까지 사실상 소련 군대가 아프가니스탄에 주둔하도록 허용되어야 한다고 말했으며, 아프간 반공 폭도들에 대한 지원을 중단할 것을 권고했다. 톰슨이 이끄는 위원회는 또한 신랄한 어조로 미국의 중미 정책을 공격하는 성명서를 제출했다. 그 서류는 니카라과(Nicaragua) 정부의 "생명을 긍정하는 업적들"(the life-affirming achievements)을 찬양했으며, 쿠바(Cuba)는 전혀 언급조차 되지 않았다.

성공회와 개신교 단체들의 연합체인 파키스탄 교회의 감독 알렉산더 말리크(Alexander Malik)는, 아프가니스탄에 관한 성명서에 적절한 공정성을 주입하기 위해 그것을 위원회로 되돌려 보내야 한다고 다음과 같이 강력히 요구했다. "만일 어떤 서방 국가가 개입되었다면, 틀림없이 우리는 사전에서 찾아낼 수 있는 가장 강력한 언어를 가지고 그 사실을 규탄했을 것이다. 소련은 한 이웃 나라에 대해 굉장한 침략을 자행했으니 만큼 마땅히 정죄를 받아야 할 것이다." 말리크의 건의는, 러시아 정교회의 대주교 키릴(Kirill)이 보다 강력한 성명서가 채택되는 날에는 자기 교회에 "굉장한 어려움"을 안겨 줄 것이며 "자기네들이 교회 연합 운동에 이바지한 것에 대한 도전"이 될 것이라고 경고한 뒤에 기각되고 말았다.

이것은 전형적인 WCC의 정략이다. 협의회는 그 이미지가 더욱 손상을 입어도 개의치 않고 있다. 많은 서방 교회 지도자들은 미국 및 그 동맹 국가들의 정책에 대한 공격에 동조하고 있지만(소련에 대해서는)침묵을 지키고 있는데, 추측하건대 이는 협의회 안에 소련 진영의 교회들을 머물러 있게 하기 위해 대가를 지불해야만 하기 때문인 듯하다. 이 실용주의적－어떤 사람들은 근시안적이라고 말할 것이다－ 접근의 시도 때문에 WCC는 또한 소련에 있는 경건한 신자들의 참상을 다루지 못하게 되었다. 8년 전에 나이로비(Nairobi)에서 마지막으로 열렸던 대회의 가장 극적인 사건은 소련의 두 양심수(dissidents＝이탈자들)인 글렙 야쿠닌(Gleb Yakunin)신부와 레브 레겔슨(Lev Regelson)이 공개 편지를 발표한 일이었는데, 그들은 그 편지에서 1960년대 초기에 "러시아 정교회가 절반이나 붕괴되었을" 때에도 협의회가 침묵을 지키고 있었다고 주장하면서, 소련에서 신자들이 당하는 박해에 대해 손을 써 줄 것을 호소했다.[13]

---

[13] Richard N. Ostling, "The Curious Politics of Ecumenism," *Time*. August 22, 1983, p. 46. 마르크스주의의 영향으로 WCC가 게릴라전에 자금 지원을

후에 같은 논평은 증거와 전도의 문제로 넘어갔다. 타임지는 이 대목에서 아래와 같이 말했다.

> "분열된 세계에서의 증거"(Witnessing in a Divided World)라는 제목의 비정치적인 문서를 중심으로 대회장은 홍분의 도가니가 되었다. 노르웨이 교회(루터교)의 감독 페르 로닝(Per Lonning)은 그 문서가 "선교의 긴급성을 결여"했고 기독교의 독특성을 강조하지 않았다는 이유로 그것을 일컬어 "위험한 후퇴"라고 했다. 그 말에 동의한 대의원들은 거의 만장 일치로 수정에 찬표를 던졌으나, 핵무장(핵 동결에 가표를 던졌으며) 문제로부터 팔레스타인의 권리(강력한 뒷받침을 표시했고)에 관한 수많은 정치적 성명들의 문제들을 다루느라고 그들은 분열된 세계에 관한 문서를 다시 기술할 기회를 결코 가지지 못했다.[14]

이제 이상의 글들을 우리 복음주의 지도자들 및 보도 기관들이 보고한 것과 대조해 보자. 크리스차니티 투데이(*Christianity Today*)지에 실린 한 논평은 아래와 같이 기술했다.

> 복음주의자들은 복음과 그리스도께 대한 개인적인 회심을 선포하라고 강력히 호소하는, 복음주의적 신학의 영향을 나타내는 새로운 WCC의 선교 및 복음 전파에 관한 성명을 기뻐하는 바이다…….

한 사실에 대해 보다 자세히 알려면 Richard N. Ostling, "Warring Over Where Donations Go," *Time.* March 28, 1983, pp. 58, 59, Kenneth L. Woodward and David Gates, "Ideology Under the Alms," *Newsweek.* February 7, 1983, pp. 61, 62 ; and Raël Jean Isaac, "Do you Know Where Your Church Offerings Go ? " *Readers Digest.* January 1983, pp. 120－125를 참고하라.

[14] Ostling, "The Curious Politics," p. 46.

> 주관적으로, 이것은 내 생애의 위대한 영적 체험의 하나이다. 우리는 무형의 문제들을 다루고 있지만, 나는 지금까지 그렇게도 많은, 초자연적으로 정중하고 은혜로운 그리스도인들(즉, WCC 대의원들) 사이에 있어 본 적이 없다고 보고해야만 하겠다……. 성령의 임재로 말미암아 모든 것이 위엄이 있어 보였다. 밴쿠버에서 내가 가진 유일한 논쟁은 내 동료 복음주의자들과의 논쟁이었다…….
>
> 대회 기간중 간부 회의를 연 대다수 복음주의자들은 매우 열성적이었으며, 마침내 그들은 세계 협의회를 칭찬하면서 복음주의자들에게 그들의 은사들을 가지고 협의회 발전에 기여하라는 권고를 하는 성명서를 발표하기에 이르렀다.[15]

이 보고서는 여하한 마르크스주의적 영향력에 대해서도 과소 평가하고 있고, 협의회가 "그리스도 안에서의 구원의 독특성에 관해 희미한 태도를 취하고 있는 것을" 경시하고 있으며, 일방적인 군비 축소를 위한 협의회의 호소를 옹호하고 있을 뿐만 아니라 일반적으로 밴쿠버 대회에서 일어난 모든 일을 그럴 듯하게 보이게 하려는 방도를 찾으려 애를 쓰고 있었다.

크리스차니티 투데이지에 보고서를 쓴 기자도 타임지 기자와 마찬가지로 같은 제6차 WCC 대회 모임에 참석했을 가능성이 있는가? 독자는 전자가 타임지와 같은 세속 잡지 기자에 못지 않게 대회에 대해 나름대로의 통찰력을 가졌으리라고 생각할 것이다.

다시금 우리는, 이 세상에 속한 자들이 적응을 일삼는 복음주의자들보다 종종 더 잘 이해한다는 사실을 알게 된다. 어떻게 이 관찰자가 그렇게 순수하게 호의적인 보고—특히 밴쿠버 대회에서 일

---

[15] Richard Lovelace, "Are There Winds of Change at the World Council ? " *Christianity Today*. September 16, 1983, pp. 33, 34.

어났던 그 밖의 다른 일들을 감안할 때－를 가지고 돌아올 수 있었는 가는 상상하기조차 힘들다.

얼마나 광범한 적응이 이루어졌던가 하는 한 예는, 200명의 복음주의자들－그들 대다수가 복음주의 세계에서 저명한 지도자들인－이 WCC를 칭찬하면서 더 많은 복음주의자들의 참여를 촉구하는 성명서에 서명했다는 사실이다. 대회에 참석했으나 WCC를 후원하는 성명서에 서명하지 않은 소수의 복음주의 지도자들 가운데 한 사람은, 독일의 튀빙겐(Tübingen) 대학교 교수인 페테르 바이어하우스(Peter Beyerhaus)박사였다. WCC를 오랫동안 관찰해 온 바이어하우스 박사는 대안적인 성명서에서 대회에 관해 아래와 같이 보고했다.

> 물질적인 상호 연관성에서 역사를 보려는 것이 마르크스주의 이념의 주요 특색인데, 이것이 "가난한 자의 신학"(the Theology of the Poor)이라는 형태로 밴쿠버의 선교문서들 속에까지 잠입의 기회를 갖기에 이르렀다…….
>
> 전통적 기독교 교리들을 대변할 연사들이 정통적 성경적 확신과 양립할 수 없는 급진적 신조들을 설파하는 자들과 나란히 부각되었다. 한 두드러진 예는 도로테 죌레(Dorothee Sölle)박사의 경우였다. 그녀는 하나님(God)과 그의 주 되심(His Lordship)에 대한 성경적 개념을 공공연히 비난하고, "신 운동"(a 'god-movement')에 대해 언급하면서 청중들에게 "새로운 성경들"을 쓰라고까지 부추겼다.
>
> 다른 연사들은 여인으로서, 여자들에게 하나의 심원(深遠)한 새 신학을 발전시키는 출발점을 경험해 보라고 권고했는데, 그 신학이란 성경적으로 계시된 하나님을 우리들의 아버지(our Father)로 경외하는 것을, "대모(godmother)의 종교"로 바꾸라는 것이다.
>
> 비기독교 종교들은, 그리스도 자신께서 그 추종자들에게

생명을 주시며 또한 우리 그리스도인들에게 말씀하시는 방도로 제시되었다. WCC가 점점 더 혼합주의(syncretism)로 바뀌고 있다는 많은 사람의 두려움은, 인디언 신화를 예배 순서에 포함시킴으로써와…… 복음주의의 부흥 때문에 타종교들과의 대화가 위태롭게 되었다고 말한 …… WCC의 한 지도적 임원의 명백한 성명 때문에 확실해졌다.

인권 유린을 비난하는 예언자적인 음성이라고 WCC가 자기 주장을 하던 신빙성이 정치적 일방 편중성 때문에 다시 한번 손실을 입었으니, 이 일방성이란 그러한 위반 사례들을 비(非)마르크스주의 세계에서는 지적해 내면서, 사회주의 국가들—대회는 이런 나라로부터 온 대표들을 평화와 정의의 옹호자들이라고 박수 갈채를 보냈다—에 의해 저질러진 심각한 범법 행위들은 온건하게 다루거나 묵과해 버린다는 말이다. 이러한 사례는, 특히 이 여러 지역에서 교회들을 괴롭히고, 그리스도인임을 고백하는 자들을 박해하고 있음에도 불구하고 그렇다는 말이다.

대회의 결정적인 단점은 인류의 기본적인 궁지에 대한 참된 성경적 처방의 결여에 있다. 그 처방은 우리의 죄로 말미암아 우리가 하나님께로부터 분리되었다는 것, 성경적인 구속, 회개와 예수 그리스도께 대한 개인적 신앙을 통해 성령님께서 주시는 우리의 중생, 그 결과로 주어지는 우리의 현재 생활의 변화 및 하나님과 가지는 우리의 영원한 교제이다. 어느 쪽인가 하면, 인간 본질에 대한 낙관적인 견해와 인간 스스로 자기를 도울 수 있다는 능력에 대한 신념이 다시 한번 보편적 구원관으로 인간을 이끌어 가고 있다.[16]

---

[16] Peter Beyerhaus, Arthur Johnston, and Myung Yuk Kim, "An Eva-

바이어하우스 박사의 성명서는 이보다 훨씬 더 많은 것을 포함하고 있는데, 이 성명서는 WCC의 계획과 철학이 역사적 기독교 정통 신앙과 근본적으로 양립할 수 없다는 모든 증거를 제시하고 있다. 여기서 거론되고 있는 것은 세계 협의회의 회원이 되어 있는 교파에 과연 우리가 일원이 될 것이냐 말 것이냐 하는 문제가 아니다. 이것은 개인적인 양심의 문제이다(물론 나는 이러한 교파에 속할 수 없겠지만). 오히려 실질적인 문제는, 참된 교회의 참된 표지의 하나로서의 치리와 관계된다. 그런데 우리는 여기서, 믿음의 핵심적인 교리들에 관한 치리의 원리를 포기하고 복음주의자들에게 성경을 믿는 그리스도인들과 자유주의 신학의 가장 극단적인 견해를 품고 있는 자들이 뒤섞여 있는 영구적으로 다원주의적인 교파 안에 머물러 있는 것에 만족하라고 요구하는 복음주의 지도자들을 본다. 교회를 정화하기 위해 치리를 행사할 어떠한 생각이나 어떠한 희망도 단념해 버린 이상, 그리스도의 교회는 이단과 비진리의 정도 여하를 막론하고 그것을 정상적인 것으로 받아들이게 되었다. 바이어하우스 박사의 아래와 같은 결론은 매우 적절하다. "이 모든 관찰은 WCC가 기독교에 대한 거짓된 예언의 대변자가 되어가는 위험 속에 놓여 있다는 우리들의 우려를 낳고 있다."[17]

새로운 이상주의

WCC의 안건들 가운데 이 세계 협의회가 "내내 잘못된 견지에서 다루어 온" 문제들과 복음주의 세계가 점점 적응을 보이고 있는 문제들의 총목록이 들어 있음을 주시하는 것은 흥미있는 일이다. 특히 내가 언급하고자 하는 한 가지는 그리스도인들이 폭정에－그

ngelical Evaluation of the WCC's Sixth Assembly in Vancouver," as reprinted in *Theological Student Fellowship Bulletin.* September-October, 1983, pp. 19, 20.

[17] Beyerhaus, p. 20.

것이 어느 쪽에서 오든, 또는 우익적인 것이든 좌익적인 것이든간에—마땅히 항거해야 할 필요성과 관련된다. 이것은 소비에트 진영에 존재하는 폭정, 그리고 마르크스주의와 소비에트 연방의 자연귀결적인 확장주의 철학 때문에, 지구 도처에 존재하는 확장 일로의 폭정을 포함한다. 그리고 소비에트 체제는 미국과 미국 문화를 파괴하고 있는 "인본주의"라는 이름 아래 있는 같은 궁극적 실재관에 전적으로(totally) 기초를 둔다는 사실을 주시해야 한다.

물론 이것은 균형을 필요로 한다. 다시금 나는 미국이 결코 완전하지 못했었다고 말하고 싶다. 미국은 결코 완전하지 못했을 뿐만 아니라, 지금은 확실히 그 완전하다는 것조차 반감되었다고 본다. 여러 해 동안 나는 미국이 공정한 나라가 될 수 있도록 기도해 왔다. 나는 오직 자비를 위해 기도한다. 우리가 지니고 있는 것을 짓밟아 버렸을 때, 우리는 마땅히 하나님의 심판을 받을 수밖에 없다. 그러나 이러한 정황에 빠졌다고 해서, 소비에트의 입장이 우리보다 더 멀리 이탈했다는 것을 잊어버려도 괜찮다는 말은 아니다. 마땅히 우리 이웃을 사랑해야 한다는 말은, 체제로 인해 핍박받고 있는 자들을 돕기 위해 먼저 우리가 할 수 있는 모든 일을 해야 한다는 뜻이며(그리고 특히 소비에트 진영에서 그리스도인 형제 자매들이 핍박받고 있다는 사실을 결코 경시함 없이), 둘째로는 이 압박이 다른 여러 나라에 확산되는 것을 돕지 말아야 한다는 뜻이다. 우리는 우리가 타락한 세계 안에 살고 있다는 사실을 기억하지 못할 때, 그리고 현시대에 유행하고 있는 무장 해제에 관한 이상향적인 견해를 지지할 때, 이것의 확산을 돕는 결과가 된다.

성경은 이 점에 있어서 분명하다. 나는 내 이웃을 이 타락한 세계 한가운데서, 내게 주어진 특수한 역사적 시점에서 필요한 방법을 따라 실질적인 방법으로 나 자신같이 사랑해야만 한다. 그렇기 때문에 나는 반전론자가 아니다. 우리가 살고 있는 이 열등한 세계, 이 길을 잃은 세계에서, 반전론이란 우리의 가장 절실한 도움을 필요로 하는 사람들을 버린다는 뜻이다.

비유를 하나 들겠다. 가령 내가 거리를 걸어 내려가다가 어떤 몸집이 크고 우락부락하게 생긴 남자가 어린 소녀를 호되게 매질하는 것을 보았다고 하자. 때리고 또 때리는데 그 소녀는 꼭 죽을 것만 같았다. 나는 그 남자더러 그만 때리라고 간청했다. 만일 그가 거절을 한다면 어쩔 것인가? 사랑이란 도대체 무엇을 뜻하는가? 사랑이란 그에게 주먹다짐을 하는 것을 포함해서, 무슨 수를 써서라도 그를 말리는 것을 의미한다. 내게 있어서 이것은 인도주의적 이유에서 필요할 뿐만 아니라 이 타락한 세계에서 그리스도의 사랑을 나타내라는 그의 명령에 대해 충성하는 것이기 때문이다. 그 소녀는 어찌 될 뻔했는가? 내가 만일 그 소녀를 그 못된 사람에게 맞도록 그대로 내버려 두었더라면, 나는 기독교적인 사랑의 참 의미, 곧 내 이웃에 대한 책임을 포기하는 것이 되었을 것이다. 그 남자뿐만 아니라 그 소녀도 내 이웃이기 때문이다.

우리에게는 이 점에 대해 누구나 묻고 이해할 수 있는 제2차 세계대전 때의 가장 명확한 보기가 있다. 히틀러의 공포정치는 어떠했던가? 힘을 사용하지 않고서는 히틀러가 다스리던 독일에서의 극악한 공포 정치를 막을 가능성이 전혀 없었다. 나의 생각으로는 이것이야말로 타락한 세계에서 그리스도의 사랑을 나타내는 필요한 방도이다. 이 세계는 비정상적인 세계이다. 타락으로 말미암아, 이 세계는 하나님께서 원하시는 세계가 되지 못했다. 이 세계에는 우리로 근심하게 하는 것이 많이 있지만, 우리는 그것들을 직시해야 한다. 우리에게는 이상주의적으로만 행동할 사치스러운 여유가 절대로 없다. 이 타락한 세계에서의 이상주의적인 계획은 언제나 비극으로 끝이 났다. 성경은 결코 이상주의적인 것이 아니다.

우리는 모두 어떠한 전쟁이든간에 전쟁을, 특히 핵전쟁의 가능성을 몹시 슬퍼한다. 그러나 이 타락한 세계에서는 우리가 지극히 슬퍼해야 할 일들이 많이 있지만, 그럼에도 불구하고 직면하지 않을 수 없다. 제2차 세계대전 이후 미국 사람들보다 유럽 사람들은 더욱 핵무기로부터의 방어를 원했고, 더욱 이것으로부터의 보호를 강력히 요구했다. 그런데 우리는 양 진영에 핵무기를 난폭하게 확산함으로써 마치 미치광이와 같은 경지에 도달했다. 분명히 이러한 처지 아래서는 서로 토의가 있어야 하겠고, 가능하면 생산 능력의 감축이 있어야 한다. 그러나 근본적인 요인은 변하지 않았다. 만일 나토(NATO)의 핵무기가 존재하지 않았더라면 오늘날 유럽은, 윈스턴 처칠(Winston Churchill)시대 이상으로 소비에트의 군사 및 정치의 위협 아래 놓여 있었을 것이다.

이와 관련해서 프랑스 좌익 영화 배우 이브 몽탕(Yves Montand)의 최근 논평을 주목해 보는 것은 흥미있다. 말이 나왔으니 하는 말인데, 몽탕은 시몽 싱노레(Simon Signoret)의 남편이었다. 그녀는 프랑스에서 35년 동안 좌익의 대변자로 알려졌으며, 유럽의 좌익 정치 활동에 깊이 관여해 왔다. 이와 같은 배경으로 미루어 볼 때, 몽탕의 최근의 말, 곧 현재의 평화 운동과 평화 시위는 스탈린 자신보다 더 위험하다는 말은 주목할 만하다.

이 타락한 세계, 특히 반신적 체제(anti-God basis)를 가진 침략적인 소비에트 유물주의에 직면하고 있는 세계에서의 일방적인 무장 해제는 대체로 이상적이고 낭만적인 것이라 해야 할 것이다. 이 타락한 세계에서의 이상주의가 언제나 그러하듯이 이것은 파국으로 끝을 맺을 것이다. 현수준에서의 동결을 논하거나, 또는 "우리는 핵무기를 절대로 먼저 사용하지 않을 것이다"고 말하는 것이 그럴 듯하게 들릴 것이다. 그러나 우리가 이 말을 곰곰이 생각해 볼 때, 이 두 가지 가운데 어느 것이나 실제적 일방적 무장 해제와 맞먹는다는 사실이다. 이와 관련해서 우리는, 동결은 현존하는 무기를 강제적으로 제약하지 않는다는 것을 기억해야 한다. 그러한 대책을 가지고서는 여하한 현재적인 안전 보장도 성취될 수 없을 것이다.

독자들은 이 문제와 관련된 자유주의 신학자들의 낭만주의－자유주의는 성경이 이 세계의 타락한 본질을 강조하는 것에 동의하지 않는다－와 또한 "평화 교회들"의 반전론에 대해서도 알고 있을 것이다. 그들은 다른 뺨을 돌려 대라고 개개인에게 내리신 그리스도의 명령을 언제나 잘못 인용해서 그것을 국가에까지 적용했다. 그들은 하나님께서 국가에게 그 백성을 보호하고 이 타락한 세계에서 정의를 위해 굳게 서라고 내리신 그 책임을 무시하고 있다. 이 두 가지 관점은, 이해할 수 있지만 둘 다 잘못된 것이다. 만일 그들이 승리를 거두고 정부 시책을 결정한다면, 그 과오는 비극으로 화할 것이다.

그러나 자칭 복음주의자들이라고 하는 자들이 생각이 깊지 못한 우리 시대의 대중의 행렬을 따라 집단 행동을 취하고 낭만적 이상적으로 사태를 생각하기 시작할 때에는, 이에 대해 공개적으로 반대할 때인 것이다. 만일 우리가 이 시점에서 적응의 태도를 취한다면, 어떻게 우리가 우리 이웃을 사랑한다고 할 수 있겠는가?[18]

여성 해방 운동의 파괴력

복음주의자들이 이 시대의 세계 정신에 적응함으로써 비극적인 결과를 낳고 있다고 말하고 싶은 마지막 한 영역이 있다. 이것은 결혼, 가족, 성 도덕, 여성 해방 운동, 동성연애 및 이혼의 전영역과 관련을 가진 것이다. 내가 이 모든 것을 하나의 제목으로 다루고 있는 까닭은, 이 모든 것이 직접적으로 관련을 가졌을 뿐만 아니라 사실상 이 모두가 인간 존재의 가장 의미심장한 국면의 한 부분들

[18] 핵방위와 반전론 사이에 상호 연관된 문제들에 관한 보다 광범한 취급에 관해서는 Schaeffer, *Who Is For Peace?*, esp. pp. 19－30을 보라. 보다 장편에 속하는 탁월한 논설인 Jerram Barrs, *Who Are the Peacemakers? The Christian Case for Nuclear Deterrence*(Westchester, Ill. : Crossway Books, 1983)도 참조

이기 때문이다.

성경적 표본

어째서 결혼과 이와 관련된 인간의 성행위가 그렇게도 중요한가? 결혼 관계란, 단순한 인간적인 제도가 아니라 그것을 존귀한 것으로 여길 때 사실상 하나님 자신의 인격에 관한 그 무엇을 나타내는 거룩한 신비라고 성경은 가르친다. 따라서 우리는 남녀의 결혼 관계가 성경 전체를 통해서 개인과 그리스도 사이, 교회와 그리스도 사이의 놀라운 관계의 그림, 비유, 전형으로서 강조되고 있는 것을 발견한다. 그리하여 에베소서 5 : 25－32은 이렇게 말했다.

> 남편들아 아내 사랑하기를 그리스도께서 교회를 사랑하시고 위하여 자신을 주심같이 하라 이는 곧 물로 씻어 말씀으로 깨끗하게 하사 거룩하게 하시고 자기 앞에 영광스러운 교회로 세우사 티나 주름잡힌 것이나 이런 것들이 없이 거룩하고 흠이 없게 하려 하심이니라 이와 같이 남편들도 자기 아내 사랑하기를 제 몸같이 할지니 자기 아내를 사랑하는 자는 자기를 사랑하는 것이라 누구든지 언제든지 제 육체를 미워하지 않고 오직 양육하여 보호하기를 그리스도께서 교회를 보양함과 같이 하나니 우리는 그 몸의 지체임이니라 이러므로 사람이 부모를 떠나 그 아내와 합하여 그 둘이 한 육체가 될지니 이 비밀이 크도다 내가 그리스도와 교회에 대하여 말하노라.

하나님의 말씀이 이 표준적인 결혼 관계의 묘사와 그리스도께 대한 교회의 관계의 묘사를 얼마나 조심스럽게 엮어 놓았는지를 눈여겨 보라. 두 가지 사상을 매우 능란하게 융합해 놓았기 때문에, 말하자면 외과용 메스와 같은 예리한 도구를 가지고서도 그것을 분리하기가 거의 불가능하다고 해야 할 것이다. 에베소서 5 : 21－

25, 33은 이렇게 말하고 있다.

> 그리스도를 경외함으로 피차 복종하라 아내들이여 자기 남편에게 복종하기를 주께 하듯 하라 이는 남편이 아내의 머리 됨이 그리스도께서 교회의 머리 됨과 같음이니 그가 친히 몸의 구주시니라 그러나 교회가 그리스도에게 하듯 아내들도 범사에 그 남편에게 복종할지니라 남편들아 아내 사랑하기를 그리스도께서 교회를 사랑하시고 위하여 자신을 주심같이 하라 그러나 너희도 각각 자기의 아내 사랑하기를 자기같이 하고 아내도 그 남편을 경외하라.

이런 성구는 여기에만 나오는 것이 아니다. 우리는 이와 같은 신랑, 신부상(像)을 되풀이하여 구약과 신약에서 발견한다(요 3：28, 29, 롬 7：1－4, 렘 3：14, 고후 11：1, 2, 계 19：6－9을 보라).

이리하여 결혼에 있어서의 부부 관계와 그리스도께 대한 개인 및 교회의 관계가 밀접하게 연관된다. 참으로 서로를 사랑하는 신부와 신랑 사이에 진정한 일치가 있으면서도 두 인격이 피차 혼동되지 않는 것과 꼭 마찬가지로, 그리스도는 어디까지나 그리스도이시고 신부는 어디까지나 신부인 것이다. 성경이 인간의 남녀 관계와 그리스도와 우리들의 연합을 비교한 방식을 깊이 이해하게 되면, 두 가지 방향으로 우리의 생각이 인도함을 받게 된다. 첫째로 그것은 우리로 하여금 결혼의 위대함과 경이로움과 아름다움을 이해하게 해주며, 둘째로 그것은 하나님과 그의 백성 사이, 그리스도와 그의 교회 사이의 관계에서 빚어지는 그 무엇을 우리로 하여금 깊이 이해하도록 도와준다.

산산조각이 난 삶

그런데 이 아름다운 결혼상이 우리 세대에 이르러 어떻게 되었는가? 깨어지고 말았다. 그리고 그 파괴는 복음주의 진영에서 역시 거의 전면적이라는 사실을 눈물을 머금고 인정해야만 하겠다. 많은 복음주의 지도자를 바라보고 많은 복음주의적 문서를 들추어 볼 때, 우리는 세상에서 발견하는 이혼이나 극단적인 여성 해방론 또는 동성애 문제와 같은 파괴적 견해들을 발견하게 된다. 이혼의 영역에서 복음주의자들 사이에 이 상황이 얼마나 광범위하게 퍼져 있는지에 관해 오스 기네스(Os Guinness)는 아래와 같은 관찰과 인용을 통해 명료하게 설명하고 있다.

> 예를 들면, 한 보수적인 그리스도인은 그들 부부 관계의 해체는 슬프기는 하지만 "두 사람이 자기 방식대로의 삶을 새로 시작하는 것"이라고 기록했다. 그는 계속해서, 자기는 아브라함처럼 결혼의 안전지대를 떠나 감정의 확실성을 향해 믿음을 가지고 영적 순례의 길을 떠나도록 부름받았다고 기록했다.
>
> 또 다른 사람은 이렇게 기록했다. "나는 진심으로 내 아내를 사랑하며, 그렇기 때문에 내 아내가 나와 이혼하지 않기를 바란다. 그러나 만일 내가 그를 업신여긴다든가, 그로 열등 의식을 가지게 한다든가, 또는 하나님께서 원하시는 사람이 되고 싶은데 내가 방해가 된다고 그가 느낄 때가 장차 온다면, 그가 100살이 되었을지라도 나를 버릴 자유가 있다. 이는 우리가 결혼 상태를 지속하는 것보다 더 중요한 무엇이 있기 때문이다. 즉 그것은 성실과 개성과 목적과 관계되는 것이다."
>
> 궁극적으로 가장 교묘한 무리는 그리스도께 대한 충성 때문에 갈라선다고 주장하는 표리 부동한 자들이다. 과거에는 이런 말이 믿음 때문에 불신 배우자에게 버림받는 믿는 남편 또는 아내를 의미했지만, 이제는 종종 어떤 기독교적인 문제로 한 그리스도인이 다른 그리스도인과 이혼하는

> 것을 뜻하게 되었다.
>
> 가령, 당신은 어떤 단순한 생활 방식에 몰두하다 보니 결국 이혼할 수밖에 없다고 생각해 본 일이 있는가? 그렇다. 어떤 필자는 오늘날 다음과 같이 강권하고 있다. "이렇게까지 깨우침받은 양심을 굽힐 수 없다고 개인이 깨닫는 순간 드디어 분리는 오고야 마는 것이다. 성경적인 도덕성에는 그 중요성과 긴급성에 차등이 있는 것이다. 문화와 반대로 하늘나라의 도래를 위한 예수님의 지대한 관심은 가족 구조를 유지하기 위한 관심보다 훨씬 더 중요했다. 죽어 버렸거나 무의미한 관계를 장기화하려고 노력하는 것은, 파탄을 인정하고 그 관계를 하나님께 맡겨 버리고 거기서 다시 출발해 가는 것이 죄인 것과 마찬가지로 죄가 되는 것이다." 그리스도께 충성하기 위해 그리스도께 불순종하다니! 실로 절묘한 아이러니이다.[19]

그렇다. 여기에도 균형이 있어야 한다. 우리는 이혼한 사람, 곧 이혼으로 말미암아 인간 관계가 산산조각이 난 모든 사람을 동정해야 한다. 그러나 복음주의 세계에 속한 대다수는 사랑이라는 가장(假裝) 아래 이혼에 관한 옳고 그름에 대한 어떠한 개념도, 성경이 수립해 놓은 한계선에 따라 이혼 문제를 다루겠다는 어떠한 구실도 포기해 버렸다.

파괴적인 영향력

우리는 이혼에 관해 논하려 할 때, 극단적인 여성 해방 운동에 대해 즉시 말해야 되는데, 그것은 이 운동이 오늘날 이혼을 부추기는 최대의 영향력의 하나임에 틀림이 없기 때문이다. 복음주의적임

---

[19] Os Guinness, *The Gravedigger File*: *Papers on the Subversion of the Modern Church*(Downers Grove, Ill.: Inter Varsity Press, 1983), pp. 99, 100, 고딕 부분은 Guinness가 강조한 것임.

을 자처하는 한 잡지의 주간이 여성 해방 운동에 대해 말한 것을 주시하는 것 또한 흥미있는 일이다.

> 여러 해 동안, 우파 사람들은 여성 해방 운동이 서양의 가치관을 부패시키고 미국적인 제도들을 파괴하고 있다고 주장해 왔다. 나는 그들의 염려를 도무지 이해할 수 없었으며, 그들이 다만 변화를 두려워하는 것 같다고 생각했다.
>
> 그러나 나는 점점 그들이 옳다는 느낌이 어렴풋이 든다. 적어도 여성 해방 운동의 어떤 형태들은 충분히 파괴적이다.
>
> 그래서 나는 그것을 좋아한다.[20]

이 복음주의 주간은 적어도 한 가지 의미에서는 정당하다. 곧 우리 시대의 세계 정신은 다음과 같은 여러 사실을 가르치고 있는 극히 강하고 파괴적인 여성 해방 운동의 견해를 지지하고 있다는 사실이다. 곧 가정과 가족은 여자들을 억압하는 수단이다 : 개인적인 성취와 경력이 그의 결혼 및 자녀를 가질 필요성보다 선행해야 한다, 가사와 육아는 품위를 떨어뜨린다, 전적으로 주부 노릇만 하는 것은 개인의 자질을 낭비하는 것이다. 물론 이 모든 것은 가족에게 파괴적인 영향을 끼쳤지만, 그에 못지 않게 사회 전체에도 악영향을 끼쳤다. 그것은 가족 관계를 박탈당한 채 성장한 자들이 산산조각이 난 그들의 삶을 이 세상에서 영위해 나가기 때문이다.[21]

극단적인 여성 해방 운동을 이해하는 열쇠는 완전한 동등 사상,

---

[20] John F. Alexander, "Feminism as a Subversive Activity," *The Other Side.* July 1982, p. 8.

[21] 사회학자 부부인 Brigitte Berger와 Peter L. Berger가 가족의 파탄 및 우리 문화에서 파급되고 있는 반(反)가족적 태도를 다른 문제들의 전체 영역과 연관시키고 있는 것을 관찰하는 것은 흥미있는 일이다. Berger 부부는 이렇게 기록

또는 좀더 적절하게 말해서 구별이 없는 동등 사상을 중심으로 해서 이해하는 것이다. 여기서도 우리는 균형을 유지해야 한다. 성경은

했다.

중산층 가족을 없애고 싶어하는 자들은 만일 할 수만 있다면 모든 위험도 제거하고 싶어할 것이다. 위험이 따르지 않는 존재라는 이 환상은 다음과 같은 몇몇 중심적인 주장들에 밝히 나타나 있다 : 곧 남녀를 불문하고 끝없는 자기 완성이라는 굴레에 얽매임이 없이 성적 관계의 여파로 생기는 임신의 위험을 단번에 제거할 이상적인 낙태 수술을 해가면서, "동성 연애자들 같은 생활 형태"를 가진다는 것은 이성간의 결혼 생활과 마찬가지로 사회적으로 합법적이기 때문에, 비교적 위험이 없는(자녀가 없는 만큼) 이 관계를 가장 위험한 관계(이성간의 관계－역자 주)와 같은 수준에 두어야 한다는 것이다. 이 모든 과제는 "인구 억제론"이라는 범주 아래 포함시킬 수 있다. 이 과제들은 같은 시대적 정신 사조 가운데서 흔히 볼 수 있는 다른 이념적 과제들, 이를테면 정치적 좌경 사상, 영(零)의 성장 내지 영의 인구 성장론(zero-growth and zero-population theories,), 반핵과 좀더 일반적으로 말하면 반기계적 감정, 반전론 및 국제 관계에 있어서의 온건한 불가침적 자세, 애국심에 대한 깊은 회의(언제나 애국심은 최소한 잠재적으로 군사적인 차원을 가지고 있다) 및 계율과 성취와 경쟁의 여러 가치에 대한 일반적으로 부정적인 태도 등의 과제들과 논리적으로 완전히 동일한 배열 가운데서 찾아볼 수 있다. 한 마디로 요약해서, 이것은 실로 퇴폐적 사상을 망라해 놓은 것이다. 이러한 과제들이 지배하는 사회는 실재 세계 속에서 오히려 장래 전망이 불투명하다 할 것인데, 왜냐하면 그러한 사회 속에는 아주 반대되는 규범과 습관들을 지닌 대부분의 사람들이 살고 있기 때문이다.

우리는 일부 독자가 위의 글을 읽고 불쾌하게 생각할는지 모른다는 것을 인정한다. 우리는 그러한 간략한 논지를 가지고 모든 사람을 다 설득시킬 수 있으리라고는 절대로 기대하지 않는다. 우리는 다만 여기서, 중산층 가족의 운명이 현대 서구 사회들의 생존 기회라는 훨씬 광범위한 문제들과 연결되어 있다는 사실을 지적하려는 것뿐이다. 어찌 되었든, 우리는 중산층 가정을 보호하기 위해 이와 같은 보다 광범위한 문제들에 관한 합의에 반드시 의존해야만 할 필요는 없는 것이다. 그러나 만일 사람이 이 과제를 퇴폐주의라고 하는 윤곽 안에 포함시키고자 할 때 강조되어야 할 다른 또 한 가지가 있는데, 그것은 곧 이 퇴폐주의 증후군이 우리 사회 전반에 걸쳐 고르게 펴져 있지는 않다는 점이다. 북미와

남녀의 불평등을 가르치지 않는다. 남녀를 막론하고, 각 사람은 하나님의 형상대로 창조된 사람으로서, 그리고 구원받을 필요성이 있는 죄인으로서 똑같이 하나님 앞에 서 있는 것이다. 이 때문에 각 사람은 남녀를 막론하고 하나님 앞에서 영원히 동일한 가치를 지니며, 구주이신 그리스도를 전적으로 동일하게 필요로 하고 있는 것이다. 그러나 이 동등성은 남자와 여자 사이의 완전한 획일성의 동등성이나 "동류"(sameness)의 뜻이 아니다. 이것은 양 성(性)사이의 근본적인 차이점을 보존하며 이 차이점의 실현과 성취를 허용하는 동등성이기는 하지만, 동시에 남녀가 공유하는 것, 곧 하나님의 형상으로 창조되고 하나님의 형상의 보완적인 표현들로서의 인간이 공유하는 모든 것을 긍정한다. 따라서 우리는 두 가지 사실을 동시에 긍정해야 하는데, 그 하나는 인간 남녀는 하나님의 형상대로 창조되었기 때문에 모든 삶에 대하여 매우 큰 뜻을 함축하고 있는 공통의 동등성이 거기에 있다는 사실이다. 그리고 또 다른 하나는 인간 남녀는 하나님의 형상의 보완적인 표현들로 구별되어 창조되었으므로, 가

> 서부 유럽의 경우, 이 증후군은 새로운 "지식 계급"이라고 우리가 묘사하고 있는-복음주의의 경우에 있어서는 복음주의 지도층과 부합된다 할 수 있는데, 이들은 특히 교육이나 출판 매체와 같은 복음적인 "지식 산업"에서 발견된다-그런 계층에 집중되고 있다. 그러나 이 증후군은 이 진원지(震源地)에서 다른 계층으로 뻗어 나간다. 그러나 이 증후군의 흔적이 훨씬 적거나 경우에 따라서는 전혀 접촉이 되어 있지 않은 다른 계층들(주로 하위급 중산층 및 근로 계급)과, 또한 규모가 크고 비교적 동화가 되어 있지 않은 종족들이 있다. 따라서 중산층 가족의 운명은 **(우리는 이들의 사회가 장차 살아남으리라고 믿지만)** 이 집단들의 장래 발전에 따라 정해지는 것이다(pp. 135-146, 고딕 부분은 필자가 첨가했음).

Berger 부부가 위에서 복음주의 지도층에 대해 지적했듯이, 그들은 세속적인 "지식 계급" 사이에서 유행되고 있는 사상에 적응하고 있는 것이다. Berger 부부가 쓴, *The War Over the Family*: *Capturing the Middle Ground*(New York: Doubleday, 1983)라는 제목의 매우 통찰력 깊은 책을 추가로 참고하라.

정에서나 교회에서나 전체 사회에서의 모든 삶에 매우 큰 함축적인 뜻을 가진다는 사실이다. 그리고 이 놀라운 보완의 구조(complementarity) 안에는 매우 넓은 범위의 다양한 양상이 있다. 그러나 이것은 형태가 없는 자유가 아니다. 성경은 인간 남녀에게 굉장한 자유를 주었지만, 그것은 성경 진리의 범위 안에서와 하나님의 형상의 보완적인 표현이 될 수 있다는 범위 안에서의 자유이다.

인간은 모두 타락한 존재이기 때문에 그들의 지위를 폭군의 자리로 변모시킴으로 타락해 버린다는 사실을, 우리는 균형을 이루기 위해 아울러 강조해야 할 것이다. 될 수 있는 대로 아내가 충족한 위치에 있을 수 있도록 돌보는 것이 남편의 책임의 일부이다. 이것 역시 성경적 형태의 일부이다.

이 놀라운 균형과는 대조적으로, 오늘날의 세계 정신은 우리로 하여금 남녀 관계의 영역에 있어서 자율적 절대 자유를 갈망하도록, 다시 말해 이 관계에서의 모든 형식과 한계성, 특히 성경이 가르친 그 한계성을 벗어 버리기를 갈망하도록 부추기고 있다. 이렇듯 우리 시대는 성경적 동등성이나 하나님의 형상을 표현하는 보완성을 갈망하는 것이 아니라 **구별이 없는 동등사상**, 곧 남녀 사이의 여하한 차이도 고려하지 않고 또 이것이 어떻게 삶의 모든 영역에 영향을 미칠 것인가에 대해서도 전혀 생각하지 않는 그러한 동등성이라고 가장 적절히 묘사될 수 있는, 획일적 동등성을 갈망하고 있다. 결국 구별이 없는 동등 사상은 남녀 모두에게 다같이 파괴적인데, 왜냐하면 이 사상은 인간이 남녀라는 의미를 지니면서 결속되어 있는 그 공동성과 아울러 그들의 참된 정체성과 독특성을 고려하고 있지 않기 때문이다.

비극적인 결과

이것은 절대적으로 중요한 문제이기 때문에 나는 여기서 이것을 충분히 다루었다. 성경에서 가르침을 받은 대로의 남자와 여자가 된다는 참뜻을 부정한다는 것은 인간의 본질에 관한, 그리고 하나님의 인격 및 하나님과 인간과의 관계에 관한 근본적인 그 무엇을 부정하는 것이다. 그러나 이 부정은 사회와 인간 생활에 대해 동등하게 비극적 결과를 가져온다. 만일 남녀간에 이렇다 할 중대한 차이점이 없다면, 우리는 물론 동성애 관계를 정죄할 수 없다. 만일 아무 차이점도 없다면, 실제로 남녀의 구분이 존재한다는 가장 심원한 증거에 대항하는 수단으로서, 요구가 있을 때에는 낙태수술을 한다는 오직 그것에 의해 남녀 동등이라는 이 허구 사상이 유지될 수 있다.

또다시 우리는, 처음에는 순수한 성경적인 사상과 매우 가까운 것같이 들리는 사상(남녀가 기본적으로 평등하다는 사상－역자주)이 완전히 판이한 입장으로 끝을 맺고 있다는 사실(남녀의 성적 구별을 없이하려는－역자주)을 발견한다. 하나님의 한계선으로부터 벗어나려는 절대적, 자율적 자유 사상은 결국 구별이 없는 동등 사상으로 변질되었는데, 곧 남녀가 된다는 참뜻을 부정하며, 임신중절과 동성애를 긍정하며, 가정과 가족을 파괴하며, 궁극적으로는 우리들의 문화를 붕괴하기에 이르렀다. 다시 한번 우리는 여기서, 유감스럽게도 복음주의 세계가 제구실을 충분히 하지 못했음을 인정해야 한다. 자칭 복음주의자들이라고 하면서 가정과 교회 안에서의 남녀관계를 위한 성경적 표본을 완전히 부정하는 복음주의 지도자들 사이에 섞여 있는 자들이 있다. 많은 사람들이 구별이 없는 동등사상을 받아들이고 있으며 또한 성경이 이 점에 대해 가르치는 바를 고의로 무시해 버리고 있다.[22] 또한 복음주의자들임을 자처하면서 동성애의 수용 및 동성 "결혼"사상조차 긍정하기도 한다.[23]

---

[22] Paul K. Jewett, *Man as Male and Female* (Grand Rapids, Mich. : Eerdmans , 1975); and Virginia R. Mollenkott, *Women, Men and the Bible* (Nashville : Abingdon, 1977)등을 읽으라.

[23] 예를 들면, Letha Dawson Scanzoni and Virginia R. Mollenkott, *Is the Homosexual My Neighbor?* (San Francisco : Harper and Row, 1980).

성경을 왜곡하다

그러나 주시할 것은 상기(上記)와 같은 태도는 성 도덕 분야에 있어서의 성경의 권위를 직접적으로 부정하지 않고서는 취해질 수 없다는 사실이다. 이것은 해석상의 문제에 관한 논쟁이 아니다. 성경이 이 분야에서 가르치고 있는 것에 대한 직접적이고 고의적인 부정이다. 사실상 일부 복음주의 지도자들은 여성 해방 운동과 타협을 시도한 직접적인 결과로서, 성경의 무오성에 대한 그들의 견해를 변경시켰다. 적응이라는 말 이상의 이에 대한 적절한 표현은 없다. 그것은, 현대 정신이 성경이 가르치는 바와 충돌을 일으킨 바로 그 쟁점에서 우리 시대의 세계 정신에 순응하기 위해 성경을 직접적이고 자발적으로 왜곡시킨 것이다. 스스로를 복음주의자라고 부르는 한 여성 필자는 동성애 영역에 대한 다음과 같은 또 하나의 소견을 피력했다.

> 어떤 그리스도인들은, 동성연애자들은 그들이 느끼는 방법(성감－역자주)을 바꿀 수 있으며 또한 마땅히 바꿔야 한다고 주장하는 것이 사실이다. 그러나 어떤 그리스도인들은 그 의견에 의문을 제기하기 시작했는데, 단순히 일시적인 것이 아닌 세심한 성경적, 신학적, 역사적, 과학적 연구 끝에 나온 의문이었다.[24]

아마도 본 인용문의 필자는 자기도 모르는 사이에, 어떻게 적응이 실질적으로 이루어지는지에 대한 간결한 묘사를 했는지도 모른다. 처음에는 사람이 우리 주변에 있는 세계가 무엇이라 말하고 있는지를 기초로 해서 질문을 시작하고, 그 다음에는 그 사람이 성경을 고찰해 보며, 그 다음에는 신학, 그 다음에는 과학적인 연구를 한

[24] Letha Dawson Scanzoni, "Can Homosexuals Change ? " *The Other Side.* January 1984, p. 14.

끝에, 드디어는 세계가 현재 받아들이고 있는 어떠한 견해이든간에 그것에 성경의 가르침을 완전히 종속시켜 버린다. 위의 필자는 이 사실을 뛰어나게 창조적인 방법으로 반영하고 있는데, 곧 동성 연애란 "오른손 또는 왼손잡이"와 비슷하다는 것이다. 즉 어떤 사람들은 오른손잡이이고 어떤 사람들은 왼손잡이이듯이 어떤 사람들은 이성애를 느끼고 어떤 사람들은 동성애를 느낀다는 것이다. 그리고 이것이나 저것이나 다 마찬가지로 선하다는 것이다.

이와 같은 일들이 얼마나 깊은 정도까지 갔는지는 상상조차 하기 힘들다. 결혼과 성 도덕에 관한 한 우리 시대의 세계 정신은 복음주의에 깊이 침투해 들어와 있다. 위에서 언급한 극단적인 입장을 취하는 자들은 그다지 많지 않겠지만 많은 사람이 이러한 견해들을 조용히 묵인하고 있으며, 결혼과 가정과 교회에서의 질서에 관한 성경적인 가르침을 원리상으로는 아니라 하더라도 실제적인 면에서, 현대 세계와 문화적으로 관계가 없는 괴상한 시대착오로 여기고 있다. 따라서 어떤 이들에게는 적응이 의식적이고 의도적인 것이 되지만, 많은 이들에게 그것은 시대의 유행 정신을 무분별하게 따르는 것이 된다. 그러나 어느 경우이든 그 결과는 본질적으로 동일하다.

하나님의 말씀을 믿다

왜 결혼과 성생활이라는 이 전영역이 그렇게도 중요한가? 첫째로 성경이 그 중요성을 말하고 있고, 하나님께서 이 영역에 수립해 놓으신 법을 위배하는 자들에 관해 다음과 같이 강력한 말로 말하고 있기 때문이다.

> 불의한 자가 하나님의 나라를 유업으로 받지 못할 줄을 알지 못하느냐 미혹을 받지 말라 음란하는 자나 우상 숭배하는 자나 간음하는 자나 탐색하는 자나 남색하는 자나 도적이나 탐람하는 자나 술 취하는 자나 후욕하는 자나

토색하는 자들은 하나님의 나라를 유업으로 받지 못하리라 (고전 6 : 9－10).

특히 동성애에 관해 이렇게 말하고 있다.

……하나님께서 저희를 부끄러운 욕심에 내어 버려 두셨으니 곧 저희 여인들도 순리대로 쓸 것을 바꾸어 역리로 쓰며 이와 같이 남자들도 순리대로 여인 쓰기를 버리고 서로 향하여 음욕이 불 일듯하매 남자가 남자로 더불어 부끄러운 일을 행하여 저희의 그릇됨에 상당한 보응을 그 자신에 받았느니라(롬 1 : 26－27).[25]

하나님께서는 가장 엄격한 말로 성적 범죄를 정죄하신다. 이것은 성적 범죄가 그 밖의 다른 죄악보다 더 악하다는 것을 말하고자 함이 아니다. 성경이 가르치는 바와 일치하기 위해서는, 우리는 온갖 종류의 죄악에 대해 강력한 반대 입장을 취해야 한다. 동시에 우리는, 하나님께서는 성적 범죄를 매우 강하게 정죄하시며 또한 우리가 그 죄에 대한 정죄의 격조를 누그러뜨리는 것을 결코 용납하지 않으신다는 사실을 절대로 잊어서는 안 된다.

왜 이 점이 그렇게 중요한가? 물론 첫째 이유는 하나님께서 오직 그렇게 말씀하셨기 때문이다. 하나님은 우주의 창조주이시고 심판주이시며 그의 인격은 우주의 법이시기 때문에, 그가 우리더러 어떤 것이 나쁘다고 말씀하실 때에는 틀림없이 그것은 나쁜 것이다.

둘째로, 우리는 하나님께서 우리를 만드시되 그가 우리를 만드신 그 목적을 참으로 성취할 수 있는 관계 안에서 우리를 그렇게 하셨다는 것과, 그러므로 우리를 만드셨을 때 올바른 성 관계를 가지

[25] 고전 6 : 9, 10, 딤전 1 : 9, 10, 유 6, 7, 벧후 2 : 4, 6－8, 레 18 : 22 및 20 : 13을 상고하라.

게 하심은 우리의 복리를 위하심이라는 것을 결코 잊지 말아야 한다. 만일 우리가 결혼과 성 도덕을 위한 하나님의 표본을 따르지 않는다면 그것은 개인적으로나 우리 사회 전체적으로나 파괴적이 될 것이다.

셋째로, 결혼과 성 도덕을 위한 하나님의 표본을 부정하면, 결혼과 성 도덕에 관한 성경의 가르침에 설명된 하나님과 그의 백성과의 관계성의 의미가 완전히 사라진다. 그것은 인간의 수준에서 단순히 무엇이 옳고 그르냐 하는 문제가 아니라, 하나님의 진리와 그의 백성에 대한 그의 관계의 부정이다. 만일 우리가 하나님의 모형을 따르지 않는다면, 우리는 과연 그리스도인이 개인적으로 그리고 교회의 한 부분으로서 무엇이냐 하는 데 대한 참된 비유를 파괴하게 된다.

끝으로, 우리는 이것이 특히 가족 내부의 질서에 적용된다고 말해야 되겠다. 우리가 이미 관찰했듯이, 성경은 결혼 생활에서 남편과 아내와의 관계에 대한 아름다운 비유를 들 때 이것을 그리스도와 교회와의 관계에 견주었다.

> 그리스도를 경외함으로 피차 복종하라 아내들이여 자기 남편에게 복종하기를 주께 하듯 하라 이는 남편이 아내의 머리 됨이 그리스도께서 교회의 머리 됨과 같음이니 그가 친히 몸의 구주시니라 그러나 교회가 그리스도에게 하듯 아내들도 범사에 그 남편에게 복종할지니라 남편들아 아내 사랑하기를 그리스도께서 교회를 사랑하시고 위하여 자신을 주심같이 하라 이는 곧 물로 씻어 말씀으로 깨끗하게 하사 거룩하게 하시고 자기 앞에 영광스러운 교회로 세우사 티나 주름잡힌 것이나 이런 것들이 없이 거룩하고 흠이 없게 하려 하심이니라 이와 같이 남편들도 자기 아내 사랑하기를 제 몸같이 할지니 자기 아내를 사랑하는 자는 자기를 사랑하는 것이라 누구든지 언제든지 제 육체를 미

> 워하지 않고 오직 양육하여 보호하기를 그리스도께서 교회를 보양함과 같이 하나니 우리는 그 몸의 지체임이니라 이러므로 사람이 부모를 떠나 그 아내와 합하여 그 둘이 한 육체가 될지니 이 비밀이 크도다 내가 그리스도와 교회에 대하여 말하노라 그러나 너희도 각각 자기의 아내 사랑하기를 자기같이 하고 아내도 그 남편을 경외하라(엡 5 : 21－33).

오늘날 복음주의 세계에 속하는 많은 사람이 우리로 그렇게 믿게 하려고 하듯이, 이것은 압박이 아니다. 이것은 마땅히 결혼은 어떠해야 할 것인가에 대한 아름다운 비유이지만, 또한 교회를 위한 그리스도의 사랑의 비유이기도 하다. 이것을 거부하면, 결혼관계를 파괴할 뿐만 아니라 교회를 위한 그리스도의 변함없는 사랑의 진리 및 성 도덕 분야에 대한 성경의 권위를 똑같이 파괴해 버리게 된다.

제 6 장
위기에 처한 복음주의

적응, 적응을 해야 한다. 적응을 향한 사고의 방향이 얼마나 자라나고 성장했던가! 지난 60년 동안 도덕적인 재난이 벌어졌는데, 우리는 과연 무엇을 했던가? 유감스럽게도, 복음주의 세계는 이 재난의 한 부분이 되어 왔다고 말하지 않을 수 없다. 뿐만 아니라, 복음주의의 반응 그 자체가 하나의 재난이었다. 이 시대의 중대 문제들에 대해 독특하게 성경적이고 기독교적인 대답을 해 줄 수 있는, 맑은 목소리는 어디 있는가? 그런데 그 대부분이 거의 없다는 것과 복음주의 세계의 거대한 부분이 현시대의 세계 정신에 의해 유혹을 당해 버렸다는 것을 눈물을 머금고 인정해야만 한다. 뿐만 아니라, 만일 복음주의 세계가 삶 전분야에서 성경적 진리 및 도덕적인 면에서 강력한 입장을 취하지 않는다면 장차 더 심한 재난이 있으리라는 것을 우리는 예측해야 한다. 우리가 사는 시대와 세계에 복음주의자들이 적응한다는 것은 우리 문화의 파탄을 막을 마지막 방벽을 제거하는 것과 마찬가지이다. 그리고 이 마지막 방벽의 제거와 함께 사회적 혼란이 야기될 것이며, 그렇게 되면 사회 질서를 회복하기 위해 어떤 형태의 권위주의가 일어날 것이다.

세속성

이것을 우리가 하나님의 심판으로 보든(확실히 그것은 하나님의 심판이다), 아니면 사회적인 혼란의 불가피한 결과로 보든간에 별 차이는 없다. 복음주의 세계 안에서 적응의 심리 상태가 변하지 않는 한, 이것은 확실히 우리가 기대할 수밖에 없는 그것이다. 이것은 우리가 복음주의 연합이라는 허구를 정직하게 직시해야 하되, 사람에 따라서는 선(線)을 그을—사랑하는 마음으로 긋되 공공연히 그을—용기를 가져야만 할 것이라는 것을 분명히 뜻할 것이다. 사랑하는 마음으로 하는 대결이어야 하겠지만 대결은 꼭 있어야 한다. 이것은 또한 오늘날의 세계 정신이 취하고 있는 형태에 대해 적응하지 않음을 뜻하는데, 이 정신은 자율적임을 내세우면서 무제한의 전진을 계속하고 있다. 이와는 대조적으로, 성경은 형식이 있는 참된 자유와 가장 깊은 인간의 필요를 채워 주는 삶의 전분야에 걸친 절대적 가치와 진리를 보여준다.

다음 문장은 중요하다. **우리 시대에 우리를 둘러싸고 있는 세계 정신에 적응하는 것은 이 말을 적절하게 정의하자면 세속성의 가장 엄청난 형태라고 말할 수 있다.** 그리고 불행하게도 오늘날 우리는, 일반적으로 복음주의 기관들이 시대적으로 부각되고 있는 세계 정신의 여러 형태에 적응하고 있다고 말해야만 할 것이다. 나는 이 사실을 눈물을 머금고 말하겠는데, 우리는 어떻게 해서든지 소망을 버리지 말아야 하겠고 기도를 중단하지 말아야 할 것이다. 우리는 이 적응의 문제들에 관해 기본적으로 의견을 달리하는 자들의 다수가 그리스도 안에 있는 형제 자매들이라는 사실을 유감스럽게도 기억해야 하겠다. 그러나 가장 기본적인 의미에서 복음주의적인 여러 기관이 깊이 세속화되어 버렸다.[1]

---

[1] 비록 나는 Richard Quebedeaux의 신학에는 동의하지 않지만, 그의 영

대 결

내가 쓴 그리스도인의 표지(*The Mark of the Christian*—본사 역간)라는 책에서와, 또한 본서 앞 부분의 여러 장에서 내가 한 모든 말은 변경되어서는 안 된다.[2] 우리는 의견이 서로 다른 가운데서라도 사랑을 실제적으로 나타내 보여야 할 것이다. 그러나 동시에 하나님의 진리와 그리스도의 교회의 사역은, 진리는 단순한 대결이 아니라 사랑하는 마음으로 대결을 하라고 요구한다고 주장하고 있다.

우리가 여기서 의견의 차이를 말하고 있는 것은 사소한 의견의 차이에 대해서가 아니다. 그 차이는 벌써 복음주의 세계에 존재하고 있다. 그리고 그 차이점을 좁히려고 애를 쓰고는 있지만, 그것은 진리에 대한 충성 때문도 아니고 사랑에 대한 충성 때문도 아니다.

세 가지 가능한 입장이 있는데, (1) 사랑이 없는 대결 (2) 무(無)대결 (3) 사랑의 대결이다. 그리고 오직 세번째 것만이 성경적이다. 우선 순위상의 분류 단계가 있을 수 있을 것이다. 모든 것이 다 중요할 수도 있겠으나, 모든 것이 주어진 시간과 장소에서 똑같은 수준의 대결을 필요로 하는 것은 아니다. 그 차이는 이렇다. 즉 우리 시대의 자율적인 자유를 대변하는 세계 정신에 동화되지 않고 하나님의 말씀에 순종하는 것이다. 그리고 이것은 교리적인 분야에서와 마찬가지로 이 시대의 중요한 도덕적, 사회적 문제에 있어서 성경의 완전하고도 오류가 없는 권위에 복종하며 산다는 것을 뜻한다. 하나님의 말씀에 순종하는 것은 분수령과도 같다. 복음주의 세계가 이 시대의 중대한 문제들에 대해 분명하고도 명확한 성경적인 입장을 취하지 못할 때에, 그것은 여기에 속한 자들이 삶의 전분야에

향력 있는 책 *The Worldly Evangelicals* (San Francisco : Harper and Row, 1978) 에서 내린 그의 주요한 사회학적 결론은 매우 적절하다. 곧 복음주의 지도자들이 엄정(嚴正)한 의미에서 세속적이 되어 버렸다는 것이다.

[2] 나의 책 그리스도인의 표지(*The Mark of the Christian*)를 참고하라.

걸쳐서 하나님의 말씀의 완전한 권위 아래 사는 데 실패했다는 것을 나타낼 뿐이다.

그렇다. 거기에는 균형이 있어야 하는데, 곧 거룩함과 사랑이 함께 서 있어야 한다. 그러나 그것은 부단하고도 점진적인 적응과 타협, 곧 한걸음씩 따라가다가 마침내 오늘의 세계 상황 속에 적응해 버리는 것을 뜻하지 않는다. 또한 그것은 복음주의적 연합 운동 같은 것이 있는 것처럼 행동하는 것을 뜻하지도 않는다. 복음주의는 분수령 지점에서 이미 분리되었다. 그리고 갈라진 두 갈래는 수십 마일이나 서로 떨어져서 종국(終局)에 이를 것이다. 만일 진리가 참으로 진리라면, 이것은 비진리와 반정립(antithesis)의 입장에 서 있게 된다. 이것은 가르치는 일과 실제 행동에서 실천에 옮겨져야 하며 한계선이 그어져야만 한다.

내포라는 무기

이제 우리는 본서 제3부의 제목인 "명칭들과 문제들"로 돌아가고자 한다. 나는 사람들이 나를 "근본주의자"라고 부를 때 불안한 나머지 자리를 옮기곤 했었는데 그것은 그 명칭에 붙여진 부정적인 개념 때문이었다. 그러나 이제는 비성경적인 것에 (적응하는 대신에) 반대 입장에 서는 사람과 그런 입장을 택하는 사람에게 그 즉시로 "근본주의자"라는 명칭이 붙여지는 것 같다. 이것이 바로 케네스 우드워드(Kenneth Woodward)가 뉴스위크(*Newsweek*) 지에서 멸시하는 투로 사용한 낱말이다. 그리스도 안에 있는 형제 자매들로서 성경을 믿는 그리스도인들이 내포를 가진 단어들에 의해 이런 방식으로 다루어질 때, 그것은 훨씬 더 비극적인 것이다.[3]

[3] 월간지 *The Other Side*에 실린 Gill Davis의 글, "Christians for Socialism"에 나타난 다음과 같은 그의 평론의 일부를 주목하라 : "나는 저 말솜씨 좋은 전도자들이 마음에 걸린다……이 나라에서 신화적으로 파시즘을 지지하는 측은

또한 "신 우파"(The New Right)란 말을 생각해 보자. 물론 우리가 반대해야 할 극단적인 우파가 있기는 있다. 그런데 이 "신 우파"라는 말도 부정적인 내포를 가진 말이 되어 버렸으며 멸시의 말투로 사용되고 있다. 우리가 이 말을 검토해 볼 때, 이 말 역시 제대로 정의되지 않은 채 이 시대의 흐름에 적응하는 대신에 반대하는 성향이 있는 모든 자에게 종종 붙여지는 듯이 보인다. 그러나 주목해 두라. 만일 "신 우파"와 종교적인 "우익"(Right Wing)에 대해서 말하는 것이 공정하다면, 종교적인 "좌익"(Left Wing), 다시 말해서 우리 시대의 세계 정신의 지배적인 형태에 적응하고 있는, 복음주의 진영 내부에 있는 저들에 대해서도 말하는 것이 마찬가지로 공정할 것이다. 나는 그렇게는 하지 않았다. 왜냐하면 어떤 사람들의 수법을 내가 싫어하기 때문인데, 내가 사실들과 내용을 다루려고 노력하는 것과는 달리 저들은 욕설을 퍼붓고 공격을 퍼붓기 때문이다. 그러나 내가 만일 지금까지 묘사해 온 무리의 평판을 훼손하기 위해 "좌익"이라는 말을 사용했다 하더라도, 불공정하지는 않았을 것이다.

다시금 내가 말하려 하지만, 균형이 있어야 한다. 미국은 결코 완전한 기독교 국가는 아니었지만, 프랑스 혁명과 러시아 혁명의 세계관에서 유래한 나라와는 달랐다. 이 책을 읽게 될 많은 독자들이 태어날 무렵까지만 해도 이 나라가 오늘날의 그것과는 굉장히 달랐는데, 그것은 기독교적인 합의 또는 기풍으로 말미암은 뚜렷한 영향이 있었기 때문이다. "단지 보수주의자가 되는 그 자체만으로는 비(非)보수주의자가 되는 것보다 더 나을 것이 없다"라고 내가 여러 차례 강조한 것은 분명히 정확한 것이다. 보수주의적 인본주의는 자유주의적 인본주의보다 나을 것이 없으며 좌익적 권위주의는 우

종종 우익 근본주의이다." 또한 *National Review*, October 28, 1983, p. 1339에 보고된 Lloyd Billingsley의 글, "First Church of Christ Socialist"도 보라.

익적 권위주위보다 나을 것이 없다. 어떠한 꼬리표를 붙였을지라도 잘못된 것은 잘못된 것이다.

그런데 본장에서 우리가 언급하고 있는 모든 문제에 있어서 "신우파"라는 말－오늘날 자주 이 말이 쓰이고 있으며, 특히 그리스도인들이 매우 자주 쓰는 경향이 있다－은, 적응이라는 습관적인 정신 상태가 아니라 자발적으로 어떤 입장을(균형이 잡힌, 그리고 사랑하는 마음으로 하는 대결을 포함해서) 취하는 것을 뜻하는 것 같다. 따라서 이것이 만일 그렇다면, 단지 어떤 사람들이 우리를 반대하는 내포라는 언어의 무기를 사용하려 한다고 해서－특히 이 말을 분석해 볼 때 전혀 다른 의미가 될 수 있는 가능성이 있음에도 불구하고－그 문제들을 회피해서는 안 될 것이다. 지각 있는 사람은 그 모든 말이 다른 투로 사용될 때에는 다른 사실들을 뜻할 수 있다는 결론을 내려야 한다. 그리고 우리는 사실을 더 잘 알아야 하는 그리스도 안에 있는 우리 형제 자매들이 정당한 정의와 분석 없이 그릇된 내포들을 사용하지 않기를 계속해서 바라 마지 않는다. 이것은 우리 자신에 관해 우리가 이 말들 중 어느 것을 구태여 사용할 것이냐 말 것이냐를 가늠하는 실제적 경우이다. 우리는 꼬리표들이 어떤 것이든간에, 곧 우리에게 붙여질 꼬리표들이 어떤 것이든간에 정당한 대결을 두려워함이 없이 그릇된 것을 배척해야 하겠다.

노동절

본장을 끝마치면서, 나는 이 책을 읽고 있는 각자에게 한 가지 마지막 질문을 하고 싶다. 만일 미국에 있는 그리스도인들과 특히 복음주의 지도자들이 지난 몇 년 동안 미국 대신에 폴란드에 있었다면 그들은 과연 대결 쪽에 있었겠는가 적응 쪽에 있었겠는가? 일신상의 큰 위험을 무릅쓰고 헌정일(the Constitution Day) 반정부 시위 행진이나 노동절(the May Day) 시위 행진에 가담했었겠는가, 아니면 수용적인 적응의 계층에 어울렸겠는가? 폴란드 정부는 "깡패들"이라든가 "극렬 분자들"이라든가 하는 고약한 내포를 가진 단어들을 사용하는 데 뛰어나다. 그들은 백성의 입을 틀어막기 위한 명칭들을 사용할 줄 안다.

나는 미국, 총알도 날지 않고 소방 호스의 물벼락도 받지 않고 최루가스에 눈물도 흘리지 않고 더욱이 감방 신세 같은 것을 지는 예가 드문 이런 나라에서 적응의 범위가 점점 확대됨에 반대하여 이 나라의 많은 그리스도인들이 과연 어디서 시위 행진을 할 것인가에 대해 확신할 수 없다.

나는 복음주의 지도자들과 복음주의 그리스도인 개개인에게는 "청바지 증후군"을 무턱대고 따라가지 말아야 할 매우 특별한 책임이 있다고 생각한다. 이들 복음주의자들이 자신들도 모르는 사이에 "이러한 증세"를 몸에 익히려고 시도할 때, 종종 이들은 살아계신 하나님의 존재 또는 거룩하심을 부정하는 자들과 같은 형태를 취하게 된다.

적응은 적응으로 인도되고 그 적응은 제3의 적응으로 인도되나니……

제4부

결 론

제 7 장

진리를 위한 과격론자들

1965년 9월 "영성 강조 주간"에 휘튼 대학(Wheaton College)에서 한 나의 강연 제목은 "20세기를 향한 역사적 기독교의 입장"이었다. 1960년대 초기에 버클리(Berkeley) 캠퍼스에서 시작된 젊은이들의 반항 운동이 그 당시 한창 진행되고 있었다. 휘튼 대학에도 학생 회장을 포함해서 "반동 분자들"이라고 불린 자들이 있었으며, 학교 당국은 그들로 인해 진통을 겪고 있었다. 그러나 내 강연, 곧 기독교가 만일 참된 것이라면 모든 삶에 관여해야 할 것이며 현대 세계에 있어서의 급진적인 목소리가 되어야 할 것이라는 내 강연을 이해한 자들은 이 과격 집단이었다. 반동 분자들은 귀를 기울였다. 그리고 일부는 그들의 사상에서 전향했다.

우리는 오늘날의 상대론적 사고의 한복판에서 혁명적인 메시지를 필요로 한다. 혁명적이라든가 과격하다는 말은, 세계 정신이 오늘날 취하고 있는 철저하게 도착적(倒錯的)인 모든 형태에 저항하는 것을 뜻한다. 과격하다는 말의 진정한 뜻은 바로 이것이다.

하나님은 성경을 통해 대답하신다. 성경은 종교적 사실에 관해 언급할 때 뿐만 아니라, 역사와 우주에 관해 말할 때에도 똑같이 참되다. 그러므로 성경은 모든 실재에 관한 진실을 제공한다. 그리고 이러한 깨달음으로 말미암아 상대론에 대한, 그리고 혼합주의에 대한 과격한 반항 운동이 지속되었는데, 이 혼합주의는 우리 시대의 특징으로서, 그것이 세속적인 술어로 표현되든 복음주의적 술어를 포함한 종교적인 술어로 표현되든 다를 바가 없다.

특기할 만한 1984년에 접어들면서, 우리 주변 세계에 대한 적응이 강요되는 이 마당에 우리가 필요로 하는 것은 진리와 그리스도를 위한 과격한 세대이다. 우리에게는, 오늘날 우리를 둘러싸고 있는 세계 정신의 현재적인 형태에 끊임없이 적응하려는 정신과는 대조적으로, 그리고 지속적으로 자율적인 적응 정신을 발전시켜 온 대다수 복음주의자들과는 대조적으로, 적극적으로 사랑의 대결, 그러나 진정한 대결을 하려고 다짐한 젊은 세대가 요구된다.

복음주의는 많은 일을 해 왔다. 이 때문에 우리는 이 사실을 크게 고마워한다. 그러나 적응을 하려는 정신은 참으로 큰 불행이다. 그러나 우리가 같은 성경 원리에 입각해서 볼 때, 우리의 의견이 정반대적인 경향으로 기울어질 때도 올 것이라는 것을 알고 있어야 한다. 이 타락한 세계에서는 사물이 하나의 극단적인 악의 방향에서 다른 악의 방향으로 시계추같이 끊임없이 움직이고 있다. 악마는 우리에게 한쪽 전선에서만 싸울 수 있는 호사스러움을 결코 허락지 않으며, 이것은 언제나 그러하다.

그러나 우리가 생각을 기울여 온 여러 해 동안, 특히 역사상 이 중대한 고비에 일어난 복음주의의 적응의 문제란, 그것이 끊임없이 한쪽 방향으로만 주의를 기울여 왔다는 것이다. 다시 말해서 오늘날의 세계 정신의 형태와 일치할 수 있는 것이라면 그 무엇에 대해서도 적응할 수 있다는 것이다. 교회와 사회를 파괴하고 있는 것은 이 같은 세계 정신이다. 끊임없이 균형을 생각해야 한다. 그러나 우리가 말해 온 적응은 우리 시대의 지배적인 파괴력인 인본주의적,

세속주의적 합의에 끊임없이 굴복하는 형태를 취하고 있다. 만일 이러한 경향성에 아무런 변화도 일어나지 않는다면 우리의 기회는 지나가고 말 것이다. 타협적인 복음주의 일부가 붕괴될 뿐만 아니라, 우리 모두도 그것과 함께 휩쓸려 내려가 버리고 말 것이다.

우리는 이 모든 것이 우리와 무관하다고 생각할 수 없다. 만일 주님과 주의 교회를 사랑하는 당신과 나와 우리 각자가 자진해서 행동하지 않는다면 이 모든 것이 그대로 무너져 내릴 것이다. 그러므로 나는 당신에게 강력히 권고한다. 나는 기독교 과격론자들, 특히 젊은 기독교 과격론자들이 단순한 대결이 아닌 사랑하는 마음으로 대결하기 위해 일어서기를 원한다. 즉 매순간 힘을 얻기 위해 살아 계신 그리스도를 바라보면서 교회와 우리 문화와 국가 안에 있는 모든 잘못된 것과 파괴적인 것들과 사랑의 대결을 하기 위해 일어날 것을 요구한다.

만일 우리가 사랑의 대결도 용감한 대결도 하지 못한다면, 또 원하지 않을 때 분명한 선을 그을 용기도 없다면, 훗날의 역사는 이 시대를 회고하여 다음과 같이 말할 것이다. 즉 몇몇 "복음주의 대학들"은 하버드와 예일의 전철을 밟았고 몇몇 "복음주의 신학교들"은 뉴욕에 있는 유니온 신학교의 길을 걸었으며 다른 "복음주의 조직체들"은 그리스도의 대의를 영영 상실해 버린 그런 시대였다고 이야기할 것이다.

사명선언문

너희가 흠이 없고 순전하여……세상에서 그들 가운데 빛들로
나타내며 생명의 말씀을 밝혀 _ 빌 2:15-16

1. 생명을 담겠습니다

만드는 책에 주님 주신 생명을 담겠습니다.
그 책으로 복음을 선포하겠습니다.

2. 말씀을 밝히겠습니다

생명의 근본은 말씀입니다.
말씀을 밝혀 성도와 교회의 성장을 돕겠습니다.

3. 빛이 되겠습니다

시대와 영혼의 어두움을 밝혀 주님 앞으로 이끄는
빛이 되는 책을 만들겠습니다.

4. 순전히 행하겠습니다

책을 만들고 전하는 일과 경영하는 일에 부끄러움이 없는
정직함으로 행하겠습니다.

5. 끝까지 전파하겠습니다

모든 사람에게, 땅 끝까지, 주님 오시는 그날까지
복음을 전하는 사명을 다하겠습니다.

서점 안내